马克思主义发展史

第 十 卷

中国特色社会主义理论体系的
跨世纪发展

（1989 年以来）

总主编 庄福龄 杨瑞森 梁树发 郝立新 张 新

本卷主编 陶文昭

人民出版社

中国人民大学科学研究基金项目成果

（批准号：15XNLG03 ）

总　序

19 世纪 40 年代，马克思和恩格斯创立了他们的伟大科学学说——马克思主义。马克思主义的产生是人类思想史上的伟大变革。它对自然界、人类社会和人的思维的本质与规律作了科学回答，使社会主义由空想发展为科学，无产阶级革命实践从此有了科学理论的指导。

马克思主义自形成以来，在世界历史、人类生活、科学和思想文化的发展中，在指导无产阶级实现自身解放的伟大斗争中，留下了深刻的印记，形成了一部内容极其丰富、壮观，既充满曲折又创新不止的历史画卷。正如习近平总书记所说："一部马克思主义发展史就是马克思、恩格斯以及他们的后继者们不断根据时代、实践、认识发展而发展的历史，是不断吸收人类历史上一切优秀思想文化成果丰富自己的历史。"[1]

马克思主义发展史是马克思主义理论研究的基础。马克思主义发展的经验和规律、关于什么是马克思主义和怎样对待马克思主义的确切答案，就在马克思主义发展的历史中，需要通过对马克思主义发展史的研究获得。

一旦我们进入马克思主义发展史研究，就会发现以下事实：

第一，无论是两位马克思主义伟大创始人，还是他们的战友、学生和后继者中的严格的马克思主义理论家，无不重视对马克思主义发展史的研究，无不是马克思主义理论和马克思主义发展史修养兼备的理论家。

第二，马克思主义发展史作为历史进程中发展着的马克思主义，是马克思主义理论发展史和实践发展史的有机统一。也就是说，完整意义上的马克思主义发展史，既不是单纯的马克思主义理论史，也不是单纯的马克思主义实践

---

[1]　习近平：《在纪念马克思诞辰 200 周年大会上的讲话》，人民出版社 2018 年版，第 9 页。

史。这决定了马克思主义发展史研究和书写的基本方法论原则是理论与实践的统一。

第三，马克思主义发展史的存在形式是具体的和多样的，有实践的也有理论的，有文本性的也有非文本性的。马克思主义创始人和马克思主义理论家们始终在利用一切可能的形式进行他们的马克思主义理论研究、创造、阐释和传播。一部在内容上充分而且准确地反映马克思主义实际发展过程的马克思主义史，必定是对它的尽可能多的存在形式研究的结果。

第四，以马克思和恩格斯的战友、学生为主体的早期的马克思主义研究，其主要形式和成就正是马克思主义发展史研究。具体表现为：

（1）多种版本的马克思主义创始人传记问世。马克思主义创始人、其他马克思主义经典作家和无产阶级革命领袖的传记，是马克思主义发展史的存在形式之一，因而也是它的研究形式之一。它是在关于马克思主义创始人、其他马克思主义经典作家和无产阶级革命领袖的生平、事业、思想、著作的生成、演变与发展的历史记忆和追述中展示马克思主义形成与发展的过程。恩格斯是马克思传记的第一位作者。他的《卡尔·马克思》和其他未出版的马克思传记作品，在详尽介绍马克思作为伟大无产阶级革命家和理论家如何为无产阶级和全人类的解放而斗争一生的同时，阐述了以唯物史观、剩余价值学说为标志的他的理论、思想形成与发展过程。《弗里德里希·恩格斯》是列宁在 1895 年恩格斯逝世一个月后写的一篇悼文，它向读者介绍了恩格斯的生平、活动，特别是他实现哲学和政治转变的过程。《卡尔·马克思》是 1914 年列宁应邀为《格拉纳特百科词典》撰写的一个词条，在这里他提出马克思主义"是马克思的观点和学说的体系"[1]命题，强调了马克思主义的整体性；把阶级斗争和无产阶级使命的理论纳入"新的世界观"范畴，凸显马克思主义哲学的实践性；阐明无产阶级斗争策略是马克思主义理论体系中不可忽视的内容，凸显马克思主义的现实性。

（2）初步提出马克思主义发展规律问题。当考茨基还是一位马克思主义者的时候，他发表了一篇题为《马克思主义的三次危机》的文章，以纪念马克思逝世 20 周年。在这篇文章中，他用 19 世纪中叶以来欧洲发生的"三个事件"的命运——1848 年欧洲革命的失败、1871 年巴黎公社的失败和 19 世纪末修正

---

① 《列宁选集》第 2 卷，人民出版社 2012 年版，第 418 页。

主义的出现——说明所谓马克思主义"危机"的发生。在他看来，"危机"虽然不是马克思主义发展中的积极现象，但是也不必把它看作威胁到马克思主义命运的现象。它只是表现了马克思主义发展的曲折性。他认为，在上述每一事件发生的前后，马克思主义其实都经历过一个由高潮到危机、再由危机到高潮的过程，并且在危机被克服之后，马克思主义"总是赢得了新的基地"①。这种关于马克思主义"高潮—危机—高潮"的周期性变化、发展的认识，表明考茨基已经有了关于马克思主义发展规律的意识。同时期德国另一位著名马克思主义理论家罗莎·卢森堡善于在马克思主义发展的历史经验中理解马克思主义发展规律。在《马克思主义的停滞和进步》一文中，她通过对造成马克思主义发展中"停滞"现象的原因的分析而阐明了实质说来是马克思主义理论与实践的关系的独特见解。她认为，一定时期和一定地区的马克思主义发展中的"停滞"，原因往往不在于马克思的理论落后于工人阶级的"现阶段斗争"，而在于"现阶段斗争"以及"作为实际斗争政党的我们"的行为落后于马克思的理论。她说："如果我们现在因此而觉察出运动中存在理论停滞状况，这并不是由于我们赖以生存的马克思理论无力向前发展或是它本身已经'过时'，相反，是由于我们已经把现阶段斗争必须的思想武器从马克思的武库取来却又不充分运用；这并不是由于我们在实际斗争中'超越'了马克思，相反，是由于马克思在科学创造中事先已经超越了作为实际斗争政党的我们；这并不是由于马克思不再能满足我们的需要，而是由于我们的需要还没有达到运用马克思思想的程度。"②这就是说，在理论与实践的关系上，虽然一般说来实践是主要的决定的方面，理论来源于实践，接受实践的检验。但就 19 世纪末 20 世纪初这一时期的马克思主义发展来说，在卢森堡看来，则是实践落后于理论，落后于马克思的"科学创造"。卢森堡的这个观点在马克思主义理论家中引起了争议。曾是德国共产党理论家的卡尔·柯尔施在题为《关于"马克思主义和哲学"问题的现状（1930 年）》中谈到"马克思的马克思主义理论同后来工人阶级运动的表现形式的关系"问题时，对卢森堡的这个观点提出了批评，认为它"头足倒置地改变了理论对实践的关系"③，并把它"变为一种体系"，然后再用这个体

---

① ［德］卡·考茨基：《马克思主义的三次危机》，载《国际共运史研究资料》第 3 辑，人民出版社 1981 年版，第 238 页。
② 《卢森堡文选》上卷，人民出版社 1984 年版，第 476 页。
③ ［德］卡尔·柯尔施：《马克思主义和哲学》，重庆出版社 1989 年版，第 67 页注⑪。

系解释马克思主义"停滞"的原因。他说，马克思主义"不是一种能够神话般地预见将来一个长时期里工人运动的未来发展的理论。因而不能说随后的无产阶级的实际进步，实际上落在了它自己的理论后面，或者它只能逐渐充实由理论给它规定的构架"①。列宁是把马克思主义发展史研究推向新的高度的马克思主义理论家。《马克思主义和修正主义》、《论马克思主义历史发展中的几个特点》、《马克思学说的历史命运》等是关于马克思主义发展史问题的著名篇章，它们从不同方面阐述了马克思主义发展规律。在《马克思主义和修正主义》中，列宁根据马克思主义发展的经验，得出马克思主义"在其生命的途程中每走一步都得经过战斗"②的结论。在《论马克思主义历史发展中的几个特点》中，列宁提出在"具体的社会政治形势改变了，迫切的直接行动的任务也有了极大的改变"的情况下，"马克思主义这一活的学说的各个不同方面也就不能不分别提到首要地位"。③

（3）阐述了马克思主义发展阶段思想。在《马克思主义的三次危机》中，考茨基关于马克思主义在危机与高潮交替中运行与发展的认识实际包含了马克思主义发展阶段思想。他是把马克思主义发展的高潮时期的起点理解为马克思主义发展新阶段的起点。他认为，马克思主义发展的第一个时期是 1848 年革命失败以前；第二个时期的开端是新高潮在 60 年代初到来的时候，止于 1871 年巴黎公社的失败；第三个时期是"1874 年德国社会民主党在选举中赢得了辉煌的胜利"和 1875 年在抵抗普鲁士政府对它的迫害中"敌对的弟兄们"联合起来的时候，止于 19 世纪末由于修正主义的产生导致的马克思主义的"第三次危机"。考茨基指出，在马克思逝世 20 周年的时候，马克思主义正处于这次危机的结尾，意味着马克思主义的一个新的发展时期的到来。列宁总是"从世界各国的革命经验和革命思想的总和中"④理解马克思主义的形成和发展，理解马克思主义发展的阶段性。在《马克思学说的历史命运》中，他按照世界历史的"三个主要时期"的划分，即从 1848 年革命到巴黎公社（1871 年），从巴黎公社到俄国革命（1905 年），从这次俄国革命至 1913 年撰写该文时，阐述马克思主义在每一时期的发展状况，并从中得出总的结论："自马克思主

① ［德］卡尔·柯尔施：《马克思主义和哲学》，重庆出版社 1989 年版，第 67 页。

② 《列宁选集》第 2 卷，人民出版社 2012 年版，第 1 页。

③ 《列宁选集》第 2 卷，人民出版社 2012 年版，第 279 页。

④ 《列宁全集》第 27 卷，人民出版社 2017 年版，第 15 页。

义出现以后，世界历史的这三大时期中的每一个时期，都使它获得了新的证明和新的胜利。"①

　　（4）提出正确对待马克思主义的问题。马克思主义发展的经验表明，正确认识马克思主义和正确对待马克思主义是实现马克思主义对于实践的正确指导和在实践中获得发展的两个密切联系的基本原则。就其对于实践的指导和马克思主义的自身发展来说，它们具有同等重要的意义。在马克思主义经典著作研读和马克思主义理论学习中，我们会发现马克思主义经典作家对于正确对待马克思主义问题的强调，较之如何认识马克思主义问题来得更多更为迫切。马克思主义发展史的这一现象其实是有来自现实生活的根据的。首先，它是问题本身与具体的无产阶级实践的关联。这个关联就是如何正确对待马克思主义的问题往往是在具体的实践中提出的，是实践中的问题。在这个意义上，我们说，怎样对待马克思主义的问题，直接地是一个理论与实践的关系问题。其次，它是马克思主义在发展中发生曲折的主要原因。这个原因往往不在于关于马克思主义的认识，而在于对待马克思主义的方式、态度。前面曾经提到的卢森堡关于马克思主义发展中"停滞"问题的分析，"停滞"的原因在卢森堡看来，就是德国共产党人对待马克思主义的方式与态度不正确。列宁关于正确对待马克思主义的思想则更为充分、鲜明。他认为马克思主义者从马克思的理论中"只是借用了宝贵的方法"②；强调"在分析任何一个社会问题时，马克思主义理论的绝对要求，就是要把问题提到一定的历史范围之内"③；主张要保卫马克思主义，使之"不被歪曲，并使之继续发展"④。

　　俄国十月社会主义革命胜利以后，世界范围的马克思主义发展史研究形势发生了根本性变化，特别表现在研究领域、主题的广泛拓展，研究的科学性和系统性的极大提升，研究中心有了强大的社会主义制度的支撑。这里首先应该提到的是俄国马克思主义科学研究中心的建立。这个中心的基础是于 1918 年成立的俄国社会主义学院，特别是它所属的成立于 1919 年的马克思主义理论、历史和实践研究室，在该室基础上 1921 年 1 月成立了马克思恩格斯研究院。该院在列宁的支持和协助下开始了马克思和恩格斯的遗著、遗稿和专用藏

①　《列宁选集》第 2 卷，人民出版社 2012 年版，第 308 页。
②　《列宁全集》第 1 卷，人民出版社 2013 年版，第 166 页。
③　《列宁全集》第 25 卷，人民出版社 2017 年版，第 232 页。
④　《列宁全集》第 6 卷，人民出版社 2013 年版，第 251 页。

书的搜集、出版，并开展了主题明确的马克思主义发展史研究。此后苏联红色教授学院、斯维尔德洛夫共产主义大学、莫斯科大学和苏维埃共和国其他城市的大学和研究机构也都开展了马克思主义发展史的研究和教学。至第二次世界大战前，苏联在马克思主义发展史研究方面值得提到的主要成就有：马克思和恩格斯的大量著作、文献的发现和系统发表，特别是《马克思恩格斯全集》、《列宁全集》、马克思诞辰和逝世周年纪念文集的出版，以及俄共（布）中央主办的理论刊物《在马克思主义旗帜下》的创刊、马克思恩格斯研究院机关刊物《马克思恩格斯文库》和《马克思主义年鉴》这两个"马克思学"文献的发表。马克思主义经典著作和纪念性书刊和文献的出版，标志着俄国马克思主义从普及到科学研究的过渡；马克思主义发展的列宁主义阶段的提出与共识；马克思主义与其之前优秀思想成果的关系问题的提出和科学阐释，包括马克思的哲学先驱者黑格尔、费尔巴哈和空想社会主义代表人物的著作的出版和研究；关于《西欧哲学史》的讨论使马克思主义哲学的起源和马克思哲学变革的实质问题成为苏联哲学界和理论界注意的中心；"三大重要手稿"（《黑格尔法哲学批判》、《1844年经济学哲学手稿》、《德意志意识形态》）得到集中而深入的研究；马克思主义政治经济学思想的形成与发展、《资本论》创作史研究，以及恩格斯经济学思想研究得到重视；继卢那察尔斯基、梁赞诺夫、阿多拉茨基、波格罗夫斯基、德波林之后，亚历山大罗夫、伊利切夫、康斯坦丁诺夫、米丁、尤金等一批新的马克思主义理论家成长起来，马克思主义史的学者队伍不断形成；《马克思主义形成与发展史略》、《马克思主义哲学的形成（19世纪30年代中期至1848年）》等著作出版。

法国著名马克思主义研究者奥古斯特·科尔纽从20世纪50年代初开始撰写的多卷本的《马克思恩格斯传》，其实是一部马克思和恩格斯思想史著作，特别是马克思主义形成史著作。50年代以后，一批综合性的马克思主义发展史研究著作陆续出版，如A.G.迈耶的《共产党宣言以来的马克思主义》（1954）、R.N.C.亨特的《马克思主义的过去和现在》（1963）、B.D.沃尔夫的《马克思主义学说百年历程》（1971）、S.阿维内里的《马克思主义的不同流派》（1978）。

这里，我们特别要提到国外马克思主义发展史研究的几部著作。第一部是南斯拉夫著名马克思主义哲学家普雷德腊格·弗兰尼茨基的《马克思主义史》，该书先后出了四版。第一版于1961年问世，第二版于1970年出版，1975年发行的第三版是第二版的重印，1977 年出了第四版。1963 年我国三联书店曾分上下卷出版了该书中文版。1986 年和 1988 年根据该书 1977 年版人民出版社先后出版了中文版第一、二卷，1992 年出版了中文版第三卷。弗兰尼茨基的《马克思主义史》（三卷本）是国外较早出版的论述马克思主义发展史的多卷本著作，曾被译成多国文字，在我国和世界其他国家的理论界产生过较大影响。

第二部是英国肯特大学政治学教授、国际著名马克思主义研究者戴维·麦克莱伦的《马克思以后的马克思主义》。该书于 1979 年由伦敦和巴辛斯托克麦克米兰出版公司出版。1980 年和 1998 年先后出了第二、三版。1984 年该书根据 1979 年版译成中文，1986 年由中国社会科学出版社出版。著名马克思主义哲学家、马克思主义哲学史家黄枬森教授写了《〈马克思以后的马克思主义〉一书评介》，载于该书。黄枬森教授指出该书有三个特点：它所涉及的范围十分广泛，几乎包括了马克思主义哲学、政治经济学和科学社会主义在马克思逝世后近百年来在世界各国的传播和发展；它用比较客观的态度提供了丰富的思想材料，对作者显然不同意的观点也能如实地进行介绍；它不仅提供了马克思主义发展史的丰富材料，而且提供了进一步研究的线索。2008 年中国人民大学出版社出版了该书第三版。

第三部是英国著名马克思主义史学家埃里克·霍布斯鲍姆的《如何改变世界——马克思和马克思主义的传奇》。该书收录了霍布斯鲍姆 1956—2009 年间在马克思主义发展史领域所写的部分作品，它们"实质上是对马克思（和不可分开的恩格斯）思想发展及其后世影响的研究"[①]。全书分两个部分，共 16 章。第一部分是"马克思和恩格斯"，从"今日的马克思"谈起，涉及"马克思、恩格斯与马克思之前的社会主义"、"马克思、恩格斯与政治"等专题，然后是"论"马克思和恩格斯的几部代表性著作文章，但这个论述已经不限于对著作内容、结构和知识点的介绍，而涉及更广泛的内容，特别是它们在国际共产主义运动史和马克思主义发展史上的影响、它们的文献学意义等。第二部分是"马克思主义"。从每一章的标题可以看出，其主题是马克思主义发展史各个时期的重要问题。所以，严格来说，它不是一部我们印象中的系统的马克

---

① ［英］埃里克·霍布斯鲍姆：《如何改变世界——马克思和马克思主义的传奇》，中央编译出版社 2014 年版，"前言"第 1 页。

思主义发展史著作，而是关于马克思主义发展史重要问题的研究性著作。但是，这并不影响它的实际的系统性，因为作者讨论的问题所在时期是连贯的。霍布斯鲍姆还乐观地谈到 21 世纪马克思主义前景，指出："经济自由主义和政治自由主义，无论是单独还是结合起来，都不可能为 21 世纪的种种问题提供解决的方案。现在又是应该认真地对待马克思的时候了。"[①]从占有材料的规范性、问题分析的透彻与精到、见解的鲜明与深刻来看，这是一部难得的马克思主义发展史著作。

第四部是莱泽克·科拉科夫斯基的三卷本的《马克思主义的主要流派》。这是一部大部头的马克思主义发展史著作，也是一部颇有争议的著作。该书第一卷写于 1968 年，第二卷和第三卷分别写于 1976 年和 1978 年。全书在英国出版于 1978 年。莱泽克·科拉科夫斯基 1927 年 10 月 23 日出生于波兰，曾担任华沙大学哲学系教授、系主任，系"东欧新马克思主义"代表人物。1968年被解除华沙大学教职后，先后去了德国、加拿大、美国，最后定居英国，在牛津大学任教。《马克思主义的主要流派》的结构特征是，除个别章节是理论专题外，其他均按人物排列。这些人物都是重要的马克思主义发展史人物，在科拉科夫斯基看来，他们还是某一马克思主义流派的代表。这些人在政治上和理论上当然有其个性，并具有较大影响力，但其中有的硬被说成某一马克思主义流派的代表，或者为其硬要搞出一个所谓马克思主义流派，实属牵强，表明他关于马克思主义流派的划分具有很大的随意性。作为"东欧新马克思主义"代表人物，他的观点与"西方马克思主义"的人本主义流派和西方"马克思学"的观点基本一致，但对于同样坚持人道主义立场的某些"西方马克思主义"人物，如马尔库塞、萨特等，他还是进行了严厉批评，原因很大程度不在于其理论观点，而在于他们与苏联的关系。科拉科夫斯基对社会主义国家的马克思主义和经济、政治体制的认识有很大片面性，许多观点是错误的。但该书在马克思主义发展史研究方面还是提供了丰富的资料，也使我们能够更广泛地了解国外马克思主义发展史研究的动态。

1978—1982 年，意大利埃伊纳乌迪（Einaudi）出版社出版了一部多卷本的《马克思主义史》，霍布斯鲍姆称其是一项"最雄心勃勃的马克思主义史计

---

① ［英］埃里克·霍布斯鲍姆：《如何改变世界——马克思和马克思主义的传奇》，中央编译出版社 2014 年版，第 385 页。

划"。他是该书的联合策划者和联合主编，并参加了第一卷的写作。该书没有中文版。

　　总的来说，我国的马克思主义发展史研究起步较晚。1964 年 6 月，原高等教育部根据中共中央决定批准中国人民大学成立马列主义发展史研究所，标志着我国系统的马克思主义发展史研究的开始。建所之初，马列主义发展史研究所的干部和教师以饱满的热情积极投入到马克思主义发展史资料的搜集、翻译和整理工作中。由于"十年动乱"和中国人民大学解散，还没有进入实际过程的马克思主义发展史研究不得不停步。实际的系统的马克思主义发展史研究是在 1978 年中国人民大学复校后马列主义发展史研究所由外校迁回后开始的。70 年代末至整个 80 年代，马列主义发展史研究所在不太长的时间内发表了一批在学术界有较大影响的研究成果。先后有马列主义发展史研究所组编的《马克思恩格斯思想史》和《列宁思想史》出版；有在国内最早开启的马克思早期思想研究著作《马克思早期思想研究》和《〈资本论〉创作史》的出版，特别是在《马克思主义哲学史纲要》和《科学社会主义史纲》编写基础上，完成并出版了国内第一部综合性的马克思主义发展史著作《马克思主义发展史》，有《马克思主义与当代辞典》的编写和出版。20 世纪 90 年代是研究所的高产期，仅在前半期就有《被肢解的马克思》、《新视野：〈资本论〉哲学新探》、《毛泽东哲学思想史》（三卷本）、《马克思主义经济思想史》、《〈资本论〉方法论研究》、《马克思"不惑之年"的思考》、《恩格斯与现时代》、《第二国际若干人物的思想研究》、《20 世纪马克思主义史——从十月革命到中共十四大》、《马克思主义哲学史辞典》和几部马克思主义经典作家传记的出版。这些著作的出版为 90 年代初启动的四卷本《马克思主义史》的编写做了理论上的准备。四卷本的《马克思主义史》由中国人民大学马列主义发展史研究所组织编写，庄福龄教授主编，人民出版社 1995 年、1996 年出版。这是由国内学者编写的第一部较大部头的马克思主义发展史著作，出版后获中宣部"五个一工程"奖和国家图书奖提名奖。

　　《马克思主义史》（四卷本）的出版距今已近 30 年，其间经历了世纪交替，马克思主义逐渐从苏联东欧社会主义制度解体造成的冲击和困境中走出并重新活跃起来，马克思主义研究在更广范围内和更深层次上展开并取得重要成果。一方面对马克思主义理论和马克思主义发展史有了新的认识；另一方面积累了马克思主义创新发展的丰富经验，尤其是马克思主义中国化时代化的经验，从而凸显编写一部反映马克思主义发展最新理论成果、内容更加充实、更高质量的马克思主义发展史著作的必要性。参加十卷本《马克思主义发展史》编写者们对完成这一任务的意义有自觉的意识：

第一，它是适应 21 世纪变化了的世界历史形势和这一形势下无产阶级认识世界和改变世界的伟大实践，特别是当代中国特色社会主义实践需要的。马克思主义的创新发展是在对客观历史形势的正确反映和根据这种反映对世界的积极改造中实现的，是在马克思主义基本原理同各国实际的结合中实现的。马克思主义发展史著作对这个过程的研究、书写，特别是对它的经验和规律的揭示，将为我们正确认识和面对新世纪客观形势的变化，并根据这种变化确定我们的实践主题、发展道路、发展战略提供启示。

第二，它是发展当代中国马克思主义、二十一世纪马克思主义的需要。一般地说，马克思主义发展史的研究对象是历史上的和世界性的马克思主义发展过程，是马克思主义发展的基本经验和规律。但是，从马克思主义的实践的和理论的发展目的出发，这种研究方法又必须是面对现实和面向未来的，因此是"大历史"的，是历史主义与现实主义的统一。而从这一原则和视野出发，我们的马克思主义发展史的研究和书写，一是要特别关注"我们自己正在做的事情"，从理论方面讲，就是要特别关注中国马克思主义的发展，关注马克思主义中国化时代化的历史进程；二是要关注马克思主义的当下发展状况和未来发展趋势。就研究者身在 21 世纪的现实来说，就是要研究二十一世纪马克思主义。关于"二十一世纪马克思主义"这个命题，我们还是要从总体上认识，即要看到它所表征的总的精神是面向马克思主义的未来发展。它既表明二十一世纪马克思主义主体对未来马克思主义发展、马克思主义命运信心满满，又表征对未来马克思主义发展提出更高要求，即它是能够回答新的时代之问的马克思主义发展新境界。

第三，它是对中国人民大学优良传统的继承和发扬。中国人民大学是中国共产党创办的第一所新型正规大学，有着用马克思主义指导办学的传统和经验。这个传统和经验，首先是坚持政治性与学理性的统一。坚持这个统一，既表现在办学方针，教育和教学的指导思想和根本方法上，也表现在科学研究所应坚持的根本方向、目标和方法上。对于马克思主义研究来说，就是为无产阶级革命、社会主义建设和改革的实践服务。这是我们从事马克思主义教育与研究的宗旨。这个宗旨在马列主义发展史研究所成立时就明确了。

1964 年前后，中央强调系统的马克思主义发展史研究，其直接原因在于当时国际政治形势的变化、国际的和社会主义阵营内部的意识形态斗争。中央批准成立中国人民大学马列主义发展史研究所的直接意图就是为了适应这一需要。对此，马列主义发展史研究所的干部和教师的认识是十分明确的。其次是始终坚持用马克思主义指导学校全面工作，把马克思主义贯彻教书育人的全过程，积极打造和夯实马克思主义教学与研究高地，为推进马克思主义中国化时代化进程贡献力量。这个传统是用中国人民大学师生的具体行动铸成的。中国人民大学为国家输送的马克思主义理论人才、为其他高校和教育单位输送的马克思主义理论教育人才、为高校马克思主义理论教学编写的教材、出版的各类马克思主义理论著作，特别是不同版本的马克思主义发展史著作，发挥了极其重要的作用。继四卷本的《马克思主义史》之后，我们今天编写十卷本的《马克思主义发展史》，既是对中国人民大学传统的继承和发扬，也是作为"人大人"的我们这一代马克思主义理论教育者和研究者的责任。

第四，它是适应马克思主义理论学科发展的需要。马克思主义理论学科有七个二级学科，马克思主义发展史是其中之一。相较于其他六个学科的发展现状，马克思主义发展史学科相对薄弱，这与马克思主义中国化研究和国外马克思主义研究从马克思主义发展史的结构中独立出来有关。原来的学科内容变窄了，但研究难度增加了（特别是马克思、恩格斯和列宁著作的研究难度）；马克思主义中国化研究和国外马克思主义研究这两门离我们时间和空间较近的学科从传统的马克思主义发展史体系中划分出来，使之具有的现实性受到一定程度的影响，降低了学科对学生的吸引力。但是，主要原因在于在马克思主义理论学科建立前国内学界缺乏对马克思主义发展史的研究，以致于在马克思主义理论学科建立后，出现许多学校开不出马克思主义发展史课程，甚至在其学校的马克思主义理论学科中排除马克思主义发展史学科的局面。马克思主义理论学科的专家们没有不说马克思主义发展史学科重要的，但真正从事这一学科研究的学者则相对较少。我们希望《马克思主义发展史》（十卷本）的编写能够对这一学科的发展起到推动作用。

根据 20 余年来我们的作者们关于马克思主义发展史研究成果与研究经验的积累，根据中国人民大学现有研究力量，我们认为完成这一编写任务的条件已经成熟。首先是四卷本《马克思主义史》的主编庄福龄教授提议，然后是学校和学院两级领导的支持和学院广大教师的积极响应，2014 年元月正式启动了十卷本《马克思主义发展史》的编写。

经讨论，我们对《马克思主义发展史》（十卷本）的编写主旨取得共识：在客观准确地反映和阐述马克思主义形成与发展的全过程的基础上，特别着眼于对马克思主义发展的新主题的发掘、新材料的吸收、新观点新思想的阐发和新经验的总结，反映和吸收国内和国际马克思主义发展的最新成果，为时代、为人民、为我们的伟大事业贡献一部高质量的马克思主义发展史著作。

为此，我们对《马克思主义发展史》（十卷本）编写提出以下具体要求：

第一，强化马克思主义形成史研究。在对马克思主义形成过程的研究中，实现对尽可能丰富的马克思主义来源的深刻认识，在将马克思主义的产生放到整个欧洲文化乃至人类文化传统中认识时，注意区分马克思主义的来源与对马克思主义的产生发生影响的文化因素，强化对马克思主义形成中马克思和恩格斯与同时代思想家的关系的研究，着力揭示特定历史条件下新思潮产生和思想变革的规律。为实现这一要求，第一卷的编写在深化对马克思主义的"三个来源"的研究的同时，增加了马克思和恩格斯同时代人鲍威尔、赫斯、卢格、施蒂纳、契希考夫斯基和科本等对他们早期思想发生影响的内容。

第二，坚持以无产阶级革命和社会主义建设与改革的重大实践为主导线索。坚持以问题为中心，贯彻理论与实践、历史与现实相统一的原则。要注意认识和总结中国特色社会主义建设和改革开放过程中取得的马克思主义理论创新成果，特别是新时代中国特色社会主义建设实践中取得的马克思主义理论创新最新成果，还要善于从各个历史时期取得的马克思主义理论创新成果中认识和总结马克思主义发展的经验和规律。习近平总书记在党的二十大报告中指出："坚持和发展马克思主义，必须同中国具体实际相结合。我们坚持以马克思主义为指导，是要运用其科学的世界观和方法论解决中国的问题，而不是要背诵和重复其具体结论和词句，更不能把马克思主义当成一成不变的教条。我们必须坚持解放思想、实事求是、与时俱进、求真务实，一切从实际出发，着眼解决新时代改革开放和社会主义现代化建设的实际问题，不断回答中国之问、世界之问、人民之问、时代之问，作出符合中国实际和时代要求的正确回答，得出符合客观规律的科学认识，形成与时俱进的理论成果，更好指导中国实践。"①习近平总书记在这里提出的坚持和发展马克思主义的根本的方法论原则，也是指导我们从事马克思主义发展史研究的根本的方法论原则，只有坚持这个原则，我们才能写出一部反映马克思主义发展真实过程，适应无产阶级革命和社会主义建设与改革实践要求，适应不断开辟当代中国马克思主义、二十一世纪马克思主义新境界要求的马克思主义发展史。

第三，根据俄国十月社会主义革命胜利后马克思主义发展主题的转换，着重研究社会主义建设和改革的理论及其发展历程，高度重视和阐发中国特色社会主义理论体系的形成与发展对于马克思主义发展的意义，特别是习近平新时代中国特色社会主义思想对马克思主义发展的重大意义。习近平新时代中国特色社会主义思想是马克思主义中国化时代化的最新理论成果。为此，第十卷用主要篇幅充分阐释了习近平新时代中国特色社会主义思想形成、发展过程及其对马克思主义发展的重大贡献。

第四，着眼于国内外马克思主义研究最新成果的发现与研究，尤其是关于马克思主义基础理论、马克思主义文本文献、当代资本主义、当代社会主义、新科技革命、世界发展趋势、当代社会思潮等问题上的研究成果。本来的和完整意义的马克思主义发展史研究是关于马克思主义的过去、现在和未来发展的研究。21世纪以来的马克思主义实践和理论发展自然应该进入我们的研究视野，并成为理解总体的马克思主义发展史的坐标。

第五，立足于马克思主义整体发展的研究，但不忽略对马克思主义的各个组成部分、各个学科发展的研究。马克思主义主要由它的哲学、政治经济学和科学社会主义三大部分构成，马克思主义发展史研究和书写给予其较多关注是应该的，但是不能由此而忽略马克思主义多学科发展事实。例如，第二卷注意揭示"马克思主义的全面拓展过程"，在关注马克思和恩格斯的自然观和科学观形成与发展的同时，也考察了他们在伦理观、宗教观、美学和文艺观、军事理论等方面的发展。第六卷在系统考察马克思主义在哲学、政治经济学方面的发展的同时，还考察了马克思主义在文艺学、史学方面的发展。

第六，在着重认识与阐释马克思主义在革命、建设和改革的实践中发展的

---

① 习近平：《高举中国特色社会主义伟大旗帜 为全面建设社会主义现代化国家而团结奋斗——在中国共产党第二十次全国代表大会上的报告》，人民出版社2022年版，第17—18页。

同时，也对专业性的马克思主义理论研究成果给予必要关注。注意总结不同类型的主体的马克思主义创新经验，注意从不同形式的马克思主义文本中认识马克思主义的新发展。例如，根据包括本卷作者在内的学界最新研究成果，第三卷增加了马克思和恩格斯关于科学技术的社会性质和社会功能、从自然运动向社会运动过渡的理论内容。

第七，关注当代世界马克思主义思潮，在总体的马克思主义发展历史进程中认识国外马克思主义。为此，第七、八、九卷对各国共产党和进步组织、国外各马克思主义研究流派、世界社会主义运动的马克思主义研究等进行了深入考察。要求对它们要有分析、有鉴别，既不能采取一概排斥的态度，也不能搞全盘照搬。

第八，不回避马克思主义研究中的理论难题，敢于以鲜明的态度在重大理论问题上发声。检视在重大问题上的传统认识，善于结合新的实际作出新的判断。既注意总结正确认识马克思主义的经验，也注意总结正确对待马克思主义的经验。着力分清哪些是必须长期坚持的马克思主义基本原理，哪些是需要结合新的实际加以丰富发展的理论判断，哪些是必须破除的对马克思主义的教条式的理解，哪些是必须澄清的附加在马克思主义名下的错误观点。为此，第五卷特别设置了"马克思主义基本原理、本质特征和历史命运的科学阐述"一章，系统阐释列宁的马克思主义观，展示列宁科学认识和对待马克思主义的经验。

本书的卷次划分遵循实践逻辑、历史逻辑和理论逻辑的统一。这个统一特别表现为马克思主义在无产阶级革命和社会主义运动实践中实现发展的若干重要阶段之间的关系。因此，每一卷次标示的时间阶段实质说来不是自然时间，而是历史时间，表征马克思主义发展的一定的阶段性。

阶段的划分是相对的，并且是分层次的。有大阶段，也有大阶段包含的小阶段、次级阶段。马克思主义发展史的大阶段是马克思和恩格斯对马克思主义的创立与发展、列宁主义的形成与发展、以中国马克思主义为标志的当代马克思主义发展。它们分别包含若干小阶段。比如，第一个大阶段包括马克思主义的创立、马克思主义的丰富与系统化、马克思和恩格斯晚年对马克思主义的深化三个小阶段。这三个阶段构成本书的第一至三卷。第二国际马克思主义（1889—1914年）是马克思和恩格斯创立的原初马克思主义与列宁主义之间的过渡。虽然这一时期马克思主义缺乏突出发展，但是由于这个时期的人物、思潮和流派之间的复杂关系以及马克思主义多向演变与发展的可能而凸显其对于马克思主义发展史的特殊意义。基于此，马克思主义在这一时期的发展与演变被设置为独立的一卷（第四卷）。马克思主义发展的列宁主义阶段以俄国十月社会主义革命胜利为界划分为两个阶段，时间段分别为：19世纪末—1917年、1917—1945年。前一阶段是列宁主义的形成及其在十月革命前的发展，后一阶段是列宁主义在十月革命胜利后的发展。这个阶段的内容包括列宁晚年关于社会主义发展道路的探索、苏联社会主义模式的形成。这两个阶段还分别包括马克思主义在中国的初期、早期传播和马克思主义中国化的第一个伟大理论成果——毛泽东思想的形成。这就是本书第五、六卷的内容。第七、九、十卷的内容是马克思主义在第二次世界大战后的发展。它们的时间段分别是：1945—1978年、1978—21世纪初、1989年以来。每一卷所包含的内容都是在相应时间段内马克思主义的发展状况，其中主要是苏联和东欧各国对社会主义的探索、中国共产党人和马克思主义者对中国社会主义发展道路的探索，特别是改革开放以来邓小平理论、"三个代表"重要思想、科学发展观和习近平新时代中国特色社会主义思想的形成与发展。为了体现马克思主义发展的连续性，第九卷在着重阐述邓小平理论形成发展过程外，用适当篇幅阐述了苏东剧变过程中及之后非资本主义国家马克思主义的曲折发展和理论反思，时间延续到21世纪初。为了完整地和集中地阐释马克思主义中国化时代化最新理论成果，第十卷聚焦中国特色社会主义理论体系的跨世纪发展，对当代中国马克思主义、二十一世纪马克思主义做了重点阐释。马克思主义在非社会主义国家的研究情况比较复杂，时间跨度比较长，为方便读者阅读和了解社会主义国家之外的非社会主义国家的马克思主义研究和发展状况，安排第八卷为1923年以来"马克思主义在非社会主义国家的传播与发展"专卷。

　　"实践没有止境，理论创新也没有止境。"[①] 理论创新没有止境，马克思主义发展史研究就不能停滞不前。十卷本《马克思主义发展史》的出版，不是我们的马克思主义发展史研究的结束，而是新的研究的起点。我们需要根据马克思主义在新的时期新的实践中的发展把马克思主义发展史研究继续下去。

---

① 习近平：《高举中国特色社会主义伟大旗帜　为全面建设社会主义现代化国家而团结奋斗——在中国共产党第二十次全国代表大会上的报告》，人民出版社2022年版，第18页。

　　《马克思主义发展史》（十卷本）的作者们对编写工作提出了很高要求，力求为推动二十一世纪马克思主义发展、开辟马克思主义中国化时代化新境界，奉献一部能够经得起时间考验的马克思主义发展史著作。但是，由于我们的水平有限，马克思主义发展史的有些方面和问题还未完全掌握和深入研究，呈现在广大读者面前的这份研究成果是否能够承担起它应承担的这样一个使命，是否能够为广大读者满意，我们心怀忐忑。我们愿意听到读者的批评意见。

本书总主编

2023 年 9 月 15 日

（梁树发执笔）

目　录

卷首语 ··· 001

第一章　改革开放和社会主义现代化建设的新阶段 ··········· 005

　　第一节　建立社会主义市场经济体制 ······························· 005
　　　　一、社会主义市场经济体制目标的确立 ·························· 007
　　　　二、社会主义市场经济体制与社会主义基本制度相结合 ········· 010
　　　　三、建立健全国家宏观调控体系 ································· 011
　　　　四、建立和完善社会保障体系 ··································· 015
　　第二节　完善社会主义初级阶段基本经济制度 ·············· 017
　　　　一、公有制为主体、多种所有制经济共同发展的基本经济制度 ··· 018
　　　　二、坚持和完善按劳分配为主体、多种分配方式并存的分配制度 · 024
　　　　三、国有企业改革和发展 ·· 026
　　第三节　重大发展战略的制定和实施 ························· 032
　　　　一、科教兴国战略 ··· 033
　　　　二、可持续发展战略 ··· 042
　　　　三、八七扶贫攻坚计划 ·· 049
　　第四节　党的建设新的伟大工程 ····························· 053
　　　　一、把思想建设放在党的建设的首要位置 ···················· 054
　　　　二、把党建设成为坚强的领导核心 ···························· 056
　　　　三、不断提高党的领导水平和执政水平 ······················ 063
　　　　四、加强党的制度建设 ·· 067
　　　　五、建设高素质的干部队伍 ····································· 070
　　　　六、把加强和改进党的作风建设摆在更加突出的位置 ········· 075
　　　　七、深入开展反腐败斗争 ·· 079

第二章 "三个代表"重要思想的形成和发展 ·······083

第一节 "三个代表"重要思想 ·······083

一、"三个代表"重要思想的形成背景 ·······084

二、"三个代表"重要思想的形成过程 ·······087

三、"三个代表"重要思想的核心内容 ·······091

四、"三个代表"重要思想的意义 ·······097

第二节 面向新世纪的发展战略 ·······098

一、努力提升对外开放水平 ·······099

二、西部大开发战略 ·······107

第三节 社会主义政治文明 ·······112

一、确定依法治国，提出以德治国 ·······112

二、建设社会主义政治文明 ·······117

三、党的领导、人民当家作主与依法治国的有机统一 ·······118

四、政治制度的新发展 ·······121

第四节 推进祖国完全统一 ·······125

一、香港回归 ·······125

二、澳门回归 ·······128

三、维护香港和澳门的繁荣和稳定 ·······129

四、坚持一个中国原则，发展两岸关系，推进台湾与祖国大陆的统一 ·······131

第五节 发展是党执政兴国的第一要务 ·······136

一、对发展认识的不断深化 ·······137

二、"发展是执政兴国的第一要务"的丰富内涵 ·······138

第六节 全面建设小康社会 ·······145

第三章 科学发展观的提出和完善 ·······150

第一节 树立和落实科学发展观 ·······150

一、科学发展观的形成过程 ·······150

二、科学发展观的基本内涵 ·······155

三、科学发展观的意义 ·······167

第二节 构建社会主义和谐社会 ·······170

一、构建社会主义和谐社会的提出过程 …………………… 170

二、构建社会主义和谐社会的主要背景 …………………… 173

三、构建社会主义和谐社会的基本要求 …………………… 176

四、构建社会主义和谐社会的重大问题 …………………… 178

五、构建社会主义和谐社会的战略举措 …………………… 181

第三节　建设创新型国家 …………………………………… 183

一、提高自主创新能力，走自主创新道路 ………………… 184

二、深化科技体制改革，建设国家创新体系 ……………… 186

三、创造良好环境，培养造就人才队伍 …………………… 188

四、发展创新文化，努力培育创新精神 …………………… 189

第四节　建设社会主义新农村 ……………………………… 190

一、正确认识工农城乡关系 ………………………………… 190

二、建设社会主义新农村的战略规划 ……………………… 192

三、建设社会主义新农村的主要任务 ……………………… 194

第五节　走和平发展道路 …………………………………… 201

一、和平发展道路的提出和内涵 …………………………… 201

二、走和平发展道路的必然性 ……………………………… 202

三、实现和平发展的要求 …………………………………… 204

第四章　在新形势下继续推进中国特色社会主义 ………… 206

第一节　提出中国特色社会主义道路、理论和制度 ……… 206

一、中国特色社会主义道路 ………………………………… 207

二、中国特色社会主义理论体系 …………………………… 208

三、中国特色社会主义制度 ………………………………… 209

第二节　实现经济又好又快发展 …………………………… 210

一、转变经济发展方式 ……………………………………… 211

二、加快转变经济发展方式和经济结构调整 ……………… 214

第三节　建设社会主义文化强国 …………………………… 221

一、建设社会主义核心价值体系 …………………………… 222

二、坚持中国特色社会主义文化发展道路 ………………… 224

三、深化文化体制改革 ……………………………………… 227

第四节 推进人与自然和谐发展·······228
　一、以科学发展观指导人口资源环境工作·······229
　二、在"两型社会"建设中做好人口资源环境工作·······230
　三、积极探索环境保护新道路·······233
　四、携手国际社会应对全球气候变化·······238
第五节 以改革创新精神推进党的建设新的伟大工程·······240
　一、加强党的执政能力建设·······241
　二、保持和加强党的先进性·······245
　三、保持党的纯洁性·······249
　四、提高党的建设科学化水平·······252

第五章 中国梦的提出与协调推进"四个全面"战略布局·······256
第一节 实现中华民族伟大复兴中国梦·······256
　一、中国梦提出的历史脉络·······257
　二、中国梦的基本内涵·······263
　三、中国梦的实现路径·······267
第二节 全面建成小康社会·······274
　一、"四个全面"战略布局的形成·······275
　二、把握全面建成小康社会新要求·······277
　三、决胜全面建成小康社会的攻坚战·······280
　四、全面建成小康社会·······281
第三节 全面深化改革·······282
　一、全面深化改革的形成发展·······283
　二、全面深化改革的基本要求·······284
　三、推进国家治理体系和治理能力现代化·······291
第四节 全面依法治国·······297
　一、全面依法治国的形成发展·······297
　二、全面依法治国的基本要求·······301
第五节 全面从严治党·······306
　一、全面从严治党的形成发展·······307
　二、党的政治建设摆在首位·······310

三、全面推进党的各项建设 ……………………………………314

第六章　统筹推进"五位一体"总体布局 ……………………323

第一节　以新发展理念引领经济高质量发展 ………………324
一、新发展理念的提出和内涵 ………………………………324
二、从经济发展新常态到供给侧结构性改革 ………………330
三、从经济理论创新到建设现代化经济体系 ………………336

第二节　健全人民当家作主制度体系 ………………………341
一、坚持走中国特色政治发展道路 …………………………341
二、健全人民代表大会制度 …………………………………343
三、推进社会主义协商民主 …………………………………344
四、坚持"一国两制"推进祖国统一 ………………………347

第三节　推动社会主义文化繁荣兴盛 ………………………351
一、坚定文化自信 ……………………………………………351
二、牢牢掌握意识形态工作领导权 …………………………354
三、培育和践行社会主义核心价值观 ………………………358
四、繁荣发展社会主义文艺 …………………………………360

第四节　带领人民创造更加美好生活 ………………………362
一、优先发展教育事业 ………………………………………362
二、加强民生保障 ……………………………………………364
三、坚决打赢脱贫攻坚战 ……………………………………367
四、实施健康中国战略 ………………………………………372
五、提出总体国家安全观 ……………………………………374

第五节　建设美丽中国 ………………………………………376
一、坚持人与自然和谐共生 …………………………………377
二、推进绿色发展 ……………………………………………378
三、着力解决突出环境问题 …………………………………380
四、改革生态环境监管体制 …………………………………381

第六节　构建人类命运共同体 ………………………………382
一、人类命运共同体的崭新命题 ……………………………382
二、奉行独立自主的和平外交政策 …………………………389

三、推动构建新型国际关系 ………………………………………… 392

四、推动构建开放型世界经济 ……………………………………… 401

第七章 新时代理论创新系统总结 …………………………………… 405

第一节 首次提出中国特色社会主义进入新时代 ………………… 405

一、从新时期到新时代 …………………………………………… 406

二、新时代的成就和变革 ………………………………………… 409

三、新时代的内涵和意义 ………………………………………… 416

第二节 明确提出社会主要矛盾的转化 …………………………… 420

一、中国社会主要矛盾的历史演变 ……………………………… 420

二、新时代中国社会主要矛盾的现实依据 ……………………… 422

三、解决新时代社会主要矛盾的实践要求 ……………………… 424

四、社会主义初级阶段的基本国情没有变 ……………………… 426

第三节 习近平新时代中国特色社会主义思想的创立 …………… 428

一、习近平新时代中国特色社会主义思想的创立过程 ………… 429

二、习近平新时代中国特色社会主义思想的科学概括 ………… 431

三、习近平新时代中国特色社会主义思想的重要方面 ………… 436

第四节 全面部署新时代发展战略 ………………………………… 440

一、明确新时代中国共产党的历史使命 ………………………… 440

二、开启全面建设社会主义现代化强国新征程 ………………… 446

三、全方位的战略部署 …………………………………………… 450

第八章 不断推进马克思主义中国化时代化 …………………………… 468

第一节 马克思主义中国化时代化的光辉篇章 …………………… 469

一、"两个确立"的理论根据和实践基础 ……………………… 470

二、百年奋斗历史经验的最新概括 ……………………………… 475

三、习近平新时代中国特色社会主义思想哲学内涵的科学总结 … 483

四、坚持马克思主义基本原理同中华优秀传统文化相结合 …… 490

第二节 马克思主义哲学中国化的新成果和新形态 ……………… 493

一、中国共产党学哲学用哲学优良传统的继承和发扬 ………… 494

二、对重大时代课题的科学解答 ………………………………… 501

三、运用马克思主义哲学基本原理将人民群众的殷切期待变为现实·······505

四、马克思主义哲学中国化的崭新形态······510

第三节　习近平经济思想的理论创新······515

一、以新时代社会主要矛盾的变化研判经济发展现实······515

二、以"以人民为中心"的思想理念引领经济造福人民······519

三、以历史性成就和深层次变革推动经济高质量发展······521

四、以问题意识和实践导向制定和部署经济发展战略······525

五、以更高层次的开放型经济推进中国深度融入世界······528

第四节　习近平新时代中国特色社会主义思想对科学社会主义的贡献·····530

一、面对"人类社会向何处去"的时代课题，高高举起科学

社会主义的旗帜······531

二、面对如何坚持和发展中国特色社会主义，续写了

科学社会主义的新篇章······535

三、面对"世界怎么了、我们怎么办"的全球性问题，提出了

全球治理的中国方案······538

第五节　鲜明的理论品格和崇高的思想境界······543

一、坚定的理想信念和真挚的人民情怀······544

二、丰富的思想内涵和严整的科学体系······546

三、突出的实践品格和强烈的创新精神······548

四、鲜明的时代特征和浓郁的中国风格······550

第六节　习近平新时代中国特色社会主义思想的世界意义······552

一、开辟了马克思主义在 21 世纪发展的新境界······553

二、为世界社会主义注入了新的活力······555

三、拓展了发展中国家走向现代化的途径······558

四、为解决人类问题贡献了中国智慧和中国方案······560

参考文献······564

大事记······569

索引······583

后记······592

编后语······594

Contents

Preface ⋯⋯⋯⋯⋯⋯⋯⋯⋯⋯⋯⋯⋯⋯⋯⋯⋯⋯⋯⋯⋯⋯⋯⋯⋯⋯⋯⋯⋯⋯⋯⋯⋯ 001

**Chapter One: The New Stage of Reform and Opening up and Socialist
Modernization Construction**⋯⋯⋯⋯⋯⋯⋯⋯⋯⋯⋯⋯⋯⋯⋯⋯⋯⋯⋯⋯⋯⋯⋯⋯⋯005

1. Establishing a Socialist Market Economy⋯⋯⋯⋯⋯⋯⋯⋯⋯⋯⋯⋯⋯⋯⋯⋯⋯⋯005

1.1 Confirmation of the Objectives of the Socialist Market
Economy System ⋯⋯⋯⋯⋯⋯⋯⋯⋯⋯⋯⋯⋯⋯⋯⋯⋯⋯⋯⋯⋯⋯⋯⋯ 007

1.2 The integration of the socialist market economy system and
the basic socialist system ⋯⋯⋯⋯⋯⋯⋯⋯⋯⋯⋯⋯⋯⋯⋯⋯⋯⋯⋯⋯ 010

1.3 Establishing and improving the national macroeconomic
control system⋯⋯⋯⋯⋯⋯⋯⋯⋯⋯⋯⋯⋯⋯⋯⋯⋯⋯⋯⋯⋯⋯⋯⋯⋯011

1.4 Establishing and Improving the Social Security System ⋯⋯⋯⋯⋯⋯ 015

2. Improving the Basic Economic System of the Primary Stage of
Socialism⋯⋯⋯⋯⋯⋯⋯⋯⋯⋯⋯⋯⋯⋯⋯⋯⋯⋯⋯⋯⋯⋯⋯⋯⋯⋯⋯⋯⋯⋯⋯017

2.1 The basic economic system with public ownership is the mainstay and
diverse forms of ownership develop together ⋯⋯⋯⋯⋯⋯⋯⋯⋯⋯ 018

2.2 Adhere to and improve the income distribution system under which
distribution according to work is the mainstay while multiple forms of
distribution exist alongside it⋯⋯⋯⋯⋯⋯⋯⋯⋯⋯⋯⋯⋯⋯⋯⋯⋯⋯ 024

2.3 Reform and Development of State-owned Enterprises ⋯⋯⋯⋯⋯⋯⋯ 026

3. Formulation and Implementation of Major Development Strategies⋯⋯⋯⋯⋯⋯032

3.1 the Strategy for Invigorating China through Science and Education⋯⋯ 033

3.2 the Strategy for sustainable development⋯⋯⋯⋯⋯⋯⋯⋯⋯⋯⋯⋯⋯ 042

3.3 A seven-year plan to help 80 million impoverished people
(1994–2000) ·· 049

4. The New Great Project of Party Building ································· 053

4.1 Putting theoretical development in the First Place of Party Building ····· 054

4.2 Building the Party into the strong leadership core ··················· 056

4.3 Continuously improving the Party's leadership and governance ··········· 063

4.4 Strengthen institution building of the Party ···························· 067

4.5 Train and select a contingent of high-caliber, and specialized officials·· 070

4.6 Placing Strengthening style of work and governance capacity of
the Party in a More Prominent Position ································· 075

4.7 Continuing the fight against corruption ······························· 079

**Chapter Two: The Formation and Development of the Important Thought of
"Three Represents"** ·· 083

1. The Important Thought of the "Three Represents" ·············· 083

1.1 The Background of the Important Thought of the "Three Represents" ·· 084

1.2 The Formation Process of the Important Thought of the
"Three Represents" ·· 087

1.3 The Core Content of the Important Thought of "Three Represents" ······ 091

1.4 The Significance of the Important Thought of "Three Represents" ········ 097

2. Development Strategy for the New Century ························· 098

2.1 Strive to raise the level of opening-up ······························· 099

2.2 China's Western Development Policy ································· 107

3. Socialist Political Civilization ··· 112

3.1 Defining the rule of law, setting forth rule by virtue ··············· 112

3.2 Building socialist political civilization ······························ 117

3.3 Upholding the unity between the Party's leadership, the running of
the country by the people, and law-based governance. ··············· 118

3.4 New developments in the basic political system ···················· 121

4. Moving towards the Complete National Reunification ············ 125

4.1 Return of Hong Kong to the motherland ···························· 125

4.2 Return of Macau to the motherland ·· 128

4.3 Maintain the prosperity and stability of Hong Kong and Macau ··········· 129

4.4 Upholding the one-China principle, Developing cross-strait relations

and realizing China's complete reunification··································· 131

5. Development is the CPC's top priority in governance ·····························136

5.1 Continuously deepening understanding of development ··············· 137

5.2 The Rich Connotation of "Development is our Party's top priority

in governing and rejuvenating China"································· 138

6. Building a "moderately prosperous society in all respects" ···················145

Chapter Three: Proposal and Improvement of the Scientific Outlook on Development

Development···150

1. Establishing and Implementing the Scientific Outlook

on Development··· 150

1.1 The Formation Process of the Scientific Outlook on Development······· 150

1.2 The Basic Connotation of the Scientific Outlook on Development······· 155

1.3 The Significance of the Scientific Outlook on Development ············· 167

2. Building a Socialist Harmonious Society···································· 170

2.1 The process of proposing the construction of a socialist harmonious

society··· 170

2.2 The main background of building a socialist harmonious society ········ 173

2.3 Basic Requirements for Building a Socialist Harmonious Society ······· 176

2.4 Major Issues in Building a Socialist Harmonious Society··············· 178

2.5 Strategic Measures for Building a Socialist Harmonious Society········· 181

3. Building an Innovative Country··183

3.1 Improve the ability of independent innovation and take the path of

independent innovation ·· 184

3.2 Deepening the Reform of the Science and Technology System and

Building a National Innovation System······························· 186

3.3 Creating a Good Environment, Cultivating and Cultivating

a Talent Team ··· 188

3.4 Developing an innovative culture and striving to cultivate

an innovative spirit ·· 189

4. Building a New Socialist Countryside ···························· 190

4.1 Correctly Understanding the relations between industry and

agriculture and between urban and rural areas ············ 190

4.2 Strategic planning for building a new socialist countryside ·········· 192

4.3 The main tasks of building a new socialist countryside ·········· 194

5. Pursuing peaceful development ·································· 201

5.1 The proposal and connotation of pursuing peaceful development ·········· 201

5.2 The inevitability of keeping to the path of peaceful development ·········· 202

5.3 Requirements for pursuing peaceful development ·················· 204

Chapter Four: Continuing to Promote Socialism with Chinese Characteristics

in the New Era ·· 206

1. proposes the path, theory, and system of socialism with

Chinese characteristics ·· 206

1.1 The path of socialism with Chinese characteristics ·············· 207

1.2 the theory of socialism with Chinese characteristics ·············· 208

1.3 The system of socialism with Chinese characteristics ·············· 209

2. Realizing Economic Development in high speed and quality ·········· 210

2.1 Transforming the economic growth model ·················· 211

2.2 Accelerating the transformation of the economic growth model and

economic structural adjustment ································ 214

3. Building a country with a strong socialist culture ·················· 221

3.1 Building the core socialist values ···························· 222

3.2 Adhere to the path of socialist cultural development with

Chinese characteristics ·· 224

3.3 Deepening the reform of the cultural system ·················· 227

4. Promoting the Harmonious Development of Man and Nature ·········· 228

4.1 Guiding Population, Resources and Environment Work with the

Scientific Outlook on Development ···························· 229

4.2 Emphasizing the work of population resources and environment in the

    Construction of resource-conserving and environment-friendly society···· 230

4.3 Actively exploring new paths for environmental protection················· 233

4.4 Joining hands with the international community to address

    global climate change··· 238

5. Promoting the New Great Project of Party Building with the Spirit

of Reform and Innovation··240

    5.1 Bolstering the Party's governance capacity··································· 241

    5.2 Maintaining the Party's advanced nature ······························· 245

    5.3 Preserving the Party's integrity ··· 249

    5.4 Improving the Scientific Level of Party Building ····················· 252

Chapter Five: Proposal of the Chinese Dream and Coordinated Promotion of

The Four-pronged Strategy···256

    1. Realizing the Chinese dream of Revitalizing the Chinese nation ···········256

        1.1 The Historical Context of the Proposal of the Chinese Dream········· 257

        1.2 The Basic Connotation of the Chinese Dream····························· 263

        1.3 The Path to Realizing the Chinese Dream···································· 267

    2. Building a moderately prosperous society in all respects ······················274

        2.1 The formation of The Four-pronged Strategy ······················· 275

        2.2 Grasping the goal of building a moderately prosperous society

            in all respects ·· 277

        2.3 Using the momentum of our decisive victory in building a moderately

            prosperous society in all respects ··· 280

        2.4 The goal of building a moderately prosperous society in all respects

            has been accomplished··· 281

    3. Comprehensively Expanding In–Depth Reform ································282

        3.1 The formation and development of comprehensively deepening

            reform ·· 283

        3.2 Basic Requirements for Comprehensively Deepening Reform············ 284

3.3 Upholding and improving the system of socialism with Chinese
characteristics and modernizing China's system and capacity for
governance ·· 291

4. Comprehensively advancing law−based governance ····················297

4.1 The Formation and Development of Comprehensively advancing
law-based governance ··· 297

4.2 Basic requirements for Comprehensively advancing law-based
governance ··· 301

5. Comprehensive and Strict Governance of the Party····················306

5.1 The Formation and Development of Comprehensive and Strict
Governance of the Party·· 307

5.2 Putting the Party's political building in the First Place ··············· 310

5.3 Making all-around efforts to strengthen the Party in all terms ········· 314

Chapter Six: Overall Plan for Promoting the the Five-sphere Integrated Plan ·323

1. Leading high−quality economic development with new development
philosophy··324

1.1 The proposal and connotation of the new concept for development······ 324

1.2 From the new normal for economic development to supply-side
structural reform ··· 330

1.3 From Innovation in Economic Theory to developing a modernized
economy ·· 336

2. Improving the system of institutions through which the people
run the country··341

2.1 Adhere to the path of political development with Chinese
characteristics··· 341

2.2 Improve the People's Congress system ································· 343

2.3 Promoting the socialist consultative democracy······················ 344

2.4 Upholding the One Country, Two Systems policy and promoting
national reunification··· 347

3. Promoting the Prosperity and Prosperity of Socialist Culture ···············351

3.1 Enhancing our confidence in Culture ·· 351

3.2 Firm hold on leadership in ideological work ······························ 354

3.3 Fostering and promoting the core values of Chinese socialism ·········· 358

3.4 Prosperity and Development of Socialist Literature and Art ················ 360

4. Leading the People to Create a Better Life ································· 362

4.1 Giving priority to educational development·························· 362

4.2 Strengthening living standard of people·························· 364

4.3 Resolutely win the battle against poverty·························· 367

4.4 Implementing the Healthy China Initiative ······················ 372

4.5 Propose a holistic approach to national security······················ 374

5. Advancing the Beautiful China Initiative······························ 376

5.1 Promoting harmony between humanity and nature ···················· 377

5.2 Promoting green development·································· 378

5.3 Focusing on solving prominent environmental issues················ 380

5.4 Reform the ecological environment supervision system····················· 381

6. Building a Human Community with a Shared Future ···················· 382

6.1 A New Proposition of a Human Community with a Shared Future ······· 382

6.2 Adhering to an independent foreign policy of peace ···················· 389

6.3 Developing a new type of international relations ···················· 392

6.4 Promoting the construction of an open world economy··················· 401

Chapter Seven: Summary of Theoretical Innovation System in the New Era·· 405

1. Announced for the first time that socialism with Chinese characteristics has entered a new era ····························· 405

1.1 From the New Period to the New Era································ 406

1.2 Achievements and Changes in the New Era····················· 409

1.3 The Connotation and Significance of the New Era ················ 416

2. Proposed clearly of the evolution of the principal contradiction in Chinese society·································· 420

2.1 The Historical Evolution of the principal contradiction in modern

Chinese society ·· 420

2.2 The Realistic Basis for the principal contradiction in modern Chinese

society in Chinese Society in the New Era·············· 422

2.3 Practical Requirements for Solving the principal contradiction

in modern Chinese society in the New Era ·············· 424

2.4 The basic national conditions of the primary stage of socialism

have not changed ·· 426

3. Establishment of Xi Jinping Thought on Socialism with Chinese

Characteristics for a New Era··································428

3.1 Establishment process of Xi Jinping Thought on Socialism with

Chinese Characteristics for a New Era ··················· 429

3.2 Scientific summary of Xi Jinping Thought on Socialism with Chinese

Characteristics for a New Era······························· 431

3.3 Important aspects of Xi Jinping Thought on Socialism with Chinese

Characteristics for a New Era······························· 436

4. Putting forward a strategic plan for development of the new era···········440

4.1 Clarify the historical mission of the CPC in the new era··············· 440

4.2 Starting a new journey to build China into a modern socialist country

in all respects ·· 446

4.3 Comprehensive strategic deployment···························· 450

Chapter Eight: Continuously promoting adapting Marxism to the Chinese

context and the needs of our times ·······································468

1. The Glorious Chapter of adapting Marxism to the Chinese context

and the needs of our times ···································469

1.1 The Theoretical and Practical Basis of the "Dual Confirmations"········· 470

1.2 The latest summary of the Historical Experience of the Party over

the Past Century·· 475

1.3 A Scientific Summary of Philosophical Connotation of Xi Jinping

Thought on Socialism with Chinese Characteristics for a New Era········· 483

1.4 Adhering adapting the basic tenets of Marxism to China's fine

traditional culture·· 490

2. New Achievements and Models of adapting Marxist Philosophy

to the Chinese context ···493

2.1 Inheritance and Development of the CPC's Excellent Tradition of

Philosophy··· 494

2.2 Scientific responding to the major questions of our times····················· 501

2.3 Applying the basic tenets of Marxism and turn the earnest expectations

of the people into reality ·· 505

2.4 New Models of adapting Marxist Philosophy to Chinese context ········· 510

3. Theoretical innovation of Xi Jinping Thought on Economy ······················515

3.1 Analyzing the Reality of Economic Development Based on the

evolution of the principal contradiction in Chinese society··················· 515

3.2 Leading the economy to benefit the people with the people-centered

philosophy of development·· 519

3.3 Promoting high-quality development through historic achievements

and profound social changes·· 521

3.4 Develop and deploy economic development strategies with

problem-conscious and practical orientation··· 525

3.5 Promoting China's Deep Integration into the World with a Higher

Level Open Economy··· 528

4. Contributions of Xi Jinping Thought on Socialism with Chinese

Characteristics for a New Era to Scientific Socialism································530

4.1 Raising the banner of scientific socialism high when facing the issue

of "Where should the future of humanity be headed?" of the times········ 531

4.2 Facing how to adhere to and develop socialism with Chinese

characteristics, we have continued to write a new chapter in scientific

socialism·· 535

4.3 Making Proposal of the People's Republic of China on the Development

of Global Governance to answer the global question of our times – "what

is wrong with this world, what we should do about it"···························· 538

5. Clear Theoretical Character and Noble Ideological Real ················543

5.1 Firm ideals and beliefs and sincere feeling for the people ············· 544

5.2 Rich ideological connotations and a rigorous scientific system ············ 546

5.3 Outstanding practical character and strong innovative spirit ············· 548

5.4 Distinctive characteristics of the times and strong Chinese style ········· 550

6. The world significance of Xi Jinping Thought on Socialism with

Chinese Characteristics for a New Era ·································552

6.1 A New Frontier in developing Marxism in 21 century ··············· 553

6.2 Injecting new vitality into world socialism ····················· 555

6.3 Expanding the path for developing countries to embrace

modernization ··························· 558

6.4 Share China's thoughts and wisdom to address problem of mankind ···· 560

References ··· 564

Chronicles of Events ··································· 569

Index ·· 583

Postscript ·· 592

Afterword ·· 594

卷 首 语

　　20 世纪末的苏联解体和东欧剧变，国际共产主义运动遭受了巨大的冲击，国际共产主义运动的格局出现了巨大的变化。中国共产党是世界上最大的共产党，中华人民共和国是世界上最大的社会主义国家。中国特色社会主义的蓬勃兴起，在马克思主义发展中处于举足轻重的地位。中国特色社会主义理论体系是扎根中国面向时代的马克思主义。中国特色社会主义理论创新的推进，就是马克思主义的不断发展。

　　中国特色社会主义是前无古人的伟大创举。列宁在十月革命胜利后曾指出："对俄国来说，根据书本争论社会主义纲领的时代也已经过去了，我深信已经一去不复返了。今天只能根据经验来谈论社会主义。"①对当代中国更是如此。中国特色社会主义不是书斋中的马克思主义，不是从理论到理论的逻辑演绎，而是具有鲜明的实践特色。重大的理论创新直接指导改革开放和现代化建设的实践。只有紧密联系当代中国的重大实践，才能准确地把握理论发展的脉络。

　　党的十三届四中全会以来，是中国特色社会主义跨世纪发展的重要阶段。中国改革开启了社会主义市场经济的新阶段，中国发展站到了 21 世纪的新起点，中国特色社会主义进入了新时代。以江泽民、胡锦涛和习近平为主要代表的中国共产党人，接续奋斗，开拓创新，先后形成了"三个代表"重要思想、科学发展观、习近平新时代中国特色社会主义思想，不断谱写中国特色社会主义的新篇章。

　　这个新篇章是毛泽东思想和邓小平理论的继承和发展。以毛泽东同志为主要代表的中国共产党人，完成了新民主主义革命，建立了中华人民共和国，确

---

① 《列宁专题文集　论社会主义》，人民出版社 2009 年版，第 399 页。

立了社会主义基本制度，并在社会主义革命和建设中取得了独创性理论成果和巨大成就，为在新的历史时期开创中国特色社会主义提供了宝贵经验、理论准备、物质基础。以邓小平同志为主要代表的中国共产党人创立了邓小平理论，作出把党和国家工作中心转移到经济建设上来、实行改革开放的历史性决策，深刻揭示社会主义本质，确立社会主义初级阶段基本路线，明确提出走自己的路、建设中国特色社会主义，科学回答了建设中国特色社会主义的一系列基本问题，制定了到 21 世纪中叶分三步走、基本实现社会主义现代化的发展战略，成功开创了中国特色社会主义。党的十三届四中全会以来中国特色社会主义的理论创新，与毛泽东思想和邓小平理论是一脉相承、与时俱进的。

这个新篇章以"三个代表"重要思想成功把中国特色社会主义推向 21 世纪。党的十三届四中全会以后，以江泽民同志为主要代表的中国共产党人，团结带领全党全国各族人民，坚持党的基本理论、基本路线，加深了对什么是社会主义、怎样建设社会主义和建设什么样的党、怎样建设党的认识，积累了治党治国新的宝贵经验，形成了"三个代表"重要思想。我们在国内外形势十分复杂、世界社会主义出现严重曲折的严峻考验面前，捍卫了中国特色社会主义，确立了社会主义市场经济体制的改革目标和基本框架，确立了社会主义初级阶段公有制为主体、多种所有制经济共同发展的基本经济制度和按劳分配为主体、多种分配形式并存的分配制度，开创了全面改革开放新局面，推进了党的建设新的伟大工程。"三个代表"重要思想，始终代表中国先进生产力的发展要求，代表中国先进文化的前进方向，代表中国最广大人民的根本利益，在改革发展稳定、内政外交国防、治党治国治军各个方面，提出了一系列紧密联系、相互贯通的新思想、新观点、新论断，构成了一个系统的科学理论。党的十六大把"三个代表"重要思想确立为党必须长期坚持的指导思想。

这个新篇章以科学发展观成功在新的历史起点上坚持和发展了中国特色社会主义。党的十六大以后，以胡锦涛同志为主要代表的中国共产党人，团结带领全党全国各族人民，坚持以邓小平理论和"三个代表"重要思想为指导，根据新的发展要求，深刻认识和回答了新形势下实现什么样的发展、怎样发展等重大问题，形成了科学发展观。我们抓住重要战略机遇期，在全面建设小康社会进程中推进实践创新、理论创新、制度创新，强调坚持以人为本、全面协调可持续发展，着力保障和改善民生，促进社会公平正义，推进党的执政能力建设和先进性建设。科学发展观，第一要义是发展，核心立场是以人为本，基本要求是全面协调可持续，根本方法是统筹兼顾，涵盖改革发展稳定、内政外交国防、治党治国治军各方面，揭示了发展的本质和内涵，是马克思主义关于发展的世界观和方法论的集中体现。党的十八大把科学发展观确立为党必须长期坚持的指导思想。

这个新篇章以习近平新时代中国特色社会主义思想推动了中国特色社会主义的新飞跃。党的十八大以来，以习近平同志为核心的党中央，团结带领全党全国各族人民，全面审视国际国内新的形势，通过总结实践、展望未来，深刻回答了新时代坚持和发展什么样的中国特色社会主义、怎样坚持和发展中国特色社会主义，建设什么样的社会主义现代化强国、怎样建设社会主义现代化强国，建设什么样的长期执政的马克思主义政党、怎样建设长期执政的马克思主义政党等重大时代课题，创立了习近平新时代中国特色社会主义思想。我们坚持统筹推进"五位一体"总体布局、协调推进"四个全面"战略布局，坚持稳中求进工作总基调，对党和国家各方面工作提出了一系列新理念新思想新战略，推动党和国家事业发生历史性变革、取得历史性成就，中国特色社会主义进入了新时代。习近平新时代中国特色社会主义思想，"十个明确"、"十四个坚持"、"十三个方面成就"、"六个必须坚持"内在贯通、有机统一，共同构成了科学体系。党的十九大提出了习近平新时代中国特色社会主义思想，把它确立为党必须长期坚持的指导思想。党的十九届六中全会进一步概括了习近平新时代中国特色社会主义思想的核心内容。

坚持和发展中国特色社会主义是改革开放以来党的全部理论和实践的主题。建成社会主义现代化强国，实现中华民族伟大复兴，是一场接力跑，我们要一棒接着一棒跑下去。坚持和发展中国特色社会主义是一篇大文章，新时代必须高举中国特色社会主义伟大旗帜，牢固树立中国特色社会主义道路自信、理论自信、制度自信、文化自信，继续把这篇大文章写下去，努力发展当代中国马克思主义、21世纪马克思主义。

第一章 改革开放和社会主义现代化建设的新阶段

1989年党的十三届四中全会，江泽民同志当选党的总书记，在国内外形势十分复杂、世界社会主义出现严重曲折的严峻考验面前，坚持、捍卫和发展中国特色社会主义。1992年党的十四大召开，会议以邓小平同志建设有中国特色社会主义理论为指导，认真总结十一届三中全会以来的实践经验，进一步解放思想，把握有利时机，加快改革开放和现代化建设步伐。以江泽民同志为核心的党中央，构建了社会主义市场经济体制的基本框架，完善了社会主义基本经济制度，提出了党的建设新的伟大工程，推动中国改革开放和社会主义现代化建设进入一个新的阶段。

第一节 建立社会主义市场经济体制

党的十四大指出："我国经济体制改革确定什么样的目标模式，是关系整个社会主义现代化建设全局的一个重大问题。这个问题的核心，是正确认识和处理计划与市场的关系。"[1]我们党对于计划和市场关系的认识经历了一个长期的发展历程。1956年底，农业、手工业、资本主义工商业的改造完成，标志着社会主义经济制度在我国的初步确立，也标志着社会主义计划经济在我国的

[1] 《十四大以来重要文献选编》上册，人民出版社1996年版，第17—18页。

基本确立。经过第一个五年计划的发展，我国奠定了社会主义工业化的初步基础，展现出了计划经济在实现工业化和发展经济过程中的巨大作用。理论上马克思主义明确主张未来社会实行计划经济，实践上苏联社会主义建设实行计划经济，因此社会主义实行计划经济是根深蒂固的。在马克思主义经典著作中，计划经济与生产资料公有制一样，一直是社会主义的题中之义。列宁认为："只要还存在着市场经济，只要还保持着货币权力和资本力量，世界上任何法律都无法消灭不平等和剥削。只有建立起大规模的社会化的计划经济，一切土地、工厂、工具都转归工人阶级所有，才可能消灭一切剥削。"[1]正因如此，人们长期认为，市场经济是资本主义特有的东西，计划经济才是社会主义的基本特征。

党的十一届三中全会以后，中国对社会主义市场经济的认识经历了一个长期发展、逐渐深入的过程。1982 年，党的十二大提出经济发展要坚持"计划经济为主，市场调节为辅"的原则，在计划经济体制的基础上引进市场机制。随后，党的十二届三中全会提出商品经济是社会主义经济发展不可逾越的阶段，我国社会主义经济是公有制基础上的有计划商品经济。在"有计划商品经济"的基础上，党的十三大进一步提出："社会主义有计划商品经济的体制，应该是计划与市场内在统一的体制。""计划和市场的作用范围都是覆盖全社会的。新的经济运行机制，总体上来说应当是'国家调节市场，市场引导企业'的机制。"[2]1989 年 6 月，党的十三届四中全会又提出了建立适应有计划商品经济发展的计划经济与市场调节相结合的经济体制和运行机制。一方面，理论积极引导，使人们从不承认商品经济到承认商品经济；另一方面，十几年的改革经验表明，凡是市场取向的地区，改革效果明显，经济发展迅速，反之则经济发展缓慢。1992 年初，邓小平在南方谈话中明确指出："计划多一点还是市场多一点，不是社会主义与资本主义的本质区别。计划经济不等于社会主义，资本主义也有计划；市场经济不等于资本主义，社会主义也有市场。计划和市场都是经济手段。"[3]南方谈话结束了关于市场经济姓"资"还是姓"社"的争论，为建立以市场机制为基础的新的经济体制奠定了理论基础。

---

① 《列宁全集》第 13 卷，人民出版社 2017 年版，第 124 页。
② 《十三大以来重要文献选编》上册，人民出版社 1991 年版，第 26、27 页。
③ 《邓小平文选》第 3 卷，人民出版社 1993 年版，第 373 页。

一、社会主义市场经济体制目标的确立

1992 年 6 月，江泽民在中央党校省部级干部进修班上发表了《深刻领会和全面落实邓小平同志的重要谈话精神，把经济建设和改革开放搞得更快更好》的重要讲话，明确提出了"社会主义市场经济"的概念。江泽民指出："加快经济体制改革的根本任务，就是要尽快建立社会主义的新经济体制。而建立新经济体制的一个关键问题，是要正确认识计划与市场问题及其相互关系，就是要在国家宏观调控下，更加重视和发挥市场在资源配置上的作用。"[①] 对于新的经济体制，当时的理论界和领导层有多种看法：一是建立计划与市场相结合的社会主义商品经济体制，二是建立社会主义有计划的市场经济体制，三是建立社会主义的市场经济体制。江泽民表示自己更倾向于"社会主义市场经济体制"的提法，他解释道："有计划的商品经济，也就是有计划的市场经济。社会主义经济从一开始就是有计划的，这在人们的脑子里和认识上一直是清楚的，不会因为提法中不出现'有计划'三个字，就发生是不是取消了计划性的疑问。而且，前面已讲到资本主义经济也并不是无计划。所以，我觉得使用'社会主义市场经济体制'是可以为大多数干部和群众所接受的。"[②] 江泽民认为，新经济体制的主要特征有以下三点：一是在所有制结构上，坚持以公有制经济为主体，个体经济、私营经济和其他经济成分为补充，多种经济成分共同发展；二是在分配制度上，坚持以按劳分配为主体，其他分配方式为补充，允许和鼓励一部分地区、一部分人先富起来，逐步实现共同富裕，防止两极分化；三是在经济运行机制上，把市场经济和计划经济的长处有机结合起来，充分发挥各自的优势作用，促进资源优化配置，合理调节社会分配。同时，江泽民提出为了保证新经济体制的建立，需要解决五个方面的关键性问题：一是转变政府职能，切实实行政企职责分开。二是抓紧企业特别是国有大中型企业经营机制的转换，真正推动企业走上市场，使它们成为市场竞争的主体，成为真正的法人实体，真正实现自主经营、自负盈亏、自我发展、自我约束和自担风险，达到责权利相统

---

① 《十三大以来重要文献选编》下册，人民出版社 1993 年版，第 2069 页。
② 《十三大以来重要文献选编》下册，人民出版社 1993 年版，第 2073 页。

一。三是适应商品经济和价值规律的要求，切实更新计划观念，转变计划管理职能和方式，使计划能够真正反映市场的供求变化。四是大力培育和发展市场，建立统一的完备的社会主义市场。五是加强经济法规和经济运行所必需的其他基础设施建设。

党的十四大明确提出我国经济体制改革的目标是建立社会主义市场经济体制，并作出了战略部署。"我们要建立的社会主义市场经济体制，就是要使市场在社会主义国家宏观调控下对资源配置起基础性作用，使经济活动遵循价值规律的要求，适应供求关系的变化；通过价格杠杆和竞争机制的功能，把资源配置到效益较好的环节中去，并给企业以压力和动力，实现优胜劣汰；运用市场对各种经济信号反应比较灵敏的优点，促进生产和需求的及时协调。同时也要看到市场有其自身的弱点和消极方面，必须加强和改善国家对经济的宏观调控。我们要大力发展全国的统一市场，进一步扩大市场的作用，并依据客观规律的要求，运用好经济政策、经济法规、计划指导和必要的行政管理，引导市场健康发展。"① 围绕社会主义市场经济体制的建立，党的十四大提出抓好四个重要环节：一是转换国有企业特别是大中型企业的经营机制，把企业推向市场，增强它们的活力，提高它们的素质。这是建立社会主义市场经济体制的中心环节，是巩固社会主义制度和发挥社会主义优越性的关键所在。通过理顺产权关系，实行政企分开，落实企业自主权，使企业真正成为自主经营、自负盈亏、自我发展、自我约束的法人实体和市场竞争的主体，并承担国有资产保值增值的责任。二是加快市场体系的培育。继续大力发展商品市场特别是生产资料市场，积极培育包括债券、股票等有价证券的金融市场，发展技术、劳务、信息和房地产等市场，尽快形成全国统一的开放的市场体系。三是深化分配制度和社会保障制度的改革。统筹兼顾国家、集体、个人三者利益，理顺国家与企业、中央与地方的分配关系，逐步实行利税分流和分税制。加快工资制度改革，逐步建立起符合企业、事业单位和机关各自特点的工资制度与正常的工资增长机制。积极建立待业、养老、医疗等社会保障制度，努力推进城镇住房制度改革。四是加快政府职能的转变。这是上层建筑适应经济基础和促进经济发展的大问题。转变的根本途径是政企分开，政府的职能主要是统筹规划、掌握政策、信息引导、组织

---

① 《十四大以来重要文献选编》上册，人民出版社 1996 年版，第 19 页。

协调、提供服务和检查监督。同时，党的十四大也指出："建立和完善社会主义市场经济体制，是一个长期发展的过程，是一项艰巨复杂的社会系统工程。"①

1993年八届全国人大一次会议将《宪法》第十五条修改为"国家实行社会主义市场经济"，社会主义市场经济被写入宪法之中。同年党的十四届三中全会作出了《中共中央关于建立社会主义市场经济体制若干问题的决定》，这是有关市场经济体制的全面系统阐述。《决定》是在党的十四大确立的社会主义市场经济体制的目标和基本原则的基础上，具体设计了社会主义市场经济体制的基本框架：建立社会主义市场经济体制，就是要使市场在国家宏观调控下对资源配置起基础性作用。为实现这个目标，必须坚持以公有制为主体、多种经济成分共同发展的方针，进一步转换国有企业经营机制，建立适应市场经济要求，产权清晰、权责明确、政企分开、管理科学的现代企业制度；建立全国统一开放的市场体系，实现城乡市场紧密结合，国内市场与国际市场相互衔接，促进资源的优化配置；转变政府管理经济的职能，建立以间接手段为主的完善的宏观调控体系，保证国民经济的健康运行；建立以按劳分配为主体，效率优先、兼顾公平的收入分配制度，鼓励一部分地区一部分人先富起来，走共同富裕的道路；建立多层次的社会保障制度，为城乡居民提供同我国国情相适应的社会保障，促进经济发展和社会稳定。这些主要环节是相互联系和相互制约的有机整体。

此后有关建立社会主义市场经济体制还在进一步完善和发展。1995年9月，党的十四届五中全会通过了《中共中央关于制定国民经济和社会发展"九五"计划和2010年远景目标的建议》，提出到2000年初步建立社会主义市场经济体制，到2010年形成比较完善的社会主义市场经济体制的奋斗目标，并为社会主义市场经济的发展作出了重大的战略部署。1997年党的十五大进一步明确，社会主义市场经济"就是在社会主义条件下发展市场经济，不断解放和发展生产力"，并将建立比较完善的社会主义市场经济体制作为21世纪前十年的奋斗目标。2002年党的十六大将完善社会主义市场经济体制作为21世纪头二十年经济建设和改革的主要任务。

---

① 《十四大以来重要文献选编》上册，人民出版社1996年版，第20页。

二、社会主义市场经济体制与社会主义基本制度相结合

邓小平在南方谈话中指出，计划和市场都只是手段。既然市场只是一种资源配置的手段和方式，本身不具有制度属性，与不同的社会制度相结合就具有了不同的属性。在中国建立市场经济，就只能是社会主义市场经济，但是如何将社会主义市场经济体制与社会主义基本制度相结合，是全党全国所面临的一个重大课题。江泽民对这个重大理论问题进行了多次详细的论述。

1992年7月，江泽民在接见济南军区和北海舰队部分师以上领导干部时解释了为什么建立的是社会主义市场经济，着重强调了这一市场经济的社会主义性质，"因为我们是社会主义国家，政治上坚持四项基本原则，坚持共产党的领导，绝不能搞多党制；坚持实行人民代表大会制度，绝不能把西方议会民主搬到我们这里来。经济上坚持公有制为主体的多种形式的所有制结构，绝不能搞私有化；坚持按劳分配为主体的多种分配形式，通过一部分人先富起来，最终达到共同富裕。这是我们的基本制度和基本政策。我们要搞的市场经济是同我们的社会主义制度紧密联系并结合在一起的，因而具有自身的本质特征，所以我们把它叫做社会主义市场经济"①。社会主义市场经济体制是同社会主义基本制度结合在一起的。在所有制结构上，以公有制包括全民所有制和集体所有制经济为主体，个体经济、私营经济、外资经济为补充，多种经济成分长期共同发展，不同经济成分还可以自愿实行多种形式的联合经营。国有企业、集体企业和其他企业都进入市场，通过平等竞争发挥国有企业的主导作用。在分配制度上，以按劳分配为主体，其他分配方式为补充，兼顾效率与公平。运用包括市场在内的各种调节手段，既鼓励先进，促进效率，合理拉开收入差距，又防止两极分化，逐步实现共同富裕。在宏观调控上，我们社会主义国家能够把人民的当前利益与长远利益、局部利益与整体利益结合起来，更好地发挥计划和市场两种手段的长处。国家计划是宏观调控的重要手段之一。

1994年12月，江泽民在天津考察工作时再次强调我国建设的市场经济是同社会主义基本制度紧密结合在一起的，并进一步指出社会主义市场经济的精髓所在："我们搞的是社会主义市场经济，'社会主义'这几个字是不能没有的，

---

① 《江泽民论有中国特色社会主义（专题摘编）》，中央文献出版社2002年版，第68页。

这并非多余，并非'画蛇添足'，而恰恰相反，这是'画龙点睛'。所谓'点睛'，就是点明我们市场经济的性质。西方市场经济符合社会化大生产，符合市场一般规律的东西，毫无疑义，我们要积极学习和借鉴，这是共同点；但西方市场经济是在资本主义制度下搞的，我们的市场经济是在社会主义制度下搞的，这是不同点，而我们的创造性和特色也就体现在这里。"[①] 建立社会主义市场经济体制要取得成功，必须把社会主义市场经济体制同社会主义基本制度有机地结合起来，努力把社会主义基本制度的优势同市场的优势结合起来，充分利用市场对各种经济信号反应比较灵敏等优点，发挥市场在资源配置中的基础性作用，同时通过宏观调控克服市场经济的盲目性、自发性等弱点和消极方面，使我国社会主义制度的优越性更加充分地发挥出来。

三、建立健全国家宏观调控体系

社会主义市场经济既不同于过去的计划经济，又不同于资本主义自由放任的市场经济。一方面，在长期实行计划经济的影响下，我国政府职能习惯于计划管理，这显然与社会主义市场经济的运作机制不相适应，必须要转变政府职能；另一方面，市场作为资源配置的一种方式，是一把双刃剑。江泽民指出："大量事实表明，市场是配置资源和提供激励的有效方式，它通过竞争和价格杠杆把稀缺物资配置到能创造最好效益的环节中去，并给企业带来压力和动力。而且，市场对各种信号的反映也是灵敏迅速的。"在肯定市场优点的同时，江泽民也指出了市场所存在的明显缺点和局限性："市场不可能自动地实现宏观经济总量的稳定和平衡；市场难以对相当一部分公共设施和消费进行调节；在某些社会效益重于经济效益的环节，市场调节不可能达到预期的社会目标；在一些垄断性行业、规模经济显著的行业，市场调节也不可能达到理想的效果。"[②] 这就要求我们必须发挥计划调节的优势，来弥补和抑制市场调节的这些不足和消极作用，把宏观经济的平衡搞好，以保证整个经济的全面发展。在那些市场调节力所不及的若干环节中，必须利用计划手段来配置资源。因此，

[①] 《江泽民论有中国特色社会主义（专题摘编）》，中央文献出版社 2002 年版，第 69 页。

[②] 《十三大以来重要文献选编》下册，人民出版社 1993 年版，第 2071—2072 页。

需要转变政府职能，建立健全宏观调控体系。

建立健全国家宏观调控体系，必须要厘清和正确处理市场机制与国家宏观调控的关系。党的十四大提出"要使市场在社会主义国家宏观调控下对资源配置起基础性作用"，既要求发挥市场在资源配置中的基础性作用，又强调国家宏观调控的作用。随后，江泽民在全国计划会议上强调要正确处理好发挥市场作用与加强宏观调控的关系，"目前，我国市场发育不成熟，必须用很大的注意力加快市场体系的培育，进一步扩大市场的作用。但是，要防止片面性，不能一提发挥市场作用，就是什么都没有遮拦，什么都不需要管，那怎么能行"①。

1993 年 6 月，江泽民在西北五省区经济工作座谈会上再次强调要正确认识和处理两者之间的关系，"为了有效地发挥市场在资源配置方面的基础性作用，减少和克服市场的自发性、盲目性和滞后性，必须十分重视宏观调控。加快建立国家经济宏观调控体系，是建立社会主义市场经济体制的重要内容，也是深化改革的重要方面。在当前新旧经济体制转换过程中，为保证整个国民经济的稳定、协调发展，尽量减少可能出现的不协调甚至混乱现象，必须运用经济手段、法律手段，同时辅之以必要的行政手段加强宏观调控。那种以为搞市场经济就可以离开国家的宏观指导和调控，放任自流、自行其是、随心所欲，完全是一种误解。市场经济不仅不排斥宏观调控，而且必须有完备的有力的宏观调控体系的支持。"②建立社会主义市场经济体制，就是要使市场在国家宏观调控下对资源配置起基础性作用。国家宏观调控和市场机制的作用，都是社会主义市场经济体制的本质要求，二者是统一的，是相辅相成、相互促进的。要改革传统的计划经济体制，必须强调充分发挥市场在资源配置方面的基础性作用，不如此便没有社会主义市场经济。但是，同时也要看到市场存在自发性、盲目性、滞后性的消极一面，这种弱点和不足必须靠国家对市场活动的宏观指导和调控来加以弥补和克服。在当今世界，没有哪一个国家的市场经济是不受政府调控的。我国是社会主义国家，应该而且也更有条件搞好宏观调控。我们要积极培育和发展市场体系，继续推进价格改革和商品流通体系改革，发展生产要素市场，改善和加强对市场的调控、管理和监督。实践表明，建立社会主

① 《江泽民论有中国特色社会主义（专题摘编）》，中央文献出版社 2002 年版，第 72 页。
② 《江泽民论有中国特色社会主义（专题摘编）》，中央文献出版社 2002 年版，第 72 页。

义市场经济体制，必须从充分发挥市场机制作用和加强宏观调控这两个方面共同努力。每个时期工作的着重点可以有所不同，根据不同的实际情况，有的时候强调市场作用多一些，有的时候强调国家宏观调控多一些，但切不可在强调一个方面的时候，忽视以至放松了另一个方面。

建立健全国家宏观调控体系，必须要转变政府职能。党的十四届三中全会通过了《中共中央关于建立社会主义市场经济体制若干问题的决定》。《决定》指出，转变政府职能，改革政府机构，是建立社会主义市场经济体制的迫切要求。政府的主要职能是制定和执行宏观调控政策，搞好基础设施建设，创造良好的经济发展环境。同时，要培育市场体系、监督市场运行和维护平等竞争，调节社会分配和组织社会保障，控制人口增长，保护自然资源和生态环境，管理国有资产和监督国有资产经营，实现国家的经济和社会发展目标。政府运用经济手段、法律手段和必要的行政手段管理国民经济，不直接干预企业的生产经营活动。国家宏观调控的主要任务是保持经济总量的基本平衡，促进经济结构的优化，引导国民经济持续、快速、健康发展，推动社会全面进步。《决定》指出宏观调控要以经济办法为主，要从财税、金融、投资和计划体制四个方面进行改革，建立计划、金融、财政之间相互配合和制约的机制，加强对经济运行的综合协调。

第一，积极推进财税体制改革。《决定》的财税体制改革重点包括：一是把现行地方财政包干制改为在合理划分中央与地方事权基础上的分税制，建立中央税收和地方税收体系。二是按照统一税法、公平税负、简化税制和合理分权的原则，改革和完善税收制度。三是改进和规范复式预算制度。1993 年 12月 15 日，国务院出台《关于实行分税制财政管理体制的决定》，确定从 1994年 1 月 1 日起改革地方财政包干体制，对各省、自治区、直辖市以及计划单列市实行分税制财政管理体制。党的十五大指出："集中财力，振兴国家财政，是保证经济社会各项事业发展的重要条件。要正确处理国家、企业、个人之间和中央与地方之间的分配关系，逐步提高财政收入占国民生产总值的比重和中央财政收入占全国财政收入的比重，并适应所有制结构变化和政府职能转变，调整财政收支结构，建立稳固、平衡的国家财政。"[1] 我国幅员辽阔、地区差异很大，地区之间的经济发展水平很不平衡，为了充分发挥中央和地方的积极

---

[1]　《十五大以来重要文献选编》上册，人民出版社 2000 年版，第 24—25 页。

性，必须要正确处理两者之间的关系。随着经济的增长，既要适当地增加地方财政，又不能使财力过于分散。为了保持国民经济的整体发展，维护国家的统一、稳定和安全，中央必须掌握足够数量的经济资源，以利集中财力办一些必须办的大事情。江泽民指出："实行分税制，合理划分中央和地方的事权，合理确定中央和地方的收支比例，目的是理顺经济关系，使经济活动规范化。"[①]

第二，加快金融体制改革。金融在现代经济中具有极其重要的地位和作用。改革开放后，随着我国社会主义市场经济的不断发展，金融活动日益广泛地渗透到社会经济生活的各个方面，金融系统掌握着巨大的经济资源，金融在调节经济中发挥着越来越大的作用。进一步做好金融工作，保证金融安全、高效、稳健运行，是国民经济持续快速健康发展的基本条件。《决定》提出金融体制改革方案：中国人民银行作为中央银行，在国务院领导下独立执行货币政策；建立政策性银行，实行政策性业务与商业性业务分离；发展商业性银行；规范与发展非银行金融机构。1993 年 12 月 25 日，国务院在《中共中央关于建立社会主义市场经济体制若干问题的决定》的基础上出台《关于金融体制改革的决定》，提出金融体制改革的目标是：建立在国务院领导下，独立执行货币政策的中央银行宏观调控体系；建立政策性金融与商业性金融分离，以国有商业银行为主体、多种金融机构并存的金融组织体系；建立统一开放、有序竞争、严格管理的金融市场体系。[②]1997 年下半年，亚洲金融危机爆发，党中央、国务院提出"坚定信心，心中有数，未雨绸缪，沉着应付，埋头苦干，趋利避害"的指导方针，实施积极的财政政策和稳健的货币政策，采取扩大国内需求的一系列措施，保持人民币汇率稳定，成功应对了金融危机。虽然我国成功地应对了金融危机，但其对于东南亚国家的经济所造成的严重破坏引起了党和国家的高度重视。江泽民指出，进一步深化金融改革和整顿金融秩序、防范和化解金融风险，是当前和今后一个时期搞好改革、发展、稳定的关键。为此，要按照建立社会主义市场经济体制的要求，加快和深化金融改革，切实把银行办成真正的银行；要切实加强金融法制建设，依法规范和维护社会主义市场经济的金融秩序；要积极推进两个根本性转变，为金融良性循环创造好的经济环境。

---

① 《十四大以来重要文献选编》上册，人民出版社 1996 年版，第 556—557 页。

② 《十四大以来重要文献选编》上册，人民出版社 1996 年版，第 593 页。

第三，深化投资体制改革。《决定》指出，投资体制改革首要的是逐步建立法人投资和银行信贷的风险责任。竞争性项目投资由企业自主决策，自担风险，所需贷款由商业银行自主决定，自负盈亏。国家用产业政策予以引导。基础性项目建设要鼓励和吸引各方投资参与。地方政府负责地区性的基础设施建设。国家重大建设项目，按照统一规划，由国家开发银行等政策性银行，通过财政投融资和金融债券等渠道筹资，采取控股、参股和政策性优惠贷款等多种形式进行；企业法人对筹划、筹资、建设直至生产经营、归还贷款本息以及资产保值增值全过程负责。社会公益性项目建设，要广泛吸收社会各界资金，根据中央和地方事权划分，由政府通过财政统筹安排。

第四，加快计划体制改革，进一步转变计划管理职能。江泽民强调，国家计划是宏观调控的重要手段之一。党的十四大提出："要更新计划观念，改进计划方法，重点是合理确定国民经济和社会发展的战略目标，搞好经济发展预测、总量调控、重大结构与生产力布局规划，集中必要的财力物力进行重点建设，综合运用经济杠杆，促进经济更好更快地发展。"[1] 建立社会主义市场经济体制不是不要计划，而是要改变过去那种计划经济模式，在进一步改革中要很好地发挥计划的功能和作用。《决定》指出，国家计划要以市场为基础，总体上应当是指导性的计划。计划工作的任务，是合理确定国民经济和社会发展的战略、宏观调控目标和产业政策，搞好经济预测，规划重大经济结构、生产力布局、国土整治和重点建设。计划工作要突出宏观性、战略性、政策性，把重点放到中长期计划上，综合协调宏观经济政策和经济杠杆的运用。

四、建立和完善社会保障体系

市场机制强调资源的优化配置、优胜劣汰。在发展社会主义市场经济过程中，按照价值规律的要求对企业进行改革，必然会出现一些企业富余人员的分流和破产企业职工再就业问题。为此，江泽民指出："加快建立多层次的社会保障体系，特别是抓紧建立和完善养老、失业、医疗保险制度。这对于深化企

---

[1] 《十四大以来重要文献选编》上册，人民出版社 1996 年版，第 20 页。

业改革，保持社会稳定，顺利建立社会主义市场经济体制，具有重大意义。"①

党的十四大在提出建立社会主义市场经济的同时，也第一次明确把深化社会保障制度改革作为经济体制改革的四个重要环节之一。党的十四届三中全会提出，要建立多层次的社会保障体系，包括社会保险、社会救济、社会福利、优抚安置和社会互助、个人储蓄积累保障。社会保障水平要与我国社会生产力发展水平以及各方面的承受能力相适应。重点完善企业养老和失业保险制度，强化社会服务功能以减轻企业负担，促进企业组织结构调整，提高企业经济效益和竞争能力。江泽民在党的十四届四中全会上提出，深化企业改革要抓好三个关键点，逐步建立社会保障体系就是其中之一。随后，国务院出台的《关于深化企业职工养老保险制度改革的通知》提出，到20世纪末，基本建立起适应社会主义市场经济体制要求，适用城镇各类企业职工和个体劳动者，资金来源多渠道、保障方式多层次、社会统筹与个人账户相结合、权利和义务相对应、管理服务社会化的养老保险体系。1997年7月，国务院接着出台了《关于建立统一的企业职工基本养老保险制度的决定》，是对1995年《通知》进一步的具体化。

党的十五大提出要"建立社会保障体系，实行社会统筹和个人账户相结合的养老、医疗保险制度，完善失业保险和社会救济制度，提供最基本的社会保障"②，将其作为"积极推进各项配套改革"的三大重要内容之一。在我国，建立和完善社会保障体系不仅是一个经济问题，也是社会问题和政治问题。江泽民指出："社会保障，是一个很重要的经济和社会问题。社会保障的主要作用，是帮助人们降低生活和工作中可能遇到的风险，保障社会成员的基本生活，增强他们的生活安全感。社会保障体系是否健全，这方面的法制是否完备，对一个国家的经济发展和社会稳定，会产生直接的影响。"③ 同时，江泽民还强调："我们的社会保障工作，直接关系到坚持党的全心全意为人民服务的宗旨，关系到维护人民群众的切身利益，关系到保证改革开放和经济建设稳定发展的大局。"④1998年6月，党中央、国务院出台《中共中央、国务院关于切实做好国有企业下岗职工基本生活保障和再就业工作的通知》。《通知》指出，当前和

① 《十四大以来重要文献选编》中册，人民出版社1997年版，第1375页。
② 《十五大以来重要文献选编》上册，人民出版社2000年版，第24页。
③ 《江泽民论有中国特色社会主义（专题摘编）》，中央文献出版社2002年版，第86页。
④ 《江泽民论有中国特色社会主义（专题摘编）》，中央文献出版社2002年版，第87页。

今后一个时期，主要解决国有企业下岗职工基本生活保障和再就业问题；争取用五年左右时间，初步建立起适应社会主义市场经济体制要求的社会保障体系和就业机制。江泽民强调："建立和完善社会保障体系，是建立社会主义市场经济体制的重要内容，是顺利推进企业改革和结构调整的必要条件。"[①]在建立和完善社会主义市场经济体制的过程中，我国要逐步建立以失业、养老和医疗为重点的社会保障体系，扩大覆盖面，同时要建立健全城镇居民最低生活保障制度。完善的社会保障体系是社会主义市场经济体制的重要支柱。根据我国国情，建立社会保障体系要把握以下几个原则：一是从国情出发，与国民经济发展水平以及各方面承受能力相适应，首先保证人们基本生活的需要；二是坚持公平与效率相结合，权利与义务相对应，兼顾国家、企业、个人三者利益；三是要积极稳妥，注意新老体制的衔接和过渡，避免出现大的波动。

进入 21 世纪后，随着改革的深入和社会主义市场经济的发展，社会保障制度改革的重点转移到进一步完善社会基本养老保险制度、下岗职工基本生活保障和失业保险制度、城市居民最低生活保障制度之上。2001 年 3 月，九届全国人大第四次会议关于"十五"计划纲要的报告中明确指出，要加快完善社会保障制度，将其视为关系改革、发展、稳定的大事。2002 年 9 月，全国再就业工作会议将进一步全面落实"两个确保"和城市"低保"作为今后继续加强社会保障体系建设的首要任务。党的十六大进一步指出："建立健全同经济发展水平相适应的社会保障体系，是社会稳定和国家长治久安的重要保证。"[②]

第二节　完善社会主义初级阶段基本经济制度

党的十一届三中全会后，我们对传统的单一公有制进行改革，确立了公有

---

① 《江泽民文选》第 2 卷，人民出版社 2006 年版，第 442 页。
② 《十六大以来重要文献选编》上册，中央文献出版社 2005 年版，第 22 页。

制为主体，多种经济成分并存的发展方针，使我国的所有制结构发生了深刻的变化。党的十四大确立了社会主义市场经济体制的改革目标。随着市场经济的深入发展，原有的体制性矛盾日益突出，必须要破除体制性障碍，以适应经济快速发展的需要。为此，这一时期加快了完善与社会主义市场经济体制相适应的基本经济制度、分配制度，推动了国有企业改革。

一、公有制为主体、多种所有制经济共同发展的基本经济制度

1997 年，党的十五大总结了新中国成立以来，特别是改革开放近 20 年的经验，正式将"公有制为主体、多种所有制经济共同发展"的方针确立为我国社会主义初级阶段的一项基本经济制度。这对进一步推动我国生产关系的改革和发展，对建设和完善社会主义市场经济体制具有重要意义。

（一）社会主义初级阶段基本经济制度的提出

党的十四大明确了经济体制改革的目标，即"在坚持公有制和按劳分配为主体、其他经济成分和分配方式为补充的基础上，建立和完善社会主义市场经济体制"①。党的十四大不仅指出要建立和完善社会主义市场经济，还要有与之相适应的所有制结构和分配方式："在所有制结构上，以公有制包括全民所有制和集体所有制经济为主体，个体经济、私营经济、外资经济为补充，多种经济成分长期共同发展，不同经济成分还可以自愿实行多种形式的联合经营。国有企业、集体企业和其他企业都进入市场，通过平等竞争发挥国有企业的主导作用。在分配制度上，以按劳分配为主体，其他分配方式为补充，兼顾效率与公平。运用包括市场在内的各种调节手段，既鼓励先进，促进效率，合理拉开收入差距，又防止两极分化，逐步实现共同富裕。"②1993 年，党的十四届三中全会通过的《中共中央关于建立社会主义市场经济体制若干问题的决定》指出："建立社会主义市场经济体制，就是要使市场在国家宏观调控下对资源配置起基础性作用。为实现这个目标，必须坚持以公有制为主体、多种经济成份

---

① 《十四大以来重要文献选编》上册，人民出版社 1996 年版，第 11 页。
② 《十四大以来重要文献选编》上册，人民出版社 1996 年版，第 19 页。

共同发展的方针"①。1995 年，江泽民在党的十四届五中全会上指出："以公有制经济为主体、多种经济成分共同发展，是我们必须长期坚持的方针。它是由我国社会主义制度和现阶段生产力发展水平决定的。实践证明，只有坚持这条方针，才能使我国经济充满生机和活力，促进社会生产力的迅速发展。"②1997年 1 月，江泽民在党的十五大文件起草组会议上指出："坚持公有制为主体、多种所有制经济共同发展，是党通过长期实践总结出来的基本经验，应该确立为我国社会主义初级阶段的一项基本经济制度，任何情况下也不能动摇。确立这项基本经济制度是由两个方面决定的：一是我国实行社会主义制度，必须坚持公有制为主体；二是我国处在社会主义初级阶段，必须发展多种所有制经济。在坚持公有制为主体的前提下，一切符合'三个有利于'的所有制形式都应当用来为社会主义服务。"③随后，党的十五大将公有制为主体、多种所有制经济共同发展正式确立为我国社会主义初级阶段的一项基本经济制度。这是党在总结新中国成立以来，特别是改革开放以来实践经验的基础上作出的一项重大经济决策，是根据我国社会主义性质和初级阶段的基本国情得出的一条科学结论，是党对社会主义所有制问题认识的一个重大突破。

党的十六大进一步提出坚持公有制为主体、多种所有制经济共同发展这一基本经济制度的"三个必须"。第一，必须毫不动摇地巩固和发展公有制经济。发展壮大国有经济，国有经济控制国民经济命脉，对于发挥社会主义制度的优越性，增强我国的经济实力、国防实力和民族凝聚力，具有关键性作用。集体经济是公有制经济的重要组成部分，对实现共同富裕具有重要作用。第二，必须毫不动摇地鼓励、支持和引导非公有制经济发展。个体、私营等各种形式的非公有制经济是社会主义市场经济的重要组成部分，对充分调动社会各方面的积极性、加快生产力发展具有重要作用。第三，坚持公有制为主体，促进非公有制经济发展，统一于社会主义现代化建设的进程中，不能把这两者对立起来。各种所有制经济完全可以在市场竞争中发挥各自优势，相互促进，共同发展。"三个必须"全面总结了基本经济制度在社会主义初级阶段对我国经济社会生产力发展的重要性以及内在关系，强调了必须长期坚持社会主义初级阶段

---

① 《十四大以来重要文献选编》上册，人民出版社 1996 年版，第 520 页。
② 《十四大以来重要文献选编》中册，人民出版社 1997 年版，第 1469 页。
③ 《江泽民文选》第 1 卷，人民出版社 2006 年版，第 613 页。

的基本经济制度。

（二）公有制及其主体地位的科学内涵

公有制为主体、多种所有制经济共同发展是我国社会主义初级阶段必须长期坚持的一项基本经济制度，其中最根本的就是坚持公有制的主体地位。只有坚持公有制的主体地位，才能始终保证我国的社会主义事业不会走上弯路、走上邪路，才能始终保证改革发展的社会主义方向，才能始终保证人民群众的根本利益。江泽民在党的十四届五中全会的闭幕式上指出："坚持公有制的主体地位，是社会主义的一条根本原则，也是我国社会主义市场经济的基本标志。在整个改革开放和现代化建设过程中，我们都要坚持这条原则。只有确保公有制经济的主体地位，才能防止两极分化，实现共同富裕。任何动摇、放弃公有制主体地位的做法，都会脱离社会主义的方向。"①

1. 全面认识公有制经济的含义

全面认识公有制经济的含义，是坚持社会主义初级阶段基本经济制度的关键。党的十五大提出要全面认识公有制经济，"公有制经济不仅包括国有经济和集体经济，还包括混合所有制经济中的国有成分和集体成分"②。这一认识突破了传统观念，将公有制经济的组成部分从过去的国有经济和集体经济扩展到混合所有制经济中的国有成分和集体成分，扩大了公有制经济的外延，进一步扩展了公有制经济的活动空间。一方面是对现实发展的混合所有制经济的肯定；另一方面扩大了公有制经济的覆盖范围，为公有制经济主体地位提供了新的理论依据和现实依据，并有利于探索一切有利于经济发展的公有制经济形式。随着社会主义市场经济的不断发展和完善，投资主体越来越趋于多元化，由此带来了企业组织形式的多样化和所有制结构的多样化，混合所有制形式逐渐成为主流。因此，在理解公有制的主体地位时，思想观念不能仅仅停留在单一的公有制形式的国有经济和集体经济上，也不能以绝对比例和数量来衡量不同形式的公有制形式的公有化程度。随着公有制经济在混合所有制经济中的比重不断增大，有的甚至取得了控制地位，因而在认识公有制经济时应该将混合所有制经济中的国有成分和集体成分纳入其中。党的十六大提出："要深化国

① 《十四大以来重要文献选编》中册，人民出版社 1997 年版，第 1469 页。
② 《十五大以来重要文献选编》上册，人民出版社 2000 年版，第 21 页。

有企业改革，进一步探索公有制特别是国有制的多种有效实现形式，大力推进企业的体制、技术和管理创新。除极少数必须由国家独资经营的企业外，积极推行股份制，发展混合所有制经济。实行投资主体多元化，重要的企业由国家控股。按照现代企业制度的要求，国有大中型企业继续实行规范的公司制改革，完善法人治理结构。推进垄断行业改革，积极引入竞争机制。通过市场和政策引导，发展具有国际竞争力的大公司大企业集团。进一步放开搞活国有中小企业。深化集体企业改革，继续支持和帮助多种形式的集体经济的发展。"①

2. 全面认识公有制经济主体地位的科学内涵

坚持公有制的主体地位是社会主义的一条根本原则，也是我国社会主义市场经济的基本标志。我国经济体制改革的目标是建立社会主义市场经济体制，而不是搞资本主义市场经济，重要的是要使国有经济和整个公有制经济在市场竞争中不断发展壮大，始终保持公有制经济在国民经济中的主体地位，充分发挥国有经济的主导作用。如果失去公有制经济的主体地位和国有经济的主导作用，也就不可能建设有中国特色的社会主义。江泽民在党的十四届五中全会上提出了坚持公有制的主体地位的几点认识，"一是在社会总资产中要保持国家所有和集体所有的资产占优势，二是国有经济在关系国民经济命脉的重要部门和关键领域占支配地位，三是国有经济对整个经济发展起主导作用，四是公有制经济特别是国有企业要适应社会主义市场经济发展的要求不断发展壮大自己。当然，公有制经济在整个经济中应占主体地位是就全国来说的，有的地方、有的产业可以有所差别"②。这一认识突破了传统那种认为公有制经济必须在国民生产总值中占有绝对优势的观念，进一步解放了思想，推动了公有制经济的发展。党的十五大进一步指出，公有制的主体地位主要体现在：公有资产在社会总资产中占优势；国有经济控制国民经济命脉，对经济发展起主导作用。公有资产占优势，要有量的优势，更要注重质的提高。国有经济起主导作用，主要体现在控制力上。要从战略上调整国有经济布局。对关系国民经济命脉的重要行业和关键领域，国有经济必须占支配地位。在其他领域，可以通过资产重组和结构调整，以加强重点，提高国有资产的整体质量。只要坚持公有

---

① 《十六大以来重要文献选编》上册，中央文献出版社 2005 年版，第 20 页。
② 《江泽民文选》第 1 卷，人民出版社 2006 年版，第 468—469 页。

制为主体，国家控制国民经济命脉，国有经济的控制力和竞争力得到增强，在这个前提下，国有经济比重减少一些，不会影响我国的社会主义性质。

3. 公有制的实现形式可以而且应当多样化

公有制和公有制的实现形式这一对关系实质上是内容和形式的辩证关系。公有制作为基本经济制度的主体，决定着社会主义的性质，而公有制的实现形式是形式、是手段、是工具，就跟市场一样，本身不具有制度属性，资本主义制度可以使用，社会主义制度也可以使用。国有企业在深化改革、转换经营机制中，可以根据自己的实际情况选择合适的经营形式，不同类型、不同条件的国有企业的经营形式可以多种多样。党的十五大提出："公有制实现形式可以而且应当多样化。一切反映社会化生产规律的经营方式和组织形式都可以大胆利用。要努力寻找能够极大促进生产力发展的公有制实现形式。"①党的十五大总结了我国改革开放以来的经验，把公有制经济和公有制经济的实现形式区别开来，为探索公有制经济实现形式的多样化、深化经济体制改革，指明了方向。

江泽民十分重视股份制的发展和运用，"股份制是现代企业的一种资本组织形式，有利于所有权和经营权的分离，有利于提高企业和资本的运作效率，资本主义可以用，社会主义也可以用"②。同时，股份制只是"公有制多种实现形式中的一种形式，不是唯一形式，不能搞'一刀切'，不要'刮风'，不要以为一搞股份制什么问题都能解决"③。关于公有制实现形式可以而且应当多样化的思想，为努力探索一切有利于生产力发展的公有制实现形式提供了科学的思想武器，是我们党对社会主义经济理论的一个重要贡献。

（三）多种所有制经济共同发展

改革开放前，我国严格限制和禁止非公有制经济的发展。党的十一届三中全会以来，我国在改革开放中提出要在坚持公有制为主体的前提下发展非公有制经济。发展非公有制经济是经济改革的重要方面，也是经常引起争议的一个问题。我们党对于非公有制经济的地位和作用的认识是随着实践的发展而不断

---

① 《十五大以来重要文献选编》上册，人民出版社 2000 年版，第 21—22 页。
② 《十五大以来重要文献选编》上册，人民出版社 2000 年版，第 22 页。
③ 《江泽民论有中国特色社会主义（专题摘编）》，中央文献出版社 2002 年版，第 54 页。

提高的。党的十一届六中全会通过的《中共中央关于建国以来党的若干历史问题的决议》和十二大报告提出，劳动者的个体经济是公有制经济必要的补充。在传统观念的影响下，此时对于非公有经济的发展有着比较严格的限制，仅限于个体经济。党的十三大将非公有制经济的范围从个体经济扩大到私营企业、中外合资合作企业和外商独资企业，认为这些非公有制经济是对公有制经济的有益的补充。随着经济的发展和对外开放的深入，党的十四大提出多种经济成分长期共同发展。"长期共同发展"是对非公有制经济的地位和作用的确认，也为其健康发展提供了保障。党的十五大正式提出"非公有制经济是我国社会主义市场经济的重要组成部分"。这是对改革开放以来所有制结构改革和经济快速发展的经验的科学总结，从而对非公有制经济的认识提升到一个新的高度。党的十六大进一步提出"必须毫不动摇地鼓励、支持和引导非公有制经济发展。个体、私营等各种形式的非公有制经济是社会主义市场经济的重要组成部分，对充分调动社会各方面的积极性、加快生产力发展具有重要作用"①。

"非公有制经济"是社会主义市场经济的重要组成部分，既是改革开放以来经济发展的实践经验和理论成果，也是发展和完善社会主义市场经济，不断提升经济实力，实现社会主义现代化的必然要求。我国正处于并长期处于社会主义初级阶段，生产力水平低下，各个地区、各个领域、各个行业发展很不平衡，公有制经济难以覆盖一切地方、一切领域和一切方面。由于脱离生产力发展实际而实行计划经济造成了短缺经济，人民生活水平长期得不到提高，严重损害了社会主义的声誉。与此同时，我国人口基数庞大，就业问题是我国需要长期面对和不断解决的重大问题，仅仅依靠国有经济是无法完全吸收如此众多的劳动力的。非公有制经济的发展则很好地解决了这两方面的问题。非公有制经济以市场为导向，尤其是私营经济和个体经济，具有规模小、生产灵活的特点，更能把握人民生活的实际需要，为丰富和提高人民生活的物质生活水平和精神生活水平提供了重要途径。引进外资企业带来了先进技术和管理经验，为国有企业的管理和改革提供了重要的参考。非公有制经济的发展为我国社会主义建设提供了大量的资金，在其发展过程中又吸收了大量的劳动力，在一定程度上解决了我国的就业压力。随着非公有制经济的发展和壮大，对国有企业产生了竞争压力，迫使国有企业进行改革，提高效率和质量，以适应市场竞争的

---

① 《十六大以来重要文献选编》上册，中央文献出版社 2005 年版，第 19 页。

需要。

明确提出非公有制经济是我国社会主义市场经济的重要组成部分，这既是对非公有制经济在我国经济发展过程中的重要地位和作用的高度肯定，同时也表明我国将会毫不动摇地继续鼓励、支持、引导非公有制经济的发展。

二、坚持和完善按劳分配为主体、多种分配方式并存的分配制度

分配制度是与生产资料所有制紧密联系在一起的，有什么样的生产资料所有制，就会有什么样的分配制度。马克思在《哥达纲领批判》中提出在共产主义社会第一阶段实行按劳分配，到了高级阶段就可以实现"各尽所能，按需分配"。因此，按劳分配被认为是社会主义社会的基本特征。但在很长的一段时间内，按劳分配没有得到全面贯彻。改革开放以来，我们逐步抛弃了过去那种绝对平均主义的做法，恢复了按劳分配的原则，并确立了以按劳分配为主体、多种分配方式并存的分配制度。

党的十四大提出，要实行以按劳分配为主体，其他分配方式为补充的分配制度，兼顾效率与公平。党的十四届三中全会通过的《中共中央关于建立社会主义市场经济体制若干问题的决定》进一步完善了分配制度，提出："个人收入分配要坚持以按劳分配为主体、多种分配方式并存的制度，体现效率优先、兼顾公平的原则。"[1] 同时明确提出"允许属于个人的资本等生产要素参与收益分配"[2]。这样就把"兼顾效率与公平"的原则变为"效率优先、兼顾公平"的原则，而且还提出了允许生产要素参与分配。1995 年，江泽民在党的十四届五中全会上提出："在收入分配中，必须坚持按劳分配为主体、多种分配方式并存的原则，体现效率优先、兼顾公平，把国家、企业、个人三者的利益结合起来。"[3] 在这里又提出了国家、企业和个人三个主体在分配制度中的地位和利益关系，进一步明确了社会主义初级阶段的分配制度。1996 年 11 月，江泽

---

① 《十四大以来重要文献选编》上册，人民出版社 1996 年版，第 534 页。
② 《十四大以来重要文献选编》上册，人民出版社 1996 年版，第 535 页。
③ 《十四大以来重要文献选编》中册，人民出版社 1997 年版，第 1470 页。

民在中央经济工作会议上指出："理顺分配关系，是我们面临的一项重要而紧迫的任务。"[1] 他指出分配领域存在着三个突出问题：一是国民收入分配过分向个人倾斜，国家所得太少；二是部分社会成员之间收入差距过大，产生新的分配不公；三是分配秩序混乱，甚至有些单位分配失去控制。解决这些问题的总原则就是：坚持按劳分配为主体、多种分配方式并存，体现效率优先、兼顾公平；要继续允许和鼓励一部分人通过诚实劳动和合法经营先富起来，也必须防止收入差距悬殊。要深化分配体制改革，完善分配调节机制，整顿和规范收入分配秩序，逐步理顺国家、企业和个人收入分配格局，协调好城乡之间、地区之间、不同社会群体之间的利益关系。

到 20 世纪 90 年代中期，贫富差距过大已经成为分配领域中比较突出的问题。中央既认识到在社会主义初级阶段，社会成员之间的收入存在一定的差距是难以避免的；同时也清醒地认识到贫富两极分化的趋势进一步发展将造成严重后果。为此，党的十五大明确提出："坚持按劳分配为主体、多种分配方式并存的制度。把按劳分配和按生产要素分配结合起来，坚持效率优先、兼顾公平，有利于优化资源配置，促进经济发展，保持社会稳定。依法保护合法收入，允许和鼓励一部分人通过诚实劳动和合法经营先富起来，允许和鼓励资本、技术等生产要素参与收益分配。取缔非法收入，对侵吞公有财产和用偷税逃税、权钱交易等非法手段牟取利益的，坚决依法惩处。整顿不合理收入，对凭借行业垄断和某些特殊条件获得个人额外收入的，必须纠正。调节过高收入，完善个人所得税制，开征遗产税等新税种。规范收入分配，使收入差距趋向合理，防止两极分化。"[2]

此后，江泽民反复强调在分配中既要反对平均主义，也要防止两极分化。江泽民指出，平均主义不是社会主义，两极分化也不是社会主义。2000 年 1 月，江泽民在省部级主要领导干部财税专题研讨班上指出："事物的差别性总是存在的，社会就是在矛盾中发展的。解决收入分配问题，不能再搞分配上的'平均主义'、'吃大锅饭'，根本的还是要适应发展社会主义市场经济的要求，引入竞争机制，通过促进经济发展来逐步解决问题。同时采取相应的政策措施，保护合法收入，调节过高收入，取缔非法收入，防止收入分配上的过分悬殊，

---

[1] 《江泽民论有中国特色社会主义（专题摘编）》，中央文献出版社 2002 年版，第 56 页。
[2] 《十五大以来重要文献选编》上册，人民出版社 2000 年版，第 24 页。

把广大干部群众的积极性充分调动起来。"①2001 年 11 月，江泽民在中央经济工作会议上为解决在分配上存在的问题作了进一步阐释："解决收入分配中的突出问题，要从基本国情出发，坚持实行按劳分配和按生产要素分配相结合的制度，贯彻效率优先、兼顾公平的原则。既要注重效率，反对平均主义；也要讲求公平，防止收入差距过分扩大。要坚持鼓励一部分人先富，先富帮助和带动后富，逐步实现共同富裕的政策。正确处理一次分配和二次分配的关系，在经济发展的基础上普遍提高居民收入水平，逐步形成一个高收入人群和低收入人群占少数、中等收入人群占大多数的'两头小、中间大'的分配格局，使人民共享经济繁荣成果，促进国民经济持续快速健康发展和社会长治久安。"②

三、国有企业改革和发展

党的十一届三中全会后，我国的经济改革前期主要集中在农业领域和非公有制经济领域。党的十四大正式提出建立社会主义市场经济体制的改革目标，国有企业改革成为改革的核心。党的十五大提出："国有企业是我国国民经济的支柱。搞好国有企业改革，对建立社会主义市场经济体制和巩固社会主义制度，具有极为重要的意义。"③ 国有企业改革的成败关系到整个经济体制改革，关系到社会主义市场经济体制的建立，关系到社会主义现代化建设。江泽民十分重视国有企业改革，为国有企业改革并保证改革胜利提出了一系列重要的指导思想。

（一）国有企业改革是经济体制改革的中心环节

国有企业是我国国民经济的支柱，是我国社会主义制度重要的经济基础。在经济建设中，国有企业支撑了国家经济的发展，保证了能源、原材料的供给，培养和输送了大批人才，为国家发展经济提供了资金。国有企业承担着国家计划所确定的重大任务，支持改革开放和经济建设的顺利进行，在保障供

---

① 《江泽民论有中国特色社会主义（专题摘编）》，中央文献出版社 2002 年版，第 58 页。
② 《江泽民论有中国特色社会主义（专题摘编）》，中央文献出版社 2002 年版，第 59 页。
③ 《十五大以来重要文献选编》上册，人民出版社 2000 年版，第 22 页。

给、繁荣市场、调节分配、稳定社会方面发挥了重要作用。在从计划经济向市场经济的转型过程中，国有企业改革是经济体制改革的中心环节。江泽民强调："建立社会主义市场经济体制，使公有制与市场经济有机结合起来，必须抓住国有企业改革这个经济体制改革的中心环节。建立和完善社会主义市场经济体制，基础在于企业，最重要的是使国有企业形成适应发展社会主义市场经济要求的管理体制和经营机制。"①

国有企业的发展对我国经济发展具有重要意义：一是国有大中型企业是我国经济参与国际竞争、合作、分工的基本力量。随着我国对外开放的扩大，我国在国际经济中的交往将进一步增加。二是搞好国有大中型企业，是建立社会主义市场经济体制的主要内容和重要保证。国有大中型企业是发展社会主义市场经济的主力军。只有国有大中型企业进入市场，参与市场竞争，成为市场的主体，我国的市场体系才能完备、健全和发展，才能确保市场的统一开放、有序竞争。三是进一步搞好国有大中型企业才能进一步体现和发挥社会主义制度在发展社会生产力方面的优越性。江泽民强调："国有企业是我国国民经济的支柱，是我国社会主义制度的重要经济基础。国有企业改革是我国经济体制改革的中心环节。实现全会确定的国有企业改革和发展的目标，关系到能否保持我国经济的持续快速健康发展，能否始终保持改革、发展、稳定相互协调的大局，能否加强和巩固党的执政地位与社会主义制度，能否建立社会主义市场经济体制，能否不断提高人民生活水平、最终实现全体人民的共同富裕。这既是一个重大的经济问题，也是一个重大的政治问题。全党都要从这样的战略高度认识问题和开展工作。"②

改革开放特别是党的十四大后，我们党在实践中形成了推动国有企业改革和发展的一系列重要方针：坚持公有制经济为主体、多种所有制经济共同发展；以国有企业改革为中心环节全面推进经济体制改革；把国有企业改革同改组、改造和加强管理结合起来；国有企业改革的方向是建立现代企业制度；着眼于搞好整个国有经济，调整国有经济布局和结构，对国有企业实行战略性改组；鼓励兼并，规范破产，形成企业优胜劣汰的竞争机制；建立符合市场经济规律和中国国情的企业领导体制和管理制度；全心全意依靠工人

---

① 《十五大以来重要文献选编》中册，人民出版社 2001 年版，第 920 页。
② 《江泽民论有中国特色社会主义（专题摘编）》，中央文献出版社 2002 年版，第 145 页。

阶级，发挥企业党组织的政治核心作用；实行政企分开，协调推进各项配套改革，等等。这些基本方针符合我国国情，符合市场经济规律和现代化生产的要求，在实践中是行之有效的。在国有企业改革过程中，一方面必须坚持建立社会主义市场经济体制的改革目标，适应国内外经济、科技和市场的发展变化，进一步深化改革，扩大开放，不断增强企业市场竞争能力、科技创新能力和抗御风险能力；另一方面，必须坚持公有制经济的主体地位。没有以国有经济为核心的公有制经济，就没有社会主义的经济基础，也就没有共产党执政以及整个社会主义上层建筑的经济基础和强大物质手段。搞好国有企业改革就是要保证国有经济控制国民经济命脉，对经济发展起主导作用，就是要不断巩固、加强党执政和社会主义国家政权的经济基础。因此，江泽民强调："搞好国有企业的改革和发展，不仅是一个重大的经济问题，而且是一个重大的政治问题。"①

（二）从战略上调整国有经济布局和改组国有企业

在国有企业改革的过程中，要着眼于大局，搞好整个国有经济，就要优化国有资产分布结构，合理确定国有经济发展的重点领域、重点行业和重点企业，明确进一步放开放活的产业、行业和企业，积极推动国有资产的合理流动和重组。为此，江泽民强调要继续落实"抓大放小"战略。"抓大放小"战略是实施国有经济战略性改组的一项重大决策，是搞好国有企业的一条正确方针。一方面，国家要集中力量重点抓好一批关系国民经济命脉、体现国家经济实力的大型企业和企业集团，按照市场经济规律的要求，采取有力的政策和措施，择优扶强，显著提高它们的素质和竞争力。另一方面，国家要因地制宜，区别不同情况，采取改组、联合、兼并、股份合作制、租赁、承包经营和出售等多种方式，放开放活一般国有小型企业。党的十五大指出："把国有企业改革同改组、改造、加强管理结合起来。要着眼于搞好整个国有经济，抓好大的，放活小的，对国有企业实施战略性改组。以资本为纽带，通过市场形成具有较强竞争力的跨地区、跨行业、跨所有制和跨国经营的大企业集团。采取改组、联合、兼并、租赁、承包经营和股份合作制、出售等形式，加快放开搞活国有小型企业的步伐。要推进企业技术进步，鼓励、引

---

① 《江泽民论有中国特色社会主义（专题摘编）》，中央文献出版社 2002 年版，第 146 页。

导企业和社会的资金投向技术改造，形成面向市场的新产品开发和技术创新机制。要加强科学管理，探索符合市场经济规律和我国国情的企业领导体制和组织管理制度，建立决策、执行和监督体系，形成有效的激励和制约机制。"①

"抓大"，就是要重点抓好关系国民经济命脉的大型骨干企业。江泽民指出："在'抓大'中，组建跨地区、跨行业、跨所有制和跨国经营的大企业集团，应以资本为纽带，通过市场促进生产要素的优化配置，增强企业的竞争能力"②。国有经济在关系国民经济命脉的重要行业和关键领域必须占支配地位。其他行业和领域，可以通过资产重组和结构调整，集中力量，加强重点，提高国有资产的整体素质。国有经济对经济发展的主导作用，既要通过国有独资企业来实现，更要积极发展股份制，探索通过国有控股和参股企业来实现。国有经济的结构调整，要积极吸收和利用非国有的社会资本，以放大国有资本的功能，提高国有经济的控制力、影响力和带动力。国家在关系国民经济命脉的重要行业与关键领域，要重点培育和抓好一批国有及国有控股的大型企业和企业集团，发挥这些大企业在资本运营、技术开发、开拓国内外市场等方面的优势，成为经济结构调整和企业重组的重要力量，成为参与国际市场竞争的骨干。江泽民强调："继续推动国有企业的战略性改组。培育和发展一批拥有自主知识产权、核心能力强的大公司和企业集团，是应对加入世贸组织后国际竞争的重大举措，要抓紧推进"③。

"放小"，就是要"放活"，就是从实际出发，采取多种形式，搞活中小企业，更好地发挥小企业的重要作用。江泽民反复强调，放活国有小企业，有改组、联合、兼并、租赁、承包经营和股份合作、出售等多种实现形式，"放小"不是"放弃"，不能简单地一卖了之，必须要充分考虑职工的利益，考虑职工的就业，要防止国有资产流失，防止逃、废银行债务。如果不考虑这些，一味竞相拍卖，把大批职工推给政府和社会，算起总账来，是得不偿失的。因此，在放开国有中小企业的过程中，必须严格执行国家的有关规定，从实际出发，听取群众意见，规范操作，注重实效。

---

① 《十五大以来重要文献选编》上册，人民出版社 2000 年版，第 23 页。
② 《江泽民论有中国特色社会主义（专题摘编）》，中央文献出版社 2002 年版，第 148 页。
③ 《江泽民论有中国特色社会主义（专题摘编）》，中央文献出版社 2002 年版，第 150 页。

（三）国有企业改革的方向和目标是建立现代企业制度

国有企业是在新中国成立后的计划经济体制下建立和成长起来的，随着社会主义市场经济体制的逐步建立，国有企业难以适应市场竞争的要求，对国有企业的改革势在必行。搞好国有企业特别是国有大中型企业，是建立和完善社会主义市场经济的重要环节，其根本出路在于进一步深化改革。转换企业经营机制，把企业推向市场，在市场竞争中增强活力，提高素质，建立适应社会主义市场经济发展要求的现代企业制度，是深化企业改革的重要内容。党的十四大提出："转换国有企业特别是大中型企业的经营机制，把企业推向市场，增强它们的活力，提高它们的素质。这是建立社会主义市场经济体制的中心环节，是巩固社会主义制度和发挥社会主义优越性的关键所在。通过理顺产权关系，实行政企分开，落实企业自主权，使企业真正成为自主经营、自负盈亏、自我发展、自我约束的法人实体和市场竞争的主体，并承担国有资产保值增值的责任。"[1] 党的十四届三中全会通过的《中共中央关于建立社会主义市场经济体制若干问题的决定》指出："建立现代企业制度，是发展社会化大生产和市场经济的必然要求，是我国国有企业改革的方向。"[2] 这是第一次在社会主义市场经济体制下对国有企业进行改革的设计。党的十五大作出深化国有企业改革的决定，并对国有企业改革作了进一步部署。1999 年党的十五届四中全会通过了《中共中央关于国有企业改革和发展若干重大问题的决定》。2002 年党的十六大提出要进一步深化国有企业改革。

以公有制为主体的现代企业制度，是社会主义市场经济体制的基础。深化国有企业改革，就是要以建立现代企业制度为方向。现代企业制度的基本特征是产权清晰、权责明确、政企分开、管理科学。按照这一要求，在国有企业改革过程中需要抓好多方面工作。

第一，政企分开是深化企业改革的重要内容。政府职能不转变，政企就难以分开，政府就会干预企业的生产经营活动，企业或者只能按政府行政意志办事，或者躺在政府身上，不承担责任，很难适应市场经济的要求。解决政企不分的问题，必须适应建立社会主义市场经济体制的需要，按照政府的社会经济

---

[1] 《十四大以来重要文献选编》上册，人民出版社 1996 年版，第 20—21 页。

[2] 《十四大以来重要文献选编》上册，人民出版社 1996 年版，第 523 页。

管理职能和国有资产所有者的职能分开的原则，积极探索国有资产管理和经营的合理形式和途径，从制度上规范政府和企业行为。党的十五大提出："进一步明确国家和企业的权利和责任。国家按投入企业的资本额享有所有者权益，对企业的债务承担有限责任；企业依法自主经营，自负盈亏。政府不能直接干预企业经营活动，企业也不能不受所有者约束，损害所有者权益。要采取多种方式，包括直接融资，充实企业资本金。培育和发展多元化投资主体，推动政企分开和企业转换经营机制。"①

第二，探索国有资产管理的有效形式。党的十五大要求"建立有效的国有资产管理、监督和营运机制，保证国有资产的保值增值，防止国有资产流失"②。党的十五届四中全会将十五大的要求具体化，提出了管理国有资产的具体措施：国务院代表国家统一行使国有资产所有权，中央和地方分级管理国有资产，授权有关公司经营国有资产；确保出资人到位；继续试行稽查特派员制度；健全和规范监事制度等。党的十六大提出："建立中央政府和地方政府分别代表国家履行出资人职责，享有所有者权益，权利、义务和责任相统一，管资产和管人、管事相结合的国有资产管理体制。"③

第三，加强企业管理。深化企业改革同加强企业管理，是相互促进、相辅相成、互为保证的关系。在深化企业改革的过程中必须强化企业管理，为深化改革创造条件，保证改革成果的巩固和发展。加强与社会主义市场经济相适应的企业内部管理离不开深化改革，企业管理包含着丰富的改革内容，企业管理改革是企业改革的一个重要组成部分。在坚持那些行之有效的管理制度、管理办法的同时，要努力按照社会主义市场经济发展的要求，赋予企业管理以新的内容、方式和手段，实现科学管理。江泽民指出："管理是企业永恒的主题。从严治理企业，是企业振兴的必由之路。加强企业发展战略的管理，关键是要根据不断变化的市场要求，抓住发展战略、技术创新战略和市场营销战略这些重要环节。"④

第四，进行规范的公司制改革。党的十六大提出："按照现代企业制度的

---

①　《十五大以来重要文献选编》上册，人民出版社 2000 年版，第 22—23 页。

②　《十五大以来重要文献选编》上册，人民出版社 2000 年版，第 24 页。

③　《十六大以来重要文献选编》上册，中央文献出版社 2005 年版，第 20 页。

④　《十五大以来重要文献选编》中册，人民出版社 2001 年版，第 923 页。

要求，国有大中型企业继续实行规范的公司制改革，完善法人治理结构。"①公司法人治理结构是现代公司制的核心。要按照《公司法》，明确股东会、董事会、监事会和经理层的职责，使之各负其责、协调运转、有效制衡。绝大多数国有控股公司都既有股东会、董事会、监事会，又有党委会、工会、职工代表大会，采取双向进入的办法，处理好它们之间的关系。在国有和国有控股公司中，党委负责人和职工代表可按照法定程序进入董事会，还可按法定程序进入监事会；董事长、监事会负责人和总经理可按党章和有关规定进入党委会；党委书记和董事长可由一人兼任。通过这些措施，形成对公司重大问题的统一决策机制。

第五，建设高素质的经营管理者队伍。有没有好的领导班子和负责人，对企业的发展具有决定性的意义。必须进一步建设一支思想政治素质好，善于经营管理，熟悉本行业务，遵纪守法，廉洁自律的经营管理者队伍。深化国有企业人事制度改革，把坚持党管干部原则、组织考核推荐和引入市场机制、公开向社会招聘结合起来，进一步研究和完善对国有企业领导人员管理的具体办法，努力营造使他们健康成长、脱颖而出的社会环境。建立和健全国有企业经营管理者的激励机制和约束机制，把物质鼓励和精神鼓励结合起来，提倡奉献精神。完善对国有企业经营管理者的监督机制，建立企业决策失误的追究制度，实行企业领导人员任期的经济责任审计。

第三节　重大发展战略的制定和实施

进入 20 世纪 90 年代后，随着冷战的结束，在信息技术革命的强力推动下，经济全球化迅速发展，各国之间的经济交往和合作日益密切。与此同时，各国之间综合国力竞争日趋激烈，中国面临着发达国家在经济和科技方面占优势的压力。经过了十几年改革开放的发展，中国的经济实力显著增强，生产力

---

① 《十六大以来重要文献选编》上册，中央文献出版社 2005 年版，第 20 页。

水平得到较大提高，人民的生活基本解决了温饱问题，各项事业都取得了重大成绩。同时社会经济发展过程中存在着许多重大问题：我国人口众多，人均资源不足，就业压力大问题突出，与之相对的是国民整体文化素质不高，各个领域、各个行业专业人才严重缺乏；十几年的粗放式发展，对资源浪费严重，对生态环境造成了严重的破坏，生态环境问题突出；社会成员之间的收入差距悬殊，还有大量的人口没有脱离贫困，扶贫工作任务艰巨，人民群众的整体生活水平依然不高，等等。为此，党中央站在时代的高度，审时度势，提出并实施了一系列具有深远影响的重大战略，主要包括科教兴国战略、可持续发展战略和八七扶贫攻坚计划等。

一、科教兴国战略

20 世纪 80 年代以来，以计算机和网络技术为代表的新科技迅速发展，对经济和社会发展产生了深刻的影响。科技与经济相互融合程度更加紧密，谁掌握了先进的科学技术，谁就掌握了经济发展的动力，谁就能在日益激烈的国际竞争中占据着主导地位。各国纷纷制定推动科技进步、抢占科技制高点的发展战略。1994 年，美国提出了建立"以知识为基础的技术社会"的战略目标。1995 年，日本也开始推进"科技创新立国"的发展战略。曾长期从事科技工作的江泽民敏锐地发觉并密切关注这一世界形势的变化。1995 年江泽民在全国科学技术大会上指出："世界科技革命正在形成新的高潮，又一个科技和经济大发展的新时代正在来临。"[1]1999 年江泽民在第三次全国教育工作会议上再次指出："现在，科学技术在经济、国防和社会发展中的作用日益重要和突出，知识更新和转化为现实生产力的速度日益加快。""发展的优势蕴藏于知识和科技之中，社会财富日益向拥有知识和科技优势的国家和地区聚集，谁在知识和科技创新上占优势，谁就在发展上占据主导地位。这种发展格局，对于第三世界广大国家来说，既提供了利用高技术和先进知识超越传统发展模式的有利机遇，又提出了前所未有的严峻挑战。"[2]中国作为世界上最大的发展中国家，能

---

① 《江泽民文选》第 1 卷，人民出版社 2006 年版，第 427 页。
② 《江泽民文选》第 2 卷，人民出版社 2006 年版，第 329 页。

否以及如何抓住这一历史机遇，不断增强自己的综合国力和国际竞争力，是关系到党、国家、民族前途命运的重大考验。

作为世界上最大的发展中国家，人口多，底子薄，人均资源不足，生产力相对不发达、发展不平衡，是我国的基本国情。江泽民指出："我国目前的整体技术水平和经济实力同发达国家相比还有很大差距。以粗放经营为主的经济增长方式尚未根本改观，产品结构、产业结构不合理等经济发展中的一些深层次问题还有待解决，发展农业、搞好国有大中型企业、提高经济效益等任务十分艰巨。人口、自然资源、生态环境等对经济持续发展的压力在增大。"①尤其是经历了亚洲金融危机，一些被看好的新兴发展中国家在危机中遭遇严重的倒退，让江泽民更加深刻地认识到，如果过分依赖西方发达国家，仅仅靠利用自己的廉价劳动力、消耗自然资源、依赖外国现成的技术产品来发展经济，而不是努力提高本民族的科技文化素质和本国的知识创新、技术创新能力的话，那就会在国际经济竞争格局中处于被动和依附的地位，就必然进一步拉大同发达国家的发展差距。如何在这样的现实国情，抓住机遇，确保我国三步走战略目标的顺利完成，是摆在党和国家面前的一个重大课题。

面对新形势、新课题、新挑战，党中央一方面坚持邓小平提出的"科学技术是第一生产力"的论断，另一方面立足于社会主义建设的经验，从社会主义制度的优越性层面认识科学技术对生产力发展的作用，提出科教兴国战略。科教兴国战略的实施，推动了我国科学技术的创新和发展，提高了我国的教育水平，培养了大批优秀人才，为我国社会主义现代化建设提供了坚实的保障。

（一）科教兴国战略的形成过程

1989 年 12 月，江泽民在全国科技奖励大会上指出："现代科学技术正在经历着深刻的革命，大力发展我国的科学技术，从总体上逐步缩短同发达国家的差距，努力接近和赶上世界先进水平，是摆在全党全国各族人民面前的一项紧迫任务。我们要坚持把科学技术放在优先发展的战略地位，坚持依靠科技进步来提高经济效益和社会效益。"②江泽民将坚持科学技术是第一生产力，把经济建设真正转移到依靠科技进步和提高劳动者素质的轨道上来视为是一场广泛而

---

① 《江泽民文选》第 1 卷，人民出版社 2006 年版，第 428 页。

② 《江泽民论有中国特色社会主义（专题摘编）》，中央文献出版社 2002 年版，第 230 页。

深刻的变革，具有重要的战略意义。党的十四届三中全会强调，经济建设必须
依靠科学技术，促进科技经济一体化，优先发展教育事业，培养高素质人才。
1994 年江泽民在全国教育工作会议上提出了教育优先发展的战略，"把经济建
设转到依靠科技进步和提高劳动者素质的轨道上来，真正把教育摆在优先发展
的战略地位，努力提高全民族的思想道德和科学文化水平。这是实现我国现代
化的根本大计。"①1995 年 5 月，中共中央、国务院正式出台《中共中央、国
务院关于加速科学技术进步的决定》，第一次明确提出了科教兴国战略。科教
兴国，是指全面落实科学技术是第一生产力的思想，坚持教育为本，把科技和
教育摆在经济、社会发展的重要位置，增强国家的科技实力以及向现实生产力
转化的能力，提高全民族的科技文化素质，把经济建设转移到依靠科技进步和
提高劳动者素质的轨道上来，加速实现国家的繁荣强盛。

　　科教兴国战略提出后，党和国家开始逐步落实这一战略部署。党的十四届
六中全会提出了面向 21 世纪实施科教兴国的政策建议。1996 年全国人大八届
四次会议批准了《中华人民共和国国民经济和社会发展"九五"计划和二〇一
〇年远景目标纲要》，确定了我国中长期教育发展目标和改革的总体思路，其
中把科教兴国战略作为我国的一项基本国策。党的十五大将科教兴国战略上升
到跨世纪的国家发展战略的地位。1999 年中共中央、国务院又发布了《中共
中央、国务院关于深化教育改革全面推进素质教育的决定》，提出全面推进素
质教育，培养适应 21 世纪现代化建设需要的社会主义新人。同年 8 月又发布
了《中共中央、国务院关于加强技术创新、发展高科技、实现产业化的决定》。
2002 年 9 月，江泽民在北京师范大学百年校庆大会上提出必须把教育放在现
代化建设的全局性战略性重要位置。党的十六大再次强调："教育是发展科学
技术和培养人才的基础，在现代化建设中具有先导性全局性作用，必须摆在优
先发展的战略地位。"②

　　（二）科教兴国战略的措施

　　科教兴国战略确立后，江泽民在不同场合发表的重要讲话中提出了许多
具有重要意义的论断，为科教兴国战略的实施和推进提供了正确方向和科学

---

① 《江泽民论有中国特色社会主义（专题摘编）》，中央文献出版社 2002 年版，第 231 页。
② 《十六大以来重要文献选编》上册，中央文献出版社 2005 年版，第 30—31 页。

指导。

1. 把科技和教育摆在优先发展的战略地位

历史证明，在世界科学技术革命面前，只有紧跟时代潮流，奋发有为，才能走向繁荣昌盛，走向文明进步。党的十五大指出："科学技术是第一生产力，科技进步是经济发展的决定性因素。要充分估量未来科学技术特别是高技术发展对综合国力、社会经济结构和人民生活的巨大影响，把加速科技进步放在经济社会发展的关键地位，使经济建设真正转到依靠科技进步和提高劳动者素质的轨道上来。"①我国作为世界上最大的发展中国家，面临的严峻任务众多，解决这些任务的关键在于大力发展我国的科学技术，为经济建设和社会进步提供强大的动力与保障。为此，我国要坚持不懈地贯彻落实科教兴国战略和可持续发展战略，建设和完善国家创新体系，大力培养和积极引进人才，全面提高全民族的科学文化素质，在全社会努力弘扬科学精神，促进科技成果更好地转化为现实生产力。

当今世界，综合国力的竞争，越来越表现为经济实力、国防实力和民族凝聚力的竞争。无论就其中哪一个方面实力的增强来说，教育都具有基础性的地位。党在充分肯定改革开放以来我国经济建设和科技进步取得巨大成就的同时，也清醒地认识到经济发展的不足：经济增长方式还没有根本转变，沉重的人口负担还没有转化为人力资源的优势。我国的劳动力素质和科技创新能力不高，已经成为制约我国经济发展和国际竞争能力增强的一个主要因素。为此，江泽民强调必须坚持教育优先发展战略，"大力发展教育，加快培养社会主义现代化建设人才，提高全民族的思想道德素质和科学文化素质，是贯彻党的基本路线的必然要求，是坚持基本路线一百年不动摇的必然要求。只有把教育搞上去，才能从根本上增强我国的综合国力，才能在激烈的国际竞争中取得战略主动地位。只有培养一代又一代有理想、有道德、有文化、有纪律的献身有中国特色社会主义事业的建设者和接班人，才能保证我国长治久安。在整个社会主义现代化建设的过程中，教育优先发展的战略地位必须始终坚持，不能动摇"②。坚定不移地实施科教兴国的战略，大力提高全民族的思想道德和科学文化素质，提高知识创新和技术创新能力，密切教育与经济、科技的结合，加快

①《十五大以来重要文献选编》上册，人民出版社2000年版，第27页。
②《江泽民文选》第1卷，人民出版社2006年版，第370页。

实现经济增长方式和经济体制的根本转变。这是全面推进我国现代化事业的必然选择，也是中华民族自立于世界民族之林的根本保证。

2. 科技工作要面向经济建设主战场

改革开放以后，我国将工作重心转移到经济建设，对科学技术的需求越来越大，越来越紧迫。面对世界范围内蓬勃发展的新科技革命，江泽民立足于我国社会经济发展的实际，深刻地提出了"科技工作要面向经济建设主战场"这一论断。党的十四大提出："科技工作要面向经济建设主战场，在开发研究、高新技术及其产业、基础性研究这三个方面合理配置力量，确定各自攀登高峰的目标。在世界高科技领域中，中华民族要占有应有的位置。通过深化改革，建立和完善科技与经济有效结合的机制，加速科技成果的商品化和向现实生产力转化。不断完善保护知识产权的制度。认真抓好引进先进技术的消化、吸收和创新。努力提高科技进步在经济增长中所占的含量，促进整个经济由粗放经营向集约经营转变。"①随后，党中央、国务院进一步明确了我国科技工作的基本方针：坚持科学技术是第一生产力的思想，经济建设必须依靠科学技术，科学技术工作必须面向经济建设，努力攀登科学技术高峰。这一方针的核心是科技与经济的密切结合。江泽民指出，坚持科技工作的基本方针，促进科技与经济的结合，符合党的基本路线，也符合当今世界科技、经济发展的趋势。1999年8月，江泽民在全国技术创新大会上强调："我们必须把以科技创新为先导促进生产力发展的质的飞跃，摆在经济建设的首要地位。这要成为一个重要的战略指导思想。"②

科技工作要面向经济建设主战场，需要做好以下几个方面：一是必须要加强基础性研究和高技术研究。基础性研究和高技术研究，是推进我国21世纪现代化建设的动力源泉。江泽民指出："要目光远大，筹划未来，针对下世纪影响我国经济和社会发展的重大问题，加强基础性研究和高技术研究开发。要把为未来经济发展提供科技动力和成果储备，作为基础性研究工作的主要任务。""高技术及其产业的发展，对增强我国经济实力、提高综合国力和提高劳动生产率起着关键的作用。要努力发展高科技，实现产业化，把高技术产业作为我国的优先发展的产业，尽快建设一批对国民经济发展举足轻重、规模较大

---

① 《十四大以来重要文献选编》上册，人民出版社1996年版，第25页。

② 《江泽民论有中国特色社会主义（专题摘编）》，中央文献出版社2002年版，第242页。

的高技术产业，使我国在世界高科技及其产业领域占领一席之地。"① 二是必须深化科技和教育体制改革，促进科技、教育同经济的结合。充分发挥市场和社会需求对科技进步的导向和推动作用，支持和鼓励企业从事科研、开发和技术改造，使企业成为科研开发和投入的主体。有条件的科研机构和大专院校要以不同形式进入企业或同企业合作，走产学研结合的道路，解决科技和教育体制上存在的条块分割、力量分散的问题。三是必须加强应用与开发研究。经济建设要依靠科技进步，科技工作要面向经济建设这个主战场。这里很重要的一个方面，就是要加强应用与开发研究。要充分发挥应用与开发研究对经济建设的积极推动作用，必须根据市场和社会的需要，选准课题，不断创新。在发展科技上，江泽民十分赞成"稳住一头，放开一片"的方针，也就是说，既要稳定和保证重大基础性研究、高技术研究和科技攻关任务，使之持续发展；同时又要调动大批科技力量进入经济建设主战场，促进社会主义市场经济发展，推进科技成果的商品化、产业化和国际化。

3. 实施科教兴国战略的关键是人才

人是生产力中最活跃的因素，人力资源是第一资源。当今世界，人才和人的能力建设，在综合国力竞争中越来越具有决定性的意义。尽管我国人力资源丰富，但人才资源并不丰富，结构不尽合理，创新能力还亟待提高。人才竞争，是我国面临的一个十分严峻的挑战。江泽民非常重视人才建设，认为能否取得中国特色社会主义的胜利，从某种意义上来说，关键在人才。党的十四大指出："能不能充分发挥广大知识分子的才能，在很大程度上决定着我们民族的盛衰和现代化建设的进程。"② 1995 年 5 月，江泽民在全国科学技术大会上指出："科学技术人员是新的生产力的重要开拓者和科技知识的重要传播者，是社会主义现代化建设的骨干力量。实施科教兴国战略，关键是人才。"③ 随后，江泽民提出了人才培养和发展的目标：到 20 世纪末和 21 世纪初，我国要在理、工、农、医及交叉学科和高新技术领域中，培养和造就一支能够进入世界科学前沿的科学家队伍，一支具有技术创新能力、能够不断攻克经济建设和社会发展中各种复杂难题的工程技术专家队伍，一支学有所长并具有突出领导才能的

① 《江泽民论有中国特色社会主义（专题摘编）》，中央文献出版社 2002 年版，第 240—241 页。
② 《十四大以来重要文献选编》上册，人民出版社 1996 年版，第 26 页。
③ 《江泽民文选》第 1 卷，人民出版社 2006 年版，第 435 页。

科技管理专家队伍，组成我国现代化事业所要求的宏大的科学技术大军。2000年江泽民在党的十五届五中全会上再次强调人才的重要性："科技创新问题，说到底还是人才问题。发达国家正在全球范围内争夺人才。培养不好人才，使用不好人才，留不住人才，吸引不了人才，我们的事业就很难向前发展。"① 为此，江泽民提出要紧紧抓住培养人才、吸引人才、用好人才三个环节，大力实施人才战略。

一是要全社会形成尊重劳动、尊重知识、尊重人才、尊重创造的氛围。形成鼓励创新、鼓励探索的良好环境，减少人才创新、探索的后顾之忧，是成功创新的重要条件。党的十四大提出："要努力创造更加有利于知识分子施展聪明才智的良好环境，在全社会进一步形成尊重知识、尊重人才的良好风尚。"② 1999年江泽民在全国技术创新大会上提出："要在全社会进一步树立和发扬尊重知识、尊重人才、崇尚创新的良好风尚。"③ 党的十六大报告提出把"尊重劳动，尊重知识，尊重人才，尊重创造"作为党和国家的一项重大方针在全社会认真贯彻。

二是树立人才是第一资源的观念。江泽民指出，做好人才工作，首先要确立人才资源是第一资源的思想。要广纳贤才，知人善任，既重视有所成就的人才，也关注具有潜能的人才；既重视国内人才，也积极吸引海外人才；既重视国有企事业单位的人才，也要把民营科技企业、受聘于外资企业的专门人才纳入视野。人才培养使用要讲投入和产出，讲效益。对人才培养的投入，是收益最大的投入。人才资源的浪费，是最大的浪费。要按照全面发展的要求，提高人才自身的思想道德素养和科学文化素质，充分发挥人才的主观能动性和创造精神。

三是重视青年人才的培养。人类科技进步的历史表明，许多重大科学技术成果都是青年科学家和技术专家创造的。推动科学发现和科技创新，最需要青年人的朝气和锐气。江泽民提出："高等学校要在培养大批各类专业人才的同时，努力为优秀人才的脱颖而出创造条件，尤其是要下功夫造就一批真正能站在世界科学技术前沿的学术带头人和尖子人才，以带动和促进民族科

① 《江泽民文选》第3卷，人民出版社2006年版，第121页。
② 《十四大以来重要文献选编》上册，人民出版社1996年版，第26页。
③ 《江泽民文选》第2卷，人民出版社2006年版，第400页。

技水平与创新能力的提高。这不仅是教育界的责任，也是全党全社会的战略性任务。"①

四是改革和完善人才管理体制。为了适应人才竞争的国际化趋势，江泽民提出要"借鉴国外人才资源开发的有益经验，拓宽工作渠道和手段，扩大工作覆盖面，形成更为灵活的人才管理体制"②。在实际的人才管理工作中，要落实用人单位的自主权，增强企业科技创新和吸纳人才的主体地位。发挥高校、科研机构在知识创新和人才培养方面的作用。加强人才中介机构和科技服务组织在人才开发中的作用。要完善开放、灵活的人才市场配置机制，打破人才部门、单位壁垒，鼓励人才合理流动，培育形成与其他要素市场相贯通的人才市场，建立人才结构调整与经济结构调整相协调的动态机制。在发挥市场配置人才资源基础性作用的同时，加强党和政府的宏观调控。

4.教育必须以提高国民素质为根本宗旨

培养同现代化要求相适应的数以亿计的高素质劳动者和数以千万的专门人才，发挥我国巨大人力资源的优势，关系 21 世纪社会主义事业的全局。江泽民强调："我们必须全面贯彻党的教育方针，坚持教育为社会主义、为人民服务，坚持教育与社会实践相结合，以提高国民素质为根本宗旨，以培养学生的创新精神和实践能力为重点，努力造就'有理想、有道德、有文化、有纪律'的，德育、智育、体育、美育等全面发展的社会主义事业建设者和接班人。"③

第一，加强思想政治教育。思想政治工作是我们党工作的生命线，任何时候都不能放松和削弱。针对改革和建设过程中出现的新情况、新问题，不断加强和改进学校的思想政治工作和政治课教育。加强对学生进行马列主义、毛泽东思想基本理论特别是邓小平同志建设有中国特色社会主义理论的教育，加强党的基本路线的教育，加强爱国主义、集体主义和社会主义思想的教育，加强中国近代史、现代史和国情的教育，加强我国优秀文化传统和革命传统的教育。通过总结经验、改进教学方法，使各级各类学校的政治课上得更好。加强理论教育、思想教育和政治工作的目的，就是要引导和帮助青年学生树立正确

---

① 《十五大以来重要文献选编》中册，人民出版社 2001 年版，第 882 页。
② 《江泽民论有中国特色社会主义（专题摘编）》，中央文献出版社 2002 年版，第 259 页。
③ 《十五大以来重要文献选编》中册，人民出版社 2001 年版，第 879—880 页。

的世界观、人生观、价值观，打下科学理论的基础，确立为建设有中国特色社会主义而奋斗的政治方向。江泽民强调："思想政治教育，在各级各类学校都要摆在重要地位，任何时候都不能放松和削弱。要说素质，思想政治素质是最重要的素质。不断增强学生和群众的爱国主义、集体主义、社会主义思想，是素质教育的灵魂。"①

第二，重视青少年的素质教育。青少年是祖国的未来，青少年素质的提高关系到中国特色社会主义事业的成败。因此，必须认真贯彻党的教育方针，重视受教育者素质的提高，培养德智体等全面发展的社会主义事业的建设者和接班人。各级各类教育都要把全面推进素质教育，提高受教育者的全面素质，作为教育工作的战略重点。既要重视和不断加强、改进文化知识教育，又要重视和不断加强、改进思想道德教育。同时，江泽民指出教育肩负着培养民族创新精神和创造性人才的特殊使命。必须转变那种妨碍学生创新精神和创新能力发展的教育观念、教育模式。爱护和培养学生的好奇心、求知欲，帮助学生自主学习、独立思考，保护学生的探索精神、创新思维，营造崇尚真知、追求真理的氛围，为学生的禀赋和潜能的充分开发创造一种宽松的环境。

第三，教育同经济、科技、社会实践密切结合。我国的基本国情之一，就是在经济比较落后的条件下办教育。必须立足于这个实际，深化教育改革，使教育结构和教育体制适应社会主义市场经济发展和社会全面进步的要求。江泽民指出："教育同经济、科技、社会实践越来越紧密的结合，正在成为推动科技进步和经济、社会发展的重要力量。在我国社会主义初级阶段，教育作为经济、政治、文化建设的基础工程，不仅要为现代化建设提供人才和智力储备，而且要直接参与各方面的建设事业，为推动各项建设事业作出贡献。"②此外，江泽民观察到终身学习将成为当今社会发展的必然趋势。他提出："终身学习是当今社会发展的必然趋势。一次性的学校教育，已经不能满足人们不断更新知识的需要。我们要逐步建立和完善有利于终身学习的教育制度。"③重视终身学习，发扬中华民族崇尚教育的优良传统，使21世纪的中国成为人人皆学之邦。

---

① 《十五大以来重要文献选编》中册，人民出版社2001年版，第879页。
② 《十五大以来重要文献选编》中册，人民出版社2001年版，第882—883页。
③ 《十五大以来重要文献选编》中册，人民出版社2001年版，第883页。

二、可持续发展战略

自人类社会产生以来，一直与自然处于一种动态的矛盾运动之中，一方面只有依靠自然人才能得以生存和发展，另一方面又要通过人的劳动来改造自然，以使其适应人类社会生存和发展的需要。在漫长的农业经济时代，由于生产力水平低下，人类社会对自然的改造能力有限，社会生产和生活主要依靠自然环境。从18世纪60年代开始，以蒸汽机的发明和运用为标志，人类社会从农业社会进入工业社会。由科学技术进步带来的生产力的巨大发展使人们对自然的改造能力大大增强。恩格斯在肯定人类利用科学技术对自然进行改造的能力的同时，也怀有深深的忧虑。他指出，"我们不要过分陶醉于我们人类对自然界的胜利。对于每一次这样的胜利，自然界都对我们进行报复。每一次胜利，起初确实取得了我们预期的结果，但是往后和再往后却发生完全不同的、出乎预料的影响，常常把最初的结果又消除了"[1]。不过，恩格斯相信人类"越来越有可能学会认识并从而控制那些至少是由我们的最常见的生产行为所造成的较远的自然后果"[2]。可以看出，恩格斯已经初步萌发生态保护和可持续发展的思想。但恩格斯的这一思想并没有得到应有的重视。20世纪80年代以前，世界各国普遍持科技进步观，即只要科技进步、经济发展，其他问题也就会迎刃而解。在这一思想的指导下，各国片面追求国民生产总值的快速增长，忽视了生态环境的保护。全球的生态环境为此付出了巨大的代价：全球变暖、臭氧层空洞、酸雨蔓延、森林资源锐减、淡水资源污染……所有这些问题直接威胁着人类的生存安全。20世纪70年代，罗马俱乐部发表了《增长的极限》，指出如果继续按照目前的发展方式，自然资源将会在可以预见的时间内被消耗完，并且自然环境将会遭到不可逆转的破坏。这一报告引发了人们对工业文明的生态环境问题的讨论。从20世纪80年代起，可持续发展理论在国际上流行开来。1987年，国际环境和发展委员会发表了《我们共有的未来》的报告，该报告提出了"可持续发展"的概念，指出可持续发展是既考虑当前发展的需要，又考虑未来发展的需

---

[1] 《马克思恩格斯文集》第9卷，人民出版社2009年版，第559—560页。
[2] 《马克思恩格斯文集》第9卷，人民出版社2009年版，第560页。

要，不以牺牲后代人的利益为代价来满足当代人的利益的发展。1992年，联合国环境与发展大会在巴西里约热内卢召开，大会通过了《21世纪议程》，其目的就是要推动各国政府、政府间组织以及非政府组织在世界范围实行可持续发展。

改革开放以来，邓小平在确定以经济建设为中心的基本路线的同时，也十分重视协调人口、资源和环境等关系。邓小平多次强调，我国人口多、底子薄、耕地少的基本国情，必须要控制人口增长，大力加强计划生育工作。1979年，国家将"三北防护林"工程列为国家经济建设的重要项目，邓小平为此工程题词"绿色长城"，为全军植树造林总结经验表彰先进大会题词"植树造林，绿化祖国，造福后代"，并提出要制定环境保护法。

在实际的经济发展过程中，由于技术和资金的缺乏，经济发展主要依靠资源消耗型产业，单位国内生产总值能耗、水耗高。各省市片面追求国民生产总值的增长，重复建设现象严重，对资源造成了极大浪费。生态环境在进一步恶化，水土流失、土地荒漠化、土地盐渍化在一些地区仍然扩大。随着经济的发展，我国环境污染问题加剧，特别是大气环境和水环境的状况堪忧。为此，党的十四大之后党中央在加快国家经济发展的同时，提出实施可持续发展战略。

（一）可持续发展战略的提出

1992年，党的十四大提出要"认真执行控制人口增长和加强环境保护的基本国策"[1]。一方面，强调计划生育工作决不能放松，既要控制人口的数量，又要提高人口质量；另一方面，要增强全民族的环境意识，努力改善生态环境。1994年3月，国务院颁布了《中国21世纪议程——中国21世纪人口、环境与发展白皮书》，确定了中国可持续发展的总体战略框架和各个领域的主要目标。这个白皮书是我国对在1992年里约热内卢的联合国环境与发展大会上宣布履行《21世纪议程》等文件的回应和部署，是指导我国国民经济和社会发展的纲领性文件，标志着我国可持续发展进程的开始。

1995年9月，江泽民在党的十四届五中全会的闭幕式上指出："在现代化建设中，必须把实现可持续发展作为一个重大战略。要把控制人口、节约资

_____

[1] 《十四大以来重要文献选编》上册，人民出版社1996年版，第32—33页。

源、保护环境放到重要位置，使人口增长与社会生产力的发展相适应，使经济建设与资源、环境相协调，实现良性循环。"①党的十四届五中全会明确提出"实现经济和社会可持续发展"的奋斗目标和指导方针，这标志着可持续发展战略的正式提出。1996 年 3 月，江泽民在中央计划生育工作座谈会上进一步阐释可持续发展的内涵以及重要性，"可持续发展，就是既要考虑当前发展的需要，又要考虑未来发展的需要，不要以牺牲后代人的利益为代价来满足当代人的利益。实现可持续发展，是人类社会发展的必然要求，已经成为世界许多国家关注的一个重大问题。中国是世界上人口最多的发展中国家，这个问题更具有紧迫性。"② 随后，八届全国人大四次会议批准了《中华人民共和国国民经济和社会发展"九五"计划和二〇一〇年远景目标纲要》，正式将可持续发展作为社会主义建设发展战略的重要内容。

在实行可持续发展战略中，要从我国实际出发，努力做好以下几个方面的工作：一是坚持节水、节地、节能、节材、节粮以及节约其他各种资源，农业要高产、优质、高效、低耗，工业要讲质量、讲低耗、讲效益，第三产业与第一、第二产业要协调发展；二是继续控制人口增长，全面提高人口素质；三是消费结构要合理，消费方式要有利于环境与资源保护，决不能搞脱离生产力发展水平、浪费资源的高消费；四是加强环境保护的宣传教育，增强干部和群众自觉保护生态环境的意识；五是坚决遏制和扭转一些地方资源受到破坏和生态环境恶化的趋势。党的十五大将可持续发展战略作为跨世纪发展战略提出。党的十六大将可持续发展作为全面建设小康社会的四个目标之一："可持续发展能力不断增强，生态环境得到改善，资源利用效率显著提高，促进人与自然的和谐，推动整个社会走上生产发展、生活富裕、生态良好的文明发展道路。"③

可持续发展战略的提出和实施，是我们党总结国际国内发展经验教训的结果，是我国社会主义现代化的必由之路，在发展方式上避免了资本主义工业化的老路，显示了社会主义的优越性，既是对中华民族的未来负责，也是对全人类的未来负责，具有重大的理论和现实意义。

---

① 《十四大以来重要文献选编》中册，人民出版社 1997 年版，第 1463—1464 页。

② 《江泽民文选》第 1 卷，人民出版社 2006 年版，第 518 页。

③ 《十六大以来重要文献选编》上册，中央文献出版社 2005 年版，第 15 页。

（二）正确处理经济发展同人口、资源、环境的关系

我国正处于并将长期处于社会主义初级阶段，人民日益增长的物质文化需要同落后的社会生产之间的矛盾，决定了我国要以经济建设为中心，但这并不意味着可以暂时放弃其他方面的工作。党的十五大提出要正确处理经济发展同人口、资源、环境的关系。实现可持续发展，核心的问题就是要实现经济社会和人口资源环境的协调发展。江泽民强调："促进我国经济和社会的可持续发展，必须在保持经济增长的同时，控制人口增长，保护自然资源，保持良好的生态环境。这是根据我国国情和长远发展的战略目标而确定的基本国策。"[①] 在可持续发展战略中，人口问题和环境问题是重点问题。

第一，控制人口增长，提高人口素质。

我国是世界上人口最多的国家。人口问题，既是一个社会问题，也是一个经济问题，人口与经济建设的关系密切。实现我国经济发展的战略目标，经济本身的增长固然很重要，而适当地控制人口增长和逐步提高人口素质关系也很大。如果我们不能把人口控制住，大量的经济成果就会被过快增长的人口抵消，这是一个问题紧密联系的两个方面。江泽民指出："人口问题是制约可持续发展的首要问题，是影响经济社会发展的关键因素。"[②] 我国在经济、社会发展中遇到许多问题，诸如吃饭问题、就业问题、教育问题、资源破坏、环境污染、生态失衡等等，都与人口基数大、增长快有着直接的关系。没有对人口增长的合理控制，没有人口与经济、社会、资源、环境状况相协调发展，要实现国民经济持续、快速、健康发展和社会全面进步是很困难的。因此，江泽民要求各级党委、政府特别是党政一把手一定要从全局的、战略的高度，更加深刻地认识解决人口问题的重要性和紧迫性。

人口问题不只是数量问题，还包括人口素质、人口结构与分布等问题。因此，我国不仅要控制人口数量，更要设法提高人口质量。要把计划生育工作与发展经济、消除贫困、保护生态环境、合理开发利用资源、普及文化教育、发展医疗卫生事业、提高妇女地位、完善社会保障等方面的工作结合起来，统筹规划，综合考虑，实现相互促进，协调发展。要努力提高人民的物

---

① 《江泽民论有中国特色社会主义（专题摘编）》，中央文献出版社 2002 年版，第 281 页。
② 《江泽民文选》第 3 卷，人民出版社 2006 年版，第 463—464 页。

质文化生活水平，以及道德修养和身心健康水平，保障人民的合法权益，促进国民素质的全面发展和提高。1996年3月，江泽民在中央计划生育工作座谈会上提出了"良好的人口环境"的概念，"良好的人口环境，是指适度的人口总量、优良的人口素质、合理的人口结构。良好的人口环境，将促进人口与经济、社会、环境、资源的协调发展和可持续发展。"① 因此，一方面要利用经济与社会发展、教育普及、科学技术进步等有利条件，抓好计划生育工作；另一方面，要通过抓好计划生育工作，促进经济发展与社会进步，促进教育普及和人口素质的提高。在人口、资源、环境三者的关系中，人口是关键。实施可持续发展战略，就一定要控制人口数量，同时努力提高人口素质。江泽民强调："提高人口素质，直接关系到中国现代化建设和中华民族振兴的前途。"②

第二，合理利用资源，保护生态环境。

我国拥有960万平方公里的国土面积，幅员辽阔，资源的种类和数量十分丰富，但是我国人口基数庞大，耕地、水和矿产等重要资源的人均占有量都比较低。随着人口增加和经济发展，对资源总量的需求更多，环境保护的难度更大。必须切实保护资源和环境，不仅要安排好当前的发展，还要为子孙后代着想，决不能吃祖宗饭，断子孙路，走浪费资源和先污染后治理的路子。因此，必须要根据我国国情，选择有利于节约资源和保护环境的产业结构和消费方式。坚持资源开发和节约并举，克服各种浪费现象。综合利用资源，加强污染治理。

一是要转变经济发展方式。江泽民指出："我国人口众多，人均资源相对短缺，科技水平不高，经济技术基础比较薄弱，保护生态环境面临的任务很艰巨。因此，在经济社会发展中，我们必须努力做到投资少、消耗资源少，而经济社会效益高、环境保护好。"③ 我国的经济和社会发展，应该是建立在产业结构优化和经济、社会、环境相协调基础上的发展。任何地方的经济发展都要注重提高质量和效益，注重优化结构，都要坚持以生态环境良性循环为基础，这样的发展才是健康的和可持续的。经济决策对环境的影响极大，

---

① 《江泽民文选》第1卷，人民出版社2006年版，第519页。
② 《江泽民论有中国特色社会主义（专题摘编）》，中央文献出版社2002年版，第290页。
③ 《江泽民文选》第1卷，人民出版社2006年版，第532页。

要从宏观管理入手，建立环境与发展综合决策的机制。在制定重大经济和社会发展政策，规划重要资源开发和确定重要项目时，必须从促进发展与保护环境相统一的角度审议其利弊，并提出相应对策。这样才能从源头上防止环境污染和生态破坏。

二是增强全民族的环境意识。环境意识和环境质量如何，是衡量一个国家和民族的文明程度的一个重要标志。要把实施科教兴国战略与可持续发展战略紧密结合起来。环境保护方面的许多问题需要依靠科技进步、人们素质提高来解决。江泽民强调："企业是环境保护的一支重要力量。"[1] 所有企业都要遵纪守法、文明生产，树立良好的企业形象。广大干部群众都要提高环境意识，积极参与环境保护。"只要全党全社会都来关心和支持环境保护，我国环保事业就大有希望。"[2]

三是加强生态环境建设。江泽民十分重视生态脆弱地区的保护和建设。1997年11月，江泽民在三峡工程大江截流仪式上要求在三峡工程建设过程中，一定要保护好流域的生态环境。"库区两岸、特别是长江上游地区，一定要大力植树造林，加强综合治理，不断改善生态环境，防止水土流失。这是确保库区和整个长江流域长治久安和可持续发展的重要前提条件，是功在当代、利在千秋的大事，务必年复一年地抓紧抓好，任何时候都不能疏忽和懈怠。总之，要统筹兼顾、着眼长远、科学规划，采取切实可行的措施，努力实现经济、社会和生态环境协调发展。"[3] 江泽民一直将黄河流域的生态环境治理放在心上，曾多次到黄河的上游、中游和下游地区考察。1999年6月，江泽民再次去黄河视察情况时指出："生态环境建设，是关系黄河流域经济社会可持续发展的重大问题。几十年的经验证明，必须把水土保持作为改善农业生产条件、改善生态环境和治理黄河的一项根本措施，持之以恒地抓紧抓好。生态工程建设要与国土整治、综合开发、区域经济发展相结合。黄河上中游的水土保持，是一项十分广泛而复杂的任务。要充分发挥我国社会主义制度能够集中力量办大事的优越性，调动各方面的积极因素，采取工程、生物和耕作措施，进行综合治理。"[4] 在谈到西部开发问题时，江泽民指出："西部地区是保障国家生态安全

① 《江泽民文选》第1卷，人民出版社2006年版，第535页。
② 《江泽民文选》第1卷，人民出版社2006年版，第536页。
③ 《江泽民文选》第2卷，人民出版社2006年版，第69页。
④ 《江泽民文选》第2卷，人民出版社2006年版，第355页。

的要害地区，但目前生态环境十分脆弱。搞好西部地区特别是长江、黄河源头和上游重点区域的生态建设，对于改善全国生态环境、实施可持续发展战略具有重要作用。要加强生态环境保护和建设，实施天然林资源保护工程，绿化荒山荒地，对坡耕地有计划有步骤地退耕还林还草，为实现山川秀美而不懈努力。"①2002 年 3 月，江泽民在中央人口资源环境工作座谈会上强调："环境保护工作，是实现经济社会可持续发展的基础。一定要从全局出发，统筹规划，标本兼治，突出重点，务求实效，进一步控制全国污染物排放总量，改善重点地区环境质量，努力遏制生态环境恶化趋势。"②

四是加强资源的可持续利用。作为世界上人口数量最多的国家，首先需要解决的就是吃饭问题。我国人多，但耕地数量却很少，而且耕地还在逐年减少。因此，保护耕地的任务越来越紧迫。1995 年 3 月，江泽民在江西考察农业问题时强调："我们既要凭借现有耕地解决现有人口的吃饭问题，还要对子孙后代负责，如果耕地保护不好，中华民族的生存和发展就会发生严重危机。珍惜和保护好耕地，必须作为关系国计民生、关系国家发展全局和民族安危的大问题大政策来对待，千万不可掉以轻心，否则我们就要犯永远无法弥补的历史性错误。"③ 江泽民提出国土资源开发的总的原则是"在保护中开发，在开发中保护"。资源开发和节约并举，把节约放在首位，努力提高资源利用效率。积极推进资源利用方式从粗放向集约转变，走出一条适合我国国情的资源节约型的经济发展新路子。积极推进资源管理方式的转变，建立适应发展社会主义市场经济要求的集中统一、精干高效、依法行政、具有权威的资源管理新体制，以加强对全国资源的规划、管理、保护和合理利用。2002 年 3 月，江泽民在中央人口资源环境工作座谈会上又提出"有序有偿、供需平衡、结构优化、集约高效"的资源开发和保护的新要求，以增强资源对经济社会可持续发展的保障能力。必须长期坚持保护和合理利用资源的方针，实行严格的资源管理制度，依靠科技进步，完善市场机制，推进资源利用方式的根本转变，处理好资源保护与经济发展的关系。要把节约资源放在首位，增强节约使用资源的观念，转变生产方式和消费方式，节约用地，节约用水，节约用油，节约用

---

① 《江泽民文选》第 3 卷，人民出版社 2006 年版，第 60 页。
② 《江泽民文选》第 3 卷，人民出版社 2006 年版，第 465 页。
③ 《江泽民论有中国特色社会主义（专题摘编）》，中央文献出版社 2002 年版，第 291 页。

矿，节约用各种自然资源。

　　水是基础性的自然资源和战略性的经济资源。水资源的可持续利用，是经济和社会可持续发展极为重要的保证。1999 年 1 月 1 日，江泽民在全国政协新年茶话会上指出："水是人类生存的生命线，也是农业和整个经济建设的生命线。我们必须高度重视水的问题。"[①] 一方面洪涝灾害历来是中华民族的心腹大患，另一方面水资源短缺越来越成为我国农业和经济社会发展的制约因素。因此，江泽民提出："我们要在全民族中大力增强保护和合理利用水资源的意识，把兴修水利作为保证实现我国跨世纪发展目标的一项重大战略措施来抓。"[②] 在水资源的开发利用中，江泽民提出总的要求是开源与节流并举，以节水为主。一要广泛采取节水措施，特别要大力发展节水农业；二要从长计议，全面考虑，科学选比，周密计划，适时进行重大的水利工程建设。水利工作要坚持全面规划、统筹兼顾、标本兼治、综合治理，坚持兴利除害结合、开源节流并重、防洪抗旱并举，对水资源进行合理开发、高效利用、优化配置、全面节约、有效保护和综合治理，下大力气解决洪涝灾害、水资源不足和水污染问题。

三、八七扶贫攻坚计划

　　社会主义本质要求党和国家必须消灭贫穷，使人民群众过上幸福安康的生活。20 世纪 80 年代中期以来，党和国家在全国范围内开展了有组织、有计划、大规模的扶贫工作，不仅大幅度增加了扶贫投入，制定了一系列扶持政策，而且对先期的扶贫工作进行了根本性的改革与调整，实现了从救济式扶贫向开发式扶贫的转变。经过连续多年的艰苦努力，全国农村的贫困问题已经明显缓解，充分体现了社会主义制度的优越性。在此基础上，1994 年 4 月国务院出台了《国家八七扶贫攻坚计划》。1996 年 9 月，江泽民在中央扶贫开发工作会议上强调要进一步统一思想，下定决心，坚决如期实现八七扶贫攻坚计划。

---

① 《江泽民论有中国特色社会主义（专题摘编）》，中央文献出版社 2002 年版，第 293 页。

② 《江泽民论有中国特色社会主义（专题摘编）》，中央文献出版社 2002 年版，第 293—294 页。

（一）扶贫开发的重要性

扶贫开发无论是对党、国家还是社会主义现代化建设，都具有重要的意义：第一，这是由党的宗旨和社会主义的性质决定的。党的宗旨是全心全意为人民服务。我们搞社会主义，是要解放和发展生产力，消灭剥削和贫穷，最终实现全体人民共同富裕。第二，这是由党和国家面临的历史任务决定的。党的十四届五中全会和八届全国人大四次会议确定，到 20 世纪末，人均国民生产总值要比 1980 年翻两番，要基本消除贫困现象，人民生活达到小康水平。实现这些目标，才能全面完成现代化建设第二步战略部署，并为 21 世纪的更大发展奠定坚实基础。实现小康目标，不仅要看全国的人均收入，还要看是否基本消除了贫困现象。这就必须促进各个地区经济协调发展。如果不能基本消除贫困现象，进一步拉大地区发展差距，就会影响全国小康目标的实现，影响整个社会主义现代化建设的进程。加快贫困地区发展步伐，不仅是一个经济问题，而且是关系到国家长治久安的政治问题，是治国安邦的一件大事。江泽民强调，必须从战略全局的高度，充分认识打好扶贫攻坚战的重大政治、经济、社会意义。

（二）扶贫开发的途径

第一，坚持开发式扶贫的方针，增强贫困地区自我发展能力。在贫困地区，首要的是要把农业生产尤其是粮食生产搞上去。这是解决群众温饱问题的迫切需要，也是发展各项事业的基础。贫困地区一定要把粮食生产放在第一位。稳定和扩大粮食种植面积，集中力量改造中低产田，努力提高粮食单产，提高粮食人均占有量，尽快解决群众吃饭问题。在此基础上，充分利用当地资源，面向市场需求，积极发展以种养业为主的多种经营，发展以农副产品加工业为主的乡镇企业，增加农民收入。其次，下苦功夫，花大气力，改变生产条件，改善生态环境。贫困人口绝大多数分布在自然环境恶劣的地区，林木稀少，干旱缺水，土地贫瘠，风沙肆虐，水土流失严重，生态环境恶化。这些贫困地区多处在大江大河上游，每降暴雨，泥沙俱下，造成下游河湖淤积，洪涝灾害防不胜防。因此，贫困地区大搞农田基本建设，大搞种树种草、治水改土，不仅是脱贫的根本大计，也是关系中下游地区经济可持续发展的大事，是关系子孙后代生存和发展的大事。从长远看，这些地区必须大搞造林种草，增加植被，涵养水源，这样才能从根本上解决干旱缺水问题。最后，为了推动贫困人民脱贫致富，需要积极推广各种实用技术，推动科技进步。贫困地区经济落后的一个重要原因是科技落后，生产经营粗放。贫困地区要下功夫抓好技术推广工作。每个地方都要选择几项增产增收显著、群众欢迎、容易掌握的实用技术，大力加以推广，真正送到农民手中，应用于生产实践。

第二，更广泛、更深入地动员全社会力量参与扶贫。帮助贫困地区群众解决温饱问题，是党和政府的重要任务，也是全社会的共同责任。广泛动员全社会力量参与扶贫，是扶贫工作的一个重要方针。一是党政机关要带头。各级党政机关都要充分发挥自己的职能作用，帮助贫困地区搞好开发和建设。二是发达地区对口支援贫困地区。各经济发达省市要把对口帮扶工作作为一项政治任务。要把帮扶任务落实到县（区）、落实到企业，明确目标任务，并作为考核工作的一个重要内容，不达到目标不脱钩。要选派优秀干部帮助贫困地区开发资源、培训人才、发展支柱产业。贫困地区要充分发挥主观能动性，主动搞好对口协作。三是组织社会团体到贫困地区参与扶贫。要坚持弘扬中华民族扶贫济困的优良传统，充分发挥民主党派、社会团体、科研单位、大专院校、人民解放军和武警部队等全社会力量在扶贫开发中的重要作用。进一步在全社会形成人人为贫困地区献爱心、送温暖的舆论氛围。各行各业都应该做到有力出力、有智出智，通过各种形式支持贫困地区的开发建设。

第三，依靠贫困地区干部群众，坚持不懈地苦干实干。贫困地区要改变面貌，需要国家的扶持和社会各界的帮助，但从根本上说，还要依靠当地干部群众发扬自力更生、艰苦奋斗的精神，坚持不懈地苦干实干，自强不息，艰苦创业。这样，外部的支持才能真正发挥作用。县是扶贫攻坚的基本指挥单位。发动群众苦干实干，关键是选拔和配备好贫困县的领导班子，尤其是选配好书记、县长。贫困县的中心任务是解决群众温饱问题。各项工作都要围绕和服务于这个中心，而不能影响和干扰这个中心。

第四，进一步加强对扶贫开发工作的领导，层层实行责任制。江泽民要求各级党政一把手要亲自组织指挥本地区的扶贫攻坚战。要根据扶贫开发的需要，组织各方面力量，各负其责，协同作战。各级党政机关要组织大批干部到贫困村具体帮助。各级领导干部要同群众同甘共苦，做艰苦细致的工作，帮助村里搞好班子建设，解决群众最关心的热点难点问题，在实践中经受锻炼和考验。扶贫攻坚的任务和措施落实到贫困村、贫困户。这是实行扶贫工作责任制的基本要求。

到 2000 年底，国家八七扶贫攻坚目标基本实现，中国的扶贫开发工作取得了巨大成就。第一，解决了两亿多农村贫困人口的温饱问题。农村尚未解决温饱问题的贫困人口由 1978 年的 2.5 亿人减少到 1999 年的 3400 万人，农村贫困发生率从 30.7% 下降到 3.7%，国定贫困县农民人均纯收入从 1985 年的 206 元提高到 1999 年的 1347 元。第二，贫困地区的基础设施和生产生活条件明显改善。1986 年以来，共修建基本农田 8800 多万亩，解决了 6200 多万人和 7500 多万头大牲畜的饮水困难。新修公路 35 万多公里，乡通公路率从 83.9% 上升到 97.6%。架设输变电线路近 40 万公里，乡通电率由 77.8% 上升到 97%。第三，科技、教育、文化、卫生等社会事业发展较快。贫困地区人口增长率由 1986 年的 20‰ 下降到 1997 年的 11.5‰；办学条件明显改善，适龄儿童辍学率下降到 6.9‰；98% 的乡有了卫生院，缺医少药状况得到缓解；推广了一大批农业实用技术，农民科学种田的水平明显提高；群众的文化生活得到改善，精神面貌发生了很大变化。第四，一些集中连片的贫困地区整体解决了温饱问题。沂蒙山区、井冈山区、大别山区、闽西南地区等革命老区群众的温饱问题已经基本解决，经济社会面貌发生了深刻变化。重点贫困地区包括部分偏远山区、少数民族地区，面貌也有了很大改变。历史上"苦瘠甲天下"的甘肃以定西为代表的中部地区和宁夏的西海固地区，经过多年的开发建设，基础设施和基本生产条件明显改善，贫困状况大为缓解。

我国扶贫开发取得的巨大成就，具有重大的经济意义和政治意义。第一，党和国家开展扶贫开发，努力解决贫困人口的生产生活问题，是我国社会主义制度优越性的一个重要体现，极大地坚定了全国各族人民建设有中国特色社会主义的信心。第二，组织扶贫开发，解决几亿人的温饱问题，说明党和国家高度重视推进中国人民的人权事业，为保障人民的生存权和发展权这一最基本、最重要的人权，进行了锲而不舍的努力。扶贫开发取得的成就，不仅是对世界人权事业的重要贡献，也为我国开展国际人权斗争、反对西方反华势力干涉我国内政创造了有利条件。第三，扶贫开发取得的成就，为保持国民经济协调发展，为促进民族团结、保持边疆安定和社会稳定作出了贡献。第四，扶贫开发取得的伟大成就和积累的宝贵经验，以及广大干部群众表现出来的自力更生、艰苦奋斗的精神，为进行爱国主义、集体主义、社会主义教育和基本国情教育增添了丰富生动的教材，应该充分运用它来激励全国各族人民继续为推进改革和建设而不懈奋斗。

第四节　党的建设新的伟大工程

江泽民担任总书记时期，中国共产党作为一个拥有五千多万党员，在近十二亿人口的大国执政的大党，肩负着领导全国各族人民进行改革开放和社会主义现代化建设的历史使命，经受着国际政治经济波诡云谲的压力，面临着国内改革开放和社会主义市场经济建设中出现的新问题、新情况、新现象的考验。因此，在新的历史条件下如何把党建设好，是一个崭新的课题，也是非常艰巨的任务。

党的十四届四中全会通过了《中共中央关于加强党的建设几个重大问题的决定》。《决定》指出，中国共产党是领导全国各族人民建设社会主义事业的核心力量。在新的历史条件下，党必须加强自身建设，不断提高领导水平和执政水平。《决定》把党的建设提到了"新的伟大工程"的高度，提出党的建设的目标和任务是"把党建设成为用建设有中国特色社会主义理论武装起来、全心全意为人民服务、思想上政治上组织上完全巩固、能够经受住各种风险、始终走在时代前列的马克思主义政党"①。党的十五大进一步明确了其内涵，党的建设新的伟大工程的核心是围绕在改革开放和现代化建设条件下建设一个什么样的党、怎样建设党的问题。党的十五大指出，面向新世纪党的建设的总目标和总任务是"要把党建设成为用邓小平理论武装起来、全心全意为人民服务、思想上政治上组织上完全巩固、能够经受住各种风险、始终走在时代前列、领导全国人民建设有中国特色社会主义的马克思主义政党"。"全党要按照新的伟大工程的总目标，从思想上、组织上、作风上全面加强党的建设，不断提高领导水平和执政水平，不断增强拒腐防变的能力，以新的面貌和更强大的战斗力，

① 《十四大以来重要文献选编》中册，人民出版社 1997 年版，第 957 页。

带领人民完成新的历史任务。"①党的十六大指出，在我们这样一个多民族的发展中大国，要把全体人民的意志和力量凝聚起来，全面建设小康社会，加快推进社会主义现代化，必须毫不放松地加强和改善党的领导，全面推进党的建设新的伟大工程。党的十六大在回顾过去十三年党的建设经验教训的基础上，进一步丰富和深化了党的建设新的伟大工程的内容，对加强和改进党的建设提出了更高的要求。

一、把思想建设放在党的建设的首要位置

党的十四大后，江泽民始终强调要把党的思想建设放在党的建设的首要位置，指出加强思想政治建设，是党提高凝聚力和战斗力的重要经验，是保持党工人阶级先锋队性质和拒腐防变的根本性措施。

我国的改革开放和社会主义现代化建设是在错综复杂的国内外环境中进行的。从国际环境来看，苏联解体、东欧剧变，国际共产主义运动陷入低潮，资本主义世界试图通过各种手段对我国进行"和平演变"。从国内环境来看，在改革开放和社会主义市场经济不断发展的过程中，资本主义腐朽文化也乘虚而入，产生拜金主义、极端个人主义等多种消极思想，对主流的意识形态、价值取向、理想信念产生了严重的冲击，对党内一些思想政治观念薄弱的党员和干部产生腐蚀作用，从而导致党内不正之风滋生蔓延，各种腐败犯罪现象日益泛滥。江泽民认为究其原因在于党员放松了对自身的思想政治观念的改造，一些党组织放松了对党员的思想政治教育，因而必须加强党的思想政治建设。1995年1月，江泽民在中央纪委第五次全会上强调："在改革开放和发展社会主义市场经济的新形势下，加强全党的思想政治建设，提高广大干部和党员的思想政治素质，这对于保持我们党的先进性纯洁性，防止和抵制腐朽思想文化的侵蚀，有效地进行反腐败斗争，是极为重要的"②。2001年江泽民在庆祝中国共产党成立80周年大会上强调："我们党高度重视在思想上建党，坚持用马克思主义理论教育和武装全体党员，不仅要求党员在组织上入党，而且要求党员首

---

① 《十五大以来重要文献选编》上册，人民出版社 2000 年版，第 45—46 页。

② 江泽民：《论党的建设》，中央文献出版社 2001 年版，第 167—168 页。

先在思想上入党，指导他们为实现党的纲领和任务而奋斗，因而保持了党的工人阶级先锋队性质。"[1] 党的十六大又指出："党在思想理论上的提高，是党和国家事业不断发展的思想保证。必须把党的思想理论建设摆在更加突出的位置。"[2]

（一）加强党的思想建设，必须要高举邓小平建设有中国特色的社会主义理论

江泽民强调："现在我们处在改革开放和现代化建设这样深刻的社会变革之中，社会关系和社会经济面貌正在发生巨大的变化。我们党要担负起领导这场伟大变革的历史责任，必须有正确的理论指导和强大的精神支柱。"[3] 加强党的思想理论建设，最根本的就是要用科学的理论武装全党，用马克思主义理论武装全党，提高全党的理论水平、政治素质、思想觉悟。学习马克思列宁主义、毛泽东思想，中心内容是学习邓小平建设有中国特色社会主义理论。坚持邓小平建设有中国特色社会主义理论，就是坚持和发展马克思列宁主义、毛泽东思想。江泽民指出："建设有中国特色社会主义的理论，是马克思主义基本原理同中国实际相结合的最新成果，是毛泽东思想的继承和发展，是当代中国的马克思主义，是指引我们建设富强、民主、文明的社会主义国家的强大思想武器。"[4]1994年江泽民在全国宣传思想工作会议上指出："邓小平同志建设有中国特色社会主义的理论，深刻反映了我国社会主义建设的客观规律，集中体现了党和人民的意志和愿望，是对毛泽东思想的继承和发展，是当代中国的马克思主义。这一理论是全党和全国各族人民的精神支柱，是我们夺取改革开放和现代化建设胜利的强大思想武器。"进而提出"坚持用邓小平同志建设有中国特色社会主义的理论武装全党，是宣传思想战线最重要的任务"[5]。1997年党的十五大将建设有中国特色的社会主义理论概括为邓小平理论，并将邓小平理论确立为党的指导思想，指出"加强党的思想建设，根本的是坚定不移地用邓小平理论武装全党，充分发挥党的思想

---

[1] 《江泽民文选》第 3 卷，人民出版社 2006 年版，第 285—286 页。

[2] 《十六大以来重要文献选编》上册，中央文献出版社 2005 年版，第 38 页。

[3] 江泽民：《论党的建设》，中央文献出版社 2001 年版，第 120 页。

[4] 江泽民：《论党的建设》，中央文献出版社 2001 年版，第 87 页。

[5] 江泽民：《论党的建设》，中央文献出版社 2001 年版，第 128—129 页。

政治优势"①。

（二）加强党的思想建设，必须坚持和弘扬马克思主义学风

学风问题也是党风问题，是关系党的兴衰和事业成败的一个重大政治问题。江泽民要求全党摆正学风，认真对待马克思主义，认真学习和研究马克思列宁主义、毛泽东思想、邓小平理论。江泽民在党的十五大报告中提出"一个中心，三个着眼于"的学习要求，即学习马克思主义"一定要以我国改革开放和现代化建设的实际问题、以我们正在做的事情为中心，着眼于马克思主义理论的运用，着眼于对实际问题的理论思考，着眼于新的实践和新的发展"②。"一个中心，三个着眼于"是党的理论联系实际学风在新的历史条件下的具体体现。"一个中心"回答了我们党学习的目的是什么的问题，江泽民强调全党要加强学习，是为了解决在改革开放和现代化建设中遇到的实际问题；"三个着眼于"阐述了理论联系实际的步骤，首先要学习和研究马克思主义理论，其次要运用理论思考现实问题，最后要运用理论解决实践中的问题，并将经验加以总结升华，形成新的理论。

江泽民特别重视将理论学习与加强全党的思想政治素质相结合，认为学习能够提高党员的素质，树立正确的世界观、人生观、价值观。只有从根本上解决世界观、人生观问题，牢固树立群众观点，党的艰苦奋斗的好传统才能在思想上和作风上真正扎根。这就要求广大党员和各级领导干部必须刻苦地学习马克思列宁主义、毛泽东思想和邓小平理论，紧密结合发展着的社会实践，不断地认真改造主观世界，使自己真正具有高尚的精神境界。

二、把党建设成为坚强的领导核心

党的组织建设是党的建设的重要组成部分，与党的思想建设和作风建设相辅相成，形成一个完整的系统。只有从组织上巩固党，才能为党的政治路线提供有力的保证。加强党的组织建设是党始终成为中国工人阶级先锋队、中华民

---

① 《十五大以来重要文献选编》上册，人民出版社 2000 年版，第 46 页。
② 《十五大以来重要文献选编》上册，人民出版社 2000 年版，第 13 页。

族和中国人民先锋队的关键，是党始终成为社会主义现代化建设的领导核心的关键，是党永葆生机、始终奋斗在时代前列的关键。

（一）切实做好基层党建工作

加强和改进新时期党的建设，必须高度重视加强基层组织建设。基础不牢，地动山摇。党的基层组织，是党领导和执政的重要基础，是党的全部工作的重要基础，也是社会主义国家政权的重要基础。在新的历史条件下，江泽民不断与时俱进、发展创新党的基层组织建设理论，阐明了党的基层组织在改革开放和社会主义现代化建设中的地位和作用、目标和要求以及指导方针等理论问题，在实践中不断加强党的基层组织，为改革开放和社会主义现代化建设提供了坚实的保证。

1. 党的基层组织是党的全部工作和战斗力的基础

江泽民高度重视新时期党的基层组织建设，关于党的基层组织的地位和作用提出了许多重要论断。第一，党的基层组织是党的全部工作和战斗力的基础。1992年6月江泽民在中共中央党校省部级干部进修班讲话时指出："党的基层组织的工作和战斗力，是党的全部工作和整体战斗力的基础。"[1]此后在党的十四大报告、十五大报告，2001年的"七一"讲话以及党的十六大报告中，都反复强调"党的基层组织是党的全部工作和战斗力的基础"这一重要论断。第二，党的基层组织是党的细胞。江泽民在党的十四届四中全会上指出："我们加强和改进党的基层组织建设，目的就在于健全和发展党的每个细胞"[2]。中国共产党是一个有机的整体，党的基层组织是党的细胞，细胞是否健康直接关系到党这个整体的健康状况，只有数以千万个细胞都健康，才能保证整个党的生命力。第三，党的基层组织是党的战斗堡垒。党的基层组织植根于人民群众之中，是联系广大人民群众的桥梁和纽带，是党了解广大党员和人民群众愿望和要求的主要渠道。因此，党的基层组织必须坚持和贯彻党的群众路线，发挥战斗堡垒作用。党的十四届四中全会通过的《中共中央关于加强党的建设几个重大问题的决定》指出："党的基层组织是党的全部工作和战斗力的基础，担负着直接联系群众、宣传群众、组织群众、团结群众，把党的路线方针政策落

---

[1]　江泽民：《论党的建设》，中央文献出版社2001年版，第48页。
[2]　《江泽民文选》第1卷，人民出版社2006年版，第409页。

实到基层的重要责任。改革的推进、经济的发展和社会的稳定，都要依靠基层党组织战斗堡垒作用和广大党员先锋模范作用的充分发挥。"①党的基层组织是党密切联系人民群众的关键，"党的基层组织坚强有力了，党同人民群众的联系更加紧密了，我们各项工作就可以做得更好"②。

2. 党的基层组织建设的指导方针和基本要求

党的十四届四中全会通过的《中共中央关于加强党的建设几个重大问题的决定》提出党的基层组织建设"四个必须"的指导方针：第一，必须紧紧围绕党的基本路线，为党的中心任务服务，用完成本单位任务的实际效果来检验基层党组织的工作。第二，必须用改革的精神研究新情况、解决新问题，运用已有的成功经验并进行革新和创造，改进基层党组织的活动内容和工作方式。第三，必须严格党内生活，严肃党的纪律，弘扬正气，反对歪风，保持党员队伍的先进性和纯洁性，增强基层党组织解决自身矛盾的能力。第四，必须立足于经常性工作，常抓不懈，既要制定切实可行的长期规划，又要抓紧解决当前的突出问题。党的十五大对党的基层组织建设的指导方针进行了新的概括："加强和改进党的基层组织建设，要围绕党的基本路线，为党的中心任务服务；用改革的精神研究新情况新问题，改进工作方法、工作作风和活动方式；认真做好对党员的教育、管理和监督，增强解决自身矛盾的能力。"③党的十六大进一步发展了加强基层党组织的理论，提出党的基层组织"应该成为贯彻'三个代表'重要思想的组织者、推动者和实践者"④。江泽民关于党的基层组织建设的指导方针的思想，既保证了前后的一致性，又不断创新发展，不断根据社会发展和党的建设的目标任务提出新的方针，具有鲜明的时代特征。

3. 全面推进党的基层组织建设

党的基层组织扎根于改革开放和社会主义现代化事业的方方面面，在不同的地域、不同的领域、不同的基层单位，所面临的工作对象、工作方式、工作内容也各不相同，因而加强基层党组织建设的具体方法也要因时制宜、因地制宜、因行业制宜。党的基层组织都要从各自的特点出发，认真履行党章规定的职责，努力成为贯彻党的路线方针政策、团结和带领群众完成本单位任务的坚

① 《十四大以来重要文献选编》中册，人民出版社1997年版，第965页。
② 江泽民：《论"三个代表"》，中央文献出版社2001年版，第141页。
③ 《十五大以来重要文献选编》上册，人民出版社2000年版，第48页。
④ 《十六大以来重要文献选编》上册，中央文献出版社2005年版，第41页。

强战斗堡垒。江泽民正是根据党的基层组织的特点，强调重点加强农村基层党组织和国有企业党组织的建设。

党的基层组织半数在农村，加强农村基层党组织建设是加强全国基层党组织建设的重要组成部分，农村基层党组织建设必须常抓不懈。党的十四届四中全会通过的《中共中央关于加强党的建设几个重大问题的决定》指出，农村乡（镇）党委和村党支部要认真贯彻执行党的农村政策，在深化农村改革，全面发展农村经济，建设精神文明，带领农民群众奔小康、实现共同富裕和共同进步中发挥核心领导作用。2000年江泽民在江苏、浙江、上海考察时强调，党的农村基层组织是农村各种组织和各项工作的领导核心，并对进一步加强农村基层党组织建设提出了新的要求和具体指导。党的十六大提出了加强农村基层党组织建设的新的指导思想："加强以村党组织为核心的村级组织配套建设，探索让干部经常受教育、使农民长期得实惠的有效途径。"①

搞好国有企业和集体企业必须坚持全心全意依靠工人阶级，企业党组织要积极参与企业重大问题的决策，充分发挥政治核心作用。在改革开放和社会主义市场经济深入发展的条件下，国有企业面临着全方面改革的严峻挑战。在改革的过程中，国有企业的党组织如何定位，发挥怎样的作用，如何在现代企业制度下加强党的建设，是党的建设在新时期面临的重大课题。1997年，党中央下发了《中共中央关于进一步加强和改进国有企业党的建设工作的通知》，为这一系列问题的解决提供了指导方针。《通知》强调，要坚持党对国有企业的政治领导，充分发挥国有企业党组织的政治核心作用。2000年，江泽民在江苏、浙江、上海考察时提出要紧紧围绕推进国有企业改革和发展加强企业党组织建设，"企业党组织的活动和党建工作，必须围绕企业改革和生产经营来进行"。同时，"党对国有企业和国有控股企业的政治领导，企业党组织的政治核心作用，都必须坚持，不能有任何削弱"②。

4. 努力扩大党的工作的覆盖面，不断增强党的社会影响力

在社会主义市场经济体制下，在党政事业机关和国有企业之外，出现了新的经济组织和社会活动领域。社会主义市场经济的发展，使人们在就业和生产经营活动方面的流动性比过去大大增强。在这种情况下，完全依靠过去的方式

---

① 《十六大以来重要文献选编》上册，中央文献出版社2005年版，第41页。
② 《江泽民文选》第3卷，人民出版社2006年版，第19页。

实施党的领导，显然是不够的。党的领导如何更加切实有效地覆盖社会的各个领域，是一个必须认真研究解决的重大问题。江泽民提出："要根据经济发展和社会进步的实际，不断增强党的阶级基础和扩大党的群众基础，不断提高党的社会影响力。"① 2002 年 5 月江泽民在四川考察工作时明确提出："要适应经济社会发展的要求，加大对非公有制经济组织、街道社区、社团和社会中介组织党的建设的工作力度，不断拓宽党的工作的覆盖面。"②

第一，高度重视社区党组织的建设。随着经济的快速发展，城镇化程度进一步加快，城市基础管理体制改革不断深入，原来由党政机关和企事业单位承担的社会服务、社会管理和社会保障功能逐渐分离出来，很多事情要靠街道、居委会来做。大量的非公有制企业、社会团体和民办机构在街道社区落户，离退休人员、待业人员、外地务工人员大量进入社区，社区成了各类矛盾反映比较敏感的汇集地。因此，江泽民提出"要切实加强街道社区党的建设"，"搞好社区党的建设，实质就是打牢党在城市工作的组织基础和群众基础"③。街道社区党组织是街道社区各类组织、各项工作的领导核心。加强街道社区党组织建设，首先要做到凡是有党员的地方，就有党组织的教育管理；凡是有居民的地方就有党组织服务群众的工作，就有党员在发挥作用。街道社区党组织主要围绕街道社区的中心任务开展工作。要从城市社区的特点出发，围绕精神文明建设、群众思想政治工作、社会治安综合治理、社区服务、密切党同群众的联系、提高市民素质和城市文明程度等来积极开展党建工作。党的十六大提出"高度重视社区党的建设，以服务群众为重点，构建城市社区党建工作新格局"④。

第二，抓紧开展非公有制经济组织中党的建设工作。抓紧在非公有制经济组织开展党的工作，加强党的建设。这是党确立和巩固社会主义初级阶段基本经济制度，引导非公有制经济健康发展的需要，也是加强党同在非公有制企业劳动的广大职工群众的联系，巩固党在新形势下执政的阶级基础、群众基础的需要。江泽民要求各级党委在思想认识上跟上客观形势的发展，加强在非公有制经济组织中党的建设。凡是已具备条件的非公有制经济组织，都应建立党组

① 《江泽民文选》第 3 卷，人民出版社 2006 年版，第 284 页。

② 《江泽民论有中国特色社会主义（专题摘编）》，中央文献出版社 2002 年版，第 610 页。

③ 江泽民：《论党的建设》，中央文献出版社 2001 年版，第 405 页。

④ 《十六大以来重要文献选编》上册，中央文献出版社 2005 年版，第 41 页。

织，都要在企业职工中发挥政治核心作用。同时，非公有制企业又具有自身的特殊性。非公有制企业产权关系，不同于国有企业和集体企业，党组织发挥政治核心作用的途径，党组织的具体设置形式、活动内容、活动方式等，要根据企业特点来进行，要与生产经营紧密结合，既要灵活多变、又要讲究实效。党的十六大提出："加强非公有制企业党的建设，企业党组织要贯彻党的方针政策，引导和监督企业遵守国家的法律法规，领导工会和共青团等群众组织，团结凝聚职工群众，维护各方的合法权益，促进企业健康发展。"①

（二）加强党员队伍建设，增强党的阶级基础和扩大党的群众基础

加强党员队伍建设是党的建设的重要组成部分，是党的建设的基础性工作。江泽民始终强调，要适应党员队伍建设的新情况、新要求，努力建设一支充满时代精神、体现时代先进性的高素质党员队伍。

1. 保持共产党员的时代先进性

党员是党的一切活动的主体，是社会主义现代化建设的中坚力量。江泽民在党员队伍建设上始终强调"党员的质量重于数量"这一基本原则，提出党员的标准不是一成不变的，而是要根据时代的变化和社会发展的要求，不断与时俱进，保障党员始终发挥先锋模范作用。第一，党员的质量重于党员的数量。共产党的力量和作用，主要不在于党员的数量，而在于党员的素质。加强和改善党的领导，提高党的执政能力，必须强调党员质量重于数量。第二，共产党员的先进性必须体现时代要求。党的先进性是具体的历史的，党员的先锋模范作用在不同历史时期必然有不同的体现和要求。党的十五大提出了在新的历史条件下保持共产党员先进性的要求："胸怀共产主义远大理想，带头执行党和国家现阶段的各项政策，勇于开拓，积极进取，不怕困难，不怕挫折；诚心诚意为人民谋利益，吃苦在前，享受在后，克己奉公，多作贡献；刻苦学习马克思主义理论，增强辨别是非的能力，掌握做好本职工作的知识和本领，努力创造一流的成绩；在危急的时刻挺身而出，维护国家和人民的利益，坚决同危害人民、危害社会、危害国家的行为作斗争。"②党的十六大又强调："共产党员必须发挥先锋模范作用，牢固树立共产主义远大理想和中国特色社会主义坚定

---

① 《十六大以来重要文献选编》上册，中央文献出版社 2005 年版，第 41 页。
② 《十五大以来重要文献选编》上册，人民出版社 2000 年版，第 49—50 页。

信念，脚踏实地地为实现党在现阶段的基本纲领而奋斗。"①

2.增强党的阶级基础和扩大党的群众基础，认真做好发展党员工作

按照党章规定的党员标准发展新党员是中国共产党永葆生机的一项极为重要的工作。改革开放以来，我国的社会阶层结构发生了深刻的变化，必须坚持从实际出发，着眼于巩固党的阶级基础和扩大党的群众基础，在严格坚持党员标准的前提下，重点做好在工人、农民、知识分子、军人和干部中发展党员的工作，同时把其他社会阶层的先进分子吸收到党内来，增强党在全社会的影响力和凝聚力。一方面，严格坚持党员标准。江泽民反复强调，坚持从严治党的方针，首先要把好入口关，严格按照"坚持标准、保证质量、改善结构、慎重发展"的要求做好党员发展的工作。同时，江泽民也指出党员的标准要随着时代的变化而发展，要将能否自觉地为实现党的路线和纲领而奋斗，是否符合党员条件，作为吸收新党员的主要标准。另一方面，巩固党的阶级基础和扩大党的群众基础。江泽民强调，要切实将工人、农民以及私营企业家等其他社会阶层团结和组织在党的周围，从而不断增强党在全社会的影响力和凝聚力。

3.适应新形势，探索党员管理工作的新机制新方法

在新的历史条件下，为了始终保持党员队伍的先进性，党必须切实加强和改进党员的教育管理。第一，紧密结合实际，加强改进党员教育工作。增强共产党员党性，是保持党的先进性必不可少的重要条件。提高干部和党员队伍的思想政治素质，最根本的是解决好世界观和人生观问题。江泽民提出需要重点抓三个方面的教育：一是共产主义理想和信念的教育；二是全心全意为人民服务宗旨的教育；三是艰苦奋斗、勤俭节约的教育。第二，加强对党员的管理、监督工作。江泽民认识到党在长期执政过程中加强对党员的管理监督是一项艰巨任务，提出必须结合新形势，积极探索加强党员管理监督的新办法新机制。加强党员管理和监督的关键在于建立一整套便利、管用、有约束力的机制，使党的各级组织对党员、干部实行有效的管理和监督，及时发现矛盾、解决问题，使党的肌体始终保持健康。党内教育、管理、监督的制度，都需要根据新的形势加以完善。对于不合格的党员，不能留在党内，这样才能形成党员队伍"吐故纳新"、保持活力的机制。

---

① 《十六大以来重要文献选编》上册，中央文献出版社2005年版，第41页。

三、不断提高党的领导水平和执政水平

加强党的执政能力建设，提高党的领导水平和执政水平是江泽民党建思想的重要组成部分。江泽民始终强调，办好中国的事情，"关键取决于我们党，不仅取决于党的正确的理论路线方针政策，也取决于各级党组织贯彻落实党的理论路线方针政策的能力和水平，也就是说，取决于我们党的领导水平和执政能力"①。中国共产党处于长期执政的地位，肩负着领导中国人民进行改革开放和社会主义现代化建设的重任，必须要不断地提高党的领导水平和执政能力。

（一）不断提高科学判断形势的能力

加强党的执政能力建设，就必须以宽广的眼界观察世界，正确把握时代发展的要求，善于运用理论思维和战略思维，不断提高科学判断形势的能力。加强党的执政能力建设，既是党肩负的历史使命的要求，也是历史之势、时代之需、形势之求。加强党的执政能力建设就要用新的观点来认识和发展马克思主义，正确地科学地判断时代的发展。江泽民在党的十五届五中全会上指出："世界发展很快，我们要密切注视世界政治、经济、科技、文化、军事等方面的变化。否则，就难以制定正确的方针政策，也很难做好工作。全党同志一定要用马克思主义的宽广眼界观察世界。所谓宽广的眼界，一是要有历史的深远眼光，一是要有世界的全局眼光。这样来观察问题，我们就能更深刻、更全面地认识当代中国和当今世界，更加清醒、主动地掌握我们自己发展的命运。"②因此，必须加强党的执政能力建设，把握时代发展的趋势，不断提高科学判断形势的能力，使我们党在世界形势深刻变化的历史进程中始终走在时代前列，在应对国内外各种风险的历史进程中始终成为全国人民的主心骨，在建设有中国特色社会主义的历史进程中始终成为坚强的领导核心。

（二）不断提高驾驭市场经济的能力

加强党的执政能力建设，就必须坚持按照客观规律和科学规律办事，及时

---

① 江泽民：《论党的建设》，中央文献出版社2001年版，第484页。
② 《江泽民文选》第3卷，人民出版社2006年版，第126页。

研究解决改革和建设中的新情况新问题，善于抓住机遇加快发展，不断提高驾驭市场经济的能力。改革开放以来，我国在发展社会主义市场经济的过程中积累一些宝贵经验，但是随着社会主义市场经济的深入发展，不可避免地要遇到诸多前所未有的新矛盾、新情况、新问题，很多问题我们的认识还不够多、不够深入、不够全面。为此，江泽民提出全党必须进一步加强对经济规律的认识和把握，不断提高驾驭市场经济的能力。1998 年 12 月，江泽民在中央经济工作会议上谈到不断提高领导经济工作的水平时，特别强调领导干部"要学会用马克思主义的宽广眼界观察世界，用政治家的眼光观察和分析经济，善于用经济、法律的办法管理和解决经济问题"[1]。江泽民对加强和改善党对经济工作的领导提出了三点要求：第一，努力提高经济工作的领导水平，强调领导干部一定要努力把握新形势下经济发展的规律性和要加强对经济工作重大关系的研究。第二，始终注意保持社会稳定。第三，牢固树立脚踏实地的工作作风。

（三）不断提高应对复杂局面的能力

加强党的执政能力建设，就必须正确认识和处理各种社会矛盾，善于协调不同利益关系和克服各种困难，不断提高应对复杂局面的能力。我国正处于社会转型的关键时期，社会经济成分、组织形式、就业方式、利益关系和分配方式日益多样化，这必然给政治、经济、社会、文化生活带来深刻的影响，旧的社会矛盾更加突显，新的社会矛盾层出不穷，新旧矛盾相互交织，给党的领导水平和执政水平带来新的挑战。面对新形势新任务，如何进一步改进领导方式和领导方法，实现领导方式和领导方法的创新，是党的建设面临的一个重大课题。江泽民提出："领导干部必须牢固坚持领导就是服务的观点，同时必须掌握为人民服务的本领。没有为人民服务的观点，不可能全心全意为人民谋利益。没有为人民服务的本领，也难以为人民谋利益。这两个方面是紧密结合的。立场观点的问题要解决好，工作水平和能力的问题也要解决好。"[2] 同时，江泽民指出："领导方式和领导方法，不仅是工作方法的问题，也是思想方法

---

[1] 江泽民：《论党的建设》，中央文献出版社 2001 年版，第 304 页。

[2] 江泽民：《论党的建设》，中央文献出版社 2001 年版，第 485—486 页。

和世界观的问题，是对人民群众的立场和态度的问题。"①因此，在面对社会发展出现的各种复杂局面时，既要在实践中创新工作方法、工作手段，也要坚持党的优良传统和作风，坚持全心全意为人民服务的根本宗旨，注重从人民群众的实践中总结新鲜经验。

（四）不断提高依法执政的能力

加强党的执政能力建设，就必须增强法制观念，善于把坚持党的领导、人民当家作主和依法治国统一起来，不断提高依法执政的能力。共产党执政，就是领导和支持人民群众掌握和行使管理国家的权力，实行民主选举、民主决策、民主管理、民主监督，保证人民依法享有广泛的权利和自由，尊重和保护人权。江泽民指出："发展社会主义民主，同坚持党的群众观点和群众路线在本质上是一致的。人民群众是历史的创造者，是我们国家的主人。共产党执政，就是要领导和支持广大人民群众当家作主。"②我们的社会主义民主，是全国各族人民享有的最广大的民主，它的本质就是人民当家作主。民主总是同法制结合在一起的，发展社会主义民主就必须同发展社会主义法制紧密结合，实行依法治国。党的十五大详细地分析了党的领导与依法治国的关系。依法治国，就是广大人民群众在党的领导下，依照宪法和法律规定，通过各种途径和形式管理国家事务，管理经济文化事业，管理社会事务，保证国家各项工作都依法进行，逐步实现社会主义民主的制度化、法律化，使这种制度和法律不因领导人的改变而改变，不因领导人看法和注意力的改变而改变。依法治国，是党领导人民治理国家的基本方略。随后江泽民将三者之间的关系概括为：党的领导是关键，发扬民主是基础，依法办事是保证，绝不能把三者割裂开来、对立起来。江泽民提出全党要"努力掌握适应新形势新任务要求的领导艺术、领导方式和领导方法，把坚持党的领导同发扬人民民主、严格依法办事、尊重客观规律有机地统一起来"③。党的十六大进一步阐明了三者之间的关系：党的领导是人民当家作主和依法治国的根本保证，人民当家作主是社会主义民主政治的本质要求，依法治国是党领导人民治理国家的基本方略。因此，加强党的执

---

① 江泽民：《论党的建设》，中央文献出版社 2001 年版，第 486 页。
② 《江泽民文选》第 1 卷，人民出版社 2006 年版，第 641 页。
③ 《江泽民文选》第 3 卷，人民出版社 2006 年版，第 288 页。

政能力建设，必须增强法治观念，必须严格依法办事，必须处理好党的领导与人民当家作主、依法治国三者之间的关系，不断提高依法执政的能力。

（五）不断提高总揽全局的能力

加强党的执政能力建设，就必须立足全党全国工作大局，坚定不移地贯彻党的路线方针政策，善于结合实际创造性地开展工作，不断地提高总揽全局的能力。党的领导是通过对国家政权机关的领导来实现的，因而必须按照总揽全局、协调各方的原则，加强和改进党对人大、政府、政协和人民团体的领导。首先，党委要总揽全局，协调各方，充分发挥领导核心作用，这是保证党的领导切实实现的一条基本原则。党的十六大指出："党的领导主要是政治、思想和组织领导，通过制定大政方针，提出立法建议，推荐重要干部，进行思想宣传，发挥党组织和党员的作用，坚持依法执政，实施党对国家和社会的领导。党委在同级各种组织中发挥领导核心作用，集中精力抓好大事，支持各方独立负责、步调一致地开展工作。"① 其次，党要通过科学化、规范化、制度化的机制，加强对人大、政府、政协、人民团体的领导，支持他们依照法律和各自章程发挥职能作用。党的十六大提出要"进一步改革和完善党的工作机构和工作机制。按照党总揽全局、协调各方的原则，规范党委与人大、政府、政协以及人民团体的关系，支持人大依法履行国家权力机关的职能，经过法定程序，使党的主张成为国家意志，使党组织推荐的人选成为国家政权机关的领导人员，并对他们进行监督；支持政府履行法定职能，依法行政；支持政协围绕团结和民主两大主题履行职能。加强对工会、共青团和妇联等人民团体的领导，支持他们依照法律和各自章程开展工作，更好地成为党联系广大人民群众的桥梁和纽带"② 。这是加强党的执政能力建设，提高党的领导水平和执政水平的重要途径。最后，政权机关、人民团体的党组织及党员干部，必须按照民主集中制原则，认真执行党委决定，坚决贯彻党委意图。江泽民针对坚持党的领导提出两点要求：第一，领导干部无论在哪个地方、哪个部门工作，无论在党的哪一级组织担任领导职务，都必须自觉贯彻党的路线方针政策和工作部署，坚决维护党的领导的权威性和统一性。第二，各级领导干部对党的路线方针政策，必须

---

① 《十六大以来重要文献选编》上册，中央文献出版社 2005 年版，第 26 页。

② 《十六大以来重要文献选编》上册，中央文献出版社 2005 年版，第 26 页。

努力学习，正确理解，认真执行，坚决维护。

四、加强党的制度建设

　　党的建设是一个有机的整体，包括思想建设、组织建设、作风建设、制度建设等，它们之间相互联系、相互促进。其中，制度建设贯穿于整个党的建设，具有根本性、全局性、稳定性和长期性。江泽民在认真总结和汲取党的历史经验教训的基础上，强调要依靠制度来制约、规范党和国家的政治生活，采取了一系列措施，建立健全党的各项制度。党的十四届四中全会通过的《中共中央关于加强党的建设几个重大问题的决定》提出："必须进一步坚持和健全民主集中制，特别要注重制度建设，以完备的制度保障党内民主，维护中央权威，保证全党在重大问题上的统一行动。"①2000 年 5 月，江泽民在江苏、浙江、上海党建工作座谈会上强调："制度问题更带有根本性、全局性、稳定性和长期性。对党内已经确立的制度要严格执行，同时要根据实践的发展，不断健全各项制度，形成一套从严治党的制度机制。"②2001 年，江泽民在庆祝中国共产党成立 80 周年大会上再次强调了制度建设的重要性，要求进一步完善民主集中制的各项制度，进一步完善党的领导制度和工作机制，从制度上保证民主集中制的正确执行。加强党的制度建设，是新世纪中国共产党进一步坚持和健全民主集中制的基本的和有效的途径。

　　（一）坚持和健全民主集中制

　　民主集中制是民主基础上的集中和集中指导下的民主相结合的制度，是马克思主义党建学说的重要原则，是党的根本组织制度和领导制度。江泽民指出："无产阶级政党的力量，不仅在于全党确定了马克思主义理论指导下的思想统一，而且还在于这种统一是由民主集中制原则确立的组织统一和行动统一来保证的。"③历史经验表明，民主集中制贯彻得好不好，关系到党的事业的兴

---

① 《十四大以来重要文献选编》中册，人民出版社 1997 年版，第 958 页。
② 江泽民：《论党的建设》，中央文献出版社 2001 年版，第 414 页。
③ 《江泽民论有中国特色社会主义（专题摘编）》，中央文献出版社 2002 年版，第 593 页。

衰成败。在改革开放和发展社会主义市场经济的条件下，民主集中制不仅不能削弱，而且必须完善和发展。江泽民指出："民主集中制是我们党的根本组织制度和领导制度。我们坚持和完善民主集中制的基本要求和目标，就是要努力在全党造成又有集中又有民主，又有纪律又有自由，又有统一意志又有个人心情舒畅、生动活泼的政治局面。"①加强党的制度建设，最根本的是坚持和健全民主集中制。

（二）发展党内民主

在新的历史时期，江泽民将发展党内民主与发展社会主义民主政治和社会主义现代化建设结合在一起，强调"没有民主就没有社会主义，就没有社会主义现代化"，"通过发展党内民主，积极推动人民民主的发展"。党的十五大提出："要进一步发扬民主，保障党员的民主权利，疏通和拓宽党内民主渠道，充分发挥全党的积极性和创造性"②。江泽民指出："发展党内民主，充分发挥广大党员和各级党组织的积极性主动性创造性，是党的事业兴旺发达的重要保证。"③发展党内民主要切实保证党员的民主权利，拓宽党内民主渠道，加强党员对党内事务的了解和参与。凡属党组织工作中的重大问题都应力求组织广大党员讨论，充分听取各种意见。通过建立有效机制，保证基层党员和下级党组织的意见能及时反映到上级党组织中来。上级党组织应充分听取党员和下级党组织的意见，集思广益，不断推进决策的科学化、民主化。党的十六大进一步提出，发展党内民主"要以保障党员民主权利为基础，以完善党的代表大会制度和党的委员会制度为重点，从改革体制机制入手，建立健全充分反映党员和党组织意愿的党内民主制度。扩大在市、县进行党的代表大会常任制的试点。积极探索党的代表大会闭会期间发挥代表作用的途径和形式"④。

（三）按照"集体领导、民主集中、个别酝酿、会议决定"的原则，完善党委内部的议事和决策机制，进一步发挥党的委员会全体会议的作用

根据新时期党委工作的新特点以及对长期党的建设经验教训的总结，江泽

---

① 江泽民：《论党的建设》，中央文献出版社 2001 年版，第 514—515 页。

② 《十五大以来重要文献选编》上册，人民出版社 2000 年版，第 47 页。

③ 江泽民：《论党的建设》，中央文献出版社 2001 年版，第 515 页。

④ 《十六大以来重要文献选编》上册，中央文献出版社 2005 年版，第 39 页。

民不断深化对民主集中制的认识，继承和发展了毛泽东思想和邓小平理论中对民主集中制的思考，提出了"集体领导、民主集中、个别酝酿、会议决定"四项基本原则。按照这一原则要求，主要领导既要有魄力，善于在发扬民主的基础上果断拍板决策，又要尊重别人的意见，善于集思广益，实行正确的集中。每个领导成员都要按照集体决定和分工切实履行自己的职责，同时又要关心全局，积极参与决策。重大问题的决策、重要人事任免，都必须坚持民主集中制，坚持集体讨论，会议决定，严格按照规则和程序办事。党的十六大进一步深化这一原则要求，提出按照集体领导、民主集中、个别酝酿、会议决定的原则，完善党委内部议事和决策机制，进一步发挥党的委员会全体会议的作用。在这十六字的原则中，"集体领导"是党的领导的最高原则；"民主集中"是集体领导的具体实现过程和根本保证；"个别酝酿"是科学决策的必要环节和重要方法；"会议决定"是集体领导的实现方式和必经程序。这十六字方针所包含的四个方面内容相互联系，紧密结合，构成党委内部议事和决策的完整严密的科学体系，是对党的民主集中制理论和实践的新发展，揭示了党的领导工作的客观规律，反映了新形势下加强党的建设的内在要求，为实现党委决策的民主化、科学化指明了方向。

（四）增强党的团结和统一，坚决维护中央权威

党中央的权威是全党意志的体现。维护中央的权威，是民主集中制的一条重要原则和重要纪律。党的十四大以来，江泽民高度重视并反复强调要加强党的团结和统一，维护中央的权威。一方面，江泽民强调各级领导班子要加强团结，各级领导班子的团结是全党团结和全国团结的前提。社会主义现代化建设面临着复杂的情况，要解决好各种复杂的问题，领导干部一定要"靠集体智慧、集体领导，靠全党同志群策群力"。江泽民指出："讲团结，讲统一，讲顾全大局，是对各级领导干部的基本要求。每个真正的共产党人，都必须具备这样的政治品格和遵守这样的政治纪律。"[1]1996 年 6 月，江泽民在纪念建党 75 周年大会上指出："能不能搞好团结，是衡量和检验领导班子和领导干部素质高低、党性强弱的一个重要标志。"[2]另一方面，江泽民强调全党必须自觉坚持个人服

---

[1]　江泽民：《论党的建设》，中央文献出版社 2001 年版，第 75 页。

[2]　江泽民：《论党的建设》，中央文献出版社 2001 年版，第 230 页。

从组织、少数服从多数、下级服从上级组织、全党服从党的全国代表大会和中央委员会的原则，坚决维护中央权威，保证中央的政令畅通。各级党组织要自觉把党和国家的利益摆在第一位，做到局部利益服从整体利益、眼前利益服从长远利益，顾全大局，保证中央各项方针政策的贯彻实施，保持全党在政治上组织上和行动上高度统一。党的十五大强调："要维护中央权威，在思想上、政治上同中央保持一致，保证党的路线和中央的决策顺利贯彻执行"①。随后在党的十五届一中全会上，江泽民要求各位中央委员"要认真执行中央的方针政策和重大决策，自觉处理好中央与地方、整体与局部的关系，带头遵守民主集中制的各项规定，严守纪律，维护大局"②。在新形势下，各级领导干部要牢固树立全局观念，识大体、顾大局，自觉维护中央权威。

五、建设高素质的干部队伍

加强党的干部队伍建设，是中国共产党始终成为建设有中国特色社会主义事业领导核心的重要保证。党的十四届四中全会提出了"党的建设新的伟大工程"的重大课题，随后江泽民在全国组织工作会议上强调，全面提高现有领导干部的素质和抓紧选拔优秀年轻干部是当务之重、当务之急，是全面推进党的建设这个新的伟大工程的关键性工程。历史经验表明，党领导的事业要取得胜利，不但必须有正确的理论和路线，还必须有一支能坚决贯彻执行党的理论和路线的高素质干部队伍。江泽民强调，建设一支高素质的干部队伍"已经成为摆在全党面前的一项刻不容缓的重大任务"，要求各级党委"把干部队伍建设这件关系党和国家全局的大事抓紧抓好，绝不能有丝毫的忽视和懈怠"③。党的十五大提出："按照革命化、年轻化、知识化、专业化方针，建设一支适应社会主义现代化建设需要的高素质干部队伍，是我们的事业不断取得成功的关键。"④党的十六大进一步深化对干部队伍建设的认识，将其提高到党和国家长治久安的根本大计的地位，"按照革命化、年轻化、知识化、专业化方针，建

① 《十五大以来重要文献选编》上册，人民出版社 2000 年版，第 47 页。
② 江泽民：《论党的建设》，中央文献出版社 2001 年版，第 271 页。
③ 江泽民：《论党的建设》，中央文献出版社 2001 年版，第 220—221 页。
④ 《十五大以来重要文献选编》上册，人民出版社 2000 年版，第 47 页。

设一支能够担当重任、经得起风浪考验的高素质的领导干部队伍，特别是培养造就大批善于治党治国治军的优秀领导人才，是党和国家长治久安的根本大计"①。

（一）按照革命化、年轻化、知识化、专业化方针，建设一支能够担当重任、经得起风浪考验的高素质的领导干部队伍

干部队伍的"四化"方针是邓小平根据社会主义现代化建设实践的实际需要提出的。党的十一届三中全会以来，党按照"四化"方针加强干部队伍建设，取得了显著成效。在新的历史时期，江泽民在实践中发展了"四化"方针。首先，江泽民进一步明确了"革命化"的科学内涵。江泽民强调干部队伍革命化问题，实质上是干部的政治立场问题。"革命化"要求领导干部必须树立坚定的马克思主义信仰，树立共产主义的远大理想，坚定社会主义方向不动摇，将全心全意为人民服务的宗旨牢记于心。在江泽民看来，忠诚于马克思主义，坚持走有中国特色社会主义道路是领导干部"革命化"的重要评判标准。其次，江泽民高度重视抓好年轻干部的培养和选拔这个重点。江泽民在党的十四届四中全会中指出，培养和选拔年轻干部目的在于"提高党的干部队伍素质，并保证干部队伍的新陈代谢，使党拥有充满活力的领导层"②。再次，江泽民强调要提高干部队伍的业务素质能力。随着"四化"方针的有效贯彻，干部队伍中具有大专以上学历的已占绝大多数，"知识化"和"专业化"的要求转变为领导干部要加强学习，不断更新自身的知识，紧跟时代发展的潮流。因此，江泽民反复强调领导干部要讲学习，加强学习。1993 年 7 月，江泽民作了题为《领导干部要切实加强学习》的讲话，指出世界的发展变化很快，新科学、新技术、新知识不断涌现，因此领导干部需要加强学习。最后，在处理"四化"之间的相互关系上，江泽民始终强调把"革命化"放在首位。江泽民指出："看干部，要看政治立场、政治品质，第一位的是政治合格。"③ 之所以强调把"革命化"放在首位，一方面是因为"革命化"在"四化"中起着前提和基础性作用；另一方面，在一个时期内，我们党强调领导干部的年轻化、专业化、知识化，而

---

① 《十六大以来重要文献选编》上册，中央文献出版社 2005 年版，第 40 页。
② 《江泽民文选》第 1 卷，人民出版社 2006 年版，第 410 页。
③ 江泽民：《论党的建设》，中央文献出版社 2001 年版，第 153 页。

对革命化有所忽略，导致了部分领导干部不讲政治，甚至是非不分，并造成了严重后果。因此，江泽民多次强调领导干部要增强政治意识，不要只注重业务学习，更要加强政治理论学习。

（二）认真贯彻领导干部选拔任用条例，把那些德才兼备、实绩突出和群众公认的人及时选拔到领导岗位上来

毛泽东指出："中国共产党是在一个几万万人的大民族中领导伟大革命斗争的党，没有多数才德兼备的领导干部，是不能完成其历史任务的。"[①] 在长期的革命和建设过程中，党形成了"德才兼备"的干部选拔原则。在新的历史时期，江泽民进一步发展了"德才兼备"的原则。第一，将工作实绩作为干部是否德才兼备的主要标准。江泽民指出："衡量一名干部是否符合德才标准，既要看本人素质，更要看工作实绩。"[②] 第二，要正确处理"德"与"才"的关系。江泽民反复强调"德才兼备"是总的要求，但具体到不同部门、不同领域、不同职位，"德"与"才"的要求也要结合实际加以具体化。第三，选拔任用干部一定要坚持群众路线。江泽民多次在中央纪委的全体会议上强调，选拔任用干部，要注意充分发扬民主，走好群众路线，坚持群众公认原则。1995年2月，党中央颁布了《党政领导干部选拔任用工作暂行条例》，对党政领导干部的选拔任用条件、方针、程序、原则等作出了详细而明确的规定。经济体制改革和其他方面改革的逐步深化，也为加快干部制度改革提供了有利条件，江泽民提出："要抓住时机，推动干部选拔任用工作逐步走上制度化、规范化的路子。当前，要认真执行《党政领导干部选拔任用工作暂行条例》。这对于保证严格按照党的干部政策选人用人，具有重大意义。"[③] 2000年，党中央下发了《深化干部人事制度改革纲要》，提出要建立能上能下、能进能出、有效激励、严格监督、竞争择优、充满活动的用人机制，为建设一支符合"三个代表"要求的高素质干部队伍提供制度保障。党的十六大提出："努力形成广纳群贤、人尽其才、能上能下、充满活力的用人机制，把优秀人才集聚到党和国家的各项事业中来。以建立健全选拔任用和管理监督机制为重点，以科学化、民主化和制度化为目标，改革和完

---

① 《毛泽东选集》第2卷，人民出版社1991年版，第526页。
② 《江泽民文选》第3卷，人民出版社2006年版，第51页。
③ 江泽民：《论党的建设》，中央文献出版社2001年版，第228页。

善干部人事制度，健全公务员制度。扩大党员和群众对干部选拔任用的知情权、参与权、选择权和监督权。实行党政领导干部职务任期制、辞职制和用人失察失误责任追究制。完善干部职务和职级相结合的制度，建立干部激励和保障机制。探索和完善党政机关、事业单位和企业的干部人事分类管理制度。改革和完善干部双重管理体制。打破选人用人中论资排辈的观念和做法，促进人才合理流动，积极营造各方面优秀人才脱颖而出的良好环境。"① 这是新时期深化干部人事制度改革的总纲，是指导干部人事工作的总方针。

（三）加大培养选拔优秀年轻干部的工作力度

党的十四届四中全会提出，抓紧培养和选拔优秀年轻干部，努力造就大批能够跨世纪担当重任的领导人才是党的两项重大而紧迫的战略任务之一。江泽民指出："要把一个稳定的充满发展活力和生机的中国带入二十一世纪，要使我国在二十一世纪中叶基本实现现代化，以社会主义强国的地位屹立于国际社会，取决于党的基本理论和基本路线的长期坚持，归根到底取决于广大青年一代及年轻干部的健康成长。"② 加强对年轻干部的培养，是保证党和国家长治久安的战略任务。年轻干部在知识、精力、年龄等方面有一定优势，但是在政治经验、组织领导能力和思想作风等方面，同老一辈相比还有较大差距，因而江泽民提出年轻干部需要继续锻炼和提高。第一，要努力提高年轻干部的思想政治素质，使之成为忠诚于马克思主义、坚持走有中国特色社会主义道路、会治党治国的新一代政治家。第二，要大力加强中青年领导干部的党性修养，使他们始终坚持全心全意为人民服务的根本宗旨。第三，要大力拓展中青年领导干部的视野，使他们能够善于观察世界大势和正确把握时代要求。第四，各级党委要把年轻干部安排到艰苦的环境中去，使他们在实践中锻炼提高。年轻干部想要健康成长，必须要在改革开放和现代化建设的实践中经受锻炼，接受考验。

（四）以提高素质、优化结构、改进作风和增强团结为重点，把各级领导班子建设成为坚强领导集体

党的十四届四中全会将全面提高现有领导干部的素质，把各级领导班子建

---

① 《十六大以来重要文献选编》上册，中央文献出版社 2005 年版，第 27—28 页。
② 江泽民：《论党的建设》，中央文献出版社 2001 年版，第 231 页。

设成为坚决贯彻党的基本路线、全心全意为人民服务、具有领导现代化建设的坚强领导集体作为党的重大而紧迫的战略任务之一。一方面，要努力把各级领导班子建设成为团结坚强的领导集体。① 党的十五大提出了完整的领导班子建设目标：以思想政治建设为重点，把各级领导班子建设成为坚决贯彻党的基本理论和基本路线、全心全意为人民服务、具有领导现代化建设能力、团结坚强的领导集体。另一方面，党的高级干部不仅要努力成为有知识、懂业务、胜任本职工作的内行，而且首先要努力成为忠诚于马克思主义、坚持走有中国特色社会主义道路、会治党治国的政治家。第一，要有远大的共产主义理想，坚持正确的政治方向，坚定地走建设有中国特色社会主义道路，坚决贯彻执行党的基本理论、基本路线和各项方针政策；第二，努力实践党的全心全意为人民服务的宗旨，密切联系群众，特别是工农群众，坚决维护人民群众的利益；第三，解放思想，实事求是，一切从实际出发，善于开拓前进，具有唯物辩证的思想方法和工作方法；第四，模范遵纪守法，保持清正廉洁，发扬艰苦奋斗精神，自觉拒腐防变，坚决反对消极腐败现象；第五，刻苦学习，勤奋敬业，不断加强知识积累和经验积累，具备做好本职工作的专业知识和能力。此外，江泽民还提出高级干部要做到"三个表率"：加强学习的表率、发扬优良作风的表率、贯彻民主集中制和增强团结的表率。

（五）领导干部要讲学习、讲政治、讲正气

党的十四大以来，党中央在县级以上领导干部中开展"三讲"教育，落实"三严四自"的要求。所谓"三讲"，就是讲学习、讲政治、讲正气。江泽民指出："在县级以上党政领导班子和领导干部中开展以'讲学习、讲政治、讲正气'为主要内容的党性党风教育，是党中央为加强领导班子建设，提高领导干部素质而采取的一项重要措施，对全面加强党的建设，具有重大而深远的意义。"② 首先，领导干部一定要"讲学习"，江泽民十分重视领导干部的学习问题，并反复强调学风问题，提出了"一个中心、三个着眼于"的马克思主义学风。其次，领导一定要"讲政治"。在"三讲"中，核心是讲政治，包括政治方向、政治立场、政治观点、政治纪律、政治鉴别力、政治敏锐感。江泽民指

---

① 参见江泽民：《论党的建设》，中央文献出版社 2001 年版，第 230 页。

② 《江泽民论讲学习讲政治讲正气（专题摘编）》，党建读物出版社 1999 年版，第 13 页。

出，我们讲的政治，是马克思主义的政治，是建设有中国特色社会主义的政治。社会主义现代化是我们当前最大的政治，因为它代表人民的最大的利益、最根本的利益。最后，领导干部一定要"讲正气"。讲政治，必然要体现在讲正气上。江泽民指出："我们党的宗旨是全心全意为人民服务，这就是全党同志首先是各级领导干部，必须坚持树立和发扬的最大的正气。"① 所谓"三严四自"，就是对领导干部要严格要求、严格管理、严格监督，而领导干部自己要自重、自省、自警、自励。"三严四自"归结到一点，就是领导干部要意识到自己所肩负的重大历史责任，要有自知之明，要看到自己的差距和不足，要有一种时不我待的紧迫感，有一种坚韧不拔、奋发向上的良好精神状态。

六、把加强和改进党的作风建设摆在更加突出的位置

加强党的作风建设一直是党的优良传统。革命战争时期，党就提出了理论联系实际、密切联系群众、批评与自我批评三大优良作风，成为加强党的建设的重要法宝。江泽民指出："党的作风是党的形象，是党的性质、宗旨、纲领、路线的重要体现，是党的创造力、战斗力和凝聚力的重要内容。""越是改革开放，越是发展社会主义市场经济，越要大力加强和改进党的作风建设。"②

党的十四大把作风建设提高到"关系党生死存亡"的高度。江泽民指出："加强党风和廉政建设，是加强党的建设和政权建设的一项重大政治任务"③。实践证明，加强党风和廉政建设，进行反腐败斗争，是保持党的先进性和纯洁性，保持党同人民群众密切联系，保证改革开放和现代化建设健康发展的一个不可缺少的重要条件。进入新世纪以来，江泽民更加强调党的作风建设的重要性。江泽民在庆祝中国共产党成立 80 周年大会上强调："党的作风，关系党的形象，关系人心向背，关系党的生命。"④ 正是因为我们党始终高度重视作风建设，从而始终保持了党的先进性和纯洁性，不断地取得革命、建设和改革的伟大胜利。

---

① 江泽民：《论党的建设》，中央文献出版社 2001 年版，第 191 页。
② 江泽民：《论党的建设》，中央文献出版社 2001 年版，第 531 页。
③ 《十四大以来重要文献选编》中册，人民出版社 1997 年版，第 1684—1685 页。
④ 《江泽民文选》第 3 卷，人民出版社 2006 年版，第 291 页。

（一）党的作风建设的核心问题是保持党同人民群众的血肉联系

保持党同人民群众的血肉联系，是我们党最大的政治优势，是我们党充满生机与活力的源泉所在。社会主义的改革和建设事业，只有得到人民群众的理解、支持和参与，充分发挥人民群众的积极性和创造性，才能顺利推进；党的领导地位，只有赢得人民群众的信赖和拥护，才能巩固和加强。因此，江泽民始终高度重视党的群众路线，反复强调要保持党同人民群众的血肉联系。1993年12月，江泽民在毛泽东同志诞辰100周年纪念大会上指出："坚持和改善党的领导，提高党的执政水平和领导水平，一个重大问题是不断巩固和加强党同人民群众的血肉联系。有了这种联系，我们的改革和建设就有了胜利之本，就有了吸取智慧和力量的最深厚源泉，就有了正确决策、减少和防止失误的可靠保证。"[1] 党的十五大指出："加强党的作风建设，根本的是坚持全心全意为人民服务的宗旨，充分发挥党密切联系群众的优势。"[2]2001年9月，党的十五届六中全会通过的《中共中央关于加强和改进党的作风建设的决定》提出："加强和改进党的作风建设，核心问题是保持党同人民群众的血肉联系。""马克思主义执政党的最大危险，就是脱离群众。人民群众是我们党的力量源泉和胜利之本。"[3] 将"党同人民群众的血肉联系"作为党的作风建设的核心问题，是江泽民对党的作风建设理论的重要贡献。

坚持立党为公、执政为民，实现最广大人民根本利益。立党为公、执政为民是"三个代表"重要思想的本质。全心全意为人民服务，立党为公、执政为民，是我们党同一切剥削阶级政党的根本区别。江泽民在庆祝党的十一届三中全会召开20周年大会上指出："必须把实现和维护最广大人民群众的利益作为改革和建设的根本出发点。人民是我们国家的主人，是决定我国前途命运的根本力量。党的全部任务和责任，就是为人民谋利益，团结和带领人民群众为实现自己的根本利益而奋斗。在任何时候任何情况下，党的一切工作和方针政策，都要以是否符合最广大人民群众的利益为最高衡量标准。这是我们观察和处理问题的一个根本原则。"[4] 因此，任何时候都必须坚持尊重社会发展规律与

---

① 《江泽民文选》第1卷，人民出版社2006年版，第359页。

② 《十五大以来重要文献选编》上册，人民出版社2000年版，第48页。

③ 《十五大以来重要文献选编》下册，人民出版社2003年版，第1998页。

④ 《江泽民文选》第2卷，人民出版社2006年版，第261—262页。

尊重人民历史主体地位的一致性，坚持为崇高理想奋斗与为最广大人民谋利益的一致性，坚持完成党的各项工作与实现人民利益的一致性。党的理论、路线、纲领、方针、政策和各项工作，必须坚持把人民的根本利益作为出发点和归宿，充分发挥人民群众的积极性主动性创造性，在社会不断发展进步的基础上，使人民群众不断获得切实的经济、政治、文化利益。

（二）按照"八个坚持、八个反对"的要求加强和改进党的作风建设

进入新世纪以来，江泽民总结党的作风建设的历史经验，并结合新的历史条件，提出要按照"八个坚持、八个反对"的要求加强和改进党的作风，即坚持解放思想、实事求是，反对因循守旧、不思进取；坚持理论联系实际，反对照搬照抄、本本主义；坚持密切联系群众，反对形式主义、官僚主义；坚持民主集中制原则，反对独断专行、软弱涣散；坚持党的纪律，反对自由主义；坚持清正廉洁，反对以权谋私；坚持艰苦奋斗，反对享乐主义；坚持任人唯贤，反对用人上的不正之风。江泽民强调："全党必须按照'八个坚持、八个反对'的要求，紧紧围绕保持党同人民群众的血肉联系这个核心问题，把党的作风建设推进到一个新的阶段。"[①]

第一，加强党的作风建设，必须将党的思想作风建设摆在第一位。党的思想作风是党的思想路线的具体体现，对党的学风、领导作风、工作作风和干部生活作风起着重要的支配作用。江泽民曾多次指出党内存在的思想作风问题：一是忽视理论学习，思想空虚，政治意识差，政治鉴别力和政治敏锐性不强；二是思想僵化，观念保守；三是不思进取，无所作为，求稳怕乱，得过且过。为此，江泽民提出了两点要求：一是鼓励、支持广大党员、干部在改革进程中勇于思考、勇于探索、勇于实践、勇于创新；二是结合新的实际大力发扬党的优良传统和作风，对广大党员和干部严格要求、严格教育、严格管理、严格监督。加强党的思想作风建设，最根本的是坚持解放思想、实事求是的思想路线。

第二，切实转变领导作风和工作作风，坚决克服形式主义、官僚主义。党的领导作风和工作作风，反映着执政党的性质，是党的作风建设的重点和着力点。在新的历史条件下，形式主义和官僚主义作风已经成为人民群众反映的最大问题。江泽民深刻地指出形式主义和官僚主义的实质：搞形式主义，要害是

---

① 江泽民：《论党的建设》，中央文献出版社 2001 年版，第 542 页。

只图虚名，不务实效；官僚主义作风，要害是脱离群众、做官当老爷。江泽民提出从三方面入手，以克服形式主义和官僚主义：一是要大兴调查研究之风。加强调查研究不仅是一个工作方法问题，而且是一个关系党和人民事业得失成败的大问题。深入实际、调查研究，切实了解实际情况，是转变领导作风和工作作风，克服形式主义和官僚主义的基础。二是要狠抓群众观点、群众路线的教育。只有抓好群众观点、群众路线教育，实事求是之风，艰苦创业之风，勤俭节约之风，诚心诚意为人民谋利益之风，才能大兴起来，而形式主义、官僚主义、奢侈浪费、以权谋私等歪风才能扫除掉。三是要大兴求真务实之风。各级领导干部必须时时处处坚持重实际、说实话、务实事、求实效，必须大力发扬脚踏实地、埋头苦干的工作作风。

　　第三，突出解决干部生活作风方面存在的问题。领导干部特别是高级干部在群众中树立什么形象，有重要的导向作用。江泽民指出："干部的作风，是干部在群众面前的形象。群众往往从他们接触到的干部来看我们党的形象。因此，干部的作风怎么样，干群关系怎么样，对党的事业发展有着重要的意义。"①在社会主义市场经济条件下，一些领导干部经不住金钱、权力、美色的诱惑，腐化堕落，有的甚至走上了违法犯罪的道路。大量事实表明，一些党员干部最终背叛党的宗旨，往往首先是在生活作风方面"失守"的。为此，江泽民提出抓好党员干部的生活作风建设的几点要求：一是必须大力发扬艰苦奋斗的精神。党的性质、宗旨和肩负的历史使命，决定了党必须坚持艰苦奋斗的政治本色。这是党不断前进的强大精神支柱。全党要把坚持谦虚谨慎、戒骄戒躁、艰苦奋斗，反对享乐主义，作为加强和改进党的作风建设的一项重要内容。二是必须树立正确的世界观、价值观、人生观。对于共产党员和各级领导干部来说，保持和发扬艰苦奋斗的精神，说到底是牢固树立和坚持马克思主义的世界观、人生观问题。只有从根本上解决世界观、人生观问题，牢固树立群众观点，党的艰苦奋斗的好传统才能在自己的思想上和作风上真正扎根。三是领导干部必须管好身边的人。江泽民不仅强调领导干部要加强自身党性修养，严于律己，而且也要管好身边的人，尤其是自己的配偶和子女。领导干部既要管好自己，也要管好身边的人，这样才能取信于民，在群众中树立威望，才能推动党的事业健康发展。

---

① 《江泽民论有中国特色社会主义（专题摘编）》，中央文献出版社2002年版，第623页。

七、深入开展反腐败斗争

深入开展反腐败斗争是保持党的纯洁性和先进性、保持党的生机和活力、保证党始终成为中国特色社会主义事业的领导核心的重要措施。党的十四大以来，以江泽民同志为核心的党的第三代中央领导集体高度重视反腐败斗争，既立足于改革开放的新时期、新形势、新问题，又总结历史经验教训，在不断深入开展反腐败斗争并取得明显成效的实践基础上，围绕解决提高党的领导水平和执政水平、提高党的拒腐防变和抵御风险的能力这两大历史性课题，科学回答了在新的历史条件下深入开展反腐败斗争的一系列新课题。

（一）反腐败斗争是关系党和国家前途命运的严重政治斗争

党的十四大以来，江泽民反复强调反腐败斗争的重要性，并不断深化认识，将其视为关系党和国家前途命运的严重政治斗争。1993 年 8 月，在中央纪委第二次全体会议上，江泽民提出要高度重视腐败问题，"腐败现象是侵入党和国家机关健康肌体的病毒。如果我们掉以轻心，任其泛滥，就会葬送我们的党，葬送我们的人民政权，葬送我们的社会主义现代化大业"。进而指出"反对腐败是贯彻执行党的基本路线的必然要求，是集中力量把经济建设搞上去的重要保证"。"开展反腐败斗争，就是保证改革开放和经济建设顺利进行的一项必不可少的重要工作，是社会主义精神文明建设的一个重要方面。"[①]1993 年江泽民在党的十四届三中全会上指出："加强廉政建设、反对腐败是建立社会主义市场经济体制的必要条件，也是关系改革事业成败，关系党和国家命运的大事。"[②] 在这里，江泽民就已经将反腐败斗争上升到关系党和国家命运的高度。党的十五大正式提出"反对腐败是关系党和国家生死存亡的严重政治斗争"，表明反腐败斗争在党的建设中占据着至关重要的地位。党的十六大又提出坚决反对和防止腐败，是全党一项重大的政治任务。

---

① 江泽民：《论党的建设》，中央文献出版社 2001 年版，第 97—98 页。
② 《十四大以来重要文献选编》上册，人民出版社 1996 年版，第 556 页。

（二）反腐败斗争既要持久作战，又要不断地取得阶段性成果

江泽民指出腐败是一种历史现象，其本质上说是剥削制度、剥削阶级的产物。在社会主义初级阶段，封建主义和其他剥削阶级思想的影响将长期存在。我们在实行改革开放的时候，既引进了世界一切现代文明成果，又使资本主义的腐朽产物裹挟而入。在建设和发展社会主义市场经济过程中，由于制度的不完善、不健全，工作中的漏洞，为腐败现象的滋生提供了温床。因此，反腐败斗争是一项长期的艰巨任务，贯穿于社会主义现代化的全过程。江泽民提出，反腐败斗争就必须立足于现阶段基本国情，紧紧围绕经济建设这个中心，服从和服务于改革、发展、稳定的大局，既要坚持长期作战，又要增强现实的紧迫感，扎扎实实地推向前进。党的十五大提出："在整个改革开放过程中都要反对腐败，警钟长鸣。既要树立持久作战的思想，又要一个一个地打好阶段性战役。"① 党的十六大要求"各级党委既要充分认识反腐败斗争的紧迫性，又要充分认识其长期性，坚定信心，扎实工作，旗帜鲜明、毫不动摇地把反腐败斗争深入进行下去"②。这些论述表明江泽民既认识到了反腐败斗争的紧迫性，又认识到反腐败斗争的长期性；既要短期内抓出实效，又要注意树立持久作战的思想，做好每个阶段的工作，坚定信心，层层推进，不断深入开展反腐败斗争。

（三）坚持标本兼治、综合治理，加大从源头上治理的力度，不断铲除腐败现象滋生蔓延的土壤

反腐败斗争既要严惩腐败分子，保持党的先进性和纯洁性，又要加强对腐败现象滋生的预防，坚持预防与惩治相结合，标本兼治，综合治理，努力铲除腐败现象滋生蔓延的根源。1993 年 8 月，江泽民在中央纪委第二次全体会议上就明确提出了"惩治腐败要作为一个系统工程来抓"的战略思想，提出了"标本兼治，综合治理"的方针。治标和治本，是反腐败斗争相辅相成、相互促进的两个方面。治标，严惩各种腐败行为，把腐败分子的猖獗活动抑制下去，才能为反腐败治本创造前提条件。治本，从源头上预防和治理腐败现象，才能巩固和发展反腐败已经取得的成果，从根本上解决腐败问题。

---

① 《十五大以来重要文献选编》上册，人民出版社 2000 年版，第 49 页。
② 《十六大以来重要文献选编》上册，中央文献出版社 2005 年版，第 42 页。

党的十五大提出："坚持标本兼治，教育是基础，法制是保证，监督是关键。通过深化改革，不断铲除腐败现象滋生蔓延的土壤。"①为了深入贯彻党的十五大精神，全党开展"讲学习、讲政治、讲正气"的党性党风党纪教育活动。党中央制定了《中国共产党党员领导干部廉洁从政若干准则（试行）》和《中共中央关于加强和改进党的作风建设的决定》，推动政务公开，改革各项行政制度，减少腐败滋生的空隙，从源头上预防和治理腐败。2000年12月，江泽民在中央纪委第五次全体会议上提出了标本兼治，综合治理，从源头上预防和治理腐败现象的基本原则和指导方针：第一，要将预防腐败现象寓于各项重要政策和措施之中。反腐倡廉是一个社会系统工程，需要各方面协调配合和共同努力，需要与经济建设、民主建设、精神文明建设等工作紧密结合。第二，要依靠发展民主、健全法制来预防和治理腐败现象。反腐倡廉工作要逐步实现制度化、法制化。第三，要通过体制创新逐步铲除腐败现象产生的土壤和条件。第四，要立足于教育，着眼于防范，从思想上筑牢反腐倡廉、拒腐防变的堤防。第五，要促进反腐倡廉各项工作的协调发展。党的十六大提出："坚持标本兼治、综合治理的方针，逐步加大治本的力度。加强教育，发展民主，健全法制，强化监督，创新体制，把反腐败寓于各项重要政策措施之中，从源头上预防和解决腐败问题。坚持和完善反腐败领导体制和工作机制，认真落实党风廉政建设责任制，形成防止和惩治腐败的合力。"②

（四）领导机关和领导干部一定要成为反腐倡廉的表率

领导机关和领导干部是党的形象的具体体现，江泽民十分重视领导干部的表率作用。一方面，领导干部特别是高级干部要坚持以身作则，廉洁自律。江泽民强调："领导干部要严于律己，在勤政廉政上作表率，中央向领导干部提出的各项自律要求，必须不折不扣地做到。这是最基本的，领导干部以身作则，行为端正，才有可能解决好本地区本部门存在的问题。"③党的十六大强调："领导干部特别是高级干部，必须以身作则，正确行使手中的权力，始终做到清正廉洁，自觉地与各种腐败现象作坚决斗争。"④只有领导干部特别是高

---

① 《十五大以来重要文献选编》上册，人民出版社2000年版，第49页。
② 《十六大以来重要文献选编》上册，中央文献出版社2005年版，第42页。
③ 江泽民：《论党的建设》，中央文献出版社2001年版，第160页。
④ 《十六大以来重要文献选编》上册，中央文献出版社2005年版，第42—43页。

级领导干部廉洁自律，才能在全党内、全社会内传播正气，抑制腐败的滋生。另一方面，领导干部要自觉接受党和人民的监督。加强对领导干部的监督是预防和发现腐败现象的重要途径，而领导干部本身应该自觉接受监督。江泽民指出，目前监督制度还不完善，是一个薄弱环节，需要加强党内监督，健全对领导干部自下而上、自上而下以及领导班子内部的监督制度，同时要拓宽党内外监督渠道，发挥群众监督和舆论监督的作用，而这些就首先要求我们的领导干部要有接受监督的自觉性。

第二章 "三个代表"重要思想的形成和发展

20 世纪与 21 世纪之交，国际局势发生了深刻变化。世界多极化和经济全球化的趋势在曲折中发展，科技进步日新月异，综合国力竞争日趋激烈。我国改革开放取得丰硕成果，社会主义市场经济体制初步建立，人民生活水平不断提高。以江泽民同志为主要代表的中国共产党人，坚定不移地站在时代潮流的前头，形成了"三个代表"重要思想，全面推进改革开放和现代化建设，成功把中国特色社会主义推向 21 世纪。

第一节 "三个代表"重要思想

党的十三届四中全会后，以江泽民同志为主要代表的中国共产党人，在建设有中国特色社会主义的伟大实践中，积累了治党治国治军新的宝贵经验，形成了"三个代表"重要思想。"三个代表"重要思想进一步回答了"什么是社会主义，怎样建设社会主义"，创造性地回答了"建设什么样的党，怎样建设党"的问题。

一、"三个代表"重要思想的形成背景

马克思列宁主义、毛泽东思想、邓小平理论是"三个代表"重要思想形成的理论基础。"三个代表"重要思想是对马克思列宁主义、毛泽东思想、邓小平理论的继承和发展。这些思想形成于不同的历史时期，面对着不同的历史任务，但都贯穿了辩证唯物主义和历史唯物主义的世界观和方法论，都代表着最广大人民的根本利益，是一脉相承的科学思想体系。"三个代表"重要思想是在新的历史条件下运用马克思主义的立场、观点和方法的典范。

党成立以来历史经验的科学总结是"三个代表"重要思想形成的历史根据。在长期奋斗历程中，党团结和带领全国各族人民，完成了新民主主义革命，实现了民族独立和人民解放；建立了社会主义制度，实现了中国历史上最广泛最深刻的社会变革；开创了中国特色社会主义事业，走上了实现中华民族伟大复兴的正确道路。实践告诉我们：必须始终坚持马克思主义基本原理同中国具体实际相结合，坚持科学理论的指导，坚定不移地走自己的路；必须始终紧紧依靠工人、农民、知识分子以及全体人民，诚心诚意为人民谋利益，从人民群众中汲取前进的不竭力量；必须始终自觉地加强和改进党的建设，不断增强党的创造力、凝聚力和战斗力，永葆党的生机和活力。党成立以来的奋斗历程和历史经验，归结起来就是，党必须始终坚持"三个代表"重要思想。

"三个代表"重要思想是在科学判断党的历史方位的基础上提出来的。党历经革命、建设和改革，已经从领导人民为夺取全国政权而奋斗的党，成为领导人民掌握全国政权并长期执政的党；已经从受到外部封锁和实行计划经济条件下领导国家建设的党，成为对外开放和发展社会主义市场经济条件下领导国家建设的党。党所处的地位和环境、党所肩负的历史任务、党的自身状况，都发生了新的重大变化。随着党和国家事业的发展，党的队伍发生重大变化。新党员的数量大幅度增加，干部队伍新老交替不断进行，一大批年轻干部走上领导岗位。这给党的发展带来了新的活力，也提出了新的挑战。党的阶级基础在增强，群众基础在扩大。进一步提高党的领导水平和执政水平、提高拒腐防变和抵御风险的能力，是党必须解决好的两大历史性课题。这就要求我们坚持从新的实际出发，以改革的精神加强和改进党的建设。党的建设面临的新形势新任务，是"三个代表"重要思想形成的现实依据。

"三个代表"重要思想是在对国际局势科学判断的基础上形成的。冷战结束后,国际局势发生深刻变化。世界多极化和经济全球化的趋势在曲折中发展,和平与发展仍是时代的主题。但霸权主义和强权政治有新的表现,恐怖主义危害上升,一些地区的冲突和争端时起时伏,世界还很不安宁。科技进步日新月异,以信息技术为核心的高新技术的发展,极大地改变了人们的生产、生活方式和国际经济、政治关系,以经济为基础、科技为先导的综合国力竞争更为激烈。国际局势的深刻变化是"三个代表"重要思想形成的时代背景。

"三个代表"重要思想是在对当代中国发展变化科学认识的基础上形成的。党的十一届三中全会以来,我国改革开放取得了伟大成就。特别是党的十三届四中全会以来,国际局势风云变幻,我国改革开放和现代化建设的进程波澜壮阔。我们党从容应对一系列关系我国主权和安全的国际突发事件,战胜在政治、经济领域和自然界出现的困难和风险,经受住一次又一次考验,排除各种干扰,保证了改革开放和现代化建设的航船始终沿着正确的方向破浪前进。我们已经胜利实现了现代化建设"三步走"战略前两步目标,进入了全面建设小康社会、加快推进社会主义现代化建设新的发展阶段。我国生产力水平大幅度跃升,综合国力显著增强,国际地位进一步提高,政治稳定、民族团结、社会进步,人民生活总体上达到小康水平,社会主义中国充满活力。随着改革开放和社会主义市场经济的发展,社会经济成分、组织形式、就业方式、利益关系和分配方式日益多样化。加入世贸组织,给我经济社会带来深刻影响。推进现代化建设、完成祖国统一、维护世界和平与促进共同发展,是我们党在新世纪的三大历史任务。改革开放以来特别是党的十三届四中全会以来,党和人民建设中国特色社会主义的伟大探索,是"三个代表"重要思想形成的实践基础。

"三个代表"重要思想显示了使命担当。江泽民曾说,根据党章规定2002年应召开党的十六大。党的十六大将对党和国家事业发展进一步作出部署。在此之前,必须进行一些深入的理论准备。"我今年已经七十五岁。从一九八九年到中央工作,我担任党的总书记职务已经十二年多了,担任军委主席职务快十二年了,担任国家主席也八年多了。这些年来,我牢记全党同志和小平同志的嘱托,在大家支持下,兢兢业业地工作。我深感,我现在最重要的工作,就是为今后党和国家事业发展创造一个更好的条件。小平同志晚年提出了许多十分重要的思想,特别是他一九九二年的南方谈话,澄清了当时困扰着人们思想的一些十分重大的问题，为我们这一代人创造了很好的条件。很多话，小平同志当时不说，我们这些人是很难说的。一九八九年，我刚到中央工作时，小平同志见我，我对他说，党和人民把我放到这个位置上，我一定鞠躬尽瘁、死而后已，一定做到'苟利国家生死以，岂因祸福避趋之'。这个话，我始终没有忘记。我现在的责任，也可以说我的历史责任，就是要带头解放思想，勇于进行理论探索和创新。中央一再强调要进行理论创新，为什么？因为这是马克思主义唯物辩证法的根本要求。要使党和国家的发展不停顿，首先理论上不能停顿，否则一切新的发展都谈不上。说要从政治上看问题、考虑问题，这就是最重要的一个政治考虑。"①

"三个代表"重要思想是深思熟虑的结果。党的事业要前进，必须有回答和解决新问题的理论勇气和政治勇气。针对建党 80 周年讲话的一些议论，江泽民指出："七一讲话并不是我个人的，而是我代表中央讲的。我是党的总书记，当然要对这个讲话及讲话中提出的观点负政治责任。对七一讲话，中央进行了长期的充分的酝酿和准备，我也下了很大功夫，做了大量调查研究。对一些重大问题，我思考了近两年时间。讲话稿征求了各方面意见，最后经中央政治局和政治局常委会议集体讨论修改。这个讲话，是经过我们党深入探索、深思熟虑后形成的，是对新的实践的科学总结，集中了全党的智慧，反映了全党的意志。"② 为什么在这个时机要集中回答一些重大问题呢？从根本上说，是党的事业发展的迫切要求。当今世界同过去相比发生了很多深刻变化。无论从国际还是从国内看，我们党都面临着许多新情况新问题，必须从理论上、实践上作出回答并加以解决，否则我们就不能更好地前进。我们党必须与时俱进，继续丰富和发展马克思主义。如果因循守旧、停滞不前，我们党就会落伍，就有丧失先进性和领导资格的危险。"七一"讲话贯穿了两个基本要求：一是必须坚持马克思主义的立场、观点、方法，坚持马克思主义的基本原理。这一点，要坚定不移，不能含糊。二是一定要贯彻解放思想、实事求是的思想路线，坚持勇于追求真理和探索真理的革命精神。这一点，也要坚定不移，不能含糊。这两个"坚定不移"、两个"不能含糊"，始终是检验是不是真正的马克思主义者的试金石。

---

① 《江泽民文选》第 3 卷，人民出版社 2006 年版，第 335—336 页。
② 《江泽民文选》第 3 卷，人民出版社 2006 年版，第 334—335 页。

二、"三个代表"重要思想的形成过程

"三个代表"重要思想广义指涵盖改革发展稳定、内政外交国防、治党治国治军的全部思想，而集中体现为"中国共产党始终代表中国先进生产力的发展要求，始终代表中国先进文化的前进方向，始终代表中国最广大人民的根本利益"。很显然，广义的"三个代表"重要思想是从江泽民担任总书记开始逐步形成的，而"三个代表"重要思想集中概括则是进入 21 世纪之后。理解"三个代表"重要思想的形成过程，既要从江泽民担任总书记的长镜头把握，又需要聚焦于明确提出"三个代表"重要思想的新世纪。

从长镜头看，党的十三届四中全会以后，江泽民从不同的侧面、不同的角度对关涉"三个代表"重要思想的基本问题发表了一系列重要论述，形成了关于改革发展稳定、内政外交国防、治党治国治军等方面的一系列重要思想观点。如江泽民所指出的，"怎样使我们党在复杂的国内外形势下始终充满活力，带领全国各族人民推进建设有中国特色社会主义的宏伟事业，实现中华民族的伟大复兴，是我想得最多的一个问题"[1]。提出这个问题"是经过了长时期思考的"。[2]

1993 年，江泽民在纪念中国共产党成立 72 周年座谈会上的讲话中指出："纵观七十二年的历史，我们党的发展壮大，我们国家在党的领导下取得独立和走向繁荣富强，归根到底是同推动社会生产力的解放和发展密切相联的。"[3]这可看作是他对中国共产党始终代表先进生产力发展要求这一思想的早期阐述。1996 年 3 月，江泽民讲话指出："社会主义现代化建设是我们当前最大的政治，因为它代表着人民的最大的利益、最根本的利益。"[4]这可看作是他对中国共产党代表最广大人民的根本利益的思想雏形。

党的十五大指出："有中国特色社会主义的文化，是凝聚和激励全国各族人民的重要力量，是综合国力的重要标志。"[5]这可看作是他对于中国共产党代

① 《江泽民文选》第 3 卷，人民出版社 2006 年版，第 14 页。
② 《江泽民文选》第 3 卷，人民出版社 2006 年版，第 44 页。
③ 《十四大以来重要文献选编》上册，人民出版社 1996 年版，第 326 页。
④ 《江泽民文选》第 1 卷，人民出版社 2006 年版，第 515 页。
⑤ 《十五大以来重要文献选编》上册，人民出版社 2000 年版，第 35 页。

表先进文化前进方向的早期思考。2000 年 1 月 14 日，江泽民在十五届中央纪委第四次全会上的讲话中指出："在新的国内外环境中，如何保证我们党始终保持工人阶级先锋队性质，始终代表最广大人民群众的利益，始终经得起各种风险和困难的考验，始终坚强有力地发挥好领导核心作用，这是面向新世纪加强党的建设必须进一步解决好的最重大的课题，也是决定社会主义在中国的跨世纪发展中进一步巩固和充分显示优越性的根本问题。"① 从这段话可以看出，"三个代表"重要思想的轮廓已经显现。

从明确提出看，2000 年 2 月 20 日，江泽民出席广东高州市领导干部"三讲"教育会议指出：我们要使党始终保持工人阶级先锋队性质，始终代表最广大人民群众的利益，始终成为社会先进生产力的代表，始终坚持有力地发挥好领导核心作用，也必须结合新的历史条件，进一步从思想上、组织上和作风上把党建设好。这里，江泽民已经提到了两个代表。这是明确提出"三个代表"重要思想的发端。

之后，在广东考察工作，如何切实加强党的建设，仍然是江泽民关注的重点。22 日，江泽民到深圳市龙岗区布吉镇南岭村，与村党支部成员、村民党员代表就基层党的建设进行座谈。23 日上午，江泽民在顺德市主持召开企业党建工作座谈会，听取了顺德市委和部分国有企业、合资企业、私营企业党组织负责人的汇报，详细了解顺德市企业党建的做法和经验。24 日下午，江泽民在广州市主持召开党建工作座谈会，与部分企业事业单位和街道党组织负责人共同探讨新时期如何加强党的建设。他指出："总结我们党七十多年的历史，可以得出一个重要结论，这就是：我们党所以赢得人民的拥护，是因为我们党在革命、建设、改革的各个历史时期，总是代表着中国先进生产力的发展要求，代表着中国先进文化的前进方向，代表着中国最广大人民的根本利益，并通过制定正确的路线方针政策，为实现国家和人民的根本利益而不懈奋斗。"② 这是江泽民第一次完整地提出"三个代表"重要思想这一科学论断。

2000 年 5 月 8 日至 15 日，江泽民先后在江苏、浙江、上海考察，重点就加强新时期党的建设进行调研。14 日，他在上海主持召开党建工作座谈会，分析了"三个代表"重要思想提出的时代背景，并进一步强调："三个代表"

① 江泽民：《论党的建设》，中央文献出版社 2001 年版，第 363 页。
② 《江泽民文选》第 3 卷，人民出版社 2006 年版，第 2 页。

重要思想是"我们党的立党之本、执政之基、力量之源"。"推进党的思想建设、政治建设、组织建设、作风建设，都应该贯穿'三个代表'要求"。① 这是对"三个代表"重要思想指导意义的进一步明确。6 月 20 日，江泽民在宁夏、甘肃考察工作时指出：时代在发展，形势在变化，我们必须紧跟世界发展进步的潮流，始终代表中国先进生产力的发展要求，先进文化的前进方向和最广大人民群众的根本利益，坚决解决党内存在的突出问题，确保我们党能够始终保持自己的先进性和蓬勃生机，始终率领人民不断开拓建设有中国特色社会主义的新境界。江泽民指明了"三个代表"重要思想的实质是保持党的先进性。随后，江泽民在党的十五届五中全会上的讲话中分析了"三个代表"重要思想提出的基本依据，强调："我们开展的各项工作，都要贯彻落实'三个代表'要求，看看我们所采取的措施、所做的工作，是不是符合'三个代表'要求，符合的就毫不动摇地坚持，不符合的就勇于实事求是地纠正。"② 这就从党的建设的角度，提出了检验各项工作的标准。

2001 年是我国"十五"计划的开局之年，是开始实施第三步发展战略的新的起点，对于中国特色社会主义事业的长远发展意义十分重大。因此，江泽民在不同场合对"三个代表"重要思想在理论上的阐发更加系统，对在实践中落实"三个代表"精神，用于指导各项工作也更加重视。1 月，江泽民在全国宣传部长会议上发表讲话时强调，"努力把'三个代表'的要求研究好、宣传好、贯彻好，以利不断提高党的领导水平和执政水平，不断增强党的拒腐防变和抵御风险的能力，使广大党员和干部自觉地以'三个代表'要求指导自己的思想和行动，使我们党更加朝气蓬勃、更加团结一致、更加富有战斗力"③。2 月，江泽民在海南考察工作时着重阐述了领导干部的作风问题。他强调：要把党的路线方针政策贯彻落实好，带领群众不断开创改革和建设的新局面，领导干部必须有一个好的作风。这是加强和改进新时期党的建设的一个重要问题。"要认真总结我们党加强作风建设的历史经验和新鲜经验，结合新形势新任务，抓住当前思想作风、工作作风、领导作风、学风和干部生活作风等党风方面存在的突出问题，通过全党的共同努力，认真加以解决，切实把作风建设提高到

① 《江泽民文选》第 3 卷，人民出版社 2006 年版，第 15 页。
② 《江泽民文选》第 3 卷，人民出版社 2006 年版，第 129 页。
③ 江泽民：《论"三个代表"》，中央文献出版社 2001 年版，第 129—130 页。

一个新的水平。"①江泽民第一次把党的作风建设概括为五个方面，是对党的建设理论的进一步发展。

2001 年 7 月 1 日，江泽民在庆祝中国共产党成立 80 周年大会上全面、系统地阐述了"三个代表"重要思想。这篇讲话以马克思列宁主义、毛泽东思想、邓小平理论为指导，贯彻解放思想、实事求是的思想路线，全面回顾和总结了我们党 80 年的光辉历程和基本经验，系统阐述了"三个代表"重要思想的科学内涵，深刻回答了新的历史条件下加强和改进党的建设需要解决的重大问题，进一步阐明了党在新世纪的历史任务和奋斗目标。

2001 年"七一"讲话之后，学习、宣传、研究"三个代表"重要思想进入了一个新的阶段。江泽民又在不同场合发表重要论述，使"三个代表"重要思想的理论内涵和指导意义从党的建设领域向整个社会主义建设领域拓展。党的十五届六中全会通过了《中共中央关于加强和改进党的作风建设的决定》，指出：执政党的党风关系党的形象，关系人心向背，关系党的生死存亡。加强党的作风建设，核心问题是保持党同人民群众的血肉联系。江泽民在全会上发表讲话，对如何在新的历史条件下切实加强党的作风建设提出了重要的指导性意见。

2002 年 5 月 31 日，江泽民在中央党校省部级干部进修班毕业典礼上发表了重要讲话，对"三个代表"重要思想再次进行了全面阐述。这个讲话对"三个代表"重要思想的阐释，已经由党建领域拓展到当代中国整个发展领域。讲话对"三个代表"重要思想的理论性概括更加严谨，"三个代表"重要思想的实践性也围绕着党的建设、社会主义现代化建设、社会主义制度自我完善和发展等方面得以深入、系统的论述。讲话精辟阐述和科学回答了我国全面建设小康社会新阶段的经济、政治、文化、执政党等方面的建设和改革的一系列重大理论和现实问题。

2002 年，党的十六大报告以"三个代表"重要思想为灵魂和主线，总结了改革开放以来特别是十三届四中全会以来党的基本历史经验，回答了中国共产党今后举什么旗、走什么路、实现什么目标的重大问题。报告进一步阐明了"三个代表"重要思想的时代背景、实践基础、历史地位、精神实质和指导意义，揭示贯彻"三个代表"重要思想的"三个坚持"和"四个必须"的根本要求，

① 江泽民：《论"三个代表"》，中央文献出版社 2001 年版，第 140 页。

对切实把"三个代表"重要思想贯彻到社会主义现代化建设的经济、政治、文化、党的建设等各个领域作出了全面部署。这表明,"三个代表"重要思想同马克思列宁主义、毛泽东思想、邓小平理论一道,成为一个系统的科学理论,成为党必须长期坚持的指导思想,成为指导中国特色社会主义现代化建设的行动指针。

三、"三个代表"重要思想的核心内容

江泽民在建党 80 周年大会上的讲话,集中论述了"三个代表"重要思想。江泽民指出,总结 80 年的奋斗历程和基本经验,展望新世纪的艰巨任务和光明前途,我们党要继续站在时代前列,带领人民胜利前进,归结起来,就是必须始终代表中国先进生产力的发展要求,代表中国先进文化的前进方向,代表中国最广大人民的根本利益。在新的世纪,继续推进现代化建设,完成祖国统一大业,维护世界和平与促进共同发展,是我们党肩负的重大历史任务。面对国内外形势的深刻变化,我们党要紧跟世界进步的潮流,团结和带领全国各族人民抓住机遇、迎接挑战,胜利完成这三大历史任务,必须坚定不移地贯彻落实"三个代表"要求。"三个代表"要求,是我们党的立党之本、执政之基、力量之源,也是我们党在新世纪全面推进党的建设,不断推进理论创新、制度创新和科技创新,不断夺取建设有中国特色社会主义事业新胜利的根本要求。

(一)始终代表中国先进生产力的发展要求

我们党要始终代表中国先进生产力的发展要求,就是党的理论、路线、纲领、方针、政策和各项工作,必须努力符合生产力发展的规律,体现不断推动社会生产力的解放和发展的要求,尤其要体现推动先进生产力发展的要求,通过发展生产力不断提高人民群众的生活水平。

生产力是最活跃最革命的因素,也是社会发展的最终决定力量。生产力与生产关系、经济基础与上层建筑的矛盾,构成社会的基本矛盾。这个基本矛盾的运动,决定着社会性质的变化和社会经济政治文化的发展方向。社会主义与资本主义的根本区别,就在于它们的生产关系和上层建筑是不同的。社会主义制度的建立和不断完善,为我国社会生产力的解放和发展打开了广阔的道路。

无论什么样的生产关系和上层建筑，都要随着生产力的发展而发展。如果它们不能适应生产力发展的要求，而成为生产力发展和社会进步的障碍，那就必然要发生调整和变革。

江泽民指出，敏锐地把握我国社会生产力的发展趋势和要求，坚持以经济建设为中心，通过制定和实施正确的路线方针政策，采取切实的工作步骤，不断促进先进生产力的发展，这是我们党始终站在时代前列，保持先进性的根本体现和根本要求。

我们党作为工人阶级的先锋队，建立时就是以中国先进生产力的代表走上历史舞台的。我们党领导的新民主主义革命，目的是取消帝国主义在中国的特权，消灭地主阶级和官僚资产阶级的剥削和压迫，改变买办的封建的生产关系，以及改变建立在这种经济基础之上的腐朽的政治上层建筑，确立以人民民主专政为核心的新的政治上层建筑，从根本上解放被束缚的生产力。新中国成立以后，我们对农业、手工业和资本主义工商业进行社会主义改造，是为了确立社会主义生产关系，并在这种经济基础上进一步健全社会主义上层建筑，以继续解放和发展生产力。党的十一届三中全会以来，我们进行改革开放，调整和改革社会主义生产关系中不适应生产力发展要求的部分，调整和改革社会主义上层建筑中不适应经济基础的部分，也是为了进一步解放和发展生产力。江泽民指出，20多年来，我们大胆探索，勇于实践，不断推进经济体制改革、政治体制改革和其他方面的改革，极大地解放和发展了我国社会生产力，推动我国经济发展和社会进步发生了巨大变化。

社会主义的根本任务是发展生产力，增强社会主义国家的综合国力，使人民的生活日益改善，不断体现社会主义优于资本主义的特点。在社会主义社会的各个历史阶段，都需要根据经济社会发展的要求，适时地通过改革不断推进社会主义制度自我完善和发展，这样才能使社会主义制度充满生机和活力。因此，江泽民强调，全党同志必须牢固树立社会主义改革和发展的基本观点和自觉性。

人类社会的发展，就是先进生产力不断取代落后生产力的历史进程。社会主义现代化必须建立在发达生产力的基础之上。我们为实现现代化而奋斗，最根本的就是要通过改革和发展，使我国形成发达的生产力。江泽民要求"全党同志无论在什么岗位上，都要对自己所从事的工作经常加以检查和总结，看看是不是符合先进生产力的发展要求，符合的就毫不动摇地坚持，不符合的就实事求是地纠正"①。这样，才能充分体现共产党人的先进性和时代精神。

人是生产力中最具有决定性的力量。包括知识分子在内的我国工人阶级，是推动我国先进生产力发展的基本力量。我国农民阶级和其他劳动群众，同工人阶级紧密团结，是推动我国社会生产力发展的重要力量。不断提高工人、农民、知识分子和其他劳动群众以及全体人民的思想道德素质和科学文化素质，不断提高他们的劳动技能和创造才能，充分发挥他们的积极性主动性创造性，始终是我们党代表中国先进生产力发展要求必须履行的第一要务。

科学技术是第一生产力，而且是先进生产力的集中体现和主要标志。科学技术的突飞猛进，给世界生产力和人类经济社会的发展带来了极大的推动。未来的科技发展还将产生新的重大飞跃。我们必须敏锐地把握这个客观趋势，始终注意把发挥我国社会主义制度的优越性，同掌握、运用和发展先进的科学技术紧密地结合起来，大力推动科技进步和创新，不断用先进科技改造和提高国民经济，努力实现我国生产力发展的跨越。这是我们党代表中国先进生产力发展要求必须履行的重要职责。

我国社会主义现代化建设取得了巨大成就，但我国还处在社会主义初级阶段，人口多、底子薄，经济文化发展很不平衡，生产力不发达的情况总体上还没有改变。不断解放和发展生产力，依然是我们长期的中心任务。我们必须坚持不懈地发展先进生产力。对于仍然存在的不适应先进生产力和时代发展要求的一些落后的生产方式，既不能脱离实际简单化地加以排斥，也不能采取安于现状、保护落后的态度，而要立足实际，创造条件加以改造、改进和提高，通过长期努力，逐步使它们向先进适用的生产方式转变。

我们要在党的基本理论、基本路线、基本纲领的指引下，继续坚持和完善公有制为主体、多种所有制经济共同发展的基本经济制度，坚持和完善社会主义市场经济体制，坚持和完善按劳分配为主体的多种分配方式，坚持和完善对外开放；坚持和完善工人阶级领导的、以工农联盟为基础的人民民主专政，坚持和完善人民代表大会制度和共产党领导的多党合作、政治协商以及民族区域自治制度，积极稳妥地推进政治体制改革，进一步扩大社会主义民主，依法治国，建设社会主义法治国家。通过坚持不懈的努力，不断完善社会主义的生产

---

① 《江泽民文选》第3卷，人民出版社2006年版，第274页。

关系和上层建筑，不断为生产力的解放和发展打开更广阔的通途。

（二）始终代表中国先进文化的前进方向

我们党要始终代表中国先进文化的前进方向，就是党的理论、路线、纲领、方针、政策和各项工作，必须努力体现发展面向现代化、面向世界、面向未来的，民族的科学的大众的社会主义文化的要求，促进全民族思想道德素质和科学文化素质的不断提高，为我国经济发展和社会进步提供精神动力和智力支持。

社会主义社会是全面发展、全面进步的社会。社会主义现代化事业是物质文明和精神文明相辅相成、协调发展的事业。江泽民提出，全党同志必须全面把握两个文明建设的辩证关系，在推进物质文明建设的同时，努力推进社会主义精神文明建设。在当代中国，发展先进文化，就是发展有中国特色社会主义的文化，就是建设社会主义精神文明。

牢牢把握中国先进文化的发展趋势和要求，坚持以马克思列宁主义、毛泽东思想、邓小平理论为指导，立足于建设有中国特色社会主义的实践，着眼于世界科学文化发展的前沿，不断发展健康向上、丰富多彩的，具有中国风格、中国特色的社会主义文化，满足人民群众日益增长的精神文化需求，引导广大人民群众从思想上精神上正确武装和不断提高起来。这也是我们党始终站在时代前列，保持先进性的根本体现和根本要求。

坚持什么样的文化方向，推动建设什么样的文化，是一个政党在思想上精神上的一面旗帜。我们党高举中国先进文化的前进旗帜，努力建设和弘扬反映革命、建设和改革要求的新文化，荡涤旧社会遗留下来的和国外渗透进来的腐朽没落的旧文化，从思想上精神上极大地解放和激励了广大干部群众，在全党和全国人民中形成了凝聚人心、统一意志的正确指导思想和共同理想。

发展社会主义文化的根本任务，是培养一代又一代有理想、有道德、有文化、有纪律的公民。要坚持以科学的理论武装人，以正确的舆论引导人，以高尚的精神塑造人，以优秀的作品鼓舞人。坚持和巩固马克思主义的指导地位，帮助人们树立正确的世界观、人生观和价值观，坚定对马克思主义的信仰、坚定对社会主义的信念、增强对改革开放和现代化建设的信心、增强对党和政府的信任，增强自立意识、竞争意识、效率意识、民主法制意识和开拓创新精神。坚持实施科教兴国战略，进一步普及教育，提高教育素质和全社会的教育水平；大力发展科学文化事业。加强科学知识、科学方法、科学思想、科学精神的宣传教育。唱响社会主义文化的主旋律，坚持为人民服务、为社会主义服务，实行百花齐放、百家争鸣，是发展先进文化必须贯彻的重要方针。要努力掌握和发展各种现代传播手段，积极推动先进文化的传播。

加强社会主义思想道德建设，是发展先进文化的重要内容和中心环节。必须认识到，如果只讲物质利益，只讲金钱，不讲理想，不讲道德，人们就会失去共同的奋斗目标，失去行为的正确规范。要把依法治国同以德治国结合起来，为社会保持良好的秩序和风尚营造高尚的思想道德基础。要在全社会倡导爱国主义、集体主义、社会主义思想，反对和抵制拜金主义、享乐主义、极端个人主义等腐朽思想，增强全国人民的民族自尊心、自信心、自豪感，激励他们为振兴中华而不懈奋斗。

社会主义文化在我国已经居于主导地位。但是，由于历史和现实的原因，社会上还存在一些带有迷信、愚昧、颓废、庸俗等色彩的落后文化，甚至还存在一些腐蚀人们精神世界、危害社会主义事业的腐朽文化。要通过完善政策和制度，加强教育和管理，移风易俗，努力改造落后的文化，努力防止和坚决抵制腐朽文化和各种错误思想观点对人们的侵蚀，逐步缩小和剔除它们借以滋生的土壤。

发展社会主义文化，必须继承和发扬一切优秀的文化，必须充分体现时代精神和创造精神，必须具有世界眼光，增强感召力。中华民族的优秀文化传统，党和人民从五四运动以来形成的革命文化传统，人类社会创造的一切先进文明成果，我们都要积极继承和发扬。我国几千年历史留下了丰富的文化遗产，我们应该取其精华、去其糟粕，结合时代精神加以继承和发展，做到古为今用。同时必须结合新的实践和时代的要求，结合人民群众精神文化生活的需要，积极进行文化创新，努力繁荣先进文化，把亿万人民紧紧吸引在有中国特色社会主义文化的伟大旗帜下。

（三）始终代表中国最广大人民的根本利益

我们党要始终代表中国最广大人民的根本利益，就是党的理论、路线、纲领、方针、政策和各项工作，必须坚持把人民的根本利益作为出发点和归宿，充分发挥人民群众的积极性主动性创造性，在社会不断发展进步的基础上，使人民群众不断获得切实的经济、政治、文化利益。

全心全意为人民服务，立党为公，执政为民，是我们党同一切剥削阶级政党的根本区别。任何时候我们都必须坚持尊重社会发展规律与尊重人民历史主体地位的一致性，坚持为崇高理想奋斗与为最广大人民谋利益的一致性，坚持完成党的各项工作与实现人民利益的一致性。

我们党进行的一切奋斗，归根到底都是为了最广大人民的利益。在革命战争年代，党号召全党同志不怕牺牲、前赴后继地为革命的胜利而英勇斗争。新中国成立后，党告诫全党同志谦虚谨慎、戒骄戒躁，永远保持艰苦奋斗的革命精神。在新的历史时期，党要求全党同志必须经得起改革开放和执政的考验，带领人民群众为实现社会主义现代化而勤奋工作。所有这些，都是为了不断实现好、维护好和发展好最广大人民的利益，始终保持党同人民群众的血肉联系。

人民群众的整体利益总是由各方面的具体利益构成的。我们所有的政策措施和工作，都应该正确反映并有利于妥善处理各种利益关系，都应认真考虑和兼顾不同阶层、不同方面群众的利益。但是，最重要的是必须首先考虑并满足最大多数人的利益要求，这始终关系党的执政的全局，关系国家经济政治文化发展的全局，关系全国各族人民的团结和社会安定的全局。最大多数人的利益是最紧要和最具有决定性的因素。这是马克思主义的基本观点，各级领导机关和领导干部必须充分认识和认真实践。

我们党始终坚持人民的利益高于一切。党除了最广大人民的利益，没有自己特殊的利益。党的一切工作，必须以最广大人民的根本利益为最高标准。全党同志要始终坚持一切为了群众、一切依靠群众的根本观点，坚持党的群众路线，深入群众，深入基层，倾听群众呼声，反映群众意愿，集中群众智慧，使各项决策和工作符合实际和群众要求。所有党员干部必须真正代表人民掌好权、用好权，而绝不允许以权谋私，绝不允许形成既得利益集团。在逐步实现全国人民共同富裕的过程中，党员干部必须正确处理好先富与后富、个人富裕与共同富裕的关系。所有党员领导干部都应该先天下之忧而忧、后天下之乐而乐，吃苦在前、享受在后，首先要支持和帮助群众富起来，而不能只考虑自己如何富，更不能利用手中的权力谋取不正当的利益。各级领导干部时刻都要把人民群众的安危冷暖放在心上，关心群众疾苦，努力为群众办实事、办好事。

各级领导机关和领导干部，要特别关心那些工作和生活上暂时遇到困难的群众，把他们的事情摆上重要议事日程，重点考虑，重点解决，切实安排好他们的就业和生活。只有把关心群众、服务群众的工作切实做好了，我们才能始终保持与人民群众的血肉联系，才能无往而不胜。

代表中国先进生产力的发展要求，代表中国先进文化的前进方向，代表中国最广大人民的根本利益，是统一的整体，相互联系、相互促进。发展先进的生产力，是发展先进文化，实现最广大人民根本利益的基础条件。人民群众是先进生产力和先进文化的创造主体，也是实现自身利益的根本力量。不断发展先进生产力和先进文化，归根到底都是为了满足人民群众日益增长的物质文化生活需要，不断实现最广大人民的根本利益。

四、"三个代表"重要思想的意义

"三个代表"重要思想是中国特色社会主义理论体系的接续发展。"三个代表"重要思想，在邓小平理论的基础上，进一步回答了什么是社会主义、怎样建设社会主义的问题，创造性地回答了建设什么样的党、怎样建设党的问题，集中起来就是深化了对中国特色社会主义的认识。"三个代表"重要思想，在改革发展稳定、内政外交国防、治党治国治军各个方面，提出了一系列紧密联系、相互贯通的新思想、新观点、新论断，构成了一个系统的科学理论。"三个代表"重要思想紧密结合时代发展的新形势，进一步把理论和实践、继承和发展结合起来，坚持以我国改革开放和现代化建设的实际问题、以我们正在做的事情为中心，着眼于马克思主义理论的运用，着眼于对实际问题的理论思考，着眼于新的实践和新的发展，回应我国广大人民群众的新要求，创造性地运用了马克思列宁主义、毛泽东思想特别是邓小平理论，形成了富有独创性的新的理论成果。"三个代表"重要思想是对马克思列宁主义、毛泽东思想和邓小平理论的继承和发展，是中国特色社会主义理论体系的重要组成部分。

"三个代表"重要思想是加强和改进党的建设，推进中国特色社会主义事业的强大理论武器。在"三个代表"重要思想的指导下，以江泽民同志为主要代表的中国共产党人，坚持党的十一届三中全会以来的路线不动摇，从容应对来自各方面的困难和风险，在实践中进一步回答了一系列重大问题，推进了中国特色社会主义事业。"三个代表"重要思想把发展先进生产力、发展先进文化和实现最广大人民的根本利益统一起来，从深层次上揭示了社会主义制度不断完善和发展的途径。始终代表中国先进生产力的发展要求，体现了发展社会主义经济、建设社会主义物质文明的理想和价值目标；始终代表中国先进文化的前进方向，体现了发展社会主义文化、建设社会主义精神文明的理想和价值目标；始终代表中国最广大人民的根本利益，强调以人民群众的利益、要求和实践为最高价值标准和评价标准，体现了我们党的宗旨和我们国家的性质。"三个代表"重要思想从物质基础、文化支撑和社会基础方面揭示了社会主义制度自我完善和发展的途径，说明了只有具备雄厚的物质基础、强大的文化支撑和广泛的群众支持，社会主义制度的自我完善和发展才能够实现。在"三个代表"重要思想的指导下，党和国家推进市场取向的改革，不断完善社会主义市场经济体制，进一步消除了束缚生产力发展的体制性障碍；积极稳妥地推进政治体制改革，建设社会主义政治文明，促进了社会主义政治制度的自我完善和发展；加强社会主义精神文明建设，大力发展中国特色社会主义文化，为经济发展和社会进步提供强大的精神动力和智力支持。

党的十六大高度评价"三个代表"重要思想的历史地位和重要作用，把"三个代表"重要思想同马克思列宁主义、毛泽东思想、邓小平理论一道作为党必须长期坚持的指导思想，实现了我们党指导思想的又一次与时俱进。

第二节　面向新世纪的发展战略

经过了改革开放将近二十年的发展，我国的经济实力明显增强。社会主义市场经济的快速发展要求进一步扩大对外开放，提升对外开放水平。随着经济实力的增强，经济的进一步发展要求开拓更广阔的海外市场。与此同时，与东部地区经济迅猛发展形成鲜明对比的是中部地区和西部地区依然处于落后、贫穷的状态，地区之间发展不平衡的问题更加突出。1992 年，邓小平在南方谈话中指出："走社会主义道路，就是要逐步实现共同富裕。共同富裕的构想是这样提出的：一部分地区有条件先发展起来，一部分地区发展慢点，先发展起来的地区带动后发展的地区，最终达到共同富裕。"为了防止地区之间的两极分化，邓小平提出："在本世纪末达到小康水平的时候，就要突出地提出和解决这个问题。到那个时候，发达地区要继续发展，并通过多交利税和技术转让等方式大力支持不发达地区。不发达地区又大都是拥有丰富资源的地区，发展潜力是很大的。总之，就全国范围来说，我们一定能够逐步顺利解决沿海同内地贫富差距的问题。"①

在世纪之交，党中央准确抓住了世界发展趋势和把握了我国经济发展的需要，提出了要努力提升对外开放水平，实施"引进来"与"走出去"相结合的对外开放战略和西部大开发战略，推动了我国经济在新世纪迈向一个新的发展阶段，为实现社会主义现代化奠定了坚实基础。

一、努力提升对外开放水平

对外开放是我国的一项长期的基本国策，是实现社会主义现代化的必经之路。为了适应经济全球化趋势的发展，我们需要以更加积极的姿态迈向世界、融入世界，全面提高对外开放水平，在更大范围、更广领域和更高层次上参与国际经济技术合作和竞争，充分利用国际国内两个市场、两种资源，以开放促改革促发展。20世纪90年代，江泽民紧紧把握经济全球化加快的趋势和新一轮科技革命的发展浪潮，强调中国要发展、要进步、要富强，就必须进一步扩大对外开放，吸收和借鉴一切先进的东西。要不断丰富对外开放的形式和内容，不断提高对外开放的质量和水平，积极推进全方位、多层次、宽领域的对外开放。他指出，我们搞现代化建设，必须到国际市场的大海中去游泳，虽然我们这方面的能力还不强，但是要奋力地去游，并且要力争上游，不断提高搏风击浪的本领。我国有改革开放二十多年的经验，有巨大的国内市场，只要把握得当，发挥比较优势，趋利避害，在经济全球化的进程中争取一个有利的发展地位是可能的。

---

① 《邓小平文选》第3卷，人民出版社1993年版，第373—374页。

（一）积极推进全方位、多层次、宽领域的对外开放

我国全方位、多层次、宽领域的对外开放格局是从兴办经济特区开始逐步形成的。1980 年，我国决定建立深圳、珠海、汕头、厦门四个经济特区作为改革开放的窗口。1984 年，随着经济特区发展势头良好，在经济特区建设方面积累的宝贵经验的基础上，我国决定把从北到南，包括大连、北海在内的十四个沿海城市划为沿海开放港口城市。1985 年，我国又将珠江三角洲、长江三角洲、闽南三角地带划为沿海开放区。1988 年将海南岛建设为全国最大的经济特区，同时把辽东半岛、胶东半岛和环渤海地区划为沿海开放地区。1990 年，党中央、国务院决定开发和开放上海浦东新区。

江泽民高度重视并积极开创对外开放的新局面。1990 年，江泽民在庆祝深圳经济特区建立十周年招待会上指出："我们要继续在自力更生的基础上坚持对外开放，积极发展与世界各国、各地区的经济技术合作和交流。这就要求必须把现有的深圳、珠海、汕头、厦门、海南五个经济特区进一步办好，把沿海开放地区发展外向型经济的事情进一步办好，把吸纳国外资金、引进先进技术、拓展对外贸易、发展国际经济合作的事情进一步办好。党中央、国务院从我国经济发展的长远战略着眼，今年又作出了开发与开放上海浦东新区的决定。这将充分发挥上海和长江沿岸腹地的经济资源优势和科学技术优势，使我国的对外开放出现一个新的局面。"[1]江泽民不仅重视沿海地区的对外开放，也提出要扩大陆地边界的对外开放。1992 年江泽民在中央民族工作会议上提出："要把扩大陆地边境的对外开放，作为我们整个对外开放的重要组成部分，有计划有步骤地加以实施。要选择一些连接国际国内交通干线、条件较好的边境城镇，作为对外开放的窗口，发展双边、多边或转口贸易，具备条件的，还应积极发展出口加工。国家有关部门要努力帮助民族地区引进国外资金、设备、技术，提供必要的优惠和便利。在扩大开放，发展边境贸易和经济技术合作的同时，必须切实加强管理，注意克服消极因素，做到既促进经济发展，又促进睦邻友好，保持边境地区的稳定。"[2]同年 6 月，江泽民在长江三角洲及长江沿江地区经济发展规划座谈会上指出长江三角洲和沿江地区的巨大优势以及

---

[1] 《十三大以来重要文献选编》中册，人民出版社 1991 年版，第 1311 页。

[2] 《十三大以来重要文献选编》下册，人民出版社 1993 年版，第 1843 页。

发展的重要性。长江三角洲和沿江地区，是我国经济、科技、文化发达的地区之一。这一地区涉及七省一市，基础设施好，水力资源丰富，农业经济比较发达，工业门类比较齐全，在钢铁、汽车、电子、石化、机械等领域，都有一大批一流的大型骨干企业，加上城市众多、人才密集、科技力量强等许多有利的因素，使得这一地区在全国的经济和社会发展当中占有举足轻重的地位。这一地区将成为继沿海开放地区之后一个开发潜力最大、有可能上得最快的经济发展的先行区。江泽民指出："长江三角洲和沿江地区开发开放的快慢，将在很大程度上决定我们国家实现第二步战略目标乃至整个社会主义现代化的进程。"因此，"党中央和国务院在继续抓好珠江三角洲开放开发的同时，决定以开发开放浦东为龙头，带动长江三角洲及沿江地区的开发开放和经济发展，这是我国经济发展区域布局和扩大对外开放格局的一个重要战略决策"①。随后，党的十四大在总结改革开放以来逐步形成的对外开放经验的基础上提出："对外开放的地域要扩大，形成多层次、多渠道、全方位开放的格局。继续办好经济特区、沿海开放城市和沿海经济开放区。扩大开放沿边地区，加快内陆省、自治区对外开放的步伐。以上海浦东开发开放为龙头，进一步开放长江沿岸城市，尽快把上海建成国际经济、金融、贸易中心之一，带动长江三角洲和整个长江流域地区经济的新飞跃。加速广东、福建、海南、环渤海湾地区的开放和开发。力争经过二十年的努力，使广东及其他有条件的地方成为我国基本实现现代化的地区。"②由此，我国形成了由点到线、由线到面、由南到北、由东到西、由沿海到内地的全方位、多层次、宽领域的对外开放格局。党的十五大将对外开放确立为一项长期的基本国策，提出："面对经济、科技全球化趋势，我们要以更加积极的姿态走向世界，完善全方位、多层次、宽领域的对外开放格局，发展开放型经济，增强国际竞争力，促进经济结构优化和国民经济素质提高。"③

全方位、多层次、宽领域的对外开放格局不仅是指我国对外开放的地区，也包括对外开放的产业领域。为了进一步推进对外开放，江泽民指出："中国将继续稳步开放市场，加快能源、交通等基础设施的开放步伐，逐步开放金

---

① 《江泽民论有中国特色社会主义（专题摘编）》，中央文献出版社 2002 年版，第 187 页。

② 《十四大以来重要文献选编》上册，人民出版社 1996 年版，第 22 页。

③ 《十五大以来重要文献选编》上册，人民出版社 2000 年版，第 28—29 页。

融、保险等服务领域；进一步健全涉外法规体系，保护知识产权，完善贸易投资环境，依法保护外商投资企业的权益，实行国民待遇，为中外企业创造平等的竞争条件。对符合中国产业政策，能带来新技术的外商投资项目的设备进口，中国将重新实行必要的优惠政策。"[1]2001年5月，江泽民在香港"2001《财富》全球论坛开幕晚宴"上详细地阐述了我国对外开放政策的内容，"中国政府将坚定不移地实行对外开放政策，以更加积极地推进全方位、多层次、宽领域的对外开放，在更大范围和更深程度上参与国际经济合作与竞争。中国将继续大力发展对外贸易，更好地实施以质取胜、市场多元化和科技兴贸战略，扩大货物和服务贸易进出口。中国将坚持积极合理有效地利用外资的政策，继续改善投资环境，扩大利用外资，积极探索采用收购、兼并、投资基金和证券投资等多种方式利用外资，提高利用外资的质量。中国将进一步扩大对外开放的领域和地域，有步骤地开放银行、保险、电信、贸易等服务领域，推动中西部地区的对外开放。中国将大力发展电子商务，加快信息化进程，支持企业运用现代信息网络技术开展国际合作和交流。中国将积极参加多边贸易体系和国际区域经济合作，全面发展多边和双边经贸关系"[2]。在强调扩大对外开放的程度和范围时，江泽民也高度重视维护国家的主权和经济社会安全，提出要注意防范和化解国际风险的冲击，防范和抵制各种腐朽思想和生活方式的侵袭。

（二）实施"引进来"和"走出去"相结合的开放战略

改革开放以来，我国的对外开放的发展经历了一个从"引进来"到"引进来"与"走出去"相结合的过程。从1978年到1998年，我国以"引进来"为主。这一时期，我国通过吸引外资企业投资建厂、创立中外合资企业等方式大量利用外资，有效地弥补了国家建设和经济发展的资金不足问题，推动我国经济的持续快速增长，并学习和积累了先进技术和管理经验，增强了我国的经济实力和参与国际竞争的能力。随着社会主义市场经济的建立和不断发展，经济实力进一步增强，对经济结构和经济素质提出了更高的要求。与此同时，新科技革命迅猛发展，经济全球化的趋势进一步加强，使各国对市场、资源和资本

---

① 《江泽民论有中国特色社会主义（专题摘编）》，中央文献出版社2002年版，第188页。

② 《江泽民论有中国特色社会主义（专题摘编）》，中央文献出版社2002年版，第189—190页。

的争夺更加激烈。国内外形势的变化对我国的对外开放提出了更高的要求。因此，党的十四大提出要发展外向型经济，"积极开拓国际市场，促进对外贸易多元化，发展外向型经济。扩大出口贸易，改善出口商品结构，提高出口商品的质量和档次，同时适当增加进口，更多地利用国外资源和引进先进技术。深化外贸体制改革，尽快建立适应社会主义市场经济发展的、符合国际贸易规范的新型外贸体制"①。实践表明，改革开放二十多年来，以"引进来"为主取得了很大成就，为实施"走出去"打下了坚实的基础。随着我国经济发展水平的提高，实施"走出去"战略的条件已经具备，客观要求更加迫切。不失时机地实施"走出去"战略，关系到我国经济和整个现代化建设全局。

1997 年 12 月，江泽民在接见全国外资工作会议代表时，明确提出了"引进来"和"走出去"相结合的对外开放战略。"我们不仅要积极吸引外国企业到中国来投资办厂，也要积极引导和组织国内有实力的企业走出去，到国外去投资办厂，利用当地的市场和资源。视野要放开一些，既要看到欧美市场，也要看到广大发展中国家的市场。发展中国家的生产力水平比发达国家低，对产品和技术的要求相对也低一些，但市场十分广阔。在努力扩大商品出口的同时，必须下大力气研究和部署如何走出去搞经济技术合作的问题。'引进来'和'走出去'，是我们对外开放方针的两个紧密联系、相互促进的方面，缺一不可。这个指导思想一定要明确。"②2000 年 2 月，江泽民在广东考察工作时详细地阐述了"引进来"与"走出去"两者之间的关系，提出必须要加快实施"走出去"的战略。"当今世界经济的发展，要求我们必须勇于和善于参与经济全球化的竞争，充分利用好国外和国内两种资源、两个市场。我们实行对外开放的基本国策，通过积极引进国外的资金和先进的技术、管理经验来发展壮大自己，这是我国经济和社会发展取得重大成就的一条成功经验，必须长期坚持。改革开放二十多年来，我们在'引进来'方面成绩很大。随着我国经济水平的提高和现代化建设的推进，我们必须加快实施'走出去'的战略。这同西部大开发一样，也是关系我国经济和整个现代化建设发展全局的大战略。'走出去'和'引进来'，是对外开放政策相辅相成的两个方面，二者缺一不可。这二十

---

① 《十四大以来重要文献选编》上册，人民出版社 1996 年版，第 23 页。

② 《江泽民论有中国特色社会主义（专题摘编）》，中央文献出版社 2002 年版，第 190—191 页。

年来，我们是以'引进来'为主，这是完全必要的。不先'引进来'，我们的产品、技术、管理水平就难以提高，你想'走出去'也出不去。现在情况与二十多年前不同了，实施'走出去'战略的条件更具备了，要求也更迫切了。我国加入世贸组织后，将会为我们实施这一战略带来更多的机遇。必须不失时机地'走出去'，让我们的企业到国际经济舞台上去施展身手。这个战略实施好了，对增强我国经济发展的动力和后劲，促进我国的长远发展，具有极为重大的意义。"①2001年3月，九届人大四次会议通过了《中华人民共和国国民经济和社会发展第十个五年计划纲要》，对"走出去"战略进行了部署，提出鼓励能够发挥我国比较优势的对外投资，扩大国际经济技术合作的领域、途径和方式；继续发展对外承包工程和劳务合作，鼓励有竞争优势的企业开展境外加工贸易，带动产品、服务和技术出口；支持到境外合作开发国内短缺资源，促进国内产业结构调整和资源置换；鼓励企业利用国外智力资源，在境外设立研究开发机构和设计中心；支持有实力的企业跨国经营，实现国际化发展；健全对境外投资的服务体系，在金融、保险、外汇、财税、人才、法律、信息服务、出入境管理等方面，为实施"走出去"战略创造条件。

实施"走出去"战略，是把对外开放推向新阶段的重大举措，是更好地利用国内外两个市场、两种资源的必然选择，是逐步形成我们自己的大型企业和跨国公司的重要途径。在新的条件下扩大对外开放，必须更好地实施"引进来"和"走出去"同时并举、相互促进的开放战略，努力在"走出去"方面取得明显进展。这样才能不断增强我国经济实力和国际竞争力。

（三）加入世界贸易组织

2001年12月11日，我国经过了长达15年的不懈努力，正式加入世界贸易组织。加入世界贸易组织，是党中央面对经济全球化趋势加快，从我国经济发展和改革开放的需要出发，作出的重大战略决策，标志着我国对外开放进入了一个新的阶段。

在加入世贸组织谈判过程中，江泽民以坚定不移的态度阐明了中国加入世贸组织的原则。1999年6月，江泽民在青岛主持召开国有企业改革和发展座

---

① 《江泽民论有中国特色社会主义（专题摘编）》，中央文献出版社2002年版，第193—194页。

谈会时指出:"参加世界贸易组织,对促进中国参加国际贸易有积极作用,但如果不是由于我们的原因,而是由于条件太苛刻,中国不能接受,那末,即使参加不了也没有什么了不起。如果中国的加入问题再拖下去,中国的经济照样继续向前发展。我们已经谈了十三年了,再等十三年,天照样不会塌下来。我们就是要有这样一种气势。关于加入世界贸易组织的问题,我想总的原则是三条:一是要分析清楚利弊得失,加入的根本前提是必须利大于弊;二是要广泛征求地方、各部门以及企业界的意见,以统一全党和全国上下的认识;三是要把握好时机,什么时候加入最适宜,也要好好考虑。总之,要从有利于我们整个国家改革和建设的大局出发加以审视。我们既要做好加入的准备,也要做好几年内解决不了的准备。"① 同年 10 月,江泽民在英中贸易协会欢迎午宴上再次指出:"中国的立场是一贯的,也是明确的。第一,中国加入世界贸易组织是中国经济发展和改革开放的需要,同样世界贸易组织也需要中国。没有十二亿多人口的中国参加,世界贸易组织是不完整的,也不利于世界经济的发展。第二,中国是一个发展中国家,社会生产力还不发达,只能以发展中国家的条件加入世界贸易组织。第三,中国加入世界贸易组织,其权利和义务一定要平衡。中国不会接受过高的、超出中国承受能力的要价。"② 江泽民的讲话表明中国不是消极被动地参与世界贸易组织,而是"以更加积极的姿态走向世界",更加主动地参与世界经济,绝不会为了乞求加入世贸组织而改变立场原则。

在加入世贸组织谈判过程中,江泽民站在社会经济发展的长远角度辩证地分析中国加入世贸组织的利弊。1998 年 5 月,江泽民在中央财经领导小组会议讨论国家计委《关于中国加入世贸组织问题的汇报提纲》时强调:"关键是要权衡利弊,而且要动态地看,辩证地看。两害相衡择其轻,两利相较取其重。我们要通过谈判在利大于弊的前提下加入世贸组织。对于可能受到冲击的某些行业,只要我们趋利避害,大力推进两个根本性转变,积极吸收先进的技术和管理经验,提高我国经济的国际竞争力,我们就能经得起冲击,就能在国际经济的激烈竞争中不断增强综合国力。"③ 2000 年 1 月,江泽民在省部级主要领导干部财税专题研讨班上指出加入世贸组织总的看来利大于弊,并指出加

① 《江泽民论有中国特色社会主义(专题摘编)》,中央文献出版社 2002 年版,第 191—192 页。
② 《江泽民论有中国特色社会主义(专题摘编)》,中央文献出版社 2002 年版,第 192 页。
③ 《江泽民论有中国特色社会主义(专题摘编)》,中央文献出版社 2002 年版,第 191 页。

入世贸组织的优势："我们承诺按照国际经贸规则办事和逐步开放市场，有利于改善我国的贸易投资环境，吸引外商特别是跨国公司到我国投资；有利于我们根据国际市场竞争的要求，加快经济结构的调整和科技进步；有利于我们建立一套符合国际通行做法的外经贸法制体系，促进在经济工作中依法办事，促进社会主义市场经济的发展；有利于我们要求其他国家必须对我们按照国际规则办事，如美国必须给我国永久正常贸易关系的待遇，这对我国对外贸易的稳定发展有好处。随着我国经济实力的增强和对外开放的扩大，我们需要逐步和稳妥地开放市场。这样，其他国家也才会同意对等地向我们开放市场。"同时指出："开放市场的条件和速度必须与我国的经济发展水平相一致，中国必须以发展中国家的地位加入世贸组织。"① 2001 年 11 月，在宣布正式加入世贸组织前夕，江泽民在中央经济工作会议上再次强调加入世贸组织的重要意义和对我国经济发展的正反两方面的影响。他指出："我国已履行完加入世界贸易组织的所有法律程序，将正式成为世贸组织成员。这是我国改革开放进程中具有历史意义的一件大事，也是进一步推进全方位、多层次、宽领域对外开放的重要契机，对经济发展具有深远的影响。加入世贸组织符合我国根本利益，有利于改善经济发展所需要的相对稳定的外部环境，可以直接参与国际经济规则的制定，维护我国权益；有利于我国平等地与其他国家和地区进行经贸活动，促进市场多元化战略的实施，更多地扩大出口；有利于完善国内相关的法律法规，改善投资环境，增强外商对我投资信心，更好地利用外资；有利于促进国内经济体制改革，推动经济结构的战略性调整和技术进步，提高国民经济的整体素质和竞争力。对加入世贸组织后带来的挑战，也要有足够的估计。在一定时期内，某些行业和产品会受到很大冲击，还可能出现一些难以预料的困难和问题。能否把有利条件用足，把不利影响减少到最低限度，关键在于我们自己的努力。我们花了很大气力加入世贸组织，还要花更大的气力做好各项应对工作。"②

当然，加入世贸组织必然会带来诸多的挑战，这也需要我们高度重视和积极应对。为了使全党从思想上做好准备，积极应对加入世贸组织后的各种挑战，2002 年 2 月，江泽民在省部级主要领导干部"国际形势与世界贸易组织"

---

① 《江泽民论有中国特色社会主义（专题摘编）》，中央文献出版社 2002 年版，第 192—193 页。

② 《江泽民论有中国特色社会主义（专题摘编）》，中央文献出版社 2002 年版，第 194—195 页。

专题研究班上发表重要讲话，他指出："总起来说，加入世贸组织后，既有机遇，也有挑战，看不到机遇是错误的，看不到挑战同样是错误的。关于加入世贸组织的问题，我进行了长期的深入的思考。我认为，从政治上看，从二十一世纪国际竞争日趋激烈的大环境看，我们搞现代化建设，必须到国际市场的大海中去游泳，虽然我们这方面的能力还不强，但是要奋力地去游，并且要力争上游，不断提高我们搏风击浪的本领。这对提高我国的国际竞争力、在国际综合国力的较量中掌握主动有利。也有的同志担心，到国际市场的汪洋大海里去游泳了，弄得不好会呛水，甚至被淹死，还是稳妥一点好。这种担心不是完全没有道理的。但是，如果我们总是不到国际市场上去经风雨、见世面，我国经济和现代化建设就很难更快地推进。对加入世贸组织后的利和弊、机遇和挑战，要科学分析和全面认识，对于有利的一面，要抓住机遇，积极加以运用；对不利的一面，要抓紧工作，努力规避风险。"[1]在江泽民看来，在加入世贸组织的新形势下继续推进改革开放和社会主义现代化建设，对全党来说，既是一次新的学习，又是一场对党的学习能力、应对能力、竞争能力、决策能力、创新能力的考验，但这一考验必须闯过去，只能成功，不能失败。因此全党必须加紧学习，加强研究世界贸易组织的相关知识和规则。领导干部必须努力掌握在开放条件下管理和驾驭经济发展全局的本领，在工作中要全面考虑国内和国外两种因素，善于同时利用好国内外两个市场、两种资源，善于把国际市场可能给我们带来的风险降低到最小的程度，更好地促进我国现代化建设。

二、西部大开发战略

我国是一个幅员辽阔、有着悠久历史的文明古国，包括甘肃、陕西在内的黄河流域，是中华民族的主要发祥地。陕西曾经是周、秦、汉、唐等十三个王朝的建都之地，在古代历史上相当长的时间内，陕西、甘肃等西北地区，曾经是植被良好的繁荣富庶之地，所谓"山林川谷美，天材之利多"就是古时描绘陕西一带的自然风物的。司马光的《资治通鉴》中描述盛唐时期陕、甘的发展情景是"闾阎相望，桑麻翳野，天下称富庶者无如陇右"。后来由于历经战乱

---

[1] 《江泽民论有中国特色社会主义（专题摘编）》，中央文献出版社 2002 年版，第 195—196 页。

的破坏，加上自然灾害和乱砍滥伐造成的损失，导致了陕、甘等西北地区的严重沙化、荒漠化，经济文化的发展也因此受到极大制约。

邓小平在 20 世纪 80 年代就明确提出了"两个大局"的思想，即东部沿海地区加快对外开放，率先发展起来，发展到一定时期，就要帮助中西部地区加快发展。这个思想符合我国经济发展的客观进程和各地区生产力的实际状况，是富有远见的战略思想。改革开放以来，沿海发达地区运用自身较好的经济基础、优越的地理位置和一些特殊措施，经济和社会发展突飞猛进，积累了相当的实力。而西部地区则依然处于比较落后的状态，东西部地区之间的差距日益拉大，发展不协调已经影响到全国的发展大局。随着我国整体经济实力的增强，加快中西部地区发展步伐的条件已经具备，时机已经成熟。1999 年 6 月，江泽民在中央扶贫开发工作会议上强调："如果我们看不到这些条件，不抓住这个时机，不把该做的事情努力做好，就会犯历史性的错误。在继续加快东部沿海地区发展的同时，必须不失时机地加快中西部地区的发展。从现在起，这要作为党和国家一项重大的战略任务，摆到更加突出的位置。"① 同年 11 月江泽民在中央经济工作会议上指出："中央认为，现在研究实施西部大开发战略，条件基本具备，时机已经成熟。"② 由此拉开了西部大开发的序幕。2000 年 5 月，江泽民指出"实施西部大开发战略，加快中西部地区发展，是中央从二十一世纪我国经济社会发展全局出发作出的战略决策，沿海地区的同志必须充分认识做好这项工作的重大意义，积极帮助和支持中西部地区加快发展"③。2000 年 6 月，江泽民在西北五省区党建工作和西部开发座谈会上指出："实施西部大开发，将为二十一世纪我国经济的发展开拓新的广阔空间，是保持我国经济持续快速健康发展的重大战略措施。"④ 党的十六大进一步作出了积极推进西部大开发、促进区域经济协调发展的战略决策。

江泽民十分重视西部大开发的战略意义。1999 年 6 月，江泽民在西安主持召开国有企业改革和发展座谈会时强调："实施西部地区大开发，是一个振兴中华的宏伟战略任务。实现了这个宏图大略，其经济的、文化的、政治的、军事的和社会的深远意义，是难以估量的。全党同志和全国上下必须统一和提

---

① 《十五大以来重要文献选编》中册，人民出版社 2001 年版，第 855 页。

② 《十五大以来重要文献选编》中册，人民出版社 2001 年版，第 1073 页。

③ 《江泽民文选》第 3 卷，人民出版社 2006 年版，第 30 页。

④ 《十五大以来重要文献选编》中册，人民出版社 2001 年版，第 1300—1301 页。

高认识。没有西部地区的稳定就没有全国的稳定，没有西部地区的小康就没有全国的小康，没有西部地区的现代化就不能说实现了全国的现代化。"①实施西部大开发战略是党中央总揽全局、面向新世纪作出的重大决策，具有重大现实意义。第一，加快西部地区的经济发展，是保持国民经济持续快速健康发展的必然要求，也是实现我国现代化建设第三步战略目标的必然要求。西部大开发创造出的大量投资机遇，将有力地增强对经济增长的拉动；西部地区优势资源的开发和东送，将为中部和东部地区的发展提供有力的支撑；中西部地区人民群众收入水平的提高，将创造巨大的市场需求。加强国内经济联合，进一步促进生产力的合理布局，使东、中、西部地区形成各具特色、优势互补的经济，将大大提高我国的生产社会化水平和经济效益、竞争能力，有利于我们更好地凝聚全国力量参与国际竞争和拓展国际市场。2002 年 4 月，江泽民在西安主持召开西部大开发工作座谈会时指出："实施西部大开发，是确保现代化建设第三步战略目标胜利实现的重大举措。实施西部大开发战略，加快中西部地区的发展，有利于培育全国统一市场，完善社会主义市场经济体制；有利于促进经济结构的战略性调整，改善生产力布局，促进地区经济协调发展；有利于进一步开拓国内市场，扩大国内需求，为国民经济增长提供广阔的发展空间和持久的推动力量；有利于改善全国的生态状况，为中华民族的生存和发展创造更好的环境；有利于进一步扩大对外开放，用好国内外两个市场、两种资源。西部地区是中华民族五千年文明的发祥地之一，也是革命老区比较集中的地方，又是民族地区、边疆地区，加快这一广大地区的改革和发展，对实现我国现代化建设的目标，实现中华民族的伟大复兴，具有十分重大而深远的意义。"②第二，加快西部地区的发展，对于保持西部地区政治和社会稳定、促进民族团结和保障边疆安全具有重大意义。没有西部的发展和稳定，就没有全国的发展和稳定。经济发展了，社会进步了，各民族共同富裕了，必将进一步巩固和发展平等、团结、互助的社会主义民族关系，必将大大增强整个中华民族的凝聚力。保持民族地区稳定和巩固祖国边防，也就具有了更加强大的物质基础和思想政治基础。第三，实施西部大开发是改善生态环境，实现可持续发展的必由之路。我国正处于加速工业化和城市化阶段，经济发展、人口增长与环境保护

---

① 《江泽民论有中国特色社会主义（专题摘编）》，中央文献出版社 2002 年版，第 177 页。
② 《江泽民论有中国特色社会主义（专题摘编）》，中央文献出版社 2002 年版，第 184—185 页。

的矛盾不断加剧，西部生态环境的恶化尤为突出。实施西部大开发战略，尽快遏制西部地区生态环境恶化趋势，搞好长江、黄河中上游水土保持，不仅对西部地区，而且对全国改善生态环境，实现可持续发展具有重要作用。

加快开发西部地区是一个巨大的系统工程，既关系广阔国土的开发，又涉及多民族群众的生产和生活，既要推进经济建设，又要实现经济、资源、人口、文化、环境的协调发展，是空前艰难的历史任务。江泽民强调，既要有紧迫感，抓紧研究方案、步骤和政策措施，又要做好长期奋斗的思想准备。西部大开发是一项宏大的工程，必须统筹规划，突出重点，有步骤、分阶段地实施。必须紧紧依靠西部地区干部群众的积极性，自强不息，艰苦奋斗。同时，国家要逐步加大对西部地区的投入，并通过政策引导，吸引更多的国内外资金、技术和人才。西部开发要重点抓好交通、通信、能源等基础设施建设，尤其要把水资源的合理开发和有效利用放在突出位置；大力植树种草，有计划、有步骤地退耕还林，搞好综合治理，加强生态环境建设；调整产业结构，发展优势产业，促进资源加工增值；优先发展科技教育，着力培养人才，提高劳动者素质，为振兴西部奠定好的基础。加快西部地区开发，是异常艰巨的事业。既要有紧迫感，能办的事情先办，又要做好长期奋斗的思想准备，坚忍不拔，百折不挠，一定要把西部地区建设好。

江泽民对西部大开发战略的实施提出了两点要求：一是必须实事求是、按客观规律办事。要适应发展社会主义市场经济的新形势，适应在深化改革和扩大开放的新条件下国际国内市场的发展要求，紧密结合西部地区的实际，努力探索新思路、新机制、新方法，立足当前、着眼长远、量力而行、逐步推进，以保证西部大开发有序、快速、高效地展开。首先要搞好科学规划，选准实施重点，集中财力物力解决关系西部发展全局的重大问题，带动经济和社会全面发展。在项目决策时，要统筹考虑经济效益、社会效益和生态效益，促进西部地区资源、生态、经济、人口和社会协调发展。西部开发与东、中部地区发展要结合起来，努力形成我国东、中、西部地区相互支持、相互促进、协调发展的良好格局。要按照市场经济规律，转换政府职能，通过经济、政策、法律等手段，为西部地区经济发展和公平竞争创造良好环境。在推进经济发展的过程中，始终要高度重视实现社会全面进步，努力使西部地区在物质文明建设和精神文明建设上都取得新的丰硕成果。二是必须埋头苦干、扎扎实实地加以推进。西部大开发既是一项紧迫的现实任务，也是一项十分艰巨的历史任务，不可能一蹴而就，需要经过几代人坚持不懈的努力才能取得成功。既要有只争朝夕的精神，加紧做好各项工作，又要牢固树立长期奋斗的思想。坚持办实事，求实效，有计划、有步骤、一步一个脚印地推进工作，不能急于求成，不能搞短期行为，更不能搞花架子。国家和全社会都要为西部大开发提供支持和帮助，西部地区各族干部群众更要发扬自力更生、艰苦创业的奋斗精神，深化改革，扩大开放，发挥优势，开拓进取，不断创造新的业绩。

江泽民总结了西部大开发在实践中积累了一些重要经验：

一是要坚持推进发展。西部大开发的根本任务是发展生产力，必须坚持以发展为主题，用发展的眼光、发展的思路、发展的办法来解决前进中的问题。西部地区面临的问题千头万绪，但只要坚持发展、加快发展，就能逐步得到解决。江泽民指出，历史和现实都证明，无论国际国内形势如何变化，无论遇到什么样的困难，只要正确坚持和贯彻发展的思想，我们就能够从容应对挑战，克服困难，不断前进。这是我们从多年来的实践中得出的一条基本经验。这一经验在西部大开发的实践中又得到了新的验证和说明。

二是要坚持改革创新。发展离不开改革创新，发展要有新思路，这是我们多年来推进发展得出的一个重要认识。要实现发展的目标，不仅需要制定正确的方针政策，集中必要的人力物力财力，而且需要按照发展社会主义市场经济的要求形成能够有力推动发展的充满活力的体制和机制，以利于最广泛地调动全社会的积极性和国内外各方面的资源。西部大开发战略在两年多时间内取得了明显进展，正是由于我们始终抓住了改革创新这一条。在西部大开发的全过程中，我们都要坚持解放思想、实事求是的思想路线，不断总结新经验，研究新情况，解决新问题，在改革创新中求发展求进步。

三是要坚持为民谋利。我们做一切工作，都要贯彻一切依靠群众、一切为了群众、一切从群众利益出发的指导思想。这不仅是我们做好工作的根本保证，也是我们开展工作的根本出发点。坚持党的群众路线，保持党同人民群众的血肉联系，是我们事业成功的关键。要坚持全心全意为人民服务的宗旨，牢固树立以民为本的观点，切实关心和解决群众的切身利益问题。要把推进改革开放和现代化建设与不断提高人民群众的生活水平紧密结合起来，使各族群众不断得到实惠，更加自觉地投身西部大开发。

四是要坚持大局观点。西部大开发的实践表明，无论是中央还是地方，无论是东部地区还是中部地区、西部地区，我们想问题、做工作，都要从大局出发，通盘考虑全局。只有树立大局意识、全局观念，想大事、议大事、抓大事，才能在错综复杂的经济社会问题中抓住主要矛盾和矛盾的主要方面，集中力量解决全局性、战略性、关键性的问题，从而有力地带动其他各方面工作。邓小平同志提出"两个大局"的战略构想，就深刻地抓住了我国发展的主要矛盾和矛盾的主要方面。当时，我们采取政策措施推动东部沿海地区加快对外开放，使之较快地先发展起来，是从大局出发考虑的。现在，我们实施西部大开发战略，拿出更多的力量帮助中西部地区加快发展，也是从大局出发考虑的。各地区、各部门要进一步深化对国家发展大局的认识，坚定不移地把西部大开发推进下去，不断赢得全局工作的主动权。

第三节　社会主义政治文明

江泽民在继承马克思列宁主义、毛泽东思想和邓小平理论的基础上，在准确把握、正确分析国际国内形势、深刻总结建设中国特色社会主义实践经验的基础上，对什么是有中国特色社会主义政治和怎样建设有中国特色社会主义政治进行了理论创造，形成了具有鲜明时代特色的社会主义政治建设内容。

一、确定依法治国，提出以德治国

1997 年，江泽民在党的十五大报告中全面系统地提出了依法治国的基本方略，明确提出了"发展民主，健全法制、建设社会主义法治国家"的理论。江泽民认为，法律和道德作为上层建筑的组成部分，都是维护社会秩序、规范人们思想和行为的重要手段，它们相互联系、相互补充。法治以其权威性和强制手段规范社会成员的行为。德治以其说服力和劝导力提高社会成员的思想认识和道德觉悟。道德规范与法律规范应该相互结合，统一发挥作用。2001 年，江泽民提出了"以德治国"的思想，从而把法制建设与道德建设紧密结合起来，把依法治国与以德治国紧密结合起来。依法治国和以德治国的提出，是江泽民对治国理论的丰富和发展，也是对治国基本方略的进一步完善和发展。

（一）依法治国的确定

党的十一届三中全会以来，随着我国改革开放步伐的加快，社会主义市场经济体制的逐步确立与不断完善，社会主义民主政治的提出和逐步发展，科学的、民主的马克思主义权利义务观的法律文化逐步深入人心，社会主义依法治国基本方略的确立成为时代发展的迫切要求。江泽民在继承和发展邓小平的民主法制思想的基础上，积极借鉴古今中外治国的成功经验，明确提出了依法治国、建立社会主义法治国家的基本方略。这既是对马克思主义治国方略的丰富和发展，也是对中国特色社会主义理论的重大发展。

1989 年 9 月 26 日，刚担任总书记不久的江泽民在中外记者招待会上就指出："我们绝不能以党代政，也绝不能以党代法。这也是新闻界讲的究竟是人治还是法治的问题，我想我们一定要遵循法治的方针。"[1]1996 年 2 月，江泽民在中共中央举办的法制讲座上发表了《坚持实行依法治国，保证国家长治久安》的重要讲话，指出："依法治国是社会进步、社会文明的一个重要标志，是我们建设社会主义现代化国家的必然要求。"[2]"加强社会主义法制建设，依法治国，是邓小平建设有中国特色社会主义理论的重要组成部分，是我们党和政府管理国家和社会事务的重要方针。实行和坚持依法治国，就是使国家各项工作逐步走上法制化的轨道，实现国家政治生活、经济生活、社会生活的法制化、规范化；就是广大人民群众在党的领导下，依照宪法和法律的规定，通过各种途径和形式，管理国家事务，管理经济和文化事业，管理社会事务；就是逐步实现社会主义民主的制度化、法律化。实行和坚持依法治国，对于推动经济持续、快速、健康发展和社会全面进步，保障国家长治久安，具有十分重要的意义。"[3]1996 年八届全国人大四次会议把"依法治国，建设社会主义法治国家"作为基本方针，写入了《中华人民共和国国民经济和社会发展"九五"计划和

---

[1] 《就我国内政外交问题　江泽民等答中外记者问》，《人民日报》1989 年 9 月 27 日。

[2] 《江泽民文选》第 1 卷，人民出版社 2006 年版，第 513 页。

[3] 《江泽民文选》第 1 卷，人民出版社 2006 年版，第 511 页。

二〇一〇年远景目标纲要》，作为"九五"期间乃至其后十五年的政治体制改革的基本方针和奋斗目标。

党的十五大从建设有中国特色社会主义政治的高度，对依法治国方针的科学含义、重大意义和战略地位，作了全面的深刻的阐述；第一次提出"法治国家"的概念，并将其作为党领导人民治理国家的基本方略郑重提了出来。"依法治国，是党领导人民治理国家的基本方略，是发展社会主义市场经济的客观需要，是社会文明进步的重要标志，是国家长治久安的重要保障。"①党的十五大还明确指出了"依法治国"的含义："依法治国，就是广大人民群众在党的领导下，依照宪法和法律规定，通过各种途径和形式管理国家事务，管理经济文化事业，管理社会事务，保证国家各项工作都依法进行，逐步实现社会主义民主的制度化、法律化，使这种制度和法律不因领导人的改变而改变，不因领导人看法和注意力的改变而改变。"②这标志着我国法治建设进入到一个新的发展阶段。党的十六大对依法治国理论又做了进一步的发展，"发展社会主义民主政治，最根本的是要把坚持党的领导、人民当家作主和依法治国有机统一起来。党的领导是人民当家作主和依法治国的根本保证，人民当家作主是社会主义民主政治的本质要求，依法治国是党领导人民治理国家的基本方略。中国共产党是中国特色社会主义事业的领导核心。共产党执政就是领导和支持人民当家作主，最广泛地动员和组织人民群众依法管理国家和社会事务，管理经济和文化事业，维护和实现人民群众的根本利益。宪法和法律是党的主张和人民意志相统一的体现。必须严格依法办事，任何组织和个人都不允许有超越宪法和法律的特权。"③

实行依法治国，建设社会主义法治国家，是一项复杂的社会系统工程，在立法、执法、司法和普法教育等方面都有大量的工作要做，需要付出艰苦的努力。1997 年 12 月，江泽民在全国政法工作会议上的讲话中对"依法治国"方略进行了更为深入的阐述，强调："要认真研究和分析实行依法治国所要解决的突出问题和矛盾，确定工作的重点，既立足于现实，又着眼于长远，扎扎实实地加以推进"④。要在以下几个方面加大工作力度。一要继续加强立法工

① 《十五大以来重要文献选编》上册，人民出版社 2000 年版，第 31 页。
② 《十五大以来重要文献选编》上册，人民出版社 2000 年版，第 30—31 页。
③ 《十六大以来重要文献选编》上册，中央文献出版社 2005 年版，第 24 页。
④ 《十五大以来重要文献选编》上册，人民出版社 2000 年版，第 162 页。

作，提高立法质量，特别是要加快建立和完善适应社会主义市场经济的法律体系。二要保证政府机关坚持依法行政，保障公民权利，坚决制止政府机关中存在的滥用权力、违法行政的现象。三要保证司法机关严格执法，坚决纠正有法不依、违法不究的现象。要在总结经验的基础上，有领导地加快司法改革的步伐，逐步形成有中国特色的司法体制。对执法中存在的地方保护主义和部门保护主义，对一些领导干部以言代法、干预司法部门独立办案的行为，对一些司法人员执法犯法、贪赃枉法的活动，要依照党纪国法严肃查处。同时，要继续建立和健全有关制度，从根本上保证严肃、公正执法。四要继续深入开展普法教育，增强全民的法律意识，首先要提高领导干部的法制观念和依法办事能力。在青少年中加强法制教育，是实施依法治国的带有长远性、根本性的工作，要持之以恒地抓下去。

1999 年九届全国人大二次会议通过的宪法修正案，增加了"依法治国，建设社会主义法治国家"的规定。

（二）以德治国的提出

党的十五大提出"依法治国"基本方略之后，党中央对治党治国问题的认识不断深化发展。1997 年 11 月，江泽民在美国哈佛大学进行演讲时明确提到，中国的传统文化和道德对于中国现代化建设具有重要的借鉴作用。2000 年 6 月，在中央思想政治工作会议上的讲话中，江泽民提出了在整个社会主义现代化建设中要重视社会主义道德建设的思想。他指出，为了在发展社会主义市场经济的条件下更好地建设中国特色社会主义，我们必须建立与之相适应的社会主义思想道德体系。

2000 年 11 月，江泽民在《当前经济工作需要把握的几个问题》的讲话中，再次重申了社会主义思想道德建设的重要性，明确指出发展社会主义市场经济，不仅要求建立相应的法律法规体系，而且要求建立与之相适应的思想道德体系。要坚持以马列主义、毛泽东思想和邓小平理论为指导，围绕树立建设有中国特色社会主义的共同理想和正确的世界观、人生观、价值观，实行继承优良传统与弘扬时代精神相结合，尊重个人合法权益与承担社会责任相统一，注重效率与维护社会公平相协调，把先进性要求与广泛性要求结合起来，努力形成与经济和社会发展相适应的健康和谐、积极向上的思想道德规范。

2001年1月江泽民在全国宣传部长会议上，全面系统地阐述了"以德治国"的思想，并特别强调要从根本的战略上把依法治国与以德治国紧密结合起来，"我们在建设有中国特色社会主义、发展社会主义市场经济的过程中，要坚持不懈地加强社会主义法制建设，依法治国；同时也要坚持不懈地加强社会主义道德建设，以德治国。对一个国家的治理来说，法治和德治，从来都是相辅相成、相互促进的。二者缺一不可，也不可偏废。法治属于政治建设、属于政治文明，德治属于思想建设、属于精神文明。二者范畴不同，但其地位和功能都是非常重要的。我们要把法制建设与道德建设紧密结合起来，把依法治国与以德治国紧密结合起来。"[1]

2001年9月，党中央颁布了《公民道德建设实施纲要》，将公民基本道德规范提炼为二十个字：爱国守法、明礼诚信、团结友善、勤俭自强、敬业奉献。这既包含了中华民族的传统美德，也包含了我们党领导人民在长期革命和建设实践中形成的优秀的道德传统，同时也借鉴了世界各国道德建设的成功经验和先进文明成果，具有鲜明的时代特色。

2002年5月，江泽民在四川考察工作时再次强调要坚持依法治国和以德治国相结合。他指出，在我国社会主义现代化建设的进程中，依法治国和以德治国都有自己的重要作用。我们要坚定不移地实施依法治国的基本方略，同时要充分发挥以德治国的重要作用。法治和德治是一个紧密结合的整体，从来都是相辅相成、相互促进的。只有把这两个方面的工作都抓好，并使它们在实际生活中密切配合，才能保证社会的良好秩序，保证国家的长治久安。

党的十六大指出："依法治国和以德治国相辅相成。要建立与社会主义市场经济相适应、与社会主义法律规范相协调、与中华民族传统美德相承接的社会主义思想道德体系。"[2] 具体来说，以德治国就是要以马列主义、毛泽东思想、邓小平理论为指导，以为人民服务为核心，以集体主义为原则，以爱祖国、爱人民、爱劳动、爱科学、爱社会主义为基本要求，以职业道德、社会公德、家庭美德的建设为出发点和落脚点，积极建立适应社会主义市场经济发展的社会主义思想道德体系，并使之成为全体人民普遍认同和自觉遵守的规范。

---

① 《江泽民文选》第3卷，人民出版社2006年版，第200页。
② 《十六大以来重要文献选编》上册，中央文献出版社2005年版，第30页。

二、建设社会主义政治文明

江泽民关于政治建设提出了"发展社会主义民主政治，建设社会主义政治文明"这一全新的命题，把两个文明建设发展成了三个文明建设。

在马克思主义发展史上，"政治文明"这一概念最早现在 1844 年马克思所写的《关于现代国家的著作的计划草稿》一文中。中国共产党明确提出社会主义政治文明建设则是改革开放之后。1991 年 7 月，江泽民在庆祝中国共产党成立 70 周年大会上的讲话中指出："有中国特色社会主义的经济、政治、文化，是有机统一、不可分割的整体。"[①] 党的十五大提出了社会主义政治建设的基本纲领，并提出从经济、政治、文化三个方面推进社会主义现代化建设事业。2001 年 1 月 10 日，江泽民在全国宣传部长会议上首次提出了政治文明的科学概念："法治属于政治建设、属于政治文明，德治属于思想建设、属于精神文明。"[②]2002 年 5 月 31 日，江泽民又在中央党校省部级干部进修班毕业典礼上的讲话中明确提出："发展社会主义民主政治，建设社会主义政治文明，是社会主义现代化建设的重要目标。"[③] 从而提出了"建设社会主义政治文明"的科学概念。

2002 年 7 月在考察中国社会科学院的讲话中，江泽民进一步强调，建设中国特色社会主义，应是我国经济、政治、文化全面发展的进程，是我国物质文明、政治文明、精神文明全面建设的进程。在这里，江泽民第一次把政治文明与物质文明和精神文明并列起来。党的十六大报告再次强调指出："发展社会主义民主政治，建设社会主义政治文明，是全面建设小康社会的重要目标。"[④] 这就把政治文明同社会主义物质文明、精神文明一起，确定为我国社会主义现代化建设的三大基本目标，这也就充分表明了我们党对"什么是社会主义、怎样建设社会主义"认识的不断深化，也为 21 世纪初中国政治发展指明了方向。2004 年全国人大正式通过《中华人民共和国宪法修正案》，将"推动物质文明、政治文明和精神文明协调发展"的内容载入，反映出党对于政治文

---

① 《江泽民文选》第 1 卷，人民出版社 2006 年版，第 161 页。
② 《江泽民文选》第 3 卷，人民出版社 2006 年版，第 200 页。
③ 《江泽民论有中国特色社会主义（专题摘编）》，中央文献出版社 2002 年版，第 304 页。
④ 《十六大以来重要文献选编》上册，中央文献出版社 2005 年版，第 24 页。

明建设的相对独立性的高度重视。

政治文明包括政治思想文明、政治制度文明、政治行为文明等内容，其核心内涵是政治制度（国体、政体、法律和行政体系等）的进步状态和成熟完善水平。政治文明从一开始就是作为阶级社会和国家的上层建筑而出现和存在的，由其赖以存在的社会经济基础所决定。总体上来看，政治文明的发展使得人类的政治生活越来越平和、越来越合理，越来越能够有效地解决人类的矛盾和冲突，从而也越来越有利于良好社会风尚的形成。

江泽民关于发展社会主义民主政治，建设社会主义政治文明，是社会主义现代化建设的重要目标的观点，蕴含着丰富而深刻的思想观点：第一，实现和发展人民民主是政治文明建设的归宿。在党的领导下，实行人民民主，充分保障人民当家作主的民主权利，是我国政权建设和政治体制改革的根本出发点和归宿。第二，依法治国是建设社会主义政治文明的基本途径。"依法治国"基本方略的确立，表明要把依法治国与政治体制改革紧密结合起来，使它们成为一个有机整体。第三，要推进人的全面发展。社会主义政治文明不仅需要制度文明，同时需要人的文明、人与制度的相互协调才能推动政治文明的发展。第四，进一步完善社会主义民主制度，不断发展人民民主。应当进一步坚持和完善人民代表大会制度，进一步健全和完善中国共产党领导的多党合作与政治协商制度、民族区域自治等制度等。

建设社会主义政治文明对于中国的政治建设、政治发展是一个全新的命题。江泽民提出建设社会主义政治文明，并把它作为社会主义现代化建设的重要目标，在理论上深化了对建设中国特色社会主义规律的认识，是对科学社会主义理论的新贡献；在实践上反映了改革开放和社会主义现代化建设的发展要求，是对社会主义民主政治建设的新推进。

三、党的领导、人民当家作主与依法治国的有机统一

党的十六大提出："发展社会主义民主政治，建设社会主义政治文明，是全面建设小康社会的重要目标。"[1]把政治文明同社会主义物质文明、精神文明

---

[1] 《十六大以来重要文献选编》上册，中央文献出版社2005年版，第24页。

一起，确定为我国社会主义现代化建设的三大基本目标，并强调"发展社会主义民主政治，最根本的是要把坚持党的领导、人民当家作主和依法治国有机统一起来"①。

"党的领导、人民当家作主与依法治国的有机统一"在我们党关于中国特色社会主义政治发展道路和民主政治理论发展史上占有重要的地位和特殊的分量。党的十一届三中全会以后，邓小平就如何进行政治体制改革问题陆续提出了以下相互联系的三个重要思想：一是党的领导不但需要加强，而且更需要改善的思想。人民的团结、社会的安定、民主的发展、国家的统一，都要靠党的领导，都要"坚持党的领导"，这是没有问题的；"问题是党要善于领导；要不断地改善领导，才能加强领导"。② 二是大民主不能搞，但民主需要加强的思想。"政治上，充分发扬人民民主，保证全体人民真正享有通过各种有效形式管理国家、特别是管理基层地方政权和各项企业事业的权力"，"调动人民群众的积极性"。③ 三是社会主义民主与社会主义法制相结合的思想。在邓小平看来，制度重于个人，"制度方面的问题更重要"，"制度问题更带有根本性、全局性、稳定性和长期性。"④

"党的领导、人民当家作主与依法治国的有机统一"的正式形成是在党的十五大报告中。江泽民指出："建设有中国特色社会主义的政治，就是在中国共产党领导下，在人民当家作主的基础上，依法治国，发展社会主义民主政治。"⑤"依法治国把坚持党的领导、发扬人民民主和严格依法办事统一起来，从制度和法律上保证党的基本路线和基本方针的贯彻实施，保证党始终发挥总揽全局、协调各方的领导核心作用。"⑥2001 年 9 月，党的十五届六中全会通过的《中共中央关于加强和改进党的作风建设的决定》指出："党委要把坚持党的领导同发扬人民民主、严格依法办事、尊重客观规律有机地统一起来"⑦。2002 年 5 月，江泽民在中央党校特别强调："发展社会主义民主政治，

① 《十六大以来重要文献选编》上册，中央文献出版社 2005 年版，第 24 页。
② 《邓小平文选》第 2 卷，人民出版社 1994 年版，第 342 页。
③ 《邓小平文选》第 2 卷，人民出版社 1994 年版，第 322 页。
④ 《邓小平文选》第 2 卷，人民出版社 1994 年版，第 333 页。
⑤ 《十五大以来重要文献选编》上册，人民出版社 2000 年版，第 19 页。
⑥ 《十五大以来重要文献选编》上册，人民出版社 2000 年版，第 31 页。
⑦ 《十五大以来重要文献选编》下册，人民出版社 2003 年版，第 2008 页。

最根本的是要坚持党的领导、人民当家作主和依法治国的有机结合和辩证统一。"①2002 年 11 月，党的十六大报告正式提出了"党的领导、人民当家作主与依法治国的有机统一"的原则，它是中国特色社会主义政治发展道路最核心的内容，标志着中国特色社会主义政治发展道路的正式形成。

坚持党的领导，就是坚持宪法规定的中国共产党是执政党，坚持党是建设中国特色社会主义事业的领导核心。在现代中国，没有共产党的领导就没有中国人民的一切。人民当家作主体现了社会主义民主的本质。江泽民在党的十五大报告中阐述依法治国的时候，指出："依法治国，就是广大人民群众在党的领导下，依照宪法和法律规定，通过各种途径和形式管理国家事务，管理经济文化事业，管理社会事务，保证国家各项工作都依法进行，逐步实现社会主义民主的制度化、法律化，使这种制度和法律不因领导人的改变而改变，不因领导人看法和注意力的改变而改变。"②

党的领导是人民当家作主和依法治国的根本保证，人民当家作主是社会主义民主政治的本质要求，依法治国是党领导人民治理国家的基本方略。

第一，党的领导是中国特色社会主义最本质的特征。在中国，夺取政权需要党的领导，社会主义现代化建设事业同样需要党的领导；实现人民民主，建设社会主义法治国家，同样需要有党的坚强领导。在我们这样一个人口众多、经济文化比较落后而且发展又很不平衡的大国，人民利益的广泛而多样，以及实现人民利益的任务复杂而艰巨，必然要求有一个能够代表最广大人民利益、体现和反映最广大人民意愿的政治核心来团结和领导人民把改革开放事业不断推向前进，实现人民当家作主。"在中国这样一个大国，没有共产党的领导，必然四分五裂，一事无成。"③

第二，人民当家作主是社会主义的本质特征和内在要求，是社会主义本质在政治生活中的体现。党执政的实质就是领导和支持人民当家作主。只有充分实现人民当家作主，才能大大增强人民群众对国家的主人翁意识；才能充分调动人民群众建设社会主义的积极性和创造性；才能使广大人民群众真正与党同呼吸、共命运、心连心。

---

① 《十五大以来重要文献选编》下册，人民出版社 2003 年版，第 2416 页。
② 《十五大以来重要文献选编》上册，人民出版社 2000 年版，第 30—31 页。
③ 《邓小平文选》第 2 卷，人民出版社 1994 年版，第 358 页。

第三，党的领导、人民当家作主都离不开社会主义法治，坚持依法治国，是社会主义政治发展的内在要求。没有法治的民主不是真正的民主。这三个方面的关系表明，"党的领导、人民当家作主与依法治国的有机统一"正是中国特色社会主义政治发展道路的核心内容。依法治国和党的领导是有机结合和辩证统一的，坚持党的领导，是保证依法治国的社会主义方向的根本前提，坚持依法治国，是改进党的领导方式和方法以及党的执政水平不断提高的重要体现，二者是相互促进的有机统一关系。同样，依法治国与人民民主也是辩证统一的，依法治国是发扬社会主义民主，建设高度的社会主义民主政治的基本要求，是发展社会主义市场经济的客观需要，是国家长治久安的重要保障，人民当家作主是依法治国的目标取向，依法治国是人民当家作主的可靠保障。

四、政治制度的新发展

政治体制改革是社会主义政治制度的自我完善和发展，进行政治体制改革必须坚持和完善社会主义民主制度。"世界上的民主，都是具体的、相对的……我们的社会主义民主，是全国各族人民享有的最广大的民主，它的本质就是人民当家作主。共产党执政，就是领导和支持人民掌握和行使管理国家的权力，实行民主选举、民主决策、民主管理、民主监督，保证人民依法享有广泛的权利和自由，尊重和保护人权。"[①] 大体来说，我国社会主义政治体制改革就是完善民主制度，丰富民主形式，扩大公民有序的政治参与，保证人民依法实行民主选举、民主决策、民主管理和民主监督，享有广泛的权利和自由，尊重和保障人权。

（一）坚持和完善人民代表大会制度

江泽民对于如何坚持和完善人民代表大会制度提出了具体建议：首先，"继续完善人大及其常委会的各项职能，特别是加强立法工作和监督工作"，保证人民代表大会及其常委会依法履行国家权力机关的职能，加强立法和监督工

---

① 《江泽民文选》第2卷，人民出版社2006年版，第257—258页。

作；其次，"要进一步密切各级人大同人民群众的联系，更好地发挥人大代表的作用"，保证立法和决策更好地体现人民的意志；最后，"加强人大及其常委会的自身建设"①，继续优化人大常委会组成人员的结构。在总结党的十一届三中全会以来党的主要历史经验时，江泽民把"必须坚持建设有中国特色社会主义民主政治"作为其中的一条，指出我国是工人阶级领导的、以工农联盟为基础的人民民主专政的社会主义国家。人民代表大会制度和中国共产党领导的多党合作和政治协商制度以及民族区域自治制度，适合中国国情，鲜明地体现了有中国特色社会主义民主政治的本质和特点，具有自己的优势和强大生命力。

我国民主政治发展的实践证明，中国不能实行西方"三权分立"的制度，而只能实行人民代表大会制度。新中国成立以来，人民代表大会制度在保障人民民主、调动人民群众的积极性、组织社会主义建设、维护社会团结和稳定等方面发挥了重要作用。但是，"这个制度还需要继续完善，人大的工作也需要改进和加强。特别是要根据我国的国情认真研究如何更好地坚持四项基本原则，坚持改革开放，加强社会主义民主和法制建设，更好地发挥人大作用的问题"②。所以，必须从我国的实际出发，进一步加强和完善人民代表大会的各种制度。江泽民指出，要处理好党的领导与依法办事的关系，党要加强对人大工作的领导。各级党委要重视人大的作用，要善于把党的意志通过国家权力机关变成国家意志，以便动员全体人民遵守和执行。要努力完善选举制度，更好地体现选举人的意志，保证人民代表的质量，使代表密切与选民的关系，接受选民监督。要加强人大的监督效能，确保权力依法行使。要建立和健全各级人民代表大会的工作制度和工作程序，保证人民和人民代表的意见得到正确、及时的集中和反映，提高工作质量和效率，促使人大工作的潜能得以释放，最终转化为现实的功效。

（二）坚持和完善中国共产党领导的多党合作和政治协商制度

在江泽民担任党的总书记期间，协商民主作为中国特色社会主义民主的一个重要形式，得到了进一步的发展和完善。1989 年党中央颁布实施了《中

---

① 《江泽民文选》第 1 卷，人民出版社 2006 年版，第 114—116 页。
② 《江泽民论有中国特色社会主义（专题摘编）》，中央文献出版社 2002 年版，第 305 页。

共中央关于坚持和完善中国共产党领导的多党合作和政治协商制度的意见》，明确将我国政党制度制度化、规范化，其中提出的参政党概念，明确执政党与参政党的关系，对多党合作的基本形式、内容、原则、措施等都进行了系统的阐述。党的十四大把完善中国共产党领导的多党合作和政治协商制度，作为建设有中国特色社会主义理论的主要内容之一。1993 年全国人大八届一次会议通过的宪法修正案，增加了"中国共产党领导的多党合作和政治协商制度将长期存在和发展"，把我国的多党合作和政治协商制度纳入了法制化轨道。1994 年《中国人民政治协商会议章程》得到修订，增加了"参政议政"的职能。

1995 年党中央批准了《政协全国委员会关于政治协商、民主监督、参政议政的规定》，着力推进政协职能的制度化、规范化、程序化。党的十五大把坚持和完善中国共产党领导的多党合作和政治协商制度，列入社会主义初级阶段基本纲领，并把坚持和完善这一制度作为社会主义民主政治建设和政治体制改革的重要内容之一。在 2000 年 12 月召开的全国统战工作会议上，江泽民在《进一步开创统一战线工作的新局面》讲话中对中国特色的政党制度作了全面的论述。江泽民还提出了衡量我国政党制度的四条标准，即衡量中国的政治制度和政党制度，最根本的是要从中国的国情出发，从中国革命、建设和改革实践的效果着眼，一是看能否促进社会生产力的持续发展和社会全面进步；二是看能否实现和发展人民民主，增强党和国家的活力，保持和发挥社会主义制度的特点与优势；三是看能否保持国家政局的稳定和社会安定团结；四是看能否实现和维护最广大人民的根本利益。党的十六大进一步从政治文明高度和社会主义政治文明建设的角度，特别强调着重加强包括政党制度在内的制度建设，实现社会主义民主政治的制度化、规范化和程序化。

江泽民关于协商民主的论述丰富和完善了中国特色的协商民主理论，进一步推动了我国协商民主实践的深入发展。要坚持"长期共存、互相监督、肝胆相照、荣辱与共"的方针，加强同民主党派合作共事，更好地发挥我国社会主义政党制度的特点和优势。保证人民政协发挥政治协商、民主监督和参政议政的作用。"人民政协要围绕改革和建设的重大问题倾听各方面的意见，积极参政议政，对宪法、法律的实施和国家机关的工作进行民主监督，进一步推进履行职能的规范化、制度化。各级党委和政府要重视民主党派和无党派人士在政治协商、民主监督中的作用，认真听取他们的意见和建议，把这方面的政治优势充分发挥出来，以利于促进有中国特色社会主义民主政治建设。"① 充分发挥人民政协政治协商、民主监督、参政议政的重要作用，是关系国计民生的重大问题，在中国共产党领导下进行广泛协商，充分听取各民主党派、各人民团体和各族各界人士的意见，体现了民主和集中的统一。这对于避免和减少决策失误、保证各项方针政策的贯彻执行，具有重要意义。

（三）全面贯彻党的民族政策、宗教信仰自由政策和基层民主自治

全面贯彻党的民族政策，充分认识民族工作的长期性、复杂性、重要性。坚持和完善民族区域自治制度，切实加强民族工作，巩固和发展平等团结互助的社会主义民族关系，促进各民族共同繁荣进步。具体来说，要加快少数民族和民族地区经济发展，使之逐步与全国的发展相适应；大力发展少数民族和民族地区的社会事业，促进各民族全面进步；坚持改革开放，不断增强少数民族和民族地区的自我发展活力；坚持和完善民族区域自治制度，全面贯彻落实民族区域自治法；进一步加强各民族的大团结，坚决维护祖国统一。

全面贯彻党的宗教信仰自由政策，依法管理宗教事务，积极引导宗教与社会主义社会相适应，坚持独立自主自办的原则。要坚持按照马克思主义宗教观来观察和处理宗教问题，继续全面正确地贯彻执行党的宗教政策。要相信信教群众，团结爱国宗教人士，把宗教活动纳入法制轨道，积极引导宗教与社会主义社会相适应。

扩大基层民主，是发展社会主义民主的基础性工作。广大人民群众不仅创造了社会与历史，而且作为有意识的社会活动主体，还要求自我抉择、自我主宰，确定最符合自身生存发展需要的目标和最大限度地实现这种目标的发展道路。要不断健全基层自治组织和民主管理制度，城乡基层政权和基层群众性自治组织都要健全民主选举制度，完善公开办事制度，实行政务和财务公开，让群众参与讨论和决定基层公共事务和公益事业，保证人民群众依法直接行使民主权利，管理基层公共事务和公益事业，对干部实行民主监督。完善村民自治，健全村党组织领导的充满活力的村民自治机制。完善城市居民自治，建设管理有序、文明祥和的新型社区。坚持和完善职工代表大会和其他形式的企事

---

① 《江泽民文选》第 2 卷，人民出版社 2006 年版，第 414—415 页。

业民主管理制度，保障职工的合法权益。

第四节　推进祖国完全统一

实现祖国的完全统一，是海内外中华儿女的共同心愿，是中华民族的根本利益所在。中国共产党人始终把实现祖国的完全统一作为自己的历史使命，为此进行了长期不懈的奋斗。1997年7月1日、1999年12月20日，我国分别对香港、澳门恢复行使主权。在"一国两制"的指导下，香港和澳门保持了社会稳定、实现了经济繁荣。香港和澳门的顺利回归，是祖国统一大业进程中的重要里程碑，是中国共产党对于中华民族的历史性贡献。与此同时，大陆和台湾之间的关系错综复杂，在既有合作又充满斗争的过程中，加强了政治、经济、文化等各个领域的交流。以江泽民同志为主要代表的中国共产党人根据形势的变化，为"一国两制"增添了新的内涵，采取了新的措施，为最终实现祖国的完全统一作出了新的贡献。

一、香港回归

党的十一届三中全会以来，邓小平提出了"一个国家，两种制度"的伟大构想，这一构想首先在解决香港问题的实践中取得伟大成功。1984年12月19日，中英两国签署了《中英联合声明》。《中英联合声明》确认：中华人民共和国政府1997年7月1日对香港恢复行使主权，英国政府将在同日把香港交还给中国。以江泽民同志为主要代表的中国共产党人在坚持"一国两制"的基本方针的基础上，承担起了迎接香港回归的重任。

1990年4月，七届全国人大三次会议通过了《中华人民共和国香港特别行政区基本法》，并决定于1997年7月1日起实施。为了加深国际社会对"一国两制"的认识，江泽民多次作出回应，表达了我国坚持"一国两制"的坚定决心。1990 年 6 月，江泽民在给美国九位青年学生的回信中阐述了中国政府在香港采取"一国两制"基本方针的具体内容，"香港在一九九七年回归祖国后，不实行社会主义制度，维持它原有的资本主义制度不变，生活方式不变，法律基本不变。保持香港的国际金融中心和自由港地位，照顾英国和其他国家在香港的经济利益。七届全国人大三次会议审议通过的《中华人民共和国香港特别行政区基本法》，把上述各点用法律形式固定下来，为香港的长期繁荣与稳定提供了坚实的法律保障"①。党的十四大指出："我们坚定不移地按照'和平统一、一国两制'的方针，积极促进祖国统一。我国政府将继续加强与英国、葡萄牙两国政府的合作，使香港和澳门平稳过渡，保持长期稳定和繁荣。"②1995 年 12 月，江泽民在会见香港部分知名人士时强调："'一国两制'是完成祖国统一大业的基本方针，而决不是权宜之计。用'一国两制'方针解决香港问题，一方面，保证我们顺利实现对香港恢复行使主权，洗雪一百多年的民族耻辱；另一方面，又照顾到香港的历史和现实，有利于保持香港的长期繁荣和稳定。这样做也是同中国的长远发展战略相一致的。所以，我们要坚定不移地贯彻执行这个方针。我愿再次重申，在对香港恢复行使主权以后，将保持香港的现行社会、经济制度和生活方式不变，法律基本不变，继续保持香港的自由港地位和国际贸易、金融、航运中心的地位，外国在香港的经济利益将得到照顾。香港将实行'港人治港'、高度自治。"③

1993 年八届全国人大一次会议决定授权全国人大常委会设立香港特别行政区筹备委员会的准备工作机构，着手进行各项准备工作。香港预委会的成立是继中英联合声明签署、基本法制定后的又一件大事，是一个重要的里程碑。预委会贯彻"以我为主"的方针，经过两年半的紧张工作，对关系到香港政权交接和平稳过渡的一系列重大问题进行了研究，提出了许多很有价值的意见，成果显著。1995 年 12 月，江泽民会见香港特别行政区筹委会预备工作委员会全体委员时肯定了预委会的工作，"你们卓有成效的工作，为即将成立的筹委会打下了良好的基础，为我国政府对香港恢复行使主权做了有益的准备工作。实践证明，当初作出成立预委会的决定是果断的、必要的、正确的。祖国

---

① 《江泽民论有中国特色社会主义（专题摘编）》，中央文献出版社 2002 年版，第 485 页。
② 《十四大以来重要文献选编》上册，人民出版社 1996 年版，第 45—46 页。
③ 《江泽民论有中国特色社会主义（专题摘编）》，中央文献出版社 2002 年版，第 486 页。

的繁荣稳定是实现香港平稳过渡、繁荣稳定的根本保障。在爱国爱港的旗帜下团结一切可以团结的力量，我们就一定能够实现香港的平稳过渡和长期繁荣稳定"①。

1996年1月26日，香港特别行政区筹备委员会在北京正式成立，这是我国对香港恢复行使主权的准备工作进入具体实施阶段的标志。江泽民在会见出席香港特别行政区筹备委员会成立大会的全体委员时指出："从现在起到一九九七年七月一日，还有不到一年半的时间，筹备香港特别行政区任务繁重，时间紧迫。筹委会包括了香港社会各个阶层、各个方面的人士，有广泛的代表性。我们要最广泛地团结广大港人，在爱国爱港的旗帜下，团结一切可以团结的力量，共同参与到筹建香港特别行政区的伟大事业中来，共同维护香港的平稳过渡和繁荣稳定。"②

1997年7月1日零时整，中国国旗和香港特别行政区区旗升起。江泽民发表了重要讲话：根据《中英关于香港问题的联合声明》，两国政府如期举行了香港交接仪式，宣告中国对香港恢复行使主权。中华人民共和国香港特别行政区正式成立。随后，江泽民在中华人民共和国香港特别行政区成立庆典上指出："在我国政府对香港恢复行使主权后，在国家主体坚持实行社会主义制度的条件下，香港继续实行资本主义制度，保持原有的社会、经济制度不变，生活方式不变，法律基本不变。香港作为中华人民共和国的特别行政区，享有基本法赋予的高度自治权，包括行政管理权、立法权、独立的司法权和终审权。中央人民政府依法管理香港特别行政区的外交事务和防务……香港特别行政区基本法，不仅香港要遵守，中央各部门和各省、自治区、直辖市也都要遵守。中央各部门和任何地方，都不会也不允许干预香港特别行政区依据基本法规定自行管理的事务。香港回归祖国后，原有的法律绝大多数予以保留，香港居民依法享有各项权利和自由，在法律面前人人平等。《公民权利和政治权利国际公约》、《经济、社会及文化权利国际公约》和国际劳工公约适用于香港的有关规定继续有效，通过香港特别行政区法律予以实施。逐步完善适合香港实际情况的民主制度，是香港社会政治稳定的重要保障。香港将根据基本法的规

---

① 《江泽民论有中国特色社会主义（专题摘编）》，中央文献出版社2002年版，第486—487页。
② 《江泽民论有中国特色社会主义（专题摘编）》，中央文献出版社2002年版，第487—488页。

定循序渐进地发展民主，最终达到特别行政区行政长官和立法会由普选产生的目标。香港回归祖国后，将继续保持其自由港地位和国际金融、贸易、航运中心的地位，继续同世界各国各地区以及有关国际组织保持和发展经济文化关系，使这个国际经济大都市始终具有生机勃勃的发展活力。香港特别行政区依法保护私有财产权，依法自行制定经济、贸易、金融货币、教育、科技、文化和体育政策，保持财政独立，实行独立的税收制度，作为单独的关税地区。世界各国各地区在香港的经贸活动和投资利益都将受到法律保护。这些方针政策，是中央人民政府为了维护香港同胞的切身利益和中华民族的根本利益而深思熟虑地提出来的。坚持这些方针政策，于香港有益，于全国有益，于世界有益，因而是没有任何理由去改变的。我在这里重申，'一国两制'、'港人治港'、高度自治，五十年不变，这是一项长期的基本方针。"①"一国两制"是一项长期坚持的基本方针，这既有利于中国的发展，也有利于长期保持香港和澳门的长期繁荣和稳定。

二、澳门回归

1987年4月13日，中葡两国在北京正式签署了《中葡联合声明》，确认"澳门地区是中国领土，中华人民共和国将于1999年12月20日对澳门恢复行使主权"。

1993年八届全国人大一次会议通过《中华人民共和国澳门特别行政区基本法》。1999年12月20日零点整，中华人民共和国国旗和澳门特别行政区区旗升起。江泽民宣告了中国政府对澳门恢复行使主权。从这一刻起，澳门的发展进入了一个崭新的时代。随后，江泽民在中华人民共和国澳门特别行政区成立庆祝大会上指出："中国政府对澳门恢复行使主权后，澳门将继续实行原有的资本主义制度，保持原有的社会、经济制度不变，生活方式不变，法律基本不变，依法保护私有财产权。澳门作为中华人民共和国的特别行政区，除外交事务和防务由中央人民政府管理外，享有澳门基本法赋予的高度自治权，包括行政管理权、立法权、独立的司法权和终审权。在澳门的葡萄牙后裔居民的利

---

① 《江泽民文选》第1卷，人民出版社2006年版，第654—656页。

益依法受到保护，他们的习俗和文化传统将受到尊重。在澳门生活着不少外国人，澳门特别行政区仍将是他们安居乐业的家园。未来的澳门，所有居民无分种族、无分肤色，人人都有平等竞争的机会，人人都享有法律保障的各项权利和自由。中国政府对澳门恢复行使主权后，澳门特别行政区继续作为自由港和单独关税地区，可以用'中国澳门'的名义单独同各国各地区及有关国际组织保持和发展经济关系。澳门特别行政区保持财政独立，实行独立的税收制度，中央政府不在澳门征税。澳门特别行政区依法自行制定经济、贸易、金融货币、教育、医疗卫生、科学技术、文化、宗教等方面的政策，还可根据本地整体利益自行制定旅游娱乐业的政策。世界各国各地区在澳门的经贸活动和投资利益，都将依法受到保护。中央政府对澳门的方针政策和澳门特别行政区基本法的各项规定，完全符合国家和澳门的根本利益，也符合各国投资者的利益，是澳门长期稳定发展的根本保障。澳门特别行政区基本法是澳门的宪制性法律，也是全国性法律，不仅澳门要遵守，全国上下都要遵守。中央政府各部门和全国各地方，都不会也不允许干预澳门特别行政区依据基本法规定自行管理的事务。"①

香港和澳门的回归，标志着中国人民洗雪了香港和澳门被侵占的屈辱历史，开创了香港、澳门和祖国内地共同发展的新纪元，标志着我们在完成祖国统一大业的道路上迈出了重要一步。香港和澳门通过和平谈判的方式回归，为世界各国解决领土争端提供了新的思路和方案，是中国人民为世界和平、发展与进步事业作出的新贡献。

三、维护香港和澳门的繁荣和稳定

为了保证香港和澳门回归后的繁荣和稳定，江泽民提出了许多重要方针：

第一，继续坚持"一国两制"、"港人治港"、"澳人治澳"、高度自治的方针。1998 年 7 月 1 日，江泽民在香港回归祖国一周年庆祝大会上指出："香港回归一年来的事实充分表明，坚持'一国两制'、'港人治港'、高度自治的方针，严格按照香港特别行政区基本法办事，是香港长期繁荣稳定的根本保障。

---

① 《江泽民文选》第 2 卷，人民出版社 2006 年版，第 487—488 页。

实践将不断证明，'一国两制'的方针，不仅有利于维护香港各阶层的利益，也有利于保持香港作为国际金融、贸易、航运中心的地位。完全有理由相信，只要坚持这一正确方针，在祖国内地的支持下，香港一定能够创造更加美好的未来。也完全有理由相信，'一国两制'在香港的成功实践，对澳门顺利回归祖国和台湾问题的最终解决，一定会起到示范作用。"[1] 香港和澳门回归后的稳定和繁荣证明，在"一国两制"基本方针的指导下，中央政府对香港和澳门制定的各项政策，以及香港和澳门特别行政区基本法是符合现实发展的需要，符合人民的根本利益。

第二，为香港和澳门发展提供坚强后盾。1997 年 10 月下旬，亚洲金融危机开始冲击香港的金融体系，中央政府全力支持香港维护联系汇率制度的稳定，帮助香港顺利度过金融危机，保持了香港大局的稳定，强有力地证明了伟大的祖国是香港的坚强后盾。江泽民指出："香港的命运从来就是同祖国的命运紧密相联的。祖国内地的改革开放和现代化建设，为香港的经济发展创造了前所未有的机遇，注入了蓬勃的生机和活力。"[2] 2000 年 12 月 20 日，江泽民在中华人民共和国澳门特别行政区成立一周年庆祝大会上指出："祖国内地始终是澳门特别行政区的坚强后盾。不论是过去、现在还是将来，澳门都离不开祖国内地的有力支持。祖国内地的改革开放和现代化建设，将会给澳门的发展带来越来越多的机遇。澳门回归以来经济的恢复增长，是特区政府领导社会各界人士共同努力的结果，也是与祖国内地的支持分不开的。今后祖国内地仍将对澳门各项事业的发展予以大力支持。"[3] 实施"一国两制"、"港人治港"、"澳人治澳"、高度自治，是一项史无前例的新事业。在前进的道路上，必然会遇到一些新情况新问题。中央政府和香港特区政府、澳门特区政府，祖国内地人民和香港同胞、澳门同胞，应该齐心协力，共同探索前进，不断用新的经验来丰富"一国两制"、"港人治港"、"澳人治澳"、高度自治的实践。只有这样，香港和澳门繁荣稳定的局面才能真正得到保持，并不断发展。

第三，坚持依法治港、依法治澳。香港和澳门特别行政区的基本法是依据我国宪法，在香港和澳门同胞广泛参与下，由国家最高权力机关制定的，充分

---

① 江泽民：《在香港回归祖国一周年庆祝大会上的讲话》，《人民日报》1998 年 7 月 2 日。

② 江泽民：《在香港回归祖国一周年庆祝大会上的讲话》，《人民日报》1998 年 7 月 2 日。

③ 《十五大以来重要文献选编》中册，人民出版社 2001 年版，第 1522 页。

体现了包括香港同胞和澳门同胞在内的全体中国人民的共同意志和根本利益，是全面贯彻"一国两制"方针的全国性法律。基本法规定了在特别行政区实行的基本政治制度、经济制度和社会制度，规定了中央与特别行政区的关系，规定了特别行政区居民的权利和自由，其法律地位高于特别行政区的其他所有法律。江泽民强调，不仅香港和澳门要严格遵守基本法，中央政府各部门、各地方以及全国各族人民都要维护基本法，遵守基本法。依法治港、依法治澳，是我国实施依法治国的重要组成部分，是香港和澳门长期繁荣稳定和发展的重要保证。

第四，努力为香港和澳门的长期繁荣稳定和发展创造有利的社会环境。江泽民在中华人民共和国澳门特别行政区成立一周年庆祝大会上指出："目前澳门比较稳定的社会环境，需要大家共同珍惜和维护。不论是澳门还是内地都要做到，凡是不利于澳门繁荣稳定和发展的事就坚决不要去做。人类发展的历史和现实都证明：没有稳定的社会环境，就不可能实现经济繁荣和社会进步。这个真理，对祖国内地，对澳门都是适用的。现代社会，传媒对于人们的影响很大。这就要求传媒不仅要注重新闻自由，而且也要注重社会责任，在事关澳门的繁荣稳定、国家利益和民族大义的问题上，发挥更加积极的作用。澳门与香港一样，回归祖国以来都面临着长期殖民统治遗留下来的种种问题和亚洲金融危机带来的严重影响，能够取得今天的成绩是来之不易的。尽管香港与澳门的情况不尽相同，我想上面讲的一些意见也是适用的。"[①] 在中央政府和全国人民的支持下，港澳各界同胞共同努力，不断增强民族意识和国家观念，为两地的发展创造了良好的环境。

四、坚持一个中国原则，发展两岸关系，推进台湾与祖国大陆的统一

中华民族是一个伟大的民族，有着维护统一、反对分裂的光荣传统。尽管中国历史上也有过多次内忧外患，也曾出现过若干次分裂局面，但都是短暂的，最后总是归于统一。中国作为一个统一的多民族国家，始终屹立于世界的

---

① 《十五大以来重要文献选编》中册，人民出版社2001年版，第1523—1524页。

东方。在中华民族五千年文明史中培育起来的深厚的爱国主义精神，是我们维护国家统一、反对民族分裂的强大精神力量。历史上，中华民族为了保卫国家的主权和领土完整，先后同各国殖民主义进行了顽强的斗争，写下了不朽的篇章。祖国统一是中华民族的根本利益所在，任何企图分裂中国、制造各种形式"独立"的阴谋都将遭到所有中华儿女的坚决反对。

1990年6月，江泽民在全国统战工作会议上指出："实现祖国统一，是海峡两岸中国人的神圣责任，也是全世界所有热爱祖国的中华儿女的共同心愿。合则两利，离则两伤；捐弃前嫌，携手并进。"①1991年12月，江泽民在纪念西安事变55周年座谈会上提出："统一祖国、振兴中华是全民族的事业，每一个中国人，不论其主张、信仰如何，都应为之贡献自己的力量。"②党的十四大提出："完成祖国统一大业，是中华民族的根本利益所在，是全中国人民包括台湾同胞、港澳同胞和海外侨胞的共同愿望。"③

随着香港、澳门问题的逐步解决，海峡两岸关系、祖国统一大业到了重要时期。台湾内部出现了"两个中国"、"一中一台"的主张，台湾当局也大力宣扬"务实外交"、"双重承认"等论调，两岸关系紧张。1993年8月，国务院、新闻办发表了《台湾问题和中国统一》白皮书，表明了中国政府坚决维护一个中国、反对分裂国家的决心，这是对台独势力强力的回应，"世界上只有一个中国，台湾是中国不可分割的一部分，中央政府在北京。这是举世公认的事实，也是和平解决台湾问题的前提"，"中国政府坚决反对任何旨在分裂中国主权和领土完整的言行，反对'两个中国'、'一中一台'或'一国两府'，反对一切可能导致'台湾独立'的企图和行径"。1995年1月30日，江泽民在《为促进祖国统一大业的完成而继续奋斗》的讲话中强调："坚持一个中国的原则，是实现和平统一的基础和前提。中国的主权和领土决不容许分割。任何制造'台湾独立'的言论和行动，都应坚决反对；主张'分裂分治'、'阶段性两个中国'，等等，违背一个中国的原则，也应坚决反对。"④

江泽民在《为促进祖国统一大业的完成而继续奋斗》的重要讲话中提出了现阶段发展两岸关系、推进祖国和平统一进程的八项主张。这八项主张，进一

---

① 《十三大以来重要文献选编》中册，人民出版社1991年版，第1138页。
② 《在纪念西安事变五十五周年座谈会上江泽民的讲话》，《人民日报》1991年12月12日。
③ 《十四大以来重要文献选编》上册，人民出版社1996年版，第45页。
④ 《十四大以来重要文献选编》中册，人民出版社1997年版，第1202页。

步丰富和发展了"和平统一、一国两制"的思想，表明了我们党解决台湾问题的决心和诚意，体现了对台方针政策的一贯性、连续性，指明了发展两岸关系的方向，是完成祖国统一大业的纲领。

坚持一个中国原则，是发展两岸关系和实现和平统一的基础。这一点可以说是"八项主张"的根本和基点。江泽民指出："统一后，台湾的社会经济制度不变，生活方式不变，台湾同外国的民间关系不变，包括外国在台湾的投资及民间交往不变。台湾作为特别行政区有高度的自治权，拥有立法权和司法权（包括终审权），可以有自己的军队，党、政、军等系统都由自己管理。中央政府不派军队、行政人员驻台，而且在中央政府里还要给台湾留出名额。"① 党的十五大指出："作为第一步，海峡两岸可先就'在一个中国的原则下，正式结束两岸敌对状态'进行谈判，并达成协议；在此基础上，共同承担义务，维护中国的主权和领土完整，并对今后两岸关系的发展进行规划。"② 党的十六大强调："坚持一个中国原则，是发展两岸关系和实现和平统一的基础。世界上只有一个中国，大陆和台湾同属一个中国，中国的主权和领土完整不容分割。对任何旨在制造'台湾独立'、'两个中国'、'一中一台'的言行，我们都坚决反对。"③ 开展对话，进行和平统一谈判，是我们的一贯主张。党的十六大向台湾当局呼吁：应在一个中国原则的基础上，暂时搁置某些政治争议，尽早恢复两岸对话和谈判。只要台湾当局明确接受一个中国原则，两岸对话和谈判就可以恢复。"一国两制"是两岸统一的最佳方式。两岸统一后，台湾可以保持原有的社会制度不变，高度自治。台湾同胞的生活方式不变，他们的切身利益将得到充分保障，永享太平。台湾经济将真正以祖国大陆为腹地，获得广阔的发展空间。台湾同胞可以同大陆同胞一道，行使管理国家的权利，共享伟大祖国在国际上的尊严和荣誉。

促进两岸经济文化交流和人员往来，符合两岸同胞的共同利益。江泽民提出："面向二十一世纪世界经济的发展，要大力发展两岸经济交流与合作，以利于两岸经济共同繁荣，造福整个中华民族。我们主张不以政治分歧去影响、干扰两岸经济合作。我们将继续长期执行鼓励台商投资的政策，贯彻《中华人

---

① 《十四大以来重要文献选编》中册，人民出版社1997年版，第1200—1201页。
② 《十五大以来重要文献选编》上册，人民出版社2000年版，第41页。
③ 《十六大以来重要文献选编》上册，中央文献出版社2005年版，第34页。

民共和国台湾同胞投资保护法》。不论在什么情况下，我们都将切实维护台商的一切正当权益。要继续加强两岸同胞的相互往来和交流，增进了解和互信。两岸直接通邮、通航、通商，是两岸经济发展和各方面交往的客观需要，也是两岸同胞利益之所在，完全应当采取实际步骤加速实现直接'三通'。要促进两岸事务性商谈。我们赞成在互惠互利的基础上，商谈并且签订保护台商投资权益的民间性协议。"① 党的十五大提出："要大力发展两岸经济交流与合作，加速实现两岸直接通邮、通航、通商，继续加强两岸人员往来和科技、文化等各个领域的交流。"② 两岸经济各具优势，进一步加强经济交流与合作，优势互补，对于台湾经济的发展有重大意义，对祖国大陆也是有益的。两岸同胞应携起手来，共同推进两岸经贸关系的发展，积极推进两岸直接通邮、通航和通商，开创两岸经济合作的新局面。同时，作为中华文明的传承者，要坚持以弘扬中华文化的优秀传统为主线，扩大两岸文化交流。

解决台湾问题、实现祖国的完全统一，寄希望于台湾人民。江泽民指出："中华各族儿女共同创造的五千年灿烂文化，始终是维系全体中国人的精神纽带，也是实现和平统一的一个重要基础。两岸同胞要共同继承和发扬中华文化的优秀传统。"③ 台湾同胞具有光荣的爱国主义传统，是发展两岸关系的重要力量。求和平、求安定、求发展，是当前台湾民心所向。两岸合则两利、通则双赢、分则两害，已经为越来越多的台湾同胞所认识。江泽民提出，我们充分尊重台湾同胞的生活方式和当家作主的愿望以及发展经济的要求，维护台湾同胞的切身利益。要争取广大台湾同胞理解和支持我们的方针政策，共同推进两岸关系和祖国和平统一进程。我们相信，在事关国家主权和领土完整，事关中华民族的根本利益，事关台湾前途命运的大是大非问题上，台湾同胞一定会作出正确的抉择，一定会同我们一道，为促进祖国和平统一作出新的贡献。

维护祖国统一事关中华民族的根本利益，中国人民将义无反顾地捍卫国家主权和领土完整，绝不允许任何人以任何方式把台湾从中国分割出去。台湾问题是我国国内战争遗留下来的问题。解决台湾问题完全是中国的内政，应该由两岸中国人自己来解决，绝不容许外国势力插手台湾问题，干涉中国

---

① 《江泽民文选》第 1 卷，人民出版社 2006 年版，第 422 页。

② 《十五大以来重要文献选编》上册，人民出版社 2000 年版，第 41 页。

③ 《江泽民文选》第 1 卷，人民出版社 2006 年版，第 422 页。

内政。在这个基本原则问题上，我们决不妥协退让，决不吞下损害国家根本利益的苦果。江泽民强调："中国共产党和中国政府决心用一切手段维护祖国的主权和领土完整。任何外来的或内部的分裂中国的图谋，都注定要失败。"①"决心用一切手段"有两种含义：一是我们积极谋求与台湾当局的谈判协商，争取达成共识，实现祖国统一，这是和平的方式；二是我们绝不作出放弃使用武力的承诺，但这决不是针对台湾同胞，而是针对外部势力干涉中国统一以及旨在制造"两个中国"、"一中一台"和搞"台湾独立"的分裂活动，这是非和平的方式。"中国政府和人民有决心、有能力、有办法使用一切必要手段，维护祖国主权和领土完整。"②江泽民多次在重要场合的讲话中反复强调我们不会承诺放弃使用武力。江泽民在党的十五届三中全会上指出："随着香港回归和澳门即将回归祖国，解决台湾问题更加突出地摆在我们面前。台湾问题马上解决有困难，但不解决是不行的，早解决比晚解决好。台湾问题不能无限期地拖下去，完成祖国的统一不能无限期地拖下去，总要有一个时间表。我们希望和平统一，但绝不能承诺放弃使用武力。"③1999年7月，江泽民在与时任美国总统克林顿通电话时的谈话强调中国的立场原则，"世界上只有一个中国，台湾是中国领土的一部分，中国的领土和主权绝对不容分割。我们解决台湾问题的基本方针，仍然是'和平统一、一国两制'。我们一直在积极促进两岸人员往来和经济交流，争取两岸直接'三通'，推动两岸进行政治谈判。但是，在台湾问题上，我们不承诺放弃使用武力。原因很清楚，台湾岛内和国际上都有一股企图把台湾从祖国分裂出去的势力。如果出现这种情况，我们绝不会坐视不管。"④2001年7月1日，江泽民在庆祝中国共产党成立80周年大会上强调："台湾作为中国一部分的地位，绝不允许改变。中国共产党人维护国家主权和领土完整的立场是坚定不移的。我们有最大的诚意努力实现和平统一，但不能承诺放弃使用武力，我们完全有能力制止任何'台独'分裂图谋。结束祖国大陆同台湾分离的局面，实现祖国的完全统一，是中国共产党人义不

---

① 《在首都各界纪念抗日战争暨世界反法西斯战争胜利五十周年大会上 江泽民同志的讲话》，《人民日报》1995年9月4日。
② 《就中美关系、台湾问题以及国内经济形势等问题 江泽民主席答美〈侨报〉记者问》，《人民日报》1995年10月25日。
③ 《江泽民论有中国特色社会主义（专题摘编）》，中央文献出版社2002年版，第507页。
④ 《江泽民论有中国特色社会主义（专题摘编）》，中央文献出版社2002年版，第508页。

容辞的使命。"① 这些讲话表明了江泽民对于实现祖国完全统一的坚定决心。

早日解决台湾问题，完成祖国统一的伟大事业。20 世纪 90 年代以来，随着香港和澳门顺利回归祖国，"一国两制"的成功实践，祖国统一大业取得重大进展，早日解决台湾问题，是包括台湾人民在内的全国各族人民的共同心愿。1999 年 9 月，江泽民在"九九《财富》全球论坛·上海"开幕晚宴上指出："中华民族历来珍惜国家统一。维护祖国统一是全中国人民的坚定意志。香港已经回归祖国，澳门将于今年 12 月 20 日回归。台湾问题最终必将得到解决。任何一个国家都不会允许自己的领土分裂出去，也不会允许外国势力制造或支持这种分裂。我们解决台湾问题的方针是'和平统一、一国两制'。在解决台湾问题上，我们不承诺放弃使用武力，正是为了促成和平解决。中国人民一定要也一定能够实现祖国的完全统一。"② 在中华人民共和国成立 50 周年之际，江泽民指出："实现祖国的完全统一和维护祖国的安全，是中华民族伟大复兴的根本基础"③。2001 年，江泽民在纪念辛亥革命 90 周年大会上强调："民族团结则兴，民族分裂则败。这是历史和现实告诉我们的一条真理。两岸同胞都是中国人，骨肉相亲，血浓于水。"④ 完成祖国统一大业是中华民族实现伟大复兴的前提保证，是中国历史发展的必然趋势，是中华民族的根本利益。从政治上、战略上考虑解决台湾问题要有时间表，不能久拖不决。

第五节　发展是党执政兴国的第一要务

党的十六大提出："党要承担起推动中国社会进步的历史责任，必须始终紧紧抓住发展这个执政兴国的第一要务，把坚持党的先进性和发挥社会主义制

---

① 《江泽民文选》第 3 卷，人民出版社 2006 年版，第 296 页。

② 江泽民：《在"九九〈财富〉全球论坛·上海"开幕晚宴上的讲话》，《人民日报》1999 年 9 月 28 日。

③ 《十五大以来重要文献选编》中册，人民出版社 2001 年版，第 1062 页。

④ 江泽民：《在纪念辛亥革命九十周年大会上的讲话》，《人民日报》2001 年 10 月 10 日。

度的优越性，落实到发展先进生产力、发展先进文化、实现最广大人民的根本利益上来，推动社会全面进步，促进人的全面发展。紧紧把握住这一点，就从根本上把握了人民的愿望，把握了社会主义现代化建设的本质，就能使'三个代表'重要思想不断落实，使党的执政地位不断巩固，使强国富民的要求不断得到实现。"①可以看出，发展这一主题贯穿"三个代表"重要思想的始终，也是对改革开放和社会主义现代化建设经验的深刻总结。

一、对发展认识的不断深化

在马克思主义经典作家的设想中，共产主义社会是一个生产力高度发达、物质财富极大丰富的社会。因此，无产阶级在夺取政权后首要任务就是要大力发展生产力。马克思和恩格斯在《共产党宣言》中就明确提出将资产阶级的全部资本收归国家所有之后，就要"尽可能快地增加生产力的总量"②。马克思和恩格斯不仅强调生产力的发展，更是指出在新的社会形态中，"每个人的自由发展是一切人的自由发展的条件"③。列宁在继承和发展了马克思主义的基础上指出，社会主义是现代社会生产力发展的最终目标和必然结果。列宁十分重视发展的重要性，尤其强调经济发展。他认为，在俄国这样经济和文化比较落后的国家建设社会主义，必须在很长时期内进行缓慢的、艰巨的、困难的经济工作。列宁认为，经济建设是比战胜剥削者更困难、更重要的任务；只有新的更高的社会生产方式，只有用社会主义大生产代替资本主义生产和小生产，才是能战胜资产阶级的最大力量源泉。我们党在革命战争时期就十分重视发展问题。毛泽东在《新民主主义论》中提出要发展新民主主义的经济、政治、文化。新中国成立后，毛泽东反复强调，新中国要努力发展生产，在生产发展的基础上逐步改善人民的生活。

改革开放以来，用发展的办法解决前进中的问题，成为我们党的一条重要经验。中国特色社会主义是靠发展来不断巩固和推进的。社会主义要强大，体

---

① 《十六大以来重要文献选编》上册，中央文献出版社 2005 年版，第 11 页。
② 《马克思恩格斯选集》第 1 卷，人民出版社 2012 年版，第 421 页。
③ 《马克思恩格斯选集》第 1 卷，人民出版社 2012 年版，第 422 页。

现优越性，关键在发展。邓小平总结社会主义建设经验教训，提出了"发展才是硬道理"的著名论断。江泽民指出，历史和现实都证明，无论国际国内形势如何变化，无论遇到什么样的困难，只要正确坚持和贯彻发展的思想，我们就能从容应对挑战，克服困难，不断前进。党的十四大至党的十六大之间的十年，是我国经济实力、综合国力、国际影响力显著增强的时期，是我国社会稳定、民族团结的时期，是人民生活水平不断提高的时期。这些历史性成就表明，只要坚持以发展为主体，用发展的眼光、发展的思路、发展的办法解决前进中的问题，就能把中国特色社会主义事业不断推向前进。只有紧紧抓住发展这个执政兴国的第一要务，党才能实现新世纪的历史使命。实现全面建设小康社会的宏伟目标，进一步提高人民的物质文化生活水平，要靠发展；增强我国的综合国力，实现中华民族的伟大复兴，要靠发展；实现祖国的完全统一，要靠发展；促进世界和平与发展的崇高事业，要靠发展；解决人民的思想认识问题，说服那些不相信社会主义的人，坚定对社会主义和祖国未来前途的信念和信心，最终也要靠发展。离开发展，坚持党的先进性、发挥社会主义制度的优越性和实现民富国强都无从谈起。因而，江泽民反复强调："发展才是硬道理，这是我们必须始终坚持的一个战略思想。"

二、"发展是执政兴国的第一要务"的丰富内涵

"发展是执政兴国的第一要务"这一论断是对历史唯物主义的深刻把握，是对改革开放以来我国经济社会发展经验的深刻总结，是对邓小平"发展才是硬道理"思想的继承和发展，是建设中国特色社会主义的重要指导思想。这一论断包含着丰富内涵：

发展必须集中力量把经济搞上去。国家的昌盛，人民的富裕，说到底是经济实力问题；国际竞争，说到底也是经济实力的竞争。一个国家没有一定的经济实力，不仅谈不上到国际舞台上去竞争，而且往往要被人家欺负。我国近代的历史和当今世界的现实都清楚地表明，经济落后就会非常被动，受制于人。江泽民指出，经济是基础，解决中国的所有问题，归根到底要靠经济的发展。从这个意义上说，集中力量把经济搞上去，实现中国的现代化，本身就是最大的政治。我们党领导人民进行改革开放和社会主义现代化建设，大力发展

社会生产力，不断增强国家的经济实力和综合国力，根本目的就是要把国家搞富强，让人民过上富裕的生活。国家富强了，全体人民共同富裕了，任何国外敌对势力也颠覆不了我们，任何国内破坏势力也动摇不了我们，党和国家就会稳如泰山、长治久安。江泽民强调："只有经济大大发展了，全国的经济实力和综合国力大大增强了，人民生活才能不断改善，国家才能长治久安，我们的腰杆子才能更硬，我们在国际上说话才能更有分量，我们的朋友才能更多。"①1999年5月8日，美国轰炸了我国驻南斯拉夫大使馆，随后江泽民在中央政治局常务委员会会议上就此发表的三次重要讲话都强调我们要卧薪尝胆、埋头苦干，把我国的社会生产力、综合国力、国际竞争力搞上去，这是我们的根本任务。我们国家发展了、昌盛了、强大了，就能在国际斗争中赢得更大主动权，就能立于不败之地。2000年1月，江泽民在中央政治局会议上再次强调："社会主义的根本任务就是解放和发展生产力。生产力不发展，经济实力不强，国内就稳定不了，在国际上就没有发言权。民富国强，强就强在你发达起来了；民穷国弱，弱就弱在你不发展上。所以，邓小平同志说'发展才是硬道理'。这是一个极为重要的指导思想。财大才能气粗，落后就要挨打。任何时候都不能忘记这个基本的历史经验。"②

发展要善于抓住机遇，珍惜机遇，用好机遇。能不能抓住机遇、加快发展，是一个国家、一个民族赢得主动、赢得优势的关键所在。对于中国这样的发展中大国来说，发展的机遇不是很多的。错失机遇，经济发展就会受到阻滞；抓住机遇，就能赢得发展空间。抓住机遇、加快发展，在政治上、经济上、文化上都十分紧要。党的十四大分析了国内外环境，认为现在国内条件具备，国际环境有利，既有挑战，更有机遇，是我们加快发展的好时机，提出要"进一步解放思想，把握有利时机，加快改革开放和现代化建设步伐，夺取有中国特色社会主义事业的更大胜利"③。"抓住机遇，加快发展"是党的十四大作出的具有深远影响的决策。1993年3月，江泽民在八届全国人大一次会议上指出："我们要实现今后改革开放和现代化建设的繁重任务，最根本的，是要以邓小平同志建设有中国特色社会主义理论和党的基本路线为指导，积极、

---

① 《江泽民文选》第1卷，人民出版社2006年版，第307页。
② 《江泽民文选》第2卷，人民出版社2006年版，第530页。
③ 《十四大以来重要文献选编》上册，人民出版社1996年版，第2页。

全面、正确地贯彻落实党的十四大精神，抓住机遇，深化改革，加快发展，集中力量把经济建设搞上去，推动社会全面进步。"①1994 年初，党中央确立了"抓住机遇、深化改革、扩大开放、促进发展、保持稳定"的方针。1995 年 9 月，江泽民在党的十四届五中全会上指出："今后十五年我们有充分条件继续实现经济较快增长，必须抓住机遇，珍惜机遇，用好机遇，加快发展。"②因此，江泽民对各级领导干部特别是高级干部提出要求，要求他们要善于审时度势、果断决策。无论做什么工作都要抓住机遇而不能丧失机遇，否则就会丧失开拓前进的主动权。

党的十五大强调："把我们的事业全面推向二十一世纪，就是要抓住机遇而不可丧失机遇，开拓进取而不可因循守旧"③。党的十五大分析了在新世纪即将到来时刻我国所面临的机遇和挑战，指出我国发展所面临的重大机遇："第一，和平与发展已成为当今时代的主题，世界格局正在走向多极化，争取较长时期的国际和平环境是可能的。世界范围内科技革命突飞猛进，经济继续增长。这为我们提供了有利的外部条件。第二，建国后特别是近二十年来我国已经形成可观的综合国力，改革开放为现代化建设创造了良好的体制条件，开辟了广阔的市场需求和资金来源，亿万人民新的创造活力进一步发挥出来。第三，更重要的是，我们党确立起已被实践证明是正确的建设有中国特色社会主义的基本理论和基本路线。这些都是今天拥有而过去不曾或不完全具备的条件。"④能否抓住机遇，是关系改革开放和社会主义现代化建设的兴衰成败的大问题。党的十五大要求全党一定要高度自觉，牢牢抓住世纪之交的历史机遇，迈出新的步伐。江泽民深刻分析了党和国家面临的新形势，敏锐地指出，纵观全局，21 世纪头二十年，对我国来说，是一个必须紧紧抓住并且可以大有作为的重要战略机遇期。当今世界，国与国的经济联系日益紧密，谁也不可能关起门来搞现代化建设，不可能回避经济全球化的趋势和激烈复杂的国际竞争。问题的关键在于，既要敢于又要善于参与这种经济全球化条件下的国际经济技术合作和竞争，既要充分利用其中可以利用的各种有利条件和机遇来发展自己，又要清醒认识和及时防范其中可能带来的各种

---

① 《江泽民文选》第 1 卷，人民出版社 2006 年版，第 301 页。

② 《江泽民文选》第 1 卷，人民出版社 2006 年版，第 461 页。

③ 《十五大以来重要文献选编》上册，人民出版社 2000 年版，第 2 页。

④ 《十五大以来重要文献选编》上册，人民出版社 2000 年版，第 4 页。

不利影响和风险，稳步推进对外开放。对我国而言，总的来讲，机遇大于挑战，希望多于困难，有利条件胜于不利因素。因此，江泽民强调，一定要认清形势发展的主流，把握机遇，急起直追，力争使我国在下个世纪的国际竞争中处于更加主动有利的地位。面对全球化和新一轮科技革命，江泽民强调："我们必须抓住新科技革命的机遇，大力推进我国的科技进步和创新，尽力缩小同发达国家在科技发展水平上的差距。"[1] 对于我国而言，在改革开放和社会主义现代化建设过程中，必须要有主动精神和忧患意识，抓住机遇，开拓进取，加快发展。

发展是社会主义物质文明、政治文明和精神文明的协调发展。改革开放以来，我们党始终强调要"一手抓物质文明，一手抓精神文明，两手都要抓，两手都要硬"。党的十四大指出："物质文明和精神文明都搞好，才是有中国特色的社会主义。精神文明建设必须紧紧围绕经济建设这个中心，为经济建设和改革开放提供强大的精神动力和智力支持。"[2] 坚持物质文明和精神文明两手抓，是贯穿社会主义现代化建设全过程的重要战略方针。江泽民强调："越是大力发展社会主义市场经济，越要切实加强精神文明建设，繁荣教育、科学、文化事业，加强人民正确的思想道德武装，弘扬崇高的民族正气，维护良好的社会秩序和社会风尚。这样才能为物质文明建设提供强大动力和重要保证，才能确保有中国特色社会主义事业全面发展。"[3] 江泽民在党的十四届五中全会上强调："要把物质文明建设和精神文明建设作为统一的奋斗目标，始终不渝地坚持两手抓、两手都要硬。任何情况下，都不能以牺牲精神文明为代价去换取经济的一时发展。"[4] 社会主义优越性不仅体现在它能够极大地解放和发展社会生产力，创造出高度的物质文明，而且表现在它能够消除资本主义和其他剥削制度所必然产生的种种贪婪和腐败现象，创造出高度的精神文明，保证社会全面进步。物质文明和精神文明全面发展是社会主义优越性体现的必然要求。物质文明和精神文明，是人类社会实践的两种相互联系的伟大成果，是社会生产和社会生活的两个密切相关的组成部分。一方面，精神文明的发展，要有一定的物质条件，经济建设搞好了，生产力发达了，就会给精

---

① 《江泽民文选》第 3 卷，人民出版社 2006 年版，第 121 页。

② 《十四大以来重要文献选编》上册，人民出版社 1996 年版，第 30—31 页。

③ 《江泽民文选》第 1 卷，人民出版社 2006 年版，第 364 页。

④ 《江泽民文选》第 1 卷，人民出版社 2006 年版，第 474 页。

神文明建设提供更充实的物质基础；另一方面，又不能简单地把精神文明看作是物质文明的派生物和附属品，精神文明有它的相对独立性。那种认为只要物质条件好了，精神文明自然而然地就会好起来，而物质条件差，精神文明就不可能搞好的观点，是不正确的，也不符合历史发展的事实。实践证明，两个文明紧密联系而又有各自的发展规律，它们互为条件、互为目的。物质文明为精神文明的发展提供物质条件和实践经验，精神文明又为物质文明的发展提供精神动力和智力支持。因此，江泽民强调，我们必须全面把握两个文明建设的辩证关系，遵循精神文明自身的发展规律，自觉加强精神文明建设，不断提高精神文明的水平。

2002 年 5 月，江泽民在中央党校省部级干部进修班毕业典礼上提出："发展社会主义民主政治，建设社会主义政治文明，是社会主义现代化建设的重要目标。"① 由此，从物质文明和精神文明之间的相互关系，发展成为物质文明、精神文明和政治文明三者之间的相互关系。2002 年 7 月，江泽民在中国社会科学院建院二十五周年座谈会上提出："建设有中国特色社会主义，应该是我国经济、政治、文化全面发展的进程，是我国社会主义物质文明、政治文明、精神文明全面建设的进程。"② 随后，江泽民在党的十六大报告中提出要促进社会主义物质文明、政治文明和精神文明的协调发展。在社会主义条件下，物质文明、政治文明、精神文明彼此紧密联系而又有各自的发展规律，互为条件、互为目的、相辅相成。物质文明的发展处于基础地位。物质文明不断发展，政治文明和精神文明的发展才有必要的物质条件。政治文明为物质文明的发展提供政治保证和法律保证，精神文明为物质文明的发展提供思想保证、精神动力和智力支持，它们对物质文明的发展能够产生巨大的促进作用。建设中国特色社会主义，是经济、政治、文化全面发展的进程，是物质文明、政治文明和精神文明全面建设的进程。

发展包括促进人的全面发展。江泽民立足社会主义初级阶段，对促进人的全面发展作出科学论述。江泽民深刻指出："我们建设有中国特色社会主义的各项事业，我们进行的一切工作，既要着眼于人民现实的物质文化生活需要，

---

① 《江泽民论有中国特色社会主义（专题摘编）》，中央文献出版社 2002 年版，第 304 页。
② 《江泽民文选》第 3 卷，人民出版社 2006 年版，第 490—491 页。

同时又要着眼于促进人民素质的提高，也就是要努力促进人的全面发展。"①我们要在发展社会主义社会物质文明和精神文明的基础上，不断推进人的全面发展。推进人的全面发展，同推进经济、文化的发展和改善人民物质文化生活，是互为前提和基础的。人越全面发展，社会的物质文化财富就会创造得越多，人民的生活就越能得到改善，而物质文化条件越充分，又越能推进人的全面发展。社会生产力和经济文化的发展水平是逐步提高、永无止境的历史过程，人的全面发展程度也是逐步提高、永无止境的历史过程。这两个历史过程应相互结合、相互促进地向前发展。人的全面发展思想贯穿江泽民发展思想的始终，体现了江泽民对马克思主义的深刻理解。

正确认识和处理改革发展稳定的关系。1994年初，江泽民提出，抓住机遇、深化改革、扩大开放、促进发展、保持稳定是全党全国工作大局的思想。这是指导我们正确处理改革发展稳定三者关系的重要方针。在这三者关系中，改革是动力，发展是目标，稳定是前提。没有改革，我们就不可能走出一条建设有中国特色社会主义的正确道路，我们的事业就不可能顺利前进；没有发展，我们就不可能实现现代化，也就不可能保持党和国家长治久安；没有稳定，改革和发展都无从进行。江泽民将改革、发展、稳定在我国现代化建设中的关系以及重要性，比作棋盘上的三着紧密关联的战略性棋子，每一着棋都下好了，相互促进，就会全局皆活；如果有一着下不好，其他两着也会陷入困境，就可能全局受挫。要把改革的力度、发展的速度和社会可承受的程度统一起来，把不断改善人民生活作为处理改革发展稳定关系的重要结合点。1995年9月，江泽民在党的十四届五中全会上进一步深化了对改革、发展、稳定三者之间关系的认识，"改革、发展、稳定三者存在着不可分割的内在联系。发展是硬道理。中国解决所有问题的关键要靠自己的发展。增强综合国力，改善人民生活；巩固和完善社会主义制度，保持稳定局面；顶住霸权主义和强权政治的压力，维护国家主权和独立；从根本上摆脱经济落后状况，跻身于世界现代化国家之林，都离不开发展。今后十五年我们有充分条件继续实现经济较快增长，必须抓住机遇，珍惜机遇，用好机遇，加快发展。改革是经济社会发展的强大动力，是为了进一步解放和发展生产力。十七年经济建设的巨大成就是在改革中实现的。实现未来十五年的奋斗目标，关键仍在于深化改革。改革是社会主义制度

① 《江泽民文选》第3卷，人民出版社2006年版，第294页。

的自我完善和发展。它的决定性作用不仅在于解决当前经济社会发展中的一些重大问题，推进社会生产力的解放和发展，还要为下世纪我国经济持续发展和国家长治久安打下坚实的基础。稳定是发展和改革的前提，发展和改革必须要有稳定的政治和社会环境，这是我们付出了代价才取得的共识。当前正处于经济体制转轨时期，人们思想观念的转变需要一个过程，各方面利益关系变动较大，各种矛盾可能会比较突出，保持稳定更具有重大的现实意义。没有稳定的政治和社会环境，一切无从谈起，多么好的规划、方案都将难以实现"①。因此，江泽民强调，全党要善于统观全局，精心谋划，从整体上把握改革、发展、稳定之间的内在关系，做到相互协调、相互促进。要把加快改革和发展的紧迫感同科学求实的精神很好地结合起来，充分考虑经济社会各方面的有利条件和可能出现的困难，做到在政治和社会稳定中推进改革和发展，在改革和发展的推进中实现政治和社会的长期稳定。

发展必须毫不动摇地坚持党在社会主义初级阶段的基本路线。毫不动摇地坚持党的基本路线，关键是坚持以经济建设为中心不动摇。党和国家的各项工作都要服从和服务于经济建设这个中心，而不能离开这个中心，更不能干扰这个中心。党的十四大强调："除非发生大规模外敌入侵，无论在什么情况下都不能动摇这个中心。"②坚持党的基本路线不动摇，必须把改革开放同四项基本原则统一起来。坚持四项基本原则，就是要坚持社会主义道路，坚持人民民主专政，坚持中国共产党的领导，坚持马克思列宁主义、毛泽东思想、邓小平理论和"三个代表"重要思想。坚持四项基本原则是立国之本，改革开放是强国之路。党的十四大指出："有中国特色的社会主义所以具有蓬勃的生命力，就在于它是实行改革开放的社会主义。我们的改革开放所以能够健康发展，就在于它是有利于巩固和发展社会主义的改革开放。坚持四项基本原则，坚持改革开放，都是为了更好地解放和发展生产力。"③离开了四项基本原则和改革开放，中国就不称其为社会主义国家，建设的就不是中国特色社会主义。坚持四项基本原则和坚持改革开放是紧密结合、相互促进的，要把"一个中心，两个基本点"统一于建设中国特色社会主义的伟大实践。

---

① 《江泽民文选》第 1 卷，人民出版社 2006 年版，第 461 页。

② 《十四大以来重要文献选编》上册，人民出版社 1996 年版，第 14 页。

③ 《十四大以来重要文献选编》上册，人民出版社 1996 年版，第 14 页。

第六节　全面建设小康社会

全面建设小康社会是实现社会主义现代化任务的重要组成部分和战略阶段。在社会主义初级阶段完成基本实现现代化任务，需要分步骤、长时期的努力。为此，邓小平设计了分"三步走"基本实现现代化的宏伟蓝图：第一步，从1981年到1990年国民生产总值翻一番，解决人民的温饱问题；第二步，从1991年到20世纪末使国民生产总值再增长一倍，人民生活达到小康水平；第三步，到21世纪中叶人均国民生产总值达到中等发达国家水平，人民生活比较富裕，基本实现现代化。

党的十四大指出："十一亿人民的温饱问题基本解决，正在向小康迈进。我国经济建设上了一个大台阶，人民生活上了一个大台阶，综合国力上了一个大台阶。"[①]党的十四大报告肯定了我国社会发展的巨大成就。在新的台阶上又经过了五年的发展，经济实力更加强大，人民生活水平显著提高，为全面建设小康社会奠定了坚实的物质基础。因此，党的十五大提出："展望下世纪，我们的目标是，第一个十年实现国民生产总值比二〇〇〇年翻一番，使人民的小康生活更加宽裕，形成比较完善的社会主义市场经济体制；再经过十年的努力，到建党一百年时，使国民经济更加发展，各项制度更加完善；到世纪中叶建国一百年时，基本实现现代化，建成富强民主文明的社会主义国家。"[②]

党的十五大对我国到2010年、建党一百年、建国一百年三个时段改革和发展任务作出了大体部署，细化了邓小平的"三步走"发展战略的第三步战略目标，也称为"小三步走"。党的十五大虽然没有提出"全面建设小康社会"的目标，但是基本形成了"全面建设小康社会"的战略规划雏形，为"全面建设小康社会"奠定了理论基础。2000年党的十五届五中全会高度评价了改革开放20多年特别是"九五"计划以来，我国经济建设和社会发展

① 《十四大以来重要文献选编》上册，人民出版社1996年版，第2页。
② 《十五大以来重要文献选编》上册，人民出版社2000年版，第4页。

所取得的巨大成就，指出已经胜利实现了现代化建设"三步走"战略的第一步、第二步目标，人民生活总体上达到小康水平。这是社会主义制度的伟大胜利，是中华民族发展史上一个新的里程碑。因此，党的十五届五中全会提出，从新世纪开始，我国将进入全面建设小康社会，加快推进现代化的新的发展阶段。

2002年1月，江泽民在党的十六大文件起草组会议上指出，要在党的十六大报告上明确提出全面建设小康社会的目标。江泽民认为，"对我国来说，二十一世纪头二十年是必须紧紧抓住并且可以大有作为的战略机遇期，是我国经济体制、政治体制、文化体制进一步完善的重要时期，总之，是我们实现祖国富强、人民富裕和民族复兴的关键时期。党的十六大要对这个时期党和国家的战略任务作出具体部署，同时要对实现第三步战略目标作出总体部署"[1]。在这里，江泽民深入地阐述"明确提出全面建设小康社会"的依据：

第一，明确提出全面建设小康社会的目标，符合邓小平关于实现现代化的战略思想。建设小康社会，是邓小平的一个重要思想，也是我们实现现代化的一个重要发展阶段。邓小平对实现"三步走"战略的前两步目标作了明确的规划，提出翻两番分成前十年和后十年，前十年主要是为后十年的更快发展做准备。现在，第一步和第二步战略目标实现了，如何实现第三步战略目标，需要我们根据新的情况加以确定。明确提出全面建设小康社会的阶段性目标，既同邓小平的战略构想相衔接，也根据新的实际体现了邓小平关于分阶段实现现代化的重要思想。

第二，明确提出全面建设小康社会的目标，与党的十五大对新世纪的展望、党的十五届五中全会提出的我国进入新的发展阶段的要求相一致。党的十五大对我国到2010年、建党一百年和建国一百年这三段时期的发展目标作出了展望。党的十五届五中全会明确提出，从新世纪开始，我国进入全面建设小康社会、加快推进社会主义现代化的新的发展阶段，并提出了进入新世纪五年到十年我国经济社会发展的目标。基于党中央对进入新世纪国际国内形势的基本判断和对我国现代化建设的战略部署，党的十六大进一步提出全面建设小康社会的目标并加以具体化，是党和国家的事业不断向前发展的必然要求。

---

[1] 《江泽民文选》第3卷，人民出版社2006年版，第413页。

第三，明确提出全面建设小康社会的目标，符合党心民意，也有利于我国进一步展示良好的国际形象。现在，全国各族人民都希望我国在新世纪继续保持良好的发展势头，都希望我国的综合国力和人民生活再上新的台阶。小康社会这个概念，具有中国特色，可以赋予丰富的内涵，易于为广大群众理解，有利于动员全国各族人民，包括港澳同胞、台湾同胞和海外侨胞，共同为中华民族的发展壮大贡献力量。提出全面建设小康社会，也同邓小平关于集中力量把自己的事情办好的战略思想相一致。

第四，明确提出全面建设小康社会的目标，符合我国国情和现代化建设的实际，同我们实现社会全面发展和共同富裕的目标也是吻合的。我国人民生活总体上达到小康水平，这是中华民族发展史上一座新的里程碑。同时，也要看到，我国人均国内生产总值还比较低，同世界发达国家相比差距还很大，甚至同一些比较富裕的发展中国家相比也有较大差距。我们现在的小康，总的来说，还是低水平的、不全面的、发展很不平衡的小康。我国地域辽阔，发展很不平衡，中西部欠发达地区特别是贫困地区同东部沿海发达地区的发展差距还很大。即使在东部沿海省份，大城市和山区、农村之间，发展水平也还有不小差距。从全国来说，全面建设小康社会，使全体人民都过上比较宽裕的小康生活，仍需要长期艰苦努力。全面建设小康社会，就是要进一步巩固和发展我国初步建成的小康社会，使全体人民都能够更加充分、更加稳定地享受小康生活。全面建设小康社会，是一个经济、政治、文化全面发展的目标，与我们加快推进工业化和经济的社会化、市场化、信息化是统一的。全面建设小康社会，是就全国发展水平而言的，有条件的地方可以发展得快一些，率先基本实现现代化。从全国来看，实现全面建设小康社会的目标，时间大体定为二十年是适当的。

党的十六大正式提出"全面建设小康社会"的目标。党的十六大肯定了在现代化建设中取得的成就，"经过全党和全国各族人民的共同努力，我们胜利实现了现代化建设'三步走'战略的第一步、第二步目标，人民生活总体上达到小康水平。这是社会主义制度的伟大胜利，是中华民族发展史上一个新的里程碑"[①]。

党的十六大认为 21 世纪头 20 年，对我国来说，是一个必须紧紧抓住并

---

① 《十六大以来重要文献选编》上册，中央文献出版社 2005 年版，第 14 页。

且可以大有作为的重要战略机遇期。根据党的十五大提出的到 2010 年、建党一百年和新中国成立一百年的发展目标，党的十六大提出了完整的奋斗目标："我们要在本世纪头二十年，集中力量，全面建设惠及十几亿人口的更高水平的小康社会，使经济更加发展、民主更加健全、科教更加进步、文化更加繁荣、社会更加和谐、人民生活更加殷实。这是实现现代化建设第三步战略目标必经的承上启下的发展阶段，也是完善社会主义市场经济体制和扩大对外开放的关键阶段。经过这个阶段的建设，再继续奋斗几十年，到本世纪中叶基本实现现代化，把我国建成富强民主文明的社会主义国家。"[1]

党的十六大详细地阐述了全面建设小康社会奋斗目标的主要内容：(1) 在优化结构和提高效益的基础上，国内生产总值到 2020 年力争比 2000 年翻两番，综合国力和国际竞争力明显增强。基本实现工业化，建成完善的社会主义市场经济体制和更具活力、更加开放的经济体系。城镇人口的比重较大幅度提高，工农差别、城乡差别和地区差别扩大的趋势逐步扭转。社会保障体系比较健全，社会就业比较充分，家庭财产普遍增加，人民过上更加富足的生活。(2) 社会主义民主更加完善，社会主义法制更加完备，依法治国基本方略得到全面落实，人民的政治、经济和文化权益得到切实尊重和保障。基层民主更加健全，社会秩序良好，人民安居乐业。(3) 全民族的思想道德素质、科学文化素质和健康素质明显提高，形成比较完善的现代国民教育体系、科技和文化创新体系、全民健身和医疗卫生体系。人民享有接受良好教育的机会，基本普及高中阶段教育，消除文盲。形成全民学习、终身学习的学习型社会，促进人的全面发展。(4) 可持续发展能力不断增强，生态环境得到改善，资源利用效率显著提高，促进人与自然的和谐，推动整个社会走上生产发展、生活富裕、生态良好的文明发展道路。

党的十六大确立的全面建设小康社会的目标，是中国特色社会主义经济、政治、文化全面发展的目标，是与加快推进现代化相统一的目标，符合我国国情和现代化建设的实际，符合人民的愿望，意义十分重大。江泽民在党的十六大报告中强调："为完成党在新世纪新阶段的这个奋斗目标，发展要有新思路，改革要有新突破，开放要有新局面，各项工作要有新举措。各地各部门都要从

---

[1] 《十六大以来重要文献选编》上册，中央文献出版社 2005 年版，第 14—15 页。

实际出发，采取切实有效的措施，努力实现这个目标。"①

　　"全面建设小康社会"的提出，深化了邓小平关于分阶段、有步骤地实现现代化的战略思想，丰富了我们党关于社会主义初级阶段的理论，符合我国国情，符合人民愿望，有利于最广泛最充分地调动一切积极因素为实现中华民族的伟大复兴而奋斗。

---

① 《十六大以来重要文献选编》上册，中央文献出版社 2005 年版，第 16 页。

第三章　科学发展观的提出和完善

在党的十六大至十七大期间，以胡锦涛同志为总书记的党中央审时度势，因势而动，顺势而为，在把握国内国际两个大局的基础上，统筹协调党和国家各个方面、各条战线工作，坚定落实党的理论和路线方针政策，提出了树立和落实科学发展观，构建社会主义和谐社会，建设创新型国家，建设社会主义新农村等重大战略思想，在新形势下继续推进中国特色社会主义。

第一节　树立和落实科学发展观

中国共产党一贯重视理论创新，总是能够根据不同的时代要求，提出适应不同时期发展要求的先进思想理论。党的十六大之后，以胡锦涛同志为总书记的党中央适时提出了科学发展观，实现了我们党在指导思想上的又一次与时俱进，进一步发展了马克思主义。

一、科学发展观的形成过程

（一）科学发展观的提出

胡锦涛在党的十六大后担任总书记。在经历了 2003 年"非典"后，党中央开始把科学发展问题提到更加重要的议事日程上来。2003 年 4 月 15 日，胡锦涛在赴广东地区考察听取广东省委省政府工作汇报时，强调要坚持"全面的发展观"。7 月 1 日，胡锦涛在中央有关部门联合召开的"三个代表"重要思想理论研讨会上强调，发展是以经济建设为中心，经济政治文化相协调的发展，是促进人与自然相和谐的可持续发展。7 月 28 日，胡锦涛在全国防治非典工作会议上的讲话中明确指出："我们要更好坚持全面发展、协调发展、可持续发展的发展观，更加自觉地坚持推动社会主义物质文明、政治文明、精神文明协调发展，坚持在经济社会发展的基础上促进人的全面发展，坚持促进人与自然的和谐。"[①] 8 月 28 日至 9 月 1 日，胡锦涛在江西考察期间第一次提出了"科学发展观"这一概念，即牢固树立协调发展、全面发展、可持续发展的科学发展观。10 月 14 日，胡锦涛在党的十六届三中全会上的讲话中，再次明确指出："树立和落实全面发展、协调发展和可持续发展的科学发展观，对于我们更好地坚持发展才是硬道理的战略思想具有重大意义。"[②]

党的十六届三中全会以后，党中央对科学发展观重要地位和作用的认识提升到一个新的高度。11 月 27 日，胡锦涛在中央经济工作会议上强调，重要的是牢固树立和认真落实全面、协调、可持续的发展观，这既是经济工作必须长期坚持的重要指导思想，也是解决当前经济社会发展中诸多矛盾必须遵循的基本原则。这是党中央第一次把牢固树立和认真落实科学发展观提到"经济工作必须长期坚持的重要指导思想"的高度。

2004 年 3 月 10 日，胡锦涛在中央人口资源环境工作座谈会上的讲话中，全面阐述了科学发展观的基本内容和精神实质，他指出："坚持以人为本，全面、协调、可持续的发展观，是我们以邓小平理论和'三个代表'重要思想为指导，从新世纪新阶段党和国家事业发展全局出发提出的重大战略思想。"[③] 由此开始，科学发展观的基本内涵便正式表述为"以人为本，全面、协调、可持续的发展观"。胡锦涛在这次讲话中指出："坚持以人为本，就是要以实现人的全面发展为目标，从人民群众的根本利益出发谋发展、促发展，不断满足人民群众日益增长的物质文化需要，切实保障人民群众的经济、政

---

① 《胡锦涛文选》第 2 卷，人民出版社 2016 年版，第 67 页。
② 《十六大以来重要文献选编》上册，中央文献出版社 2005 年版，第 483 页。
③ 《十六大以来重要文献选编》上册，中央文献出版社 2005 年版，第 849—850 页。

治和文化权益，让发展的成果惠及全体人民。全面发展，就是要以经济建设为中心，全面推进经济、政治、文化建设，实现经济发展和社会全面进步。协调发展，就是要统筹城乡发展、统筹区域发展、统筹经济社会发展、统筹人与自然和谐发展、统筹国内发展和对外开放，推进生产力和生产关系、经济基础和上层建筑相协调，推进经济、政治、文化建设的各个环节、各个方面相协调。可持续发展，就是要促进人与自然的和谐，实现经济发展和人口、资源、环境相协调，坚持走生产发展、生活富裕、生态良好的文明发展道路，保证一代接一代地永续发展。"① 这是党中央第一次对科学发展观基本内涵作出全面、系统的阐释。

从 2005 年开始，党中央对科学发展观重要地位和作用的认识逐步提升到世界观和方法论的高度。2005 年 10 月，党的十六届五中全会通过的《中共中央关于制定国民经济和社会发展第十一个五年规划的建议》明确指出："科学发展观是指导发展的世界观和方法论的集中体现"，"坚持以科学发展观统领经济社会发展全局"。② 2006 年 10 月，党的十六届六中全会通过的《中共中央关于构建社会主义和谐社会若干重大问题的决定》再次强调用科学发展观统领经济社会发展全局。在 2006 年 12 月 5 日召开的中央经济工作会议上，胡锦涛指出，科学发展观是指导发展的世界观和方法论的集中体现，是运用马克思主义的立场、观点、方法认识和分析社会主义现代化建设的丰富实践，深化对经济社会发展一般规律认识的成果，从而成为我们推进经济建设、政治建设、文化建设、社会建设必须长期坚持的根本指导方针。在这里，胡锦涛把科学发展观称为"推进经济建设、政治建设、文化建设、社会建设必须长期坚持的根本指导方针"。③ 这是对科学发展观战略地位和作用的重要提升。

（二）科学发展观的完善

党中央对科学发展观的理论体系不断进行概括和总结。党的代表大会召开之前的省部级干部进修班，总书记的讲话常常被看作是随后召开代表大会的序

---

① 《十六大以来重要文献选编》上册，中央文献出版社 2005 年版，第 850 页。

② 《十六大以来重要文献选编》中册，中央文献出版社 2006 年版，第 1047 页。

③ 《科学发展观重要论述摘编》，中央文献出版社、党建读物出版社 2008 年版，第 4 页。

幕。2007 年 6 月 25 日，胡锦涛在中央党校省部级干部进修班发表的重要讲话中强调指出，党的十六大以来，党中央继承和发展党的三代中央领导集体关于发展的重要思想，提出了科学发展观。科学发展观，第一要义是发展，核心是以人为本，基本要求是全面协调可持续，根本方法是统筹兼顾。

2007 年，党的十七大系统阐发了科学发展观的基本内涵、精神实质、理论体系和基本要求。以往对科学发展观"以人为本"的理解，主要强调"以实现人的全面发展为目标，从人民群众的根本利益出发谋发展、促发展"，而党的十七大强调坚持以人为本，就是"始终把实现好、维护好、发展好最广大人民的根本利益作为党和国家一切工作的出发点和落脚点，尊重人民主体地位，发挥人民首创精神，保障人民各项权益，走共同富裕道路，促进人的全面发展，做到发展为了人民、发展依靠人民、发展成果由人民共享"①；再比如，对"统筹兼顾"的解释，以往强调的主要是"五个统筹"，党的十七大报告则在原来的基础上对"统筹兼顾"的具体内涵作了进一步深化和拓展，极大地充实和丰富了"统筹兼顾"的内容范围。至此，党中央总结和概括了科学发展观理论体系的基本框架。

党的十七大还进一步明确概括了科学发展观的重要地位和作用。党的十七大报告指出："科学发展观，是对党的三代中央领导集体关于发展的重要思想的继承和发展，是马克思主义关于发展的世界观和方法论的集中体现，是同马克思列宁主义、毛泽东思想、邓小平理论和'三个代表'重要思想既一脉相承又与时俱进的科学理论，是我国经济社会发展的重要指导方针，是发展中国特色社会主义必须坚持和贯彻的重大战略思想。"②这段话是我们党对科学发展观重要地位和作用的科学概括和精确表述。

党的十七大之后，党中央对科学发展观进行了一系列新的论述。这些新论述进一步丰富和完善了科学发展观的基本内涵和理论体系。

2010 年 10 月，党的十七届五中全会通过的《中共中央关于制定国民经济和社会发展第十二个五年规划的建议》，以科学发展为主题统领"十二五"规划。2010 年 12 月，胡锦涛在中央政治局第二十五次集体学习时指出，要更加注重以人为本，更加注重全面协调可持续发展，更加注重统筹兼顾，更加注重保障

---

① 《十七大以来重要文献选编》上册，中央文献出版社 2009 年版，第 12 页。
② 《胡锦涛文选》第 2 卷，人民出版社 2016 年版，第 622 页。

和改善民生，切实推动经济社会又好又快发展。要把转变经济发展方式的基本要求切实落实到经济社会发展全过程，着力提高发展的全面性、协调性、可持续性，在实践中不断开拓科学发展之路。

2011年7月1日，胡锦涛在庆祝中国共产党成立90周年大会上再次强调指出："我们要以科学发展为主题，以加快转变经济发展方式为主线，更加注重以人为本，更加注重全面协调可持续发展，更加注重统筹兼顾，更加注重改革开放，更加注重保障和改善民生，加快经济结构战略性调整，加快科技进步和创新，加快建设资源节约型、环境友好型社会，促进社会公平正义，促进经济长期平稳较快发展和社会和谐稳定，不断在生产发展、生活富裕、生态良好的文明发展道路上取得新的更大的成绩，不断为全面建成小康社会、实现中华民族伟大复兴打下更为坚实的基础。"① 上述重要论述，尤其是其中关于两个"以"、五个"更加注重"、三个"加快"、两个"促进"、两个"不断"的重要论述，进一步深刻阐明了科学发展的时代本质和基本要求，是对科学发展观基本内涵、基本要求和科学理论体系的新阐释、新拓展。

2012年7月23日，胡锦涛在省部级主要领导干部专题研讨班开班式上发表的重要讲话中，对科学发展观的理论创新价值和重要地位作了高度概括。他指出，党的十六大以来，我们紧紧抓住和用好我国发展的重要战略机遇期，战胜一系列严峻挑战，奋力把中国特色社会主义事业推进到一个新的发展阶段。我们之所以能取得这样的历史性成就和进步，最重要的就是坚持以马克思列宁主义、毛泽东思想、邓小平理论、"三个代表"重要思想为指导，勇于推进实践基础上的理论创新，形成和贯彻了科学发展观，为全面建设小康社会、加快推进社会主义现代化提供了有力的理论指导。胡锦涛这段话是对科学发展观这一马克思主义中国化最新成果的理论创新价值和重要地位的最新阐释。

2012年，党的十八大报告指出：科学发展观是马克思主义同当代中国实际和时代特征相结合的产物，是马克思主义关于发展的世界观和方法论的集中体现，对新形势下实现什么样的发展、怎样发展等重大问题作出了新的科学回答，把我们对中国特色社会主义规律的认识提高到新的水平。科学发展观是中国共产党集体智慧的结晶，是指导党和国家全部工作的强大思想武器。科学发展观同马克思列宁主义、毛泽东思想、邓小平理论、"三个代表"重要思想一

---

① 《胡锦涛文选》第3卷，人民出版社2016年版，第536—537页。

道，是党必须长期坚持的指导思想。科学发展观正式成为党的指导思想。

二、科学发展观的基本内涵

党的十七大对科学发展观内容作了全面科学的概括。科学发展观，第一要义是发展，核心是以人为本，基本要求是全面协调可持续，根本方法是统筹兼顾。

第一，必须坚持发展是第一要义。发展，对于全面建设小康社会、加快推进社会主义现代化，具有决定性意义。要牢牢扭住经济建设这个中心，坚持聚精会神搞建设、一心一意谋发展，不断解放和发展社会生产力。更好实施科教兴国战略、人才强国战略、可持续发展战略，着力把握发展规律、创新发展理念、转变发展方式、破解发展难题，提高发展质量和效益，实现又好又快发展，为发展中国特色社会主义打下坚实基础。努力实现以人为本、全面协调可持续的科学发展，实现各方面事业有机统一、社会成员团结和睦的和谐发展，实现既通过维护世界和平发展自己，又通过自身发展维护世界和平的和平发展。

第二，必须坚持以人为本。全心全意为人民服务是党的根本宗旨，党的一切奋斗和工作都是为了造福人民。要始终把实现好、维护好、发展好最广大人民的根本利益作为党和国家一切工作的出发点和落脚点，尊重人民主体地位，发挥人民首创精神，保障人民各项权益，走共同富裕道路，促进人的全面发展，做到发展为了人民、发展依靠人民、发展成果由人民共享。

第三，必须坚持全面协调可持续发展。要按照中国特色社会主义事业总体布局，全面推进经济建设、政治建设、文化建设、社会建设，促进现代化建设各个环节、各个方面相协调，促进生产关系与生产力、上层建筑与经济基础相协调。坚持生产发展、生活富裕、生态良好的文明发展道路，建设资源节约型、环境友好型社会，实现速度和结构质量效益相统一、经济发展与人口资源环境相协调，使人民在良好生态环境中生产生活，实现经济社会永续发展。

第四，必须坚持统筹兼顾。要正确认识和妥善处理中国特色社会主义事业中的重大关系，统筹城乡发展、区域发展、经济社会发展、人与自然和谐发展、国内发展和对外开放，统筹中央和地方关系，统筹个人利益和集体利益、局部利益和整体利益、当前利益和长远利益，充分调动各方面积极性。统筹国内国际两个大局，树立世界眼光，加强战略思维，善于从国际形势发展变化中把握发展机遇、应对风险挑战，营造良好国际环境。既要总揽全局、统筹规划，又要抓住牵动全局的主要工作、事关群众利益的突出问题，着力推进、重点突破。

2013年中央宣传部组织编写了《科学发展观学习纲要》，对科学发展观作了展开阐述。

1. 推动经济社会发展是科学发展观的第一要义

发展是人类文明进步的基础，也是马克思主义最基本的范畴之一。科学发展观是用来指导发展的理论。我们党执政，首要任务就是带领人民推动经济社会发展，不断满足人民日益增长的物质文化需要。只有紧紧抓住和搞好发展，才能从根本上把握人民的愿望，把握社会主义现代化建设的本质，把握我们党执政兴国的关键。中国特色社会主义是靠发展来不断巩固和前进的。坚持用发展的眼光、发展的思路、发展的办法解决前进中的问题，是改革开放以来我们的一条重要经验。邓小平提出了"发展才是硬道理"的著名论断，指出"中国解决所有问题的关键是要靠自己的发展"。江泽民把发展问题同党的性质、宗旨和党的执政理念联系起来，反复强调，"必须把发展作为党执政兴国的第一要务"。改革开放30多年来，我国现代化建设之所以取得举世瞩目的成就，我们之所以能战胜来自国际国内的各种困难、风险和挑战，发展了中国，发展了社会主义，发展了马克思主义，关键就在于始终扭住发展这个根本问题不放松。

进入新世纪新阶段，我们既具备坚实的发展基础，又面临进一步推进发展的艰巨任务。一方面，当今世界正处在大发展大变革大调整之中，经济实力和综合国力竞争空前激烈；另一方面，我们在发展中遇到的矛盾和问题，无论是规模还是复杂性，都是世所罕见的。我们要建成惠及十几亿人口的更高水平的小康社会，要实现社会主义现代化、实现全体人民共同富裕，还有很长的路要走。胡锦涛指出："发展是解决中国一切问题的总钥匙，发展对于全面建设小康社会、加快推进社会主义现代化，对于开创中国特色社会主义事业新局面、实现中华民族伟大复兴，具有决定性意义。"[1]把推动经济社会发展作为第一要

---

① 《胡锦涛文选》第3卷，人民出版社2016年版，第95页。

义，是基于我国社会主义初级阶段基本国情，基于人民过上美好生活的深切愿望，基于巩固和发展社会主义制度，基于巩固党的执政基础、履行党的执政使命作出的重要结论。

发展必须始终扭住经济建设这个中心，不断解放和发展社会生产力。物质生产是人类社会生存和发展的基础，生产力的发展是人类社会发展的最终决定力量。我们应当牢记，社会主义必须建立在发达的生产力基础上。在社会主义国家，一个真正的马克思主义政党在执政以后，一定要致力于发展生产力，并在这个基础上逐步提高人民的生活水平。解放和发展社会生产力是中国特色社会主义的根本任务。改革开放 30 多年来，我们坚持以经济建设为中心，推动社会生产力以前所未有的速度发展起来，这是我国综合国力、人民生活水平、国际地位大幅度提升的根本原因。但必须清醒认识到，我国仍处于并将长期处于社会主义初级阶段的基本国情没有变。从现实来看，我国人口多、底子薄、发展很不平衡，人均国内生产总值水平还很低。因此，保持经济持续健康发展，使我国社会生产力不断向着更高水平迈进，是我们始终面临的一项长期而艰巨的任务。只有这样，才能筑牢国家发展繁荣的强大物质基础，才能筑牢全国各族人民幸福安康的强大物质基础，才能筑牢中华民族伟大复兴的强大物质基础。胡锦涛反复强调，必须牢牢扭住经济建设这个中心，聚精会神搞建设、一心一意谋发展，决不能有丝毫动摇。

在当代中国，坚持发展是硬道理的本质要求就是坚持科学发展。这就要求我们立足社会主义初级阶段基本国情和新的阶段性特征，科学分析国际国内形势的新变化，深刻把握我国发展面临的新课题新矛盾，更加自觉地走科学发展道路。以科学发展为主题，是时代的要求，关系改革开放和现代化建设全局。改革开放以来，我们党在强调加快发展的同时，始终高度重视发展的质量和效益，重视发展的可持续性。进入新世纪新阶段，面对进一步推进发展的艰巨任务和挑战，我们党在认真总结历史经验的基础上，对发展问题作出了新的深入思考。胡锦涛指出，我们所谋求的发展必须是讲求质量和效益的发展，必须是以人为本、全面协调可持续的发展。实践表明，我们既要关注发展的规模和速度，也要关注发展质量的提升；既要关注社会财富的创造和涌流，也要关注社会利益的分配和调整；既要关注经济实力的增长，也要关注经济、政治、文化、社会、生态等各方面的均衡发展；既要关注开发和利用自然为人类造福，也要关注人与自然和谐发展；既要关注群众基本需求的满足，也要关注生活质量的提高和人的全面发展。坚持科学发展，必须加快转变经济发展方式。这是推动科学发展的重大举措，是顺应我国发展新的阶段性特征的必然要求，是我国经济社会领域的一场深刻变革。加快转变经济发展方式是一项紧迫而重大的战略任务。要坚持把经济结构战略性调整作为主攻方向，坚持把科技进步和创新作为重要支撑，坚持把保障和改善民生作为根本出发点和落脚点，坚持把建设资源节约型、环境友好型社会作为重要着力点，坚持把改革开放作为强大动力，努力使加快转变经济发展方式要求贯穿经济社会发展全过程和各领域，切实做到在发展中促转变、在转变中谋发展。要正确认识和处理发展"好"与"快"的辩证关系，抓紧解决我国发展面临的突出矛盾和问题，促进经济增长由主要依靠投资、出口拉动向依靠消费、投资、出口协调拉动转变，由主要依靠第二产业带动向依靠第一、第二、第三产业协同带动转变，由主要依靠增加物质资源消耗向主要依靠科技进步、劳动者素质提高、管理创新转变，不断提高发展的全面性、协调性、可持续性。

科学技术是经济社会发展中最活跃、最具革命性的因素，是推动社会发展进步的决定性力量。当今世界，科学技术作为人类文明进步的基石和原动力的作用日益凸显，比历史上任何时期都更加深刻地决定着经济发展、社会进步、人民幸福。谁掌握了先进科学技术，谁就掌握了经济社会发展的主动权。胡锦涛在深刻分析科学技术对于发展的重要作用和当今世界科技发展趋势的基础上，提出了建设创新型国家的重大战略思想。他强调，提高自主创新能力，建设创新型国家，是国家发展战略的核心，是提高综合国力的关键。要抓住新科技革命的战略机遇，大力实施科教兴国战略。国以才立，政以才治，业以才兴。人才是第一资源，是国家发展的战略资源。当今世界的综合国力竞争，归根到底是人才特别是高素质创新型人才的竞争。广开进贤之路，广纳天下英才，是保证党和人民事业发展的根本之举。要坚定不移地实施人才强国战略，坚持尊重劳动、尊重知识、尊重人才、尊重创造。统筹经济社会发展和人才发展，加大创新创业人才培养支持力度，重视实用人才培养，积极引进和用好海外人才，努力造就数以亿计的高素质劳动者、数以千万计的专门人才和一大批拔尖创新人才，开创人人皆可成才、人人尽展其才的生动局面，推动我国由人力资源大国向人才强国迈进。

抓住和用好机遇，对党和国家事业发展具有决定性意义。牢牢抓住和用好我国发展的重要战略机遇期，是我们赢得主动、赢得优势、赢得未来的关键所在，是对我们党执政能力的重大考验，也是对我们民族自强能力的重大考验。党的十六大在综合分析进入新世纪后国际国内形势变化的基础上，作出了21世纪头二十年对我国来说是一个必须紧紧抓住并且可以大有作为的重要战略机遇期的重大判断。党的十六大以来，我们党紧紧抓住和用好重要战略机遇期，战胜一系列重大挑战，奋力把中国特色社会主义推进到新的发展阶段。进入21世纪第二个十年，我国发展的内外部环境发生深刻复杂变化。胡锦涛指出，"我国发展重要战略机遇期存在的基本条件和我国发展机遇大于挑战的基本面并没有因为国际国内形势新变化而发生根本性改变"①，综观国际国内大势，我国发展仍处于可以大有作为的重要战略机遇期。我们要准确判断重要战略机遇期内涵和条件的变化，全面把握机遇，沉着应对挑战，奋发有为地推进我国改革开放和社会主义现代化建设。

全面建成小康社会是我们党对人民的庄严承诺，是全国各族人民根本利益所在。党的十六大提出，要在本世纪头二十年，集中力量，全面建设惠及十几亿人口的更高水平的小康社会。党的十七大根据形势发展提出了实现全面建设小康社会奋斗目标的新要求。党的十八大根据我国经济社会发展实际，综合考虑未来国际国内发展趋势和条件，在党的十六大、十七大确立的全面建设小康社会目标的基础上，明确提出了到二〇二〇年全面建成小康社会要努力实现的新要求。全面建成小康社会，是中国特色社会主义事业的一个重要里程碑。

2. 以人为本是科学发展观的核心立场

以人为本是科学发展观的核心立场，集中体现了马克思主义历史唯物论的基本原理，体现了我们党全心全意为人民服务的根本宗旨和推动经济社会发展的根本目的。只有自觉坚持把以人为本的要求贯彻到经济社会发展各方面，体现到党和国家各项方针政策中，实现科学发展才能具有最广泛最深厚的群众基础。以人为本就是以最广大人民的根本利益为本。以人为本的"人"，是指人民群众，就是以工人、农民、知识分子等劳动者为主体，包括社会各阶层人民在内的中国最广大人民；"本"，就是根本，就是出发点和落脚点。胡锦涛指出："我们提出以人为本的根本含义，就是坚持全心全意为人民服务，立党为公、执政为民，始终把最广大人民根本利益作为党和国家工作的根本出发点和

---

① 《胡锦涛文选》第 3 卷，人民出版社 2016 年版，第 437 页。

落脚点，坚持尊重社会发展规律和尊重人民历史主体地位的一致性，坚持为崇高理想奋斗和为最广大人民谋利益的一致性，坚持完成党的各项工作和实现人民利益的一致性，坚持发展为了人民、发展依靠人民、发展成果由人民共享。"① 以人为本既有着中华文明的深厚根基，又体现了时代发展的进步精神。中华文明历来注重以民为本，尊重人的尊严和价值。早在千百年前，中国人就提出"民惟邦本，本固邦宁"、"天地之间，莫贵于人"，强调要利民、裕民、养民、惠民。中国古代的民本思想，体现了朴素的重民价值取向，但其本质是为了维护封建统治阶级的统治，其价值取向是君本位而非民本位。近代西方人本主义反对迷信、崇尚科学，反对专制、崇尚自由，反对神权、张扬人性，对于反对封建主义、推进人的解放起到过一定的积极作用。但它主张个人利益至上，并以抽象的、永恒不变的人性说明社会历史，本质上是为资产阶级取得和维护统治地位服务的。我们今天所强调的以人为本，与中国古代的民本思想和西方人本主义，有着根本区别。以人为本，也是针对发展过程中存在的见物不见人等错误倾向提出来的。强调以人为本，就是要在推进发展的过程中，既要"见物"又要"见人"，既要重视经济发展和物质财富的增加，又要关注维护社会公平正义和逐步实现共同富裕，关注人的价值、权益和自由，关注人的生活质量、发展潜能和幸福指数，不断满足人民日益增长的物质文化需要，促进人的全面发展。

以人为本体现了立党为公、执政为民的本质要求，进一步丰富了我们党的执政理念。立党为公、执政为民，是马克思主义政党最鲜明的政治立场。党只有一心为公，立党才能立得牢；只有一心为民，执政才能执得好。胡锦涛指出："相信谁、依靠谁、为了谁，是否始终站在最广大人民的立场上，是区分唯物史观和唯心史观的分水岭，也是判断马克思主义政党的试金石。"② 对于马克思主义执政党来说，坚持全心全意为人民服务，立党为公、执政为民，实现好、维护好、发展好最广大人民的根本利益，充分发挥全体人民的积极性来发展先进生产力和先进文化，始终是最紧要的。解决好立党为公、执政为民的问题，关键是要坚持做到权为民所用、情为民所系、利为民所谋。做到权为民所用，就必须正确看待和运用手中的权力，为人民掌好权、用好权，用人民赋予

---

① 《胡锦涛文选》第 3 卷，人民出版社 2016 年版，第 4 页。
② 《十六大以来重要文献选编》上册，中央文献出版社 2005 年版，第 369 页。

的权力服务于人民、造福于人民，绝不以权谋私。做到情为民所系，就必须坚持与人民群众心连心，倾听群众呼声，关心群众疾苦，切实帮助群众解决实际困难，绝不脱离群众。做到利为民所谋，就必须坚持一切为了群众、一切依靠群众，为人民做实事、做好事，绝不与民争利。要切实把立党为公、执政为民的要求，具体落实到党和国家制定和实施方针政策的工作中去，落实到各级领导干部的思想和行动中去，落实到关心群众生产生活的工作中去。坚持以人为本，就要坚持发展为了人民，始终把最广大人民的根本利益放在第一位。要顺应各族人民过上更好生活的新期待，把发展的目的真正落实到满足人民需要、实现人民利益上，在经济社会发展的各个环节、各项工作中都体现和保障人民群众的利益。要着眼于创造更丰富的社会物质财富，全面改善人民生活；着眼于保障人民当家作主的权利和合法权益，不断发展社会主义民主、健全社会主义法制；着眼于满足人民群众精神文化需求，提高人民群众精神生活质量，不断丰富人们的精神世界，增强人们的精神力量；着眼于协调好各方面的利益关系，不断建设全体人民各尽其能、各得其所而又和谐相处的社会；着眼于为人民创造良好生产生活环境，解决损害群众健康的突出环境问题。胡锦涛强调："群众利益无小事。"凡是涉及群众的切身利益和实际困难的事情，再小也要竭尽全力去办。要把群众呼声作为第一信号，把群众需要作为第一选择，把群众满意作为第一标准，为群众诚心诚意办实事，尽心竭力解难事，坚持不懈做好事。事业在发展，社会在进步，人民群众的利益需求也在发展。实现群众的愿望，满足群众的需要，维护群众的利益，是一个动态的不断发展的过程。要细心体察群众愿望和利益要求的变化，使我们的政策措施更全面、更准确地反映群众利益，使我们的工作更好地、更有力地体现群众的利益。

　　坚持以人为本，就要坚持发展依靠人民，从人民群众的伟大创造中汲取智慧和力量。中国特色社会主义是亿万人民自己的事业，人民的积极性、主动性、创造性的充分发挥，是我们事业兴旺发达的根本保证。充分相信群众，紧紧依靠群众，始终是党和国家事业发展最具有决定性的因素。胡锦涛指出："每一个共产党员都要把人民放在心中最高位置，尊重人民主体地位，尊重人民首创精神，拜人民为师，把政治智慧的增长、执政本领的增强深深扎根于人民的创造性实践之中。"[1]要保证人民当家作主，发挥人民主人翁精神，最广泛地动员和组织人民

---

[1]　《胡锦涛文选》第3卷，人民出版社2016年版，第532页。

依法管理国家事务和社会事务，管理经济和文化事业，积极投身社会主义现代化建设。要自觉坚持党的群众路线，牢固树立人民群众是历史创造者的观点、虚心向人民群众学习的观点、竭诚为最广大人民谋利益的观点、干部的权力是人民赋予的观点、对党负责和对人民负责相一致的观点。切实转变思想作风和工作作风，切实改进领导方式和工作方法，深入了解民情、充分反映民意、广泛集中民智，做到问政于民、问需于民、问计于民，做到谋划发展思路向人民群众问计，查找发展中的问题听人民群众意见，改进发展措施向人民群众请教，落实发展任务靠人民群众努力，衡量发展成效由人民群众评判，最大限度地集中全社会全民族的智慧和力量，使我们的事业获得最深厚的力量源泉。

坚持以人为本，就要坚持发展成果由人民共享，着力提高人民物质文化生活水平。人民群众是发展的主体，也应是发展的最大受益者。要把改革发展取得的各方面成果，体现在不断提高人民的生活质量和健康水平上，体现在不断提高人民的思想道德素质和科学文化素质上，体现在充分保障人民享有的经济、政治、文化、社会、生态权益上。要坚持把最广大人民的根本利益作为制定和贯彻党的方针政策的基本着眼点，正确反映和兼顾不同地区、不同部门、不同方面群众的利益，在促进发展的同时，把维护社会公平放到更加突出的位置，促进创造财富和公平分配的协调，下大气力解决好各种民生问题，使发展成果更多更公平惠及全体人民，朝着共同富裕方向稳步前进。

坚持以人为本，最终是为了实现人的全面发展。实现物质财富极大丰富、人民精神境界极大提高、每个人自由而全面发展的共产主义社会，是马克思主义最崇高的社会理想。我们党领导人民进行改革开放和现代化建设的根本目的，是要通过发展社会生产力，不断提高人民物质文化生活水平，促进人的全面发展。胡锦涛强调，要坚持在经济社会发展的基础上促进人的全面发展。经济社会发展是人的全面发展的前提和条件，没有经济社会的发展，人的全面发展就失去了基础和保障；人的全面发展是经济社会发展的根本目的，又是推动经济社会发展的最重要力量，离开了人的全面发展，经济社会发展就失去了目标和动力。要把促进经济社会发展与促进人的全面发展统一起来，把促进人的全面发展作为经济社会发展的最终目的。建设中国特色社会主义是一项长期的历史任务，促进人的全面发展也是一个长期的、渐进的过程。只有随着社会财富的不断增加和社会文明的持续进步，人民群众的物质文化生活需要才能日益充分地得到满足，人的全面发展才能日益充分地得到实现。

要充分认识社会主义现代化建设的长期性和艰巨性，既把促进人的全面发展作为不懈追求，不断增强工作的紧迫感，又充分考虑现阶段的实际情况，做好长期艰苦奋斗的思想准备。坚持从具体事情做起，把以人为本贯穿到经济社会发展全过程和各方面，在推动经济不断发展的过程中，促进社会全面进步和人的全面发展。

3. 全面协调可持续是科学发展观的基本要求

全面协调可持续是科学发展观的基本要求，是从全局高度把握中国特色社会主义事业的重要体现，反映了我们党对社会主义现代化建设规律的深刻认识，揭示了把科学发展观贯彻到我国现代化建设全过程、体现到党的建设各方面的切入点。胡锦涛指出，我们之所以把全面协调可持续作为科学发展观的基本要求来强调，这是因为：一方面，经过长期发展，我们积累了较为雄厚的物质技术条件，可以在推进全面协调可持续发展上有更大作为；另一方面，城乡区域发展不平衡、经济社会发展不协调、经济发展与人口资源环境不适应等问题更加突出地摆在了我们面前。只有更加自觉地推进全面协调可持续发展，才能更好化解对我国发展的各种制约因素，更好推动我国发展进程，确保实现我国发展的战略目标。

对全面协调可持续基本要求的认识，是我们党根据马克思主义基本原理探索社会主义现代化建设规律，在实践中逐步形成并不断深化的。新中国成立以后，在领导人民建设社会主义的过程中，我们党形成了许多关于全面协调可持续的认识。改革开放以来，我们党一直强调，要坚持物质文明和精神文明一起抓的战略方针，要坚持以经济建设为中心、推动社会全面进步，要促进城乡经济社会协调发展，要促进区域经济协调发展、实现东中西部优势互补和共同发展，要实施可持续发展战略、促进人与自然的和谐，等等。这是我们在发展实践中得出的重要认识。在认真总结历史经验教训的基础上，我们党深刻认识到，我们所追求的发展应是全面协调可持续的发展。全面，是指发展要有全面性、整体性，不仅经济发展，而且各个方面都要发展；协调，是指发展要有协调性、均衡性，各个方面、各个环节的发展要相互适应、相互促进；可持续，是指发展要有持久性、连续性，不仅当前要发展，而且要保证长远发展。全面协调可持续的基本要求，提出了解决城乡、区域、经济社会、人与自然发展不平衡、不协调问题的新思路，指明了我国经济社会发展的正确方向。

中国特色社会主义事业总体布局，是深刻总结我们党领导社会主义建设的历史经验提出来的。新中国成立以后，我们党对社会主义建设道路进行了艰辛探索，在实践的基础上，提出建设现代工业和现代农业，提出我国工业布局的思想，后来又提出要实现工业、农业、国防、科学技术四个现代化。改革开放以来，我们党在探索中形成了关于社会主义现代化建设总体布局的一系列新认识。党的十二大提出了物质文明建设和精神文明建设两手抓的重要思想。党的十二届六中全会明确提出了社会主义现代化建设的总体布局，就是以经济建设为中心，坚定不移地进行经济体制改革，坚定不移地进行政治体制改革，坚定不移地加强精神文明建设。党的十三大确立了党在社会主义初级阶段的基本路线，党的十四大提出建立社会主义市场经济体制，党的十五大提出社会主义初级阶段的基本纲领，进一步明确了建设中国特色社会主义经济、政治、文化的基本目标和基本政策。党的十六大以后，党中央明确提出了构建社会主义和谐社会的重大任务，使中国特色社会主义事业总体布局发展为经济建设、政治建设、文化建设、社会建设四位一体。中国特色社会主义事业总体布局的不断拓展和完善，反映了我们党对社会主义建设规律在实践和认识上的深化。经济建设、政治建设、文化建设、社会建设是相互联系、相互促进的有机统一体。经济建设是中心和基础，政治建设是方向和保障，文化建设是灵魂和血脉，社会建设是支撑和归宿，它们相辅相成、相互促进，共同构筑起中国特色社会主义事业的全局。

走生产发展、生活富裕、生态良好的文明发展道路，是根据我国国情作出的正确抉择，关系广大人民群众的切身利益，关系中华民族的长远发展。人口众多，人均资源占有量少，总体上资源紧缺是我国的一个基本国情。胡锦涛指出："实施可持续发展战略，促进人与自然的和谐，实现经济发展和人口、资源、环境相协调，坚持走生产发展、生活富裕、生态良好的文明发展道路，既是全面建设小康社会的必然要求，也是贯彻落实科学发展观的重要实践。"[①]坚持文明发展道路，就要在经济社会发展过程中，把推进生产发展、实现生活富裕、保持生态良好有机统一起来，坚持以生产发展为基础，以生活富裕为目的，以生态良好为条件，努力实现社会经济系统和自然生态系统的良性循环。建设生态文明，标志着我们党对坚持文明发展道路的认识进一步深化。坚持文明发展道路，就要把生态文明建设放在突出地位，把经济的发展、生活水平的提高和实现可持续发展有机统一起来，正确处理经济建设、人口增长与资源利

---

① 《胡锦涛文选》第 2 卷，人民出版社 2016 年版，第 183 页。

用、生态环境保护的关系，确保人们在享有现代物质文明成果的同时，又能保持和享有良好的生态文明成果。

4.统筹兼顾是科学发展观的根本方法

统筹兼顾是科学发展观的根本方法，深刻体现了唯物辩证法在发展问题上的科学运用，深刻揭示了实现科学发展、促进社会和谐的基本途径，是正确处理经济社会发展中重大关系的方针原则。在我国改革发展的关键阶段，经济体制深刻变革，社会结构深刻变动，利益格局深刻调整，思想观念深刻变化。在这样的情况下，我们要推动科学发展、促进社会和谐，必须更加自觉地运用统筹兼顾的根本方法，正确反映和兼顾不同方面的利益。胡锦涛强调，要善于在推进经济发展的同时兼顾各个方面的发展要求，把经济建设、政治建设、文化建设、社会建设及其各个环节统筹好、协调好，使之相互促进、相互支撑，实现良性互动。

统筹兼顾是我们党在长期社会主义建设实践中形成的重要历史经验，是处理各方面矛盾和问题必须坚持的重大战略方针，也是我们党一贯坚持的科学有效的工作方法。只有坚持统筹兼顾，才能真正处理好我国这样一个十几亿人口的发展中大国的改革发展稳定问题，真正处理好全体人民的根本利益和各方面的利益问题，真正把全体人民和各方面的积极性、主动性、创造性充分发挥出来，凝聚起推进党和国家事业的广泛共识和强大力量。新中国成立后，毛泽东明确指出："统筹兼顾，各得其所。这是我们历来的方针。"[1]"我们作计划、办事、想问题，都要从我国有六亿人口这一点出发，千万不要忘记这一点。"[2]改革开放新时期，邓小平强调："现代化建设的任务是多方面的，各个方面需要综合平衡，不能单打一。"[3]"我们必须按照统筹兼顾的原则来调节各种利益的相互关系。"[4]党的十三届四中全会以后，江泽民指出："在推进社会主义现代化建设的过程中，必须处理好各种关系，特别是若干带有全局性的重大关系。"[5]"我们所有的政策措施和工作，都应该正确反映并有利于妥善处理各种利益关系，都应认真考虑和兼顾不同阶层、不同方面群众的利益。"[6]党的十六

---

① 《毛泽东文集》第7卷，人民出版社1999年版，第186页。
② 《毛泽东文集》第7卷，人民出版社1999年版，第227—228页。
③ 《邓小平文选》第2卷，人民出版社1994年版，第250页。
④ 《邓小平文选》第2卷，人民出版社1994年版，第175页。
⑤ 《江泽民文选》第1卷，人民出版社2006年版，第460页。
⑥ 《江泽民文选》第3卷，人民出版社2006年版，第279页。

大以后，胡锦涛深刻总结我国社会主义建设的历史经验特别是改革开放以来的新鲜经验，适应新形势新任务，进一步发展了统筹兼顾的思想。党的十六届三中全会提出要统筹城乡发展、区域发展、经济社会发展、人与自然和谐发展、国内发展和对外开放，强调要坚持统筹兼顾，协调好改革进程中的各种利益关系。党的十七大在强调要坚持"五个统筹"的同时，进一步强调要统筹中央和地方关系，统筹个人利益和集体利益、局部利益和整体利益、当前利益和长远利益，统筹国内国际两个大局。这些形成了科学发展观关于统筹兼顾的丰富内容，深刻揭示了社会主义建设的内在规律。

要正确认识和妥善处理中国特色社会主义事业中的重大关系。只有从党和国家全局出发，把现代化建设各领域各环节的关系、把社会各阶层各群体的利益关系都统筹处理好，才能充分调动全社会的发展积极性。要坚持统筹全局、兼顾各方，正确认识和妥善处理涉及经济社会发展的重大关系，促进经济社会各构成要素的良性互动和协调发展。统筹城乡发展，增强农村发展活力，逐步缩小城乡差距，促进城乡共同繁荣，推动城乡发展一体化。统筹区域发展，继续实施区域发展总体战略，充分发挥各地区比较优势，逐步形成东中西部相互促进、优势互补、共同发展的新格局。统筹经济社会发展，加快科技、教育、就业、文化、卫生、体育、社会保障、社会管理等社会事业发展，实现经济发展与社会进步的有机统一。统筹人与自然和谐发展，处理好经济建设、人口增长与资源利用、生态环境保护的关系，增强可持续发展的能力。统筹国内发展和对外开放，统筹利用好国内国际两个市场、两种资源，统筹把握好国内产业发展和国际产业分工，努力促进我国发展和各国共同发展的良性互动。要认真考虑和对待各方面的发展需要，正确反映和兼顾各阶层各群体的利益要求。正确处理中央和地方的关系，善于发挥两个积极性，既坚持全国一盘棋，保证中央政令畅通、令行禁止，又支持地方因地制宜、创造性地开展工作。正确处理个人利益和集体利益、局部利益和整体利益、当前利益和长远利益的关系，正确处理最广大人民的根本利益、现阶段群众的共同利益和不同群体的特殊利益的关系，善于从各方利益的结合点上考虑问题、谋划工作。正确处理人民内部矛盾，善于化解不和谐因素，形成各方面参与改革、推动发展、维护稳定的强大合力。正确处理国内国际两个大局的关系，善于从国际形势发展变化中把握发展机遇、应对风险挑战，营造良好国际环境。

　　坚持统筹兼顾，是深刻领会和正确运用科学发展观必须把握的关键。要牢牢掌握统筹兼顾的科学思想方法，努力提高战略思维、创新思维、辩证思维能力，不断增强统筹兼顾的本领，更好地推动科学发展。胡锦涛指出："统筹兼顾，并不是简单摆平各方面关系，而是要按照党的十七大提出的要求，既要总揽全局、统筹规划，又要抓住牵动全局的主要工作、事关群众利益的突出问题，着力推进、重点突破。"①要坚持以宽广的胸怀把握全局，以辩证的思维分析全局，以系统的方法谋划全局，把中国特色社会主义伟大事业和党的建设新的伟大工程作为一个整体，统筹改革发展稳定、内政外交国防、治党治国治军各方面工作。正确处理重点和一般的关系，善于在纷繁复杂的矛盾中抓住根本，把工作的重点真正放到解决改革发展稳定中的突出问题上，着力在重要领域和关键环节取得突破，做到以点带面、整体推进。应当看到，现代化建设是一个长期推进的过程，也是一个动态发展的过程。这就要求我们既要立足当前，又要着眼长远，做到兼顾各方、综合平衡。要深刻认识当前发展和长远发展的关系，统筹考虑当前发展和未来发展的需要，既积极实现当前发展的目标，又为未来的发展创造有利条件，坚持实现阶段性目标和促进可持续发展的有机统一。正确把握经济社会发展中平衡与不平衡的辩证关系，坚持因地制宜、因人制宜、因时制宜，既善于调动各方面发展的积极性，鼓励抓住机遇加快发展，又努力实现均衡发展，注重发展的协调性和稳定性。

　　除了以上基本方面，中央宣传部组织编写了《科学发展观学习纲要》，还展开论述了全面深化改革开放、加快转变经济发展方式、不断发展社会主义民主政治、扎实推进社会主义文化强国建设、积极构建社会主义和谐社会、大力推进生态文明建设、推动国防和军队建设科学发展、丰富"一国两制"实践和推进祖国统一、推动建设持久和平、共同繁荣的和谐世界、全面提高党的建设科学化水平等。

三、科学发展观的意义

　　科学发展观，是对党的三代中央领导集体关于发展的重要思想的继承和发

---

① 《胡锦涛文选》第 3 卷，人民出版社 2016 年版，第 7—8 页。

展，是马克思主义关于发展的世界观和方法论的集中体现，是同马克思列宁主义、毛泽东思想、邓小平理论和"三个代表"重要思想既一脉相承又与时俱进的科学理论，是我国经济社会发展的重要指导方针，是发展中国特色社会主义必须坚持和贯彻的重大战略思想。

（一）科学发展观是同马克思列宁主义、毛泽东思想、邓小平理论和"三个代表"重要思想既一脉相承又与时俱进的科学理论

科学发展观是我们党坚持把马克思主义基本原理同当代中国实际和时代特征相结合，在新中国成立以来特别是改革开放以来不懈探索基础上，继续拓展中国特色社会主义实践、探索中国特色社会主义规律的必然结论，既贯穿了马克思主义立场观点方法，又不断发展马克思主义。

科学发展观是中国特色社会主义理论体系的重要成果。科学发展观是以马克思列宁主义、毛泽东思想、邓小平理论、"三个代表"重要思想为指导，立足我国基本国情，总结我国发展实践，借鉴国外发展经验，适应新的发展要求提出来的，既坚持了马克思主义基本原理，又根据新的实践和时代发展推进了马克思主义中国化。科学发展观同邓小平理论、"三个代表"重要思想是中国特色社会主义理论体系三个紧密联系的有机组成部分，是既一脉相承又与时俱进的统一的科学体系。科学发展观同邓小平理论、"三个代表"重要思想，面对着共同的时代课题，面临着共同的历史任务，都贯穿了中国特色社会主义这个主题，都坚持辩证唯物主义和历史唯物主义的世界观方法论，都坚持党的最高纲领和最低纲领的统一，都坚持代表最广大人民根本利益，在理论主题、思想基础、政治理想、根本立场上一以贯之。同时，科学发展观用一系列具有鲜明时代特点的新思想、新观点、新论断，对坚持和发展中国特色社会主义作出了历史性的贡献，是对邓小平理论、"三个代表"重要思想的创造性发展，是中国特色社会主义理论体系的重要创新成果，赋予当代中国马克思主义勃勃生机。

（二）科学发展观是发展中国特色社会主义必须坚持和贯彻的重大战略思想

科学发展观揭示了发展的本质和内涵，是马克思主义关于发展的世界观和方法论的集中体现。新世纪新阶段，以胡锦涛同志为总书记的党中央，在带领党和人民推进全面建设小康社会进程中，大力推进实践基础上的理论创新，提出和贯彻了科学发展观。科学发展观紧紧围绕实现什么样的发展、怎样发展的问题，作出一系列新的理论概括，提出坚持以人为本，实现全面、协调、可持续发展；提出构建社会主义和谐社会，加快推进生态文明建设，逐渐形成中国特色社会主义事业总体布局；提出建设社会主义核心价值体系，建设社会主义文化强国；提出建设社会主义新农村，建设创新型国家；提出坚持走和平发展道路；提出坚持统筹兼顾，正确认识和妥善处理中国特色社会主义事业中的重大关系；提出加强党的执政能力建设、先进性和纯洁性建设等重大战略思想。这些重大战略思想，准确把握我国发展的阶段性特征，科学总结实践新创造，深入回答时代新课题，继承和发展了马克思主义关于发展的基本观点，集中体现了我们党在发展中国特色社会主义一系列重大问题上取得的新成果，指明了推动经济社会持续健康发展的科学道路。

科学发展观的形成和发展，是一个理论创新和实践创新、理论发展和实践发展紧密结合、相互促进的过程。党的十六大以来，我们党深入贯彻落实科学发展观，制定一系列战略部署，实施一系列重大举措，全面推进经济建设、政治建设、文化建设、社会建设，为全面建成小康社会打下坚实基础。这十年，我们走过了很不平坦的道路，战胜了一系列重大挑战，巩固和发展了改革开放和社会主义现代化建设大局，把中国特色社会主义推进到新的发展阶段。我国社会生产力、经济实力、科技实力迈上一个大台阶，人民生活水平、居民收入水平、社会保障水平迈上一个大台阶，综合国力、国际竞争力、国际影响力迈上一个大台阶，彰显了中国特色社会主义的巨大优越性和强大生命力，增强了中国人民和中华民族的自豪感和凝聚力。实践充分证明，科学发展观是指导全面建设小康社会、发展中国特色社会主义的正确理论。

科学发展观在邓小平理论和"三个代表"重要思想的基础上，进一步回答了什么是社会主义、怎样建设社会主义和建设什么样的党、怎样建设党的问题，创造性地回答了新形势下实现什么样的发展、怎样发展等重大问题，形成了涵盖改革发展稳定、内政外交国防、治党治国治军各方面的系统科学理论。科学发展观进一步推进了马克思主义中国化历史进程，把中国特色社会主义理论体系推进到新境界。

党的十六大以来的实践昭示我们，科学发展观不仅是指导经济建设的理论，而且是指导各方面建设的理论；不仅是指导发展的理论，而且是指导党和国家各项工作的理论；不仅是指导实践、推动工作的有力武器，而且是帮助人们认识和把握社会发展规律的世界观方法论。科学发展观载入了党章和宪法，对党和国家事业的发展具有长期的指导作用。

第二节　构建社会主义和谐社会

一、构建社会主义和谐社会的提出过程

实现社会和谐，建设美好社会，始终是人类孜孜以求的一个社会理想，也是包括中国共产党在内的马克思主义政党不懈追求的一个社会理想。我国历史上就产生过不少有关社会和谐的思想。《论语》中说过"和为贵"；墨子提出了"兼相爱"、"爱无差等"的理想社会方案；孟子描绘了"老吾老以及人之老，幼吾幼以及人之幼"的社会状态；《礼记·礼运》中描绘了"大道之行也，天下为公，选贤与能，讲信修睦。故人不独亲其亲，不独子其子，使老有所终，壮有所用，幼有所长，矜、寡、孤、独、废、疾者皆有所养"这样一种理想社会；太平天国运动的领袖洪秀全提出要建立"务使天下共享"，"有田同耕，有饭同食，有衣同穿，有钱同使，无处不均匀，无人不饱暖"的社会；康有为在《大同书》中提出要建立一个"人人相亲，人人平等，天下为公"的理想社会。这些思想虽然带有不同时代和提出者阶级地位的烙印，但都在一定程度上反映了广大人民群众对美好生活的向往。当然，在存在阶级压迫和阶级剥削的旧制度下，这些设想是根本无法实现的。

关于社会主义社会建设的理论，也是马克思主义理论的重要组成部分。马克思、恩格斯在继承前人思想成果的基础上，创立了科学社会主义理论，勾画了美好社会蓝图，指明了实现美好社会理想的正确途径。1803 年，法国空想社会主义者傅立叶发表《全世界和谐》一文，指出现存资本主义制度是不合理的，必将为"和谐制度"所代替。1824 年，英国空想社会主义者欧文在美国印第安纳州进行的共产主义试验，也以"新和谐"命名。1842 年，德国空想共产主义者魏特林在《和谐与自由的保证》一书中把社会主义社会称为"和谐

与自由"的社会，并指出新社会的"和谐"是"全体和谐"。马克思称这本书是工人阶级"史无前例的光辉灿烂的处女作"①。1848年，马克思、恩格斯在《共产党宣言》中对圣西门、傅立叶、欧文等空想社会主义者的著作和有关主张给予了肯定，明确提出："提倡社会和谐"是"它们关于未来社会的积极的主张"②。同时，马克思、恩格斯深刻分析了空想社会主义者的历史局限性和理论缺陷，认为他们没有认识到资本主义社会的本质矛盾，也没有找到实现社会变革的正确途径，结果只能陷于空想。

马克思、恩格斯创立了唯物史观和剩余价值学说，提出了无产阶级革命的理论和战略策略，实现了社会主义由空想到科学的历史性飞跃。马克思、恩格斯对未来社会发展方向作出了科学设想。他们在《共产党宣言》中明确提出："代替那存在着阶级和阶级对立的资产阶级旧社会的，将是这样一个联合体，在那里，每个人的自由发展是一切人的自由发展的条件。"③按照马克思、恩格斯的设想，未来社会将在打碎旧的国家机器、消灭私有制的基础上，消除阶级之间、城乡之间、脑力劳动和体力劳动之间的对立和差别，极大调动全体劳动者的积极性，使社会物质财富极大丰富、人民精神境界极大提高，实行各尽所能、各取所需，实现每个人自由而全面的发展，在人与人之间、人与自然之间都形成和谐关系。列宁在领导俄国十月革命和社会主义建设的过程中，就建设社会主义社会提出了一系列重要思想。他明确提出：只有社会主义才可能广泛推行和真正支配根据科学原则进行的产品的社会生产和分配，以便使所有劳动者过上最美好最幸福的生活；生气勃勃的创造性的社会主义是由人民群众自己创立的；社会主义国家应当大力帮助农民，消除城乡对立；必须把国民经济的一切大部门建立在同个人利益的结合上面；必须发扬民主，改革国家机关，精简机构，反对官僚主义，最大限度发挥人民群众积极性和创造性；必须时时处处千方百计巩固党同群众的联系；等等。马克思、恩格斯、列宁关于未来社会的科学设想，指明了构建社会主义和谐社会的前进方向。在革命、建设、改革长期实践中，我们党不断探索和发展了具有中国特色的社会主义社会建设理论，为构建社会主义和谐社会奠定了理论基础。

---

① 《马克思恩格斯全集》第3卷，人民出版社2002年版，第390页。
② 《马克思恩格斯文集》第2卷，人民出版社2009年版，第63页。
③ 《马克思恩格斯文集》第2卷，人民出版社2009年版，第53页。

构建社会主义和谐社会，把提高构建社会主义和谐社会能力作为加强党的执政能力建设的重要内容，是党的十六大和十六届三中、四中全会提出的重大任务。党的十六大报告在阐述全面建设小康社会宏伟目标时强调，建设更高水平的小康社会，就是要使经济更加发展、民主更加健全、科教更加进步、文化更加繁荣、社会更加和谐、人民生活更加殷实，还强调要努力形成全体人民各尽其能、各得其所而又和谐相处的局面，巩固和发展民主团结、生动活泼、安定和谐的政治局面。把社会更加和谐作为我们党要为之奋斗的一个重要目标明确提出来，这在我们党历次代表大会的报告中是第一次。2004 年 9 月召开的党的十六届四中全会，进一步提出了构建社会主义和谐社会的任务，强调形成全体人民各尽其能、各得其所而又和谐相处的社会是巩固党执政的社会基础、实现党执政的历史任务的必然要求，要适应我国社会深刻变化，把和谐社会建设摆在重要位置，并明确了构建社会主义和谐社会的主要内容。

我们党对构建社会主义和谐社会的认识和实践，有一个不断探索、不断深化的过程。2002 年 11 月，党的十六大报告在阐述全面建设小康社会目标时，提出了实现社会更加和谐的要求。党的十六大之后，以胡锦涛同志为总书记的党中央根据国际国内形势发生的新变化，全面分析我国发展面临的机遇和挑战，深化对社会和谐在中国特色社会主义事业中重要地位和重要作用的认识。2004 年 9 月，党的十六届四中全会明确提出了构建社会主义和谐社会的重大战略任务，把提高构建社会主义和谐社会能力确定为加强党的执政能力建设的重要内容，并提出了构建社会主义和谐社会的基本要求。2005 年 2 月，胡锦涛在省部级主要领导干部提高构建社会主义和谐社会能力专题研讨班上的讲话中，提出了构建民主法治、公平正义、诚信友爱、充满活力、安定有序、人与自然和谐相处的社会主义和谐社会总目标。2005 年 10 月，党的十六届五中全会把构建社会主义和谐社会确定为贯彻落实科学发展观必须抓好的一项重大任务，并提出了工作要求和政策措施。2006 年 10 月，党的十六届六中全会通过的《中共中央关于构建社会主义和谐社会若干重大问题的决定》，以邓小平理论和"三个代表"重要思想为指导，贯彻落实科学发展观，全面把握我国发展的阶段性特征，深刻分析影响我国社会和谐的突出矛盾和问题，明确提出当前和今后一个时期构建社会主义和谐社会的指导思想、目标任务、工作原则、重大部署，成为指导我们构建社会主义和谐社会的纲领性文件。

二、构建社会主义和谐社会的主要背景

构建社会主义和谐社会作为一项重大任务，它的提出是有着深刻背景的。2005 年 2 月 19 日，胡锦涛在省部级主要领导干部提高构建社会主义和谐社会能力专题研讨班上的讲话中，客观分析了构建社会主义和谐社会的主要背景。

（一）国际背景方面

从国际看，构建社会主义和谐社会，是我们把握复杂多变的国际形势、有力应对来自国际环境的各种挑战和风险的必然要求。和平与发展仍是当今时代的主题，但国际形势继续处于深刻复杂的变化之中。世界格局处于向多极化过渡的重要时期，经济全球化趋势不断深入发展，科技进步突飞猛进，国际产业升级和转移速度加快，各国注重经济发展和国际经济技术合作，区域经济一体化进程加速。从总体上看，这些因素给我国改革发展带来了难得机遇和有利条件，只要我们高举和平、发展、合作的旗帜，坚持冷静观察、沉着应对的方针，牢牢掌握应对国际局势和处理国际事务主动权，就能够营造有利于我国的战略态势，为我国现代化建设争取较长时期的良好国际环境和周边环境。同时，我们必须清醒看到，当今世界仍很不安宁，各种矛盾错综复杂，影响和平与发展的不稳定不确定因素依然存在。由于世界力量失衡局面在短期内难以根本改变，世界多极化趋势发展不会一帆风顺。由于国际经济旧秩序没有根本改变，经济全球化趋势在推动世界经济发展的同时也给各国特别是发展中国家带来挑战和风险，发展中国家在经济、政治、文化、信息、军事等方面面临着严峻压力。由于传统安全威胁和非传统安全威胁的因素相互交织，民族、宗教矛盾和边界、领土争端导致的局部冲突时起时伏，恐怖主义活动依然猖獗，地区和国际安全形势不容乐观。在这样复杂多变的国际形势下，我们要有力应对来自外部的各种挑战和风险，必须把国内的事情办好，始终保持国家统一、民族团结、社会稳定局面。这是我们集中全党全民族智慧和力量、全面推进中国特色社会主义事业的重要保障。

（二）国内背景方面

从国内看，构建社会主义和谐社会，是我们抓住和用好重要战略机遇期、

实现全面建设小康社会宏伟目标的必然要求。我国改革发展正处在一个关键时期。一些国家和地区发展历程表明，在人均国内生产总值突破一千美元之后，经济社会就进入了一个关键发展阶段。在这个阶段，既有因为举措得当从而促进经济快速发展和社会平稳进步的成功经验，也有因为应对失误从而导致经济徘徊不前和社会长期动荡的失败教训。综合起来看，我国经济社会发展面临的矛盾和问题可能更复杂、更突出。随着我国社会主义市场经济不断发展，随着我国公有制为主体、多种所有制经济共同发展的基本经济制度和按劳分配为主体、多种分配方式并存的分配制度不断完善，随着我国工业化、城镇化和经济结构调整加速，随着我国社会组织形式、就业结构、社会结构变革加快，我们正面临着并将长期面对一些亟待解决的突出矛盾和问题，我国经济社会发展也出现了一些必须认真把握的新趋势新特点。主要是：资源能源紧缺压力加大，对经济社会发展的瓶颈制约日益突出，转变经济增长方式要求十分迫切；城乡发展不平衡、地区发展不平衡、经济社会发展不平衡矛盾更加突出，缩小发展差距和促进经济社会协调发展任务艰巨；人民群众物质文化需要不断提高并更趋多样化，社会利益关系更趋复杂，特别是受经济文化发展水平等多方面限制，统筹兼顾各方面利益难度加大；体制创新进入攻坚阶段，深化改革，扩大开放，进一步触及深层次矛盾和问题；劳动者就业结构和方式不断变化，人员流动性大大加强，社会组织和管理面临新问题；人民群众民主法制意识不断增强，政治参与积极性不断提高，对发展社会主义民主政治和落实依法治国基本方略提出了新要求；各种思想文化相互激荡，人们受各种思想观念影响的渠道明显增多、程度明显加深，人们思想活动的独立性、选择性、多变性、差异性明显增强；社会上存在的消极腐败现象以及各类严重犯罪活动等也给社会稳定与和谐带来了严重影响；等等。我们要抓住和用好重要战略机遇期、实现全面建设小康社会宏伟目标，就必须正确应对这些矛盾和问题，花更大气力妥善协调各方面利益关系，正确处理各种社会矛盾，大力促进社会和谐。这既是全面建设小康社会的重要内容，也是实现全面建设小康社会宏伟目标的重要前提。

（三）党的使命方面

从我们党肩负的使命看，构建社会主义和谐社会，是巩固党执政的社会基础、实现党执政的历史任务的必然要求。构建社会主义和谐社会，是我们党坚持立党为公、执政为民的必然要求，是我们党实现好、维护好、发展好最广大人民根本利益的重要体现，也是我们党实现执政的历史任务的重要条件。巩固党执政的社会基础、实现党执政的历史任务要求我们：必须紧紧依靠人民群众，团结一切可以团结的力量，调动一切可以调动的积极因素，把人民群众以及各方面积极性、主动性、创造性充分发挥出来，为实现全面建设小康社会宏伟目标而奋斗；必须正确认识和妥善处理人民内部矛盾和其他社会矛盾，协调好各方面利益关系，不断在发展的基础上满足人民群众日益增长的物质文化需要，保证人民群众共享改革发展成果；必须抓紧解决人民群众生产生活中的突出问题和困难，夯实党执政的阶级基础和群众基础，保持党同人民群众的血肉联系；必须加强社会建设和管理，营造良好人际环境，保持良好社会秩序，维护社会稳定，保证广大人民群众安居乐业。只有把这些工作都更加自觉、更加主动地做好了，我们党才能不断增强执政的社会基础，才能更好实现继续推进现代化建设、完成祖国统一、维护世界和平与促进共同发展这三大历史任务。

（四）有利条件方面

胡锦涛指出："我们党明确提出并积极推进构建社会主义和谐社会，是具备许多有利条件的。"[①] 第一，中国共产党领导和我国社会主义制度为构建社会主义和谐社会提供了最根本的保证。第二，经过新中国成立以来特别是改革开放以来的不断发展，我国社会生产力水平明显提高，综合国力显著增强，人民生活总体上实现了由温饱到小康的历史性跨越，我们已经具备了较为坚实的物质基础，可以为缩小社会差距、促进社会公平、完善社会保障、发展社会事业、加强社会建设和管理等提供更充分的物质保证。第三，在我国，各阶层、各党派、各民族、各团体政治上享有平等地位，根本利益是一致的。第四，马克思主义在党和国家工作中的指导地位已经确立并不断得到巩固，爱国主义、集体主义、社会主义思想深入人心，教育科技文化事业不断发展，全体人民思想道德素质和科学文化素质不断提高，民族凝聚力显著增强。这些都是有利于我们构建社会主义和谐社会最基本的前提条件。当然，我们也要认识到，我国仍然处于并将长期处于社会主义初级阶段，生产力发展水平、教育科技文化水平还不高，建成社会主义和谐社会任重道远。同建设社会主义现代化国家要经历一个很长的历史过程一样，构建社会主义和谐社会也是一个需要随着经济、

①　《胡锦涛文选》第 2 卷，人民出版社 2016 年版，第 278 页。

政治、文化发展而不断推进的很长历史过程。我们既要立足国情，根据已经具备的条件，积极主动推进和谐社会建设，又要着眼长远，做好长期努力准备，在推进社会主义物质文明、政治文明、精神文明发展的历史进程中，扎扎实实做好构建社会主义和谐社会各项工作。

总之，随着我国经济社会不断发展，中国特色社会主义事业总体布局更加明确地由社会主义经济建设、政治建设、文化建设三位一体发展为社会主义经济建设、政治建设、文化建设、社会建设四位一体。构建社会主义和谐社会，是我们党从全面建设小康社会、开创中国特色社会主义事业新局面全局出发提出的一项重大任务，适应了我国改革发展进入关键时期的客观要求，体现了广大人民群众根本利益和共同愿望。构建社会主义和谐社会，关系到最广大人民根本利益，关系到巩固党执政的社会基础、实现党执政的历史任务，关系到全面建设小康社会全局，关系到党的事业兴旺发达和国家长治久安。我们党提出构建社会主义和谐社会，既是对我国改革开放和现代化建设经验的科学总结，也是在新的国内外形势下提高党的执政能力、贯彻落实科学发展观、更好推进我国经济社会发展的战略举措。明确提出构建社会主义和谐社会，反映了我们党对中国特色社会主义事业发展规律的新认识，也反映了我们党对执政规律、执政能力、执政方略、执政方式的新认识，为我们紧紧抓住和用好重要战略机遇期、实现全面建设小康社会宏伟目标指明了方向。

三、构建社会主义和谐社会的基本要求

2004 年 9 月，党的十六届四中全会提出"坚持最广泛最充分地调动一切积极因素，不断提高构建社会主义和谐社会的能力"的课题，强调指出："形成全体人民各尽其能、各得其所而又和谐相处的社会，是巩固党执政的社会基础、实现党执政的历史任务的必然要求。要适应我国社会的深刻变化，把和谐社会建设摆在重要位置，注重激发社会活力，促进社会公平和正义，增强全社会的法律意识和诚信意识，维护社会安定团结"[①]。同时明确了构建社会主义和谐社会的五点要求：全面贯彻尊重劳动、尊重知识、尊重人才、尊重创造的方

---

① 《十六大以来重要文献选编》中册，中央文献出版社 2006 年版，第 286 页。

针，不断增强全社会的创造活力；妥善协调各方面的利益关系，正确处理人民内部矛盾；加强社会建设和管理，推进社会管理体制创新；健全工作机制，维护社会稳定；坚持党的群众路线，加强和改进新形势下的群众工作。

2005年2月19日，胡锦涛在省部级主要领导干部提高构建社会主义和谐社会能力专题研讨班上的讲话中指出："根据马克思主义基本原理和我国社会主义建设实践经验，根据新世纪新阶段我国经济社会发展的新要求和我国社会出现的新趋势新特点，我们所要建设的社会主义和谐社会，应该是民主法治、公平正义、诚信友爱、充满活力、安定有序、人与自然和谐相处的社会。"[1]民主法治，就是社会主义民主得到充分发扬，依法治国基本方略得到切实落实，各方面积极因素得到广泛调动；公平正义，就是社会各方面利益关系得到妥善协调，人民内部矛盾和其他社会矛盾得到正确处理，社会公平正义得到切实维护和实现；诚信友爱，就是全社会互帮互助、诚实守信，全体人民平等友爱、融洽相处；充满活力，就是能够使一切有利于社会进步的创造愿望得到尊重，创造活动得到支持，创造才能得到发挥，创造成果得到肯定；安定有序，就是社会组织机制健全，社会管理完善，社会秩序良好，人民群众安居乐业，社会保持安定团结；人与自然和谐相处，就是生产发展，生活富裕，生态良好。社会主义和谐社会的这些基本特征是相互联系、相互作用的，需要在全面建设小康社会进程中全面把握和体现。

明确了构建社会主义和谐社会的总目标后，还必须明确实现目标的基本要求。在省部级主要领导干部提高构建社会主义和谐社会能力专题研讨班上的讲话中，胡锦涛提出了构建社会主义和谐社会的"六个必须"：构建社会主义和谐社会，必须坚持以邓小平理论和"三个代表"重要思想为指导，坚持社会主义基本制度，坚持走中国特色社会主义道路；必须树立和落实科学发展观，坚持以经济建设为中心，坚持"五个统筹"，促进社会主义物质文明、政治文明、精神文明建设与和谐社会建设全面发展；必须坚持以人为本，始终把最广大人民根本利益作为党和国家工作根本出发点和落脚点，在经济发展的基础上不断满足人民群众日益增长的物质文化需要，促进人的全面发展；必须尊重人民群众创造精神，通过深化改革、创新体制，调动一切积极因素，激发全社会创造活力；必须注重社会公平，正确反映和兼顾不同方面群众利益，正确处理人民

---

① 《胡锦涛文选》第2卷，人民出版社2016年版，第285页。

内部矛盾和其他社会矛盾，妥善协调各方面利益关系；必须正确处理改革发展稳定的关系，坚持把改革的力度、发展的速度、社会可承受的程度统一起来，使改革发展稳定相互协调、相互促进，确保人民群众安居乐业，确保社会政治稳定和国家长治久安。

四、构建社会主义和谐社会的重大问题

构建社会主义和谐社会，既是重大理论课题，也是重大实践问题，需要从理论和实践结合上深入进行研究，以理论来指导实践，以实践来丰富理论。为加强对社会主义和谐社会建设问题的认识，2006 年 2 月，中央专门召开三次小型座谈会，胡锦涛出席并发表讲话。胡锦涛指出："只有进一步从理论和实践的结合上把有关重大问题说清楚、讲明白，才能进一步形成共识、真正统一思想，才能为我们制定和实施有关政策措施提供更加有力的理论支撑，才能扎实有效推进构建社会主义和谐社会伟大实践。"①

（一）关于构建社会主义和谐社会的定位问题

构建社会主义和谐社会，是我们党以马克思主义为指导，结合我国改革发展稳定实际，为解决新形势下面临的突出矛盾和问题而提出的新论断，是在新的历史条件下深化对中国特色社会主义认识取得的新成果。胡锦涛认为，构建社会主义和谐社会，既是全面建设小康社会的现实要求，也是一个长远目标。为了扎实有效加强社会主义和谐社会建设，需要把握好这一概念的内涵和外延。他指出，现在人们讲"社会"这个概念，往往有多重含义，一是从社会形态、社会制度层面讲的；二是从经济、政治、文化、社会建设"四位一体"层面讲的；三是从社会事业、社会管理层面讲的。怎样把构建社会主义和谐社会的定位进一步讲清楚，既是一些同志在研究中提出的问题，也是我们在工作中需要把握好的问题。

胡锦涛在党的十六届六中全会上阐述了和谐社会的"大社会"与"小社会"问题。他指出，我们要构建的社会主义和谐社会，是经济建设、政治建设、文

---

① 《胡锦涛文选》第 2 卷，人民出版社 2016 年版，第 424 页。

化建设、社会建设协调发展的社会，是人与人、人与社会、人与自然整体和谐的社会，这要贯穿于建设中国特色社会主义整个历史过程。在实际工作中，我们既要从"大社会"着眼，把和谐社会建设落实到包括经济建设、政治建设、文化建设、社会建设和党的建设等在内的党和国家全部工作之中；又要从"小社会"着手，以解决人民最关心最直接最现实的利益问题为重点，着力发展社会事业、促进社会公平正义、建设和谐文化、完善社会管理、增强社会创造活力，走共同富裕道路，推动社会建设与经济建设、政治建设、文化建设协调发展。

（二）关于社会主义和谐社会的本质属性问题

从一般意义上讲，实现社会和谐是人类自古以来追求的一种社会理想。"和谐"一词，讲了几千年，奴隶社会、封建社会、资本主义社会都有人讲和谐，但这些存在剥削制度和阶级压迫制度的社会都不可能从根本上解决社会和谐问题。我国社会主义基本制度的建立，为我们解决社会和谐问题提供了根本前提和保证。在建设中国特色社会主义进程中，全国人民根本利益是一致的，我们党代表着中国最广大人民的根本利益。这就决定了中国特色社会主义应该是和谐的社会主义，实现社会和谐是中国特色社会主义的本质属性。同时，我们也要看到，社会和谐不会自然而然实现，需要我们在经济社会发展的基础上处理和解决好一系列社会矛盾，不断促进和实现社会和谐。胡锦涛指出："我们要构建的社会主义和谐社会，是在中国共产党领导下、在中国特色社会主义事业中、在全国人民根本利益一致基础上全体人民共同建设、共同享有的和谐社会，是为中国最广大人民谋幸福的和谐社会，同奴隶社会、封建社会、资本主义社会时期提出的社会和谐理想有着本质区别。"[1]在实践中怎样把握好这一本质属性，也需要进一步搞清楚。

胡锦涛在党的十六届六中全会上阐述了和谐社会是中国特色社会主义的本质属性。他指出，在起草党的十六届六中全会决定的过程中，我们在党内外充分发扬民主、集思广益，不仅研究提出了构建社会主义和谐社会的重大举措，而且深化了对构建社会主义和谐社会的理论认识。决定强调，社会和谐是中国特色社会主义的本质属性。这个重大判断，深化了对社会主义本质的认识，是总结国内外社会主义建设特别是我国社会主义建设历史经验得出的重要结论，

---

[1]　《胡锦涛文选》第 2 卷，人民出版社 2016 年版，第 425 页。

也是构建社会主义和谐社会的理论基础。把社会和谐明确为中国特色社会主义的本质属性，有利于更全面地坚持科学社会主义的基本原理，有利于更全面地体现党的奋斗目标和全国各族人民的共同理想，从而也有利于更好地建设中国特色社会主义，更好地实现最广大人民的根本利益。社会和谐是中国特色社会主义的本质属性，这个重大判断符合立党为公、执政为民的本质要求，符合我国社会主义国家政权的性质。

（三）关于解决影响社会和谐的突出矛盾和问题

胡锦涛指出："要从中国特色社会主义事业发展全局出发，从实际出发，针对存在的突出矛盾和问题，采取切实有效措施，促进社会和谐。"[1]我国正处于并将长期处于社会主义初级阶段，人民日益增长的物质文化需要同落后的社会生产之间的矛盾仍是我国社会的主要矛盾。我们要坚持对这一社会主要矛盾的判断，坚持党的基本理论、基本路线、基本纲领、基本经验不动摇，坚持以科学发展观统领经济社会发展全局，深入研究新世纪新阶段我国社会主要矛盾的表现形式，准确把握当前我国发展的阶段性特征，始终不渝抓好发展这个党执政兴国的第一要务。要坚持以经济建设为中心，坚持以改革开放为动力，以自主创新为支撑，推动经济社会又快又好发展。这是解决我们面临的各种矛盾和问题、促进社会和谐的重要前提和物质基础。同时，要深入分析新形势下我国社会存在的各类矛盾。当前，我们面临的社会矛盾，大量是人民内部矛盾。与以往相比，这些矛盾又有许多新的特点。我们要总结吸取历史经验，研究认识新情况，掌握和运用新的有效方法和手段，妥善处理新形势下的人民内部矛盾。另外，对西方敌对势力对我国实施西化、分化政治图谋，要保持高度警惕，尤其要警惕国内外敌对势力打着所谓"民主"、"自由"、"维权"的旗号，利用人民内部矛盾挑起事端、进行破坏活动的动向，绝不能麻痹大意。

（四）关于构建社会主义和谐社会的机制问题

构建社会主义和谐社会，离不开相关机制的保障。基于此，胡锦涛认为，要运用辩证唯物主义和历史唯物主义立场、观点、方法，正确认识和分析当前

---

[1] 《胡锦涛文选》第2卷，人民出版社2016年版，第425页。

我国社会矛盾现状和发展趋势，探索建立化解矛盾的有效机制。要正确把握和妥善处理最广大人民根本利益、现阶段群众共同利益、不同群体特殊利益的关系，发挥我们党的先进性，坚持代表最广大人民根本利益，正确反映各方面群众共同利益，统筹兼顾不同群体特殊利益，妥善调节好各方面利益关系，最广泛最充分调动一切积极因素，不断形成和壮大建设中国特色社会主义的合力。要在经济社会发展的基础上，在社会主义民主法制的轨道上正确处理各种社会矛盾。这就要求我们既要解决好发扬民主不充分问题，又要解决好法制不健全问题。要建立和完善符合我国国情和时代特征的社会矛盾调处机制，真正做到党政有力领导、公民有序参与、民意有序表达、依法维护权益、依法处理矛盾、公民享受权利和履行义务相统一，努力形成全体人民各尽其能、各得其所而又和谐相处的局面。如何构建这样一种充满活力、富有效率的社会机制，也需要深入研究。

五、构建社会主义和谐社会的战略举措

社会和谐是中国特色社会主义的本质属性，是国家富强、民族振兴、人民幸福的重要保证。构建社会主义和谐社会，是我们党从中国特色社会主义事业总体布局和全面建设小康社会全局出发提出的重大战略任务，反映了建设富强民主文明和谐的社会主义现代化国家的内在要求，体现了全党全国各族人民的共同愿望。为深入推进社会主义和谐社会建设，2006 年 10 月，党的十六届六中全会通过《中共中央关于构建社会主义和谐社会若干重大问题的决定》（以下简称《决定》），对构建社会主义和谐社会的指导思想、目标任务、工作原则、重大部署作出了具体安排。

关于指导思想，《决定》指出："我们要构建的社会主义和谐社会，是在中国特色社会主义道路上，中国共产党领导全体人民共同建设、共同享有的和谐社会。必须坚持以马克思列宁主义、毛泽东思想、邓小平理论和'三个代表'重要思想为指导，坚持党的基本路线、基本纲领、基本经验，坚持以科学发展观统领经济社会发展全局，按照民主法治、公平正义、诚信友爱、充满活力、安定有序、人与自然和谐相处的总要求，以解决人民群众最关心、最直接、最现实的利益问题为重点，着力发展社会事业、促进社会公平正义、建设和谐文

化、完善社会管理、增强社会创造活力，走共同富裕道路，推动社会建设与经济建设、政治建设、文化建设协调发展。"①

关于目标任务，《决定》明确指出，到 2020 年，构建社会主义和谐社会的目标和主要任务是：社会主义民主法制更加完善，依法治国基本方略得到全面落实，人民的权益得到切实尊重和保障；城乡、区域发展差距扩大的趋势逐步扭转，合理有序的收入分配格局基本形成，家庭财产普遍增加，人民过上更加富足的生活；社会就业比较充分，覆盖城乡居民的社会保障体系基本建立；基本公共服务体系更加完备，政府管理和服务水平有较大提高；全民族的思想道德素质、科学文化素质和健康素质明显提高，良好道德风尚、和谐人际关系进一步形成；全社会创造活力显著增强，创新型国家基本建成；社会管理体系更加完善，社会秩序良好；资源利用效率显著提高，生态环境明显好转；实现全面建设惠及十几亿人口的更高水平的小康社会的目标，努力形成全体人民各尽其能、各得其所而又和谐相处的局面。

关于工作原则，《决定》强调，构建社会主义和谐社会，要遵循以下原则：必须坚持以人为本，必须坚持科学发展，必须坚持改革开放，必须坚持民主法治，必须坚持正确处理改革发展稳定的关系，必须坚持在党的领导下全社会共同建设。

关于重大部署，《决定》从坚持协调发展，加强社会事业建设；加强制度建设，保障社会公平正义；建设和谐文化，巩固社会和谐的思想道德基础；完善社会管理，保持社会安定有序；激发社会活力，增进社会团结和睦；加强党对构建社会主义和谐社会的领导等六个方面对构建社会主义和谐社会进行了战略部署。

从以上几个方面可以看出，我们党提出构建社会主义和谐社会，符合马克思主义基本原理，符合马克思主义关于社会主义社会的科学设想。我们党在社会主义社会建设理论和实践上取得的新进展，既是对党执政经验的总结，也是对国外一些执政党执政经验教训的借鉴；既是对我国社会主义建设规律认识的深化，也是对共产党执政规律、社会主义建设规律、人类社会发展规律认识的深化；既是对中国特色社会主义理论的丰富和发展，也是对马克思主义关于社会主义社会建设理论的丰富和发展。

---

① 《十六大以来重要文献选编》下册，中央文献出版社 2008 年版，第 650 页。

第三节　建设创新型国家

经过新中国成立以来特别是改革开放以来的不懈努力，我国社会主义市场经济体制初步建立，经济社会持续快速发展，科技人力资源总量和研发人员总数位居世界前列，建立了比较完整的学科体系，部分重要领域研究开发能力已跻身世界先进行列，已经具备了建设创新型国家的重要基础和良好条件。

2005年10月，胡锦涛在党的十六届五中全会第二次全体会议上提出了"坚持自主创新，建设创新型国家"的要求，并认为"提高自主创新能力，要紧紧扭住为经济社会发展服务这一中心任务，瞄准世界科技发展前沿，坚持有所为、有所不为，明确自主创新的战略目标，着力解决制约经济社会发展的重大科技问题，积极发展战略高技术，特别是对经济增长有重大带动作用、具有自主知识产权的核心技术和关键技术以及能够提高产业整体技术水平的共性技术和配套技术，形成一批市场占有率高的产品和国际知名品牌，带动国家整体科技水平和创新能力的提高"[1]。自此之后，坚持自主创新，建设创新型国家越来越受到重视。2006年1月，胡锦涛在全国科学技术大会上发表《坚持走中国特色自主创新道路，为建设创新型国家而努力奋斗》的讲话，提出了建设创新型国家的总体目标：到2020年，使我国自主创新能力显著增强，科技促进经济社会发展和保障国家安全能力显著增强，基础科学和前沿技术研究综合实力显著增强，取得一批在世界具有重大影响的科学技术成果，进入创新型国家行列，为全面建设小康社会提供强有力的支撑。2007年10月，党的十七大更是将"提高自主创新能力，建设创新型国家"确立为国家发展战略的核心以及提高综合国力的关键。

---

[1] 《胡锦涛文选》第2卷，人民出版社2016年版，第369—370页。

一、提高自主创新能力，走自主创新道路

（一）提高自主创新能力

当今世界，科学技术已成为经济社会发展的决定性力量，而自主创新能力又是国家竞争力的核心。加快科技进步，关键在于自主创新。提高自主创新能力，是保持经济长期平稳较快发展的重要支撑，是调整经济结构、转变经济增长方式的重要支撑，也是提高我国国际竞争力和抗风险能力的重要支撑。

2006 年 1 月，胡锦涛在全国科学技术大会上指出："建设创新型国家，核心就是把增强自主创新能力作为发展科学技术的战略基点，走出中国特色自主创新道路，推动科学技术跨越式发展；就是把增强自主创新能力作为调整产业结构、转变增长方式的中心环节，建设资源节约型、环境友好型社会，推动国民经济又快又好发展；就是把增强自主创新能力作为国家战略，贯穿到现代化建设各个方面，激发全民族创新精神，培养高水平创新人才，形成有利于自主创新的体制机制，大力推进理论创新、制度创新、科技创新，不断巩固和发展中国特色社会主义伟大事业。"[1] 这也为我国提高自主创新能力指明了方向。

自主创新能力是国家竞争力的核心。胡锦涛指出："提高自主创新能力是我国应对未来挑战的重大选择，是统领我国未来科技发展的战略主线，是实现建设创新型国家目标的根本途径。"[2] 世界科技发展实践告诉我们：一个国家只有拥有强大的自主创新能力，才能在激烈的国际竞争中把握先机、赢得主动，特别是在关系国民经济命脉和国家安全的关键领域，真正的核心技术、关键技术是买不来的，必须依靠自主创新。因此要把提高自主创新能力摆在全部科技工作首位，在若干重要领域掌握一批核心技术，拥有一批自主知识产权，造就一批具有国际竞争力的企业，大幅度提高国家竞争力。

胡锦涛强调："提高自主创新能力，要紧紧扭住为经济社会发展服务这一中心任务，把握科技发展战略重点，着力解决制约经济社会发展的重大科技问题。"[3] 为此，要把发展能源、水资源、环境保护技术放在优先位置，下决

---

① 《胡锦涛文选》第 2 卷，人民出版社 2016 年版，第 402—403 页。

② 《胡锦涛文选》第 2 卷，人民出版社 2016 年版，第 404 页。

③ 《胡锦涛文选》第 2 卷，人民出版社 2016 年版，第 405 页。

心解决制约经济社会发展的重大瓶颈问题；抓住信息科技更新换代和新材料科技迅猛发展的难得机遇，把掌握装备制造业和信息产业核心技术自主知识产权作为提高我国产业竞争力的突破口；把生物科技作为未来高技术产业迎头赶上的重点，加强生物科技在农业、工业、人口和健康等领域的应用；加快发展空天和海洋科技，和平利用太空和海洋资源；加强基础科学和前沿技术研究特别是交叉学科的研究，加强我国科技创新基础和后劲。

胡锦涛还强调，要在统筹安排、整体推进的基础上，把在国民经济、社会发展、国防安全中重点发展、亟待科技提供支撑的产业和行业作为重点领域，把在重点领域中急需发展、任务明确、技术基础较好、近期能够突破的技术群作为优先主题，加快突破瓶颈制约，掌握关键技术和共性技术，解决重大公益性科技问题，提高国家安全保障能力。为此，胡锦涛提出要努力实现以下目标：一是掌握一批事关国家竞争力的装备制造业和信息产业核心技术，使制造业和信息产业技术水平进入世界先进行列。二是农业科技整体实力进入世界前列，促进农业综合生产能力提高，有效保障国家食物安全。三是能源开发、节能技术、清洁能源技术取得突破，促进能源结构优化，主要工业产品单位能耗指标达到或接近世界先进水平。四是在重点行业和重点城市建立循环经济的技术发展模式，为建设资源节约型、环境友好型社会提供科技支持。五是重大疾病防治水平显著提高，新药创制和关键医疗器械研制取得突破，具备产业发展技术能力。六是国防科技基本满足现代武器装备自主研制和信息化建设需要，为维护国家安全提供保障。七是涌现出一批具有世界水平的科学家和研究团队，在科学发展主流方向上取得一批具有重大影响的创新成果，信息、生物、材料、航天等领域的前沿技术达到世界先进水平。八是建成若干世界一流的科研院所和大学以及具有国际竞争力的企业研究开发机构，形成比较完善的中国特色国家创新体系。

（二）走中国特色自主创新道路

我国科技事业发展，特别是在科技发展结构布局、战略重点、政策举措等方面，既要顺应世界科技发展潮流，遵循科技规律，又要紧密结合国情和国家战略需求，选择顺应时代要求、符合我国实际的发展道路，这条道路就是中国特色自主创新道路。

走中国特色自主创新道路，核心就是要坚持自主创新、重点跨越、支撑发展、引领未来的指导方针。自主创新，就是从增强国家创新能力出发，加强原始创新、集成创新和引进消化吸收再创新。重点跨越，就是坚持有所为、有所不为，选择具有一定基础和优势、关系国计民生和国家安全的关键领域，集中力量、重点突破，实现跨越式发展。支撑发展，就是从现实的紧迫需求出发，着力突破重大关键技术和共性技术，支撑经济社会持续协调发展。引领未来，就是着眼长远，超前部署前沿技术和基础研究，创造新的市场需求，培育新兴产业，引领未来经济社会发展。这一方针是对我国半个多世纪科技事业发展实践经验的概括总结，是面向未来、实现中华民族伟大复兴的重要抉择，必须贯穿于我国科技事业发展全过程。为此，胡锦涛强调："要根据全面建设小康社会紧迫需求、世界科技发展趋势和我国国力，对我国科技发展作出总体部署，统筹当前和长远，把握科技发展战略重点，确定若干重点领域，抓住一批重大关键技术，实施若干重大专项，建设一批创新基地，培育大批创新企业，扎实提高持续创新能力，不断为建设创新型国家奠定坚实基础。"[1]

二、深化科技体制改革，建设国家创新体系

（一）深化科技体制改革

深化科技体制改革，进一步优化科技结构布局，充分激发全社会创新活力，加快科技成果向现实生产力转化，是建设创新型国家的一项重要任务。胡锦涛指出："要继续推进科技体制改革，充分发挥政府主导作用，充分发挥市场在科技资源配置中的基础性作用，充分发挥企业在技术创新中的主体作用，充分发挥国家科研机构的骨干和引领作用，充分发挥大学的基础和生力军作用，进一步形成科技创新整体合力，为建设创新型国家提供良好制度保障。"[2]

深化科技体制改革就是要进一步完善适应社会主义市场经济发展要求的政府管理科技事业的体制机制，建立健全有关法律法规，完善科技开发计划，促进科技创新要素和其他社会生产要素有机结合，形成科技不断促进经济社会发

---

① 《胡锦涛文选》第 2 卷，人民出版社 2016 年版，第 404 页。
② 《胡锦涛文选》第 2 卷，人民出版社 2016 年版，第 406 页。

展、社会不断增加科技投入的良好机制。通过完善科技资源配置方式，优化科技资源配置，促进科技资源开放和共享，形成广泛的多层次的创新合作机制，建立健全绩效优先、鼓励创新、竞争向上、协同发展、创新增值的资源分配机制和评价机制。通过建立竞争机制，坚持国家科技计划对全社会开放，支持和鼓励国内有条件的各类机构平等参与承担国家重大计划和项目，为全社会积极创新创造良好条件。通过加强科技基础条件平台建设，加强对重要技术标准制定的指导协调。在社会主义市场经济条件下，企业是市场竞争的主体，也是技术创新的主体。与此同时，我们必须培育一大批具有自主创新能力、拥有自主知识产权的企业。要抓紧制定切实有效的改革举措、激励政策、法律法规，完善鼓励自主创新的金融财税政策，改善对高新技术企业特别是科技型中小企业的信贷服务和融资环境，加快发展创业风险投资，积极为企业技术创新服务，为不同类型、不同所有制企业提供公平竞争环境。我国广大企业家还应该增强民族自信，树立世界眼光，坚韧不拔、百折不挠，为建设创新型国家贡献自己的聪明才智。

（二）建设国家创新体系

在深化科技体制改革的基础上，要加强国家创新体系建设。胡锦涛强调，加强国家创新体系建设，要重点加强以下工作：一是要建设以企业为主体、市场为导向、产学研相结合的技术创新体系，使企业真正成为研究开发投入的主体、技术创新活动的主体、创新成果应用的主体，全面提升企业自主创新能力。二是要建设科学研究和高等教育有机结合的知识创新体系，以建立开放、流动、竞争、协作的运行机制为中心，高效利用科研机构和高等院校科技资源，稳定支持从事基础研究、前沿高技术研究、社会公益研究的科研机构，集中力量形成若干优势学科领域、研究基地、人才队伍。三是要建设军民结合、寓军于民的国防科技创新体系，加强军民科技资源集成，实现从基础研究、应用研究开发、产品设计制造到技术和产品采购的有机结合，形成军民高技术共享和相互转移的良好格局。四是要建设各具特色和优势的区域创新体系，促进中央和地方的科技力量有机结合，发挥高等院校、科研机构、国家高新技术产业开发区的重要作用，增强科技创新对区域经济社会发展的支撑力度。五是要建设社会化、网络化的科技中介服务体系，大力培育和发展各类科技中介服务机构，引导科技中介服务机构向专业化、规模化、规范化方向发展。

三、创造良好环境，培养造就人才队伍

科技创新，关键在人才。杰出科学家和科学技术人才群体，是国家科技事业发展的决定性因素。人才竞争正成为国际竞争的一个焦点。无论是发达国家还是发展中大国，都把科技人力资源视为战略资源和提升国家竞争力的核心因素，大力加强科技人力资源能力建设。源源不断培养造就大批高素质的具有蓬勃创新精神的科技人才，直接关系到我国科技事业的前途，直接关系到国家和民族的未来。

培养大批具有创新精神的优秀人才，造就有利于人才辈出的良好环境，充分发挥科技人才积极性、主动性、创造性，是建设创新型国家的战略举措。胡锦涛指出："要坚持贯彻尊重劳动、尊重知识、尊重人才、尊重创造的方针，全面实施人才强国战略，牢固树立人才资源是第一资源的观念，完善适合我国科技发展需要的人才结构，不断发展壮大我国科技人才队伍。要坚持在创新实践中发现人才、在创新活动中培育人才、在创新事业中凝聚人才。要依托国家重大人才培养计划、重大科研和重大工程项目、重点学科和重点科研基地、国际学术交流合作项目，积极推进创新团队建设，努力培养一批德才兼备、国际一流的科技尖子人才、国际级科学大师、科技领军人物，特别是要抓紧培养造就一批中青年高级专家。要努力营造鼓励人才干事业、支持人才干成事业、帮助人才干好事业的社会环境，形成有利于优秀人才脱颖而出的体制机制，最大限度激发科技人员创新激情和活力，提高创新效率，特别是要为年轻人才施展才干提供更多机会和更大舞台。要加大引进人才、引进智力工作力度，尤其是要积极引进海外高层次人才，吸引广大出国留学人员回国创业。"①

建设创新型国家的伟大事业，离不开广大科技工作者的艰苦劳动和创造性实践。我国科技界素有心系祖国、自觉奉献的爱国精神，求真务实、勇于创新的科学精神，不畏艰险、勇攀高峰的探索精神，团结协作、淡泊名利的团队精神。在建设创新型国家伟大实践中，广大科技工作者应该也必须做自主创新的先锋、做拼搏奉献的楷模，从而努力创造无愧于时代、无愧于人民的光辉业绩。

---

① 《胡锦涛文选》第 2 卷，人民出版社 2016 年版，第 408—409 页。

四、发展创新文化，努力培育创新精神

一个国家的文化，同科技创新有着相互促进、相互激荡的密切关系。创新文化孕育创新事业，创新事业激励创新文化。中华文化历来包含鼓励创新的丰富内涵，强调推陈出新、革故鼎新，强调"天行健，君子以自强不息"。胡锦涛指出："建设创新型国家，必须大力发扬中华文化优良传统，大力增强全民族自强自尊精神，大力增强全社会创造活力。"[①] 他同时提出"六个要"的基本要求：要坚持解放思想、实事求是、与时俱进，通过理论创新不断推进制度创新、文化创新，为科技创新提供科学理论指导、有力制度保障、良好文化氛围；要大力弘扬以爱国主义为核心的民族精神和以改革创新为核心的时代精神，增强民族自信心和自豪感，增强不懈奋斗、勇于攀登世界科技高峰的信心和勇气；要在全社会培育创新意识，倡导创新精神，完善创新机制，大力提倡敢为人先、敢冒风险的精神，大力倡导敢于创新、勇于竞争、宽容失败的精神，努力营造鼓励科技人员创新、支持科技人员实现创新的有利条件；要注重从青少年入手培养创新意识和实践能力，积极改革教育体制和改进教学方法，大力推进素质教育，鼓励青少年参加丰富多彩的科普活动和社会实践；要大力繁荣发展哲学社会科学，促进哲学社会科学和自然科学相互渗透，为建设创新型国家提供更好理论指导；要在全社会广为传播科学知识、科学方法、科学思想、科学精神，使广大人民群众更好接受科学技术武装，进一步形成讲科学、爱科学、学科学、用科学的社会风尚。

此外，发展创新文化，既要大力继承和弘扬中华文化优良传统，又要充分吸收国外文化有益成果。要坚持对外开放的基本国策，扩大多种形式的国际和地区科技交流合作，有效利用全球科技资源。要鼓励科研院所、高等院校同海外研究开发机构建立联合实验室或研究开发中心，支持在双边、多边科技合作协议框架下实施国际合作项目，支持我国企业扩大高新技术及其产品的出口和在海外设立研究开发机构或产业化基地，鼓励跨国公司在华设立研究开发机构。要积极主动参与国际大科学工程和国际学术组织，支持我国科学家和科研机构参与或牵头组织国际和区域性大科学工程。

---

① 《胡锦涛文选》第 2 卷，人民出版社 2016 年版，第 409 页。

第四节 建设社会主义新农村

农业、农村、农民问题，是决定全面建设小康社会进程的关键问题，也是关系党和国家工作全局的根本性问题。党的十六大之后，以胡锦涛同志为总书记的党中央高度重视"三农"问题。2005年10月，党的十六届五中全会进一步明确提出建设社会主义新农村的重大历史任务，随后出台《中共中央、国务院关于推进社会主义新农村建设的若干意见》。建设社会主义新农村，是对我们党长期以来特别是改革开放以来重视"三农"问题的战略思想的继承和发展，是在新形势下加强"三农"工作、更好地推进全面建设小康社会进程和现代化建设的战略举措。

一、正确认识工农城乡关系

农业是安天下、稳民心的战略产业，在工业化初始阶段，农业支持工业、为工业提供积累是带有普遍性的趋向，但在工业化达到相当程度以后，工业反哺农业、城市支持农村，实现工业与农业、城市与农村协调发展，也是带有普遍性的趋向。加快建设社会主义新农村是基于我国发展的现实需要而提出的，并且具备多方面的有利条件。胡锦涛指出："我们经过分析研究，明确提出我国在总体上已进入以工促农、以城带乡的发展阶段。"①作出这样的判断，主要是基于三点：一是实现经济社会又快又好发展要求我们进一步做好"三农"工作，广大农民群众迫切要求改变农村面貌，解决好"三农"问题越来越成为全党全国的共识，全社会关心农业、关注农村、关爱农民的良好氛围已经形成，为建设社会主义新农村营造了广泛群众基础和社会条件。二是经过多年来特别是改革开放以来的发展，我国综合国力显著增强，第二、第三产业增加值占国

---

① 《胡锦涛文选》第2卷，人民出版社2016年版，第248页。

内生产总值的比重已达到 87.6%，城镇人口占总人口的比重已达到 43%，国家财政收入持续增长，总体上具备了工业反哺农业、城市支持农村的能力，为建设社会主义新农村创造了重要物质技术基础。三是解决好农业和农村发展、农民增收问题，仅靠农村内部资源和力量已经不够，必须在继续挖掘农村内部资源和力量的同时，充分运用外部资源和力量，推动国民收入分配向农业和农村倾斜，依靠工业反哺和城市支持。

由于我国总体上已到了以工促农、以城带乡的发展阶段，"我们要自觉顺应这一趋势，实行工业反哺农业、城市支持农村的方针，进一步调整国民收入分配格局，加大各级财政对农业和农村的支持力度，充分发挥工业对农业的支持和反哺作用、城市对农村的辐射和带动作用，建立以工补农、城乡互动、协调发展的新型城乡关系"①。要坚持"多予少取放活"，扩大公共财政覆盖农村的范围，强化政府对农村的公共服务，集中力量搞好农村基础设施建设，改善广大农民生产生活条件，力求使农村面貌有明显变化。要着力提高粮食综合生产能力，稳定发展粮食生产，优化粮食生产结构，做到立足国内实现粮食基本自给。要推进现代农业建设，加快农业科技进步，加强农业设施建设，优化农业生产结构和区域布局，转变农业增长方式，发展农业产业化经营，促进农产品加工转化增值，健全农业社会化服务体系，加快农业标准化，发展高产、优质、高效、生态、安全农业。要坚持把促进农民增收作为农业和农村工作的中心任务，挖掘农业内部增收潜力，发展农村二、三产业，发展和壮大县域经济，引导农村富余劳动力向非农产业和城镇有序转移，稳定和完善农业补贴政策，保持农产品价格合理水平，逐步建立健全农业支持保护制度，形成农民增收长效机制，促进农民收入持续较快增长。要加快发展农村文化教育事业，重点发展农村义务教育和技能培训，完善农村广播电视村村通工程，推广新型农村合作医疗制度。要加强农村党组织和基层政权建设，完善村民自治，增强村级集体经济组织的服务功能，凝聚亿万农民共同投身建设社会主义新农村的伟大事业。

同时，我们也必须看到，尽管我们现在具备了加强"三农"工作的许多有利条件，但我国是一个发展中大国，正处于并将长期处于社会主义初级阶段，农业人口多的基本国情决定了我国解决"三农"问题的难度比其他国家要大得多，建设社会主义新农村必然是一项长期的历史任务。从本世纪头二十年实现

---

① 《胡锦涛文选》第 2 卷，人民出版社 2016 年版，第 367 页。

全面建设小康社会的目标，到本世纪中叶我国基本实现现代化，建设社会主义新农村需要经过几十年的艰苦努力。从更长远的时间看，即使将来基本实现现代化了，我国城镇化率达到百分之六十甚至更高，也还会有好几亿人口生活在农村，"三农"问题依然是关系我国发展全局的重大问题。从发达国家的实践看，即便实现了农业现代化，农业在国内生产总值中的比重和农业劳动力在社会总劳动力中的比重已经比较低了，农业和农民问题仍然是重大问题。因此，我们一定要树立长期作战的思想，坚持不懈地做好"三农"工作。

二、建设社会主义新农村的战略规划

2005 年 10 月，党的十六届五中全会通过了《中共中央关于制定国民经济和社会发展第十一个五年规划的建议》，提出建设社会主义新农村的重大历史任务，并对社会主义新农村建设作出了明确规划，主要包括以下几个方面。

（一）积极推进城乡统筹发展

建设社会主义新农村是我国现代化进程中的重大历史任务。要按照生产发展、生活宽裕、乡风文明、村容整洁、管理民主的要求，坚持从各地实际出发，尊重农民意愿，扎实稳步推进新农村建设。坚持"多予少取放活"，加大各级政府对农业和农村增加投入的力度，扩大公共财政覆盖农村的范围，强化政府对农村的公共服务，建立以工促农、以城带乡的长效机制。搞好乡村建设规划，节约和集约使用土地。培养有文化、懂技术、会经营的新型农民，提高农民的整体素质，通过农民辛勤劳动和国家政策扶持，明显改善广大农村的生产生活条件和整体面貌。

（二）推进现代农业建设

加快农业科技进步，加强农业设施建设，调整农业生产结构，转变农业增长方式，提高农业综合生产能力。稳定发展粮食生产，实施优质粮食产业工程，建设大型商品粮生产基地，确保国家粮食安全。优化农业生产布局，推进农业产业化经营，促进农产品加工转化增值，发展高产、优质、高效、生态、安全农业。大力发展畜牧业，保护天然草场，建设饲草基地。积极发展水产业，保护和合理利用渔业资源。加强农田水利建设，改造中低产田，搞好土地整理。提高农业机械化水平，加快农业标准化，健全农业技术推广、农产品市场、农产品质量安全和动植物病虫害防控体系。积极推行节水灌溉，科学使用肥料、农药，促进农业可持续发展。

（三）全面深化农村改革

稳定并完善以家庭承包经营为基础、统分结合的双层经营体制，有条件的地方可根据自愿、有偿的原则依法流转土地承包经营权，发展多种形式的适度规模经营。巩固农村税费改革成果，全面推进农村综合改革，基本完成乡镇机构、农村义务教育和县乡财政管理体制等改革任务。深化农村金融体制改革，规范发展适合农村特点的金融组织，探索和发展农业保险，改善农村金融服务。坚持最严格的耕地保护制度，加快征地制度改革，健全对被征地农民的合理补偿机制。深化农村流通体制改革，积极开拓农村市场。逐步建立城乡统一的劳动力市场和公平竞争的就业制度，依法保障进城务工人员的权益。增强村级集体经济组织的服务功能。鼓励和引导农民发展各类专业合作经济组织，提高农业的组织化程度。加强农村党组织和基层政权建设，健全村党组织领导的充满活力的村民自治机制。

（四）大力发展农村公共事业

加快发展农村文化教育事业，重点普及和巩固农村九年义务教育，对农村学生免收杂费，对贫困家庭学生提供免费课本和寄宿生活费补助。加强农村公共卫生和基本医疗服务体系建设，基本建立新型农村合作医疗制度，加强人畜共患疾病的防治。实施农村计划生育家庭奖励扶助制度和"少生快富"扶贫工程。发展远程教育和广播电视"村村通"。加大农村基础设施建设投入，加快乡村道路建设，发展农村通信，继续完善农村电网，逐步解决农村饮水的困难和安全问题。大力普及农村沼气，积极发展适合农村特点的清洁能源。

（五）千方百计增加农民收入

采取综合措施，广泛开辟农民增收渠道。充分挖掘农业内部增收潜力，扩大养殖、园艺等劳动密集型产品和绿色食品的生产，努力开拓农产品市场。大力发展县域经济，加强农村劳动力技能培训，引导富余劳动力向非农产业和城镇有序转移，带动乡镇企业和小城镇发展。继续完善现有农业补贴政策，保持农产品价格的合理水平，逐步建立符合国情的农业支持保护制度。加大扶贫开发力度，提高贫困地区人口素质，改善基本生产生活条件，开辟增收途径。因地制宜地实行整村推进的扶贫开发方式。对缺乏生存条件地区的贫困人口实行易地扶贫，对丧失劳动能力的贫困人口建立救助制度。

2005 年底出台的《中共中央、国务院关于推进社会主义新农村建设的若干意见》从统筹城乡经济社会发展，扎实推进社会主义新农村建设；推进现代农业建设，强化社会主义新农村建设的产业支撑；促进农民持续增收，夯实社会主义新农村建设的经济基础；加强农村基础设施建设，改善社会主义新农村建设的物质条件；加快发展农村社会事业，培养推进社会主义新农村建设的新型农民；全面深化农村改革，健全社会主义新农村建设的体制保障；加强农村民主政治建设，完善建设社会主义新农村的乡村治理机制；切实加强领导，动员全党全社会关心、支持和参与社会主义新农村建设等八个方面进一步对社会主义新农村建设作出了战略规划。

三、建设社会主义新农村的主要任务

生产发展、生活宽裕、乡风文明、村容整洁、管理民主，是建设社会主义新农村的总要求。这五句话二十个字，体现了我国广大农民群众根本利益和强烈愿望，涵盖了推进"三农"工作的主要方面。2006 年 2 月 14 日，胡锦涛在省部级主要领导干部建设社会主义新农村专题研讨班上发表讲话，提出了建设社会主义新农村的主要任务，为进一步落实建设社会主义新农村的要求，有计划有步骤有重点地把社会主义新农村建设推向前进指明了方向。胡锦涛在会上提出的建设社会主义新农村的主要任务包括以下几个方面。

（一）发展农村生产力，促进农村经济繁荣

解放和发展农村生产力，是建设社会主义新农村的根本任务。只有不断解放和发展农村生产力，不断增强农业和农村经济实力和竞争力，才能为农村社会全面进步和农民全面发展奠定坚实物质基础。要针对制约农村生产

力发展的突出问题，抓住关键环节，采取综合措施，全面加强农村生产力建设。

一是要加强粮食综合生产能力建设。粮食生产问题，任何时候都不能放松。尽管我国粮食生产出现重大转机，连续大幅度增产，使粮食供求矛盾有所缓解，但当年粮食产需仍有一定缺口。从长远看，耕地、水资源不足的矛盾将越来越突出，保持粮食供求平衡压力仍然很大。我们要始终不渝坚持立足国内实现粮食基本自给的方针，稳定发展粮食生产，着力提高粮食综合生产能力。要坚决落实最严格的耕地保护制度，切实保护基本农田，稳定粮食播种面积，优化粮食生产结构，加快推广先进适用技术和优良品种，进一步提高粮食单产、品质、生产效益。要加大扶持粮食生产力度，认真落实促进粮食生产各项政策措施，保持合理的粮价水平，加强农业生产资料价格调控，保护种粮农民利益。

二是要加快农业科技进步。加快建设现代农业，提高农产品国际竞争力，必须把加快农业科技进步列入建设创新型国家规划，作为一项关键措施来落实，大力提高我国农业科技整体实力。要瞄准世界农业科技发展前沿领域，把握战略重点，加强自主创新，着力解决促进农业科技发展的重大问题，加快农业技术推广体系建设，深入实施农业科技入户工程，提高农业科技转化能力。要深化农业科技体制改革，制定和实施有效政策措施，加大支持力度，改善环境条件，为提高农业科技创新和转化能力提供有力保障。

三是要加强农村基础设施建设。农业和农村基础设施薄弱，已成为我国农村生产力进一步提高的主要障碍。要把加强农村基础设施建设、提高农业物质装备水平、改善农村生产生活条件作为加快农村生产力发展的重要着力点。要加强农田水利、耕地质量建设，积极推广使用先进生产工具，合理使用化肥、农药、农膜等农业投入品，健全农业社会化服务体系，全面提高农业综合生产能力。要加大国家支持力度，切实抓好农民最急需的饮水、道路、能源、电力、环境卫生等基础设施建设，改善人居环境，力争经过长期努力使农村基础设施滞后局面有明显改观。

四是要加快转变农业增长方式。我国耕地、淡水等资源总体紧缺，人均耕地只有1.41亩，不到世界人均水平的40%；人均淡水资源不足2200立方米，仅相当于世界平均水平的1/3，而灌溉利用率仅为45%，比世界先进水平低30个百分点左右。农业要实现持续发展，承担起支撑经济社会长期发展的重任，必须加快转变增长方式，加快改变粗放型经营方式。要推进现代农业建设，积极推进农业结构调整，优化农业生产结构和区域布局，促进农产品加工转化增值，加快农业标准化，发展高产、优质、高效、生态、安全农业。要按照建设资源节约型、环境友好型社会要求，发展循环农业，强化生态保护，发展节地、节水、节肥、节药、节种的节约型农业，巩固和发展退耕还林、天然林保护等重点生态工程，坚持节约生产、清洁生产、安全生产，实现人与自然和谐发展，走出一条中国特色农业现代化道路。

（二）着力促进农民增收，提高农民生活水平

实现农民收入持续较快增长，提高农民生活水平和质量，是建设社会主义新农村的根本目的。要坚持把促进农民增收作为农业和农村工作的中心任务，采取更加直接、更加有力的措施，广辟农民增收渠道，形成农民增收长效机制。

一是要挖掘农业内部增收潜力。有关调查表明，农业生产性收入仍然是农民收入的重要组成部分，农业内部增收潜力仍然比较大。要继续推进农业结构调整，积极发展品质优良、特色鲜明、附加值高的优势农产品，发展农业产业化经营，构建生产、加工、销售有机结合的高效农业产业体系，不断提高农产品附加值，帮助农民增加来自农业内部的收入。

二是要广辟农村富余劳动力就近就地转移就业的途径。我国农村富余劳动力较多，解决好他们的就业问题，有利于实现农民收入长期较快增长。要采取措施扶持县域经济发展，增强县域经济活力，引导乡镇企业转变机制和增长方式，注重发展就业容量大的劳动密集型产业和服务业，扩大农村劳动力就近就地转移就业的容量。

三是要拓展农村富余劳动力进城务工经商的渠道。农村富余劳动力进城务工经商和跨区域流动，不仅有利于增加农民收入，也是工业带动农业、城市带动农村、发达地区带动欠发达地区加快发展的一种有效形式。要加快建立有利于逐步改变城乡二元结构的体制，逐步形成城乡统一的劳动力市场，建立健全城乡就业公共服务网络，严格执行最低工资制度，完善劳动合同制度，改善农民进城务工经商环境，保护进城务工经商农民合法权益。

四是要完善和强化对农民的直接补贴政策。国家出台的"三减免、三补贴"和退耕还林补贴等政策，受到了广大农民群众欢迎，要继续稳定、完善、强

化。要加强国家对农业和农民的支持保护体系，加大对种粮农民的补贴力度，保持农产品价格合理水平，有效保护农民收益。

（三）加强民主法制建设，保障农民民主权利

建设社会主义新农村，必须继续扩大农村基层民主，确保广大农民群众依法行使当家作主的权利，充分调动和发挥广大农民群众积极性、主动性、创造性。

一是要落实各项民主制度。要健全农村民主选举、民主决策、民主管理、民主监督等制度，扎实推进民主管理各项工作，尤其要做好监督检查工作，确保广大农民群众真正享有法律赋予的各项权利。

二是要搞好村民自治。要加强和改善党对农村基层民主选举的领导，健全村党组织领导的充满活力的村民自治机制，保证农村基层民主健康发展。要采取多种形式，广泛宣传基层民主选举的法律知识、方法步骤，广泛宣传农村基层民主选举和农民群众切身利益的关系，引导农民群众增强民主意识，珍惜自身权利，推动农村基层民主有序发展、农村基层组织积极发挥作用。我国现有六十多万个村民委员会，绝大部分在实行村民自治方面发挥了积极作用，但也有一些农村基层组织软弱涣散，有的甚至被宗族、宗派势力把持，难以正常运转和发挥作用。对这些问题要高度重视，并切实加以解决。

三是要健全村务公开制度。保障农民群众知情权，是农民群众依法当家作主的起码条件，也是保证乡村干部廉洁办事的有效措施。要按照国家有关法律法规和政策规定，把诸如计划生育政策落实、救灾救济款物发放、宅基地审批、村干部报酬等村务及时向村民公开，同时不断丰富和拓展村务公开的内容。

四是要开展普法教育。要在农村广泛开展基本法律知识宣传教育，特别是要加强同保障农民群众切身利益紧密相关的法律法规宣传教育，使农民群众增强法制观念、增强依法行使权利能力和履行义务自觉性。要积极引导农民群众以理性合法的形式表达利益诉求，提高农村基层干部运用法律手段管理基层事务、处理矛盾纠纷能力，逐步形成政府主导、社区参与、农民群众自主维权相结合的农民权益保护机制。对各种侵害农民群众权益的行为要依法进行查处，决不姑息。

（四）加强精神文明建设，培育造就新型农民

亿万农民是建设社会主义新农村的主体。提高农民综合素质，是建设社会主义新农村的重要保证。要加强农村社会主义精神文明建设，积极培育造就有文化、懂技术、会经营的新型农民，为建设社会主义新农村提供思想保证、精神动力、智力支持。

一是要加快发展农村教育事业。发展农村教育事业，提高农村人口素质，是建设社会主义新农村的基础性工程。要增加对农村教育的投入，重点发展农村义务教育和技能培训。要着力普及和巩固农村九年义务教育，尽快实现农村义务教育阶段全部免除学杂费，对贫困家庭学生免费提供课本和补助寄宿生生活费，让每个农民子女都能上得起学。要继续实施国家西部地区"两基攻坚"工程和农村中小学现代远程教育工程，改善农村办学条件，加强农村教师队伍建设，逐步提高农村中小学公用经费保障水平。要发展农村职业教育和成人教育，大规模开展农村劳动力技能培训，不断提高农民综合素质。各级政府都要严格履行将每年新增教育、卫生、文化等事业经费主要用于农村的规定。

二是要繁荣农村文化事业。要研究制定和认真落实农村文化事业发展规划，引导文化工作者深入乡村，开展多种形式、生动活泼的文化活动，满足农民群众多层次、多方面的精神文化需求，使社会主义先进文化牢固占领农村阵地。要加强县文化馆和图书馆、乡镇文化站、村文化室等公共文化设施建设，继续实施广播电视"村村通"和农村电影放映工程，发展文化信息资源共享工程农村基层服务点，构建农村公共文化服务体系，鼓励农民兴办文化产业。要按照中央要求增加文化事业投入，同时广开资金筹措渠道，逐步形成政府与企业、社会团体相结合的资金投入机制，实现农村文化事业投入良性循环。

三是要倡导健康文明新风尚。要弘扬以爱国主义为核心的民族精神和以改革创新为核心的时代精神，深入开展农村形势和政策教育，认真实施公民道德建设工程，积极推动群众性精神文明创建活动，引导农民崇尚科学、抵制迷信、移风易俗、破除陋习，逐步形成健康文明的农村新风貌。

（五）推进和谐社会建设，保持农村社会稳定

在我们这样一个农民占多数人口的国家里，没有农村的和谐，就不可能有

整个社会的和谐。要坚持以解决好农民群众最关心最直接最现实的利益问题为着力点，促进农村和谐社会建设。

一是要保障农村困难群众基本生活。要逐步加大公共财政对农村社会保障制度建设的投入。有条件的地方，要探索建立同农村经济发展水平相适应、同其他保障措施相配套的农村社会养老保险制度，探索建立农村最低生活保障制度。尤其要做好农村五保户供养、特困户生活救助工作，切实解决好偏远山区和受灾地区农民群众温饱问题。

二是要发展农村卫生事业。农村看病难、看病贵、因病致贫、因病返贫现象相当突出。广大农民群众迫切要求改变这种状况。各级政府都要增加对农村卫生事业的投入，加快推进新型农村合作医疗制度试点工作，加强以乡镇卫生院为重点的农村卫生基础设施建设，健全农村三级医疗卫生服务和医疗救助体系，规范农村医疗服务，争取让患病农民都能看得起病、得到治疗。要加强农村计划生育服务设施建设，继续稳定农村低生育水平。

三是要正确处理新形势下的人民内部矛盾。当前，农村总的是稳定的，干群关系也比较好，但一些地方人民内部矛盾和各种社会矛盾依然不少，群体性事件时有发生，必须引起我们高度重视，并采取有效措施加以解决。要健全正确处理人民内部矛盾的工作机制，加强思想政治工作，深入开展矛盾纠纷排查调处工作，及早发现苗头性问题，及时疏导群众情绪，防止矛盾扩大和激化，努力把问题解决在基层和萌芽状态。要警惕和防止敌对势力插手人民内部矛盾、挑起群体性事件的情况发生。

四是要加强农村社会建设和管理。要积极开展和谐家庭、和谐村组、和谐村镇创建活动，努力把每个农村社区都建设成为和谐社会的"健康细胞"。要加强农村社会治安综合治理，依法打击各种犯罪和黄赌毒等社会丑恶现象，营造安定祥和的社会环境。要切实贯彻执行党的民族政策、宗教政策，把各族群众、广大信教和不信教群众紧密团结起来，共同维护农村稳定。

（六）全面深化农村改革，增强农村发展活力

通过改革来解放和发展社会生产力，是我们在推动农业和农村发展的长期实践中得出的一条重要经验。建设社会主义新农村，同样需要通过深化改革来提供动力。要坚持社会主义市场经济的改革方向，加大改革力度，统筹兼顾，稳步推进，重点突破，通过体制机制创新，全面增强农业和农村发展活力。

一是要稳定和完善农村基本经营体制。以家庭承包经营为基础、统分结合的双层经营体制是我国农村的基本经营体制，符合我国国情和现阶段农村生产力发展水平，必须长期坚持。要切实保障农民对土地承包经营的各项权利，健全在依法、自愿、有偿基础上的土地承包经营权流转机制，有条件的地方可以发展多种形式的适度规模经营。

二是要推进农村综合改革。2006 年 1 月 1 日起，我们已经全面取消了农业税，千百年来农民种地缴纳"皇粮国税"的历史正式结束了。但是，这并不意味着农民负担问题就一劳永逸解决了。如果不深化农村改革，农民负担极有可能以其他形式出现反弹。要围绕巩固和发展农村税费改革成果，坚定不移把农村综合改革推向前进。要切实转变乡镇政府职能，创新乡镇事业单位运行机制，扎实稳妥精简机构和人员，同时加快农村义务教育管理体制改革和县乡财政管理体制改革，逐步建立精干高效的农村基层行政管理体制和覆盖城乡的公共财政制度。

三是要统筹推进各项改革。要充分发挥市场在资源配置中的基础性作用，推进农村发展现代流通业，加快农村现代经营网络建设。要加快推进农村金融改革，着力构建功能完善、分工合理、产权明晰、监管有力的农村金融体系，建立多元投融资机制，改善对农村的金融服务，切实解决好农业发展资金短缺、农民和乡镇企业贷款难的矛盾。要深化粮食流通体制改革，建立和完善粮食产销区稳定的购销关系，加强对粮食市场的宏观调控，保持粮食市场稳定。要加快征地制度改革，依法规范征地程序，严格控制建设用地，完善对被征地农民的补偿办法，健全对被征地农民的社会保障。

四是要调动广大农民群众积极性和创造性。广大农民群众是推动生产力发展最活跃最积极的因素。充分发挥广大农民群众主体作用，是确保建设社会主义新农村成功的关键。要充分尊重广大农民群众首创精神，取消一切限制农民创业的政策规定，革除一切束缚农民创业的体制弊端，激发农民自主创业潜能，营造鼓励农民干事业、帮助农民干成事业的社会氛围。要在市场准入、融资条件、政策支持等方面创造平等竞争的环境，支持农民按照自愿、民主的原则发展多种形式的专业合作经济组织，增强村级集体经济组织服务功能，积极引导各类资本投向农业和农村，促进农村多种所有制经济共同发展。

第五节　走和平发展道路

一、和平发展道路的提出和内涵

一个拥有十几亿人口并坚持走社会主义道路的发展中大国，通过什么方式和途径实现发展，举世瞩目。党的十六大之后，中国明确提出要走和平发展道路。

走和平发展道路，经历了从"和平崛起"到"和平发展"的变化。2003年12月，胡锦涛在纪念毛泽东同志诞辰110周年座谈会上的讲话中，使用的是"要坚持走和平崛起的发展道路"。2004年11月，胡锦涛在十六届中央纪委第三次全体会议上的讲话，也是"我们坚持走和平崛起道路"。在此后的重要文献中，规范使用的表述都变成"和平发展道路"。

2005年9月，胡锦涛在美国纽约联合国总部举行的联合国成立60周年首脑会议上的讲话中强调："中国将坚定不移高举和平、发展、合作的旗帜，坚定不移走和平发展道路，坚定不移奉行独立自主的和平外交政策，在和平共处五项原则的基础上同世界各国发展友好合作关系。"[1]他表示，中国将始终不渝把自身的发展与人类共同进步联系在一起，既充分利用世界和平发展带来的机遇发展自己，又以自身的发展更好维护世界和平、促进共同发展。中国将一如既往遵守联合国宪章宗旨和原则，积极参与国际事务，履行国际义务，同各国一道推动建立公正合理的国际政治经济新秩序。中华民族是热爱和平的民族。中国的发展不会妨碍任何人，也不会威胁任何人，只会有利于世界和平稳定、共同繁荣。

2005年11月9日，胡锦涛在访问英国期间进一步阐明了中国选择和坚持的是和平发展道路。他指出："我可以明确告诉大家，中国选择和坚持的是和

---

[1] 《胡锦涛文选》第2卷，人民出版社2016年版，第355页。

平发展道路，中国的发展是和平的发展、开放的发展、合作的发展。"① 因为中国人民深刻认识到，只有通过和平方式实现的发展才是持久牢靠的发展，也才是既有利于中国人民也有利于世界各国人民的发展。坚持走和平发展道路，就是既通过争取和平国际环境来发展自己，又通过自己的发展来促进世界和平，永远做维护世界和平、促进共同发展的坚定力量。中国将主要依靠自身力量和改革创新来实现发展，同时坚持对外开放的基本国策，在平等互利的基础上同世界各国开展交流合作，努力实现互利共赢。

2005 年底，国务院新闻办公室发表《中国的和平发展道路》白皮书。该白皮书声明："中国将坚定不移地走和平发展道路，努力实现和平的发展、开放的发展、合作的发展、和谐的发展。"同时明确了和平发展道路的基本内涵："走和平发展道路，就是要把中国国内发展与对外开放统一起来，把中国的发展与世界的发展联系起来，把中国人民的根本利益与世界人民的共同利益结合起来。"

2011 年 9 月，国务院新闻办公室发表《中国的和平发展》白皮书，该白皮书对和平发展进行了进一步总结。白皮书指出，和平发展道路归结起来就是：既通过维护世界和平发展自己，又通过自身发展维护世界和平；在强调依靠自身力量和改革创新实现发展的同时，坚持对外开放，学习借鉴别国长处；顺应经济全球化发展潮流，寻求与各国互利共赢和共同发展；同国际社会一道努力，推动建设持久和平、共同繁荣的世界。这条道路最鲜明的特征是科学发展、自主发展、开放发展、和平发展、合作发展、共同发展。总的来说，白皮书阐述了中国走和平发展之路的立场和决心，中国和平发展道路的内涵也得到了丰富和发展。

二、走和平发展道路的必然性

中国走和平发展道路，既有着中国发展的现实需要，又有着中国发展的历史根源。2005 年 11 月 9 日，胡锦涛在访问英国期间在伦敦金融城市长举行的欢迎晚宴上发表的演讲中，充分阐明了中国坚持走和平发展道路的必然性。

---

① 《胡锦涛文选》第 2 卷，人民出版社 2016 年版，第 381 页。

　　中国走和平发展道路，是基于中国国情的必然选择。中国虽然取得了巨大发展成就，但中国仍然是世界上最大的发展中国家。从总量上说，中国国内生产总值已排在世界前列，但人均国内生产总值还比较靠后，中国人民生活还不富裕，中国在发展进程中还面临着不少突出矛盾和问题。到过北京、上海、广州等一些大城市的人，都会强烈感受到中国这些年来发生的巨大变化。同时，到过中国西部和广大农村的人，也会强烈感受到中国发展还很不平衡。比如，中国农村还有许多的贫困人口，城镇居民中享受最低生活保障的也不在少数，每年需要解决就业的人口数量庞大，全社会还有几千多万残疾人需要关爱和援助。总之，中国要达到中等发达国家经济发展水平，还需要经过很长时期的艰苦奋斗。这一基本国情决定了，推动经济社会发展、不断改善人民生活始终是中国的中心任务。中国人民最需要最珍爱和平的国际环境。走和平发展道路，是中国实现国家富强、人民幸福的必由之路。

　　中国走和平发展道路，是基于中国历史文化传统的必然选择。中华民族历来讲信修睦、崇尚和平，中华文化历来强调以和为贵的价值观念。回顾中华文明五千多年的漫长历史，中国人民在对外交往中始终强调亲仁善邻、和而不同。六百年前，中国明代著名航海家郑和曾率领当时世界上最强大的船队七下西洋，远涉亚非三十多个国家和地区，但他们没有去征服邻国、掠夺财富，而是去结交友邦、宣示和平。在近代历史上，中国屡遭外来势力入侵和奴役，中国人民深知和平弥足珍贵。新中国成立以来，中国坚持独立自主的和平外交政策，坚持在和平共处五项原则的基础上发展同世界各国的友好合作，始终同世界各国和睦相处，从来都是维护世界和平、促进共同发展的坚定力量。

　　中国走和平发展道路，是基于当今世界发展潮流的必然选择。求和平、促发展、谋合作，是世界各国人民的共同心愿，也是不可阻挡的历史潮流。任何国家要实现自己的发展目标，都必须顺应世界发展大势。中国外交政策的宗旨是维护世界和平、促进共同发展。中国主张国际关系民主化和发展模式多样化，积极推动经济全球化朝着有利于实现共同繁荣的方向发展，推动建立公正合理的国际政治经济新秩序。中国发展将给各国带来更多机会和更广阔的市场。中国将始终不渝高举和平、发展、合作的旗帜，坚定不移走和平发展道路，同世界各国人民一道，共同推进人类和平与发展的崇高事业。

三、实现和平发展的要求

我国作为一个拥有十几亿人口并坚持走社会主义道路的发展中大国，通过什么方式和途径实现发展，必然会引起世界关注。2006 年 8 月，胡锦涛在中央外事工作会议上再次强调："我们向世界郑重宣告，中国坚定不移走和平发展道路，永远不称霸，既通过维护世界和平来发展自己，又通过自身的发展来促进世界和平，努力实现和平的发展、开放的发展、合作的发展、和谐的发展。"[①] 同时也提出了实现和平发展的基本要求：

首先，实现和平发展，必须切实把我们自己的事情办好。要坚持以科学发展观统领经济社会发展全局，着力发展我国社会生产力、提高我国综合国力，确保顺利实现我国发展战略目标，不断增强和平发展实力，夯实和平发展基础。

其次，实现和平发展，必须坚持独立自主的和平外交政策，恪守和平共处五项原则，同世界各国友好相处，积极营造和平稳定的国际环境、睦邻友好的周边环境、平等互利的合作环境、互信协作的安全环境、客观友善的舆论环境。

最后，实现和平发展，必须把我国发展放在世界发展大局中加以筹划。要把中国人民根本利益同各国人民共同利益结合起来，把我国对外政策主张同各国人民进步意愿结合起来，妥善处理同外部世界的利益关系，以合作谋和平，以合作促发展，以合作解争端，扩大同各国共同利益的汇合点，在互利合作、共同发展中为国家发展增添动力、减少阻力。

党的十七大指出，"中国将始终不渝走和平发展道路"，"中国将始终不渝奉行互利共赢的开放战略"，"中国坚持在和平共处五项原则的基础上同所有国家发展友好合作"。[②] 这些都充分表明了中国坚持走和平发展道路的决心。

中华民族是热爱和平的民族，中国始终是维护世界和平的坚定力量。我们坚持把中国人民的利益同各国人民的共同利益结合起来，秉持公道，伸张正义。我们坚持国家不分大小、强弱、贫富一律平等，尊重各国人民自主选择发展道路的权利，不干涉别国内部事务，不把自己的意志强加于人。中国致力于

---

① 《胡锦涛文选》第 2 卷，人民出版社 2016 年版，第 511 页。

② 《十七大以来重要文献选编》上册，中央文献出版社 2009 年版，第 36—37 页。

和平解决国际争端和热点问题，推动国际和地区安全合作，反对一切形式的恐怖主义。中国奉行防御性的国防政策，不搞军备竞赛，不对任何国家构成军事威胁。中国反对各种形式的霸权主义和强权政治，永远不称霸，永远不搞扩张。

我们将继续以自己的发展促进地区和世界共同发展，扩大同各方利益的汇合点，在实现本国发展的同时兼顾对方特别是发展中国家的正当关切。我们将继续按照通行的国际经贸规则，扩大市场准入，依法保护合作者权益。我们支持国际社会帮助发展中国家增强自主发展能力、改善民生，缩小南北差距。我们支持完善国际贸易和金融体制，推进贸易和投资自由化便利化，通过磋商协作妥善处理经贸摩擦。中国决不会做损人利己、以邻为壑的事情。

我们将继续同发达国家加强战略对话，增进互信，深化合作，妥善处理分歧，推动相互关系长期稳定健康发展。我们将继续贯彻与邻为善、以邻为伴的周边外交方针，加强同周边国家的睦邻友好和务实合作，积极开展区域合作，共同营造和平稳定、平等互信、合作共赢的地区环境。我们将继续加强同广大发展中国家的团结合作，深化传统友谊，扩大务实合作，提供力所能及的援助，维护发展中国家的正当要求和共同利益。我们将继续积极参与多边事务，承担相应国际义务，发挥建设性作用，推动国际秩序朝着更加公正合理的方向发展。我们将继续开展同各国政党和政治组织的交流合作，加强人大、政协、军队、地方、民间团体对外交往，增进中国人民和各国人民的相互了解和友谊。

中国发展离不开世界，世界繁荣稳定也离不开中国。"不管国际风云如何变幻，中国政府和人民都将高举和平、发展、合作旗帜，奉行独立自主的和平外交政策，维护国家主权、安全、发展利益，恪守维护世界和平、促进共同发展的外交政策宗旨。"[①]中国人民将继续同各国人民一道，为实现人类的美好理想而不懈努力。

---

① 《胡锦涛文选》第2卷，人民出版社2016年版，第650页。

第四章　在新形势下继续推进中国特色社会主义

党的十七大至十八大期间，以胡锦涛同志为总书记的党中央完善和发展中国特色社会主义道路、中国特色社会主义理论体系和中国特色社会主义制度，推动实现经济又好又快发展，努力建设社会主义文化强国，以改革创新精神推进党的建设新的伟大工程，将中国特色社会主义推向了新的阶段。

第一节　提出中国特色社会主义道路、理论和制度

自党的十二大提出中国特色社会主义的命题，中国特色社会主义理论和实践不断推进。在改革开放迎来 30 年之际，"三十而立"正是对中国特色社会主义概括总结的契机。

党的十七大报告指出："改革开放以来我们取得一切成绩和进步的根本原因，归结起来就是：开辟了中国特色社会主义道路，形成了中国特色社会主义理论体系。高举中国特色社会主义伟大旗帜，最根本的就是要坚持这条道路和这个理论体系。"[①]中国特色社会主义开始成为中国特色社会主义道路和中国特色社会主义理论体系的统一体。2011 年 7 月 1 日，胡锦涛在庆祝中国共产党

---

① 《胡锦涛文选》第 2 卷，人民出版社 2016 年版，第 620 页。

成立 90 周年大会上强调："经过九十年的奋斗、创造、积累，党和人民必须倍加珍惜、长期坚持、不断发展的成就是：开辟了中国特色社会主义道路，形成了中国特色社会主义理论体系，确立了中国特色社会主义制度。"①中国特色社会主义形成道路、理论、制度"三位一体"的新格局，中国特色社会主义的内涵得以丰富和发展。

一、中国特色社会主义道路

中国特色社会主义道路的内涵是不断丰富和发展着的。党的十七大报告首次提出并明确中国特色社会主义道路的内涵："中国特色社会主义道路，就是在中国共产党领导下，立足基本国情，以经济建设为中心，坚持四项基本原则，坚持改革开放，解放和发展社会生产力，巩固和完善社会主义制度，建设社会主义市场经济、社会主义民主政治、社会主义先进文化、社会主义和谐社会，建设富强民主文明和谐的社会主义现代化国家。"②

2011 年 7 月 1 日，胡锦涛在庆祝中国共产党成立 90 周年大会上指出："中国特色社会主义道路，是实现社会主义现代化的必由之路，是创造人民美好生活的必由之路"③，并重述了党的十七大关于中国特色社会主义道路论断。

道路关乎党的命脉，关乎国家前途、民族命运、人民幸福。回首近代以来中国波澜壮阔的历史，展望中华民族充满希望的未来，我们会得出一个坚定的结论：全面建成小康社会，加快推进社会主义现代化，实现中华民族伟大复兴，必须坚定不移走中国特色社会主义道路。中国特色社会主义道路之所以完全正确、之所以能够引领中国发展进步，关键在于我们既坚持了科学社会主义的基本原则，又根据我国实际和时代特征赋予其鲜明的中国特色。在当代中国，坚持中国特色社会主义道路，就是真正坚持社会主义。

---

① 《胡锦涛文选》第 3 卷，人民出版社 2016 年版，第 525—526 页。
② 《胡锦涛文选》第 2 卷，人民出版社 2016 年版，第 620 页。
③ 《胡锦涛文选》第 3 卷，人民出版社 2016 年版，第 526 页。

二、中国特色社会主义理论体系

党的十七大首次提出并明确中国特色社会主义理论体系的内涵："中国特色社会主义理论体系，就是包括邓小平理论、'三个代表'重要思想以及科学发展观等重大战略思想在内的科学理论体系。"[1]

2011年7月1日，胡锦涛在庆祝中国共产党成立90周年大会上的讲话中指出："中国特色社会主义理论体系是包括邓小平理论、'三个代表'重要思想以及科学发展观等重大战略思想在内的科学理论体系，系统回答了在中国这样一个十几亿人口的发展中大国建设什么样的社会主义、怎样建设社会主义，建设什么样的党、怎样建设党，实现什么样的发展、怎样发展等一系列重大问题，是对毛泽东思想的继承和发展。"[2]

中国特色社会主义理论体系，是指导党和人民沿着中国特色社会主义道路实现中华民族伟大复兴的正确理论。我们党坚持把马克思主义基本原理同中国具体实际结合起来，在推进马克思主义中国化的历史进程中产生了两大理论成果。一大理论成果是毛泽东思想。毛泽东思想是马克思列宁主义在中国的运用和发展，系统回答了在一个半殖民地半封建的东方大国，如何实现新民主主义革命和社会主义革命的问题，并对建设什么样的社会主义、怎样建设社会主义进行了艰辛探索，以创造性的内容为马克思主义宝库增添了新的财富。另一大理论成果是中国特色社会主义理论体系。这个理论体系，坚持和发展了马克思列宁主义、毛泽东思想，凝结了几代中国共产党人带领人民不懈探索实践的智慧和心血，是马克思主义中国化新成果，是党最可宝贵的政治和精神财富，是全国各族人民团结奋斗的共同思想基础。中国特色社会主义理论体系是不断发展的开放的理论体系。《共产党宣言》发表一百多年以来的实践证明，马克思主义只有与本国国情相结合、与时代发展同进步、与人民群众共命运，才能焕发出强大的生命力、创造力、感召力。在当代中国，坚持中国特色社会主义理论体系，就是真正坚持马克思主义。

---

[1] 《胡锦涛文选》第2卷，人民出版社2016年版，第621页。
[2] 《胡锦涛文选》第3卷，人民出版社2016年版，第526页。

三、中国特色社会主义制度

2011 年 7 月 1 日，胡锦涛在庆祝中国共产党成立 90 周年大会上指出："中国特色社会主义制度，是当代中国发展进步的根本制度保障，集中体现了中国特色社会主义特点和优势。我们推进社会主义制度自我完善和发展，在经济、政治、文化、社会等各个领域形成一整套相互衔接、相互联系的制度体系。"① 这个制度体系具体包括：人民代表大会制度这一根本政治制度，中国共产党领导的多党合作和政治协商制度、民族区域自治制度以及基层群众自治制度等构成的基本政治制度，中国特色社会主义法律体系，公有制为主体、多种所有制经济共同发展的基本经济制度，以及建立在根本政治制度、基本政治制度、基本经济制度基础上的经济体制、政治体制、文化体制、社会体制等各项具体制度。这是我们党首次对中国特色社会主义制度作出完整的论述。

中国特色社会主义制度符合我国国情，顺应时代潮流，有利于保持党和国家活力、调动广大人民群众和社会各方面的积极性、主动性、创造性，有利于解放和发展社会生产力、推动经济社会全面发展，有利于维护和促进社会公平正义、实现全体人民共同富裕，有利于集中力量办大事、有效应对前进道路上的各种风险挑战，有利于维护民族团结、社会稳定、国家统一。

总之，在改革开放以来一以贯之的接力探索中，我们坚定不移高举中国特色社会主义伟大旗帜，既不走封闭僵化的老路、也不走改旗易帜的邪路。中国特色社会主义道路，中国特色社会主义理论体系，中国特色社会主义制度，是党和人民九十多年奋斗、创造、积累的根本成就，必须倍加珍惜、始终坚持、不断发展。面对风云变幻的国际形势，面对艰巨繁重的国内改革发展稳定任务，我们党要团结带领人民继续前进，开创工作新局面，赢得事业新胜利，最根本的就是要高举中国特色社会主义伟大旗帜，坚持和拓展中国特色社会主义道路，坚持和丰富中国特色社会主义理论体系，坚持和完善中国特色社会主义制度。中国特色社会主义道路是实现途径，中国特色社会主义理论体系是行动指南，中国特色社会主义制度是根本保障，三者统一于中

---

① 《胡锦涛文选》第 3 卷，人民出版社 2016 年版，第 527 页。

国特色社会主义伟大实践，这是党领导人民在建设社会主义长期实践中形成的最鲜明特色。

建设中国特色社会主义，总依据是社会主义初级阶段，总体布局是"五位一体"，总任务是实现社会主义现代化和中华民族伟大复兴。中国特色社会主义，既坚持了科学社会主义基本原则，又根据时代条件赋予其鲜明的中国特色，以全新的视野深化了对共产党执政规律、社会主义建设规律、人类社会发展规律的认识，从理论和实践结合上系统回答了在中国这样人口多底子薄的东方大国建设什么样的社会主义、怎样建设社会主义这个根本问题，使我们国家快速发展起来，使我国人民生活水平快速提高起来。实践充分证明，中国特色社会主义是当代中国发展进步的根本方向，只有中国特色社会主义才能发展中国。

发展中国特色社会主义是一项长期的艰巨的历史任务，必须准备进行具有许多新的历史特点的伟大斗争。我们一定要毫不动摇坚持、与时俱进发展中国特色社会主义，不断丰富中国特色社会主义的实践特色、理论特色、民族特色、时代特色。"只要我们胸怀理想、坚定信念，不动摇、不懈怠、不折腾，顽强奋斗、艰苦奋斗、不懈奋斗，就一定能在中国共产党成立一百年时全面建成小康社会，就一定能在新中国成立一百年时建成富强民主文明和谐的社会主义现代化国家。全党要坚定这样的道路自信、理论自信、制度自信！"[①]

第二节　实现经济又好又快发展

如何发展经济是我们党在取得政权以后面临的重大问题，新中国成立之初，党和国家采取了正确的经济政策，使得百废待兴、百业待举的局面获得改善，针对农业、手工业、资本主义工商业的"三大改造"完成之后，社会主义基本制度在我国基本确立起来，1956 年 9 月，党的八大提出了"既反保守、

---

① 《胡锦涛文选》第 3 卷，人民出版社 2016 年版，第 625 页。

又反冒进，在综合平衡中稳步前进"的经济建设方针，之后又经历了"鼓足干劲，力争上游，多快好省地建设社会主义"、"调整、巩固、充实、提高"、"抓革命、促生产"等经济方针，经济发展有所起伏。改革开放以来，我国的经济发展速度举世瞩目，经济建设成绩有目共睹，但是我国的经济发展多是粗放型发展，虽然可以在短期内取得巨大成就，从长远来看却是不可持续的。为此，必须转变经济发展方式，大力调整经济结构，深入落实科学发展观。在国际金融危机爆发后，加快经济发展方式转变，实现经济又好又快发展，显得尤为迫切。以胡锦涛同志为总书记的党中央审时度势，采用多种方式促进经济发展方式转变，力争实现国民经济又好又快发展。

一、转变经济发展方式

2006 年 12 月，胡锦涛在中央经济工作会议上强调："必须深刻认识又好又快发展是全面落实科学发展观的本质要求。"[①] 我国正面临着重要战略机遇期，又处于经济快速增长阶段，坚持又好又快发展，是落实科学发展观、实现全面建设小康社会目标的必然要求，是调动各方面积极性、发挥各类生产要素潜力的有效途径，是紧紧抓住发展机遇、实现综合国力整体跃升的必由之路。又好又快发展是有机统一的整体，既要求保持经济平稳较快增长，防止大起大落，更要求坚持好中求快，注重优化结构，努力提高质量和效益。

实现经济又好又快发展，必须转变经济发展方式，完善市场经济体制。2007 年 6 月 25 日，胡锦涛在中央党校省部级干部进修班上的讲话中指出："实现国民经济又好又快发展，关键要在转变经济发展方式、完善社会主义市场经济体制方面取得重大新进展。这是关系经济发展全局的两大任务。"[②]

（一）转变经济发展方式的背景

转变经济发展方式，是在探索和把握我国经济发展规律的基础上提出的重要方针。改革开放以来，为了促进国民经济健康发展，我们一直高度重视

---

① 《胡锦涛文选》第 2 卷，人民出版社 2016 年版，第 545 页。
② 《胡锦涛文选》第 2 卷，人民出版社 2016 年版，第 546 页。

转变经济增长方式问题。经过多年努力，取得了不小成绩，但仍未取得根本性突破。提出转变经济发展方式，就是要更深刻、更自觉地把握经济发展规律，下更大的决心、采取更有力的措施提高经济发展质量和效益。值得指出的是，在具体表述上，以往多用"转变经济增长方式"，党的十七大召开前夕改为"转变经济发展方式"。从转变经济增长方式到转变经济发展方式，虽然表面上来看是个别字词的变化，但实质上却有很大的不同。正如胡锦涛所说："由转变经济增长方式到转变经济发展方式，虽然只是两个字的改动，但却有着十分深刻的内涵。转变经济发展方式，除了涵盖转变经济增长方式的全部内容外，还对经济发展的理念、目的、战略、途径等提出了新的更高的要求。"①

转变经济发展方式，也是从当前我国经济发展实际出发提出的重大战略。2003 年以后，我国经济进入新一轮上升期，国内生产总值增长连续四年超过百分之十。我国具备实现经济平稳快速发展的诸多有利条件，国内市场空间巨大，储蓄率较高、劳动力成本较低、科技进步动力较强等诸多优势继续存在。同时，我们也要看到，我国经济长期积累的结构性矛盾仍然突出，经济增长方式粗放问题仍然严重，投资规模增长过快，消费需求特别是居民消费需求不足，我国能源消费总量和温室气体排放总量均已居世界第二，国际上要求我国减少温室气体排放的压力日益增大。如果再不加快转变经济发展方式，我国经济平稳较快发展的良好势头将难以长期保持下去。

（二）转变经济发展方式的工作方向

转变经济发展方式，完善市场经济体制，归根到底要靠深化改革。我们已经初步建立起社会主义市场经济体制，但市场经济微观基础的改革任务依然繁重，财税、金融、行政管理体制的改革尚未到位，实现科学发展面临诸多体制性障碍。要着力从制度上更好发挥市场在资源配置中的基础性作用，形成健全有效的宏观调控体系，为促进国民经济又好又快发展提供强有力的体制保证。

胡锦涛在中央党校省部级干部进修班上的讲话中提出了转变经济发展方式，需要重点抓好八个方面的工作：一是要深入实施科教兴国战略，深化科技

---

① 《胡锦涛文选》第 3 卷，人民出版社 2016 年版，第 4 页。

管理体制改革，加大对自主创新的投入和政策支持，着力突破制约经济社会发展的关键技术，把增强自主创新能力贯彻到现代化建设各个方面，着力建设创新型国家。二是要推进产业结构优化升级，着力促进工业由大变强，发展高技术产业群，振兴装备制造业，改造和提升传统产业，大力发展现代服务业，促进经济增长由主要依靠投资、出口拉动向依靠消费、投资、出口协调拉动转变，由主要依靠第二产业带动向第一、第二、第三产业协同带动转变，由主要依靠物质资源消耗向主要依靠科技进步、劳动者素质提高、管理创新转变，逐步形成市场应变能力强、专业化水平高、附加值大、优势充分发挥的现代产业体系。三是要切实加强农业基础地位，统筹城乡发展，建立以工促农、以城带乡的长效机制，形成城乡经济社会发展一体化新格局，扎实推进社会主义新农村建设，走中国特色农业现代化道路，巩固、完善、加强支农惠农政策，增加农业投入，增强农业综合生产能力，确保国家粮食安全，促进农民增收。四是要坚持节约资源和保护环境的基本国策，抓紧完善有利于能源资源节约和生态环境保护的法律和政策，加快形成可持续发展体制机制，全面提高能源资源利用效率，大力发展清洁能源和可再生能源，依法加快淘汰落后生产能力，加强城乡污染综合治理，加大生态修复力度，加强应对气候变化能力建设，把建设资源节约型、环境友好型社会放在工业化、现代化发展战略的突出位置，切实落实到每个单位、每个家庭。五是要推动各地区共同发展，继续实施区域发展总体战略，完善区域发展政策措施，优化国土开发格局，重大项目布局要充分考虑支持中西部发展。六是要坚持和完善公有制为主体、多种所有制经济共同发展的基本经济制度，毫不动摇巩固和发展公有制经济，毫不动摇鼓励、支持、引导非公有制经济发展，坚持平等保护物权，形成各种所有制经济平等竞争、相互促进新格局；深化国有企业公司制股份制改革，优化国有经济布局和结构，增强国有企业活力和国有经济控制力；推进市场公平准入、改善融资条件，破除体制性障碍，促进个体、私营经济和中小企业发展；以现代产权制度为基础，健全现代企业制度，完善公司治理，推进产权多元化，发展混合所有制经济。七是要深化财税、金融、计划体制改革，形成有利于科学发展的宏观调控体系；围绕推进基本公共服务均等化和主体功能区建设，完善公共财政体系，健全中央和地方财力与事权相匹配的体制，加大对公共服务领域的投入。八是要拓展对外开放广度和深度，扩大开放领域，优化开放结构，提高开放质量，全面提高开放型经济水平，加快转变外贸增长方式，创新利用外资方式，完善内外联动、互利共赢、安全高效的开放型经济体系，把"引进来"和"走出去"更好结合起来，形成经济全球化条件下参与国际经济合作和竞争新优势。

二、加快转变经济发展方式和经济结构调整

2007年12月，胡锦涛在新进中央委员会的委员、候补委员学习贯彻党的十七大精神研讨班上指出："当前，我们尤其要扎扎实实把党的十七大提出的加快转变经济发展方式的战略任务落到实处。"[1]2008年国际金融危机发生以后，以胡锦涛同志为总书记的党中央更加重视经济发展方式的转变，进一步提出了加快经济发展方式转变的要求。从之前的"加快转变经济发展方式"到"加快经济发展方式转变"，更加突出了转变的迫切性。关于加快经济发展方式转变问题，党的十七届四中全会和中央经济工作会议对此提出了意见建议并作出了一系列部署。

2009年10月，胡锦涛在山东省考察工作时，对加快经济发展方式转变和经济结构调整进行了重点说明，主要包括加快经济发展方式转变和经济结构调整的重要性和紧迫性；加快经济发展方式转变和经济结构调整的方向和原则；加快经济发展方式转变和经济结构调整的重点工作；加快经济发展方式转变和经济结构调整的内在动力和体制保障等。

2010年2月，胡锦涛在省部级主要领导干部深入贯彻落实科学发展观加快经济发展方式转变专题研讨班上发表讲话，更是为加快经济发展方式转变指明了方向。

（一）加快经济发展方式转变的重要性和紧迫性

第一，加快经济发展方式转变是适应全球需求结构重大变化、增强我国经济抵御国际市场风险能力的必然要求。改革开放以来，特别是我国加入世界贸易组织以来，对外贸易快速增长，对外贸易依存度大幅上升。由于对国际市场依赖程度比较高，国际金融危机对我国经济特别是沿海地区经济和外向型出口企业的冲击相当大。尽管我们在扩大内需、刺激经济增长方面采取了许多措

---

① 《胡锦涛文选》第3卷，人民出版社2016年版，第4页。

施，但国内生产总值增长速度仍下滑到百分之六点一。这表明，如果经济发展高度依赖国际市场，由不确定不稳定因素带来的风险就会很高。一些国际机构和专家分析预测，后国际金融危机时期的世界经济可能会呈现两个特点。一是世界经济可能进入相对低速增长期，受到重创后企业资产负债关系调整需要较长时间，失业率居高不下，培育新的经济增长点有待时日。二是世界经济结构将经历深度调整，美国等发达国家居民储蓄率将有所上升、消费率将继续下降，国际市场需求短期内不会恢复快速增长，甚至会相对收缩，而全球生产能力供给将会有所增加。这就是说，在全球需求结构经历重大调整的情况下，我国经济增长高度依赖国际市场、对外贸易顺差偏大、投资率偏高、消费率偏低的格局难以持续。党的十七大提出了一个重要目标，就是到 2020 年全面建设小康社会目标实现之时，我国将成为工业化基本实现、综合国力显著增强、国内市场总体规模位居世界前列的国家。这就要求我们不能长期高度依赖外需，而要努力开拓国内市场。全球需求结构发生的重大变化，要求我们加快经济发展方式转变，在继续保持和扩大国际市场份额的同时努力扩大内需，增强我国经济抵御国际市场风险能力。我们只有合理调整需求结构，把经济增长更多建立在扩大内需的基础之上，才能使我国经济发展在国际市场风云变幻中始终立于不败之地。

第二，加快经济发展方式转变是提高可持续发展能力的必然要求。长期以来，我国经济总量在世界上的份额与我国资源消耗总量在世界上的份额不相适应，单位国内生产总值能耗明显高于发达国家水平和世界平均水平。大量资源消耗和温室气体排放成为制约我国经济发展的主要瓶颈，也使我国发展面临很大国际压力。出现这种情况，固然与我国所处工业化、城镇化发展阶段有关，但我国经济结构和产业结构不合理特别是经济增长过于粗放则是重要原因。我国长期形成的主要依靠物质投入的传统经济发展方式与资源环境的矛盾日益突出，部分地区资源环境承载能力接近极限，外延型扩张模式难以为继。我们只有加快产业结构和能源结构调整，加强节能和提高能效工作，才能有效突破资源环境瓶颈制约，在经济长远发展和国际竞争中占据主动和有利位置。

第三，加快经济发展方式转变是在后国际金融危机时期国际竞争中抢占制高点、争创新优势的必然要求。从世界经济发展史看，一个国家要保持充满活力、持续向上的发展态势，关键是要跟上世界科技革命和新兴产业发展潮流，不断形成新的战略支点。20 世纪 40 年代以后，以电子技术、航空航天技术、核技术为标志的技术革命使人类从电气时代进入电子时代，美国、日本、德国等国家加快发展相关产业，成为世界主要经济强国。20世纪80年代以来，以信息科学、生命科学为标志的现代科学技术突飞猛进，不仅给世界生产力发展带来了巨大推动，而且也给人类生产方式和生活方式造成深刻影响。以信息技术为基础的现代制造业和现代服务业异军突起，美国借此增强了综合国力、巩固了超级大国地位。当前，世界主要国家都在为经济发展作战略筹划，纷纷把新能源、新材料、生物医药、节能环保、低碳技术、绿色经济等作为新一轮产业发展的重点，抢占世界经济发展新的制高点。尽管我国经济总量已比较大，但总体上经济发展技术含量不高、企业技术创新能力不强、产业结构不合理，特别是大量低水平产业生产方式粗放，一些领域产能严重过剩，已经形成和正在形成的生产能力面临过时甚至报废的潜在风险。如果这种状况不能得到有效改变，我国在激烈的国际经济技术竞争中就会处于战略被动地位。我们只有大力提高自主创新能力，推动产业结构优化升级，努力改变经济大而不强的局面，才能在国际产业发展和国际经济技术竞争中赢得主动。

第四，加快经济发展方式转变是实现国民收入分配合理化、促进社会和谐稳定的必然要求。在我国经济持续较快增长过程中，收入分配不合理问题凸显，特别是居民收入在国民收入分配中的比重偏低、劳动报酬在初次分配中的比重偏低问题突出。城乡居民和不同社会群体收入差距也存在扩大趋势，中等收入者比重偏低状况没有得到明显改变，由此引发了大量社会矛盾。居民收入比重偏低对扩大内需特别是居民消费需求构成严重制约，也不利于实现社会公平正义、促进社会和谐稳定。我们只有合理调整国民收入分配结构，注重缩小收入分配差距，不断提高居民收入水平，才能使扩大内需获得有力支撑，才能使经济增长、分配合理、社会和谐形成良性互动局面。

第五，加快经济发展方式转变是适应实现全面建设小康社会奋斗目标新要求、满足人民群众过上更好生活新期待的必然要求。随着我国经济社会不断发展和人民生活水平不断提高，广大人民群众对生活质量的要求不断提高，对干净的水、新鲜的空气、优美的环境等方面的要求越来越高。从现在起到2020年只剩下十年时间，党的十七大提出的实现全面建设小康社会奋斗目标的新要求中，一些总量目标相对容易实现，但涉及经济结构调整、经济增长质量、社会事业发展的目标实现难度较大，解决不协调不平衡问题必须付出更加艰苦的努力。我们只有加快经济发展方式转变，才能实现我们党对全国各族人民作出的庄严承诺，更好满足广大人民群众日益增长的物质文化需要。

（二）加快经济发展方式转变的重点工作

加快经济发展方式转变是我国经济领域的一场深刻变革，关系改革开放和社会主义现代化建设全局。胡锦涛强调："全党全国必须增强主动性、紧迫感、责任感，深化认识，统一思想，加强规划引导，突出战略重点，明确主要任务，兼顾当前和长远，处理好速度和效益、局部和整体的关系，调动各方面积极性，推动经济发展方式转变不断取得扎扎实实的成效。"[①]他同时对加快经济发展方式转变的重点工作进行了如下安排。

第一，加快推进经济结构调整。调整经济结构，对加快经济发展方式转变具有决定性意义，也是提升国民经济整体素质、在后国际金融危机时期赢得国际经济竞争主动权的根本途径。新中国成立六十多年特别是改革开放三十多年来，我们始终把经济结构作为关系经济发展全局的重大问题，根据经济形势发展不断加以调整完善。1956年4月，毛泽东在《论十大关系》中就深入分析了事关经济建设全局的重大结构性问题。1961年至1965年，针对当时经济结构严重失衡的情况，中央提出并实施"调整、巩固、充实、提高"八字方针和一系列果断措施，对经济结构进行了重大调整。改革开放以来，我们一直高度重视经济结构调整，对经济结构和经济发展的关系以及经济结构调整的内涵、方向、途径的认识更加清晰，行动更加自觉。1979年至1984年、1988年至1991年、1993年至1997年、2004年至2007年，我们先后对经济结构进行了较大调整，为实现经济持续较快发展创造了良好条件。

经济结构调整是需要持续推进的过程。经济结构总是随着国际国内经济形势而不断发展变化的，旧的问题解决了，新的问题又会产生。当前，经济结构不合理依然是我国经济发展方式存在诸多问题的主要症结。国际金融危机冲击使我国在快速增长中逐步积累的结构性矛盾更加凸显，主要表现为：居民收入在国民收入分配中的比重偏低成为居民消费动力不足、最终消费率长期处于较低水平、投资率居高不下的重要原因；城镇化水平低，农村发展严重滞后于城市，城乡二元结构依然存在，不仅成为制约农村发展的突出矛盾，而且使我国

---

① 《胡锦涛文选》第3卷，人民出版社2016年版，第342页。

农村的巨大需求潜力难以释放出来；区域经济增长差距有所缓解，但经济总量差距仍在扩大，区域生产力布局不合理，资源过度开发、生态环境保护和补偿不足、生产要素流动不畅等问题普遍存在，经济落后地区和资源枯竭型地区发展面临诸多困难，发展可持续性降低。我们必须把调整经济结构作为转变经济发展方式的战略重点，按照优化需求结构、供给结构、要素投入结构的方向和基本要求，从解决对经济发展全局影响较大的结构性问题入手，既着眼于化解过去积累的矛盾和问题，又为经济不断迈上新台阶、长期保持平稳较快发展创造条件。

第二，加快推进产业结构调整。推进产业结构调整是加快经济发展方式转变的重要途径和主要内容，对推动经济从粗放型增长转变为集约型增长、实现全面协调可持续发展具有重大意义。产业结构调整的重点是适应需求结构变化趋势，优化三次产业结构，加快产业结构升级，完善现代产业体系，全面提升产业技术水平和国际竞争力。经过新中国成立六十年特别是改革开放三十多年的建设，我国形成了庞大的产业基础和明显的制造优势。在制造业行业分类的二十三个大类中，我国已有接近半数行业生产规模位列世界第一，并有不少行业占行业世界总产量的比重超过30%，其他行业也都在国际同行业中占有重要地位。目前，我国三大产业结构有了明显改善，但同国际先进水平相比仍有较大调整空间。我国产业结构仍然以传统产业为主，制造业增加值率、服务业比重还比较低，产业总体水平不高。2008年第一、第二、第三产业增加值占国内生产总值的比重分别为10.7%、47.5%、41.8%，其中第三产业所占比重远低于2006年全球平均68%和经济合作与发展组织国家平均73%的水平。我国发展服务业比较优势突出，市场空间广阔，但由于长期发展滞后，服务业拉动产业发展、扩大就业、带动消费的优势没有完全发挥出来。我们必须着重改变一产不稳、二产不强、三产不足的状况，把促进工业由大变强和发展服务业特别是现代服务业结合起来，把淘汰落后生产能力和抢占新兴产业制高点结合起来，促进三次产业在更高水平上协同发展。

第三，加快推进自主创新。加快经济发展方式转变，根本出路在自主创新。只有紧紧跟上世界经济技术发展潮流、在自主创新方面持续占有优势地位的国家才能够在激烈的国际竞争中把握先机、赢得主动。我们必须紧紧抓住新一轮世界科技革命带来的战略机遇，更加注重自主创新，谋求经济长远发展主动权，形成长期竞争优势，为加快经济发展方式转变提供强有力的科技支撑。

第四，加快推进农业发展方式转变。农业是安天下、稳民心的战略产业。虽然目前我国农业产值在国内生产总值中的比重有所降低，但农业在国民经济中的基础地位没有变，依然是衣食之源、发展之本。对我们这样一个拥有十三亿多人口、正处于工业化和城镇化快速推进阶段的发展中大国而言，确保粮食安全不仅是实现经济社会又好又快发展的基本条件，而且是保障国家安全的必要条件。虽然我国粮食生产连续六年获得丰收、粮食产量连创新高，但全社会粮食消费需求也在增长。从中长期发展趋势看，我国粮食安全仍将面临人口持续增长、耕地和淡水资源约束趋紧、国际粮食市场供求变数增加等诸多挑战。我国现阶段农户土地小规模分散经营，是由我国基本国情决定的，但这种状况既不利于标准化生产和机械化作业，又增加了生产成本和进入市场的难度，同发展现代农业的要求不相适应。我们必须坚持走中国特色农业现代化道路，以确保国家粮食安全、增加农民收入、实现可持续发展为目标，加强农业基础地位，推进农业发展方式转变，大幅提高农业综合生产能力，大幅降低农业生产经营成本，大幅增强农业可持续发展能力，全面提高农业现代化水平，扎实推进社会主义新农村建设。

第五，加快推进生态文明建设。良好生态环境是经济社会可持续发展的重要条件，也是一个民族生存和发展的根本基础。加强生态环境保护，既是转变经济发展方式的必然要求，也是转变经济发展方式的重要着力点，还是扩大内需、拉动经济增长的重要途径。目前，我国生态环境形势依然严峻，部分地区生态环境恶化，这已经成为广大群众反映强烈、影响科学发展的突出问题和引起国际社会广泛关注的敏感问题。确保"十一五"时期主要污染物排放总量减少10%、单位国内生产总值能源消耗降低20%，确保到2020年单位国内生产总值二氧化碳排放比2005年下降40%至45%、非化石能源占一次能源消费比重达到15%左右、森林面积比2005年增加4000万公顷、森林蓄积量比2005年增加13亿立方米，任务十分艰巨。我们必须深刻认识加快生态文明建设的重要性和紧迫性，痛下决心，下大气力，始终坚持和全面落实节约资源和保护环境的基本国策，深入实施可持续发展战略，大力推进资源节约型、环境友好型社会建设，坚持根据自然环境承载能力和承受能力规划经济社会发展，坚决杜绝先污染后治理、先破坏后恢复、边治理边污染、边恢复边破坏的现象，推动整个社会走上生产发展、生活富裕、生态良好的文明发展道路。

第六，加快推进经济社会协调发展。转变经济发展方式，与社会发展特别是民生领域工作密切相关。发展社会事业、做好保障和改善民生工作，既是实现发展成果由人民共享、促进社会和谐稳定的必然要求，也是扩大国内需求、拉动经济增长的重要动力。没有社会发展和经济发展方式转变相协调，没有相应的教育、就业、社会保障等制度相配套，加快经济发展方式转变也难以实现。我们必须针对社会发展和民生领域的突出问题，大力推进以改善民生为重点的社会建设，更好推进经济社会协调发展。

第七，加快发展文化产业。从国际经验来看，发展文化产业，有利于优化经济结构和产业结构，有利于拉动居民消费结构升级，有利于扩大就业和创业。我国文化产业伴随着改革开放不断深入而逐步发展，对繁荣发展社会主义文化、满足人民群众精神文化需求作出了重要贡献，对推动经济增长的贡献也在不断增加。随着经济社会不断发展和人民生活不断改善，我国文化需求快速增长，文化消费潜力巨大，为文化产业发展提供了广阔市场。我们必须在重视发展公益性文化事业的同时，坚持经济效益和社会效益相统一，把满足人民日益增长的多样化、多层次、多方面精神文化需求作为扩大内需的重要组成部分，深化文化体制改革，加快文化产业发展。

第八，加快推进对外经济发展方式转变。改革开放以来，我国进出口贸易快速发展，在世界上的位次由1978年的第二十九位跃居2008年的第三位，占世界份额由1978年的0.79%增加到2008年的7.8%，有力促进了我国经济发展。同时，我国对外贸易也积累了一些结构性矛盾。我国出口企业中拥有自主品牌的不足20%，自主品牌产品出口占出口总额的比重不足百分之十，出口产品主要集中在劳动密集型产品和制造环节上，即使是机电产品和高新技术产品，大部分也属中低端加工装配环节产品，国内增值率较低。随着我国经济实力增强和我国对外贸易占世界份额不断上升，针对我国的经贸摩擦和各种保护主义措施不断上升，单纯靠量的扩张来推动我国出口贸易发展已难以为继，必须更多依靠质的提高。我国进口贸易早已超越了以往较长时期调剂余缺的功能，在促进技术进步和产业升级、缓解能源资源约束、提高人民生活水平等方面发挥着日益重要的作用。相对于"引进来"，"走出去"仍然是我国发展对外经济的"短腿"。为此，要把握对外开放的阶段性特点，创新对外投资和合作方式，把"引进来"和"走出去"更好结合起来，通过对外投资缓解我国生产能力过剩、内需不足的矛盾，推动产业转型升级，带动相关产品和服务出口，获得更丰富、更高水平的自然资源、人力资源、技术资源、市场资源。这是完善内外联动、互利共赢、安全高效的开放型经济体系的迫切要求。我们必须坚持对外开放的基本国策，坚持互利共赢的开放战略，统筹好国内发展和对外开放，不断提高开放型经济水平。

加快经济发展方式转变，既是一场攻坚战，也是一场持久战，必须通过坚定不移深化改革来推动。经济发展方式转变滞后是多方面因素造成的，但最大症结在于体制机制不合理。如果没有体制上的重大突破，就难以实现经济发展方式根本性转变。我们要坚持社会主义市场经济的改革方向，提高改革决策科学性，增强改革措施协调性，深化经济体制、政治体制、文化体制、社会体制以及其他各方面体制改革，努力在重要领域和关键环节实现改革的新突破，着力构建充满活力、富有效率、更加开放、有利于科学发展的体制机制，形成有利于加快经济发展方式转变的制度安排，推动全国上下齐心协力加快经济发展方式转变，努力促进经济社会又好又快发展。

第三节　建设社会主义文化强国

文化是民族的血脉，是人民的精神家园。在我国五千多年文明发展历程中，各族人民紧密团结、自强不息，共同创造出源远流长、博大精深的中华文化，为中华民族发展壮大提供了强大精神力量，为人类文明进步作出了不可磨灭的重大贡献。21世纪是世界大发展大变革大调整时期，是中国在新的历史起点上向着新奋斗目标迈进时期，文化对经济社会的作用更加广泛而深刻。党的十六大以来，以胡锦涛同志为总书记的党中央，把握时代特点和形势发展变化、积极回应人民的精神文化需求，作出了增强国家文化软实力，推动社会主义文化大发展大繁荣，建设社会主义文化强国的重大战略决策。

一、建设社会主义核心价值体系

改革开放以来，中国共产党带领人民成功探索出一条中国特色社会主义道路，并在经济、政治、文化等方面建立了一套比较成熟的制度和体制。与这些根本性的制度和体制相适应，必然需要有一个主导全社会思想和行为的价值体系。同时，在改革开放不断深化的条件下，人们思想活动的独立性、选择性、多变性和差异性不断增强，意识形态工作任务异常艰巨，坚持社会主义先进文化的前进方向、巩固全党全国人民团结奋斗的共同思想基础、引导全社会在思想道德上共同进步、增强民族凝聚力、提高国家竞争力都面临巨大挑战。这些现实情况都要求清晰地提出社会主义意识形态的主体内容，以整合和引领不同群体和阶层共同投入到和谐社会的建设中来。

2006 年 10 月，党的十六届六中全会通过的《中共中央关于构建社会主义和谐社会若干重大问题的决定》，提出了"建设社会主义核心价值体系"这个重大命题和战略任务，也明确了社会主义核心价值体系的基本内容，即马克思主义指导思想、中国特色社会主义共同理想、以爱国主义为核心的民族精神和以改革创新为核心的时代精神、社会主义荣辱观。2007 年 6 月，胡锦涛在中央党校的重要讲话中强调，要大力建设社会主义核心价值体系，巩固全党全国人民团结奋斗的共同思想基础。2007 年 10 月，党的十七大指出："建设社会主义核心价值体系，增强社会主义意识形态的吸引力和凝聚力。"[①]

2011 年 10 月，党的十七届六中全会审议通过的《中共中央关于深化文化体制改革推动社会主义文化大发展大繁荣若干重大问题的决定》指出："社会主义核心价值体系是兴国之魂，是社会主义先进文化的精髓，决定着中国特色社会主义发展方向。必须强化教育引导，增进社会共识，创新方式方法，健全制度保障，把社会主义核心价值体系融入国民教育、精神文明建设和党的建设全过程，贯穿改革开放和社会主义现代化建设各领域，体现到精神文化产品创作生产传播各方面，坚持用社会主义核心价值体系引领社会思潮，在全党全社会形成统一指导思想、共同理想信念、强大精神力量、基本道德规范。"[②]《决

---

① 《胡锦涛文选》第 2 卷，人民出版社 2016 年版，第 639 页。
② 《十七大以来重要文献选编》下册，中央文献出版社 2013 年版，第 564 页。

定》从四个方面明确了建设社会主义核心价值体系的方向。

（一）坚持马克思主义指导地位

马克思主义深刻揭示了人类社会发展规律，坚定维护和发展最广大人民根本利益，是指引人民推动社会进步、创造美好生活的科学理论。要毫不动摇地坚持马克思主义基本原理，紧密结合中国实际、时代特征、人民愿望，用发展着的马克思主义指导新的实践。坚持不懈用中国特色社会主义理论体系武装全党、教育人民，推动学习实践科学发展观向深度和广度拓展，引导党员、干部深入学习贯彻党的基本理论、基本路线，学习马克思主义经典著作，系统掌握马克思主义立场、观点、方法。科学分析世情、国情、党情新变化，深入研究解决改革开放和社会主义现代化建设新课题，不断深化对共产党执政规律、社会主义建设规律、人类社会发展规律的认识，不断把党带领人民创造的成功经验上升为理论，不断赋予当代中国马克思主义鲜明的实践特色、民族特色、时代特色。坚持以领导班子和领导干部为重点，以提高思想政治素养为根本，以建设学习型党组织为抓手，大力推进马克思主义学习型政党建设。深入推进马克思主义理论研究和建设工程，实施中国特色社会主义理论体系普及计划，加强重点学科体系和教材体系建设，推动中国特色社会主义理论体系进教材、进课堂、进头脑，加强和改进学校思想政治教育。

（二）坚定中国特色社会主义共同理想

中国特色社会主义是当代中国发展进步的根本方向，集中体现了最广大人民根本利益和共同愿望。要深入开展理想信念教育，引导干部群众深刻认识中国共产党领导和中国特色社会主义制度的历史必然性和优越性，深刻认识中国特色社会主义道路既是实现社会主义现代化和中华民族伟大复兴的必由之路，也是创造人民美好生活的必由之路，自觉把个人理想融入中国特色社会主义共同理想之中，最大限度把广大人民团结和凝聚在中国特色社会主义伟大旗帜之下。紧密结合中国特色社会主义成功实践，联系干部群众思想实际，针对社会热点难点问题，从理论和实践结合上作出有说服力的回答，引导干部群众在重大思想理论问题上划清是非界限、澄清模糊认识，有力抵制各种错误和腐朽思想影响。深入开展形势政策教育、国情教育、革命传统教育、改革开放教育、国防教育，组织学习中国近现代史特别是党领导人民进行革命、建设、改革的历史，坚定广大干部群众对中国特色社会主义的信心和信念。

（三）弘扬以爱国主义为核心的民族精神和以改革创新为核心的时代精神

爱国主义是中华民族最深厚的思想传统，最能感召中华儿女团结奋斗；改革创新是当代中国最鲜明的时代特征，最能激励中华儿女锐意进取。要广泛开展民族精神教育，大力弘扬爱国主义、集体主义、社会主义思想，增强民族自尊心、自信心、自豪感，激励人民把爱国热情化作振兴中华的实际行动，以热爱祖国和贡献自己全部力量建设祖国为最大光荣、以损害祖国利益和尊严为最大耻辱。广泛开展时代精神教育，引导干部群众始终保持与时俱进、开拓创新的精神状态，永不自满、永不僵化、永不停滞，以思想不断解放推动事业持续发展。大力弘扬一切有利于国家富强、民族振兴、人民幸福、社会和谐的思想和精神，大力发扬艰苦奋斗、劳动光荣、勤俭节约的优良传统。加强民族团结进步教育，增进对伟大祖国和中华民族的认同，促进各民族共同团结奋斗、共同繁荣发展。加强爱国主义教育基地建设，用好红色旅游资源，使之成为弘扬培育民族精神和时代精神的重要课堂。

（四）树立和践行社会主义荣辱观

2006年3月4日，胡锦涛在参加全国政协联组讨论时提出了坚持"以热爱祖国为荣、以危害祖国为耻，以服务人民为荣、以背离人民为耻，以崇尚科学为荣、以愚昧无知为耻，以辛勤劳动为荣、以好逸恶劳为耻，以团结互助为荣、以损人利己为耻，以诚实守信为荣、以见利忘义为耻，以遵纪守法为荣、以违法乱纪为耻，以艰苦奋斗为荣、以骄奢淫逸为耻"为主要内容的社会主义荣辱观，体现了社会主义道德的根本要求。要深入开展社会主义荣辱观宣传教育，弘扬中华传统美德，推进公民道德建设工程。

二、坚持中国特色社会主义文化发展道路

党的十六大以来，我们党始终把文化建设放在党和国家全局工作重要战略地位，坚持物质文明和精神文明两手抓，实行依法治国和以德治国相结

合，促进文化事业和文化产业同发展，推动文化建设不断取得新成就，走出了中国特色社会主义文化发展道路。

2011年10月，胡锦涛在党的十七届六中全会第二次全体会议上的讲话中，着重强调了如何坚持中国特色社会主义文化发展道路的问题。

第一，坚持中国特色社会主义文化发展道路，必须坚持以马克思主义为指导，坚持社会主义先进文化前进方向。坚持以马克思主义为指导、以社会主义先进文化为引领，是中国特色社会主义文化最鲜明的特征，也是事关文化改革发展全局的根本问题。只有坚持以马克思主义为指导、以社会主义先进文化为引领，才能打牢中国特色社会主义文化发展的根基。在社会主义市场经济日益发展和对外开放不断扩大的形势下，我国社会思想更加多样、社会价值更加多元、社会思潮更加多变，坚持以马克思主义为指导、以社会主义先进文化为引领的重要性和紧迫性更加凸显。推动社会主义文化大发展大繁荣，必须坚持马克思主义在意识形态领域的指导地位，为文化建设提供有力理论指导，确保文化改革发展始终沿着正确道路前进；必须坚持把马克思主义理论特别是中国特色社会主义理论体系应用于文化改革发展各个领域，不断丰富和发展具有中国特色、符合时代发展要求的文化建设理论，使我国文化各方面发展建立在深厚理论基础之上；必须坚持为人民服务、为社会主义服务的方向和百花齐放、百家争鸣的方针，正确处理弘扬主旋律和提倡多样化的关系、教育人民和满足人民多样化精神文化需求的关系、把社会效益放在首位和提高经济效益的关系，有效引领社会思潮，有力抵制各种错误和腐朽思想影响，不断巩固和壮大社会主义主流思想文化。

第二，坚持中国特色社会主义文化发展道路，必须发挥人民在文化建设中的主体作用，坚持文化发展为了人民、文化发展依靠人民、文化发展成果由人民共享。为了谁、依靠谁是我们推进文化改革发展的根本问题，决定着社会主义文化性质和方向。中国特色社会主义文化是人民共建共享的文化，人民是推动社会主义文化大发展大繁荣最深厚的力量源泉。坚持这一点，是我国社会主义制度的本质要求，也是我们党立党为公、执政为民理念的重要体现。推动社会主义文化大发展大繁荣，必须坚持以人为本，以满足人民精神文化需求、促进人的全面发展为根本目的，不断提高全民族思想道德素质和科学文化素质，培育有理想、有道德、有文化、有纪律的社会主义公民；必须贯彻党的群众路线，尊重人民主体地位和首创精神，使全社会文化创造活力竞相迸发；必须坚持以人民为中心的创作导向，关心人民命运，体察人民愿望，反映人民心声，在人民伟大创造中汲取营养，把最好的精神食粮奉献给人民；必须坚持面向基层、面向群众，把满足人民基本文化需求作为社会主义文化建设的基本任务，鼓励创作生产更多受到群众欢迎的文化产品，让文化发展成果惠及全体人民。

第三，坚持中国特色社会主义文化发展道路，必须继承和发扬中华优秀文化传统，大力弘扬中华文化，建设中华民族共有精神家园。中华文化源远流长、博大精深，积淀着中华民族的深厚精神追求，是中华民族生生不息、团结奋进的不竭动力，是发展中国特色社会主义文化的深厚基础。推动社会主义文化大发展大繁荣，必须大力弘扬中华优秀文化传统，大力弘扬五四运动以来形成的革命文化传统，大力弘扬改革开放以来文化领域形成的一系列新思想新观念新风尚，立足中国特色社会主义伟大实践，发展社会主义先进文化；必须以更加开阔的视野、更加博大的胸怀对待外来文化，积极参与国际文化交流合作，学习借鉴一切有利于我国文化改革发展的有益经验和优秀成果。

第四，坚持中国特色社会主义文化发展道路，必须坚持一手抓公益性文化事业、一手抓文化产业，推动文化事业和文化产业全面协调可持续发展。发展公益性文化事业是社会主义制度下保障人民基本文化权益的基本途径，是实现文化发展成果由人民共建共享的制度保障。发展文化产业是社会主义市场经济条件下满足人民多样化精神文化需求的重要途径，是充分发挥市场在文化资源配置中的积极作用、激发全社会文化创造活力的必然要求。推动社会主义文化大发展大繁荣，必须科学界定人民的基本文化权益和多样化精神文化需求，全面把握政府和市场在文化建设中的职责和功能，推动形成文化事业和文化产业两手抓、两加强的工作格局；必须按照公益性、基本性、均等性、便利性的要求，以政府为主导，以公共财政为支撑，以公益性文化单位为骨干，以全体人民为服务对象，以保障人民基本文化权益为主要内容，鼓励全社会积极参与，大力发展公益性文化事业；必须着力培育一批有实力、有竞争力的骨干文化企业，提高我国文化产业整体实力和竞争力，形成公有制为主体、多种所有制共同发展的文化产业格局。无论发展公益性文化事业还是发展文化产业，都要坚持社会主义先进文化前进方向，正确处理社会效益和经济效益的关系，始终把社会效益放在首位。

三、深化文化体制改革

建设社会主义文化强国，必须通过文化体制改革来推动社会主义文化发展繁荣。《中共中央关于深化文化体制改革推动社会主义文化大发展大繁荣若干重大问题的决定》指出："坚持中国特色社会主义文化发展道路，深化文化体制改革，推动社会主义文化大发展大繁荣，必须全面贯彻党的十七大精神，高举中国特色社会主义伟大旗帜，以马克思列宁主义、毛泽东思想、邓小平理论和'三个代表'重要思想为指导，深入贯彻落实科学发展观，坚持社会主义先进文化前进方向，以科学发展为主题，以建设社会主义核心价值体系为根本任务，以满足人民精神文化需求为出发点和落脚点，以改革创新为动力，发展面向现代化、面向世界、面向未来的，民族的科学的大众的社会主义文化，培养高度的文化自觉和文化自信，提高全民族文明素质，增强国家文化软实力，弘扬中华文化，努力建设社会主义文化强国。"[1]

按照实现全面建设小康社会奋斗目标新要求，到 2020 年，文化改革发展奋斗目标是：社会主义核心价值体系建设深入推进，良好思想道德风尚进一步弘扬，公民素质明显提高；适应人民需要的文化产品更加丰富，精品力作不断涌现；文化事业全面繁荣，覆盖全社会的公共文化服务体系基本建立，努力实现基本公共文化服务均等化；文化产业成为国民经济支柱性产业，整体实力和国际竞争力显著增强，公有制为主体、多种所有制共同发展的文化产业格局全面形成；文化管理体制和文化产品生产经营机制充满活力、富有效率，以民族文化为主体、吸收外来有益文化、推动中华文化走向世界的文化开放格局进一步完善；高素质文化人才队伍发展壮大，文化繁荣发展的人才保障更加有力。全党全国要为实现这些目标共同努力，不断提高文化建设科学化水平，为把我国建设成为社会主义文化强国打下坚实基础。

党的十七届六中全会审议通过《中共中央关于深化文化体制改革推动社会主义文化大发展大繁荣若干重大问题的决定》研究部署了深化文化体制改革，推动文化发展繁荣的具体方案。一是提出要推进社会主义核心价值体系建设，坚持马克思主义指导地位，坚定中国特色社会主义共同理想，弘扬以爱国主义

---

① 《十七大以来重要文献选编》下册，中央文献出版社 2013 年版，第 562 页。

为核心的民族精神和以改革创新为核心的时代精神，树立和践行社会主义荣辱观，巩固全党全国各族人民团结奋斗的共同思想道德基础。二是提出要围绕全面贯彻"二为"方向和"双百"方针，繁荣发展哲学社会科学、加强和改进新闻舆论工作、推出更多优秀文艺作品、发展健康向上的网络文化，完善文化产品评价体系和激励机制，为人民提供更好更多的精神食粮。三是大力发展公益性文化事业，坚持政府主导，按照公益性、基本性、均等性、便利性的要求，构建公共文化服务体系，发展现代传播体系，建设优秀传统文化传承体系，加快城乡文化一体化发展，保障人民基本文化权益。四是加快发展文化产业，坚持把社会效益放在首位、社会效益和经济效益相统一，按照全面协调可持续的要求，构建现代文化产业体系，形成公有制为主体、多种所有制共同发展的文化产业格局，推进文化科技创新，扩大文化消费，推动文化产业跨越式发展，推动文化产业成为国民经济支柱性产业。五是进一步深化改革开放，深化国有文化单位改革，健全现代文化市场体系，创新文化管理体制，完善政策保障机制，推动中华文化走向世界，积极吸收借鉴国外优秀文化成果，加快构建有利于文化繁荣发展的体制机制。六是建设宏大文化人才队伍，要坚持尊重劳动、尊重知识、尊重人才、尊重创造，深入实施人才强国战略，造就高层次领军人物和高素质文化人才队伍，加强基层文化人才队伍建设，加强职业道德建设和作风建设，为社会主义文化大发展大繁荣提供有力人才支撑。

第四节　推进人与自然和谐发展

党的十六大后，以胡锦涛同志为总书记的党中央面对新形势、新任务，在全面建设小康社会的伟大实践中，深刻把握我国的基本国情，在科学发展观的指导下，坚持全面、协调、可持续，积极促进人与自然相和谐，努力实现经济发展和人口资源环境相协调。

一、以科学发展观指导人口资源环境工作

2003 年 10 月，党的十六届三中全会通过《中共中央关于完善社会主义市场经济体制若干重大问题的决定》，提出"坚持以人为本，树立全面、协调、可持续的发展观"。2004 年 3 月，胡锦涛在中央人口资源环境工作座谈会上指出："做好人口资源环境工作，是树立和落实科学发展观的必然要求和重要内容。"①按照相关要求，坚持用科学发展观来指导人口资源环境工作，必须牢固树立以下观念：

一是牢固树立以人为本的观念。人口资源环境工作，都是涉及人民群众切身利益的工作，一定要把最广大人民根本利益作为出发点和落脚点。胡锦涛指出："要着眼于充分调动人民群众积极性、主动性、创造性，着眼于满足人民群众需要和促进人的全面发展，着眼于提高人民群众生活质量和健康素质，切实为人民群众创造良好生产生活环境，为中华民族长远发展创造良好条件。"②

二是牢固树立节约资源的观念。自然资源只有节约才能持久利用。胡锦涛强调："要在全社会树立节约资源的观念，培育人人节约资源的社会风尚。要在资源开采、加工、运输、消费等环节建立全过程和全面节约的管理制度，建立资源节约型国民经济体系和资源节约型社会，逐步形成有利于节约资源和保护环境的产业结构和消费方式，依靠科技进步推进资源利用方式根本转变，不断提高资源利用的经济、社会、生态效益，坚决遏制浪费资源、破坏资源的现象，实现资源永续利用。"③

三是牢固树立保护环境的观念。良好生态环境是社会生产力持续发展和人们生存质量不断提高的重要基础。胡锦涛强调指出："要彻底改变以牺牲环境、破坏资源为代价的粗放型增长方式，不能以牺牲环境为代价去换取一时的经济增长，不能以眼前发展损害长远利益，不能用局部发展损害全局利益。要在全社会营造爱护环境、保护环境、建设环境的良好风气，增强全民族环境保护意识。"④

---

① 《胡锦涛文选》第 2 卷，人民出版社 2016 年版，第 170 页。
② 《胡锦涛文选》第 2 卷，人民出版社 2016 年版，第 170 页。
③ 《胡锦涛文选》第 2 卷，人民出版社 2016 年版，第 170—171 页。
④ 《胡锦涛文选》第 2 卷，人民出版社 2016 年版，第 171 页。

四是牢固树立人与自然相和谐的观念。自然界是包括人类在内的一切生物的摇篮，是人类赖以生存和发展的基本条件。保护自然就是保护人类，建设自然就是造福人类。胡锦涛明确指出："要倍加爱护和保护自然，尊重自然规律。对自然界不能只讲索取不讲投入、只讲利用不讲建设。发展经济要充分考虑自然的承载能力和承受能力，坚决禁止过度性放牧、掠夺性采矿、毁灭性砍伐等掠夺自然、破坏自然的做法。要研究绿色国民经济核算方法，探索将发展过程中的资源消耗、环境损失、环境效益纳入经济发展水平的评价体系，建立和维护人与自然相对平衡的关系。"①

二、在"两型社会"建设中做好人口资源环境工作

胡锦涛在 2004 年 3 月召开的中央人口资源环境工作座谈会上提出建立资源节约型、环境友好型社会的任务，在同年召开的党的十六届五中全会上，党中央正式提出了建设资源节约型、环境友好型社会的战略任务，会议通过的《中共中央关于制定国民经济和社会发展第十一个五年发展规划的建议》强调："必须加快转变经济增长方式。我国土地、淡水、能源、矿产资源和环境状况对经济发展已构成严重制约。要把节约资源作为基本国策，发展循环经济，保护生态环境，加快建设资源节约型、环境友好型社会，促进经济发展与人口、资源、环境相协调。"②这也指明了在"两型社会"建设中做好人口资源环境工作的方向。

（一）调整经济结构和转变经济增长方式

随着我国长期的快速发展，经济发展与资源环境之间的矛盾日益尖锐，资源环境对经济发展的束缚也越来越大，问题的产生与经济结构和经济增长方式有很大的关系。从制定"九五"计划时提出实行"两个根本性转变"以来，我国在转变经济增长方式方面取得了很大进展，但粗放型增长方式还没有从根本上得到改变。胡锦涛在党的十六届四中全会第三次全体会议上指出："如果不从根本上转变经济增长方式，能源资源将难以为继，生态环境将不堪

---

① 《胡锦涛文选》第 2 卷，人民出版社 2016 年版，第 171 页。
② 《十六大以来重要文献选编》中册，中央文献出版社 2006 年版，第 1064 页。

重负。"① 严峻的资源环境形势迫切要求转变经济增长方式，这是解决环境与发展矛盾的治本之策。2005 年 10 月，胡锦涛在中央经济工作会议上深刻指出："调整经济结构和转变经济增长方式是缓解人口资源环境压力的根本途径。"② 胡锦涛在会上对调整经济结构和转变经济增长方式的重要意义、关键环节、根本动力等进行了深入阐述。他认为，调整经济结构和转变经济增长方式是落实科学发展观的必然要求，提高自主创新能力、加快技术进步是调整经济结构和转变经济增长方式的关键环节，深化改革、创新体制机制是调整经济结构和转变经济增长方式的根本动力。同年 10 月，党的十六届五中全会通过《中共中央关于制定国民经济和社会发展第十一个五年规划的建议》，《建议》将转变经济增长方式作为"十一五"时期的战略重点。围绕调整经济结构和转变经济增长方式，党中央、国务院采取了一系列相应的措施，通过继续走科技含量高、经济效益好、资源消耗低、环境污染少、人力资源优势得到充分发挥的新型工业化道路；深入实施科教兴国和人才强国战略，把增强自主创新能力作为调整产业结构、转变增长方式的中心环节等促进经济结构调整和经济增长方式转变。

（二）高度重视节约资源

资源问题是建设资源节约型、环境友好型社会的关键问题。党中央历来重视节约资源问题，党的十六大以来，以胡锦涛同志为总书记的党中央更是高度重视节约资源，多次强调要建设节水型社会、资源节约型社会，并将节约资源确立为基本国策，把节约资源作为缓解供求矛盾，减少污染、改善环境的重要途径。2004 年 3 月，胡锦涛在中央人口资源环境工作座谈会上要求，把切实保护好饮用水源，让群众喝上放心水作为首要任务，把建设节水型社会作为解决我国干旱缺水问题最根本的战略举措，加强防汛抗旱和水利建设，进而建设节水型社会，大力提高水资源利用效率。2005 年 10 月，胡锦涛在党的十六届五中全会第二次全体会议上指出："解决好能源资源不足矛盾，是关系我国发展全局的一个重大问题。必须充分认识节约能源资源的极端重要性，把节约能源资源作为一项基本国策，坚持开发节约并重、节约优先，加快建立资源节约

---

① 《十六大以来重要文献选编》中册，中央文献出版社 2006 年版，第 313 页。

② 《十六大以来重要文献选编》中册，中央文献出版社 2006 年版，第 816 页。

型社会。"① 党的十六届五中全会通过的《中共中央关于制定国民经济和社会发展第十一个五年规划的建议》首次明确将"节约资源"确立为基本国策，按照《建议》精神，胡锦涛在同年底召开的中央经济工作会议上强调大力节约能源资源，既是缓解能源资源供求矛盾的重大举措，也是从源头上减少污染、改善生态环境的重要途径。2005 年底，国务院发布关于实施《促进产业结构调整暂行规定》的决定，对推进资源节约提出了明确要求："坚持开发与节约并重、节约优先的方针，按照减量化、再利用、资源化原则，大力推进节能节水节地节材，加强资源综合利用，全面推行清洁生产，完善再生资源回收利用体系，形成低投入、低消耗、低排放和高效率的节约型增长方式。"②

（三）大力发展循环经济

发展循环经济，是建设资源节约型、环境友好型社会和实现可持续发展的重要途径。2004 年 3 月，胡锦涛在中央人口资源环境工作座谈会上提出，通过大力推进循环经济，建立资源节约型、环境友好型社会。具体要求是"要加快推行清洁生产，鼓励和支持企业全过程控制污染。结合调整经济结构，限制高耗能、高耗水行业的发展，加强节能节水，加强资源综合利用，逐步建立节约型社会。大力宣传循环经济理念，加快制定循环经济促进法，加强循环经济试点工作，全方位、多层次推广适应建立资源节约型、环境友好型社会要求的生产生活方式"③。2005 年 7 月，《国务院关于加快发展循环经济的若干意见》出台，《意见》对发展循环经济的指导思想、基本原则和主要目标，发展循环经济的重点工作和重点环节，加强对循环经济发展的宏观指导，加快循环经济技术开发和标准体系建设，建立和完善促进循环经济发展的政策机制，坚持依法推进循环经济发展，加强对发展循环经济工作的组织和领导等作出具体说明，为发展循环经济提供基本遵循。2005 年 10 月，党的十六届五中全会通过的《中共中央关于制定国民经济和社会发展第十一个五年规划的建议》对大力发展循环经济提出了明确要求："坚持开发节约并重、节约优先，按照减量化、再利用、资源化的原则，大力推进节能节水节地节材，加强资源综合利用，完

---

① 《胡锦涛文选》第 2 卷，人民出版社 2016 年版，第 374—375 页。
② 《十六大以来重要文献选编》下册，中央文献出版社 2008 年版，第 77—78 页。
③ 《十六大以来重要文献选编》中册，中央文献出版社 2006 年版，第 823 页。

善再生资源回收利用体系，全面推行清洁生产，形成低投入、低消耗、低排放和高效率的节约型增长方式。积极开发和推广资源节约、替代和循环利用技术，加快企业节能降耗的技术改造，对消耗高、污染重、技术落后的工艺和产品实施强制性淘汰制度，实行有利于资源节约的价格和财税政策。在冶金、建材、化工、电力等重点行业以及产业园区和若干城市，开展循环经济试点，健全法律法规，探索发展循环经济的有效模式。强化节约意识，鼓励生产和使用节能节水产品、节能环保型汽车，发展节能省地型建筑，形成健康文明、节约资源的消费模式。"①2008 年 8 月，第十一届全国人民代表大会常务委员会第四次会议通过《中华人民共和国循环经济促进法》，为大力发展循环经济提供了法制保障。2010 年 10 月，党的十七届五中全会通过《中共中央关于制定国民经济和社会发展第十二个五年规划的建议》再次强调要大力发展循环经济，指出要"以提高资源产出效率为目标，加强规划指导、财税金融等政策支持，完善法律法规，实行生产者责任延伸制度，推进生产、流通、消费各环节循环经济发展。加快资源循环利用产业发展，加强矿产资源综合利用，鼓励产业废物循环利用，完善再生资源回收体系和垃圾分类回收制度，推进资源再生利用产业化。开发应用源头减量、循环利用、再制造、零排放和产业链接技术，推广循环经济典型模式"②。

三、积极探索环境保护新道路

加强环境保护是落实科学发展观的重要举措，是全面建设小康社会的内在要求，是坚持执政为民、提高执政能力的实际行动，是构建社会主义和谐社会的有力保障。为全面落实科学发展观，加快构建社会主义和谐社会，实现全面建设小康社会的奋斗目标，2005 年 12 月，《国务院关于落实科学发展观加强环境保护的决定》正式出台。按照"十二五"规划的总体要求，2011 年国务院相继印发《关于加强环境保护重点工作的意见》以及《国家环境保护"十二五"规划》等环保领域的相关文件。

① 《十六大以来重要文献选编》中册，中央文献出版社 2006 年版，第 1072—1073 页。
② 《十七大以来重要文献选编》中册，中央文献出版社 2011 年版，第 986 页。

（一）加强生态环境保护

良好生态环境是实现社会生产力持续发展和提高人们生存质量的重要基础。2005年2月，胡锦涛在省部级主要领导干部提高构建社会主义和谐社会能力专题研讨班上的讲话中指出："我国生态环境形势相当严峻，一些地方环境污染问题相当严重。随着人口增多和人们生活水平提高，经济社会发展同资源环境的矛盾还会更加突出。如果不能有效保护生态环境，不仅无法实现经济社会可持续发展，人民群众也无法喝上干净的水、呼吸上清洁的空气、吃上放心的食物，由此必然引发严重社会问题。"[①]2005年10月，胡锦涛在党的十六届五中全会第二次全体会议上的讲话中强调："保护生态环境，关系最广大人民根本利益，关系中华民族发展长远利益。必须充分认识保护生态环境的重要性、艰巨性、长期性，坚持保护环境的基本国策，加大保护生态环境的力度，逐步改善生态环境，为经济社会可持续发展创造良好条件。"[②]

2005年12月出台的《国务院关于落实科学发展观加强环境保护的决定》对生态保护与建设作出具体要求：坚持生态保护与治理并重，重点控制不合理的资源开发活动。优先保护天然植被，坚持因地制宜，重视自然恢复；继续实施天然林保护、天然草原植被恢复、退耕还林、退牧还草、退田还湖、防沙治沙、水土保持和防治石漠化等生态治理工程；严格控制土地退化和草原沙化。经济社会发展要与水资源条件相适应，统筹生活、生产和生态用水，建设节水型社会；发展适应抗灾要求的避灾经济；水资源开发利用活动，要充分考虑生态用水。加强生态功能保护区和自然保护区的建设与管理。加强矿产资源和旅游开发的环境监管。做好红树林、滨海湿地、珊瑚礁、海岛等海洋、海岸带典型生态系统的保护工作。

2011年10月，国务院印发《关于加强环境保护重点工作的意见》，强调要加大生态保护的力度。《意见》要求：国家编制环境功能区划，在重要生态功能区、陆地和海洋生态环境敏感区、脆弱区等区域划定生态红线，对各类主体功能区分别制定相应的环境标准和环境政策。加强青藏高原生态屏障、黄土高原—川滇生态屏障、东北森林带、北方防沙带和南方丘陵山地带以及大江大河重要水

①《胡锦涛文选》第2卷，人民出版社2016年版，第295页。
②《胡锦涛文选》第2卷，人民出版社2016年版，第375页。

系的生态环境保护。推进生态修复，让江河湖泊等重要生态系统休养生息。强化生物多样性保护，建立生物多样性监测、评估与预警体系以及生物遗传资源获取与惠益共享制度，有效防范物种资源丧失和流失。加强自然保护区综合管理。开展生态系统状况评估。加强矿产、水电、旅游资源开发和交通基础设施建设中的生态保护。推进生态文明建设试点，进一步开展生态示范创建活动。

（二）积极发展环保产业

环保产业是以防治环境污染、改善生态环境、保护自然资源为目的所进行的技术开发、产品生产、商业流通、资源利用、信息服务、工程承包、自然保护开发等活动的总称，环保产业的发展对于环境保护事业具有重要作用。2004年3月，胡锦涛在中央人口资源环境工作座谈会上强调"要广泛吸引社会各方面参与环境的建设和保护，积极推动环保产业的发展"[1]。2005年3月，胡锦涛在中央人口资源环境工作座谈会上指出："建立健全环境治理设施建设和运营市场化的新机制，推动环保产业发展。"[2] 同年10月党的十六届五中全会通过的《中共中央关于制定国民经济和社会发展第十一个五年规划的建议》也指出要大力发展环保产业，建立社会化多元化环保投融资机制，运用经济手段推进污染治理市场化进程。

2005年12月出台的《国务院关于落实科学发展观加强环境保护的决定》对积极发展环保产业提出明确要求："要加快环保产业的国产化、标准化、现代化产业体系建设。加强政策扶持和市场监管，按照市场经济规律，打破地方和行业保护，促进公平竞争，鼓励社会资本参与环保产业的发展。重点发展具有自主知识产权的重要环保技术装备和基础装备，在立足自主研发的基础上，通过引进消化吸收，努力掌握环保核心技术和关键技术。大力提高环保装备制造企业的自主创新能力，推进重大环保技术装备的自主制造。培育一批拥有著名品牌、核心技术能力强、市场占有率高、能够提供较多就业机会的优势环保企业。加快发展环保服务业，推进环境咨询市场化，充分发挥行业协会等中介组织的作用。"[3]

---

① 《十六大以来重要文献选编》上册，中央文献出版社2005年版，第860页。

② 《十六大以来重要文献选编》中册，中央文献出版社2006年版，第825页。

③ 《十六大以来重要文献选编》下册，中央文献出版社2008年版，第88—89页。

2011 年 10 月，国务院印发《关于加强环境保护重点工作的意见》，将大力发展环保产业作为加强环境保护的突出工作。《意见》要求"加大政策扶持力度，扩大环保产业市场需求。鼓励多渠道建立环保产业发展基金，拓宽环保产业发展融资渠道。实施环保先进适用技术研发应用、重大环保技术装备及产品产业化示范工程。着重发展环保设施社会化运营、环境咨询、环境监理、工程技术设计、认证评估等环境服务业。鼓励使用环境标志、环保认证和绿色印刷产品。开展污染减排技术攻关，实施水体污染控制与治理等科技重大专项。制定环保产业统计标准。加强环境基准研究，推进国家环境保护重点实验室、工程技术中心建设。加强高等院校环境学科和专业建设"①。

（三）重视农村环境保护

农村环境保护事关广大农民的切身利益，事关全国人民的福祉，事关国家的可持续发展。改革开放以来，我国农民的收入和生活水平有了较大提高，但一些农村的公共卫生环境却没有大的改善。有些农村"脏、乱、差"严重，导致某些已经得到控制的地方病、传染病出现反弹，还有一些地区由于环境污染引发的各类疾病明显上升，对农民健康造成威胁。2004 年 3 月，胡锦涛在中央人口资源环境工作座谈会上特别强调改善农村卫生环境问题。他指出："要增加投入，加强以公共卫生为重点的农村基础设施建设。要积极动员和组织广大农民参与整治村庄环境活动，集中搞好垃圾、污水等的处理，因地制宜推进改水改厕。要引导农民转变观念，改变不良生活习惯，培养文明卫生的生活方式。"②

2005 年 12 月出台的《国务院关于落实科学发展观加强环境保护的决定》指出："以防治土壤污染为重点，加强农村环境保护。结合社会主义新农村建设，实施农村小康环保行动计划。"③2007 年 11 月，国务院办公厅转发了《关于加强农村环境保护工作的意见》，从加强农村环境保护的紧迫性和重要性，明确农村环境保护的指导思想、基本原则和主要目标，着力解决突出的农村环境问题，强化农村环境保护工作措施等四个方面，为加强农村环境保护工作提

---

① 《十七大以来重要文献选编》下册，中央文献出版社 2008 年版，第 554 页。

② 《十六大以来重要文献选编》中册，中央文献出版社 2006 年版，第 827 页。

③ 《十六大以来重要文献选编》下册，中央文献出版社 2013 年版，第 90 页。

出了指导性意见。2011 年 10 月，国务院印发《关于加强环境保护重点工作的意见》对加快推进农村环境保护作出了明确指示："实行农村环境综合整治目标责任制。深化'以奖促治'和'以奖代补'政策，扩大连片整治范围，集中整治存在突出环境问题的村庄和集镇，重点治理农村土壤和饮用水水源地污染。继续开展土壤环境调查，进行土壤污染治理与修复试点示范。推动环境保护基础设施和服务向农村延伸，加强农村生活垃圾和污水处理设施建设。发展生态农业和有机农业，科学使用化肥、农药和农膜，切实减少面源污染。严格农作物秸秆禁烧管理，推进农业生产废弃物资源化利用。加强农村人畜粪便和农药包装无害化处理。加大农村地区工矿企业污染防治力度，防止污染向农村转移。开展农业和农村环境统计。"[1]

（四）强化对环保工作的领导和考核

做好环境保护工作，领导是关键。胡锦涛于 2004 年 3 月在中央人口资源环境工作座谈会上指出："树立和落实科学发展观，实现经济发展和人口、资源、环境协调发展，必须加强领导、完善机制，进一步提高人口资源环境工作的水平。"[2] 他强调："各级领导干部都要按照科学发展观和正确的政绩观的要求来谋划和领导发展工作，不仅要重视经济增长指标，而且要重视人文指标、资源指标、环境指标和社会发展指标，坚持把经济增长指标同人文、资源、环境和社会发展指标有机地结合起来。"[3] 同时要求组织部门会同有关部门抓紧研究考核标准，尽快把人口资源环境指标纳入干部考核体系。

2005 年 12 月出台的《国务院关于落实科学发展观加强环境保护的决定》要求落实环境保护领导责任制，强调指出："地方各级人民政府要把思想统一到科学发展观上来，充分认识保护环境就是保护生产力，改善环境就是发展生产力，增强环境忧患意识和做好环保工作的责任意识，抓住制约环境保护的难点问题和影响群众健康的重点问题，一抓到底，抓出成效。地方人民政府主要领导和有关部门主要负责人是本行政区域和本系统环境保护的第一责任人，政府和部门都要有一位领导分管环保工作，确保认识到位、责任到

①　《十七大以来重要文献选编》下册，中央文献出版社 2013 年版，第 554 页。
②　《十六大以来重要文献选编》上册，中央文献出版社 2005 年版，第 859 页。
③　《十六大以来重要文献选编》上册，中央文献出版社 2005 年版，第 859 页。

位、措施到位、投入到位。地方人民政府要定期听取汇报，研究部署环保工作，制订并组织实施环保规划，检查落实情况，及时解决问题，确保实现环境目标。各级人民政府要向同级人大、政协报告或通报环保工作，并接受监督。"① 同时《决定》要求科学评价发展与环境保护成果，要把环境保护纳入领导班子和领导干部考核的重要内容，并将考核情况作为干部选拔任用和奖惩的依据之一。坚持和完善地方各级人民政府环境目标责任制，评优创先活动要实行环保一票否决制。建立问责制，切实解决地方保护主义干预环境执法的问题。

2011 年 10 月，国务院印发《关于加强环境保护重点工作的意见》明确要求强化对环境保护工作的领导和考核。《意见》指出：地方各级人民政府要切实把环境保护放在全局工作的突出位置，列入重要议事日程，明确目标任务，完善政策措施，组织实施国家重点环保工程。制定生态文明建设的目标指标体系，纳入地方各级人民政府绩效考核，考核结果作为领导班子和领导干部综合考核评价的重要内容，作为干部选拔任用、管理监督的重要依据，实行环境保护一票否决制。对未完成目标任务考核的地方实施区域限批，暂停审批该地区除民生工程、节能减排、生态环境保护和基础设施建设以外的项目，并追究有关领导责任。

四、携手国际社会应对全球气候变化

环境保护和生态文明建设不仅是民族国家内部的事，也是国际社会和全人类的事，以胡锦涛同志为总书记的党中央在国内加强环境保护和推进生态文明建设的同时，高度重视全球生态环境保护，积极参与相关议题商讨，携手国际社会应对全球气候变化问题。

（一）高度重视气候变化问题

气候变化问题是 21 世纪人类社会面临的严峻挑战之一，需要国际社会携手合作，共同应对。积极应对气候变化，既是我国实现可持续发展的内在需要

---

① 《十六大以来重要文献选编》下册，中央文献出版社 2008 年版，第 96—97 页。

和历史机遇，也是顺应当今世界发展趋势的客观要求。2007 年党的十七大提出"加强应对气候变化能力建设，为保护全球气候作出新贡献"①。2009 年 8 月，第十一届全国人民代表大会常务委员会第十次会议通过《全国人民代表大会常务委员会关于积极应对气候变化的决议》，《决议》要求"要把加强应对气候变化的相关立法作为形成和完善中国特色社会主义法律体系的一项重要任务，纳入立法工作议程。适时修改完善与应对气候变化、环境保护相关的法律，及时出台配套法规，并根据实际情况制定新的法律法规，为应对气候变化提供更加有力的法制保障"②。《决议》同时强调"我国将继续建设性地参加气候变化国际会议和国际谈判，促进公约及其议定书的全面、有效和持续实施，为保护全球气候作出新贡献"③。2010 年 10 月党的十七届五中全会通过的《中共中央关于制定国民经济和社会发展第十二个五年规划的建议》指出："加强适应气候变化特别是应对极端气候事件能力建设。建立完善温室气体排放和节能减排统计监测制度，加强气候变化科学研究，加快低碳技术研发和应用，逐步建立碳排放交易市场。坚持共同但有区别的责任原则，积极开展应对全球气候变化国际合作。"④ 这些充分说明以胡锦涛同志为总书记的党中央对气候变化问题的高度重视。

（二）积极参加全球气候变化会议

应对全球气候变化问题需要国际社会的通力合作，中国作为世界上最大的发展中国家，以积极的姿态参加全球气候变化会议，以负责任大国的形象出现在国际舞台。2009 年 9 月，胡锦涛在美国纽约出席联合国气候变化峰会并发表讲话，他在讲话中指出，"应对气候变化，实现可持续发展，是摆在我们面前一项紧迫而又长期的任务，事关人类生存环境和各国发展前途，需要各国进行不懈努力"⑤。同时指出国际社会在共同应对气候变化，履行各自责任是核心、实现互利共赢是目标、促进共同发展是基础、确保资金技术是关键，并向世界表明："中国高度重视和积极推动以人为本、全面协调可持续的科学发展，

① 《胡锦涛文选》第 2 卷，人民出版社 2016 年版，第 631 页。
② 《十七大以来重要文献选编》中册，中央文献出版社 2011 年版，第 111 页。
③ 《十七大以来重要文献选编》中册，中央文献出版社 2011 年版，第 112 页。
④ 《十七大以来重要文献选编》中册，中央文献出版社 2011 年版，第 985—986 页。
⑤ 《胡锦涛文选》第 3 卷，人民出版社 2016 年版，第 265 页。

明确提出了建设生态文明的重大战略任务，强调要坚持节约资源和保护环境的基本国策，坚持走可持续发展道路，在加快建设资源节约型、环境友好型社会和建设创新型国家的进程中不断为应对气候变化作出贡献。"①

第五节　以改革创新精神推进党的建设新的伟大工程

进入新世纪之后，无论是世情、国情、党情都发生了广泛而深刻的变化，中国特色社会主义事业面临着前所未有的机遇和挑战。面对这新的机遇和挑战，肩负着全面建设小康社会的历史重任，中国共产党必须始终站在时代的前列带领人民群众不断地开创中国特色社会主义的新局面，必须以改革创新的精神不断加强自身建设，始终保持党的先进性，不断提高党的执政能力和领导水平，保证党始终成为中国特色社会主义事业的领导核心。2003 年 12 月，胡锦涛在纪念毛泽东同志诞辰 110 周年座谈会上指出："中国共产党是中国特色社会主义事业的领导核心。实现全面建设小康社会宏伟目标，不断开创中国特色社会主义事业新局面，关键在于加强和改进党的建设。"②2007 年 6 月，胡锦涛在中央党校省部级干部进修班上强调：我们党要带领人民夺取全面建设小康社会新胜利，开创中国特色社会主义事业新局面，关键是要抓好党的自身建设。紧接着，胡锦涛在党的十七大指出，"中国特色社会主义事业是改革创新的事业。党要站在时代前列带领人民不断开创事业发展新局面，必须以改革创新精神加强自身建设，始终成为中国特色社会主义事业的坚强领导核心"。③

党的十六大以来，以胡锦涛同志为总书记的党中央强调要以改革创新的精神全面推进党的建设新的伟大工程，提出了加强党的执政能力建设，保持和发展党的先进性以及保持党的纯洁性，全面提高党的建设的科学化水平等重要思

---

① 《胡锦涛文选》第 3 卷，人民出版社 2016 年版，第 267 页。

② 《胡锦涛文选》第 2 卷，人民出版社 2016 年版，第 147 页。

③ 《十七大以来重要文献选编》上册，中央文献出版社 2009 年版，第 38 页。

想。这些思想与时俱进地丰富和发展了马克思主义党建学说，对新世纪新阶段推进党的建设伟大工程起到了重要的指导作用。

一、加强党的执政能力建设

执政能力建设是党执政后的一项根本建设，是巩固党的执政地位、完成党的执政使命的必然要求，也是保证党和国家兴旺发达、长治久安的必然要求。加强党的执政能力建设，是我们党应对严峻挑战、完成历史使命的迫切需要，是时代的要求、人民的要求。2004 年 9 月，胡锦涛在党的十六届四中全会第三次全体会议上指出：“我们党执政五十五年来，执政成就有目共睹，执政能力不断提高。在当前机遇和挑战并存、希望和压力同在的国内外条件下，能否带领全国各族人民实现继续推进现代化建设、完成祖国统一、维护世界和平与促进共同发展这三大历史任务，是对我们党的一个重大考验。面对新形势新任务，无论是党的领导方式和执政方式、领导体制和工作机制，还是党员、干部队伍的素质、能力、作风，都存在着一些亟待解决的问题。我们必须高度重视并抓紧推进党的执政能力建设，从各个方面把党的执政能力提高到一个新的水平。”①

（一）加强党的执政能力建设的战略部署

2004 年 9 月，党的十六届四中全会通过《中共中央关于加强党的执政能力建设的决定》，认真总结党执政的成功经验，深入分析我们党治国理政面临的新形势新要求，明确提出新形势下加强党的执政能力建设的指导思想、总体目标、主要任务，对加强党的执政能力建设作出了全面部署。

关于指导思想方面，《决定》指出：“加强党的执政能力建设，必须坚持以马克思列宁主义、毛泽东思想、邓小平理论和‘三个代表’重要思想为指导，全面贯彻党的基本路线、基本纲领、基本经验，以保持党同人民群众的血肉联系为核心，以建设高素质干部队伍为关键，以改革和完善党的领导体制和工作机制为重点，以加强党的基层组织和党员队伍建设为基础，努力体现时代性、

---

①　《胡锦涛文选》第 2 卷，人民出版社 2016 年版，第 242—243 页。

把握规律性、富于创造性。"①

关于总体目标方面，《决定》指出："加强党的执政能力建设的总体目标是：通过全党共同努力，使党始终成为立党为公、执政为民的执政党，成为科学执政、民主执政、依法执政的执政党，成为求真务实、开拓创新、勤政高效、清正廉洁的执政党，归根到底成为始终做到'三个代表'、永远保持先进性、经得住各种风浪考验的马克思主义执政党，带领全国各族人民实现国家富强、民族振兴、社会和谐、人民幸福。"②

关于主要任务方面，《决定》指出："当前和今后一个时期，加强党的执政能力建设的主要任务是：按照推动社会主义物质文明、政治文明、精神文明协调发展的要求，不断提高驾驭社会主义市场经济的能力、发展社会主义民主政治的能力、建设社会主义先进文化的能力、构建社会主义和谐社会的能力、应对国际局势和处理国际事务的能力。全党要紧紧围绕上述任务，立足现实、着眼长远、抓住重点、整体推进，不断研究新情况、解决新问题、创建新机制、增长新本领，全面加强和改进党的建设，使党的执政方略更加完善、执政体制更加健全、执政方式更加科学、执政基础更加巩固。"③

《决定》还从经济、政治、文化、社会、外交五个方面明确了加强党的执政能力建设的重点方向：坚持把发展作为党执政兴国的第一要务，不断提高驾驭社会主义市场经济的能力；坚持党的领导、人民当家作主和依法治国的有机统一，不断提高发展社会主义民主政治的能力；坚持马克思主义在意识形态领域的指导地位，不断提高建设社会主义先进文化的能力；坚持最广泛最充分地调动一切积极因素，不断提高构建社会主义和谐社会的能力；坚持独立自主的和平外交政策，不断提高应对国际局势和处理国际事务的能力。

（二）坚持科学执政、民主执政、依法执政

加强党的执政能力建设，离不开领导方式和执政方式的改革和完善，坚持科学执政、民主执政、依法执政，是新的历史条件下加强党的执政能力建设和先进性建设的重要内容。2006 年 6 月，胡锦涛在主持中央政治局第三十二次

---

① 《十六大以来重要文献选编》中册，中央文献出版社 2006 年版，第 275 页。
② 《十六大以来重要文献选编》中册，中央文献出版社 2006 年版，第 276 页。
③ 《十六大以来重要文献选编》中册，中央文献出版社 2006 年版，第 276 页。

集体学习时指出："在新的历史条件下加强党的执政能力建设，必须把坚持科学执政、民主执政、依法执政作为努力方向和重要内容。"①

科学执政是马克思主义政党执政成功的前提条件。科学执政，就是坚持以马克思主义科学理论为指导，不断探索和遵循共产党执政规律、社会主义建设规律、人类社会发展规律，以科学的思想、科学的制度、科学的方式组织和带领人民共同建设中国特色社会主义。要善于用马克思主义立场、观点、方法研究和把握新的历史条件下党执政的特点和规律，科学制定和实施党的理论和路线方针政策，科学设计、组织、开展各项执政活动，努力使我们党的执政理论和执政工作体现时代性、把握规律性、富于创造性。在当代中国，科学执政尤其要体现在切实抓好发展这个党执政兴国的第一要务上，坚持以科学发展观统领经济社会发展全局，把经济社会发展切实转入全面协调可持续发展的轨道，不断实现好、维护好、发展好最广大人民根本利益。要大力推进决策科学化、民主化，完善决策制度，规范决策程序，改进决策手段，努力使我们作出的决策特别是关系国计民生的重大决策符合客观规律和科学规律，符合人民群众愿望。要改革和完善党的领导方式和执政方式，科学规范党委同人大、政府、政协、民主党派、人民团体等方面的关系，科学实施党对国家和社会的领导，形成党执政的强大合力。

民主执政是马克思主义政党执政的本质要求。民主执政，就是坚持为人民执政、靠人民执政，发展中国特色社会主义民主政治；推进社会主义民主政治制度化、规范化、程序化，以民主的制度、民主的形式、民主的手段支持和保证人民当家作主。要牢牢坚持立党为公、执政为民，真正把最广大人民根本利益作为一切工作的出发点和落脚点，坚持把人民群众赞成不赞成、满意不满意作为评价执政成效的根本准则，切实做到权为民所用、情为民所系、利为民所谋。要进一步健全民主制度，丰富民主形式，扩大公民有序政治参与，保证人民依法实行民主选举、民主决策、民主管理、民主监督，通过各种途径和形式管理国家事务，管理经济和文化事业，管理社会事务。要坚持和完善人民代表大会制度，坚持和完善中国共产党领导的多党合作和政治协商制度，坚持和完善民族区域自治制度，坚持和完善基层民主制度，既在集中人民群众和社会各方面智慧的基础上制定好法律法规和方针政策，又充分发挥人民群众和社会各

① 《胡锦涛文选》第 2 卷，人民出版社 2016 年版，第 460 页。

方面的积极性、主动性、创造性，共同做好改革发展稳定各项工作。要不断完善和扩大党内民主，保障党员民主权利，使党员更好了解和参与党内事务，通过发展党内民主带动人民民主。要建立结构合理、配置科学、程序严密、制约有效的权力运行机制，加强对权力的监督，保证把人民赋予的权力真正用来为人民谋利益。

依法执政是新的历史条件下马克思主义政党执政的基本方式。依法执政，就是坚持依法治国、建设社会主义法治国家，领导立法，带头守法，保证执法，不断推进国家经济、政治、文化、社会生活法制化、规范化，以法治的理念、法治的体制、法治的程序保证党领导人民有效治理国家。要加强党对立法工作的领导，推进科学立法、民主立法，善于使党的主张通过法定程序成为国家意志，从制度上法律上保证党的路线方针政策贯彻实施，使这种制度和法律不因领导人的改变而改变，不因领导人看法和注意力的改变而改变。依法执政最根本的是依宪执政。要牢固树立法制观念，各级党组织都要在宪法法律范围内活动，全体党员都要模范遵守宪法法律，带头维护宪法法律权威。要督促和支持国家机关依法行使职权，做到依法行政，依法推动各项工作的开展，切实维护公民合法权益。要加强和改进党对政法工作的领导，以司法公正为目标推进司法体制改革，提高司法队伍素质，支持审判机关和检察机关依法独立公正行使职权，加强对司法活动的监督和保障，为在全社会实现公平和正义提供法制保障。

2007 年党的十七大再次对科学执政、民主执政、依法执政进行强调，报告指出："继续加强党的执政能力建设，着力建设高素质领导班子。党的执政能力建设关系党的建设和中国特色社会主义事业的全局，必须把提高领导水平和执政能力作为各级领导班子建设的核心内容抓紧抓好。要按照科学执政、民主执政、依法执政的要求，改进领导班子思想作风，提高领导干部执政本领，改善领导方式和执政方式，健全领导体制，完善地方党委领导班子配备改革后的工作机制，把各级领导班子建设成为坚定贯彻党的理论和路线方针政策、善于领导科学发展的坚强领导集体。以加强领导班子执政能力建设影响和带动全党，使党的全部工作始终符合时代要求和人民期待。"[1]

坚持科学执政、民主执政、依法执政，对我们党治国理政提出了新的更高

---

① 《胡锦涛文选》第 2 卷，人民出版社 2016 年版，第 653 页。

的要求，是我们党为人民执好政、掌好权必须紧紧抓住并认真解决的重大课题。科学执政、民主执政、依法执政，是有机统一的整体，其核心是要为人民执好政、掌好权。要把坚持党的领导、人民当家作主、依法治国有机统一起来，不断改革和完善党的领导方式和执政方式，不断提高党的执政能力和领导水平，在为人民治国理政的实践中体现党的先进性、发展党的先进性、永葆党的先进性。强调科学执政、民主执政、依法执政，反映了我们党对共产党执政规律认识的深化和对党长期执政正反两方面经验的科学总结，反映了我们党对自己所处的历史方位和所承担的历史使命的清醒认识，反映了我们党把推进党的建设新的伟大工程同推进中国特色社会主义伟大事业紧密结合的高度自觉。必须认识到，只有坚持科学执政、民主执政、依法执政，我们党才能更加有效地解决执政过程中遇到的新情况新问题，更加有效地应对执政活动面对的新挑战新考验，更加有效地解决改革开放和现代化建设面临的重大问题和复杂矛盾，更加有效地完成人民和时代赋予我们党的庄严使命。

二、保持和加强党的先进性

先进性是马克思主义政党的根本特征，也是马克思主义政党的生命所系、力量所在。党的先进性建设是马克思主义政党自身建设的根本任务。2005 年1 月，胡锦涛在新时期保持共产党员先进性专题报告会上发表讲话，他指出："开展党的先进性建设，就是要通过推进思想建设、组织建设、作风建设和制度建设，使党的理论和路线方针政策顺应时代发展潮流和我国社会发展进步要求、反映全国各族人民利益和愿望，使各级党组织不断提高创造力凝聚力战斗力、始终发挥领导核心作用和战斗堡垒作用，使广大党员不断提高自身素质、始终发挥先锋模范作用，使我们党保持与时俱进的品质、始终走在时代前列，不断提高执政能力、巩固执政地位、完成执政使命。"①

保持马克思主义政党先进性，历来是马克思主义建党理论中一个带根本性的重大课题。马克思、恩格斯在为世界上第一个无产阶级革命政党——共产主义者同盟起草的党纲《共产党宣言》中指出："在实践方面，共产党人是各国

---

① 《胡锦涛文选》第 2 卷，人民出版社 2016 年版，第 263 页。

工人政党中最坚决的、始终起推动作用的部分"①，"共产党人为工人阶级的最近的目的和利益而斗争，但是他们在当前的运动中同时代表运动的未来"②。列宁在创建和领导俄国布尔什维克党的过程中也高度重视党的先进性建设，他明确指出："党是阶级的先进觉悟阶层，是阶级的先锋队。"③它"吸收了这个阶级的一切优秀代表，集中了经过顽强的革命斗争的教育和锻炼的、完全觉悟的和忠诚的共产主义者"④。列宁还强调，马克思主义政党先进性，首先要看其理论、路线、纲领的正确性，同时也要看它在无产阶级运动中的实际表现和作用。在马克思、恩格斯、列宁看来，马克思主义政党必须是由无产阶级和其他革命群众中的先进分子所组成，必须使党的理论、路线、纲领和方针政策符合社会发展规律，必须通过全体党员高度的思想觉悟和奉献精神来体现其先进性。只有这样，马克思主义政党才能始终高擎引导和推动社会发展的旗帜，才能始终得到人民群众拥护和支持。

我们党是在马克思列宁主义指导下建立起来的。党的一大明确把我们党定名为中国共产党。这表明，我们党从诞生之日起，就是坚持以马克思主义理论为指导、代表中国社会发展方向、完全新型的无产阶级革命政党。我们党始终高度重视保持党的先进性，总是把党的先进性建设摆在突出位置来抓。

以毛泽东同志为核心的党的第一代中央领导集体，把马克思主义建党理论同我们党的自身建设实践相结合，探索出一条着重从思想上建党、加强党的先进性建设的成功之路。党的十一届三中全会以后，以邓小平同志为核心的党的第二代中央领导集体总结"文化大革命"的深刻教训和新时期党的建设的新鲜经验，围绕在改革开放的历史条件下加强党的先进性建设，提出了一系列重要思想。党的十三届四中全会以后，以江泽民同志为核心的党的第三代中央领导集体始终高度重视加强党的先进性建设，坚持和发展马克思主义党建理论，创造性探索和回答了建设什么样的党、怎样建设党这个重大课题。这些为开展党的先进性建设积累了丰富实践经验，奠定了坚实理论基础，提供了科学思想指南。

党的十六大以来，以胡锦涛同志为总书记的党中央继续推进党的先进性建

① 《马克思恩格斯文集》第 2 卷，人民出版社 2009 年版，第 44 页。

② 《马克思恩格斯文集》第 2 卷，人民出版社 2009 年版，第 65 页。

③ 《列宁全集》第 24 卷，人民出版社 1990 年版，第 38 页。

④ 《列宁选集》第 4 卷，人民出版社 2012 年版，第 237 页。

设，把它作为推进党的建设新的伟大工程和提高党的执政能力、巩固党的执政地位的一项重要任务来落实。以胡锦涛同志为总书记的党中央在全党兴起学习贯彻"三个代表"重要思想新高潮，对加强党的执政能力建设作出全面部署；强调牢固树立和全面落实科学发展观，切实抓好发展这个党执政兴国的第一要务；要求全党坚持民主集中制，充分发扬党内民主，充分发挥集体领导作用，坚持走群众路线，广泛集中全党全国智慧，调动各方面积极性、主动性、创造性；要求全党特别是领导干部坚持立党为公、执政为民的本质要求，牢记"两个务必"，坚持权为民所用、情为民所系、利为民所谋；要求全党大兴求真务实之风，加强党性修养，常修为政之德、常思贪欲之害、常怀律己之心，深入开展党风廉政建设和反腐败工作，等等。这些举措都是为了进一步推动党的先进性建设、进一步推进党的建设新的伟大工程。

2005年1月，胡锦涛在新时期保持共产党员先进性专题报告会上发表的讲话中指出，回顾我们党长期以来加强党的先进性建设理论和实践，可以得出以下四点重要启示。

第一，加强党的先进性建设，始终是我们党生存、发展、壮大的根本性建设。历史表明，任何政党的兴衰存亡，归根结底取决于它在推动历史前进中的作用，取决于人民群众对这种作用的认可程度。我们党刚刚登上中国历史舞台时，只有几十名党员，力量是十分薄弱的。经过八十多年艰苦奋斗，我们党不仅成长为一个有六千八百多万党员的大党，而且团结带领全国各族人民取得了革命、建设、改革的伟大成就，使国家面貌发生了举世瞩目的深刻变化。这其中的原因是多方面的，但归结到一点就是：我们党始终代表了中国先进生产力的发展要求，代表了中国先进文化的前进方向，代表了中国最广大人民的根本利益，具有并始终保持了马克思主义政党的先进性。离开了这种先进性，我们党不可能在旧中国各种政治力量的长期斗争和反复较量中脱颖而出，不可能始终保持强大的创造力、凝聚力、战斗力，不可能得到全国各族人民长期拥护和支持，也不可能成为革命、建设、改革的坚强领导核心。抓住了先进性建设，就抓住了党的建设的根本，就抓住了加强党的执政能力建设、巩固党的执政地位的关键。

第二，加强党的先进性建设，需要同实现党的历史任务紧紧联系起来。党的先进性历来是随着形势和任务变化而不断丰富和发展的。时代和实践发展，总是不断给我们党提出新的要求，也给党的先进性赋予新的内涵。因此，我们必须发展而不是静止、具体而不是抽象看待党的先进性。当前，保持党的先进性，就必须坚持立党为公、执政为民，不断提高领导水平和执政水平，不断提高拒腐防变和抵御风险能力，把党的先进性要求转化为全党的实际行动、贯彻到党的全部执政活动中去，做到科学执政、民主执政、依法执政；就必须全面落实科学发展观，始终抓好发展这个党执政兴国的第一要务，紧紧围绕全面建设小康社会宏伟目标，充分调动广大党员积极性和主动性，把坚持党的先进性切实落实到发展先进生产力、发展民主政治、发展先进文化、构建和谐社会、实现最广大人民根本利益上来，推动社会全面进步，促进人的全面发展。紧紧把握住这一点，就从根本上把握了人民愿望，把握了党的先进性的真谛，就能更好完成党的执政使命。

第三，加强党的先进性建设，在执政特别是长期执政的条件下任务更为艰巨。我们党成为执政党固然不容易，长期执掌好政权更不容易。在改革开放和发展社会主义市场经济的环境中，党的先进性面临着新的历史考验。20 世纪 80 年代末 90 年代初以来，世界上一些曾经执政多年的大党、老党先后丧失执政地位，原因很多，从根本上说是因为这些政党在广大人民群众心目中丧失了先进性。这些事实告诉人们，一个政党过去先进，不等于现在先进；现在先进，不等于永远先进。面向未来，我们党任重道远，担子更重，责任更大。我们必须居安思危，增强忧患意识，坚持用发展的眼光审视和评估自己，以改革精神加强和完善自己，永不自满，永不懈怠，不断把马克思主义中国化推向前进，不断把中国特色社会主义事业推向前进。这是我们党始终保持先进性的根本要求。

第四，加强党的先进性建设，是加强和改进党的建设的长期任务和永恒课题。保持党的先进性，是一个不断认识、不断实践、不断提高的过程。推进理论创新和加强理论武装，对党员进行管理和监督，吸收先进分子入党，发扬正气和抵制歪风，整顿软弱涣散的组织，严肃处理违纪违法党员和清除腐败分子，这些都是加强党的先进性建设必须做好的经常性工作。同时，必须把做好经常性工作同适当的集中教育结合起来，这是我们党加强先进性建设的一条重要经验。革命战争年代，为了保持党的先进性、夺取武装斗争全面胜利，我们党开展了延安整风这场马克思主义思想教育活动，为夺取抗日战争和解放战争胜利、建立新中国提供了有力保证。前些年，我们党在县处级以上党员领导干部中开展了"三讲"集中教育活动，在全国农村开展了"三个代表"重要思想学习教育活动，对新形势下加强党的先进性建设起到了重要作用。这次在全党开展先进性教育活动，就是从新的实际出发，对经常性教育同适当的集中教育相结合这一成功经验的运用。

2011 年 7 月 1 日，胡锦涛在庆祝中国共产党成立 90 周年大会上，对我们党保持和发展马克思主义政党先进性的根本点进行了总结，那就是："坚持解放思想、实事求是、与时俱进，以科学态度对待马克思主义，用发展着的马克思主义指导新的实践，坚持真理、修正错误，坚定不移走自己的路，始终保持党开拓前进的精神动力；坚持为了人民、依靠人民，诚心诚意为人民谋利益，从人民群众中汲取智慧和力量，始终保持党同人民群众的血肉联系；坚持任人唯贤、广纳人才，以事业感召、培养、造就人才，不断增加新鲜血液，始终保持党的蓬勃活力；坚持党要管党、从严治党，正视并及时解决党内存在的突出问题，始终保持党的肌体健康。"①

三、保持党的纯洁性

我们党自成立以来就高度重视保持纯洁性。早在 1945 年，毛泽东就明确提出，要夺取全国革命的胜利，"就要有一个有纪律的、思想上纯洁的、组织上纯洁的党"②。新中国成立以来特别是改革开放以来，我们党始终把保持纯洁性作为党的建设的一个重要目标和抓手，强调必须始终从保持党的纯洁性的高度深刻认识反腐倡廉建设的重要性和紧迫性，确保党始终保持同人民群众的血肉联系。实践证明，我们党作为马克思主义执政党，只有不断保持纯洁性，才能提高在群众中的威信，才能赢得人民信赖和拥护，才能不断巩固执政基础，才能实现党和国家兴旺发达、长治久安。

2012 年 1 月，胡锦涛在十七届中央纪委第七次全体会议上指出："当前，我们党的队伍总体上是纯洁、团结、有战斗力的。同时，也必须看到，随着改革开放和社会主义市场经济深入发展，随着党的队伍越来越壮大，管党治党任务越来越艰巨，保持队伍纯洁性的问题更加突出地摆在我们面前。"③

---

① 《胡锦涛文选》第 3 卷，人民出版社 2016 年版，第 528 页。
② 《毛泽东文集》第 3 卷，人民出版社 1996 年版，第 261 页。
③ 《胡锦涛文选》第 3 卷，人民出版社 2016 年版，第 578 页。

胡锦涛指出，在保持党的纯洁性方面，我们面临着严峻挑战，主要表现是：在我们的党员、干部中，有的理想信念不坚定，对中国特色社会主义缺乏信心，在大是大非问题上认识模糊、态度摇摆；有的作风不正，宗旨意识淡薄，事业心和责任感不强，贪图安逸、奢侈浪费，庸懒散现象突出，对群众利益漠不关心，对群众疾苦麻木不仁，不敢碰矛盾，不去着力解决问题，形式主义、官僚主义严重；有的原则性不强，奉行自由主义、好人主义，热衷于搞"小圈子"；有的为政不廉，无视廉洁自律要求，少数干部利用职权谋取非法利益，违纪违法问题仍然比较严重；有的党组织对党员、干部教育、管理、监督不够，发展党员、选拔任用干部把关不严。这些问题严重损害党的纯洁性，严重损害党同人民群众的血肉联系，严重影响党的执政地位巩固和执政使命实现。因此，全党都要从党和人民事业发展的高度，从应对新形势下党面临的风险和挑战出发，充分认识保持党的纯洁性的极端重要性和紧迫性，不断增强党的意识、政治意识、危机意识、责任意识，切实做好保持党的纯洁性各项工作。

胡锦涛在十七届中央纪委第七次全体会议上强调："在新的形势下保持党的纯洁性，要坚持党要管党、从严治党，坚持强化思想理论武装和严格队伍管理相结合、发扬党的优良作风和加强党性修养与党性锻炼相结合、坚决惩治腐败和有效预防腐败相结合、发挥监督作用和严肃党的纪律相结合，不断增强自我净化、自我完善、自我革新、自我提高能力，始终坚持党的性质和宗旨，永葆共产党人政治本色。"[①] 同时，他提出要从五个方面努力保持党的纯洁性。

第一，保持党员、干部思想纯洁。思想纯洁是马克思主义政党保持纯洁性的根本。要加强思想建设，教育引导广大党员、干部坚定理想信念、坚守共产党人精神家园，始终在思想上政治上行动上同党中央保持高度一致。要加强理论武装，教育引导广大党员、干部认真学习和实践中国特色社会主义理论体系，做到真学真懂真信真用，自觉划清马克思主义同反马克思主义等重大是非界限，旗帜鲜明抵制各种错误思想理论影响。要教育引导广大党员、干部坚持不懈加强党性修养和党性锻炼，始终站稳政治立场，不断增强宗旨意识，做共产主义远大理想和中国特色社会主义共同理想的坚定信仰者和忠实践行者。要加强道德建设，教育引导广大党员、干部牢固树立正确的世界观、权力观、事

---

① 《胡锦涛文选》第3卷，人民出版社2016年版，第579页。

业观，带头弘扬以爱国主义为核心的民族精神和以改革创新为核心的时代精神，模范践行社会主义荣辱观，树立良好道德风尚，争做社会主义道德的示范者、诚信风尚的引领者、公平正义的维护者。

第二，保持党员、干部队伍纯洁。党的纯洁性归根到底要靠各级党组织特别是广大党员、干部的纯洁来体现和保持。要把好党员入口关，加强思想上入党教育，重视党员质量，成熟一个发展一个，努力把社会各领域各阶层先进分子吸收到党内来。要选好干部配好班子，坚持五湖四海、任人唯贤，坚持德才兼备、以德为先，选拔任用那些政治坚定、有真才实学、实绩突出、群众公认的干部，使干部队伍结构合理、人才辈出、朝气蓬勃。要加强日常教育管理，建立健全教育管理机制，做到哪里有党员哪里就有党的组织、哪里就有健全的组织生活和严格的教育管理，使每个党员、干部思想更成熟、党性更坚强、品德更高尚，使每个党组织特别是党的基层组织更团结巩固，更富有创造力、凝聚力、战斗力。要疏通出口，建立健全党员党性定期分析制度，完善民主评议党员制度，对不合格党员要按照党章和其他有关制度规定进行严肃处理。要建立健全干部考核评价机制和干部退出机制，制定调整不适宜担任现职干部办法，解决干部能上不能下、能进不能出问题。

第三，保持党员、干部作风纯洁。我们党在长期奋斗过程中形成的优良传统和作风是党的纯洁性的具体体现，也是我们永远不能丢的传家宝。要教育引导党员、干部坚持群众路线，带着深厚感情做群众工作，了解实情察民意，加强沟通听民声，办事公道聚民心，从群众中汲取智慧和力量，始终与人民群众同呼吸、共命运、心连心。要把实现好、维护好、发展好最广大人民根本利益作为检验纯洁性的试金石，想问题、作决策、干工作都要从群众利益出发，求真务实，真抓实干，努力做到与经济社会发展要求相适应、与人民群众期盼相符合。要坚持奋发向上、百折不挠的精神，弘扬勤俭节约、艰苦奋斗的作风，自觉抵制拜金主义、享乐主义、铺张浪费等不良风气。要认真开展批评和自我批评，鼓励和支持党内自下而上的批评和人民群众的批评，正确对待各方面批评意见，坚决反对和克服好人主义，坚决反对压制批评甚至打击报复的行为。

第四，保持党员、干部清正廉洁。党的纯洁性同一切腐败现象是根本对立的。要严格执行廉洁自律各项规定，教育引导广大党员、干部经常对照这些规定进行自查，凡是规定不准做的事项绝对不能做，在任何情况下都稳得住心神、管得住行为、守得住清白，做到一尘不染、一身正气。要坚决查办腐败案件，健全及时揭露腐败机制，加大从源头上防治腐败工作力度，努力遏制腐败现象易发多发势头。要加强警示教育，通过加强案件剖析和案件通报工作，使广大党员、干部特别是领导干部从中吸取教训、引以为戒。

第五，加强监督，严明纪律。严格的监督和严明的纪律是防止党员干部腐化变质、维护党的纯洁性的有力保证。要加强党内民主监督，加强普通党员对党员干部的监督，加强党员干部对领导干部和领导班子的监督，加强领导班子成员对一把手的监督和领导班子内部监督。要推进党务公开，让党员、群众全面了解和有序参与党内事务，明确权力界限，规范权力行为，防止权力滥用。要发挥舆论监督积极作用，教育引导广大党员、干部正确对待舆论监督、自觉接受舆论监督，创造条件、拓宽渠道方便群众监督。要严格执行党的纪律，严格遵守党章和其他党内法规，对违反纪律的行为必须严肃处理，坚决改变一些地方执行纪律失之于软、失之于宽的状况，做到纪律面前人人平等、遵守纪律没有特权、执行纪律没有例外。

四、提高党的建设科学化水平

新时期推进党的建设伟大工程，必须提高党的建设科学化水平。2011 年 7 月 1 日，胡锦涛在庆祝中国共产党成立 90 周年大会上指出："全党必须清醒看到，在世情、国情、党情发生深刻变化的新形势下，提高党的领导水平和执政水平、提高拒腐防变和抵御风险能力，加强党的执政能力建设和先进性建设，面临许多前所未有的新情况新问题新挑战，执政考验、改革开放考验、市场经济考验、外部环境考验是长期的、复杂的、严峻的。精神懈怠的危险，能力不足的危险，脱离群众的危险，消极腐败的危险，更加尖锐地摆在全党面前，落实党要管党、从严治党的任务比以往任何时候都更为繁重、更为紧迫。"①

面对"四大考验"和"四大风险"，我们必须从新的实际出发，坚持以科学理论指导党的建设，以改革创新精神研究和解决党的建设面临的重大理论和实际问题，着眼于全面建设小康社会、加快推进社会主义现代化，全面认识和

---

① 《胡锦涛文选》第 3 卷，人民出版社 2016 年版，第 528 页。

自觉运用马克思主义执政党建设规律，全面推进党的建设新的伟大工程，不断提高党的建设科学化水平。

在新的历史条件下提高党的建设科学化水平，必须坚持解放思想、实事求是、与时俱进，大力推进马克思主义中国化时代化大众化，提高全党思想政治水平。胡锦涛指出："九十年来党的发展历程告诉我们，理论上的成熟是政治上坚定的基础，理论上的与时俱进是行动上锐意进取的前提，思想上的统一是全党步调一致的重要保证。"[①]中国共产党人坚信马克思主义基本原理是颠扑不破的科学真理，坚信马克思主义必须随着实践发展而不断丰富和发展，从来不把马克思主义看成是空洞、僵硬、刻板的教条。马克思主义，理论源泉是实践，发展依据是实践，检验标准也是实践。任何固守本本、漠视实践、超越或落后于实际生活的做法都不会得到成功。在历史上的一些时期，我们党曾经犯过错误甚至遇到严重挫折，根本原因就在于当时的指导思想脱离了中国实际。我们党能够依靠自己和人民的力量纠正错误，在挫折中奋起，继续胜利前进，根本原因就在于重新恢复和坚持贯彻了实事求是。这方面的经验教训，我们党在《关于若干历史问题的决议》和《关于建国以来党的若干历史问题的决议》中进行了系统总结，我们必须牢牢记取。

在新的历史条件下提高党的建设科学化水平，必须坚持五湖四海、任人唯贤，坚持德才兼备、以德为先用人标准，把各方面优秀人才集聚到党和国家事业中来。胡锦涛强调："九十年来党的发展历程告诉我们，政治路线确定之后干部就是决定因素。"[②]坚持五湖四海、任人唯贤，是我们党性质和宗旨的必然要求。我们党除了人民利益，没有自己的特殊利益。我们党坚持这个崇高原则，为一切忠于人民、扎根人民、奉献人民的人们提供了施展才华的宽广舞台。中国特色社会主义道路能不能越走越宽广，中华民族能不能实现伟大复兴，要看能不能不断培养造就大批优秀人才，更要看能不能让各方面优秀人才脱颖而出、施展才华。

在新的历史条件下提高党的建设科学化水平，必须坚持以人为本、执政为民理念，牢固树立马克思主义群众观点、自觉贯彻党的群众路线，始终保持党同人民群众的血肉联系。胡锦涛深刻指出："九十年来党的发展历程告

---

① 《胡锦涛文选》第 3 卷，人民出版社 2016 年版，第 529 页。
② 《胡锦涛文选》第 3 卷，人民出版社 2016 年版，第 530 页。

诉我们，来自人民、植根人民、服务人民，是我们党永远立于不败之地的根本。"① 以人为本、执政为民是我们党的性质和全心全意为人民服务根本宗旨的集中体现，是指引、评价、检验我们党一切执政活动的最高标准。全党同志必须牢记，密切联系群众是我们党的最大政治优势，脱离群众是我们党执政后的最大危险。我们必须始终把人民利益放在第一位，把实现好、维护好、发展好最广大人民根本利益作为一切工作的出发点和落脚点，做到权为民所用、情为民所系、利为民所谋，使我们的工作获得最广泛最可靠最牢固的群众基础和力量源泉。

在新的历史条件下提高党的建设科学化水平，必须坚持标本兼治、综合治理、惩防并举、注重预防的方针，深入开展党风廉政建设和反腐败斗争，始终保持马克思主义政党的先进性和纯洁性。胡锦涛鲜明指出："九十年来党的发展历程告诉我们，坚决惩治和有效预防腐败，关系人心向背和党的生死存亡，是党必须始终抓好的重大政治任务。"② 我们党对长期执政条件下滋生腐败的严重性和危险性，对改革开放和社会主义现代化建设全过程都要反对腐败，认识是清醒的。我们党旗帜鲜明、一以贯之反对腐败，反腐倡廉建设不断取得新的明显进展，为推进改革开放和社会主义现代化建设提供了重要保障。同时，反腐败斗争形势依然严峻、任务依然艰巨。如果腐败得不到有效惩治，党就会丧失人民信任和支持。全党必须警钟长鸣，充分认识反腐败斗争的长期性、复杂性、艰巨性，把反腐倡廉建设摆在更加突出的位置，以更加坚定的信心、更加坚决的态度、更加有力的举措推进惩治和预防腐败体系建设，坚定不移把反腐败斗争进行到底。

在新的历史条件下提高党的建设科学化水平，必须坚持用制度管权管事管人，健全民主集中制，不断推进党的建设制度化、规范化、程序化。胡锦涛指出："九十年来党的发展历程告诉我们，建设好、管理好一个有几千万党员的大党，制度更带有根本性、全局性、稳定性、长期性。"③ 因此必须始终把制度建设贯穿党的思想建设、组织建设、作风建设和反腐倡廉建设之中，坚持突出重点、整体推进，继承传统、大胆创新，构建内容协调、程序严密、配套完

---

① 《胡锦涛文选》第 3 卷，人民出版社 2016 年版，第 532 页。
② 《胡锦涛文选》第 3 卷，人民出版社 2016 年版，第 533 页。
③ 《胡锦涛文选》第 3 卷，人民出版社 2016 年版，第 534 页。

备、有效管用的制度体系。

不断提高党的领导水平和执政水平、提高拒腐防变和抵御风险能力，是党巩固执政地位、实现执政使命必须解决好的重大课题。胡锦涛指出，要在今后一个时期"全面提高党的建设科学化水平"。因为"我们党担负着团结带领人民全面建成小康社会、推进社会主义现代化、实现中华民族伟大复兴的重任。党坚强有力，党同人民保持血肉联系，国家就繁荣稳定，人民就幸福安康。形势的发展、事业的开拓、人民的期待，都要求我们以改革创新精神全面推进党的建设新的伟大工程，全面提高党的建设科学化水平"①。

胡锦涛指出，从八个方面进行着力，全面提高党的建设科学化水平。第一，坚定理想信念，坚守共产党人精神追求。对马克思主义的信仰，对社会主义和共产主义的信念，是共产党人的政治灵魂，是共产党人经受住任何考验的精神支柱。第二，坚持以人为本、执政为民，始终保持党同人民群众的血肉联系。为人民服务是党的根本宗旨，以人为本、执政为民是检验党一切执政活动的最高标准。第三，积极发展党内民主，增强党的创造活力。党内民主是党的生命。要坚持民主集中制，健全党内民主制度体系，以党内民主带动人民民主。第四，深化干部人事制度改革，建设高素质执政骨干队伍。坚持和发展中国特色社会主义，关键在于建设一支政治坚定、能力过硬、作风优良、奋发有为的执政骨干队伍。第五，坚持党管人才原则，把各方面优秀人才集聚到党和国家事业中来。广开进贤之路，广纳天下英才，是保证党和人民事业发展的根本之举。第六，创新基层党建工作，夯实党执政的组织基础。党的基层组织是团结带领群众贯彻党的理论和路线方针政策、落实党的任务的战斗堡垒。第七，坚定不移反对腐败，永葆共产党人清正廉洁的政治本色。反对腐败、建设廉洁政治，是党一贯坚持的鲜明政治立场，是人民关注的重大政治问题。第八，严明党的纪律，自觉维护党的集中统一。党的集中统一是党的力量所在，是实现经济社会发展、民族团结进步、国家长治久安的根本保证。

---

① 《胡锦涛文选》第 3 卷，人民出版社 2016 年版，第 653 页。

第五章　中国梦的提出与协调推进"四个全面"战略布局

社会主义从来都是在奋勇开拓中前进的，必定随着形势和条件的变化而不断向前发展。回顾党领导人民的奋斗历程，革命也好，建设也好，改革也好，都经历了从量的积累到质的飞跃的不同发展阶段。党的十八大以来，改革开放和社会主义现代化建设取得历史性成就，我国发展站到了新的历史起点上。习近平总书记指出："经过长期努力，中国特色社会主义进入了新时代，这是我国发展新的历史方位。"习近平担任党的总书记，成为党中央的核心、全党的核心。以习近平同志为核心的党中央，进行艰辛理论探索，取得重大理论创新成果，创立了习近平新时代中国特色社会主义思想。

第一节　实现中华民族伟大复兴中国梦

实现中华民族伟大复兴的中国梦，是习近平当选总书记之后不久提出的重大战略思想，是习近平新时代中国特色社会主义思想的"十个明确"的重要内容，是对中国特色社会主义奋斗目标的创新和发展。

一、中国梦提出的历史脉络

中华民族伟大复兴的中国梦，是党的十八大后明确提出的。民族复兴是有历史条件的，那就是这个民族曾经辉煌且遭受曲折。没有辉煌谈不上复兴，没有曲折用不着复兴。中华民族历史正具备这两个前提。理解中华民族伟大复兴的中国梦，必须紧紧把握中国的历史尤其是中国近代历史。

中华民族古代辉煌历史与近代悲惨屈辱形成强烈的反差。有五千多年文明历史的中华民族，创造了灿烂的中华文明，为人类作出了卓越贡献，成为世界上伟大的民族。但在封建社会末期，中国的统治者施行闭关锁国，社会生产力发展迟滞，人们的思想受到极大禁锢。与此同时，西方各国相继完成资产阶级革命，并且在工业革命的推动下实现了社会生产力的巨大飞跃。此消彼长之间，中国已渐渐落后于世界大潮。1840 年爆发的鸦片战争，击碎了当时清朝统治者"天朝上国"的美梦。马克思在提到这段历史时曾这样描述道："英国用大炮强迫中国输入名叫鸦片的麻醉剂。满族王朝的声威一遇到英国的枪炮就扫地以尽……同时，这个帝国的银币——它的血液——也开始流向英属东印度。"[①] 鸦片战争后，中国陷入内忧外患的黑暗境地，中国人民经历了战乱频仍、山河破碎、民不聊生的深重苦难。

无数仁人志士不断为实现民族复兴而奋斗。晚清思想家林则徐主持编译了《四洲志》，魏源编著了《海国图志》，他们成为近代最早睁眼看世界的一批国人。其后王韬、郑观应等忧虑民族命运，纷纷提出"变法"口号。近代启蒙思想家严复翻译了大量西方思想家的著作，倡导制度和思想上的变革。但是直到19 世纪末期，无论是带有鲜明旧式农民战争烙印的太平天国运动，还是清朝重臣主导的洋务运动，都没能真正挽救国家于危亡。甲午战争失败后，一些国人曾经寄希望于封建君主的"维新新政"，以期实现像日本明治维新那样的梦想。但康有为、梁启超等人公车上书、变法图强的一腔热血，最终换来的却是封建统治者的无情镇压。美国著名学者费正清曾经说过："没有别的事件能比这更有效地证明：通过自上而下逐步改良的办法来使中国现代化，是绝无希望的。1895 年的战败和雄心勃勃的计划在 1898 年的彻底破产，第一次大大地促

---

① 《马克思恩格斯选集》第 1 卷，人民出版社 2012 年版，第 779 页。

进了革命变革。"①

孙中山第一次提出了"振兴中华"的口号。近代中国完全意义上的民族民主革命，是从孙中山开始的。面对风雨飘摇的国势，孙中山感叹："中国积弱，至今极矣"。1894 年 11 月在孙中山领导制定的兴中会的章程中第一次出现了"振兴中华"。孙中山领导了辛亥革命，结束了统治中国两千多年的封建君主专制制度，建立了中国历史上第一个资产阶级共和国，树立起中国人民为救亡图存、振兴中华而进行革命的里程碑。然而，辛亥革命最终也没有改变旧中国半殖民地半封建的社会性质，没有改变中国人民的悲惨境遇。

中国共产党担起了民族复兴的大任。1917 年十月革命一声炮响，给中国送来了马克思列宁主义。在近代以来中国社会的剧烈运动中，在中国人民反抗封建统治和外来侵略的激烈斗争中，在马克思列宁主义同中国工人运动的结合过程中，1921 年中国共产党应运而生。中国共产党一经成立，就把实现共产主义作为党的最高理想和最终目标，义无反顾肩负起实现中华民族伟大复兴的历史使命。一是完成了新民主主义革命，建立了中华人民共和国，实现了中国从几千年封建专制政治向人民民主的伟大飞跃。二是确立社会主义基本制度，推进社会主义建设，完成了中华民族有史以来最为广泛而深刻的社会变革，为当代中国一切发展进步奠定了根本政治前提和制度基础，实现了中华民族由近代不断衰落到根本扭转命运、持续走向繁荣富强的伟大飞跃。三是合乎时代潮流、顺应人民意愿，进行改革开放新的伟大革命，破除阻碍国家和民族发展的一切思想和体制障碍，开辟了中国特色社会主义道路，使中国大踏步赶上时代。

中国共产党自成立以来，为了实现中华民族伟大复兴的历史使命，无论是弱小还是强大，无论是顺境还是逆境，都初心不改、矢志不渝，攻克了一个又一个看似不可攻克的难关，创造了一个又一个彪炳史册的人间奇迹。习近平指出："六十多年前我们党领导人民经过长期艰苦卓绝的斗争建立了新中国，三十多年前我们党领导人民开始了改革开放，这两件大事大大加快了实现中华民族伟大复兴的历史进程。"②正是基于近代以来中华民族反击外来侵略寻求独

---

① [美] 费正清：《美国与中国》，张理京译，商务印书馆 1987 年版，第 147 页。
② 《习近平关于实现中华民族伟大复兴的中国梦论述摘编》，中央文献出版社 2013 年版，第 10 页。

立富强的抗争史，基于中国共产党领导中国人民不断追求美好幸福生活的奋斗史，习近平在党的十八大之后明确提出了实现中华民族伟大复兴的中国梦。

中国梦指"中华民族伟大复兴的中国梦"。"中国梦"这个词是党的十八大以来习近平明确提出的，而"实现中华民族伟大复兴"则是改革开放以来中国共产党反复阐述和不断丰富的重大命题。1987年党的十三大在系统阐释社会主义初级阶段理论时，明确指出社会主义初级阶段"是全民奋起，艰苦创业，实现中华民族伟大复兴的阶段"①。这是党的全国代表大会上第一次明确提出"实现中华民族伟大复兴"这一概念。在世纪之交的重要时刻，党的十五大又提出了"两个一百年"奋斗目标，将中国特色社会主义事业全面推向新世纪，结合我国实际国情为实现中华民族伟大复兴规划了更为具体的路径。党的十六大强调中国共产党从成立之日起就"肩负着实现中华民族伟大复兴的庄严使命"。同时，党的十六大对中华民族伟大复兴的各阶段进行了概括："在新民主主义革命时期，我们党团结和带领全国各族人民完成民族独立和人民解放的历史任务，为实现中华民族伟大复兴创造了前提。新中国成立后，我们党创造性地完成由新民主主义到社会主义的过渡，实现中国历史上最伟大最深刻的社会变革，开始了在社会主义道路上实现中华民族伟大复兴的历史征程。十一届三中全会以来，我们党找到建设中国特色社会主义的正确道路，赋予民族复兴新的强大生机。中华民族的伟大复兴展现出灿烂的前景。"②党的十七大对改革开放与实现中华民族伟大复兴的关系进行了阐述，报告指出："改革开放是决定当代中国命运的关键抉择，是发展中国特色社会主义、实现中华民族伟大复兴的必由之路。"③随着改革开放的不断推进和深化，党的十八大提出了"实现中华民族伟大复兴，必须坚定不移走中国特色社会主义道路"、建设中国特色社会主义"总任务是实现社会主义现代化和中华民族伟大复兴"等重要论断。此外，党的十八大又根据我国经济社会发展实际和新的阶段性特征，在党的十六大、十七大确立的全面建设小康社会目标的基础上提出了全面建成小康社会的目标，强调要确保到2020年全面建成的小康社会，是发展改革成果真正惠及十几亿人口的小康社会，是经济、政治、文化、社会、生态文明全面发展的小康社会，是为实现社会主

① 《十三大以来重要文献选编》上册，中央文献出版社1991年版，第13页。
② 《十六大以来重要文献选编》上册，中央文献出版社2005年版，第43页。
③ 《十七大以来重要文献选编》上册，中央文献出版社2009年版，第8页。

义现代化建设宏伟目标和中华民族伟大复兴奠定了坚实基础的小康社会，将奋斗目标、美好理想与当下至关重要的现实任务紧密联系起来。

党的十八大以来，习近平多次在重大场合阐述中国梦，使得中国梦的内涵不断丰富，主旨不断明确，视野不断拓展。

2012年11月15日，刚刚在党的十八届中央委员会第一次全体会议上当选总书记的习近平同中外记者见面的首次讲话，就提出了实现中华民族伟大复兴。习近平指出："我们的民族是伟大的民族。在五千多年的文明发展历程中，中华民族为人类文明进步作出了不可磨灭的贡献。近代以后，我们的民族历经磨难，中华民族到了最危险的时候。自那时以来，为了实现中华民族伟大复兴，无数仁人志士奋起抗争，但一次又一次地失败了。中国共产党成立后，团结带领人民前仆后继、顽强奋斗，把贫穷落后的旧中国变成日益走向繁荣富强的新中国，中华民族伟大复兴展现出前所未有的光明前景。我们的责任，就是要团结带领全党全国各族人民，接过历史的接力棒，继续为实现中华民族伟大复兴而努力奋斗，使中华民族更加坚强有力地自立于世界民族之林，为人类作出新的更大的贡献。"①

2012年11月29日，习近平到国家博物馆参观《复兴之路》展览时第一次使用了"中国梦"这个概念。习近平谈道："每个人都有理想和追求，都有自己的梦想。现在，大家都在讨论中国梦，我以为，实现中华民族伟大复兴，就是中华民族近代以来最伟大的梦想。这个梦想，凝聚了几代中国人的夙愿，体现了中华民族和中国人民的整体利益，是每一个中华儿女的共同期盼。历史告诉我们，每个人的前途命运都与国家和民族的前途命运紧密相连。国家好、民族好，大家才会好。"②习近平还表达了对实现党的十八大提出的"两个一百年"奋斗目标的坚定信心："我坚信，到中国共产党成立100年时全面建成小康社会的目标一定能实现，到新中国成立100年时建成富强民主文明和谐的社会主义现代化国家的目标一定能实现，中华民族伟大复兴的梦想一定能实现"③。

习近平在参观《复兴之路》展览时曾引用三句诗对近代100多年来中国人

---

① 《习近平谈治国理政》第一卷，外文出版社2018年版，第3—4页。
② 《习近平谈治国理政》第一卷，外文出版社2018年版，第36页。
③ 《习近平谈治国理政》第一卷，外文出版社2018年版，第36页。

民寻梦、追梦、圆梦的历史进程进行了生动叙说：

中华民族的昨天，可以说是"雄关漫道真如铁"。近代以后，中华民族遭受的苦难之重、付出的牺牲之大，在世界历史上都是罕见的。但是，中国人民从不屈服，不断奋起抗争。为了民族复兴，几代人魂牵梦萦，亿万人心结难解。历经上下求索、千辛万苦，中华民族终于在中国共产党的正确领导下，掌握了自己的命运，建立了新中国，确立了社会主义制度，开始了建设自己国家的伟大进程。

中华民族的今天，可以说是"人间正道是沧桑"。改革开放以来，我们总结历史经验，不断艰辛探索，终于找到了实现中华民族伟大复兴的正确道路，取得了举世瞩目的伟大成就。在中国特色社会主义道路上，我国经济实力、综合国力大大增强，人民生活显著改善，实现了从温饱不足到总体小康再向全面小康迈进的跨越。国际地位和国际影响力空前提升，中国崛起被国际媒体称为"近年来最重要的全球变革"。

中华民族的明天，可以说是"长风破浪会有时"。经过鸦片战争以来 170 多年的持续奋斗，中华民族伟大复兴展现出光明的前景。深藏于中国人民心中的民族复兴梦想，就要梦想成真。现在，我们比历史上任何时期都更接近中华民族伟大复兴的目标，比历史上任何时期都更有信心、有能力实现这个目标。

这三句诗将中华民族的昨天、今天和明天，熔铸于百余年中国波澜壮阔、沧桑巨变的历史图景，镌刻于几代人为民族复兴奋斗的艰辛历程。中国梦，反映了近代以来一代又一代中国人的美好夙愿，进一步揭示了中华民族的历史命运和当代中国的发展走向，指明了全党全国各族人民共同的奋斗目标。实现中国梦，意味着中国经济实力和综合国力、国际地位和国际影响力大大提升，意味着中华民族以更加昂扬向上、文明开放的姿态屹立于世界民族之林。

2012 年 12 月，习近平在广州战区考察工作时提出，"实现中华民族伟大复兴，是中华民族近代以来最伟大的梦想。可以说，这个梦想是强国梦，对军队来说，也是强军梦。我们要实现中华民族伟大复兴，必须坚持富国和强军相统一，努力建设巩固国防和强大军队"①。这里提出的"强军梦"就是中国梦的一个具体体现。

2013 年 3 月 17 日，习近平在十二届全国人大一次会议上当选国家主席，

① 《习近平谈治国理政》第一卷，外文出版社 2018 年版，第 219 页。

在讲话中全面阐释了中国梦的本质内涵。他指出："实现全面建成小康社会、建成富强民主文明和谐的社会主义现代化国家的奋斗目标，实现中华民族伟大复兴的中国梦，就是要实现国家富强、民族振兴、人民幸福，既深深体现了今天中国人的理想，也深深反映了我们先人们不懈追求进步的光荣传统。"①

2013 年 3 月，习近平当选国家主席之后，首访俄罗斯开始的国际之旅即指出，中国将坚定不移走和平发展道路，致力于促进开放的发展、合作的发展、共赢的发展，同时呼吁各国共同走和平发展道路。中国发展壮大，带给世界的是更多机遇而不是什么威胁。我们要实现的中国梦，不仅造福中国人民，而且造福各国人民。

习近平不断阐释和丰富中国梦思想。2013 年五四青年节，习近平在同各界优秀青年代表座谈时谈道："现在，大家都在谈论中国梦，都在思考中国梦与自己的关系、自己为实现中国梦应尽的责任。中国梦是历史的、现实的，也是未来的。中国梦凝结着无数仁人志士的不懈努力，承载着全体中华儿女的共同向往，昭示着国家富强、民族振兴、人民幸福的美好前景。"②2013 年 6 月 20 日，习近平在同团中央新一届领导班子集体谈话时提出："当前，全党全国各族人民正在为实现党的十八大提出的奋斗目标而奋发努力，正在朝着实现中华民族伟大复兴的中国梦而奋勇迈进。这是党和国家工作大局，也是中国青年运动的时代主题。"③习近平在同正在天宫一号执行任务的神舟十号航天员通话时，提出"航天梦是强国梦的重要组成部分"④；在致生态文明贵阳国际论坛 2013 年年会的贺信中指出，"走向生态文明新时代，建设美丽中国，是实现中华民族伟大复兴的中国梦的重要内容"⑤；在十八届中央政治局第八次集体学习时强调，建设海洋强国，对推动经济持续健康发展，对维护国家主权、安全、发展利益，对实现全面建成小康社会目标、进而实现中华民族伟大复兴都具有重大而深远的意义。

---

① 《习近平谈治国理政》第一卷，外文出版社 2018 年版，第 39 页。

② 《习近平谈治国理政》第一卷，外文出版社 2018 年版，第 49 页。

③ 习近平：《紧跟党走在时代前列 走在青年前列 在实现中华民族伟大复兴的征途中续写新光荣》，《人民日报》2013 年 6 月 21 日。

④ 《习近平关于实现中华民族伟大复兴的中国梦论述摘编》，中央文献出版社 2013 年版，第 8 页。

⑤ 《习近平谈治国理政》第一卷，外文出版社 2018 年版，第 211 页。

2013 年 8 月 19 日，习近平在全国宣传思想工作会议指出：实现中华民族伟大复兴的中国梦提出来后，得到广大干部群众真心拥护。群众说，中国梦是一种形象的表达，是一种为群众易于接受的表述，确立了鼓舞人心的奋斗目标，昭示了党和国家的美好前景。中国梦也引起国外积极反响，国际社会进一步关注我国发展的光明前景和巨大机遇。与此同时，西方一些势力担心中国梦会扩大中国在世界上的影响，刻意矮化、曲解、抹黑中国梦，竭尽挑拨离间、混淆视听之能事。对中国梦的宣传教育，注意不要概念化，不要固化，不要庸俗化，不要好高骛远。

2013 年 10 月 23 日，习近平在同全国总工会新一届领导班子成员集体谈话时指出，"中国梦是一种形象的表达，是一个最大公约数，是一种为群众易于接受的表述，核心内涵是中华民族伟大复兴，可以适当拓展，但不能脱离中华民族伟大复兴这个主题，要紧紧扭住这个主题激活和传递正能量"[1]。

2017 年 10 月，党的十九大提出，实现伟大梦想必须进行伟大斗争、建设伟大工程、推进伟大事业，从"四个伟大"的紧密联系和相互贯通中阐释中国梦。

2019 年 5 月 21 日，习近平在推动中部地区崛起工作座谈会上，将中华民族伟大复兴纳入"两个大局"。"我经常讲，领导干部要胸怀两个大局，一个是中华民族伟大复兴的战略全局，一个是世界百年未有之大变局，这是我们谋划工作的基本出发点"。[2]

2021 年 7 月 1 日，习近平在庆祝中国共产党成立 100 周年大会上，将实现中华民族伟大复兴作为中国共产党百年奋斗的主题。

二、中国梦的基本内涵

习近平指出，中国梦的本质是国家富强、民族振兴、人民幸福。国家富强，是指我国综合国力进一步增强，中国特色社会主义事业进一步发展和完

---

[1] 《习近平关于实现中华民族伟大复兴的中国梦论述摘编》，中央文献出版社 2013 年版，第10 页。

[2] 《习近平谈治国理政》第三卷，外文出版社 2020 年版，第 77 页。

善。经济更加发达，科技创新在经济发展中的驱动力更加强劲，政治更加民主，文化更加繁荣，社会更加和谐，生态更加美好。民族振兴，就是通过自身的不断发展与强大，继承并创造中华民族的优秀文化以及先进的文明成果，进而使中华民族再次处于世界领先的地位，再次以高昂的姿态屹立于世界民族之林。民族振兴，也会更好地造福世界人民，共创世界美好的未来。人民幸福，就是人民权利保障更加充分、人人得享共同发展，生活在伟大祖国和伟大时代的中国人民，共同享有人生出彩的机会，共同享有梦想成真的机会，共同享有同祖国和时代一起成长与进步的机会。

中国梦归根到底是人民的梦。人民是中国梦的主体，既是中国梦的创造者，更是中国梦的享有者。中国梦不是镜中花、水中月，不是空洞的口号，其最深沉的根基在中国人民心中，必须紧紧依靠人民来实现，也必须不断为人民造福。我们的人民是伟大的人民，中国人民素来有着深沉厚重的精神追求，即使近代以来饱尝屈辱和磨难，也没有自弃沉沦，而是始终怀揣梦想，向往光明的未来。实现中华民族伟大复兴，不是哪一个人、哪一部分人的梦想，而是全体中国人民共同的追求；中国梦的实现，不是成就哪一个人、哪一部分人，而是造福全体人民。因此，中国梦的深厚源泉在于人民，中国梦的根本归宿也在于人民，实现中国梦，意味着让中国人民过上更加幸福安康的生活。

中国梦是国家的梦、民族的梦，也是每一个中国人的梦。"得其大者可以兼其小。"中国梦既是"宏大叙事"的国家梦，也是"具体而微"的个人梦。历史告诉我们，每个人的前途命运都与国家和民族的前途命运紧密相连。国家好，民族好，大家才会好。中国这么大一个国家，就像是在大海中航行的一艘超级巨轮。在这艘巨轮上，我们每个人都是"梦之队"的一员，都是中国梦的参与者、书写者，都应当同舟共济、齐心协力、奋勇前行。当今时代是放飞梦想的时代，每个人都有自己的美好梦想。中国梦的广阔舞台，为个人梦想提供了蓬勃生长的空间；每个人向着梦想的不断努力，又都是实现伟大中国梦的一份力量。只要每个人都把人生理想融入国家和民族的伟大梦想之中，敢于有梦、勇于追梦、勤于圆梦，就会汇聚成实现中国梦的强大力量。

中国梦不仅在国内引发强烈共鸣，而且在国际社会产生强烈反响。中国梦对世界具有吸引力，成为国际社会对中国梦的主流认识。与此同时，国际社会也出现一些曲解和误读、疑虑和猜忌。面对中国国力的不断增强，有些人开始担心，也有一些人总是戴着有色眼镜看中国，认为中国发展起来了必然是一种

"威胁",将中国梦曲解为"扩张梦"、"霸权梦"。对此习近平曾不止一次地作出回应,中国梦是和平、发展、合作、共赢的梦,"中国梦与中国人民追求美好生活的梦想是相连的,也是与各国人民追求和平与发展的美好梦想相通的"①。

中国梦是追求和平发展的梦。习近平指出:"和平是人民的永恒期望。和平犹如空气和阳光,受益而不觉,失之则难存。没有和平,发展就无从谈起。"②中国梦需要和平,只有和平才能实现梦想。中华民族历来就是爱好和平的民族,天下太平、共享大同是中华民族绵延数千年的理想。中国历史上曾经长期是世界上最强大的国家之一,但没有留下殖民和侵略他国的记录。近代以来100多年间,中国内部战乱和外敌入侵频频发生,消除战争,实现和平,是近代以后中国人民最迫切、最深厚的愿望。走和平发展道路,是中华优秀传统文化的传承和发展,也是中国人民从近代以来苦难遭遇中得出的必然结论。中国人民对战争带来的苦难有着刻骨铭心的记忆,对和平有着孜孜不倦的追求,十分珍惜和平安定的生活。中国人民怕的就是动荡,求的就是稳定,盼的就是天下太平。我们将坚定不移走和平发展道路,既努力争取和平的国际环境发展自己,又以自身的发展促进世界和平。中国越发展,对世界和平与发展就越有利。

中国梦是追求合作共赢的梦。2013年5月,习近平在接受拉美三国媒体联合采访时就曾提出:"中国和拉美虽然远隔重洋,但我们的心是相通的。联结我们的不仅是深厚传统友谊、密切利益纽带,还有我们对美好梦想的共同追求……中国愿同拉美和加勒比各国紧密团结、相互支持、真诚合作,在通往发展繁荣的美好梦想的道路上携手并进。"③同年6月,习近平在同美国总统奥巴马共同会见记者时提出:"中国梦要实现国家富强、民族复兴、人民幸福,是和平、发展、合作、共赢的梦,与包括美国梦在内的世界各国人民的美好梦想相通。"④2013年10月在接受印度尼西亚和马来西亚媒体联合采访时,习近平提出:"中国梦同东盟各国寻求国家发展振兴、人民富裕幸福的追求和梦想息息相通,中国愿同东盟各国在实现理想的道路上携手并肩、心心相印、互帮

---

① 《习近平关于实现中华民族伟大复兴的中国梦论述摘编》,中央文献出版社2013年版,第74页。

② 《习近平谈治国理政》第一卷,外文出版社2018年版,第331页。

③ 《习近平谈治国理政》第一卷,外文出版社2018年版,第57页。

④ 《习近平谈治国理政》第一卷,外文出版社2018年版,第279页。

互助，发挥各自优势，挖掘合作潜力，实现互利共赢。"①2016 年 4 月 28 日，习近平在亚信第五次外长会议开幕式上提出："中国发展将继续为各国创造更多机遇、给各国民众带来更多福祉。中国人民将在追求中国梦的过程中帮助和支持各国人民实现各自的美好梦想，一道实现持久和平、共同繁荣的亚洲梦，共创亚洲美好未来！"②这一系列主张旨在表明中国人民愿意同各国人民在实现各自梦想的过程中相互支持、相互帮助。中国将自身发展经验和机遇同世界各国分享，欢迎各国搭乘中国发展"快车"、"便车"、"顺风车"，实现合作共赢、共同发展，让大家一起过上好日子。

中国梦是具有国际胸怀和责任担当的梦。2013 年 6 月 19 日，习近平在会见联合国秘书长时提出："中国确立了'两个一百年'的奋斗目标，为未来国家发展绘制了宏伟蓝图。中国需要联合国，联合国也需要中国。中国重视联合国，将坚定地支持联合国。中国是联合国安理会常任理事国，这不仅是权力，更是一份沉甸甸的责任。中国有这个担当。"③"穷则独善其身，达则兼善天下"是中华民族始终崇尚的品德和胸怀。经过 40 多年的改革开放，中国经济社会发展取得巨大成就，人民生活水平显著提高。这既有利于中国，也有利于世界。正如习近平所说："中国人是讲爱国主义的，同时我们也是具有国际视野和国际胸怀的。"④随着国力不断增强，中国将在力所能及的范围内承担更多国际责任和义务，为人类和平与发展的崇高事业做出更大贡献。作为一个拥有13 亿多人口的发展中大国，中国一心一意办好自己的事情，实现国家发展和稳定，本身就是对世界的巨大贡献。同时，中国发展对世界各国是重要机遇。中国正在加快推进新型工业化、信息化、城镇化、农业现代化，新的经济增长点将不断涌现。这将为国际和地区伙伴提供更广阔的市场、更充足的资本、更丰富的产品、更宝贵的合作契机。这对世界经济发展无疑是重大利好。中国的发展，是世界和平力量的壮大，是传递友谊的正能量。历史将证明，实现中国

---

① 《习近平主席接受印度尼西亚和马来西亚媒体联合采访》，《人民日报》2013 年 10 月 3 日。

② 习近平：《凝聚共识促进对话共创亚洲和平与繁荣的美好未来——在亚信第五次外长会议开幕式上的讲话》，《人民日报》2016 年 4 月 29 日。

③ 《习近平关于实现中华民族伟大复兴的中国梦论述摘编》，中央文献出版社 2013 年版，第 72 页。

④ 《习近平关于实现中华民族伟大复兴的中国梦论述摘编》，中央文献出版社 2013 年版，第 67 页。

梦给世界带来的是和平不是动荡，是机遇不是威胁，是进步不是倒退。随着国力不断增强，中国将进一步发挥负责任大国的作用，在力所能及的范围内承担更多国际责任和义务，为人类和平与发展的崇高事业作出更大贡献。

三、中国梦的实现路径

关于如何实现中国梦，2013 年习近平当选国家主席的讲话中提出，实现中国梦必须走中国道路、弘扬中国精神、凝聚中国力量。

一是必须走中国道路。

无论搞革命、搞建设、搞改革，道路问题都是最根本的问题。没有正确的道路，再美好的愿景、再伟大的梦想，都不能实现。改革开放以来，我们总结历史经验，不断艰辛探索，终于找到了实现中华民族伟大复兴的正确道路，取得了举世瞩目的成果。这条道路就是中国特色社会主义。

中国特色社会主义这条道路来之不易，它承载着几代中国共产党人的理想和探索，寄托着无数仁人志士的意愿和期盼，凝聚着千千万万革命先烈的奋斗和牺牲，凝聚着全国各族人民的奋斗和实践，是近代以来中国社会发展的必然选择，是历史和人民的选择。习近平指出："中国特色社会主义不是从天上掉下来的，而是在改革开放 40 年的伟大实践中得来的，是在中华人民共和国成立近 70 年的持续探索中得来的，是在我们党领导人民进行伟大社会革命 97 年的实践中得来的，是在近代以来中华民族由衰到盛 170 多年的历史进程中得来的，是对中华文明 5000 多年的传承发展中得来的，是党和人民历经千辛万苦、付出各种代价取得的宝贵成果。得到这个成果极不容易。"[①]中国特色社会主义，是科学社会主义理论逻辑和中国社会发展历史逻辑的辩证统一，是根植于中国大地、反映中国人民意愿、适应中国和时代发展进步要求的科学社会主义，是全面建成小康社会、加快推进社会主义现代化、实现中华民族伟大复兴的必由之路。习近平指出："中国特色社会主义，是党和人民九十多年奋斗、创造、积累的根本成就，是改革开放三十多年实践的根本总结，凝结着实现中

---

① 习近平：《以时不我待只争朝夕的精神投入工作　开创新时代中国特色社会主义事业新局面》，《人民日报》2018 年 1 月 6 日。

华民族伟大复兴这个近代以来中华民族最根本的梦想，也体现着近代以来人类对社会主义的美好憧憬和不懈探索。"①

方向决定道路，道路决定命运。我国改革开放之所以能取得巨大成功，关键是我们把党的基本路线作为党和国家的生命线，始终坚持把以经济建设为中心同四项基本原则、改革开放这两个基本点统一于中国特色社会主义伟大实践，既不走封闭僵化的老路，也不走改旗易帜的邪路。历史和现实充分证明，只有中国特色社会主义道路才能发展中国、稳定中国，这是一条通往复兴梦想的康庄大道、人间正道。习近平指出："实践充分证明，中国特色社会主义是中国共产党和中国人民团结的旗帜、奋进的旗帜、胜利的旗帜。"②我们要全面建成小康社会、加快推进社会主义现代化、实现中华民族伟大复兴，必须始终高举中国特色社会主义伟大旗帜，坚定不移坚持和发展中国特色社会主义。"中国特色社会主义是当代中国发展进步的根本方向，是实现中国梦的必由之路，也是引领我国工人阶级走向更加光明未来的必由之路。"③

坚持中国特色社会主义道路并不意味着故步自封，一成不变。习近平指出："中华民族历来注重变革创新，中国社会主义不是教科书里的教条，不是刻板僵化的戒律，而是在实践中不断发展变化的生命体。我们在实践中不断完善，在发展中不断变革，形成和发展了中国特色社会主义。"④中国共产党在革命、建设、改革各个历史时期，坚持从中国国情出发，探索并形成了符合中国实际的新民主主义革命道路、社会主义改造和社会主义建设道路、中国特色社会主义道路，体现出了独立自主的探索精神，这种坚持走自己路的坚定决心，是中国共产党不断从挫折中觉醒、不断从胜利走向胜利的真谛。

一个国家，一个民族，只有找到适合自己条件的道路，才能实现自己的发展目标。习近平指出："我们愿意借鉴人类一切文明成果，但不会照抄照搬任何国家的发展模式。中国的改革是中国特色社会主义制度的自我完善和发展。只有走中国人民自己选择的道路，走适合中国国情的道路，最终才能走得通、

---

① 《习近平关于实现中华民族伟大复兴的中国梦论述摘编》，中央文献出版社 2013 年版，第 24—25 页。

② 《习近平谈治国理政》第一卷，外文出版社 2018 年版，第 8 页。

③ 《习近平谈治国理政》第一卷，外文出版社 2018 年版，第 45 页。

④ 习近平：《共倡开放包容共促和平发展：在伦敦金融城市长晚宴上的演讲》，人民出版社 2015 年版，第 6 页。

走得好。"①古今中外的历史都告诉我们，世界上没有一个民族能够亦步亦趋走别人的道路实现自己的发展振兴，也没有一种一成不变的道路可以引导所有民族实现发展振兴；一切成功发展振兴的民族，都是找到了适合自己实际的道路的民族。改革开放以来，我们能够创造出人类历史上前无古人的发展成就，走出了正确道路是根本原因。现在，最关键的是坚定不移走这条道路、与时俱进拓展这条道路，推动中国特色社会主义道路越走越宽广。

二是必须弘扬中国精神。

伟大的梦想，需要伟大的精神作支撑。没有振奋的精神、没有高尚的品格、没有坚定的志向，一个民族不可能自立于世界民族之林。习近平指出："人无精神则不立，国无精神则不强。精神是一个民族赖以长久生存的灵魂，唯有精神上达到一定的高度，这个民族才能在历史的洪流中屹立不倒、奋勇向前。"② 中华民族能够在几千年的历史长河中生生不息、薪火相传、顽强发展，很重要的一个原因就是中华民族有一脉相承的精神追求、精神特质、精神脉络。

"实现中国梦，是物质文明和精神文明均衡发展、相互促进的结果"③，不仅在物质上强大起来，而且在精神上强大起来。2013 年 5 月 4 日，习近平在同各界优秀青年代表座谈时提出："我们的国家，我们的民族，从积贫积弱一步一步走到今天的发展繁荣，靠的就是一代又一代人的顽强拼搏，靠的就是中华民族自强不息的奋斗精神。"④2013 年 9 月 26 日，在会见第四届全国道德模范及提名奖获得者时习近平又提出："精神的力量是无穷的，道德的力量也是无穷的。中华文明源远流长，蕴育了中华民族的宝贵精神品格，培育了中国人民的崇高价值追求。自强不息、厚德载物的思想，支撑着中华民族生生不息、薪火相传，今天依然是我们推进改革开放和社会主义现代化建设的强大精神力量。"⑤2014 年在文艺工作座谈会上，习近平进一步强调："没有中华文化繁荣兴盛，就没有中华民族伟大复兴。一个民族的复兴需要强大的物质力量，也需

① 《习近平关于实现中华民族伟大复兴的中国梦论述摘编》，中央文献出版社 2013 年版，第 27 页。
② 习近平：《在纪念红军长征胜利 80 周年大会上的讲话》，人民出版社 2016 年版，第 9 页。
③ 习近平：《出席第三届核安全峰会并访问欧洲四国和联合国教科文组织总部、欧盟总部时的演讲》，人民出版社 2014 年版，第 16—17 页。
④ 《习近平谈治国理政》第一卷，外文出版社 2018 年版，第 52 页。
⑤ 《习近平谈治国理政》第一卷，外文出版社 2018 年版，第 158 页。

要强大的精神力量。没有先进文化的积极引领，没有人民精神世界的极大丰富，没有民族精神力量的不断增强，一个国家、一个民族不可能屹立于世界民族之林。"①

弘扬中国精神就是要用弘扬爱国主义为核心的民族精神和以改革创新为核心的时代精神，为实现中华民族伟大复兴的中国梦提供共同精神支柱和强大精神动力，这是凝心聚力的兴国之魂、强国之魂。

实现中华民族伟大复兴的中国梦，正是当代中国爱国主义的鲜明主题。习近平指出："经过几千年的沧桑岁月，把我国56个民族、13亿多人紧紧凝聚在一起的，是我们共同经历的非凡奋斗，是我们共同创造的美好家园，是我们共同培育的民族精神，而贯穿其中的、更重要的是我们共同坚守的理想信念。"②"一个民族最深沉的精神追求，一定要在其薪火相传的民族精神中来进行基因测序。"③而民族精神的核心正是爱国主义。爱国主义是中华民族的精神基因，维系着华夏大地上各个民族的团结统一，激励着一代又一代中华儿女为祖国发展繁荣而不懈奋斗；在中华民族几千年绵延发展的历史长河中，爱国主义始终是激昂的主旋律，始终是激励我国各族人民自强不息的强大力量。今天，我们要开创中华民族伟大复兴新局面，必须大力弘扬伟大的爱国主义精神，坚信中华民族有能力走出一条成功的复兴之路。弘扬爱国主义精神，必须把爱国主义教育作为永恒主题，必须坚持爱国主义和社会主义相统一，必须维护祖国统一和民族团结，必须尊重和传承中华民族历史和文化，必须坚持立足民族又面向世界。

时代精神作为民族精神面向未来的导引，对民族复兴至关重要。时代精神与中国共产党的精神谱系一脉相承。革命精神是指党在领导人民群众进行革命、建设和改革实践过程中，在特定的历史时期和特殊的历史环境下形成的，集中体现中国共产党人政治觉悟、意志品质、思想道德和工作作风的一系列优良传统和革命风范。世界上没有哪个党像我们这样，遭遇过如此多的艰难险阻，经历过如此多的生死考验，付出过如此多的惨烈牺牲。中国共产党一百年来在应对各种困难挑战中，锤炼了不畏强敌、不惧风险、敢于斗争、勇于胜

---

① 习近平：《在文艺工作座谈会上的讲话》，人民出版社2015年版，第5页。
② 《习近平谈治国理政》第一卷，外文出版社2018年版，第39页。
③ 《习近平谈治国理政》第一卷，外文出版社2018年版，第265页。

利的风骨和品质。中国共产党在革命和建设中，形成了井冈山精神、长征精神、遵义会议精神、延安精神、西柏坡精神、红岩精神、抗美援朝精神、"两弹一星"精神等。这一系列在伟大的革命实践产生的各有特点的革命精神，集中体现了党的坚定信念、根本宗旨、优良作风，是激励我们不懈奋斗的宝贵精神财富。改革开放以来，党中央始终坚持与时俱进，紧密结合我国各方面实际又提出了特区精神、抗洪精神、抗震救灾精神、抗疫精神等伟大精神。改革创新是时代精神的核心，是中国人当代精神追求和思想特征最突出的标志。邓小平曾说："干革命、搞建设，都要有一批勇于思考、勇于探索、勇于创新的闯将。"① 习近平强调："要有逢山开路、遇河架桥的意志，为了创新创造而百折不挠、勇往直前。要有探索真知、求真务实的态度，在立足本职的创新创造中不断积累经验、取得成果。"② 改革创新体现了中华民族最深沉的民族禀赋，反映了当代中国发展进步的要求，始终是鞭策我们在改革开放中与时俱进的精神力量。习近平指出，"改革开放铸就的伟大改革开放精神，极大丰富了民族精神内涵，成为当代中国人民最鲜明的精神标识"③。中国共产党的这些宝贵精神财富跨越时空、历久弥新，集中体现了党的坚定信念、根本宗旨、优良作风，凝聚着中国共产党人艰苦奋斗、牺牲奉献、开拓进取的伟大品格，深深融入我们党、国家、民族、人民的血脉之中，为我们立党兴党强党提供了丰厚滋养，为实现中华民族伟大复兴提供了强大精神力量。

三是必须凝聚中国力量。

实现中华民族伟大复兴是十分伟大而又十分艰巨的事业，需要全体中华儿女众志成城、万众一心，把一切力量都凝聚起来，把一切积极因素都调动起来，为了共同的目标不懈奋斗。习近平指出："团结是战胜一切困难的强大力量，是凝聚人心、成就伟业的重要保证。在为中华民族伟大复兴而奋斗的征程中，我们一定要巩固全国各族人民大团结，增强各党派、各团体、各民族、各阶层以及各方面的团结，坚决维护国家统一和社会和谐稳定，坚决反对任何破坏统一和团结的分裂活动。我们要凝聚起全体人民智慧和力量，激发出全社会创造活力和发展动力，让全体中华儿女万众一心、团结奋斗迸发出来的磅礴力

---

① 《邓小平文选》第2卷，人民出版社1994年版，第143页。
② 《习近平谈治国理政》第一卷，外文出版社2018年版，第52页。
③ 习近平：《在庆祝改革开放40周年大会上的讲话》，《人民日报》2018年12月18日。

量成为实现中华民族伟大复兴的强大动力。"①

我国 56 个民族都是中华民族大家庭的平等一员,共同构成了你中有我、我中有你、谁也离不开谁的中华民族命运共同体。实现中华民族伟大复兴的中国梦是各民族共同的梦,也是各民族自己的梦。中华民族一家亲,同心共筑中国梦。各族人民大团结的力量,是克服各种困难、战胜风险挑战的决定性因素。中国特色社会主义事业是造福人民的美好事业,也是需要我们为之付出智慧和力量的艰辛事业。现在,全面建成小康社会的号角已经吹响,关键是要树立起攻坚克难的坚定信心,凝聚起推进事业的强大力量,紧紧依靠全国各族人民,推动党和国家事业不断从胜利走向新的胜利。"众人拾柴火焰高",只要我们紧密团结,万众一心,为实现共同梦想而奋斗,实现梦想的力量就无比强大,我们每个人为实现自己梦想的努力就拥有广阔的空间。生活在我们伟大祖国和伟大时代的中国人民,共同享有人生出彩的机会,共同享有梦想成真的机会,共同享有同祖国和时代一起成长与进步的机会。全国各族人民一定要牢记使命,心往一处想,劲往一处使,用 14 亿人的智慧和力量汇集起不可战胜的磅礴力量。

实现中华民族伟大复兴是海内外中华儿女的共同梦想。香港、澳门与祖国内地的命运始终紧密相连,实现中国梦需要香港、澳门与祖国内地坚持优势互补、共同发展,需要港澳同胞与内地人民坚持守望相助、携手共进。实现中华民族伟大复兴的中国梦,是时代的召唤,是民族的使命。身处在我们这个时代的中国人,不论在什么地方,都应该为此感到骄傲,都应该为此作出贡献,有一分热、发一分光。

中国梦与台湾的前途息息相关,两岸关系虽然历经坎坷,但终究能打破长期隔阂,开启交流合作。两岸同胞同属中华民族,这种天然的血缘纽带任何力量都切割不断;两岸同属一个中国,这一基本事实任何力量都无法改变;两岸交流合作得天独厚,这种双向利益需求任何力量都压制不住。全体中华儿女有决心通过自己的不懈奋斗自立于世界民族之林,这种全民族共同愿望任何力量都阻挡不了。两岸同胞要相互扶持,不分党派,不分阶层,不分宗教,不分地域,都参与到民族复兴的进程中来,凝聚两岸一家亲、共圆中国梦的力量。民族振兴、人民幸福是两岸同胞的共同追求。中国梦既是国家、民族的梦,也是

① 习近平:《在纪念红军长征胜利 80 周年大会上的讲话》,人民出版社 2016 年版,第 16 页。

包括两岸同胞在内的每个中华儿女的梦，同我们每个人对美好生活的向往紧密相连。在中华民族发展史上，两岸同胞从来都是命运相连、荣辱与共的。两岸同胞要携手同心，为实现中华民族伟大复兴贡献智慧和力量。

2013 年 2 月 25 日，习近平在会见中国国民党荣誉主席连战时提出："'兄弟齐心，其利断金。'实现中华民族伟大复兴，需要两岸同胞共同努力。我们真诚希望台湾同大陆一道发展，两岸同胞共同来圆'中国梦'。携手推动两岸关系和平发展，同心实现中华民族伟大复兴，应该成为两岸关系的主旋律，成为两岸中华儿女的共同使命。"①2013 年 6 月 13 日，习近平在会见中国国民党荣誉主席吴伯雄时提出，"坚持从中华民族整体利益的高度把握两岸关系大局。我们坚持维护中华民族根本利益，维护包括台湾同胞在内的全体中华儿女共同利益。从中华民族整体利益把握两岸关系大局，最根本的、最核心的是维护国家领土和主权完整"②。"我们两党应该以实现民族振兴、人民幸福为己任，促进两岸同胞团结合作，积极宣导'两岸一家人'的理念，汇集两岸中国人智慧和力量，在共同实现中华民族伟大复兴的进程中抚平历史创伤，谱写中华民族繁荣昌盛的崭新篇章。"③2015 年 11 月 7 日，习近平同台湾当局领导人马英九在新加坡会面，这是自 1949 年以来两岸领导人的首次会面，翻开了两岸关系历史性的一页。习近平指出："两岸双方应该胸怀民族整体利益、紧跟时代前进步伐，携手巩固两岸关系和平发展大格局，共同实现中华民族伟大复兴"；"只要是有利于增进两岸同胞的亲情和福祉的事，只要是有利于推动两岸关系和平发展的事，只要是有利于维护中华民族整体利益的事，两岸双方都应该尽最大努力去做，并把好事办好"。"两岸是不可分割的命运共同体。民族强盛，是两岸同胞之福；民族弱乱，是两岸同胞之祸。实现中华民族伟大复兴，与两岸同胞前途命运息息相关。"④2016 年 11 月 1 日，习近平在会见国民党主席洪秀柱时就两岸关系发展提出了六点意见，其中一条就是"共同致力于实现中华

---

① 《习近平关于实现中华民族伟大复兴的中国梦论述摘编》，中央文献出版社 2013 年版，第 58 页。

② 《习近平关于实现中华民族伟大复兴的中国梦论述摘编》，中央文献出版社 2013 年版，第 59 页。

③ 《习近平关于实现中华民族伟大复兴的中国梦论述摘编》，中央文献出版社 2013 年版，第 60 页。

④ 《习近平同马英九会面》，《人民日报》2015 年 11 月 8 日。

民族伟大复兴"。习近平指出："两岸关系发展、台湾同胞前途系于中华民族伟大复兴。两岸同胞都是民族复兴的参与者、推动者、获益者。我相信，两岸同胞愿望不可违，民族复兴大势不可挡。只要国共两党胸怀民族复兴理想，广泛团结两岸同胞，就一定能维护两岸关系和平发展和台海和平稳定，开创中华民族伟大复兴更加光明的前景。"①

广大海外侨胞有着赤忱的爱国情怀、雄厚的经济实力、丰富的智力资源、广泛的商业人脉，是实现中国梦的重要力量。只要海内外中华儿女紧密团结起来，有力出力，有智出智，团结一心奋斗，就一定能够共同书写中华民族发展的时代华章。

伟大梦想不是等得来、喊得来的，而是拼出来、干出来的。在几千年历史长河中，中国人民始终心怀梦想、不懈追求，盘古开天、女娲补天、伏羲画卦、神农尝草、夸父追日、精卫填海、愚公移山等我国古代神话深刻反映了中国人民勇于追求和实现梦想的执着精神。中国人民相信，山再高，往上攀，总能登顶；路再长，走下去，定能到达。近代以来，实现中华民族伟大复兴成为中华民族最伟大的梦想，中国人民百折不挠、坚忍不拔，以同敌人血战到底的气概、在自力更生的基础上光复旧物的决心、自立于世界民族之林的能力，为实现这个伟大梦想进行了170多年的持续奋斗。今天，中国人民比历史上任何时期都更接近、更有信心和能力实现中华民族伟大复兴。这个千帆竞发、百舸争流的时代，我们绝不能有半点骄傲自满、故步自封，也绝不能有丝毫犹豫不决、徘徊彷徨，必须统揽伟大斗争、伟大工程、伟大事业、伟大梦想，勇立潮头、奋勇搏击。中华民族伟大复兴的中国梦一定要实现，也一定能够实现。

第二节　全面建成小康社会

全面建成小康社会是我们党"两个一百年"奋斗目标中的第一个，是实现

---

① 《习近平总书记会见中国国民党主席洪秀柱》，《人民日报》2016年11月2日。

中华民族伟大复兴的第一步，也是关键的一步。全面建成小康社会是"四个全面"战略布局的组成部分。作为"四个全面"战略布局的战略目标，要把握全面建成小康社会的主要内容和重要地位，就必须从整体把握"四个全面"战略布局的历史脉络、主要内容以及相互关系。

一、"四个全面"战略布局的形成

2015年2月，习近平在省部级主要领导干部学习贯彻十八届四中全会精神全面推进依法治国专题研讨班开班式上，系统阐述了"四个全面"概念，并把"四个全面"定位于党中央的战略布局。他指出："党的十八大以来，党中央从坚持和发展中国特色社会主义全局出发，提出并形成了全面建成小康社会、全面深化改革、全面依法治国、全面从严治党的战略布局。这个战略布局，既有战略目标，也有战略举措，每一个'全面'都具有重大战略意义。全面建成小康社会是我们的战略目标，全面深化改革、全面依法治国、全面从严治党是三大战略举措。"①他还强调："要把全面依法治国放在'四个全面'的战略布局中来把握，深刻认识全面依法治国同其他3个'全面'的关系，努力做到'四个全面'相辅相成、相互促进、相得益彰。"②

党的十八届三中、四中、五中、六中全会相继就全面深化改革、全面依法治国、全面建成小康社会、全面从严治党进行了专题研究，形成了重要决定，完成"四个全面"战略布局的顶层设计。

在完成全面建成小康社会之际，2020年党的十九届五中全会提出"协调推进全面建设社会主义现代化国家、全面深化改革、全面依法治国、全面从严治党的战略布局"，实现了"四个全面"的与时俱进。

"四个全面"战略布局是从我国发展现实需要中得出来的，是从人民群众的热切期待中得出来的，也是为推动解决我们面临的突出矛盾和问题提出来的。"四个全面"战略布局是我们党在新时代治国理政的总方略，是习近平

① 习近平：《领导干部要做尊法学法守法用法的模范　带动全党全国共同全面推进依法治国》，《人民日报》2015年2月3日。

② 习近平：《领导干部要做尊法学法守法用法的模范　带动全党全国共同全面推进依法治国》，《人民日报》2015年2月3日。

新时代中国特色社会主义思想的重要内容，是马克思主义战略布局思想的新发展。

"四个全面"战略布局是党中央适应我国发展新要求，站在时代最前沿进行的战略谋划和部署。当代中国正处于全面建成小康社会的决胜阶段，中华民族正处于走向伟大复兴的关键时期，我国发展具有许多有利的发展条件，同时面临着诸多矛盾叠加、风险隐患增多的严峻挑战。如何更好把握发展机遇、赢得新的发展优势、战胜各种风险挑战，迫切需要我们党从战略层面提出治国理政的大格局大韬略。

"四个全面"战略布局顺应了人民群众的愿望期盼。随着我国迈入中等收入国家行列，人民群众对美好生活的愿景不断提升。人们期待各项改革全面推进，期盼经济更有活力，政府更加高效，文化更加繁荣，生活更有保障，社会更加和谐，生态更加优良，权益得到更好维护。如何把人民的期待变成我们的行动，把人民的希望变成生活的现实，让改革发展成果更多更公平地惠及全体人民，需要我们党进一步强化宗旨意识，进一步深化战略考量，进一步转变发展理念。

"四个全面"战略布局体现了鲜明的问题导向、强烈的问题意识。我国发展中不平衡、不协调、不可持续问题依然突出，城乡区域发展差距和居民收入分配差距依然较大，有法不依、执法不严、违法不究等问题依然存在，党风廉政建设和反腐败斗争形势依然严峻复杂。"四个全面"战略布局，是我们党勇于担当责任、敢于直面矛盾，不断解决问题、化解挑战的新法宝，使我们的前进方向更加明确，发展布局更加科学，战略举措更加有效。

"四个全面"战略布局，既有战略目标又有战略举措，每一个"全面"都蕴含着重大战略意义，相互之间密切联系、有机统一，具有紧密的内在逻辑，是一个整体战略部署的有序展开，共同支撑起中国特色社会主义事业全局。

第一，全面建成小康社会是重大战略目标，在"四个全面"战略布局中居于引领地位。全面建成小康社会，是我们党确定的第一个百年奋斗目标，也是实现中华民族伟大复兴的关键一步。习近平指出："到2020年实现这个目标，我们国家的发展水平就会迈上一个大台阶，我们所有奋斗都要聚焦于这个目标。"①

第二，全面深化改革、全面依法治国、全面从严治党是三大战略举措，为

---

① 《习近平谈治国理政》第二卷，外文出版社2017年版，第23页。

如期全面建成小康社会提供重要保障。全面深化改革，着眼解决我们面临的深层次矛盾和体制机制弊端，是增强中国特色社会主义生机活力、推动事业发展的强大动力。全面依法治国，着眼促进国家生活和社会生活的法治化制度化规范化，是实现党和国家长治久安的重要保障。全面深化改革和全面依法治国，犹如鸟之两翼、车之双轮，为全面建成小康社会提供动力源泉和法治保障。全面从严治党，着眼保持党的先进性和纯洁性，锻造中国特色社会主义事业坚强领导核心，是我们党提高执政能力、完成执政使命的迫切要求，为全面建成小康社会、全面深化改革、全面依法治国提供根本保证。

二、把握全面建成小康社会新要求

小康社会是中华民族自古以来追求的理想社会状态。使用"小康"这个概念作为中国发展的阶段性目标，既符合中国发展实际，也深得人民群众的认同和支持。改革开放之初，邓小平首先用"小康"来诠释中国式现代化，明确提出到 20 世纪末"在中国建立一个小康社会"的奋斗目标。在全党全国各族人民共同努力下，这个目标在 20 世纪末提前实现，人民生活总体上达到小康水平。在这个基础上，党的十六大提出 21 世纪头 20 年全面建设惠及十几亿人口的更高水平的小康社会的目标。党的十七大提出了全面建设小康社会的新要求。党的十八大对全面建设小康社会目标进行了充实和完善，将"全面建设小康社会"调整为"全面建成小康社会"。从"建设"到"建成"一字之别，反映了党对我国国情的新认识，对人民需求的新定位。

党的十八大明确提出全面建成小康社会的目标，主要包括：（1）经济持续健康发展。转变经济发展方式取得重大进展，在发展平衡性、协调性、可持续性明显增强的基础上，实现国内生产总值和城乡居民人均收入比 2010 年翻一番。科技进步对经济增长的贡献率大幅上升，进入创新型国家行列。工业化基本实现，信息化水平大幅提升，城镇化质量明显提高，农业现代化和社会主义新农村建设成效显著，区域协调发展机制基本形成。对外开放水平进一步提高，国际竞争力明显增强。（2）人民民主不断扩大。民主制度更加完善，民主形式更加丰富，人民积极性、主动性、创造性进一步发挥。依法治国基本方略全面落实，法治政府基本建成，司法公信力不断提高，人权得到切实尊重和保障。（3）文化软实力显著增强。社会主义核心价值体系深入人心，公民文明素质和社会文明程度明显提高。文化产品更加丰富，公共文化服务体系基本建成，文化产业成为国民经济支柱性产业，中华文化走出去迈出更大步伐，社会主义文化强国建设基础更加坚实。(4) 人民生活水平全面提高。基本公共服务均等化总体实现。全民受教育程度和创新人才培养水平明显提高，进入人才强国和人力资源强国行列，教育现代化基本实现。就业更加充分。收入分配差距缩小，中等收入群体持续扩大，扶贫对象大幅减少。社会保障全民覆盖，人人享有基本医疗卫生服务，住房保障体系基本形成，社会和谐稳定。(5) 资源节约型、环境友好型社会建设取得重大进展。主体功能区布局基本形成，资源循环利用体系初步建立。单位国内生产总值能源消耗和二氧化碳排放大幅下降，主要污染物排放总量显著减少。森林覆盖率提高，生态系统稳定性增强，人居环境明显改善。

党的十八届五中全会对全面建成小康社会进行了总体部署。"十三五"规划纲要根据新形势新情况，提出了全面建成小康社会新的目标要求，规划和设计了未来美好生活的宏伟蓝图，进一步对各个方面提出了更为具体的指标。

经济保持中高速增长。在提高发展平衡性、包容性、可持续性基础上，到2020 年国内生产总值和城乡居民人均收入比 2010 年翻一番，主要经济指标平衡协调，发展质量和效益明显提高。产业迈向中高端水平，农业现代化进展明显，工业化和信息化融合发展水平进一步提高，先进制造业和战略性新兴产业加快发展，新产业新业态不断成长，服务业比重进一步提高。

创新驱动成效显著。创新驱动发展战略深入实施，创业创新蓬勃发展，全要素生产率明显提高。科技与经济深度融合，创新要素配置更加高效，重点领域和关键环节核心技术取得重大突破，自主创新能力全面增强，迈进创新型国家和人才强国行列。

发展协调性明显增强。消费对经济增长贡献继续加大，投资效率和企业效率明显上升。城镇化质量明显改善，户籍人口城镇化率加快提高。区域协调发展新格局基本形成，发展空间布局得到优化。对外开放深度广度不断提高，全球配置资源能力进一步增强，进出口结构不断优化，国际收支基本平衡。

人民生活水平和质量普遍提高。就业、教育、文化体育、社保、医疗、住房等公共服务体系更加健全，基本公共服务均等化水平稳步提高。教育现代化取得重要进展，劳动年龄人口受教育年限明显增加。就业比较充分，收入差距缩小，中等收入人口比重上升。我国现行标准下农村贫困人口实现脱贫，贫困县全部摘帽，解决区域性整体贫困。

国民素质和社会文明程度显著提高。中国梦和社会主义核心价值观更加深入人心，爱国主义、集体主义、社会主义思想广泛弘扬，向上向善、诚信互助的社会风尚更加浓厚，国民思想道德素质、科学文化素质、健康素质明显提高，全社会法治意识不断增强。公共文化服务体系基本建成，文化产业成为国民经济支柱性产业。中华文化影响持续扩大。

生态环境质量总体改善。生产方式和生活方式绿色、低碳水平上升。能源资源开发利用效率大幅提高，能源和水资源消耗、建设用地、碳排放总量得到有效控制，主要污染物排放总量大幅减少。主体功能区布局和生态安全屏障基本形成。

各方面制度更加成熟更加定型。国家治理体系和治理能力现代化取得重大进展，各领域基础性制度体系基本形成。人民民主更加健全，法治政府基本建成，司法公信力明显提高。人权得到切实保障，产权得到有效保护。开放型经济新体制基本形成。中国特色现代军事体系更加完善。党的建设制度化水平显著提高。对制度方面提出的新要求，体现了党的十八届三中全会关于全面深化改革总目标的新成果，反映了党对全面建成小康社会的新认识。

这些新的目标要求，与党的十六大以来提出的全面建设小康社会的奋斗目标要求相衔接，与中国特色社会主义事业总体布局相一致，进一步明确了全面建成小康社会的基本内涵，体现了目标导向与问题导向相统一，体现了战略性和操作性相结合。

全面建成小康社会，更重要、更难做到的是"全面"。"小康"讲的是发展水平，"全面"讲的是发展的平衡性、协调性、可持续性。习近平指出："如果到 2020 年我们在总量和速度上完成了目标，但发展不平衡、不协调、不可持续问题更加严重，短板更加突出，就算不上真正实现了目标，即使最后宣布实现了，也无法得到人民群众和国际社会认可。"①

全面小康覆盖的领域要全面，是"五位一体"全面进步的小康。全面小康社会要求经济持续健康发展，人民民主不断扩大，文化软实力显著增强，人民生活水平全面提高，资源节约型、环境友好型社会建设取得重大进展。这是一个整体性目标要求，它们之间相互联系、相互促进、不可分割。任何一个方面

---

① 《习近平谈治国理政》第二卷，外文出版社 2017 年版，第 78 页。

发展滞后，都会影响全面建成小康社会目标的实现。要在坚持以经济建设为中心的同时，全面推进经济建设、政治建设、文化建设、社会建设、生态文明建设，促进现代化建设各个环节、各个方面协调发展。

全面小康覆盖的人口要全面，是惠及全体人民的小康。坚持发展为了人民、发展依靠人民、发展成果由人民共享，全面小康才能真正造福全体人民。全面建成小康社会，是没有人掉队的小康。我们到时候不能一边宣布全面建成了小康社会；另一边还有几千万人口的生活水平处在扶贫标准线以下，这既影响人民群众对全面建成小康社会的满意度，也影响国际社会对我国全面建成小康社会的认可度。影响实现全面建成小康社会目标的突出因素主要集中在民生领域，发展不全面的问题很大程度上也表现在不同社会群体的民生保障方面。要持续加大保障和改善民生力度，注重机会公平，保障基本民生，不断提高人民生活水平，实现全体人民共同迈入全面小康社会。

全面小康覆盖的区域要全面，是城乡区域共同发展的小康。要加大统筹城乡发展、统筹区域发展的力度，推进城乡发展一体化，把努力缩小城乡区域发展差距，作为全面建成小康社会的一项重要任务。缩小城乡区域发展差距，不仅是缩小国内生产总值总量和增长速度的差距，而且是缩小居民收入水平、基础设施通达水平、基本公共服务均等化水平、人民生活水平等方面的差距。

全面建成小康社会，要实事求是、因地制宜。我国幅员辽阔，各地发展差距较大，生产力发展水平多层次，不可能是"同一水平小康"，完全没有差距是不可能的。全面建成小康社会是针对全国讲的，不是每个地区、每个民族、每个人都达到同一个水平，不能把相关指标简单套用到各省区市，那样不科学，也不现实。如期全面建成小康社会，既要坚持一定标准，又要防止好高骛远；既要考虑到 2020 年这个时间节点，又要立足于打基础、谋长远、见成效。

三、决胜全面建成小康社会的攻坚战

党的十九大提出，从 2017 年到 2020 年是全面建成小康社会决胜期。要按照十六大、十七大、十八大提出的全面建成小康社会各项要求，紧扣我国社会主要矛盾变化，统筹推进经济建设、政治建设、文化建设、社会建设、生态文明建设，坚定实施科教兴国战略、人才强国战略、创新驱动发展战略、乡村振兴战略、区域协调发展战略、可持续发展战略、军民融合发展战略，突出抓重点、补短板、强弱项，特别是要坚决打好防范化解重大风险、精准脱贫、污染防治的攻坚战，使全面建成小康社会得到人民认可、经得起历史检验。

一是坚决打好防范化解重大风险攻坚战。"安而不忘危，存而不忘亡，治而不忘乱。"党的十九大把防范化解重大风险作为决胜全面建成小康社会三大攻坚战的首要战役，要切实增强忧患意识和底线思维，坚决打好这场攻坚战。要加强风险隐患排查，摸清风险底数，坚持标本兼治，注重以完善体制机制来防范化解风险。要加强对各种风险源的调查研判，提高动态监测、实时预警、应急处置能力，有效防范"黑天鹅"事件、"灰犀牛"事件冲击，防止小风险演化成大风险，防止外部风险演化为内部风险，防止经济金融风险演化为社会政治风险，防止个别风险演化为系统性风险，为全面建成小康社会创造良好环境。

二是坚决打好精准脱贫攻坚战。要坚持精准扶贫、精准脱贫基本方略，坚持专项扶贫、行业扶贫、社会扶贫"三位一体"大扶贫格局。结合实际实施好"五个一批"工程，即发展生产脱贫一批、易地搬迁脱贫一批、生态补偿脱贫一批、发展教育脱贫一批、社会保障兜底一批。注重把扶贫同扶志、扶智结合起来，提高贫困地区和贫困群众的自我发展能力和脱贫致富内在动力。实行最严格的考核评估，确保到2020年我国现行标准下农村贫困人口实现脱贫，贫困县全部摘帽，做到脱真贫、真脱贫，补齐农村这块全面建成小康社会的最大短板。

三是坚决打好污染防治攻坚战。要贯彻绿色发展理念，坚持节约优先、保护优先、自然恢复为主，加快形成节约资源和保护环境的空间格局、产业结构、生产和生活方式。要加快产业结构优化升级，推动能源生产和消费革命，推进绿色低碳循环发展，总体改善生态环境质量，重点要打赢蓝天保卫战。强化大气、水、土壤等污染防治，着力解决损害群众健康、社会反映强烈的突出环境问题。加强环保督察，落实环保主体责任，健全环境损害赔偿和责任追究制度，形成全社会齐抓共管的生态环境保护格局和氛围，使生态环境改善与全面建成小康社会相适应。

四、全面建成小康社会

"十三五"时期是全面建成小康社会决胜阶段，我们取得决定性成就。面对错综复杂的国际形势、艰巨繁重的国内改革发展稳定任务特别是新冠疫情严重冲击，以习近平同志为核心的党中央不忘初心、牢记使命，团结带领全党全国各族人民砥砺前行、开拓创新，奋发有为推进党和国家各项事业。全面深化改革取得重大突破，全面依法治国取得重大进展，全面从严治党取得重大成果，国家治理体系和治理能力现代化加快推进，中国共产党领导和我国社会主义制度优势进一步彰显；经济实力、科技实力、综合国力跃上新的大台阶，经济运行总体平稳，经济结构持续优化，2020年国内生产总值突破了100万亿元；脱贫攻坚成果举世瞩目，5575万农村贫困人口实现脱贫；粮食年产量连续五年稳定在13000亿斤以上；污染防治力度加大，生态环境明显改善；对外开放持续扩大，共建"一带一路"成果丰硕；人民生活水平显著提高，高等教育进入普及化阶段，城镇新增就业超过6000万人，建成世界上规模最大的社会保障体系，基本医疗保险覆盖超过13亿人，基本养老保险覆盖近10亿人，新冠肺炎疫情防控取得重大战略成果；文化事业和文化产业繁荣发展；国防和军队建设水平大幅提升，军队组织形态实现重大变革；国家安全全面加强，社会保持和谐稳定。

2021年7月1日，习近平在庆祝中国共产党成立100周年大会上的讲话庄严宣告，我们实现了第一个百年奋斗目标，在中华大地上全面建成了小康社会，历史性地解决了绝对贫困问题，正在意气风发向着全面建成社会主义现代化强国的第二个百年奋斗目标迈进。

第三节　全面深化改革

习近平指出："改革开放是决定当代中国命运的关键一招，也是决定实现'两个一百年'奋斗目标、实现中华民族伟大复兴的关键一招。"[1] 改革开放已成为当代中国最鲜明的特色、当代中国共产党人最鲜明的品格。改革开放四十

---

① 《十八大以来重要文献选编》上册，中央文献出版社2014年版，第494页。

多年来，从开启新时期到跨入新世纪，从站上新起点到进入新时代，我们党解放思想、实事求是，大胆地试、勇敢地改，干出了一片新天地。

一、全面深化改革的形成发展

2012 年 12 月，习近平担任总书记不久在广东考察时指出，党的十八大向全党全国发出了深化改革开放新的宣言书、新的动员令，全党全国各族人民要坚定不移走改革开放的强国之路，更加注重改革的系统性、整体性、协同性，做到改革不停顿、开放不止步，为全面建成小康社会、加快推进社会主义现代化而团结奋斗。现在我国改革已经进入攻坚期和深水区，我们必须以更大的政治勇气和智慧，不失时机深化重要领域改革。深化改革开放，要坚定信心、凝聚共识、统筹谋划、协同推进。

2012 年 12 月 31 日，习近平在十八届中央政治局就坚定不移推进改革开放进行第二次集体学习时指出，改革开放是一项长期的、艰巨的、繁重的事业，必须一代又一代人接力干下去。必须坚持社会主义市场经济的改革方向，坚持对外开放的基本国策，以更大的政治勇气和智慧，不失时机深化重要领域改革，朝着党的十八大指引的改革开放方向奋勇前进。中国改革开放只有进行时没有完成时。改革开放是一场深刻革命，必须坚持正确方向，沿着正确道路推进，坚定不移走中国特色社会主义道路；改革开放是前无古人的崭新事业，必须坚持正确的方法论，在不断实践探索中推进；改革开放是一个系统工程，必须坚持全面改革，在各项改革协同配合中推进；稳定是改革发展的前提，必须坚持改革发展稳定的统一；改革开放是亿万人民自己的事业，必须坚持尊重人民首创精神，坚持在党的领导下推进。

党中央从 2013 年初就谋划十八届三中全会全面深化改革的主题。2013 年 4 月，中央政治局经过深入思考和研究、广泛听取党内外各方面意见，决定党的十八届三中全会研究全面深化改革问题并作出决定。党中央发出《关于对党的十八届三中全会研究全面深化改革问题征求意见的通知》。中央政治局决定成立文件起草组，由习近平担任组长。文件起草过程中，广泛征求意见，开展专题论证，进行调查研究，反复讨论修改。其间，中央政治局常委会会议 3 次、中央政治局会议 2 次分别审议决定，决定征求意见稿还下发党内一定范围征求意见，征求党内老同志意见，专门听取各民主党派中央、全国工商联负责人和无党派人士意见。

2013 年 7 月，习近平在湖北调研时指出，全面深化改革是党的十八大提出的一项战略部署，也是我们实现"两个一百年"奋斗目标必须解决好的重大问题，一定要始终把改革创新精神贯彻到治国理政各个环节，推动经济持续健康发展，更好实现党的十八大确定的奋斗目标和工作部署。应对当前我国发展面临的一系列矛盾和挑战，关键在于全面深化改革。必须从纷繁复杂的事物表象中把准改革脉搏，把握全面深化改革的内在规律，特别是要把握全面深化改革的重大关系，处理好解放思想和实事求是的关系、整体推进和重点突破的关系、顶层设计和摸着石头过河的关系、胆子要大和步子要稳的关系、改革发展稳定的关系。

2013 年 11 月，党的十八届三中全会通过了《中共中央关于全面深化改革若干重大问题的决定》，对全面深化改革进行的总体规划。习近平高度评价了十八届三中全会，"党的十一届三中全会是划时代的，开启了改革开放和社会主义现代化建设历史新时期。党的十八届三中全会也是划时代的，开启了全面深化改革、系统整体设计推进改革的新时代，开创了我国改革开放的全新局面"①。

为落实全面深化改革措施，党中央成立了全面深化改革领导小组，习近平亲自担任组长。从 2014 年 1 月到 2017 年党的十九大之前，中央深改组共召开了 38 次会议，研究部署改革工作，先后出台重点改革文件 360 多个，推出改革举措 1500 多项，重要领域和关键环节改革取得突破性进展，主要领域改革主体框架基本确立。

二、全面深化改革的基本要求

（一）全面深化改革的必要性

全面深化改革是顺应当今世界发展大势的必然选择。纵观世界，变革是大势所趋、人心所向。现在世界各国正在加快推进变革，新一轮科技革命和产业

---

① 《习近平谈治国理政》第三卷，外文出版社 2020 年版，第 178 页。

变革正在孕育兴起。在这样的形势下，要如期全面建成小康社会，实现中华民族伟大复兴，必须认清形势、居安思危、奋起直追。停顿和倒退没有出路，思想僵化、故步自封，必将被时代所淘汰。我们要顺应浩浩荡荡的历史潮流，承担起自己的历史责任，以更大的政治勇气和智慧、更有力的措施和办法推进改革。

全面深化改革是解决中国现实问题的根本途径。改革是由问题倒逼而产生，又在不断解决问题中得以深化。同时，旧的问题解决了，新的问题又会产生，因而改革既不可能一蹴而就也不可能一劳永逸。当前我国发展还面临一系列突出矛盾和挑战，前进道路上还有不少困难和问题。破解发展中面临的难题，化解来自各方面的风险挑战，推动经济社会持续健康发展，必须依靠全面深化改革。

全面深化改革是抓住和用好历史性机遇，抢占未来发展制高点的必然选择。我国发展走到今天，发展和改革高度融合，发展前进一步就需要改革前进一步，改革不断前进，也能为发展提供强劲动力。当前，国内外环境和主客观条件都对我们全面深化改革有利。这个历史性机遇千载难逢，抓住就能赢得战略主动，否则就有可能陷于被动。必须增强机遇意识，通过全面深化改革，充分发挥我们的独特制度优势，激发党和国家生机与活力。

（二）全面深化改革的基本原则

坚持进一步解放思想、进一步解放和发展社会生产力、进一步解放和增强社会活力。这"三个进一步解放"既是改革的目的，又是改革的条件。解放思想是前提，是解放和发展社会生产力、解放和增强社会活力的"总开关"；解放和发展社会生产力、解放和增强社会活力，是解放思想的必然结果，也是解放思想的重要基础；解放和发展社会生产力是最根本最紧迫的任务，解放思想、解放和增强社会活力，是为了更好解放和发展社会生产力。要通过不断改革创新，使中国特色社会主义在解放和发展社会生产力、解放和增强社会活力、促进人的全面发展上比资本主义制度更有效率，更能激发全体人民的积极性、主动性、创造性，更能为社会发展提供有利条件，更能在竞争中赢得比较优势，把中国特色社会主义制度的优越性充分体现出来。

坚持社会主义市场经济改革方向。提出建立社会主义市场经济体制的改革目标，是我们党在建设中国特色社会主义进程中的重大理论和实践创新，解决了世界上其他社会主义国家长期没有解决的一个重大问题。虽然我国社会主义市场经济体制已经初步建立，但市场体系还不健全，市场发育还不充分，特别是政府和市场的关系还没有理顺，市场在资源配置中的作用有效发挥受到诸多制约，必须继续朝着加快完善社会主义市场经济体制的目标努力，着力健全使市场在资源配置中起决定性作用和更好发挥政府作用的制度体系。坚持社会主义市场经济改革方向，不仅是经济体制改革的基本遵循，也是全面深化改革的重要依托。要使各方面体制改革朝着这一方向协同推进，同时也使各方面自身相关环节更好适应社会主义市场经济发展提出的新要求。

坚持以经济体制改革为重点，发挥经济体制改革牵引作用。经济建设仍然是全党的中心工作，坚持以经济建设为中心不动摇，就必须坚持以经济体制改革为重点不动摇。经济体制改革对其他方面改革具有重要影响和传导作用，重大经济体制改革的进度决定着其他方面很多体制改革的进度，具有牵一发而动全身的作用。在全面深化改革中，要坚持以经济体制改革为主轴，努力在重要领域和关键环节改革上取得新突破，以此牵引和带动其他领域改革，使各方面改革协同推进、形成合力，而不是各自为政、分散用力。

坚持社会主义改革方向。我们的改革是有方向、有立场、有原则的，是在中国特色社会主义道路上不断前进的改革，而不是对社会主义制度改弦易张。习近平指出："问题的实质是改什么、不改什么，有些不能改的，再过多长时间也是不改。"[1]要增强政治定力，坚守政治原则和底线，决不能在根本性问题上出现颠覆性错误。将全面深化改革进行到底，必须充分发挥党总揽全局、协调各方的领导核心作用，必须把准政治方向、政治立场、政治定位、政治大局，坚持走中国特色社会主义道路不动摇，坚持社会主义基本制度不动摇，坚持党的领导不动摇，确保改革开放始终沿着正确道路前进。

坚持促进公平正义。我们党推进全面深化改革的根本目的，就是要促进社会公平正义，让改革发展成果更多更公平惠及全体人民。习近平强调："推出一批能叫得响、立得住、群众认可的硬招实招，处理好改革'最先一公里'和'最后一公里'的关系，突破'中梗阻'，防止不作为，把改革方案的含金量充

---

[1] 《习近平关于全面深化改革论述摘编》，中央文献出版社 2014 年版，第 15 页。

分展示出来，让人民群众有更多获得感。"①改革开放以来，我国经济社会发展取得巨大成就，为促进社会公平正义提供了坚实物质基础和有利条件。同时，在我国现有发展水平上，社会上还存在大量有违公平正义的现象。特别是随着我国经济社会发展水平和人民生活水平不断提高，人民群众的公平意识、民主意识、权利意识不断增强，对社会不公问题反映越来越强烈。全面深化改革必须以促进社会公平正义、增进人民福祉为出发点和落脚点。这是坚持我们党全心全意为人民服务根本宗旨的必然要求。如果不能抓紧解决这个问题，不能给老百姓带来实实在在的利益，不能创造更加公平的社会环境，甚至导致更多不公平，改革就失去意义，也不可能持续。要把促进社会公平正义、增进人民福祉作为一面镜子，审视各方面体制机制和政策规定，哪里有不符合促进社会公平正义的问题，哪里就需要改革；哪个领域哪个环节问题突出，哪个领域哪个环节就是改革的重点。紧紧抓住经济建设这个中心，推动经济持续健康发展，进一步把"蛋糕"做大，为保障社会公平正义奠定更加坚实的物质基础。"蛋糕"不断做大的同时，还要把"蛋糕"分好。通过创新制度安排，创造更加公平正义的社会环境，保证人民平等参与、平等发展权利，实现好、维护好、发展好最广大人民根本利益。

坚持以人民为中心。人民是历史的创造者，是推动改革的力量源泉。没有人民的支持和参与，任何改革都不可能取得成功。推进任何一项重大改革，都要坚持"以百姓心为心"，都要站在人民立场上把握和处理好涉及改革的重大问题，都要从人民利益出发谋划改革思路、制定改革举措。要广泛听取群众意见和建议，及时总结群众创造的新鲜经验，充分调动群众推进改革的积极性、主动性、创造性，把最广大人民的智慧和力量凝聚到改革上来，同人民一道把改革推向前进。

（三）处理好全面深化改革的重大关系

习近平指出："改革开放是前无古人的崭新事业，必须坚持正确的方法论，在不断实践探索中推进。"②全面深化改革是一个涉及经济社会发展各领域的复杂系统工程，需要统筹谋划各个方面、各个层次、各个要素，注重推动各项改

---

① 《习近平谈治国理政》第二卷，外文出版社 2017 年版，第 102 页。
② 《习近平谈治国理政》第一卷，外文出版社 2018 年版，第 67 页。

革相互促进、良性互动、协同配合。

注重系统性、整体性、协同性是全面深化改革的内在要求，也是推进改革的重要方法。要厘清重大改革的逻辑关系，推动有条件的地方和领域实现改革举措系统集成，打好改革"组合拳"，压茬推进重要改革，做到前后呼应、衔接配套。坚持整体推进，讲求整体效果，防止畸重畸轻、单兵突进、顾此失彼。整体推进不是平均用力、齐头并进，而是要注重抓主要矛盾和矛盾的主要方面，注重抓重要领域和关键环节。改革要注意协同，既抓改革方案协同，也抓改革落实协同，更抓改革效果协同，促进各项改革举措在政策取向上相互配合、在实施过程中相互促进、在改革成效上相得益彰。

加强顶层设计和摸着石头过河相结合，是富有中国特色、符合中国国情的改革方法。"摸着石头过河"就是摸规律，对必须取得突破但一时还不那么有把握的改革，可以试点探索、投石问路，看得很准了再推开。随着改革不断推进，必须加强顶层设计和总体规划，提高改革决策科学性、增强改革措施协调性。"摸着石头过河"和加强顶层设计是辩证统一的，推进局部的阶段性改革要在加强顶层设计的前提下进行，加强顶层设计要在推进局部的阶段性改革的基础上来谋划。既要加强宏观思考和顶层设计，又要继续鼓励大胆试验、大胆突破，不断把改革引向深入。

全面深化改革胆子要大，但步子一定要稳。胆子要大，就是改革再难也要向前推进，敢于担当，敢于啃硬骨头，敢于涉险滩。步子要稳，就是方向一定要准，行驶一定要稳，尤其是不能犯颠覆性错误。搞改革不可能都是四平八稳、没有任何风险。只要经过充分论证和评估，是符合实际、必须做的，就要大胆地干。胆子大不是蛮干，必须坚持正确方向，稳妥审慎，三思而后行。对一些重大改革，不可能毕其功于一役，要稳扎稳打，做到蹄疾而步稳。

改革发展稳定是我国社会主义现代化建设的三个重要支点。改革是经济社会发展的强大动力，发展是解决一切经济社会问题的关键。我国发展走到今天，发展和改革高度融合，发展前进一步就需要改革前进一步，改革不断前进也能为发展提供强劲动力。稳定是改革发展的前提。只有社会稳定，改革发展才能不断推进；只有改革发展不断推进，社会稳定才能具有坚实基础。要坚持把改革的力度、发展的速度和社会可承受的程度统一起来，在保持社会稳定中推进改革发展，通过改革发展促进社会稳定。

凡属重大改革都要于法有据。改革和法治如鸟之两翼、车之两轮，相辅相成、相伴而生。要坚持改革决策和立法决策相统一、相衔接，做到改革和法治同步推进，增强改革的穿透力。充分运用法治思维和法治方式，积极发挥法治引导、推动、规范、保障改革的作用。加强对相关立法工作的协调，确保在法治轨道上推进改革。实践证明行之有效的，要及时上升为法律。实践条件还不成熟、需要先行先试的，要按照法定程序作出授权。对不适应改革要求的法律法规，要及时修改和废止。

（四）争当改革的促进派和实干家

"道虽迩，不行不至；事虽小，不为不成。"随着我国改革进入攻坚期和深水区，能否坚定信心、凝聚力量、攻坚克难，确保各项改革举措落地生根，直接决定着改革成败。习近平指出，"各地区各部门要牢固树立全局意识、责任意识，把抓改革作为一项重大政治责任，坚定改革决心和信心，增强推进改革的思想自觉和行动自觉，既当改革促进派、又当改革实干家"①。随着改革的推进，比认识更重要的是决心，比方法更重要的是担当。要把抓改革作为一项重大政治责任，坚定改革信心和决心，增强推进改革的思想自觉和行动自觉。要着力提高领导干部谋划、推动、落实改革的能力，引导领导干部树立与全面深化改革相适应的思想作风和担当精神。要以钉钉子精神抓好改革落实，扭住关键、精准发力，敢于啃硬骨头，盯着抓、反复抓，直到抓出成效。

拥护改革、支持改革、敢于担当的就是促进派，把改革抓在手上、落到实处、干出成效的就是实干家。各地区各部门的主要负责同志，对抓改革、抓落实负有直接责任，要亲自抓谋划、抓部署、抓督察、抓落实。对中央部署的改革任务，要高度重视、亲力亲为，中央有具体要求的，要一竿子插到底，不折不扣落实下去；中央提出原则要求的，要结合实际进行细化实化。对本地区本部门改革任务，既要抓紧推进、敢于突破，又要立足全局、通盘考虑。要注意配足力量，创新工作方法，把精力集中在打通"最后一公里"上。要着力强化敢于担当、攻坚克难的用人导向，把那些想改革、谋改革、善改革的干部用起来，激励党员干部勇挑重担、冲锋在前。

争当改革的促进派和实干家，离不开营造鼓励改革、支持改革的良好环

---

① 《习近平谈治国理政》第二卷，外文出版社2017年版，第105页。

境。要尊重和发挥地方、基层、群众首创精神，既鼓励创新、表扬先进，也允许试错、宽容失败。重视调查研究，坚持眼睛向下、脚步向下，了解基层群众所思、所想、所盼，使改革更接地气。注重加强改革宣传和舆论引导，加强改革政策举措的权威解读，及时研判分析、统筹平衡改革引起的利益关系调整，推动全社会形成想改革、敢改革、善改革的良好风尚。

2018 年 12 月 18 日，习近平在庆祝改革开放 40 周年大会上的讲话，深刻总结了改革开放 40 年来党和国家事业取得的伟大成就和宝贵经验，高度赞扬了中国人民为改革开放事业作出的杰出贡献，郑重宣示了改革开放只有进行时没有完成时、改革开放永远在路上、坚定不移将改革开放进行到底的信心和决心，明确提出了坚定不移全面深化改革、扩大对外开放、不断把新时代改革开放继续推向前进的目标要求。

习近平指出：“改革开放是我们党的一次伟大觉醒，正是这个伟大觉醒孕育了我们党从理论到实践的伟大创造。改革开放是中国人民和中华民族发展史上一次伟大革命，正是这个伟大革命推动了中国特色社会主义事业的伟大飞跃！”[1] 改革开放 40 年积累的宝贵经验是党和人民弥足珍贵的精神财富，对新时代坚持和发展中国特色社会主义有着极为重要的指导意义，必须倍加珍惜、长期坚持，在实践中不断丰富和发展。习近平总结了改革开放 40 年宝贵经验的 9 个“必须坚持”，即必须坚持党对一切工作的领导，不断加强和改善党的领导；必须坚持以人民为中心，不断实现人民对美好生活的向往；必须坚持马克思主义指导地位，不断推进实践基础上的理论创新；必须坚持走中国特色社会主义道路，不断坚持和发展中国特色社会主义；必须坚持完善和发展中国特色社会主义制度，不断发挥和增强我国制度优势；必须坚持以发展为第一要务，不断增强我国综合国力；必须坚持扩大开放，不断推动共建人类命运共同体；必须坚持全面从严治党，不断提高党的创造力、凝聚力、战斗力；必须坚持辩证唯物主义和历史唯物主义世界观和方法论，正确处理改革发展稳定关系。习近平提出了改革开放 40 年实践的九大“启示”，即中国共产党领导是中国特色社会主义最本质的特征，是中国特色社会主义制度的最大优势；为中国人民谋幸福，为中华民族谋复兴，是中国共产党人的初心和使命，也是改革开放的初心和使命；创新是改革开放的生命。实践发展永无止境，解放思想永无

---

[1] 习近平：《在庆祝改革开放 40 周年大会上的讲话》，人民出版社 2018 年版，第 4 页。

止境；方向决定前途，道路决定命运。我们要把命运掌握在自己手中，就要有志不改、道不变的坚定；制度是关系党和国家事业发展的根本性、全局性、稳定性、长期性问题；解放和发展社会生产力，增强社会主义国家的综合国力，是社会主义的本质要求和根本任务；开放带来进步，封闭必然落后。中国的发展离不开世界，世界的繁荣也需要中国；打铁必须自身硬。办好中国的事情，关键在党，关键在坚持党要管党、全面从严治党。

三、推进国家治理体系和治理能力现代化

党的十八届三中全会提出，全面深化改革总目标是完善和发展中国特色社会主义制度、推进国家治理体系和治理能力现代化。提出国家治理体系和治理能力现代化，是党的十八大以来重要的理论创新。全面深化改革往什么方向走，这是一个带有根本性的问题。回答好这一问题，要完整理解和把握全面深化改革总目标。

国家治理体系和治理能力是一个国家的制度和制度执行能力的集中体现。推进国家治理体系和治理能力现代化，是完善和发展中国特色社会主义制度的必然要求，是实现社会主义现代化的题中应有之义。到2035年基本实现国家治理体系和治理能力现代化，到本世纪中叶实现国家治理体系和治理能力现代化。这是我们党为不断提高运用中国特色社会主义制度有效治理国家的能力作出的重要战略安排，进一步明确了实现改革总目标的时间节点和方法路径。

国家治理体系是在党领导下管理国家的制度体系，是一整套紧密相连、相互协调的国家制度；国家治理能力则是运用国家制度管理社会各方面事务的能力。国家治理体系和治理能力是一个有机整体，相辅相成。有了好的国家治理体系才能提高治理能力，提高国家治理能力才能充分发挥国家治理体系的效能。推进国家治理体系和治理能力现代化，就是要使各方面制度更加科学、更加完善，实现党、国家、社会各项事务治理制度化、规范化、程序化，善于运用制度和法律治理国家，提高党科学执政、民主执政、依法执政水平。

国家治理问题是发展马克思主义亟待解决的重要问题。纵观社会主义从诞生到现在的历史过程，怎样治理社会主义社会这样的全新社会，在以往的世界社会主义实践中没有解决得很好。在领导中国革命的进程中，我们党就不断思

考未来建立什么样的国家治理体系的问题。新中国成立后，我们党继续探索这个问题，取得了重要成果。改革开放以来，我们党开始以全新的角度思考国家治理体系问题，强调领导制度、组织制度问题更带有根本性、全局性、稳定性和长期性。今天，摆在我们面前的一项重大历史任务，就是推动中国特色社会主义制度更加成熟更加定型，为党和国家事业发展、为人民幸福安康、为社会和谐稳定、为国家长治久安提供一整套更完备、更稳定、更管用的制度体系。这项工程极为宏大，零敲碎打调整不行，碎片化修补也不行，必须是全面的系统的改革和改进，是各领域改革和改进的联动和集成，在国家治理体系和治理能力现代化上形成总体效应、取得总体效果。

推进国家治理体系和治理能力现代化，必须解决好制度模式选择问题。治理体系和治理能力现代化往什么方向走，是一个带有根本性的问题。一个国家选择什么样的治理体系，是由这个国家的历史传承、文化传统、经济社会发展水平决定的，是由这个国家的人民决定的。我国今天的国家治理体系，是在我国历史传承、文化传统、经济社会发展的基础上长期发展、渐进改进、内生性演化的结果。正因为没有拄着别人的拐棍，坚持独立自主选择自己的道路，我们才能始终站稳脚跟，走出了一条不同于西方国家的成功发展道路，形成了一套不同于西方国家的成功制度体系。

推进国家治理体系和治理能力现代化，必须有主张、有定力。我们要借鉴人类政治文明的有益成果，但绝不照搬西方政治制度模式，绝不放弃我国社会主义政治制度的根本。推进国家治理体系和治理能力现代化，绝不是西方化、资本主义化。在人权、选举制度、法治等重大问题上，必须理直气壮，不能以西方政治制度模式为标准。没有坚定的制度自信就不可能有全面深化改革的勇气，同样，离开全面深化改革，制度自信也不可能彻底、不可能久远。全面深化改革，是要使中国特色社会主义制度更好；坚定制度自信，不是要故步自封，而是要不断革除体制机制弊端，让中国特色社会主义制度成熟而持久。

2019 年，党的十九届四中全会审议通过了《中共中央关于坚持和完善中国特色社会主义制度、推进国家治理体系和治理能力现代化若干重大问题的决定》。全会提出，中国特色社会主义制度是党和人民在长期实践探索中形成的科学制度体系，我国国家治理一切工作和活动都依照中国特色社会主义制度展开，我国国家治理体系和治理能力是中国特色社会主义制度及其执行能力的集中体现。我国国家制度和国家治理体系具有多方面的显著优势，主要是：坚持党的集中统一领导，坚持党的科学理论，保持政治稳定，确保国家始终沿着社会主义方向前进的显著优势；坚持人民当家作主，发展人民民主，密切联系群众，紧紧依靠人民推动国家发展的显著优势；坚持全面依法治国，建设社会主义法治国家，切实保障社会公平正义和人民权利的显著优势；坚持全国一盘棋，调动各方面积极性，集中力量办大事的显著优势；坚持各民族一律平等，铸牢中华民族共同体意识，实现共同团结奋斗、共同繁荣发展的显著优势；坚持公有制为主体、多种所有制经济共同发展和按劳分配为主体、多种分配方式并存，把社会主义制度和市场经济有机结合起来，不断解放和发展社会生产力的显著优势；坚持共同的理想信念、价值理念、道德观念，弘扬中华优秀传统文化、革命文化、社会主义先进文化，促进全体人民在思想上精神上紧紧团结在一起的显著优势；坚持以人民为中心的发展思想，不断保障和改善民生、增进人民福祉，走共同富裕道路的显著优势；坚持改革创新、与时俱进，善于自我完善、自我发展，使社会充满生机活力的显著优势；坚持德才兼备、选贤任能，聚天下英才而用之，培养造就更多更优秀人才的显著优势；坚持党指挥枪，确保人民军队绝对忠诚于党和人民，有力保障国家主权、安全、发展利益的显著优势；坚持"一国两制"，保持香港、澳门长期繁荣稳定，促进祖国和平统一的显著优势；坚持独立自主和对外开放相统一，积极参与全球治理，为构建人类命运共同体不断作出贡献的显著优势。这些显著优势，是我们坚定中国特色社会主义道路自信、理论自信、制度自信、文化自信的基本依据。

全会提出，坚持和完善中国特色社会主义制度、推进国家治理体系和治理能力现代化的总体目标是，到我们党成立一百年时，在各方面制度更加成熟更加定型上取得明显成效；到二〇三五年，各方面制度更加完善，基本实现国家治理体系和治理能力现代化；到新中国成立一百年时，全面实现国家治理体系和治理能力现代化，使中国特色社会主义制度更加巩固、优越性充分展现。

全会提出了制度建设的蓝图：

一是坚持和完善党的领导制度体系，提高党科学执政、民主执政、依法执政水平。必须坚持党政军民学、东西南北中，党是领导一切的，坚决维护党中央权威，健全总揽全局、协调各方的党的领导制度体系，把党的领导落实到国家治理各领域各方面各环节。要建立不忘初心、牢记使命的制度，完善坚定维护党中央权威和集中统一领导的各项制度，健全党的全面领导制度，健全为人民执政、靠人民执政各项制度，健全提高党的执政能力和领导水平制度，完善全面从严治党制度。

二是坚持和完善人民当家作主制度体系，发展社会主义民主政治。必须坚持人民主体地位，坚定不移走中国特色社会主义政治发展道路，确保人民依法通过各种途径和形式管理国家事务，管理经济文化事业，管理社会事务。要坚持和完善人民代表大会制度这一根本政治制度，坚持和完善中国共产党领导的多党合作和政治协商制度，巩固和发展最广泛的爱国统一战线，坚持和完善民族区域自治制度，健全充满活力的基层群众自治制度。

三是坚持和完善中国特色社会主义法治体系，提高党依法治国、依法执政能力。建设中国特色社会主义法治体系、建设社会主义法治国家是坚持和发展中国特色社会主义的内在要求。必须坚定不移走中国特色社会主义法治道路，全面推进依法治国，坚持依法治国、依法执政、依法行政共同推进，坚持法治国家、法治政府、法治社会一体建设。要健全保证宪法全面实施的体制机制，完善立法体制机制，健全社会公平正义法治保障制度，加强对法律实施的监督。

四是坚持和完善中国特色社会主义行政体制，构建职责明确、依法行政的政府治理体系。国家行政管理承担着按照党和国家决策部署推动经济社会发展、管理社会事务、服务人民群众的重大职责。必须坚持一切行政机关为人民服务、对人民负责、受人民监督，创新行政方式，提高行政效能，建设人民满意的服务型政府。要完善国家行政体制，优化政府职责体系，优化政府组织结构，健全充分发挥中央和地方两个积极性体制机制。

五是坚持和完善社会主义基本经济制度，推动经济高质量发展。公有制为主体、多种所有制经济共同发展，按劳分配为主体、多种分配方式并存，社会主义市场经济体制等社会主义基本经济制度，既体现了社会主义制度优越性，又同我国社会主义初级阶段社会生产力发展水平相适应，是党和人民的伟大创造。必须坚持社会主义基本经济制度，充分发挥市场在资源配置中的决定性作用，更好发挥政府作用，全面贯彻新发展理念，坚持以供给侧结构性改革为主线，加快建设现代化经济体系。要毫不动摇巩固和发展公有制经济，毫不动摇鼓励、支持、引导非公有制经济发展，坚持按劳分配为主体、多种分配方式并存，加快完善社会主义市场经济体制，完善科技创新体制机制，建设更高水平开放型经济新体制。

　　六是坚持和完善繁荣发展社会主义先进文化的制度，巩固全体人民团结奋斗的共同思想基础。发展社会主义先进文化、广泛凝聚人民精神力量，是国家治理体系和治理能力现代化的深厚支撑。必须坚定文化自信，牢牢把握社会主义先进文化前进方向，激发全民族文化创造活力，更好构筑中国精神、中国价值、中国力量。要坚持马克思主义在意识形态领域指导地位的根本制度，坚持以社会主义核心价值观引领文化建设制度，健全人民文化权益保障制度，完善坚持正确导向的舆论引导工作机制，建立健全把社会效益放在首位、社会效益和经济效益相统一的文化创作生产体制机制。

　　七是坚持和完善统筹城乡的民生保障制度，满足人民日益增长的美好生活需要。增进人民福祉、促进人的全面发展是我们党立党为公、执政为民的本质要求。必须健全幼有所育、学有所教、劳有所得、病有所医、老有所养、住有所居、弱有所扶等方面国家基本公共服务制度体系，注重加强普惠性、基础性、兜底性民生建设，保障群众基本生活。满足人民多层次多样化需求，使改革发展成果更多更公平惠及全体人民。要健全有利于更充分更高质量就业的促进机制，构建服务全民终身学习的教育体系，完善覆盖全民的社会保障体系，强化提高人民健康水平的制度保障。坚决打赢脱贫攻坚战，建立解决相对贫困的长效机制。

　　八是坚持和完善共建共治共享的社会治理制度，保持社会稳定、维护国家安全。社会治理是国家治理的重要方面。必须加强和创新社会治理，完善党委领导、政府负责、民主协商、社会协同、公众参与、法治保障、科技支撑的社会治理体系，建设人人有责、人人尽责、人人享有的社会治理共同体，确保人民安居乐业、社会安定有序，建设更高水平的平安中国。要完善正确处理新形势下人民内部矛盾有效机制，完善社会治安防控体系，健全公共安全体制机制，构建基层社会治理新格局，完善国家安全体系。

　　九是坚持和完善生态文明制度体系，促进人与自然和谐共生。生态文明建设是关系中华民族永续发展的千年大计。必须践行绿水青山就是金山银山的理念，坚持节约资源和保护环境的基本国策，坚持节约优先、保护优先、自然恢复为主的方针，坚定走生产发展、生活富裕、生态良好的文明发展道路，建设美丽中国。要实行最严格的生态环境保护制度，全面建立资源高效利用制度，健全生态保护和修复制度，严明生态环境保护责任制度。

　　十是坚持和完善党对人民军队的绝对领导制度，确保人民军队忠实履行新时代使命任务。党对人民军队的绝对领导是人民军队的建军之本、强军之魂。必须牢固确立习近平强军思想在国防和军队建设中的指导地位，巩固和拓展深化国防和军队改革成果，构建中国特色社会主义军事政策制度体系，全面推进国防和军队现代化，确保实现党在新时代的强军目标，把人民军队全面建成世界一流军队，永葆人民军队的性质、宗旨、本色。要坚持人民军队最高领导权和指挥权属于党中央，健全人民军队党的建设制度体系，把党对人民军队的绝对领导贯彻到军队建设各领域全过程。

十一是坚持和完善"一国两制"制度体系，推进祖国和平统一。"一国两制"是党领导人民实现祖国和平统一的一项重要制度，是中国特色社会主义的一个伟大创举。必须严格依照宪法和基本法对香港特别行政区、澳门特别行政区实行管治，维护香港、澳门长期繁荣稳定。建立健全特别行政区维护国家安全的法律制度和执行机制。要坚定推进祖国和平统一进程，完善促进两岸交流合作、深化两岸融合发展、保障台湾同胞福祉的制度安排和政策措施，团结广大台湾同胞共同反对"台独"、促进统一。

十二是坚持和完善独立自主的和平外交政策，推动构建人类命运共同体。必须统筹国内国际两个大局，高举和平、发展、合作、共赢旗帜，坚定不移维护国家主权、安全、发展利益，坚定不移维护世界和平、促进共同发展。要健全党对外事工作领导体制机制，完善全方位外交布局，推进合作共赢的开放体系建设，积极参与全球治理体系改革和建设。

十三是坚持和完善党和国家监督体系，强化对权力运行的制约和监督。党和国家监督体系是党在长期执政条件下实现自我净化、自我完善、自我革新、自我提高的重要制度保障。必须健全党统一领导、全面覆盖、权威高效的监督体系，增强监督严肃性、协同性、有效性，形成决策科学、执行坚决、监督有力的权力运行机制，构建一体推进不敢腐、不能腐、不想腐体制机制，确保党和人民赋予的权力始终用来为人民谋幸福。

坚持和完善中国特色社会主义制度、推进国家治理体系和治理能力现代化，是关系党和国家事业兴旺发达、国家长治久安、人民幸福安康的重大问题。党的十九届四中全会就这个重大问题进行研究部署，是从政治上、全局上、战略上全面考量，立足当前、着眼长远作出的重大决策。习近平指出，"这次全会通过的决定，全面回答了在我国国家制度和国家治理体系上应该坚持和巩固什么、完善和发展什么这个重大政治问题，是一篇马克思主义的纲领性文献，也是一篇马克思主义的政治宣言书"①。

第四节　全面依法治国

全面依法治国是坚持和发展中国特色社会主义的本质要求和重要保障，事关我们党执政兴国，事关人民幸福安康，事关党和国家事业发展。全面推进依法治国，是解决党和国家事业发展面临的一系列重大问题，解放和增强社会活力、促进社会公平正义、维护社会和谐稳定、确保党和国家长治久安的根本要求。

一、全面依法治国的形成发展

新中国成立初期，我们党在废除旧法统的同时，积极运用新民主主义革命时期根据地法制建设的成功经验，抓紧建设社会主义法治，初步奠定了社会主义法治的基础。后来，社会主义法治建设走过一段弯路，付出了沉重代价。进入改革开放历史新时期，我们党把依法治国确定为党领导人民治理国家的基本方略，把依法执政确定为党治国理政的基本方式，推动依法治国取得重大成就。1978 年 12 月，邓小平就提出了"有法可依、有法必依、执法必严、违法必究"的问题。后来我们将其确立和概括为法治建设的十六字方针。党的十五大提出，依法治国，建设社会主义法治国家。党的十六大提出，发展社会主义民主政治，最根本的是要把坚持党的领导、人民当家作主和依法治国有机统一起来。党的十七大提出，依法治国是社会主义民主政治的基本要求，强调要全面落实依法治国基本方略，加快建设社会主义法治国家。党的十八大强调，依法治国是党领导人民治理国家的基本方略，法治是治国理政的基本方式。同时

---

① 《习近平谈治国理政》第三卷，外文出版社 2020 年版，第 118—119 页。

确立了依法治国的新任务和目标，即到 2020 年全面建成小康社会时，实现"依法治国基本方略全面落实，法治政府基本建成，司法公信力不断提高，人权得到切实尊重和保障"①。

党的十八大以来我们不断深化对依法治国的认识。2013 年 2 月，习近平在中央政治局就全面推进依法治国进行第四次集体学习中指出，全面建成小康社会对依法治国提出了更高要求。我们要全面贯彻落实党的十八大精神，全面推进科学立法、严格执法、公正司法、全民守法，坚持依法治国、依法执政、依法行政共同推进，坚持法治国家、法治政府、法治社会一体建设，不断开创依法治国新局面。我国形成了以宪法为统帅的中国特色社会主义法律体系，我们国家和社会生活各方面总体上实现了有法可依，这是我们取得的重大成就。要加强宪法和法律实施，维护社会主义法制的统一、尊严、权威，形成人们不愿违法、不能违法、不敢违法的法治环境，做到有法必依、执法必严、违法必究。任何组织或者个人都必须在宪法和法律范围内活动，任何公民、社会组织和国家机关都要以宪法和法律为行为准则，依照宪法和法律行使权利或权力、履行义务或职责。我们党是执政党，坚持依法执政，对全面推进依法治国具有重大作用。要坚持党的领导、人民当家作主、依法治国有机统一，把党的领导贯彻到依法治国全过程。

2013 年 11 月，党的十八届三中全会提出："建设法治中国，必须坚持依法治国、依法执政、依法行政共同推进，坚持法治国家、法治政府、法治社会一体建设。深化司法体制改革，加快建设公正高效权威的社会主义司法制度，维护人民权益，让人民群众在每一个司法案件中都感受到公平正义。"②十八届三中全会把完善和发展中国特色社会主义制度，推进国家治理体系和治理能力现代化作为全面深化改革的总目标。法治是现代国家的重要标志，法治能力是最重要的国家治理能力。习近平指出："要更加注重治理能力建设，增强按制度办事、依法办事意识，善于运用制度和法律治理国家，把各方面制度优势转化为管理国家的效能，提高党科学执政、民主执政、依法执政水平。"③

2014 年 1 月，习近平在中央政法工作会议上指出，要正确处理党的政策

① 胡锦涛：《坚定不移沿着中国特色社会主义道路前进 为全面建成小康社会而奋斗——在中国共产党第十八次全国代表大会上的报告》，人民出版社 2012 年版，第 17 页。

② 《中共中央关于全面深化改革若干重大问题的决定》，人民出版社 2013 年版，第 38—39 页。

③ 《习近平谈治国理政》第一卷，外文出版社 2018 年版，第 92 页。

和国家法律的关系。我们党的政策和国家法律都是人民根本意志的反映，在本质上是一致的。党既领导人民制定宪法法律，也领导人民执行宪法法律，做到党领导立法、保证执法、带头守法。2014 年 9 月，习近平在庆祝全国人民代表大会成立 60 周年大会上的讲话中强调，坚持和完善人民代表大会制度，必须全面推进依法治国。发展人民民主必须坚持依法治国、维护宪法法律权威，使民主制度化、法律化、使这种制度和法律不因领导人的改变而改变，不因领导人的看法和注意力的改变而改变。

2014 年初，中央政治局决定党的十八届四中全会重点研究全面推进依法治国问题并作出决定。党中央成立了习近平任组长的文件起草组。1 月 27 日，党中央发出《关于对党的十八届四中全会研究全面推进依法治国问题征求意见的通知》。2 月 12 日，文件起草组召开第一次全体会议，文件起草工作正式启动。2 月 18 日至 25 日，文件起草组组成 8 个调研组分赴 14 个省区市进行调研。在文件起草的 8 个多月时间里，深入调查研究，广泛征求意见，开展专题论证，反复讨论修改。其间，中央政治局常委会召开 3 次会议、中央政治局召开 2 次会议分别审议全会决定。8 月初，决定征求意见稿下发党内一定范围征求意见，包括征求党内老同志意见，还专门听取了各民主党派中央、全国工商联负责人和无党派人士意见。

2014 年 10 月，党的十八届四中全会审议通过了《中共中央关于全面推进依法治国若干重大问题的决定》，这是全面依法治国的纲领性文献。《决定》指出，全面推进依法治国，总目标是建设中国特色社会主义法治体系，建设社会主义法治国家。这就是，在中国共产党领导下，坚持中国特色社会主义制度，贯彻中国特色社会主义法治理论，形成完备的法律规范体系、高效的法治实施体系、严密的法治监督体系、有力的法治保障体系，形成完善的党内法规体系，坚持依法治国、依法执政、依法行政共同推进，坚持法治国家、法治政府、法治社会一体建设，实现科学立法、严格执法、公正司法、全民守法，促进国家治理体系和治理能力现代化。《决定》对全面依法治国的各个方面做出了战略部署。

2014 年 12 月，习近平在江苏调研时提出"四个全面"战略布局，即协调推进全面建成小康社会、全面深化改革、全面推进依法治国、全面从严治党，把全面依法治国纳入"四个全面"战略布局。

2015 年 3 月，习近平在中央政治局就深化司法体制改革、保证司法公正进行第二十一次集体学习上指出，司法体制改革，建设公正高效权威的社会主义司法制度，是推进国家治理体系和治理能力现代化的重要举措。公正司法事关人民切身利益，事关社会公平正义，事关全面推进依法治国。要坚持司法体制改革的正确政治方向，坚持以提高司法公信力为根本尺度，坚持符合国情和遵循司法规律相结合，坚持问题导向、勇于攻坚克难，坚定信心，凝聚共识，锐意进取，破解难题，坚定不移深化司法体制改革，不断促进社会公平正义。

2016年12月9日，习近平在中央政治局就我国历史上的法治和德治进行第三十七次集体学习时指出，法律是准绳，任何时候都必须遵循；道德是基石，任何时候都不可忽视。在新的历史条件下，我们要把依法治国基本方略、依法执政基本方式落实好，把法治中国建设好，必须坚持依法治国和以德治国相结合，使法治和德治在国家治理中相互补充、相互促进、相得益彰，推进国家治理体系和治理能力现代化。

2017年5月4日，习近平在中国政法大学考察时指出，全面推进依法治国是一项长期而重大的历史任务，要坚持中国特色社会主义法治道路，坚持以马克思主义法学思想和中国特色社会主义法治理论为指导，立德树人，德法兼修，培养大批高素质法治人才。

党的十九大将"明确全面推进依法治国总目标是建设中国特色社会主义法治体系、建设社会主义法治国家"作为习近平新时代中国特色社会主义思想的主要内容之一，并将"坚持全面依法治国"作为新时代坚持和发展中国特色社会主义的基本方略之一。党的十九大报告指出，"全面依法治国是中国特色社会主义的本质要求和重要保障。必须把党的领导贯彻落实到依法治国全过程和各方面，坚定不移走中国特色社会主义法治道路，完善以宪法为核心的中国特色社会主义法律体系，建设中国特色社会主义法治体系，建设社会主义法治国家，发展中国特色社会主义法治理论，坚持依法治国、依法执政、依法行政共同推进，坚持法治国家、法治政府、法治社会一体建设，坚持依法治国和以德治国相结合，依法治国和依规治党有机统一，深化司法体制改革，提高全民族法治素养和道德素质"。①

---

① 习近平：《决胜全面建成小康社会　夺取新时代中国特色社会主义伟大胜利——在中国共产党第十九次全国代表大会上的报告》，人民出版社2017年版，第22—23页。

2020 年 5 月 28 日，十三届全国人大三次会议表决通过了《中华人民共和国民法典》，自 2021 年 1 月 1 日起施行。《中华人民共和国民法典》被称为"社会生活的百科全书"，是新中国第一部以法典命名的法律，在法律体系中居于基础性地位，也是市场经济的基本法。民法典共 7 编、1260 条，各编依次为总则、物权、合同、人格权、婚姻家庭、继承、侵权责任，以及附则。通篇贯穿以人民为中心的发展思想，着眼满足人民对美好生活的需要，对公民的人身权、财产权、人格权等作出明确翔实的规定，并规定侵权责任，明确权利受到削弱、减损、侵害时的请求权和救济权等，体现了对人民权利的充分保障，被誉为"新时代人民权利的宣言书"。

二、全面依法治国的基本要求

一是坚定不移走中国特色社会主义法治道路。

全面推进依法治国必须走对路。中国特色社会主义法治道路，是社会主义法治建设成就和经验的集中体现，是建设社会主义法治国家的唯一正确道路。习近平指出，我国法治建设的成就，可以列举出十几条、几十条，但归结起来就是开辟了中国特色社会主义法治道路这一条。在坚持和拓展中国特色社会主义法治道路这个根本问题上，要树立自信、保持定力。

中国特色社会主义法治道路的核心要义，就是要坚持党的领导，坚持中国特色社会主义制度，贯彻中国特色社会主义法治理论。党的领导是中国特色社会主义最本质的特征，是社会主义法治最根本的保证。坚持中国特色社会主义法治道路，最根本的是坚持党的领导。中国特色社会主义制度是中国特色社会主义法治体系的根本制度基础，是全面推进依法治国的根本制度保障。中国特色社会主义法治理论是中国特色社会主义法治体系的理论指导和学理支撑，是全面推进依法治国的行动指南。这三个方面规定和确保了中国特色社会主义法治体系的制度属性和前进方向。

人民是依法治国的主体和力量源泉。我国社会主义制度保证了人民当家作主的主体地位，也保证了人民在全面推进依法治国中的主体地位。要坚持人民主体地位，坚持法治为了人民、依靠人民、造福人民、保护人民。加强人权法治保障，保证人民依法享有广泛权利和自由。把体现人民利益、反映人民愿望、维护人民权益、增进人民福祉落实到依法治国全过程，使法律及其实施充分体现人民意志。

平等是社会主义法律的基本属性，是社会主义法治的基本要求。坚持法律面前人人平等，必须体现在立法、执法、司法、守法各个方面。任何组织和个人都必须尊重宪法法律权威，都必须在宪法法律范围内活动，都必须依照宪法法律行使权力或权利、履行职责或义务，都不得有超越宪法法律的特权。坚持依法治国和以德治国相结合，是中国特色社会主义法治道路的鲜明特点。法律是成文的道德，道德是内心的法律。法律和道德都具有规范社会行为、调节社会关系、维护社会秩序的作用，在国家治理中都有其地位和功能。法安天下，德润人心。法治和德治不可分离、不可偏废，必须一手抓法治、一手抓德治。要发挥法治对道德的保障作用，运用法治手段解决道德领域突出问题；强化道德对法治的支撑作用，把道德要求贯彻到法治建设中，实现法律和道德相辅相成、法治和德治相得益彰。

走什么样的法治道路、建设什么样的法治体系，是由一个国家的基本国情决定的。全面推进依法治国，必须从我国实际出发，同推进国家治理体系和治理能力现代化相适应，既不能罔顾国情、超越阶段，也不能因循守旧、墨守成规。坚持从实际出发，就是要突出中国特色、实践特色、时代特色。要学习借鉴世界上优秀的法治文明成果，但必须坚持以我为主、为我所用，认真鉴别、合理吸收，不能搞"全盘西化"，不能搞"全面移植"，不能照搬照抄。

二是建设中国特色社会主义法治体系。

中国特色社会主义法治体系，本质上是中国特色社会主义制度的法律表现形式，是国家治理体系的骨干工程。习近平指出："全面推进依法治国涉及很多方面，在实际工作中必须有一个总揽全局、牵引各方的总抓手，这个总抓手就是建设中国特色社会主义法治体系。"①

加快形成完备的法律规范体系。良法是善治的前提。"立善法于天下，则天下治；立善法于一国，则一国治。"要继续完善以宪法为统帅的中国特色社会主义法律体系，把国家各项事业和各项工作纳入法制轨道。坚持立法先行，加快完善法律、行政法规、地方性法规体系，完善社会规范体系，为全面依法治国提供基本遵循。推进科学立法、民主立法、依法立法，使每一项立法都符

---

① 《十八大以来重要文献选编》中册，中央文献出版社2016年版，第147页。

合宪法精神、反映人民意志、得到人民拥护。把公正、公平、公开原则贯穿立法全过程，完善立法体制机制，坚持立改废释并举，增强法律法规的及时性、系统性、针对性、有效性。

加快形成高效的法治实施体系。法律的生命力在于实施，法律的权威也在于实施。宪法是治国安邦的总章程，是全面依法治国的总依据。坚持依法治国首先要坚持依宪治国，坚持依法执政首先要坚持依宪执政。坚持依宪治国、依宪执政，就包括坚持宪法确定的中国共产党领导地位不动摇，坚持宪法确定的人民民主专政的国体和人民代表大会制度的政体不动摇。必须明确，我们坚持的依宪治国、依宪执政，与西方所谓的"宪政"本质上是不同的。有一些人打出"宪政"牌，目的是拿"西方宪政"框住我们，用所谓"宪政"否定中国共产党的领导。全面依法治国，要用科学有效、系统完备的制度体系保证宪法实施，维护宪法尊严，把实施宪法提高到新水平。加快建设执法、司法、守法等方面的体制机制，坚持依法行政和公正司法，做到有法必依、执法必严、违法必究，确保法律的全面有效实施。

加快形成严密的法治监督体系。纵观人类政治文明史，权力是一把双刃剑，在法治轨道上行使可以造福人民，在法律之外行使则必然祸害国家和人民。没有监督的权力必然导致腐败，这是一条铁律。要加强对权力运行的制约和监督，让人民监督权力，让权力在阳光下运行。加大监督力度，做到有权必有责、用权受监督、违法必追究。加强党内监督、人大监督、民主监督、行政监督、监察监督、司法监督、审计监督、社会监督、舆论监督制度建设，努力形成科学有效的权力运行制约和监督体系，增强监督合力和实效。

加快形成有力的法治保障体系。完善有力的法治保障对全面推进依法治国至关重要。如果没有一系列的保障条件，全面依法治国就难以实现。要切实加强和改进党对全面依法治国的领导，提高依法执政能力和水平，为全面依法治国提供有力的政治和组织保障。着力建设一支忠于党、忠于国家、忠于人民、忠于法律的社会主义法治工作队伍，为全面依法治国提供强有力的人才保障。改革和完善不符合法治规律、不利于依法治国的体制机制，为全面依法治国提供完备的制度保障。

加快形成完善的党内法规体系。党内法规既是管党治党的重要依据，也是建设社会主义法治国家的重要保障。依规治党深入党心，依法治国才能深入民心。要坚持依法治国和依规治党有机统一，完善党内法规制定体制机制，注重党内法规同国家法律的衔接和协调，构建以党章为根本、若干配套党内法规为支撑的党内法规制度体系，提高党内法规执行力。

三是维护社会公平正义、司法公正。

公平正义是我们党追求的一个非常崇高的价值，全心全意为人民服务的宗旨决定了我们必须追求公平正义，保护人民权益、伸张正义。全面依法治国，必须紧紧围绕保障和促进社会公平正义来进行。

法治不仅要求完备的法律体系、完善的执法机制、普遍的法律遵守，更要求公平正义得到维护和实现。"理国要道，在于公平正直。"老百姓讲"一碗水端平"，如果不端平、端不平，老百姓就会有意见，就会有怨气，久而久之社会和谐稳定就难以实现。必须把社会公平正义这一法治价值追求贯穿到立法、执法、司法、守法的全过程和各方面，努力让人民群众在每一项法律制度、每一个执法决定、每一宗司法案件中都感受到公平正义。

公正是司法的灵魂和生命。公正司法是维护社会公平正义的最后一道防线。所谓公正司法，就是受到侵害的权利一定会得到保护和救济，违法犯罪活动一定要受到制裁和惩罚。

司法公正对社会公正具有重要引领作用，司法不公对社会公正具有致命破坏作用。如果人民群众通过司法程序不能保证自己的合法权利，那司法就没有公信力，人民群众也不会相信司法。人民群众每一次求告无门、每一次经历冤假错案，损害的都不仅仅是他们的合法权益，更是法律的尊严和权威，是他们对社会公平正义的信心。要懂得"100-1=0"的道理，一个错案的负面影响足以摧毁九十九个公正裁判积累起来的良好形象。执法司法中万分之一的失误，对当事人就是百分之百的伤害。

推进公正司法，要坚持司法为民，维护人民权益。重点解决好损害群众权益的突出问题，决不允许对群众的报警求助置之不理，决不允许让普通群众打不起官司，决不允许滥用权力侵犯群众合法权益，决不允许执法犯法造成冤假错案。要构建开放、动态、透明、便民的阳光司法机制，以公开促公正、以透明保廉洁。增强主动公开、主动接受监督的意识，依法及时公开执法司法依据、程序、流程、结果和裁判文书，让暗箱操作没有空间，让司法腐败无法藏身，让公平正义的阳光照耀人民心田。

推进公正司法，必须深化司法体制改革。要按照权责统一、权力制约、公开公正、尊重程序的要求，从确保依法独立公正行使审判权检察权、健全司法权力运行机制、完善人权司法保障制度三个方面，着力破解体制性、机制性、保障性障碍，不断提高司法公信力。各级党组织和领导干部都要旗帜鲜明支持司法机关依法独立公正行使职权，绝不容许利用职权干预司法。司法人员要刚正不阿，勇于担当，敢于依法排除来自司法机关内部和外部的干扰，坚守公正司法的底线。

四是加强党对全面依法治国的领导。

全面推进依法治国这件大事能不能办好，最关键的是方向是不是正确、政治保证是不是坚强有力。这其中最重要的，就是要正确认识把握党和法的关系。习近平指出："党和法的关系是一个根本问题，处理得好，则法治兴、党兴、国家兴；处理得不好，则法治衰、党衰、国家衰。"①

社会主义法治必须坚持党的领导，党的领导必须依靠社会主义法治。在我国，法是党的主张和人民意愿的统一体现，党领导人民制定宪法法律，党领导人民实施宪法法律，党自身必须在宪法法律范围内活动，这就是党的领导力量的体现。党和法、党的领导和依法治国是高度统一的。只有在党的领导下依法治国、厉行法治，人民当家作主才能充分实现，国家和社会生活法治化才能有序推进。

全面推进依法治国，要有利于加强和改善党的领导，有利于巩固党的执政地位、完成党的执政使命，绝不是要虚化、弱化甚至动摇、否定党的领导。有一些人提出诸如"党大还是法大"这样的问题，这是一个政治陷阱，是一个伪命题。少数人之所以热衷于炒作这个命题，是醉翁之意不在酒，是想把党的领导和法治割裂开来、对立起来，最终达到否定、取消党的领导的目的。我们说不存在"党大还是法大"的问题，是把党作为一个执政整体而言的，是指党的执政地位和领导地位而言的，具体到每个党政组织、每个领导干部，就必须服从和遵守宪法法律，就不能以党自居，就不能把党的领导作为个人以言代法、以权压法、徇私枉法的挡箭牌。

对各级党政组织、各级领导干部来说，真正要解决的，是"权大还是法大"的问题，这是一个真命题。各级党政组织、各级领导干部手中的权力是党和人民赋予的，是上下左右有界受控的，不是可以为所欲为、随心所欲的。要把厉行法治作为治本之策，把权力运行的规矩立起来、讲起来、守起来，真正做到

---

① 《习近平关于全面依法治国论述摘编》，中央文献出版社 2015 年版，第 33 页。

谁把法律当儿戏，谁就必然要受到法律的惩罚。

坚持党的领导，不是一句空的口号，必须具体体现在党领导立法、保证执法、支持司法、带头守法上。要加强党对全面依法治国的集中统一领导，确保党的领导贯彻到依法治国全过程和各方面，不断提高党领导依法治国的能力和水平。

要把依法治国、依法执政、依法行政统一起来，把党总揽全局、协调各方同人大、政府、政协、监察机关、审判机关、检察机关依法依章程履行职能、开展工作统一起来，把党领导人民制定和实施宪法法律同党坚持在宪法法律范围内活动统一起来。要善于使党的主张通过法定程序成为国家意志，善于使党组织推荐的人选通过法定程序成为国家政权机关的领导人员，善于通过国家政权机关实施党对国家和社会的领导，善于运用民主集中制原则维护党和国家权威、维护全党全国团结统一。

全面依法治国必须抓住领导干部这个"关键少数"。我们党领导立法、保证执法、支持司法、带头守法，主要是通过各级领导干部的具体行动和工作来体现、来实现的，他们的信念、决心、行动，对全面推进依法治国具有十分重要的意义。

领导干部必须带头尊崇法治、敬畏法律，了解法律、掌握法律，遵纪守法、捍卫法治，厉行法治、依法办事，不断提高运用法治思维和法治方式深化改革、推动发展、化解矛盾、维护稳定的能力。要做尊法学法守法用法的模范，以实际行动带动全社会弘扬社会主义法治精神，建设社会主义法治文化，不断增强人民群众对法律的内心拥护和真诚信仰，使全体人民都成为社会主义法治的忠实崇尚者、自觉遵守者、坚定捍卫者。

第五节　全面从严治党

党的十八大以来，以习近平同志为核心的党中央在全面从严治党上，提出一系列重大的论断，中国特色社会主义最本质的特征是中国共产党领导，中国特色社会主义制度的最大优势是中国共产党领导，党是最高政治领导力量。党政军民学，东西南北中，党是领导一切的；开展了一系列重大的党建活动，从中央八项规定到群众路线教育实践活动，从"三严三实"专题教育到"两学一做"学习教育活动，深入进行反腐败斗争，实现了管党治党从宽松软到严紧硬的转变。习近平关于全面加强党的领导和党的建设的思想丰富了马克思主义建党学说，具有重大的现实意义和深远的历史意义。

一、全面从严治党的形成发展

全面从严治党的形成可以从两条线索阐述：一是实践上全面从严治党的举措，二是概念上全面从严治党的提出。

就实践而言，2012 年 11 月 15 日，刚刚担任总书记的习近平在十八届中央政治局常委同中外记者见面时指出："我们的党是全心全意为人民服务的政党。党领导人民已经取得举世瞩目的成就，我们完全有理由因此而自豪，但我们自豪而不自满，决不会躺在过去的功劳簿上。新形势下，我们党面临着许多严峻挑战，党内存在着许多亟待解决的问题。尤其是一些党员干部中发生的贪污腐败、脱离群众、形式主义、官僚主义等问题，必须下大气力解决。全党必须警醒起来。打铁还需自身硬，我们的责任，就是同全党同志一道，坚持党要管党、从严治党，切实解决自身存在的突出问题，切实改进工作作风，密切联系群众，使我们党始终成为中国特色社会主义事业的坚强领导核心。"①

2012 年 12 月 4 日，中央政治局做出了关于改进工作作风、密切联系群众的八项规定。这是全面从严治党具有标志性的开端。会议指出，领导干部特别是高级干部作风如何，对党风政风乃至整个社会风气具有重要影响。抓作风建设，首先要从中央政治局做起，要求别人做到的自己先要做到，要求别人不做的自己坚决不做，以良好党风带动政风民风，真正赢得群众信任和拥护。要下大决心改进作风，切实解决群众反映强烈的问题，始终保持同人民群众的血肉联系。"八项规定"的内容是：要改进调查研究，切忌走过场、搞形式主义；要轻车简从、减少陪同、简化接待。要精简会议活动，切实改进会风；提高会议实效，开短会、讲短话，力戒空话、套话。要精简文件简报，

① 《十八大以来重要文献选编》上册，中央文献出版社 2014 年版，第 70 页。

切实改进文风，没有实质内容、可发可不发的文件、简报一律不发。要规范出访活动，严格控制出访随行人员，严格按照规定乘坐交通工具。要改进警卫工作，减少交通管制，一般情况下不得封路、不清场闭馆。要改进新闻报道，中央政治局同志出席会议和活动应根据工作需要、新闻价值、社会效果决定是否报道，进一步压缩报道的数量、字数、时长。要严格文稿发表，除中央统一安排外，个人不公开出版著作、讲话单行本，不发贺信、贺电，不题词、题字。要厉行勤俭节约，严格执行住房、车辆配备等有关工作和生活待遇的规定。中央政治局制定这方面的规定，指导思想就是从严要求，体现从严治党。"八项规定"具有广泛影响，上行下效各级领导干部严格执行，被誉为管党治党的"铁八项"。

2013年全党开始群众路线教育实践活动。第一批于2013年6月18日启动，教育活动时间一年左右，活动紧紧围绕保持和发展党的先进性和纯洁性，以"为民、务实、清廉"为主题，按照"照镜子、正衣冠、洗洗澡、治治病"的总要求，自上而下在全党深入开展。教育活动指导思想是：全面贯彻党的十八大精神，高举中国特色社会主义伟大旗帜，坚持以马克思列宁主义、毛泽东思想、邓小平理论、"三个代表"重要思想、科学发展观为指导，紧紧围绕保持党的先进性和纯洁性，以为民务实清廉为主要内容，以县处级以上领导机关、领导班子和领导干部为重点，切实加强全体党员马克思主义的群众观点和党的群众路线教育。切入点是贯彻落实中央八项规定。教育活动重点对象是：县处级以上领导机关、领导班子和领导干部。第二批活动于2014年1月开始进行，于2014年10月结束。

2014年3月9日，习近平在十二届全国人大二次会议安徽代表团参加审议时，在关于推进作风建设的讲话中，提出了"三严三实"，即严以修身、严以用权、严以律己；谋事要实、创业要实、做人要实。2015年4月10日，中共中央办公厅印发《关于在县处级以上领导干部中开展"三严三实"专题教育方案》，对2015年在县处级以上领导干部中开展"三严三实"专题教育作出安排。

2016年2月，中共中央办公厅印发了《关于在全体党员中开展"学党章党规、学系列讲话，做合格党员"学习教育方案》，并发出通知，要求各地区各部门认真贯彻执行。开展"两学一做"学习教育，是面向全体党员深化党内教育的重要实践，是推动党内教育从"关键少数"向广大党员拓展、从集中性教育向经常性教育延伸的重要举措。

就概念而言，2014年10月，习近平在党的群众路线教育实践活动总结大会上强调："历史使命越光荣，奋斗目标越宏伟，执政环境越复杂，我们就越要增强忧患意识，越要从严治党，做到'为之于未有，治之于未乱'，使我们党永远立于不败之地。"①2014年12月，习近平在江苏调研时强调："协调推进全面建成小康社会、全面深化改革、全面依法治国、全面从严治党，推动改革开放和社会主义现代化建设迈上新台阶。"②在这里，习近平首次完整使用了"全面从严治党"一词，并且将之作为"四个全面"战略布局的重要组成部分。

2016年1月，习近平在十八届中央纪委第六次全体会议上阐释了"全面从严治党"的内涵，"全面从严治党，核心是加强党的领导，基础在全面，关键在严，要害在治。'全面'就是管全党、治全党，面向八千七百多万党员、四百三十多万个党组织，覆盖党的建设各个领域、各个方面、各个部门，重点是抓住'关键少数'。'严'就是真管真严、敢管敢严、长管常严。'治'就是从中央到省市县党委，从中央部委、国家机关部门党组（党委）到基层党支部，都要肩负起主体责任，党委书记要把抓好党建当作分内之事、必须担当的职责；各级纪委要担负起监督责任，敢于瞪眼黑脸，勇于执纪问责"③。

2016年10月，党的十八届六中全会以全面从严治党为主题，分析了全面从严治党的形势和任务。习近平指出："党和人民事业发展到什么阶段，全面从严治党就要跟进到什么阶段，坚持严字当头，把严的要求贯穿管党治党全过程，以自我革命的政治勇气着力解决党内存在的突出问题，做到管党有方、治党有力、建党有效。"④全会审议通过了《关于新形势下党内政治生活的若干准则》和《中国共产党党内监督条例》。全会总结了我们党开展党内政治生活的历史经验，分析了全面从严治党面临的形势和任务，认为办好中国的事情，关键在党，关键在党要管党、从严治党。党要管党必须从党内政治生活管起，从严治党必须从党内政治生活严起。新形势下加强和规范党内政治生活，必须以党章为根本遵循，坚持党的政治路线、思想路线、组织路线、群众路线，着力增强党内政治生活的政治性、时代性、原则性、战斗性，着力增强党自我净化、自我完善、自我革新、自我提高能力，着力提高党的领导水平和执政水平、增强拒腐

① 《十八大以来重要文献选编》中册，中央文献出版社2016年版，第92页。
② 《十八大以来重要文献选编》中册，中央文献出版社2016年版，第247页。
③ 《习近平关于全面从严治党论述摘编》，中央文献出版社2016年版，第11—12页。
④ 《习近平关于全面从严治党论述摘编》，中央文献出版社2016年版，第13页。

防变和抵御风险能力，着力维护党中央权威、保证党的团结统一、保持党的先进性和纯洁性，努力在全党形成又有集中又有民主、又有纪律又有自由、又有统一意志又有个人心情舒畅生动活泼的政治局面。全会提出，监督是权力正确运行的根本保证，是加强和规范党内政治生活的重要举措。必须加强对领导干部的监督，党内不允许有不受制约的权力，也不允许有不受监督的特殊党员。要完善权力运行制约和监督机制，形成有权必有责、用权必担责、滥权必追责的制度安排。党内监督没有禁区、没有例外。各级党组织应当把信任激励同严格监督结合起来，促使党的领导干部做到有权必有责、有责要担当，用权受监督、失责必追究。党内监督要贯彻民主集中制，依规依纪进行，强化自上而下的组织监督，改进自下而上的民主监督，发挥同级相互监督作用。

二、党的政治建设摆在首位

提出将政治建设摆在首位，是习近平关于党的建设的重大创新。党的十九大对此进行了集中论述。十九大报告中直接提到党的政治建设的就有四处：一是在"八个明确"的最后一个明确中提出，"突出政治建设在党的建设中的重要地位"；二是在"十四个坚持"的最后一条中提出，"必须以党章为根本遵循，把党的政治建设摆在首位"；三是在新时代党的建设总要求中提出，"以党的政治建设为统领"；四是党的建设部署的第一条就是"把党的政治建设摆在首位"，并做了展开论述。

关于党的建设，我们党的历史上长期沿用思想、组织、作风三大建设。改革开放以来，党的十六大提出"制度建设"，党的十七大提出"反腐倡廉建设"，至此党的建设形成五大建设的布局，即思想建设、组织建设、作风建设、反腐倡廉建设、制度建设。党的政治建设在以前党的文献中没有明确使用过，是十九大提出的新概念。十九大关于新时代党的建设总布局是"5+2"，即"全面推进党的政治建设、思想建设、组织建设、作风建设、纪律建设，把制度建设贯穿其中，深入推进反腐败斗争"。这是党的建设总布局的重大变化，增加了政治建设、纪律建设等。尤其是，把政治建设摆在第一位。十九大报告中对政治建设的其他关联词诸如"突出"、"统领"等，与"摆在首位"相通的。

提出党的政治建设并且摆到如此重要的地位，是解决实践问题的迫切要求。实践是理论之源，执政党的重大创新，不是冥思苦想出来的，而是干出来的，甚至是逼出来的。党的十八大以来在全面从严治党的实践中，我们对党的政治建设的认识明确了、深化了。一方面，我们深刻地认识到党内存在许多问题的根子指向政治建设。党内存在的很多问题，原因都是党的政治建设没有抓紧、没有抓实、没有抓好。习近平指出："干部在政治上出问题，对党的危害不亚于腐败问题，有的甚至比腐败问题更严重。"①另一方面，我们深刻认识到十八大以来全面从严治党成就的根本在政治建设。十八大以来党中央持之以恒推进全面从严治党，在强化党的领导、严肃党内政治生活、强化党内监督、加强党内教育、整顿作风和反腐败斗争等方面采取一系列重大举措。这些举措力度空前，取得了显著成效，清除了重大政治隐患，巩固了党中央的集中统一领导。

提出党的政治建设并且摆到如此重要的地位，是基于马克思主义政党的基本性质。政党是旨在执掌政权的政治组织，不是一般的社会组织，更不是俱乐部。政党是特定阶级利益的集中代表者，是有着共同政治纲领、政治路线和政治目标。政治属性无疑是政党第一属性，不讲政治的党就不成其党，意味着改弦更张。马克思主义政党更讲政治。众所周知，马克思主义政党旗帜鲜明，为无产阶级服务，为共产主义奋斗。《共产党宣言》就强调："共产党人不屑于隐瞒自己的观点和意图。"②中国共产党成立以来，讲政治一直贯穿于党的建设实践之中。毛泽东曾指出，革命的政治工作是革命军队的生命线，"政治工作是一切经济工作的生命线"③。邓小平强调："到什么时候都得讲政治。"④党的十八大以来，习近平反复强调，"讲政治，是我们党补钙壮骨、强身健体的根本保证，是我们党培养自我革命勇气、增强自我净化能力、提高排毒杀菌政治免疫力的根本途径"⑤。

将政治建设摆在首位体现在两个方面。一是在党的各项建设中，政治建设摆在首位。党的十九大提出，把党的政治建设摆在首位，统筹推进党的各项

---

① 《习近平关于全面从严治党论述摘编》，中央文献出版社 2016 年版，第 80 页。

② 《马克思恩格斯选集》第 1 卷，人民出版社 2012 年版，第 435 页。

③ 《毛泽东文集》第 6 卷，人民出版社 1999 年版，第 449 页。

④ 《邓小平文选》第 3 卷，人民出版社 1993 年版，第 166 页。

⑤ 习近平：《以解决突出问题为突破口和主抓手　推动党的十八届六中全会精神落到实处》，《人民日报》2017 年 2 月 14 日。

建；以党的政治建设为统领，全面推进党的各项建设。这都意味着，党的政治建设与其他各项建设是相互贯通的，同时又居于统领、核心、第一的地位。党的政治建设是"纲"，党的其他建设最终的着眼点和落脚点必须在政治建设上。二是在各项具体建设中，政治建设摆在首位。党的政治建设不是抽象的，政治建设与其他各项建设在内容上不是截然分开的，往往体现为一个问题的不同侧面。例如，理想信念从认识社会主义、共产主义的科学性上属于思想建设，但从献身社会主义、共产主义伟大事业上又属于政治建设。再如，民主集中制从组织选举、组织活动、组织关系上属于组织建设，但从坚持党中央权威和集中统一领导上属于政治建设。又如，密切党群关系是作风建设的核心，但从坚定党的政治立场上又属于政治建设。在抓党的各项建设时，都要突出其中的政治内容。

党的政治建设主要包括以下方面的要求。

一是保证全党服从中央，坚持党中央权威和集中统一领导，是党的政治建设的首要任务。党的十九大明确提出："中国特色社会主义最本质的特征是中国共产党领导，中国特色社会主义制度的最大优势是中国共产党领导，党是最高政治领导力量。"[1] 党政军民学，东西南北中，党是领导一切的。党章规定，党员个人服从党的组织，少数服从多数，下级组织服从上级组织，全党各个组织和全体党员服从党的全国代表大会和中央委员会。"四个服从"是相互联系的有机整体，核心是全党各个组织和全体党员服从党的全国代表大会和中央委员会，这是全党和全国人民的最高利益所在。习近平指出："每一个党的组织、每一名党员干部，无论处在哪个领域、哪个层级、哪个部门和单位，都要服从党中央集中统一领导，确保党中央令行禁止。"[2]

二是全党要坚定执行党的政治路线，严格遵守政治纪律和政治规矩，在政治立场、政治方向、政治原则、政治道路上同党中央保持高度一致。党的基本路线是党的生命线，是看齐的基线，必须以实际行动保证党的基本理论、基本路线、基本方略的贯彻落实。纪律严明是党的光荣传统和独特优势。严明党的纪律，首要的就是严明政治纪律。党的纪律是多方面的，政治纪律是

---

① 习近平：《决胜全面建成小康社会　夺取新时代中国特色社会主义伟大胜利——在中国共产党第十九次全国代表大会上的报告》，人民出版社 2017 年版，第 20 页。

② 习近平：《以解决突出问题为突破口和主抓手　推动党的十八届六中全会精神落到实处》，《人民日报》2017 年 2 月 14 日。

最重要、最根本、最关键的纪律，遵守党的政治纪律是遵守党的全部纪律的重要基础。全党必须牢固树立政治意识、大局意识、核心意识、看齐意识，坚定不移地向党的理论和路线方针政策看齐，向党中央的决策部署看齐。要坚决防止和纠正自行其是、各自为政，有令不行、有禁不止，上有政策、下有对策等行为。

三是要尊崇党章，严格执行新形势下党内政治生活若干准则，增强党内政治生活的政治性、时代性、原则性、战斗性，自觉抵制商品交换原则对党内生活的侵蚀，营造风清气正的良好政治生态。党的十八届六中全会总结我们党开展党内政治生活的历史经验，分析存在的突出问题，制定了《关于新形势下党内政治生活的若干准则》，这是仅次于党章的重要党内法规，为新形势下加强和规范党内政治生活提供了根本遵循。必须按照准则的总体要求和具体内容，逐一对照落实，着力增强党自我净化、自我完善、自我革新、自我提高能力，营造党内风清气正、海晏河清的良好政治生态。

四是完善和落实民主集中制的各项制度，坚持民主基础上的集中和集中指导下的民主相结合，既充分发扬民主，又善于集中统一。民主集中制是我们党的根本组织制度和领导制度，它正确规范了党内政治生活、处理党内关系的基本准则，是反映和体现全党同志和全国人民利益与愿望，保证党的路线方针政策正确制定和执行的科学的合理的有效率的制度。要完善和落实民主集中制的各项制度，特别是要坚持集体领导制度，坚持科学民主依法决策，凡属重大决策、重要干部任免、重大项目安排和大额度资金使用，都必须集体讨论，按少数服从多数作出决定。党委主要负责同志要带头发扬民主，善于集中集体智慧，严格按程序、规矩办事，不搞一言堂、个人说了算甚至家长制。要在健全民主集中制的具体措施、完善党内民主制度体系等方面作出深入探索。

五是弘扬忠诚老实、公道正派、实事求是、清正廉洁等价值观，坚决防止和反对个人主义、分散主义、自由主义、本位主义、好人主义，坚决防止和反对宗派主义、圈子文化、码头文化，坚决反对搞两面派、做两面人。这些实际上指向党内政治文化建设。加强共产党人价值观教育，使广大党员、干部明是非、辨真伪，养正气、祛邪气，管思想、固根本。党性是党员、干部立身、立业、立言、立德的基石，党性教育和党性锻炼是党的政治建设的经常性、基础性工作。党员干部要堂堂正正做人，勤勤恳恳干事，干干净净为官。全党同志特别是高级干部要加强党性锻炼，不断提高政治觉悟和政治能力，把对党忠诚、为党分忧、为党尽职、为民造福作为根本政治担当，永葆共产党人政治本色。

三、全面推进党的各项建设

一是党的思想建设。

思想建设是党的基础性建设。习近平反复强调："坚定理想信念，坚守共产党人精神追求，始终是共产党人安身立命的根本。"[①] 他形象地将理想信念比作精神的"钙"，指出"没有理想信念，理想信念不坚定，精神上就会'缺钙'，就会得'软骨病'"[②]，就可能导致政治上变质、经济上贪婪、道德上堕落、生活上腐化。思想是行为的先导，一些党员干部行为上出了问题往往都是思想上先出了问题，忽视了自身思想建设，淡化了理想信念。习近平指出，"现实生活中，一些党员出现这样那样的问题，说到底是信仰迷茫、精神迷失"[③]，"有了坚定的理想信念，站位就高了，眼界就宽了，心胸就开阔了，就能坚持正确政治方向，在胜利和顺境时不骄傲不急躁，在困难和逆境时不消沉不动摇，经受住各种风险和困难考验，自觉抵御各种腐朽思想的侵蚀，永葆共产党人政治本色"[④]。因此，全面从严治党，首先要坚定党员干部的理想信念。

2013年8月，习近平总书记在全国宣传思想工作会议上指出："在我们党员、干部队伍中，信仰缺失是一个需要引起高度重视的问题。在一些人那里，有的以批评和嘲讽马克思主义为'时尚'、为噱头；有的精神空虚，认为共产主义是虚无缥缈的幻想，'不问苍生问鬼神'，热衷于算命看相、求神拜佛，迷信'气功大师'；有的信念动摇，把配偶子女移民到国外、钱存在国外，给自己'留后路'，随时准备'跳船'；有的心为物役，信奉金钱至上，名利至上、享乐至上，心里没有任何敬畏，行为没有任何底线。"[⑤] 历史经验教训一再表

---

① 《习近平关于全面从严治党论述摘编》，中央文献出版社2016年版，第57页。
② 《习近平关于全面从严治党论述摘编》，中央文献出版社2016年版，第57页。
③ 《习近平关于全面从严治党论述摘编》，中央文献出版社2016年版，第57页。
④ 《习近平关于全面从严治党论述摘编》，中央文献出版社2016年版，第59页。
⑤ 《习近平关于全面从严治党论述摘编》，中央文献出版社2016年版，第61页。

明，理想信念动摇是最危险的动摇，理想信念滑坡是最危险的滑坡。

针对党员干部中存在着的信仰缺失的问题，习近平结合实践需要和时代发展要求，提出要几个方面加强党的思想建设。

第一，必须用科学的理论武装全党。崇高信仰、坚定信念不会自发产生，"要炼就'金刚不坏之身'，必须用科学理论武装头脑，不断培植我们的精神家园"①。用科学的理论武装全党，说到底就是要提高全党的马克思主义理论水平，就是要全党学习和掌握共产党执政规律、社会主义建设规律、人类社会发展规律，就是要全党树立道路自信、理论自信、制度自信、文化自信。只有在认识真理、掌握真理的基础上，才会信仰真理、坚守真理。习近平反复强调，只有理论上成熟、理论上清醒，才能坚定理想信念。2016 年 7 月，习近平在庆祝中国共产党成立 95 周年大会上指出："坚定的理想信念，必须建立在对马克思主义的深刻理解之上，建立在对历史规律的深刻把握之上。"②2016 年 10 月，习近平在纪念红军长征胜利 80 周年大会上再次强调："中国共产党人的理想信念，建立在马克思主义科学真理的基础之上，建立在马克思主义揭示的人类社会发展规律的基础之上，建立在为最广大人民谋利益的崇高价值的基础之上。"③

第二，必须加强理想信念教育。习近平反复强调，对马克思主义的信仰，对共产主义和社会主义的信念，对党和人民的忠诚，是我们共产党人的根本。我们干事业不能忘本忘祖。世界社会主义运动的曲折历史已经深刻地说明，马克思主义政党一旦放弃马克思主义信仰、社会主义和共产主义信念，就会土崩瓦解。因此，全体党员干部必须要立根固本，坚定对马克思主义信仰、对共产主义和社会主义的信念、对党和人民的忠诚。2016 年 2 月，习近平在江西调研考察时指出："每一名党员、干部特别是各级领导干部，都要把理想信念作为照亮前路的灯、把准航向的舵，转化为对奋斗目标的执着追求、对本职工作的不懈进取、对高尚情操的笃定坚持、对艰难险阻的勇于担当。"④

第三，加强思想教育这个根本。2014 年 10 月，习近平在党的群众路线教育实践活动总结大会上指出："对党员、干部来说，思想上的滑坡是最严重的

① 《习近平关于全面从严治党论述摘编》，中央文献出版社 2016 年版，第 61 页。
② 《习近平关于全面从严治党论述摘编》，中央文献出版社 2016 年版，第 70 页。
③ 《习近平关于全面从严治党论述摘编》，中央文献出版社 2016 年版，第 72 页。
④ 《习近平关于全面从严治党论述摘编》，中央文献出版社 2016 年版，第 68 页。

316 | 马克思主义发展史 第十卷

病变，'总开关'没拧紧，不能正确处理公私关系，缺乏正确的是非观、义利观、权力观、事业观，各种出轨越界、跑冒滴漏就在所难免了。"[①] 因而，必须抓好思想教育这个根本。加强思想教育和理论武装，是党内政治生活的首要任务，是保证全党步调一致的前提。加强党的思想教育必须结合落实制度规定来进行，要使加强制度治党的过程成为加强思想建党的过程，也要使加强思想建党的过程成为加强制度治党的过程。

总之，全面从严治党，加强党的思想建设，要"坚持不懈强化理论武装，毫不放松加强党性教育，持之以恒加强道德教育，教育引导广大党员、干部筑牢信仰之基、补足精神之钙、把稳思想之舵，坚守真理、坚守正道、坚守原则、坚守规矩，明大德、严公德、守私德，重品行、正操守、养心性，做到以信念、人格、实干立身"[②]。

二是党的组织建设。

正确的政治路线要靠正确的组织路线来保证。组织路线对坚持党的领导、加强党的建设、做好党的组织工作具有十分重要的意义。全面贯彻习近平新时代中国特色社会主义思想，以组织体系建设为重点，着力培养忠诚干净担当的高素质干部，着力集聚爱国奉献的各方面优秀人才，坚持德才兼备、以德为先、任人唯贤，为坚持和加强党的全面领导、坚持和发展中国特色社会主义提供坚强组织保证。

党的力量来自组织。党的全面领导、党的全部工作要靠党的坚强组织体系去实现。我们党是按照马克思主义建党原则建立起来的，形成了包括党的中央组织、地方组织、基层组织在内的严密组织体系。这是世界上任何其他政党都不具有的强大优势。基层党组织是党执政大厦的地基，地基固则大厦坚，地基松则大厦倾。针对一些基层党组织弱化、虚化、边缘化问题，要切实在打基础、补短板上下功夫。以提升组织力为重点，突出政治功能，把基层党组织建设成为宣传党的主张、贯彻党的决定、领导基层治理、团结动员群众、推动改革发展的坚强战斗堡垒。

建设高素质干部队伍是关键。要建立素质培养体系、知事识人体系、选拔任用体系、从严管理体系、正向激励体系，做好干部培育、选拔、管理、使用

①《习近平关于全面从严治党论述摘编》，中央文献出版社2016年版，第63页。
②《习近平关于全面从严治党论述摘编》，中央文献出版社2016年版，第73页。

工作。坚持党管干部原则，坚持德才兼备、以德为先，坚持五湖四海、任人唯贤，坚持事业为上、公道正派，把"信念坚定、为民服务、勤政务实、敢于担当、清正廉洁"的好干部标准落到实处。坚持正确选人用人导向，匡正选人用人风气，突出政治标准，培养造就一支具有铁一般信仰、铁一般信念、铁一般纪律、铁一般担当的干部队伍。把严管和厚爱、激励和约束结合起来，为那些敢于负责、善于作为、实绩突出的干部撑腰鼓劲，坚决纠正"劣币驱逐良币"的逆淘汰现象。关心爱护基层干部。注重在基层一线和困难艰苦的地方培养锻炼年轻干部。

人才是实现民族振兴、赢得国际竞争主动的战略资源。要坚持党管人才原则，聚天下英才而用之，加快建设人才强国，努力建设一支矢志爱国奉献、勇于创新创造的优秀人才队伍。实行更加积极、更加开放、更加有效的人才政策，以识才的慧眼、爱才的诚意、用才的胆识、容才的雅量、聚才的良方，把党内和党外、国内和国外各方面优秀人才集聚到党和人民的伟大奋斗中来。深化人才发展体制机制改革，完善人才培养机制、改进人才评价机制、创新人才流动机制、健全人才激励机制，最大限度把广大人才的报国情怀、奋斗精神、创造活力激发出来。

群团事业是党的事业的重要组成部分。必须从巩固党执政的阶级基础和群众基础的政治高度，加强对群团工作的领导，坚定不移走中国特色社会主义群团发展道路。要切实保持和增强党的群团工作的政治性，把群团组织所联系的群众最广泛最紧密地团结在党的周围。切实保持和增强群团组织的先进性，组织动员广大人民群众走在时代前列，真正成为党执政的坚实依靠力量、强大支持力量、深厚社会基础。切实保持和增强群团组织的群众性，努力为群众排忧解难，成为群众信得过、靠得住、离不开的知心人、贴心人。

三是党的作风建设。

党的作风就是党的形象，关系人心向背，关系党的生死存亡。习近平指出："我们党作为马克思主义执政党，不但要有强大的真理力量，而且要有强大的人格力量。真理力量集中体现为我们党的正确理论，人格力量集中体现为我们党的优良作风。"①我们党要在中国长期执政，对作风问题任何时候都不能掉以轻心。习近平强调："工作作风上的问题绝对不是小事，如果不坚决纠正

---

① 《习近平关于全面从严治党论述摘编》，中央文献出版社 2016 年版，第 157 页。

不良风气，任其发展下去，就会像一座无形的墙把我们党和人民群众隔开，我们党就会失去根基、失去血脉、失去力量。改进工作作风，就是要净化政治生态，营造廉洁从政的良好环境。"①

在革命、建设、改革长期实践中，我们党始终要求全党同志坚持光荣传统、发扬优良作风，为党和人民事业不断前进提供了重要保障。党的十八大以来，以习近平同志为核心的党中央以踏石留印、抓铁有痕的劲头狠抓作风建设，出台了"中央八项规定"，2013年到2014年全党开展了以为民务实清廉为主要内容的党的群众路线教育实践活动，2015年在县处级以上领导干部中开展以"严以修身、严以用权、严以律己，谋事要实、创业要实、做人要实"为主要内容的"三严三实"专题教育活动，2016年又在全体党员中开展"学党章党规、学系列讲话，做合格党员"学习教育活动，进一步解决党员队伍在政治、思想、组织、作风、纪律等方面存在的问题，推动党风政风为之一新，党心民心为之大振。

作风问题核心是党同人民群众的关系问题。我们党来自人民、植根人民、服务人民，一旦脱离群众，就会失去生命力。加强作风建设，必须紧紧围绕保持党同人民群众的血肉联系，增强群众观念和群众感情，不断厚植党执政的群众基础。

要始终坚持走群众路线，坚决反对形式主义、官僚主义、享乐主义和奢靡之风。特别要看到，形式主义、官僚主义是目前党内存在的突出矛盾和问题，是阻碍党的路线方针政策和党中央重大决策部署贯彻落实的大敌。形式主义背后是功利主义、实用主义作祟，政绩观错位、责任心缺失。官僚主义背后是官本位思想，严重脱离实际、脱离群众。要把力戒形式主义、官僚主义摆在突出位置来抓，教育引导党员干部牢记党的宗旨，坚持实事求是的思想路线，树立正确政绩观，真抓实干，转变作风。

作风建设永远没有休止符。作风问题具有顽固性和反复性，形成优良作风不可能一劳永逸，克服不良作风也不可能一蹴而就。作风建设是攻坚战、持久战，既要以滚石上山、爬坡过坎的勇气，深化整治、见底见效，又要坚持抓常、抓细、抓长，锲而不舍、持之以恒。

四是党的纪律建设。

---

① 《习近平关于全面从严治党论述摘编》，中央文献出版社2016年版，第148页。

加强纪律建设是全面从严治党的治本之策。我们有 9000 多万党员，在一个幅员辽阔、人口众多的发展中大国执政，如果不严明党的纪律，党的凝聚力和战斗力就会大大削弱，党的领导能力和执政能力就会大大削弱。党要管党、从严治党，靠什么管，凭什么治？就要靠严明纪律和规矩。习近平强调，党面临的形势越复杂、肩负的任务越艰巨，就越要把纪律建设摆在更加突出位置，坚持纪严于法、纪在法前，把纪律和规矩挺在前面。

党的纪律和规矩是党的各级组织、全体党员必须遵守的行为准则。纪律是成文的规矩，一些未明文列入纪律的规矩是不成文的纪律；纪律是刚性的规矩，一些未明文列入纪律的规矩是自我约束的纪律。党的规矩总的包括：其一，党章是全党必须遵循的总章程，也是总规矩。其二，党的纪律是刚性约束，政治纪律更是全党在政治方向、政治立场、政治言论、政治行动方面必须遵守的刚性约束。其三，国家法律是党员、干部必须遵守的规矩，法律是党领导人民制定的，全党必须模范执行。其四，党在长期实践中形成的优良传统和工作惯例。习近平特别强调坚持和贯彻党在长期实践中形成的优良传统和工作惯例的重要性。

严明党的纪律，首先要严格遵守党章。党章是党的根本大法。认真学习党章、严格遵守党章，是全体党员应尽义务和庄严责任。每一个共产党员都要牢固树立党章意识，自觉用党章规范自己的一言一行，在任何情况下都要做到政治信仰不变、政治立场不移、政治方向不偏。党员领导干部要把学习党章作为必修课，自觉学习党章、遵守党章、贯彻党章、维护党章，真正使党章内化于心、外化于行。

政治纪律是我们党最根本、最重要的纪律，是净化政治生态的重要保证。要把坚决做到"两个维护"作为首要政治纪律，决不允许在重大政治原则问题上、大是大非问题上同党中央唱反调，搞自由主义。坚持"五个必须"，必须维护党中央权威，决不允许背离党中央要求另搞一套；必须维护党的团结，决不允许在党内培植个人势力；必须遵循组织程序，决不允许擅作主张、我行我素；必须服从组织决定，决不允许搞非组织活动；必须管好领导干部亲属和身边工作人员，决不允许他们擅权干政、谋取私利。严肃查处"七个有之"问题，坚决防止党内形成利益集团攫取政治权力、改变党的性质，坚决防止山头主义和宗派主义危害党的团结、破坏党的集中统一。

制定纪律是要执行的，必须使纪律真正成为带电的高压线。习近平指出：

"遵守党的纪律是无条件的，要说到做到，有纪必执，有违必查，而不能合意的就执行，不合意的就不执行，不能把纪律作为一个软约束或是束之高阁的一纸空文。"① 对违规违纪、破坏法规制度踩"红线"、越"底线"、闯"雷区"的，要坚决严肃查处，不以权势大而破规，不以问题小而姑息，不以违者众而放任，不留"暗门"、不开"天窗"，坚决防止"破窗效应"。

惩前毖后、治病救人是我们党的一贯方针，也是党加强自身建设的历史经验。要把维护党的纪律严肃性和信任爱护干部统一起来，体现严管就是厚爱、治病为了救人。充分运用监督执纪"四种形态"，抓早抓小、防微杜渐。加强纪律教育，强化纪律执行，让党员干部知敬畏、存戒惧、守底线，习惯在受监督和约束的环境中工作生活。

五是党的制度建设。

制度事关根本，关乎长远。制度问题更带有根本性、全局性、稳定性、长期性。党要管党、从严治党，必须有坚强的制度作保证。习近平强调，推进全面从严治党，既要解决思想问题，也要解决制度问题。坚持思想建党和制度治党同向发力，推动党的制度优势更好转化为治国理政的实际效能。

把权力关进制度的笼子里。公权力姓公，也必须为公。只要公权力存在，就必须受到制约，否则就会被滥用。要合理确定权力归属，划清权力边界，厘清权力清单，扎细扎密扎牢制度的笼子。习近平指出，"要认真总结党的建设实践经验，及时把比较成熟、普遍适用的经验提炼上升为制度，同时要加强党内法规制度建设理论研究和宏观设计，形成定期评估、清理、修订机制，该填充的填充，该链接的链接，该替换的替换，使党内各项法规制度便利管用，在全面从严治党中发挥更大作用"②。"要完善党内法规制定体制机制，注重党内法规同国家法律的衔接和协调，构建以党章为根本、若干配套党内法规为支撑的党内法规制度体系，提高党内法规执行力。党章等党规对党员的要求比法律要求更高，党员不仅要严格遵守法律法规，而且要严格遵守党章等党规，对自己提出更高要求。"③ 以党章为根本遵循，本着于法周延、于事有效的原则，制定新的法规制度，完善已有的法规制度，废止不适应的法规制度，加快形成覆

---

① 《习近平关于全面从严治党论述摘编》，中央文献出版社 2016 年版，第 98—99 页。

② 《习近平关于全面从严治党论述摘编》，中央文献出版社 2016 年版，第 107 页。

③ 《习近平关于全面从严治党论述摘编》，中央文献出版社 2016 年版，第 105 页。

盖党的领导和党的建设各方面的党内法规制度体系。制度建设重在管用、有效，牛栏关猫是不行的。习近平指出："把权力关进制度的笼子里，首先要建好笼子。笼子太松了，或者笼子很好但门没关住，进出自由，那是起不了什么作用的。"①

健全党和国家监督体系。自我监督是世界性难题，是国家治理的哥德巴赫猜想。全面从严治党的实践证明，我们党自我净化的机制是有效的，完全有能力解决自身存在的问题。要坚持党内监督没有禁区、没有例外，强化自上而下的组织监督，改进自下而上的民主监督，发挥同级相互监督作用，让日常管理监督与党员领导干部如影随形、不留空当。深化政治巡视，建立巡视巡察上下联动的监督网，继续健全派驻机构领导体制和工作机制，加强国家监察，形成纪律监督、监察监督、派驻监督、巡视监督"四个全覆盖"的权力监督格局。

六是反腐倡廉建设。

腐败是社会毒瘤，是我们党面临的最大威胁。人民群众最痛恨腐败现象。如果任凭腐败问题愈演愈烈，最终必然亡党亡国。习近平指出："不得罪成百上千的腐败分子，就要得罪十三亿人民。这是一笔再明白不过的政治账、人心向背的账！"②

党的十八大以来，我们党以猛药去疴、重典治乱的决心，以刮骨疗毒、壮士断腕的勇气，坚定不移"打虎"、"拍蝇"、"猎狐"，不敢腐的目标初步实现，不能腐的笼子越扎越牢，不想腐的堤坝正在构筑，反腐败斗争已经取得压倒性胜利。但是，对反腐败斗争形势的严峻性和复杂性一点也不能低估。我们党全面领导、长期执政，党员干部时刻面临被"围猎"、被腐蚀的风险，腐败存量不少、增量仍在发生。现实一再表明，反腐败斗争不能退，也无处可退，必须坚定不移向纵深推进。反腐败斗争要持续保持高压态势，巩固发展压倒性胜利。

加强党的反腐倡廉建设，必须要坚持标本兼治、综合治理、惩防并举、注重预防的指导方针，从源头上消灭腐败问题滋生的土壤，关键在于以改革创新的精神加强反腐败体制机制创新和制度保障。2013 年 1 月，习近平在十八届中央纪委第二次全会上提出："要继续全面推进惩治和预防腐败体系建设。要

① 《习近平关于全面从严治党论述摘编》，中央文献出版社 2016 年版，第 200 页。
② 《习近平关于全面从严治党论述摘编》，中央文献出版社 2016 年版，第 186 页。

加强反腐倡廉教育和廉政文化建设，督促领导干部坚定理想信念，保持共产党人的高尚品格和廉洁操守，提高拒腐防变能力，在全社会培育清正廉洁的价值理念，使清风正气得到弘扬。要健全权力运行制约和监督体系，让人民监督权力，让权力在阳光下运行，确保国家机关按照法定权限和程序行使权力。要善于用法治思维和法治方式反对腐败，加强反腐败国家立法，加强反腐倡廉党内法规制度建设，让法律制度刚性运行。扬汤止沸，不如釜底抽薪。要从源头上有效防治腐败，加强对典型案例的剖析，从中找出规律性的东西，深化腐败问题多发领域和环节的改革，最大限度减少体制障碍和制度漏洞。要加强对权力运行的制约和监督，把权力关进制度的笼子里，形成不敢腐的惩戒机制、不能腐的防范机制、不易腐的保障机制。"①

深化标本兼治，要着力构建不敢腐、不能腐、不想腐的体制机制。不敢腐，侧重于惩治和威慑，让意欲腐败者在带电的高压线面前不敢越雷池半步；不能腐，侧重于制约和监督，让胆敢腐败者在严格监督中无机可乘；不想腐，侧重于教育和引导，着眼于产生问题的深层原因，让人从思想源头上消除贪腐之念。不敢腐、不能腐、不想腐是一个有机整体，要打通三者内在联系，一体推进不敢腐、不能腐、不想腐，通过不懈努力换来海晏河清、朗朗乾坤。

---

① 《十八大以来重要文献选编》上册，中央文献出版社 2014 年版，第 135—136 页。

第六章 统筹推进"五位一体"总体布局

关于中国特色社会主义事业的总体布局，改革开放以来中国共产党人进行了不懈的探索。1982 年党的十二大阐述了物质文明与精神文明的重要意义，"我们在建设高度物质文明的同时，一定要努力建设高度的社会主义精神文明。这是建设社会主义的一个战略方针问题"①。形成了"两个文明"的布局。1987 年党的十三大提出建设富强、民主、文明的社会主义现代化国家，形成了"三位一体"的布局。党的十五大上提出建设有中国特色的社会主义的基本纲领，包含着政治建设、经济建设和文化建设的三个方面，"三位一体"的总体布局更加鲜明。进入新世纪新阶段，2004 年党的十六届四中全会提出构建社会主义和谐社会，"中国特色社会主义事业的总体布局更加明确地由社会主义经济建设、政治建设、文化建设三位一体发展为社会主义经济建设、政治建设、文化建设、社会建设四位一体"②。党的十八大第一次将生态文明建设与经济、政治、文化、社会建设相并列，明确了"五位一体"总体布局。从"两个文明"到"五位一体"反映了中国特色社会主义建设实践的日益丰富，反映了我们党对中国特色社会主义事业认识的不断深化。

党的十八大以来，以习近平同志为核心的党中央提出了以人民为中心的新发展理念，统筹推进经济建设、政治建设、文化建设、社会建设和生态文明建设，进一步形成和完善了中国特色社会主义事业的总体布局。

---

① 《十二大以来重要文献选编》上册，人民出版社 1986 年版，第 356 页。
② 《胡锦涛文选》第 2 卷，人民出版社 2016 年版，第 274 页。

第一节　以新发展理念引领经济高质量发展

党的十八大之后，以习近平同志为核心的党中央提出了新发展理念、经济发展新常态、供给侧结构性改革、实现高质量发展、构建新发展格局等新的重大论断，形成了习近平经济思想，具有重大的理论和实践意义。

一、新发展理念的提出和内涵

发展理念是发展行动的先导，是发展思路、发展方向、发展着力点的集中体现。发展理念是否对头，从根本上决定着发展成效乃至成败。

（一）新发展理念形成

党的十八大以来，我们党对经济形势进行科学判断，对发展理念和思路作出及时调整，引导我国经济发展取得了历史性成就、发生了历史性变革。2021年1月11日在省部级主要领导干部学习贯彻党的十九届五中全会精神专题研讨班上的讲话中，习近平总结了新发展理念形成发展的主要方面[①]：

一是坚持以人民为中心的发展思想。2012年11月15日，在十八届中央政治局常委同中外记者见面时，强调人民对美好生活的向往就是我们的奋斗目标，强调要坚定不移走共同富裕的道路。2015年10月党的十八届五中全会，明确提出了坚持以人民为中心的发展思想。2020年10月党的十九届五中全会，进一步强调要努力促进全体人民共同富裕取得更为明显的实质性进展。

二是不再简单以国内生产总值增长率论英雄。2012年12月中央经济工作会议，强调不能不顾客观条件、违背规律盲目追求高速度。2013年4月25日

[①]　习近平：《把握新发展阶段，贯彻新发展理念，构建新发展格局》，《求是》2021年第9期。

中央政治局常委会会议，强调不要把国家确定的调控目标作为各地经济增长的底线，更不要相互攀比甚至层层加码，要立足提高质量和效益来推动经济持续健康发展，追求实实在在、没有水分的生产总值，追求有效益、有质量、可持续的经济发展。

三是我国经济处于"三期叠加"时期。2013 年 7 月 25 日中央政治局常委会会议，强调我国经济正处于增长速度换挡期、结构调整阵痛期、前期刺激政策消化期叠加的阶段，加上世界经济也在深度调整，发展环境十分复杂，要准确认识我国经济发展阶段性特征，实事求是进行改革调整。

四是经济发展进入新常态。2013 年 12 月 10 日中央经济工作会议，提出"新常态"。2014 年 12 月 9 日中央经济工作会议，从 9 个方面的趋势性变化分析了我国经济发展进入新常态的原因，强调认识新常态、适应新常态、引领新常态是当前和今后一个时期我国经济发展的大逻辑。

五是使市场在资源配置中起决定性作用、更好发挥政府作用。2013 年 11 月党的十八届三中全会，强调市场配置资源是最有效率的形式，市场决定资源配置是市场经济的一般规律，强调要使市场在资源配置中起决定性作用，对市场作用作了全新定位。

六是绿水青山就是金山银山。2013 年 9 月 7 日，习近平在纳扎尔巴耶夫大学发表演讲时，明确提出这个观点，强调建设生态文明、建设美丽中国是我们的一项战略任务，要给子孙后代留下天蓝、地绿、水净的美好家园。2014年 3 月 7 日，习近平在参加十二届全国人大二次会议贵州代表团审议时，进一步强调了这个观点。

七是坚持新发展理念。2015 年 10 月党的十八届五中全会，提出了创新、协调、绿色、开放、共享的发展理念，强调创新发展注重的是解决发展动力问题，协调发展注重的是解决发展不平衡问题，绿色发展注重的是解决人与自然和谐问题，开放发展注重的是解决发展内外联动问题，共享发展注重的是解决社会公平正义问题，强调坚持新发展理念是关系我国发展全局的一场深刻变革。

八是推进供给侧结构性改革。2015 年 11 月 10 日中央财经领导小组会议，提出要着力加强供给侧结构性改革。2015 年 12 月 18 日中央经济工作会议，强调供给侧结构性改革的关键是抓好"去产能、去库存、去杠杆、降成本、补短板"。2018 年 12 月 19 日中央经济工作会议，提出了"巩固、增强、提升、畅通"的8字新要求，强调这八字方针是当前和今后一个时期深化供给侧结构性改革、推动经济高质量发展管总的要求。

九是发展不平衡不充分。2017年党的十九大，强调我国社会主要矛盾已经转化为人民日益增长的美好生活需要和不平衡不充分的发展之间的矛盾，强调这是关系全局的历史性变化。

十是推动高质量发展。2017年党的十九大，强调基于我国社会主要矛盾已经转化为人民日益增长的美好生活需要和不平衡不充分的发展之间的矛盾这一事实，以及新发展理念的要求，我国经济已由高速增长阶段转向高质量发展阶段。

十一是建设现代化经济体系。2017年党的十九大，强调建设现代化经济体系是跨越关口的迫切要求和我国发展的战略目标。

十二是构建以国内大循环为主体、国内国际双循环相互促进的新发展格局。2020年4月10日中央财经委会议，强调要构建以国内大循环为主体、国内国际双循环相互促进的新发展格局。

十三是统筹发展和安全。2015年5月29日中央政治局集体学习时，习近平强调要牢固树立安全发展理念。2016年1月18日在省部级主要领导干部专题研讨班上，习近平从4个方面分析了我们搞开放发展所面临的风险挑战。2018年1月5日在新进中央委员会的委员、候补委员和省部级主要领导干部研讨班上，习近平从8个方面列举了16个需要高度重视的风险。2019年1月21日省部级主要领导干部坚持底线思维着力防范化解重大风险专题研讨班上，习近平在开班式上分析了要防范化解政治、意识形态、经济、对美经贸斗争、科技、社会、对外工作、党自身8个领域的重大风险并提出了明确要求，强调我们必须始终保持高度警惕，既要高度警惕"黑天鹅"事件，也要防范"灰犀牛"事件。

（二）新发展理念的内涵

2015年10月党的十八届五中全会正式提出了新发展理念，并阐述了相关的内涵。第一，坚持创新发展，必须把创新摆在国家发展全局的核心位置，不断推进理论创新、制度创新、科技创新、文化创新等各方面创新，让创新贯穿党和国家一切工作，让创新在全社会蔚然成风。第二，坚持协调发展，必须牢牢把握中国特色社会主义事业总体布局，正确处理发展中的重大关系，重点促进城乡区域协调发展，促进经济社会协调发展，促进新型工业化、信息化、城镇化、农业现代化同步发展，在增强国家硬实力的同时注重提升国家软实力，不断增强发展整体性。第三，坚持绿色发展，必须坚持节约资源和保护环境的基本国策，坚持可持续发展，坚定走生产发展、生活富裕、生态良好的文明发展道路，加快建设资源节约型、环境友好型社会，形成人与自然和谐发展现代化建设新格局，推进美丽中国建设，为全球生态安全作出新贡献。第四，坚持开放发展，必须顺应我国经济深度融入世界经济的趋势，奉行互利共赢的开放战略，发展更高层次的开放型经济，积极参与全球经济治理和公共产品供给，提高我国在全球经济治理中的制度性话语权，构建广泛的利益共同体。第五，坚持共享发展，必须坚持发展为了人民、发展依靠人民、发展成果由人民共享，作出更有效的制度安排，使全体人民在共建共享发展中有更多获得感，增强发展动力，增进人民团结，朝着共同富裕方向稳步前进。

2016 年 1 月 18 日，习近平在省部级主要领导干部学习贯彻党的十八届五中全会精神专题研讨班上，结合历史和现实，结合一些重大问题从宏观上对新发展理念进行了阐述。习近平指出，着力实施创新驱动发展战略，要把创新摆在第一位。"协调发展、绿色发展、开放发展、共享发展都有利于增强发展动力，但核心在创新。抓住了创新，就抓住了牵动经济社会全局发展的'牛鼻子'。"[1] 回顾近代以来世界发展历程可以清楚看到，一个国家和民族的创新能力，从根本上影响甚至决定着国家和民族的前途命运。在谈到增强发展的整体性、协调性问题上，习近平从方法论的高度对协调发展做了高度概括，"我们要学会运用辩证法，善于'弹钢琴'，处理好局部和全局、当前和长远、重点和非重点的关系，在权衡利弊中趋利避害、作出最为有利的战略抉择"[2]。习近平还强调，必须着力推进人与自然和谐共生。绿色发展，就其要义来讲，是要解决好人与自然和谐共生问题。"人类发展活动必须尊重自然、顺应自然、保护自然，否则就会遭到大自然的报复，这个规律谁也无法抗拒。"[3] 在对外开放方面，习近平指出，我国 30 多年来的发展成就证明，一个

---

① 《习近平谈治国理政》第二卷，外文出版社 2017 年版，第 201 页。
② 《习近平谈治国理政》第二卷，外文出版社 2017 年版，第 206 页。
③ 《习近平谈治国理政》第二卷，外文出版社 2017 年版，第 207 页。

国家能不能富强，一个民族能不能振兴，最重要的就是看这个国家、这个民族能不能顺应时代潮流，掌握历史前进的主动权。"实践告诉我们，要发展壮大，必须主动顺应经济全球化潮流，坚持对外开放，充分运用人类社会创造的先进科学技术成果和有益管理经验。"① 在共享发展方面，习近平强调："共享理念实质就是坚持以人民为中心的发展思想，体现的是逐步实现共同富裕的要求。"② 共同富裕，是马克思主义的一个基本目标，也是自古以来我国人民的一个基本理想。孔子说："不患寡而患不均，不患贫而患不安。"孟子说："老吾老以及人之老，幼吾幼以及人之幼。"《礼记·礼运》具体而生动地描绘了"小康"社会和"大同"社会的状态。按照马克思、恩格斯的构想，共产主义社会将彻底消除阶级之间、城乡之间、脑力劳动和体力劳动之间的对立和差别，实行各尽所能、按需分配，真正实现社会共享、实现每个人自由而全面的发展。

2021 年 1 月 11 日在省部级主要领导干部学习贯彻党的十九届五中全会精神专题研讨班上的讲话中，习近平指出，"全党必须完整、准确、全面贯彻新发展理念。要注意把握好以下几点"③。

第一，从根本宗旨把握新发展理念。古人说："天地之大，黎元为本。"人民是我们党执政的最深厚基础和最大底气。为人民谋幸福、为民族谋复兴，这既是我们党领导现代化建设的出发点和落脚点，也是新发展理念的"根"和"魂"。只有坚持以人民为中心的发展思想，坚持发展为了人民、发展依靠人民、发展成果由人民共享，才会有正确的发展观、现代化观。苏联是世界上第一个社会主义国家，取得过辉煌成就，但后来失败了、解体了，其中一个重要原因是苏联共产党脱离了人民，成为一个只维护自身利益的特权官僚集团。即使是实现了现代化的国家，如果执政党背离人民，也会损害现代化成果。

实现共同富裕不仅是经济问题，而且是关系党的执政基础的重大政治问题。我们决不能允许贫富差距越来越大、穷者愈穷富者愈富，决不能在富的人和穷的人之间出现一道不可逾越的鸿沟。当然，实现共同富裕，要统筹考虑需

① 《习近平谈治国理政》第二卷，外文出版社 2017 年版，第 211 页。
② 《习近平谈治国理政》第二卷，外文出版社 2017 年版，第 214 页。
③ 习近平：《把握新发展阶段，贯彻新发展理念，构建新发展格局》，《求是》2021 年第 9 期。

要和可能，按照经济社会发展规律循序渐进。同时，这项工作也不能等，要自觉主动解决地区差距、城乡差距、收入差距等问题，推动社会全面进步和人的全面发展，促进社会公平正义，让发展成果更多更公平惠及全体人民，不断增强人民群众获得感、幸福感、安全感，让人民群众真真切切感受到共同富裕不仅仅是一个口号，而是看得见、摸得着、真实可感的事实。

第二，从问题导向把握新发展理念。我国发展已经站在新的历史起点上，要根据新发展阶段的新要求，坚持问题导向，更加精准地贯彻新发展理念，切实解决好发展不平衡不充分的问题，推动高质量发展。比如，科技自立自强成为决定我国生存和发展的基础能力，存在诸多"卡脖子"问题。比如，我国城乡区域发展差距较大，而究竟怎样解决这个问题，有很多新的问题需要深入研究，尤其是区域板块分化重组、人口跨区域转移加快、农民落户城市意愿下降等问题要抓紧研究、明确思路。比如，加快推动经济社会发展全面绿色转型已经形成高度共识，而我国能源体系高度依赖煤炭等化石能源，生产和生活体系向绿色低碳转型的压力都很大，实现 2030 年前碳达峰、2060 年前碳中和的目标任务极其艰巨。比如，随着经济全球化出现逆流，外部环境越来越复杂多变，大家认识到必须处理好自立自强和开放合作的关系，处理好积极参与国际分工和保障国家安全的关系，处理好利用外资和安全审查的关系，在确保安全前提下扩大开放。总之，进入新发展阶段，对新发展理念的理解要不断深化，举措要更加精准务实，真正实现高质量发展。

第三，从忧患意识把握新发展理念。"不困在于早虑，不穷在于早豫。"随着我国社会主要矛盾变化和国际力量对比深刻调整，我国发展面临的内外部风险空前上升，必须增强忧患意识、坚持底线思维，随时准备应对更加复杂困难的局面。"十四五"规划《建议》把安全问题摆在非常突出的位置，强调要把安全发展贯穿国家发展各领域和全过程。如果安全这个基础不牢，发展的大厦就会地动山摇。要坚持政治安全、人民安全、国家利益至上有机统一，既要敢于斗争，也要善于斗争，全面做强自己，特别是要增强威慑的实力。宏观经济方面要防止大起大落，资本市场上要防止外资大进大出，粮食、能源、重要资源上要确保供给安全，要确保产业链供应链稳定安全，要防止资本无序扩张、野蛮生长，还要确保生态环境安全，坚决抓好安全生产。在社会领域，要防止大规模失业风险，加强公共卫生安全，有效化解各类群体性事件。要加强保障国家安全的制度性建设，借鉴其他国家经验，研究如何设置必要的"玻璃门",在不同阶段加不同的锁,有效处理各类涉及国家安全的问题。

创新、协调、绿色、开放、共享的新发展理念,相互贯通、相互促进,是具有内在联系的集合体,要统一贯彻,不能顾此失彼,也不能相互替代。哪一个发展理念贯彻不到位,发展进程都会受到影响。

从本质上说,新发展理念并不是五个发展理念、而是一个理念,创新、协调、绿色、开放、共享等是新发展理念的具体表现。新发展理念是具有开放性和包容性的理念。

新发展理念传承党的发展理论,坚持以人民为中心的发展思想,进一步科学回答了实现什么样的发展、怎样实现发展的问题,深刻揭示了实现更高质量、更有效率、更加公平、更可持续发展的必由之路,深化了我们党对中国特色社会主义经济发展规律的认识,有力指导了我国新的发展实践,开拓了中国特色社会主义政治经济学新境界。

二、从经济发展新常态到供给侧结构性改革

(一)提出经济发展新常态

受 2008 年国际金融危机和中国自身经济发展模式转变的影响,在经历了一段时期的经济高增长之后,我国经济增速从 2012 年起开始回落,2012 年、2013 年和 2014 年上半年增速分别为 7.7%、7.7%、7.4%,从过去多年平均 10% 左右的高速增长向经济中高速增长转变。党中央深刻分析了经济形势变化,果断提出中国经济已经进入新常态的论断。

2014 年 5 月,习近平在视察河南时首次提出了新常态的概念。他指出,我国发展仍处于重要战略机遇期,我们要增强信心,从当前我国经济发展的阶段性特征出发,适应新常态,采取应对措施,尽可能减少其负面影响。

2014 年 11 月,习近平在亚太经合组织工商领导人峰会开幕式上的演讲中指出,中国经济呈现出新常态有几个主要特点:一是从高速增长转为中高速增长。二是经济结构不断优化升级,第三产业、消费需求逐步成为主体,城乡区域差距逐步缩小,居民收入占比上升,发展成果惠及更广大民众。三是从要素驱动、投资驱动转向创新驱动。新常态将给中国带来新的发展机遇。

2014年12月，中央经济工作会议对经济发展新常态进行了全面系统地论述，指出了经济发展呈现出九个新的特征：（1）从消费需求看，过去我国消费具有明显的模仿型排浪式特征，现在模仿型排浪式消费阶段基本结束，个性化、多样化消费渐成主流，保证产品质量安全、通过创新供给激活需求的重要性显著上升，必须采取正确的消费政策，释放消费潜力，使消费继续在推动经济发展中发挥基础作用。（2）从投资需求看，经历了30多年高强度大规模开发建设后，传统产业相对饱和，但基础设施互联互通和一些新技术、新产品、新业态、新商业模式的投资机会大量涌现，对创新投融资方式提出了新要求，必须善于把握投资方向，消除投资障碍，使投资继续对经济发展发挥关键作用。（3）从出口和国际收支看，国际金融危机发生前国际市场空间扩张很快，出口成为拉动我国经济快速发展的重要动能，现在全球总需求不振，我国低成本比较优势也发生了转化，同时我国出口竞争优势依然存在，高水平引进来、大规模走出去正在同步发生，必须加紧培育新的比较优势，使出口继续对经济发展发挥支撑作用。（4）从生产能力和产业组织方式看，过去供给不足是长期困扰我们的一个主要矛盾，现在传统产业供给能力大幅超出需求，产业结构必须优化升级，企业兼并重组、生产相对集中不可避免，新兴产业、服务业、小微企业作用更加凸显，生产小型化、智能化、专业化将成为产业组织新特征。（5）从生产要素相对优势看，过去劳动力成本低是最大优势，引进技术和管理就能迅速变成生产力，现在人口老龄化日趋发展，农业富余劳动力减少，要素的规模驱动力减弱，经济增长将更多依靠人力资本质量和技术进步，必须让创新成为驱动发展新引擎。（6）从市场竞争特点看，过去主要是数量扩张和价格竞争，现在正逐步转向质量型、差异化为主的竞争，统一全国市场、提高资源配置效率是经济发展的内生性要求，必须深化改革开放，加快形成统一透明、有序规范的市场环境。（7）从资源环境约束看，过去能源资源和生态环境空间相对较大，现在环境承载能力已经达到或接近上限，必须顺应人民群众对良好生态环境的期待，推动形成绿色低碳循环发展新方式。（8）从经济风险积累和化解看，伴随着经济增速下调，各类隐性风险逐步显性化，风险总体可控，但化解以高杠杆和泡沫化为主要特征的各类风险将持续一段时间，必须标本兼治、对症下药，建立健全化解各类风险的体制机制。（9）从资源配置模式和宏观调控方式看，全面刺激政策的边际效果明显递减，既要全面化解产能过剩，也要通过发挥市场机制作用探索未来产业发展方向，必须全面把握总供求关系新变化，科学进行宏观调控。

2016 年 1 月，习近平在省部级主要领导干部学习贯彻党的十八届五中全会精神专题研讨班上，从历史的角度阐述了经济发展的新常态。从历史长过程看，我国经济发展历程中新状态、新格局、新阶段总是在不断形成，经济发展新常态是这个长过程的一个阶段。这完全符合事物发展螺旋式上升的运动规律。全面认识和把握新常态，需要从时间和空间大角度审视我国发展。

从时间上看，我国发展经历了由盛到衰再到盛的几个大时期，今天的新常态是这种大时期更替变化的结果。我国古代以农业立国，农耕文明长期居于世界领先水平。但工业革命发生后，我们就开始落伍了，西方国家则发展起来了。鸦片战争后，我国自给自足的自然经济逐渐解体，工业革命机遇没有抓住，尽管民族工业也有一些发展、外国资本也有一些进入，但总体上国家是贫穷落后、战乱不已的，在时代前进潮流中掉队了。这一状态持续了百余年。新中国成立后，我们党领导人民开始大规模工业化建设，取得显著成效。后来，由于在指导思想上出现了"左"的错误，还发生了"文革"那样的十年浩劫，加上我们对社会主义建设规律认识不够深入，大规模工业化建设未能顺利持续下去。党的十一届三中全会开启了改革开放历史新时期。我们创造了第二次世界大战结束后一个国家经济高速增长持续时间最长的奇迹。我们用几十年时间走完了发达国家几百年走过的发展历程，创造了世界发展的奇迹。随着经济总量不断增大，我们在发展中遇到了一系列新情况新问题。经济发展面临速度换挡节点，经济发展面临结构调整节点，低端产业产能过剩要集中消化，中高端产业要加快发展，过去生产什么都赚钱、生产多少都能卖出去的情况不存在了。经济发展面临动力转换节点，低成本资源和要素投入形成的驱动力明显减弱，经济增长需要更多驱动力创新。

从空间上看，我国出口优势和参与国际产业分工模式面临新挑战，经济发展新常态是这种变化的体现。改革开放以来，我们大踏步发展的一个重要特点就是对国际市场的充分有效利用。建立在劳动力成本低廉优势和发达国家劳动密集型产业向外转移机会基础上的大规模出口和外向型发展，成为我国经济高速增长的重要推动力。1979 年至 2012 年，我国货物出口保持 20% 左右的年均增长率，快速成长为世界贸易大国。我国出口快速发展，也得益于西方国家黄金增长期释放出来的大量有效需求。2008 年国际金融危机爆发，西方国家结束黄金增长期，经济进入深度调整期，有效需求下降，再工业化、产业回流本土的进口替代效应增强，直接导致我国出口需求增速放缓。全球贸易发展进入低迷期，是当前和今后一个时期世界经济发展的一个基本态势。这意味着我国出口增速拐点已经到来，今后再要维持出口高增长、出口占国内生产总值的高比例是不大可能了。这就要求我们必须把经济增长动力更多放在创新驱动和扩大内需特别是消费需求上。

习近平提出，"在认识新常态上，要准确把握内涵，注意克服几种倾向"。其一，新常态不是一个事件，不要用好或坏来判断。新常态是一个客观状态，是我国经济发展到今天这个阶段必然会出现的一种状态，是一种内在必然性，并没有好坏之分，我们要因势而谋、因势而动、因势而进。其二，新常态不是一个筐子，不要什么都往里面装。新常态主要表现在经济领域，不要滥用新常态概念，搞出一大堆新常态，什么文化新常态、旅游新常态、城市管理新常态等，甚至把一些不好的现象都归入新常态。其三，新常态不是一个避风港，不要把不好做或难做好的工作都归结于新常态，似乎推给新常态就有不去解决的理由了。新常态不是不干事，不是不要发展，不是不要国内生产总值增长，而是要更好发挥主观能动性、更有创造精神地推动发展。

（二）提出供给侧结构性改革

供给侧结构性改革是党的十八大之后经济方面的重大战略举措。在2015年11月召开的中央财经领导小组第十一次会议上，习近平首次提出"供给侧结构性改革"这一概念，并对其基本要求进行了阐述。他指出，推进经济结构性改革，是贯彻落实党的十八届五中全会精神的一个重要举措。要牢固树立和贯彻落实创新、协调、绿色、开放、共享的发展理念，适应经济发展新常态，坚持稳中求进，坚持改革开放，实行宏观政策要稳、产业政策要准、微观政策要活、改革政策要实、社会政策要托底的政策，战略上坚持持久战，战术上打好歼灭战，在适度扩大总需求的同时，着力加强供给侧结构性改革，着力提高供给体系质量和效率，增强经济持续增长动力，推动我国社会生产力水平实现整体跃升。

在2016年1月召开的省部级主要领导干部学习贯彻党的十八届五中全会精神专题研讨班上，习近平系统地阐释了供给侧结构性改革的含义。他指出，我们讲的供给侧结构性改革，同西方经济学的供给学派不是一回事，不能把供给侧结构性改革看成是西方供给学派的翻版，更要防止有些人用他们的解释来宣扬"新自由主义"，借机制造负面舆论。我们提的供给侧改革，完整地说是"供给侧结构性改革"，"结构性"三个字十分重要，简称"供给侧改革"也可以，但不能忘了"结构性"三个字。

习近平指出："供给侧结构性改革，重点是解放和发展社会生产力，用改革的办法推进结构调整，减少无效和低端供给，扩大有效和中高端供给，增强供给结构对需求变化的适应性和灵活性，提高全要素生产率。这不只是一个税收和税率问题，而是要通过一系列政策举措，特别是推动科技创新、发展实体经济、保障和改善人民生活的政策措施，来解决我国经济供给侧存在的问题。"[①]供给和需求是市场经济内在关系的两个基本方面，是既对立又统一的辩证关系，二者你离不开我、我离不开你，相互依存、互为条件。没有需求，供给就无从实现，新的需求可以催生新的供给；没有供给，需求就无法满足，新的供给可以创造新的需求。而经济政策是以供给侧为重点还是以需求侧为重点，则要依据一国宏观经济形势作出抉择。放弃需求侧谈供给侧或放弃供给侧谈需求侧都是片面的，二者不是非此即彼、一去一存的替代关系，而是要相互配合、协调推进。当前和今后一个时期，我国经济发展面临的问题，供给和需求两侧都有，但矛盾的主要方面在供给侧。事实证明，我国不是需求不足，或没有需求，而是需求变了，供给的产品却没有变，质量、服务跟不上。有效供给能力不足带来大量"需求外溢"，消费能力严重外流。解决这些结构性问题，必须推进供给侧改革。

在 2017 年 1 月召开的中央政治局就深入推进供给侧结构性改革进行第三十八次集体学习上，习近平集中阐释了实行供给侧结构性改革的措施等问题。他指出，推进供给侧结构性改革是我国经济发展进入新常态的必然选择，是经济发展新常态下我国宏观经济管理必须确立的战略思路。必须把改善供给侧结构作为主攻方向，从生产端入手，提高供给体系质量和效率，扩大有效和中高端供给，增强供给侧结构对需求变化的适应性，推动我国经济朝着更高质量、更有效率、更加公平、更可持续的方向发展。综合分析当前制约我国经济发展的因素，有周期性、总量性的，但主要是结构性的。结构性问题，供给和需求两侧都有，但矛盾的主要方面在供给侧。

---

① 《习近平谈治国理政》第二卷，外文出版社 2017 年版，第 252 页。

供给侧结构性改革是一场关系全局、关系长远的攻坚战。推进供给侧结构性改革要处理好几个重大关系。(1)要处理好政府和市场的关系,使市场在资源配置中起决定性作用和更好发挥政府作用,是推进供给侧结构性改革的重大原则。我们既要遵循市场规律、善用市场机制解决问题,又要让政府勇担责任、干好自己该干的事。市场作用和政府作用是相辅相成、相互促进、互为补充的。既要坚持使市场在资源配置中起决定性作用,完善市场机制,打破行业垄断、进入壁垒、地方保护;又要发挥政府作用,不是简单下达行政命令,要在尊重市场规律的基础上,用改革激发市场活力,用政策引导市场预期,用规划明确投资方向,用法治规范市场行为。(2)要处理好短期和长期的关系。要立足当前、着眼长远,从化解当前突出矛盾入手,从构建长效体制机制、重塑中长期经济增长动力着眼,既要在战略上坚持持久战,又要在战术上打好歼灭战。战略上要坚持稳中求进,搞好顶层设计,把握好节奏和力度,久久为功。战术上要抓落实干实事,注重实效,步步为营,一仗接着一仗打。破茧成蝶都有伤痛,供给侧结构性改革出现的短期阵痛是必须承受的阵痛,不能因为有阵痛就止步不前。要合理引导社会预期,尽量控制和减少阵痛,妥善处置企业债务,做好人员安置工作,做好社会托底工作,维护社会和谐稳定。同时,要在培育新的动力机制上做好文章、下足功夫,着力推进体制机制建设,激发市场主体内生动力和活力。(3)要处理好减法和加法的关系。做减法,就是减少低端供给和无效供给,去产能、去库存、去杠杆,为经济发展留出新空间。做加法,就是扩大有效供给和中高端供给,补短板、惠民生,加快发展新技术、新产业、新产品,为经济增长培育新动力。无论做减法还是做加法,都要把握症结、用力得当,突出定向、精准、有度。做减法不能"一刀切",要减得准、不误伤。做加法不要一拥而上,避免强刺激和撒胡椒面,避免形成新的重复建设。要增加社会急需的公共产品和公共服务供给,缩小城乡、地区公共服务水平差距,加大脱贫攻坚力度。要把调存量同优增量、推动传统产业改造升级同培育新兴产业有机统一起来,振兴实体经济。要紧紧围绕经济竞争力的关键、消费升级的方向、供给侧的短板、社会发展瓶颈制约等问题,统筹部署创新链和产业链,全面提高创新能力,提高科技进步对经济增长的贡献率。(4)要处理好供给和需求的关系。供给和需求是市场经济内在关系的两个基本方面,供给侧和需求侧是管理和调控宏观经济的两个基本手段。经济政策是以供给侧为重点还是以需求侧为重点,要依据宏观经济形势作出抉择,二者不是非此即彼、一去一存的替代关系，而是要相互配合、协调推进。推进供给侧结构性改革，要用好需求侧管理这个重要工具，使供给侧改革和需求侧管理相辅相成、相得益彰，为供给侧结构性改革提供良好环境和条件。

三、从经济理论创新到建设现代化经济体系

（一）经济理论创新

2015年11月，中共中央政治局就马克思主义政治经济学基本原理和方法论进行第二十八次集体学习时，习近平提出了经济理论创新的重大命题。习近平指出，要立足我国国情和我国发展实践，揭示新特点新规律，提炼和总结我国经济发展实践的规律性成果，把实践经验上升为系统化的经济学说，不断开拓当代中国马克思主义政治经济学新境界。

马克思主义政治经济学是马克思主义的重要组成部分，也是我们坚持和发展马克思主义的必修课。我们党历来重视对马克思主义政治经济学的学习、研究、运用，在新民主主义时期创造性地提出了新民主主义经济纲领，在探索社会主义建设道路过程中对发展我国经济提出了独创性的观点，如提出社会主义社会的基本矛盾理论，提出统筹兼顾、注意综合平衡，以农业为基础、工业为主导、农轻重协调发展等重要观点。这些都是我们党对马克思主义政治经济学的创造性发展。

党的十一届三中全会以来，我们党把马克思主义政治经济学基本原理同改革开放新的实践结合起来，不断丰富和发展马克思主义政治经济学，形成了当代中国马克思主义政治经济学的许多重要理论成果，比如，关于社会主义本质的理论，关于社会主义初级阶段基本经济制度的理论，关于树立和落实创新、协调、绿色、开放、共享的发展理念的理论，关于发展社会主义市场经济、使市场在资源配置中起决定性作用和更好发挥政府作用的理论，关于我国经济发展进入新常态的理论，关于推动新型工业化、信息化、城镇化、农业现代化相互协调的理论，关于用好国际国内两个市场、两种资源的理论，关于促进社会公平正义、逐步实现全体人民共同富裕的理论，等等。这些理论成果，是适应当代中国国情和时代特点的政治经济学，不仅有力指导了我国经济发展实践，而且开拓了马克思主义政治经济学新境界。

学习马克思主义政治经济学，是为了更好指导我国经济发展实践，既要坚持其基本原理和方法论，更要同我国经济发展实际相结合，不断形成新的理论成果。要坚持以人民为中心的发展思想，这是马克思主义政治经济学的根本立场。要坚持把增进人民福祉、促进人的全面发展、朝着共同富裕方向稳步前进作为经济发展的出发点和落脚点，部署经济工作、制定经济政策、推动经济发展都要牢牢坚持这个根本立场。要坚持新的发展理念，创新、协调、绿色、开放、共享的发展理念是对我们在推动经济发展中获得的感性认识的升华，是对我们推动经济发展实践的理论总结，要坚持用新的发展理念来引领和推动我国经济发展，不断破解经济发展难题，开创经济发展新局面。

要坚持和完善社会主义基本经济制度，毫不动摇巩固和发展公有制经济，毫不动摇鼓励、支持、引导非公有制经济发展，推动各种所有制取长补短、相互促进、共同发展，同时公有制主体地位不能动摇，国有经济主导作用不能动摇，这是保证我国各族人民共享发展成果的制度性保证，也是巩固党的执政地位、坚持我国社会主义制度的重要保证。习近平指出："我们党在坚持基本经济制度上的观点是明确的、一贯的，而且是不断深化的，从来没有动摇。中国共产党党章都写明了这一点，这是不会变的，也是不能变的"。[①] 要坚持和完善社会主义基本分配制度，努力推动居民收入增长和经济增长同步、劳动报酬提高和劳动生产率提高同步，不断健全体制机制和具体政策，调整国民收入分配格局，持续增加城乡居民收入，不断缩小收入差距。

要坚持社会主义市场经济改革方向，坚持辩证法、两点论，继续在社会主义基本制度与市场经济的结合上下功夫，把两方面优势都发挥好。要坚持对外开放基本国策，善于统筹国内国际两个大局，利用好国际国内两个市场、两种资源，发展更高层次的开放型经济，积极参与全球经济治理，同时坚决维护我国发展利益，积极防范各种风险，确保国家经济安全。

2016 年 7 月，习近平在经济形势专家座谈会上指出，坚持和发展中国特色社会主义政治经济学，要以马克思主义政治经济学为指导，总结和提炼我国改革开放和社会主义现代化建设的伟大实践经验，同时借鉴西方经济学的有益成分。中国特色社会主义政治经济学只能在实践中丰富和发展，又要经受实践

[①] 《习近平谈治国理政》第二卷，外文出版社 2017 年版，第 259 页。

的检验，进而指导实践。要加强研究和探索，加强对规律性认识的总结，不断完善中国特色社会主义政治经济学理论体系，推进充分体现中国特色、中国风格、中国气派的经济学科建设。

（二）建设现代化经济体系

党的十八大以来，我们对经济发展阶段性特征的认识不断深化，党的十九大明确提出我国经济已由高速增长阶段转向高质量发展阶段。高质量发展是能够很好满足人民日益增长的美好生活需要的发展，是体现新发展理念的发展，是创新成为第一动力、协调成为内生特点、绿色成为普遍形态、开放成为必由之路、共享成为根本目的的发展。更明确地说，高质量发展，就是经济发展从"有没有"转向"好不好"。

推动高质量发展是当前和今后一个时期确定发展思路、制定经济政策、实施宏观调控的根本要求。必须坚持质量第一、效益优先，推动经济发展质量变革、效率变革、动力变革，不断增强经济创新力和竞争力。加快形成推动高质量发展的指标体系、政策体系、标准体系、统计体系、绩效评价、政绩考核，创建和完善制度环境，推动我国经济在实现高质量发展上不断取得新进展。在我国这样一个经济和人口规模巨大的国家，由高速增长阶段转向高质量发展阶段并不容易。一方面，必须跨越非常规的我国经济发展现阶段特有的关口，特别是要打好防范化解重大风险、精准脱贫、污染防治三大攻坚战；另一方面，必须跨越常规性的长期性的关口，也就是要大力转变经济发展方式、优化经济结构、转换增长动力，特别是要净化市场环境，提升人力资本素质，提高国家治理能力。要统筹做好跨越关口的顶层设计，把各项工作做好做实。

实现高质量发展必须建设现代化经济体系。现代化经济体系，是由社会经济活动各个环节、各个层面、各个领域的相互关系和内在联系构成的有机整体。我们建设的现代化经济体系，要借鉴发达国家有益做法，更要符合中国国情、具有中国特色。要建设创新引领、协同发展的产业体系，统一开放、竞争有序的市场体系，体现效率、促进公平的收入分配体系，彰显优势、协调联动的城乡区域发展体系，资源节约、环境友好的绿色发展体系，多元平衡、安全高效的全面开放体系，充分发挥市场作用、更好发挥政府作用的经济体制。这几个体系是统一整体，要一体建设、一体推进。

建设现代化经济体系要从以下五个方面着手。第一，大力发展实体经济，筑牢现代化经济体系的坚实基础。实体经济是一国经济的立身之本，是财富创造的根本源泉，是国家强盛的重要支柱。要加快发展先进制造业，坚定不移建设制造强国。推动互联网、大数据、人工智能同实体经济深度融合，推动资源要素向实体经济集聚、政策措施向实体经济倾斜、工作力量向实体经济加强。金融是实体经济的血脉，要全面提高金融为实体经济服务的效率和水平。第二，加快实施创新驱动发展战略，强化现代化经济体系的战略支撑。科技创新对提高社会生产力和综合国力至关重要。我国科技实力正处于从量的积累向质的飞跃、点的突破向系统能力提升的重要时期。要加强国家创新体系建设，推动以科技创新为核心的全面创新，强化战略科技力量，塑造更多依靠创新驱动、更多发挥先发优势的引领型发展。实践反复告诉我们，关键核心技术是要不来、买不来、讨不来的。要加快关键核心技术自主创新，把创新主动权、发展主动权牢牢掌握在自己手中，为经济社会发展打造新引擎。第三，积极推动城乡区域协调发展，优化现代化经济体系的空间布局。要培育和发挥区域比较优势，落实主体功能区制度，加强区域优势互补，在协调发展中拓宽发展空间，在加强薄弱领域中增强发展后劲。统筹推进西部大开发、东北全面振兴、中部地区崛起、东部率先发展。推动京津冀协同发展，高起点规划、高标准建设雄安新区，推动粤港澳大湾区建设、长三角区域一体化发展，推动长江经济带发展。大力实施乡村振兴战略，建立健全城乡融合发展体制机制和政策体系，加快推进农业农村现代化。第四，着力发展开放型经济，提高现代化经济体系的国际竞争力。要适应新形势、把握新特点，推动由商品和要素流动型开放向规则等制度型开放转变。统一内外资法律法规，完善公开、透明的涉外法律体系，全面实行准入前国民待遇加负面清单管理制度，持续放宽市场准入，尊重国际营商惯例，保护外资企业合法权益。推动全球经济治理体系改革完善，积极引导全球经济议程，促进国际经济秩序朝着平等公正、合作共赢的方向发展。拓展对外贸易，培育贸易新业态新模式，推进贸易强国建设。第五，深化经济体制改革，完善现代化经济体系的制度保障。要加快完善社会主义市场经济体制，坚决破除各方面体制机制弊端，有效激发全社会创新创业活力。经济体制改革必须以完善产权制度和要素市场化配置为重点，实现产权有效激励、要素自由流动、价格反应灵活、竞争公平有序、企业优胜劣汰。要深化四梁八柱性质的改革，以增强微观主体活力为重点，推动相关改革走深走实。

建设现代化经济体系，是我国发展的战略目标，是中国特色社会主义经济发展规律的必然要求，事关我们能否引领世界科技革命和产业变革潮流，事关我们能否赢得国际竞争的主动。要按照建设社会主义现代化强国的要求，加快建设现代化经济体系，为实现人民对美好生活的向往打下更为坚实而强大的物质基础。

2021 年 1 月 11 日，习近平在省部级主要领导干部学习贯彻党的十九届五中全会精神专题研讨班上的讲话，从理论和实际、历史和现实、国内和国际相结合的高度，分析了进入新发展阶段的理论依据、历史依据、现实依据，阐述了深入贯彻新发展理念的新要求，阐明了加快构建新发展格局的主攻方向。

习近平指出，进入新发展阶段、贯彻新发展理念、构建新发展格局，是由我国经济社会发展的理论逻辑、历史逻辑、现实逻辑决定的。进入新发展阶段明确了我国发展的历史方位，贯彻新发展理念明确了我国现代化建设的指导原则，构建新发展格局明确了我国经济现代化的路径选择。

新发展阶段是社会主义初级阶段中的一个阶段，同时是其中经过几十年积累、站到了新的起点上的一个阶段。新发展阶段是我们党带领人民迎来从站起来、富起来到强起来历史性跨越的新阶段。经过新中国成立以来特别是改革开放 40 多年的不懈奋斗，我们已经拥有开启新征程、实现新的更高目标的雄厚物质基础。新中国成立不久，我们党就提出建设社会主义现代化国家的目标，未来 30 年将是我们完成这个历史宏愿的新发展阶段。

新发展理念是一个系统的理论体系，回答了关于发展的目的、动力、方式、路径等一系列理论和实践问题，阐明了我们党关于发展的政治立场、价值导向、发展模式、发展道路等重大政治问题。全党必须完整、准确、全面贯彻新发展理念。一是从根本宗旨把握新发展理念。二是从问题导向把握新发展理念。三是从忧患意识把握新发展理念。

加快构建以国内大循环为主体、国内国际双循环相互促进的新发展格局，是一项关系我国发展全局的重大战略任务，需要从全局高度准确把握和积极推进。只有立足自身，把国内大循环畅通起来，才能任由国际风云变幻，始终充满朝气生存和发展下去。要在各种可以预见和难以预见的狂风暴雨、惊涛骇浪中，增强我们的生存力、竞争力、发展力、持续力。

第二节 健全人民当家作主制度体系

党的十八大以来，习近平对民主政治建设有着丰富的论述，对中国特色社会主义的民主理论、政治制度、政治实践等提出了一系列新的论断。

一、坚持走中国特色政治发展道路

2014 年 9 月，习近平在《在庆祝全国人民代表大会成立 60 周年大会上的讲话》中指出，"以什么样的思路来谋划和推进中国社会主义民主政治建设，在国家政治生活中具有管根本、管全局、管长远的作用。古今中外，由于政治发展道路选择错误而导致社会动荡、国家分裂、人亡政息的例子比比皆是。中国是一个发展中大国，坚持正确的政治发展道路更是关系根本、关系全局的重大问题"①。

习近平提出国家政治制度的多样性。设计和发展国家政治制度，必须注重历史和现实、理论和实践、形式和内容有机统一。要坚持从国情出发、从实际出发，既要把握长期形成的历史传承，又要把握走过的发展道路、积累的政治经验、形成的政治原则，还要把握现实要求、着眼解决现实问题，不能割断历史，不能想象突然就搬来一座政治制度上的"飞来峰"。政治制度是用来调节政治关系、建立政治秩序、推动国家发展、维护国家稳定的，不可能脱离特定社会政治条件来抽象评判，不可能千篇一律、归于一尊。在政治制度上，看到别的国家有而我们没有就简单认为有欠缺，要搬过来；或者，看到我们有而别的国家没有就简单认为是多余的，要去除掉。这两种观点都过于简单、片面了。我们需要借鉴国外政治文明有益成果，对丰富多彩的世界，应该秉持兼容并蓄的态度，虚心学习他人的好东西，在独立自主的原则下把他人的好东西加

① 《习近平谈治国理政》第二卷，外文出版社 2017 年版，第 285 页。

以消化吸收，化成我们自己的好东西，但决不能囫囵吞枣、决不能邯郸学步，更不能放弃中国政治制度的根本。"照抄照搬他国的政治制度行不通，会水土不服，会画虎不成反类犬，甚至会把国家前途命运葬送掉。只有扎根本国土壤、汲取充沛养分的制度，才最可靠、也最管用。"①

习近平提出了评价国家政治制度的标准。世界上不存在完全相同的政治制度，也不存在适用于一切国家的政治制度模式。正所谓"物之不齐，物之情也"。"各国国情不同，每个国家的政治制度都是独特的，都是由这个国家的人民决定的，都是在这个国家历史传承、文化传统、经济社会发展的基础上长期发展、渐进改进、内生性演化的结果。中国特色社会主义政治制度之所以行得通、有生命力、有效率，就是因为它是从中国的社会土壤中生长起来的。"②也正因如此，评价一个国家政治制度是不是民主的、有效的，不能以西方的政治标准来进行衡量，而是要看国家领导层能否依法有序更替，全体人民能否依法管理国家事务和社会事务、管理经济和文化事业，人民群众能否畅通表达利益要求，社会各方面能否有效参与国家政治生活，国家决策能否实现科学化、民主化，各方面人才能否通过公平竞争进入国家领导和管理体系，执政党能否依照宪法法律规定实现对国家事务的领导，权力运用能否得到有效制约和监督。

习近平总结了中国政治发展的成就。经过长期努力，我们在政治民主建设的重点问题上都取得了决定性进展。我们废除了实际上存在的领导干部职务终身制，普遍实行领导干部任期制度，实现了国家机关和领导层的有序更替。我们不断扩大人民有序政治参与，人民实现了内容广泛、层次丰富的当家作主。我们坚持发展最广泛的爱国统一战线，发展独具特色的社会主义协商民主，有效凝聚了各党派、各团体、各民族、各阶层、各界人士的智慧和力量。我们努力建设了解民情、反映民意、集中民智、珍惜民力的决策机制，增强决策透明度和公众参与度，保证了决策符合人民利益和愿望。我们积极发展广纳群贤、充满活力的选人用人机制，广泛把各方面优秀人才集聚到党和国家各项事业中来。我们坚持依法治国、依法执政、依法行政共同推进，坚持法治国家、法治政府、法治社会一体建设，全社会法治水平不断提高。我们建立健全多层次监督体系，完善各类公开办事制度，保证党和国家领导机关和人员按照法定权限

---

① 《习近平谈治国理政》第二卷，外文出版社 2017 年版，第 286 页。
② 《习近平谈治国理政》第二卷，外文出版社 2017 年版，第 286 页。

和程序行使权力。

党的十九大指出，中国特色社会主义政治发展道路，是近代以来中国人民长期奋斗历史逻辑、理论逻辑、实践逻辑的必然结果，是坚持党的本质属性、践行党的根本宗旨的必然要求。要长期坚持、不断发展我国社会主义民主政治，积极稳妥推进政治体制改革，推进社会主义民主政治制度化、规范化、程序化，保证人民依法通过各种途径和形式管理国家事务，管理经济文化事业，管理社会事务，巩固和发展生动活泼、安定团结的政治局面。

二、健全人民代表大会制度

我国是工人阶级领导的、以工农联盟为基础的人民民主专政的社会主义国家，国家的一切权力属于人民。我国社会主义民主是维护人民根本利益的最广泛、最真实、最管用的民主。发展社会主义民主政治就是要体现人民意志，保障人民权益、激发人民创造活力，用制度体系保证人民当家作主。在这个制度体系中，人民代表大会是根本政治制度。

2014 年 9 月，习近平在庆祝全国人民代表大会成立 60 周年大会上指出，在中国实行人民代表大会制度，是中国人民在人类政治制度史上的伟大创造，是深刻总结近代以后中国政治生活惨痛教训得出的基本结论，是中国社会 100 多年激越变革、激荡发展的历史结果，是中国人民翻身作主、掌握自己命运的必然选择。

习近平对坚持和完善人民代表大会制度提出了四点要求。一是必须毫不动摇坚持中国共产党的领导。中国共产党的领导，就是支持和保证人民实现当家作主。我们必须坚持党总揽全局、协调各方的领导核心作用，通过人民代表大会制度，保证党的路线方针政策和决策部署在国家工作中得到全面贯彻和有效执行。要不断加强和改善党的领导，善于使党的主张通过法定程序成为国家意志，善于使党组织推荐的人选通过法定程序成为国家政权机关的领导人员，善于通过国家政权机关实施党对国家和社会的领导，善于运用民主集中制原则维护党和国家权威、维护全党全国团结统一。二是必须保证和发展人民当家作主。我们必须坚持国家一切权力属于人民，坚持人民主体地位，支持和保证人民通过人民代表大会行使国家权力。三是必须全面推进依法治国。要通过人民代表大会制度，弘扬社会主义法治精神，依照人民代表大会及其常委会制定的法律法规来展开和推进国家各项事业和各项工作，保证人民平等参与、平等发展权利，维护社会公平正义，尊重和保障人权，实现国家各项工作法治化。四是必须坚持民主集中制。人民代表大会统一行使国家权力，全国人民代表大会是最高国家权力机关，地方各级人民代表大会是地方国家权力机关。我们必须坚持人民通过人民代表大会行使国家权力；各级人民代表大会都由民主选举产生，对人民负责、受人民监督；各级国家行政机关、审判机关、检察机关都由人民代表大会产生，对人大负责、受人大监督；国家机关实行决策权、执行权、监督权既合理分工又相互协调；在中央统一领导下，充分发挥地方主动性和积极性，保证国家统一高效组织推进各项事业。

党的十九大报告指出，人民代表大会制度是坚持党的领导、人民当家作主、依法治国有机统一的根本政治制度安排，必须长期坚持、不断完善。要支持和保证人民通过人民代表大会行使国家权力。发挥人大及其常委会在立法工作中的主导作用，健全人大组织制度和工作制度，支持和保证人大依法行使立法权、监督权、决定权、任免权，更好发挥人大代表作用，使各级人大及其常委会成为全面担负起宪法法律赋予的各项职责的工作机关，成为同人民群众保持密切联系的代表机关。完善人大专门委员会设置，优化人大常委会和专门委员会组成人员结构。

三、推进社会主义协商民主

社会主义协商民主是在中国共产党的领导下，人民内部各方面围绕改革发展稳定重大问题和涉及群众切身利益的实际问题，在决策之前和决策实施之中开展广泛民主协商，努力形成共识的重要民主形式。社会主义协商民主是我国社会主义民主政治的特有形式和独特优势，我们要推动社会主义协商民主广泛、多层、制度化发展，加强和完善党对社会主义协商民主建设的领导。

2013 年 10 月，习近平在《中共中央关于全面深化改革若干重大问题的决定》的说明中，提出推进协商民主广泛多层制度化发展。要把推进协商民主广泛多层制度化发展作为政治体制改革的重要内容，在党的领导下，以经济社会发展重大问题和涉及群众切身利益的实际问题为内容，在全社会开展广泛协商，坚持协商于决策之前和决策实施之中。要构建程序合理、环节完整的协商民主体系，拓宽国家政权机关、政协组织、党派团体、基层组织、社会组织的协商渠道；深入开展立法协商、行政协商、民主协商、参政协商、社会协商；发挥统一战线在协商民主中的重要作用，发挥人民政协作为协商民主重要渠道作用，完善人民政协制度体系，规范协商内容、协商程序，拓展协商民主形式，更加活跃有序地组织专题协商、对口协商、界别协商、提案办理协商，增加协商密度，提高协商成效。

2014年9月，习近平在庆祝中国人民政治协商会议成立65周年大会上的讲话，详细阐述了人民政协和协商民主。

习近平总结了人民政协丰富实践积累的宝贵经验，提出了做好人民政协工作的重要原则。（1）做好人民政协工作，必须坚持中国共产党的领导。中国共产党的领导是包括各民主党派、各团体、各民族、各阶层、各界人士在内的全体中国人民的共同选择，是中国特色社会主义最本质的特征，也是人民政协事业发展进步的根本保证。人民政协事业要沿着正确方向发展，就必须毫不动摇坚持中国共产党的领导。（2）做好人民政协工作，必须坚持人民政协的性质定位。人民政协是统一战线的组织，是多党合作和政治协商的机构，是人民民主的重要实现形式，体现了中国特色社会主义制度的鲜明特点。人民政协要在依照宪法法律和政协章程准确定位的基础上，大力推进自身各项工作和各项事业不断向前发展。（3）做好人民政协工作，必须坚持大团结大联合。大团结大联合是统一战线的本质要求，是人民政协组织的重要特征。人民政协要坚持在热爱中华人民共和国、拥护中国共产党的领导、拥护社会主义事业、共同致力于实现中华民族伟大复兴的政治基础上，最大限度调动一切积极因素，团结一切可以团结的人，汇聚起共襄伟业的强大力量。（4）做好人民政协工作，必须坚持发扬社会主义民主。人民政协是人民民主的重要形式。人民政协要适应推进国家治理体系和治理能力现代化的要求，坚持改革创新精神，推进人民政协理论创新、制度创新、工作创新，丰富民主形式，畅通民主渠道，有效组织各党派、各团体、各民族、各阶层、各界人士共商国是，推动实现广泛有效的人民民主。

习近平指出，社会主义协商民主，是中国社会主义民主政治的特有形式和独特优势，是中国共产党的群众路线在政治领域的重要体现。

第一，要全面认识社会主义协商民主是中国社会主义民主政治的特有形式和独特优势这一重大判断。实现民主的形式是丰富多样的，通过依法选举、让人民的代表来参与国家生活和社会生活的管理是十分重要的，通过选举以外的制度和方式让人民参与国家生活和社会生活的管理也是十分重要的。在我们这个人口众多、幅员辽阔的社会主义国家里，关系国计民生的重大问题，在中国共产党领导下进行广泛协商，体现了民主和集中的统一；人民通过选举、投票行使权利和人民内部各方面在重大决策之前进行充分协商，尽可能就共同性问题取得一致意见，是中国社会主义民主的两种重要形式。在中国，这两种民主形式不是相互替代、相互否定的，而是相互补充、相得益彰的，共同构成了中国社会主义民主政治的制度特点和优势。协商民主是中国社会主义民主政治中独特的、独有的、独到的民主形式。我们在治国理政时在人民内部各方面进行广泛商量。必须坚持有事多商量，遇事多商量，做事多商量，商量得越多越深入越好。涉及全国各族人民利益的事情，要在全体人民和全社会中广泛商量；涉及一个地方人民群众利益的事情，要在这个地方的人民群众中广泛商量；涉及一部分群众利益、特定群众利益的事情，要在这部分群众中广泛商量；涉及基层群众利益的事情，要在基层群众中广泛商量。

第二，要深刻把握社会主义协商民主是中国共产党的群众路线在政治领域的重要体现这一基本定性。在中国共产党统一领导下，通过多种形式的协商，广泛听取意见和建议，广泛接受批评和监督，可以广泛达成决策和工作的最大共识，有效克服党派和利益集团为自己的利益相互竞争甚至相互倾轧的弊端；可以广泛畅通各种利益要求和诉求进入决策程序的渠道，有效克服不同政治力量为了维护和争取自己的利益固执己见、排斥异己的弊端；可以广泛形成发现和改正失误和错误的机制，有效克服决策中情况不明、自以为是的弊端；可以广泛形成人民群众参与各层次管理和治理的机制，有效克服人民群众在国家政治生活和社会治理中无法表达、难以参与的弊端；可以广泛凝聚全社会推进改革发展的智慧和力量，有效克服各项政策和工作共识不高、无以落实的弊端。这就是中国社会主义协商民主的独特优势所在。

第三，要切实落实推进协商民主广泛多层制度化发展这一战略任务。面向未来，发展好各项事业，巩固国家安定团结的政治局面，促进政党关系、民族关系、宗教关系、阶层关系、海内外同胞关系和谐发展，一个很重要的条件就是必须通过民主集中制的办法，广开言路，博采众谋，动员大家一起来想、一起来干。社会主义协商民主，应该是实实在在的、而不是做样子的，应该是全方位的、而不是局限在某个方面的，应该是全国上上下下都要做的、而不是局限在某一级的。必须构建程序合理、环节完整的社会主义协商民主体系，确保协商民主有制可依、有规可守、有章可循、有序可遵。

党的十九大指出，有事好商量，众人的事情由众人商量，是人民民主的真谛。协商民主是实现党的领导的重要方式，是我国社会主义民主政治的特有形式和独特优势。要推动协商民主广泛、多层、制度化发展，统筹推进政党协商、人大协商、政府协商、政协协商、人民团体协商、基层协商以及社会组织协商。加强协商民主制度建设，形成完整的制度程序和参与实践，保证人民在日常政治生活中有广泛持续深入参与的权利。

四、坚持"一国两制"推进祖国统一

中国特色社会主义进入了新时代，意味着"一国两制"事业也进入了新时代。中央贯彻"一国两制"方针坚持两点，一是坚定不移，不会变、不动摇；二是全面准确，确保"一国两制"在香港、澳门的实践不走样、不变形，始终沿着正确方向前进。

坚持"一国两制"方针，深入推进"一国两制"实践，符合港澳居民利益，符合香港、澳门繁荣稳定实际需要，符合国家根本利益，符合全国人民共同意愿。无论遇到什么样的困难和挑战，对"一国两制"方针的信心和决心都绝不会动摇，推进"一国两制"实践的信心和决心都绝不会动摇。

"一国两制"是一个完整的概念。"一国"是实行"两制"的前提和基础，"两制"从属和派生于"一国"，并统一于"一国"之内。"一国"是根，根深才能叶茂；"一国"是本，本固才能枝荣。国家主体坚持社会主义制度，是香港、澳门实行资本主义制度，保持繁荣稳定的前提和保障；香港、澳门依照基本法实行"港人治港"、"澳人治澳"、高度自治，必须充分尊重国家主体实行的社会主义制度。必须把坚持"一国"原则和尊重"两制"差异有机结合起来，做到坚守"一国"之本，实现"两制"和谐相处、相互促进，既要把实行社会主义制度的内地建设好，也要把实行资本主义制度的香港、澳门建设好。

我国是单一制国家，中央对包括香港、澳门特别行政区在内的所有地方行政区域拥有全面管治权。香港、澳门两个特别行政区的高度自治权不是固有的，而是来源于中央授权。高度自治权不是完全自治，中央对高度自治权具有监督的权力，绝不允许以"高度自治"为名对抗中央的权力。针对有些人鼓吹香港有所谓"固有权力"、"自主权力"等，习近平指出："任何危害国家主权安全、挑战中央权力和香港特别行政区基本法权威、利用香港对内地进行渗透破坏的活动，都是对底线的触碰，都是绝不能允许的。"①必须把维护中央对香港、澳门特别行政区全面管治权和保障特别行政区高度自治权有机结合起来，任何时候都不能偏废。只有这样，才能把路走对了走稳了，否则就会左脚穿着右脚鞋——错打错处来。

2017年7月1日，习近平在庆祝香港回归祖国二十周年大会暨香港特别行政区第五届政府就职典礼上的讲话中指出，回到祖国怀抱的香港已经融入中华民族伟大复兴的壮阔征程。实践充分证明，"一国两制"是历史遗留的香港问题的最佳解决方案，也是香港回归后保持长期繁荣稳定的最佳制度安排，是行得通、办得到、得人心的。

习近平提出了更好在香港落实"一国两制"的几点意见。第一，始终准确把握"一国"和"两制"的关系。"一国"是根，根深才能叶茂；"一国"是本，本固才能枝荣。"一国两制"的提出首先是为了实现和维护国家统一。在具体实践中，必须牢固树立"一国"意识，坚守"一国"原则，正确处理特别行政区和中央的关系。在"一国"的基础之上，"两制"的关系应该也完全可以做到和谐相处、相互促进。第二，始终依照宪法和基本法办事。回归完成了香港宪制秩序的巨大转变，中华人民共和国宪法和香港特别行政区基本法共同构成香港特别行政区的宪制基础。宪法是国家根本大法，是全国各族人民共同意志的体现，是特别行政区制度的法律渊源。基本法是根据宪法制定的基本法律，规定了在香港特别行政区实行的制度和政策，是"一国两制"方针的法律化、制度化，为"一国两制"在香港特别行政区的实践提供了法律保障。第三，始终聚焦发展这个第一要务。发展是永恒的主题，是香港的立身之本，也是解决香港各种问题的金钥匙。香港背靠祖国、面向世界，有着许多有利发展条件和独特竞争优势。要珍惜机遇、抓住机遇，把主要精力集中到搞建设、谋发展上来。第四，始终维护和谐稳定的社会环境。香港是一个多元社会，对一些具体

---

① 习近平：《在庆祝香港回归祖国二十周年大会暨香港特别行政区第五届政府就职典礼上的讲话》，《人民日报》2017年7月2日。

问题存在不同意见甚至重大分歧并不奇怪，但如果陷入"泛政治化"的旋涡，人为制造对立、对抗，那就不仅于事无补，而且会严重阻碍经济社会发展。只有团结起来、和衷共济，才能把香港这个共同家园建设好。

民族复兴、国家统一是大势所趋、大义所在、民心所向。祖国必须统一，也必然统一。这是两岸关系发展历程的历史定论，也是新时代中华民族伟大复兴的必然要求。两岸中国人、海内外中华儿女应共担民族大义、顺应历史大势，共同推动两岸关系和平发展、推进祖国和平统一进程。一个中国原则是两岸关系的政治基础。推动两岸关系和平发展，最根本的是坚持一个中国原则。虽然两岸迄今尚未统一，但中国的主权和领土完整从未分裂。两岸同属一个国家、两岸同胞同属一个民族，这一历史事实和法理基础从未改变，也不可能改变。体现一个中国原则的"九二共识"明确界定了两岸关系的根本性质，是确保两岸关系和平发展的关键。1992年，海峡两岸关系协会（简称"海协会"）与台湾海峡交流基金会（简称"海基会"）经由香港会谈及其后函电往来，达成各自以口头方式表述"海峡两岸均坚持一个中国原则"的共识。海基会的表述是："在海峡两岸共同努力谋求国家统一的过程中，双方虽均坚持一个中国的原则，但对于一个中国的涵义，认知各有不同。"海协会的表述是："海峡两岸都坚持一个中国的原则，努力谋求国家统一。但在海峡两岸事务性商谈中，不涉及一个中国的政治涵义。"双方函电往来中都清晰表明了坚持一个中国原则、追求国家统一的立场和态度。它表明大陆与台湾同属一个中国，两岸关系不是国与国关系。承认"九二共识"，认同两岸同属一个中国，两岸双方就能开展对话，协商解决两岸同胞关心的问题、台湾任何政党和团体同大陆交往也不会存在障碍。两岸关系和平发展要靠两岸同胞共同推动，靠两岸同胞共同维护，由两岸同胞共同分享。

2013年2月，习近平会见中国国民党荣誉主席连战时指出，两岸同胞同属中华民族，这种天然的血缘纽带任何力量都切割不断；两岸同属一个中国，这一基本事实任何力量都无法改变；两岸交流合作得天独厚，这种双向利益需求任何力量都压制不住。全体中华儿女有决心通过自己的不懈奋斗自立于世界民族之林，这种全民族共同愿望任何力量都阻挡不了。大陆和台湾是休戚与共的命运共同体。"兄弟齐心，其利断金。"实现中华民族伟大复兴，需要两岸同胞共同努力。携手推动两岸关系和平发展，同心实现中华民族伟大复兴，应该成为两岸关系的主旋律，成为两岸中华儿女的共同使命。

2013 年 6 月，习近平会见中国国民党荣誉主席吴伯雄时，就坚定不移走两岸关系和平发展道路提出 4 点意见：第一，坚持从中华民族整体利益的高度把握两岸关系大局。从中华民族整体利益把握两岸关系大局，最根本的、最核心的是维护国家领土和主权完整。国共两党理应坚持一个中国立场、共同维护一个中国框架。第二，坚持在认清历史发展趋势中把握两岸关系前途。我们应该登高望远，看到时代发展、民族振兴大趋势，看到两岸关系和平发展已经成为中华民族伟大复兴的重要组成部分，摆脱不合时宜的旧观念束缚，明确振兴中华的共同奋斗目标。第三，坚持增进互信、良性互动、求同存异、务实进取。增进互信，核心就是要在巩固和维护一个中国框架这一原则问题上形成更为清晰的共同认知和一致立场。良性互动，就是要加强沟通、平等协商、相向而行，相互释放善意，维护两岸关系来之不易的和平发展局面，合情合理解决彼此间的问题。求同存异，就是要本着同舟共济的精神，发挥政治智慧，聚集和扩大推动两岸关系发展的共识，妥善处理和管控分歧。务实进取，就是要本着实事求是的态度，坚持从实际出发，循序渐进，稳步向前，不因遇到困难而停滞，不被任何干扰所困惑，防止和避免出现倒退。第四，坚持稳步推进两岸关系全面发展。必须继续反对和遏制任何形式的"台独"分裂主张和活动，不能有任何妥协。在两岸关系大局稳定的基础上，两岸各领域交流合作有着广阔空间。

2015 年 5 月，习近平会见中国国民党主席朱立伦提出，两岸同胞同根同源、同文同种，历来是命运与共的。在经济全球化深入发展、两岸联系日益密切的今天，两岸是割舍不断的命运共同体。面对新形势，国共两党和两岸双方要坚定信心、增进互信，维护两岸关系和平发展进程，携手建设两岸命运共同体。习近平就此提出 5 点主张。第一，坚持"九二共识"、反对"台独"是两岸关系和平发展的政治基础，其核心是认同大陆和台湾同属一个中国。第二，深化两岸利益融合，共创两岸互利双赢，增进两岸同胞福祉，是推动两岸关系和平发展的宗旨。第三，两岸交流，归根到底是人与人的交流，最重要的是心灵沟通。第四，国共两党和两岸双方要着眼大局，本着相互尊重的精神，不仅要求同存异，更应努力聚同化异，不断增进政治互信。第五，中华民族伟大复兴要大家一起来干。只要两岸同胞、全世界的中国人团结起来，心往一处想，劲往一处使，实现中华民族伟大复兴必定指日可待。

2015 年 11 月，习近平在新加坡会见台湾方面领导人马英九。这是 1949 年以来两岸领导人的首次会面。习近平指出，面对新形势，站在两岸关系发展的新起点上，两岸双方应该胸怀民族整体利益、紧跟时代前进步伐，携手巩固两岸关系和平发展大格局，共同实现中华民族伟大复兴。习近平就此提出4点意见。第一，坚持两岸共同政治基础不动摇。两岸关系能够实现和平发展，关键在于双方确立了坚持"九二共识"、反对"台独"的共同政治基础。没有这个定海神针，和平发展之舟就会遭遇惊涛骇浪，甚至彻底倾覆。第二，坚持巩固深化两岸关系和平发展。要和平不要冲突、要交流不要隔绝、要协商合作不要零和对抗，成为两岸同胞的共同心声。两岸同胞应该倍加珍惜和平发展成果，彻底化解两岸敌意，坚持走和平发展道路，努力构建稳定的两岸关系和平发展制度框架。第三，坚持为两岸同胞多谋福祉。我们推动两岸关系和平发展，着眼点和落脚点是要增进同胞的亲情和福祉，让两岸同胞过上更加美好的生活。第四，坚持同心实现中华民族伟大复兴。民族强盛，是两岸同胞之福；民族弱乱，是两岸同胞之祸。实现中华民族伟大复兴，与两岸同胞前途命运息息相关。

第三节　推动社会主义文化繁荣兴盛

党的十八大之后，习近平提出文化自信从而形成了中国特色社会主义的"四个自信"，在掌握意识形态领导权、培育社会主义核心价值观、弘扬优秀传统文化、繁荣社会主义文艺等方面提出了一系列新论断。

一、坚定文化自信

2016年7月，习近平在庆祝中国共产党成立95周年大会上，明确提出了"文化自信"的重要命题。习近平指出，中国共产党人"坚持不忘初心、继续前进"，就要坚持"四个自信"即"中国特色社会主义道路自信、理论自信、制度自信、文化自信"。这将党的十八大提出的中国特色社会主义"三个自信"发展为"四个自信"。

2016 年 11 月，习近平在中国文学艺术界联合会第十次全国代表大会、中国作家协会第九次全国代表大会上指出："文化是一个国家、一个民族的灵魂。历史和现实都表明，一个抛弃了或者背叛了自己历史文化的民族，不仅不可能发展起来，而且很可能上演一幕幕历史悲剧。文化自信，是更基础、更广泛、更深厚的自信，是更基本、更深沉、更持久的力量。坚定文化自信，是事关国运兴衰、事关文化安全、事关民族精神独立性的大问题。"①

党的十九大指出，文化兴国运兴，文化强则民族强。没有高度的文化自信，没有文化的繁荣兴盛，就没有中华民族伟大复兴。要坚持中国特色社会主义文化发展道路，激发全民族文化创新创造活力，建设社会主义文化强国。中国特色社会主义文化，源自于中华民族五千多年文明历史所孕育的中华优秀传统文化，熔铸于党领导人民在革命、建设、改革中创造的革命文化和社会主义先进文化，植根于中国特色社会主义伟大实践。发展中国特色社会主义文化，就是以马克思主义为指导，坚守中华文化立场，立足当代中国现实，结合当今时代条件，发展面向现代化、面向世界、面向未来的，民族的科学的大众的社会主义文化，推动社会主义精神文明和物质文明协调发展，要坚持为人民服务、为社会主义服务，坚持百花齐放、百家争鸣，坚持创造性转化、创新性发展，不断铸就中华文化新辉煌。

提出文化自信意义重大。文化是一个国家、一个民族的灵魂。文化自信是更基础、更广泛、更深厚的自信，是一个国家、一个民族发展中更基本、更深沉、更持久的力量。没有高度的文化自信，没有文化的繁荣兴盛，就没有中华民族伟大复兴。坚定中国特色社会主义道路自信、理论自信、制度自信，说到底是要坚定文化自信。

文化自信与重视传统文化紧密关联。2013 年 8 月，习近平在全国宣传思想工作会议上提出，宣传阐释中国特色，要讲清楚每个国家和民族的历史传统、文化积淀、基本国情不同，其发展道路必然有着自己的特色；讲清楚中华文化积淀着中华民族最深沉的精神追求，是中华民族生生不息、发展壮大的丰厚滋养；讲清楚中华优秀传统文化是中华民族的突出优势，是我们最深厚的文化软实力；讲清楚中国特色社会主义植根于中华文化沃土、反映中国人民意愿、适应中国和时代发展进步要求，有着深厚历史渊源和广泛现实基础。

---

① 《习近平谈治国理政》第二卷，外文出版社 2017 年版，第 349 页。

2013 年 12 月，习近平在中央政治局第十二次集体学习中提出，在 5000 多年文明发展进程中，中华民族创造了博大精深的灿烂文化，要使中华民族最基本的文化基因与当代文化相适应、与现代社会相协调，以人们喜闻乐见、具有广泛参与性的方式推广开来，把跨越时空、超越国度、富有永恒魅力、具有当代价值的文化精神弘扬起来，把继承传统优秀文化又弘扬时代精神、立足本国又面向世界的当代中国文化创新成果传播出去。要系统梳理传统文化资源，让收藏在禁宫里的文物、陈列在广阔大地上的遗产、书写在古籍里的文字都活起来。要以理服人，以文服人，以德服人，提高对外文化交流水平，完善人文交流机制，创新人文交流方式，综合运用大众传播、群体传播、人际传播等多种方式展示中华文化魅力。

2014 年 9 月，习近平在纪念孔子诞辰 2565 周年国际学术研讨会上对弘扬传统文化做了系统的论述。

习近平指出了传统文化的历史作用和现实意义。第一，从历史的角度看，包括儒家思想在内的中国传统思想文化中的优秀成分，对中华文明形成并延续发展几千年而从未中断，对形成和维护中国团结统一的政治局面，对形成和巩固中国多民族和合一体的大家庭，对形成和丰富中华民族精神，对激励中华儿女维护民族独立、反抗外来侵略，对推动中国社会发展进步、促进中国社会利益和社会关系平衡，都发挥了十分重要的作用。第二，要解决当今世界的难题，不仅需要运用人类今天发现和发展的智慧和力量，而且需要运用人类历史上积累和储存的智慧和力量。包括儒家思想在内的中华优秀传统文化中蕴藏着解决当代人类面临的难题的重要启示，比如，关于道法自然、天人合一的思想，关于天下为公、大同世界的思想，关于自强不息、厚德载物的思想，关于以民为本、安民富民乐民的思想，关于为政以德、政者正也的思想，关于苟日新日日新又日新、革故鼎新、与时俱进的思想，关于脚踏实地、实事求是的思想，关于经世致用、知行合一、躬行实践的思想，关于集思广益、博施众利、群策群力的思想，关于仁者爱人、以德立人的思想，关于以诚待人、讲信修睦的思想，关于清廉从政、勤勉奉公的思想，关于俭约自守、力戒奢华的思想，关于中和、泰和、求同存异、和而不同、和谐相处的思想，关于安不忘危、存不忘亡、治不忘乱、居安思危的思想，等等。中华优秀传统文化的丰富哲学思想、人文精神、教化思想、道德理念等，可以为人们认识和改造世界提供有益启迪，可以为治国理政提供有益启示，也可以为道德建设提供有益启发。

习近平表明了中国共产党对待传统文化的态度。中国共产党人是马克思主义者，坚持马克思主义的科学学说，坚持和发展中国特色社会主义，但中国共产党人不是历史虚无主义者，也不是文化虚无主义者。我们从来认为，马克思主义基本原理必须同中国具体实际紧密结合起来，应该科学对待民族传统文化，科学对待世界各国文化，用人类创造的一切优秀思想文化成果武装自己。在带领中国人民进行革命、建设、改革的长期历史实践中，中国共产党人始终是中华优秀传统文化的忠实继承者和弘扬者，从孔夫子到孙中山，我们都注意汲取其中积极的养分。中国人民正在为实现"两个一百年"奋斗目标而努力，其中全面建成小康社会中的"小康"这个概念，就出自《礼记·礼运》，是中华民族自古以来追求的理想社会状态。使用"小康"这个概念来确立中国的发展目标，既符合中国发展实际，也容易得到最广大人民理解和支持。

坚定文化自信充分体现了高度的文化自觉和文化担当。要坚持以马克思主义为指导，推动中华优秀传统文化创造性转化、创新性发展，继承革命文化，发展社会主义先进文化，不忘本来、吸收外来、面向未来，更好构筑中国精神、中国价值、中国力量，为人民提供精神指引。

二、牢牢掌握意识形态工作领导权

党的十八大之后，习近平对意识形态工作发表了一系列重要讲话，这些讲话突出了党对意识形态工作的领导，并对意识形态工作的各个方面指明了基本原则。

（一）宣传思想工作

2013 年 8 月，习近平在全国宣传思想工作会议上提出了许多具有正本清源意义的重要论断。（1）经济建设是党的中心工作，意识形态工作是党的一项极端重要的工作。党的十一届三中全会以来，我们党始终坚持以经济建设为中心，集中精力把经济建设搞上去、把人民生活搞上去。只要国内外大势没有发生根本变化，坚持以经济建设为中心就不能也不应该改变。这是坚持党的基本路线 100 年不动摇的根本要求，也是解决当代中国一切问题的根本要求。同时，只有物质文明建设和精神文明建设都搞好，国家物质力量和精神力量都增强，全国各族人民物质生活和精神生活都改善，中国特色社会主义事业才能顺利向前推进。（2）宣传思想工作就是要巩固马克思主义在意识形态领域的指导地位，巩固全党全国人民团结奋斗的共同思想基础。要坚定马克思主义、共产主义信仰，脚踏实地为实现党在现阶段的基本纲领而不懈努力，扎扎实实做好每一项工作，取得"接力赛"中我们这一棒的优异成绩。（3）党性和人民性从来都是一致的、统一的。坚持党性，核心就是坚持正确政治方向，站稳政治立场，坚定宣传党的理论和路线方针政策，坚定宣传中央重大工作部署，坚定宣传中央关于形势的重大分析判断，坚决同党中央保持高度一致，坚决维护中央权威。坚持人民性，就是要把实现好、维护好、发展好最广大人民根本利益作为出发点和落脚点，坚持以民为本、以人为本。（4）坚持团结稳定鼓劲、正面宣传为主，是宣传思想工作必须遵循的重要方针。我们正在进行具有许多新的历史特点的伟大斗争，面临的挑战和困难前所未有，必须坚持巩固壮大主流思想舆论，弘扬主旋律，传播正能量，激发全社会团结奋进的强大力量。关键是要提高质量和水平，把握好时、度、效，增强吸引力和感染力，让群众爱听爱看、产生共鸣，充分发挥正面宣传鼓舞人、激励人的作用。（5）宣传思想工作创新，重点要抓好理念创新、手段创新、基层工作创新，努力以思想认识新飞跃打开工作新局面，积极探索有利于破解工作难题的新举措新办法，把创新的重心放在基层一线。要继续推进文化体制改革，推动文化事业全面繁荣和文化产业快速发展、建设社会主义文化强国。（6）在全面对外开放的条件下做宣传思想工作，一项重要任务是引导人们更加全面客观地认识当代中国、看待外部世界。要精心做好对外宣传工作，创新对外宣传方式，着力打造融通中外的新概念新范畴新表述，讲好中国故事，传播好中国声音。

2016 年 2 月，习近平在中央召开党的新闻舆论工作座谈会上指出，党的新闻舆论工作是党的一项重要工作，是治国理政、定国安邦的大事，要适应国内外形势发展，从党的工作全局出发把握定位，坚持党的领导，坚持正确政治方向，坚持以人民为中心的工作导向，尊重新闻传播规律，创新方法手段，切实提高党的新闻舆论传播力、引导力、影响力、公信力。习近平指出："党的新闻舆论工作坚持党性原则，最根本的是坚持党对新闻舆论工作的领导。党和政府主办的媒体是党和政府的宣传阵地，必须姓党。党的新闻舆论媒体的所有工作，都要体现党的意志、反映党的主张，维护党中央权威、维护党的团结，做到爱党、护党、为党；都要增强看齐意识，在思想上政治上行动上同党中央保持高度一致。"① 加强和改善党对新闻舆论工作的领导，是新闻舆论工作顺利健康发展的根本保证。各级党委要自觉承担起政治责任和领导责任。领导干部要增强同媒体打交道的能力，善于运用媒体宣讲政策主张、了解社情民意、发现矛盾问题、引导社会情绪、动员人民群众、推动实际工作。

（二）关于网信工作

2014 年 2 月，习近平在中央网络安全和信息化领导小组第一次会议上提出，网络安全和信息化是事关国家安全和国家发展、事关广大人民群众工作生活的重大战略问题，要从国际国内大势出发，总体布局，统筹各方，创新发展，努力把我国建设成为网络强国。当今世界，信息技术革命日新月异，对国际政治、经济、文化、社会、军事等领域发展产生了深刻影响。信息化和经济全球化相互促进，互联网已经融入社会生活方方面面，深刻改变了人们的生产和生活方式。网络安全和信息化对一个国家很多领域都是牵一发而动全身的，要认清我们面临的形势和任务，充分认识做好工作的重要性和紧迫性，因势而谋，应势而动，顺势而为。网络安全和信息化是一体之两翼、驱动之双轮，必须统一谋划、统一部署、统一推进、统一实施。做好网络安全和信息化工作，要处理好安全和发展的关系，做到协调一致、齐头并进，以安全保发展、以发展促安全，努力建久安之势、成长治之业。做好网上舆论工作是一项长期任务，要创新改进网上宣传，运用网络传播规律，弘扬主旋律，激发正能量，大力培育和践行社会主义核心价值观，把握好网上舆论引导的时、度、效，使网络空间清朗起来。习近平指出，没有网络安全就没有国家安全，没有信息化就没有现代化。

2016 年 4 月，习近平在网络安全和信息化工作座谈会上指出，网络空间是亿万民众共同的精神家园。网络空间天朗气清、生态良好，符合人民利益。互联网不是法外之地。利用网络鼓吹推翻国家政权，煽动宗教极端主义，宣扬民族分裂思想，教唆暴力恐怖活动，等等，这样的行为要坚决制止和打击，决不能任其大行其道。利用网络进行欺诈活动，散布色情材料，进行人身攻击，兜售非法物品，等等，这样的言行也要坚决管控，决不能任其大行其道。我们

---

① 《习近平谈治国理政》第二卷，外文出版社 2017 年版，第 332 页。

要本着对社会负责、对人民负责的态度，依法加强网络空间治理，加强网络内容建设，做强网上正面宣传，培育积极健康、向上向善的网络文化，用社会主义核心价值观和人类优秀文明成果滋养人心、滋养社会，做到正能量充沛、主旋律高昂，为广大网民特别是青少年营造一个风清气正的网络空间。

（三）哲学社会科学工作

2016 年 5 月，党中央召开的哲学社会科学工作座谈会，对哲学社会科学发展具有重大的意义。习近平对坚持马克思主义在哲学社会科学的指导地位提出了四个方面的要求。（1）坚持以马克思主义为指导，首先要解决真懂真信的问题。哲学社会科学发展状况与其研究者坚持什么样的世界观、方法论紧密相关。只有真正弄懂了马克思主义，才能在揭示共产党执政规律、社会主义建设规律、人类社会发展规律上不断有所发现、有所创造，才能更好识别各种唯心主义观点、更好抵御各种历史虚无主义谬论。（2）坚持以马克思主义为指导，核心要解决好为什么人的问题。我国哲学社会科学要有所作为，就必须坚持以人民为中心的研究导向。脱离了人民，哲学社会科学就不会有吸引力、感染力、影响力、生命力。我国广大哲学社会科学工作者要坚持人民是历史创造者的观点，树立为人民做学问的理想，尊重人民主体地位，聚焦人民实践创造，自觉把个人学术追求同国家和民族发展紧紧联系在一起，努力多出经得起实践、人民、历史检验的研究成果。（3）坚持以马克思主义为指导，最终要落实到怎么用上来。马克思主义具有与时俱进的理论品质。新形势下，坚持马克思主义，最重要的是坚持马克思主义基本原理和贯穿其中的立场、观点、方法。这是马克思主义的精髓和活的灵魂。把坚持马克思主义和发展马克思主义统一起来，结合新的实践不断作出新的理论创造，这是马克思主义永葆生机活力的奥妙所在。（4）对待马克思主义，不能采取教条主义的态度，也不能采取实用主义的态度。如果不顾历史条件和现实情况变化，拘泥于马克思主义经典作家在特定历史条件下、针对具体情况作出的某些个别论断和具体行动纲领，我们就会因为思想脱离实际而不能顺利前进，甚至发生失误。什么都用马克思主义经典作家的语录来说话，马克思主义经典作家没有说过的就不能说，这不是马克思主义的态度。同时，根据需要找一大堆语录，什么事都说成是马克思恩格斯当年说过了，生硬"裁剪"活生生的实践发展和创新，这也不是马克思主义的态度。习近平提出加快构建中国特色哲学社会科学要把握三个方面的内容：

第一，体现继承性、民族性；第二，体现原创性、时代性；第三，体现系统性、专业性。

三、培育和践行社会主义核心价值观

党的十八大明确提出要倡导富强、民主、文明、和谐，倡导自由、平等、公正、法治，倡导爱国、敬业、诚信、友善，积极培育社会主义核心价值观。十八大以后，习近平高度重视社会主义核心价值观的培育工作，对培育社会主义核心价值观做出重要论述。

2014年2月，习近平在中央政治局第十三次集体学习时指出，要切实把社会主义核心价值观贯穿于社会生活方方面面。要通过教育引导、舆论宣传、文化熏陶、实践养成、制度保障等，使社会主义核心价值观内化为人们的精神追求，外化为人们的自觉行动。一种价值观要真正发挥作用，必须融入社会生活，让人们在实践中感知它、领悟它。要注意把我们所提倡的与人们日常生活紧密联系起来，在落细、落小、落实上下功夫。要按照社会主义核心价值观的基本要求，健全各行各业规章制度，完善市民公约、乡规民约、学生守则等行为准则，使社会主义核心价值观成为人们日常工作生活的基本遵循。要建立和规范一些礼仪制度，组织开展形式多样的纪念庆典活动，传播主流价值，增强人们的认同感和归属感。要把社会主义核心价值观的要求融入各种精神文明创建活动之中，吸引群众广泛参与，推动人们在为家庭谋幸福、为他人送温暖、为社会作贡献的过程中提高精神境界、培育文明风尚。要利用各种时机和场合，形成有利于培育和弘扬社会主义核心价值观的生活情景和社会氛围，使核心价值观的影响像空气一样无所不在、无时不有。

2014年5月，习近平在北京大学师生座谈会上的讲话，是关于培育和践行社会主义核心价值观的重要文献。习近平第一次明确指出了核心价值观的三个层次："我们提出要倡导富强、民主、文明、和谐，倡导自由、平等、公正、法治，倡导爱国、敬业、诚信、友善，积极培育和践行社会主义核心价值观。富强、民主、文明、和谐是国家层面的价值要求，自由、平等、公正、法治是社会层面的价值要求，爱国、敬业、诚信、友善是公民层面的价值要求。这个概括，实际上回答了我们要建设什么样的国家、建设什么样的社会、培育什么样的公民的重大问题。"① 我们提出的社会主义核心价值观，把涉及国家、社会、公民的价值要求融为一体，既体现了社会主义本质要求，继承了中华优秀传统文化，也吸收了世界文明有益成果，体现了时代精神。青年是国家的未来、民族的希望。习近平对广大青年树立和培育社会主义核心价值观更加重视，提出了四点要求：一是要勤学，下得苦功夫，求得真学问。二是要修德，加强道德修养，注重道德实践。三是要明辨，善于明辨是非，善于决断选择。四是要笃实，扎扎实实干事，踏踏实实做人。核心价值观的养成绝非一日之功，要坚持由易到难、由近及远，努力把核心价值观的要求变成日常的行为准则，进而形成自觉奉行的信念理念。

2016 年 12 月，习近平在全国高校思想政治工作会议上提出，学校教育、育人为本，德智体美、德育为先，就是说高校要成为锻造优秀青年的大熔炉。要把社会主义核心价值观贯穿于高校办学育人全过程，用社会主义核心价值观引领知识教育、引领师德建设，加强中华优秀传统文化和革命文化、社会主义先进文化教育，加强党史、国史、改革开放史、社会主义发展史教育，引导广大师生做社会主义核心价值观的坚定信仰者、积极传播者、模范践行者。

2016 年 12 月，习近平会见全国文明家庭代表时指出，家庭、家风、家教是中华优秀传统文化的重要内容。家是最小国，国是千万家。当每个家庭都把爱国和爱家统一起来，我们 4 亿多家庭，13 多亿人民的智慧和热情就会汇聚起实现中华民族伟大复兴中国梦的磅礴力量。作为各级领导干部则要带头抓好家风，因为领导干部的家风不仅关系到自己的家庭，而且关系党风政风。习近平强调："各级领导干部要保持高尚道德情操和健康生活情趣，严格要求亲属子女，过好亲情关，教育他们树立遵纪守法、艰苦朴素、自食其力的良好观念，明白见利忘义、贪赃枉法都是不道德的事情，要为全社会做表率。"②

党的十九大指出，社会主义核心价值观是当代中国精神的集中体现，凝结着全体人民共同的价值追求。要以培养担当民族复兴大任的时代新人为着眼点，强化教育引导、实践养成、制度保障，发挥社会主义核心价值观对国民教育、精神文明创建、精神文化产品创作生产传播的引领作用，把社会主义核心价值观融入社会发展各方面，转化为人们的情感认同和行为习惯。坚持全民行

---

① 《习近平谈治国理政》第一卷，外文出版社 2018 年版，第 168 页。
② 《习近平谈治国理政》第二卷，外文出版社 2017 年版，第 356 页。

动、干部带头，从家庭做起，从娃娃抓起。人民有信仰，国家有力量，民族有希望。要提高人民思想觉悟、道德水准、文明素养，提高全社会文明程度。广泛开展理想信念教育，深化中国特色社会主义和中国梦宣传教育，弘扬民族精神和时代精神，加强爱国主义、集体主义、社会主义教育，引导人们树立正确的历史观、民族观、国家观、文化观。深入实施公民道德建设工程，推进社会公德、职业道德、家庭美德、个人品德建设，激励人们向上向善、孝老爱亲，忠于祖国、忠于人民。加强和改进思想政治工作，深化群众性精神文明创建活动。弘扬科学精神，普及科学知识，开展移风易俗、弘扬时代新风行动，抵制腐朽落后文化侵蚀。推进诚信建设和志愿服务制度化，强化社会责任意识、规则意识、奉献意识。

四、繁荣发展社会主义文艺

2014 年 10 月，习近平在文艺工作座谈会上全面阐述了发展社会主义文艺的思想。习近平指出："社会主义文艺，从本质上讲，就是人民的文艺。"[1] 人民既是历史的创造者，也是历史的见证者，因此，"文艺要反映好人民心声，就要坚持为人民服务、为社会主义服务这个根本方向"[2]。实现中华民族伟大复兴需要中华文化繁荣兴盛。没有中华文化繁荣兴盛，就没有中华民族伟大复兴。一个民族的复兴需要强大的物质力量，也需要强大的精神力量。没有先进文化的积极引领，没有人民精神世界的极大丰富，没有民族精神力量的不断增强，一个国家、一个民族不可能屹立于世界民族之林。

要创作无愧于时代的优秀作品。优秀文艺作品反映着一个国家、一个民族的文化创造能力和水平。吸引、引导、启迪人们必须有好的作品，推动中华文化走出去也必须有好的作品。所以，我们必须把创作生产优秀作品作为文艺工作的中心环节，努力创作生产更多传播当代中国价值观念、体现中华文化精神、反映中国人审美追求，思想性、艺术性、观赏性有机统一的优秀作品。

发展社会主义文艺要坚持以人民为中心的创作导向。"人民不是抽象的符

---

① 《习近平谈治国理政》第二卷，外文出版社 2017 年版，第 314 页。
② 《习近平谈治国理政》第二卷，外文出版社 2017 年版，第 314 页。

号，而是一个一个具体的人，有血有肉，有情感，有爱恨，有梦想，也有内心的冲突和挣扎。不能以自己的个人感受代替人民的感受，而是要虚心向人民学习、向生活学习，从人民的伟大实践和丰富多彩的生活中汲取营养，不断进行生活和艺术的积累，不断进行美的发现和美的创造。"①最关键的是要始终把人民的冷暖、人民的幸福放在心中，把人民的喜怒哀乐倾注在自己的笔端，讴歌奋斗人生，刻画最美人物，坚定人们对美好生活的憧憬和信心。

习近平指出："一部好的作品，应该是经得起人民评价、专家评价、市场检验的作品，应该是把社会效益放在首位，同时也应该是社会效益和经济效益相统一的作品。"②在发展社会主义市场经济的条件下，许多文化产品要通过市场实现价值，当然不能完全不考虑经济效益。然而，同社会效益相比，经济效益是第二位的，当两个效益、两种价值发生矛盾时，经济效益要服从社会效益，市场价值要服从社会价值。

2016年11月，习近平在中国文学艺术联合会第十次全国代表大会、中国作家协会第九次全国代表大会上指出，党对文艺工作历来高度重视，这是因为，文艺事业是党和人民的重要事业，文艺战线是党和人民的重要战线。文艺工作者要树立极强的历史使命感和责任感，不能使历史虚无化。"文学家、艺术家不可能完全还原历史的真实，但有责任告诉人们真实的历史，告诉人们历史中最有价值的东西。戏弄历史的作品，不仅是对历史的不尊重，而且是对自己创作的不尊重，最终必将被历史戏弄。"③人是事业发展最关键的因素。文艺界是思想活跃的地方，也是创造力充沛的地方，济济多士，英才辈出。我国文艺事业要实现繁荣发展，就必须培养人才、发现人才、珍惜人才、凝聚人才。加强和改进党对文艺工作的领导，是文艺事业繁荣发展的根本保证。

党的十九大指出，社会主义文艺是人民的文艺，必须坚持以人民为中心的创作导向，在深入生活、扎根人民中进行无愧于时代的文艺创造。要繁荣文艺创作，坚持思想精深、艺术精湛、制作精良相统一，加强现实题材创作，不断推出讴歌党、讴歌祖国、讴歌人民、讴歌英雄的精品力作。发扬学术民主、艺术民主，提升文艺原创力，推动文艺创新。倡导讲品位、讲格调、讲责任，抵

---

① 《习近平谈治国理政》第二卷，外文出版社2017年版，第317页。
② 《习近平谈治国理政》第二卷，外文出版社2017年版，第320页。
③ 《习近平谈治国理政》第二卷，外文出版社2017年版，第352页。

制低俗、庸俗、媚俗。加强文艺队伍建设，造就一大批德艺双馨名家大师，培育一大批高水平创作人才。文艺是时代前进的号角。进入新时代，文艺更应感国运之变化发时代之先声，在为新时代鼓与呼中展现新面貌新气象。

第四节　带领人民创造更加美好生活

为什么人的问题，是检验一个政党、一个政权性质的试金石。带领人民创造美好生活，是我们党始终不渝的奋斗目标。必须始终把人民利益摆在至高无上的地位，让改革发展成果更多更公平惠及全体人民，朝着实现全体人民共同富裕不断迈进。

一、优先发展教育事业

"教育强则国家强。高等教育发展水平是一个国家发展水平和发展潜力的重要标志。实现中华民族的伟大复兴，教育的地位和作用不可忽视。"[1]百年大计，教育为本。党的十八大以来，党中央高度重视教育事业，坚持把教育摆在优先发展战略地位，对教育工作作出一系列重大决策部署，扎实推进教育惠民举措，人民群众获得感明显增强，促使教育为社会主义现代化建设提供有力的人力支持和知识贡献。

2013年9月，习近平在致全国广大教师慰问信中指出，教师是立教之本、兴教之源，承担着让每个孩子健康成长、办好人民满意教育的重任。希望全国广大教师牢固树立中国特色社会主义理想信念，带头践行社会主义核心价值观，自觉增强立德树人、教书育人的荣誉感和责任感，学为人师，行为世范，做学生健康成长的指导者和引路人；牢固树立终身学习理念，加强学习，拓宽

---

[1] 《习近平谈治国理政》第二卷，外文出版社2017年版，第376页。

视野，更新知识，不断提高业务能力和教育教学质量，努力成为业务精湛、学生喜爱的高素质教师；牢固树立改革创新意识，踊跃投身教育创新实践，为发展具有中国特色、世界水平的现代教育作出贡献。

2014 年 9 月，习近平在北京师范大学看望师生时提出了人民好老师的"四有标准"。国家繁荣、民族振兴、教育发展，需要我们大力培养造就一支师德高尚、业务精湛、结构合理、充满活力的高素质专业化教师队伍，需要涌现一大批好老师。全国广大教师要做有理想信念、有道德情操、有扎实知识、有仁爱之心的好老师，为发展具有中国特色、世界水平的现代教育，培养社会主义事业建设者和接班人作出更大贡献。

2016 年 9 月，习近平在看望慰问北京市八一学校师生时对基础教育做出了重要的论断。基础教育是立德树人的事业，要旗帜鲜明加强思想政治教育、品德教育，加强社会主义核心价值观教育，引导学生自尊自信自立自强。基础教育是提高民族素质的奠基工程，要遵循青少年成长特点和规律，扎实做好基础的文章。基础教育要树立强烈的人才观，大力推进素质教育，鼓励学校办出特色，鼓励教师教出风格。要加强对基础教育的支持力度，办好学前教育，均衡发展九年义务教育，基本普及高中阶段教育。要优化教育资源配置，逐步缩小区域、城乡、校际差距，特别是要加大对革命老区、民族地区、边远地区、贫困地区基础教育的投入力度，保障贫困地区办学经费，健全家庭困难学生资助体系。要推进教育精准脱贫，重点帮助贫困人口子女接受教育，阻断贫困代际传递，让每一个孩子都对自己有信心、对未来有希望。

2016 年 12 月，习近平在全国高校思想政治工作会议上提出，我们对高等教育的需要比以往任何时候都更加迫切，对科学知识和卓越人才的渴求比以往任何时候都更加强烈。"党中央作出加快建设世界一流大学和一流学科的战略决策，就是要提高我国高等教育发展水平，增强国家核心竞争力。"[1]我国有独特的历史、独特的文化、独特的国情，决定了我国必须走自己的高等教育发展道路，扎实办好中国特色社会主义高校。我国高等教育发展方向要同我国发展的现实目标和未来方向紧密联系在一起，为人民服务，为中国共产党治国理政服务，为巩固和发展中国特色社会主义制度服务，为改革开放和社会主义现代化建设服务。我国高等教育肩负着培养德智体美全面发展的社会主义事业建设

---

① 《习近平谈治国理政》第二卷，外文出版社 2017 年版，第 376 页。

者和接班人的重大任务，必须坚持正确政治方向。

党的十九大指出，建设教育强国是中华民族伟大复兴的基础工程，必须把教育事业放在优先位置，加快教育现代化，办好人民满意的教育。要全面贯彻党的教育方针，落实立德树人根本任务，发展素质教育，推进教育公平，培养德智体美全面发展的社会主义建设者和接班人。推动城乡义务教育一体化发展，高度重视农村义务教育，办好学前教育、特殊教育和网络教育，普及高中阶段教育，努力让每个孩子都能享有公平而有质量的教育。完善职业教育和培训体系，深化产教融合、校企合作。加快一流大学和一流学科建设，实现高等教育内涵式发展。健全学生资助制度，使绝大多数城乡新增劳动力接受高中阶段教育、更多接受高等教育。支持和规范社会力量兴办教育。加强师德师风建设，培养高素质教师队伍，倡导全社会尊师重教。办好继续教育，加快建设学习型社会，大力提高国民素质。

二、加强民生保障

民生工作是距离老百姓最近的工作，也是党和国家最重要的工作。习近平强调："要持之以恒把民生工作抓好，发扬钉钉子精神，有坚持不懈的韧劲，推出的每件事都要一抓到底，一件事情接着一件事情办，一年接着一年干，锲而不舍向前走，做到件件有着落、事事有回音，让群众看到变化、得到实惠。"①

2013 年 5 月，习近平在视察天津时指出，就业是民生之本，解决就业问题根本要靠发展。要切实做好以高校毕业生为重点的青年就业工作，加强城镇困难人员、退役军人、农村转移劳动力就业工作，搞好职业技能培训、完善就业服务体系，缓解结构性失业问题。2015 年 4 月，习近平在庆祝"五一"国际劳动节暨表彰全国劳动模范和先进工作者大会上指出，党和国家要实施积极的就业政策，创造更多就业岗位，改善就业环境，提高就业质量，不断增加劳动者特别是一线劳动者劳动报酬。

党的十八届五中全会上强调，要促进就业创业，坚持就业优先战略，实施更加积极的就业政策，完善创业扶持政策，加强对灵活就业、新就业形态的支

---

① 《习近平谈治国理政》第二卷，外文出版社 2017 年版，第 361 页。

持，提高技术工人待遇。缩小收入差距，坚持居民收入增长和经济增长同步、劳动报酬提高和劳动生产率提高同步，健全科学的工资水平决定机制、正常增长机制、支付保障机制，完善最低工资增长机制，完善市场评价要素贡献并按贡献分配的机制。

2016年4月，习近平在安徽调研时指出，在当下经济下行压力大、社会矛盾增多的情况下，要履行好保基本、保底线、保民生的兜底责任。"随着供给侧结构性改革不断推进，会有一些职工下岗，要更加关注就业问题，创造更多就业岗位，落实和完善援助措施，通过鼓励企业吸纳、公益性岗位安置、社会政策托底等多种渠道帮助就业困难人员尽快就业，确保零就业家庭动态'清零'。"①

2016年4月，习近平在知识分子、劳动模范、青年代表座谈会上指出，各级党委和政府要关心和爱护广大劳动群众，切实把党和国家相关政策措施落实到位，不断推进相关领域改革创新，坚决扫除制约广大劳动群众就业创业的体制机制和政策障碍，不断完善就业创业扶持政策、降低就业创业成本，支持广大劳动群众积极就业、大胆创业。要切实维护广大劳动群众合法权益，帮助广大劳动群众排忧解难，积极构建和谐劳动关系。

党的十九大指出，就业是最大的民生。要坚持就业优先战略和积极就业政策，实现更高质量和更充分就业。大规模开展职业技能培训，注重解决结构性就业矛盾，鼓励创业带动就业。提供全方位公共就业服务，促进高校毕业生等青年群体、农民工多渠道就业创业。破除妨碍劳动力、人才社会性流动的体制机制弊端，使人人都有通过辛勤劳动实现自身发展的机会。完善政府、工会、企业共同参与的协商协调机制，构建和谐劳动关系。坚持按劳分配原则，完善按要素分配的体制机制，促进收入分配更合理、更有序。鼓励勤劳守法致富，扩大中等收入群体，增加低收入者收入，调节过高收入，取缔非法收入。坚持在经济增长的同时实现居民收入同步增长、在劳动生产率提高的同时实现劳动报酬同步提高。拓宽居民劳动收入和财产性收入渠道。履行好政府再分配调节职能，加快推进基本公共服务均等化，缩小收入分配差距。

社会保障是民生安全网、社会稳定器、与人民幸福安康息息相关，关系到国家长治久安。"保障和改善民生没有终点，只有连续不断的起点，要采取针

---

① 《习近平谈治国理政》第二卷，外文出版社2017年版，第363页。

对性更强、覆盖面更大、作用更直接、效果更明显的举措，实实在在帮群众解难题，为群众增福祉、让群众享公平。"①党的十八大以来，党中央坚持以人民为中心的发展思想，坚持全覆盖、保基本、多层次、可持续的基本方针，从增强公平性，适应流动性、保障可持续性出发，全面推进社会保障体系建设，覆盖城乡居民的社会保障体系基本建立，保障项目日益完备，制度运行安全有序，保障水平稳步提高，人民群众更多地分享到了经济社会发展成果。

2013 年 11 月，习近平在《中共中央关于全面深化改革若干重大问题的决定》的说明中指出，要推进城乡要素平等交换和公共资源均衡配置。主要是保障农民工同工同酬，保障农民公平分享土地增值收益；完善农业保险制度；鼓励社会资本投向农村建设，允许企业和社会组织在农村兴办各类事业；统筹城乡义务教育资源均衡配置，整合城乡居民基本养老保险制度、基本医疗保险制度，推进城乡最低生活保障制度统筹发展，稳步推进城镇基本公共服务常住人口全覆盖，把进城落户农民完全纳入城镇住房和社会保障体系。

2015 年 4 月，习近平在庆祝"五一"国际劳动节暨表彰全国劳动模范和先进工作者大会上指出，要建立健全党和政府主导的维护群众权益机制，抓住劳动就业、技能培训、收入分配、社会保障、安全卫生等问题，关注一线职工、农民工、困难职工等群体，完善制度，排除阻碍劳动者参与发展、分享发展成果的障碍，努力让劳动者实现体面劳动、全面发展。"要面对面、心贴心、实打实做好群众工作，把人民群众安危冷暖放在心上，雪中送炭，纾难解困，扎扎实实解决好群众最关心最直接最现实的利益问题、最困难最忧虑最急迫的实际问题。"②

党的十八届五中全会指出，要缩小收入差距，坚持居民收入增长和经济增长同步、劳动报酬提高和劳动生产率提高同步，健全科学的工资水平决定机制、正常增长机制、支付保障机制，完善最低工资增长机制，完善市场评价要素贡献并按贡献分配的机制。建立更加公平更可持续的社会保障制度，实施全民参保计划，实现职工基础养老金全国统筹，划转部分国有资本充实社保基金，全面实施城乡居民大病保险制度。

2016 年 4 月，习近平在中央全面深化改革领导小组第二十三次会议上指

---

① 《习近平谈治国理政》第二卷，外文出版社 2017 年版，第 362 页。

② 《习近平谈治国理政》第二卷，外文出版社 2017 年版，第 364 页。

出，社会事业改革关乎民生、连接民心。要坚定不移把改革总体设计中有关社会事业、保障和改善民生的改革要求落到实处，加快推进有关健全就业创业体制机制、深化教育体制改革、深化收入分配制度改革、建立更加公平可持续的社会保障制度、深化医药卫生体制改革等重点任务。要关注群众多方面、多层次需求，创新方式方法，多用善用会用多予少取、放活普惠的办法推进改革，多谋民生之利、多解民生之忧。要认真分析归纳民生领域的热点难点问题，列出清单，拿出措施，每年办成几件实实在在的事情。房价一直是人民群众最为关心的问题，它直接关系到人民群众的日常生活。习近平强调，房子是用来住的，不是用来炒的，要将抑制房地产泡沫作为维护国家经济安全和保障民生的重要内容。"要从实际出发，综合运用金融、土地、财税、投资、立法等手段，加快研究建立符合国情、适应市场规律的基础性制度和长效机制，抑制房地产泡沫，防止出现大起大落。"[1]

党的十九大强调，要按照兜底线、织密网、建机制的要求，全面建成覆盖全民、城乡统筹、权责清晰、保障适度、可持续的多层次社会保障体系。全面实施全民参保计划。完善城镇职工基本养老保险和城乡居民基本养老保险制度，尽快实现养老保险全国统筹。完善统一的城乡居民基本医疗保险制度和大病保险制度。完善失业、工伤保险制度。建立全国统一的社会保险公共服务平台。统筹城乡社会救助体系，完善最低生活保障制度。坚持男女平等基本国策，保障妇女儿童合法权益。完善社会救助、社会福利、慈善事业、优抚安置等制度，健全农村留守儿童和妇女、老年人关爱服务体系。发展残疾人事业，加强残疾康复服务。坚持房子是用来住的、不是用来炒的定位，加快建立多主体供给、多渠道保障、租购并举的住房制度，让全体人民住有所居。

三、坚决打赢脱贫攻坚战

"消除贫困、改善民生、逐步实现共同富裕，是社会主义的本质要求，是我们党的重要使命。全面建成小康社会，是我们对全国人民的庄严承诺。"[2]

---

[1] 《习近平谈治国理政》第二卷，外文出版社2017年版，第368页。
[2] 《习近平谈治国理政》第二卷，外文出版社2017年版，第83页。

打赢脱贫攻坚战，是保障全体人民共享改革发展成果、实现共同富裕的重大举措，是体现中国特色社会主义制度优越性的重要标志。党的十八大以来，习近平在有关扶贫的视察和会议上，尤其是在联合国的2015年减贫与发展高层论坛上的讲话，对打赢扶贫攻坚战有一系列重要的论述，丰富了反贫困理论，指导了反贫困实践。

2013年11月，习近平在湖南湘西州花垣县十八洞村考察时，首次提出"精准扶贫"。同月，习近平在沂蒙老区视察时指出，要以更加明确的目标、更加有力的举措、更加有效的行动，深入实施精准扶贫、精准脱贫，项目安排和资金使用都要提高精准度，扶到点上、根上，让贫困群众真正得到实惠。2014年10月17日，习近平在首个"扶贫日"来临之际作出重要批示强调，全面建成小康社会，最艰巨最繁重的任务在贫困地区。全党全社会要继续共同努力，形成扶贫开发工作强大合力。

2015年6月，习近平在部分省区市扶贫攻坚与"十三五"时期经济社会发展座谈会上对扶贫工作进行了系统论述。习近平指出，我们不能一边宣布实现了全面建成小康社会目标，另一边还有几千万人口生活在扶贫标准线以下。如果是那样，就既影响人民群众对全面建成小康社会的满意度，也影响国际社会对全面建成小康社会的认可度。所以，"十三五"时期经济社会发展，关键在于补齐"短板"，其中必须补好扶贫开发这块"短板"。扶贫开发贵在精准，重在精准，成败之举在于精准。各地都要在扶持对象精准、项目安排精准、资金使用精准、措施到户精准、因村派人精准、脱贫成效精准上想办法、出实招、见真效。

2015年10月6日，习近平在联合国展开的2015年减贫与发展高层论坛发表主旨演讲指出，中国是世界上最大的发展中国家，一直是世界减贫事业的积极倡导者和有力推动者。我们坚持政府主导，把扶贫开发纳入国家总体发展战略，开展大规模专项扶贫行动，针对特定人群组织实施妇女儿童、残疾人、少数民族发展规划。我们坚持开发式扶贫方针，把发展作为解决贫困的根本途径，既扶贫又扶志，调动扶贫对象的积极性，提高其发展能力，发挥其主体作用。我们坚持动员全社会参与，发挥中国制度优势，构建了政府、社会、市场协同推进的大扶贫格局，形成了跨地区、跨部门、跨单位、全社会共同参与的多元主体的社会扶贫体系。我们坚持普惠政策和特惠政策相结合，先后实施《国家八七扶贫攻坚计划（1993—2000年）》、《中国农村扶贫开发纲要（2001—

2010 年)》、《中国农村扶贫开发纲要（2011—2020 年)》，在加大对农村、农业、农民普惠政策支持的基础上，对贫困人口实施特惠政策，做到应扶尽扶、应保尽保。

2015 年 11 月，习近平在中央扶贫开发工作会议上指出，脱贫攻坚战的冲锋号已经吹响。我们要立下愚公移山志，咬定目标、苦干实干，坚决打赢脱贫攻坚战，确保到 2020 年所有贫困地区和贫困人口一道迈入全面小康社会。要坚持精准扶贫、精准脱贫，重在提高脱贫攻坚成效。关键是要找准路子、构建好的体制机制，在精准施策上出实招、在精准推进上下实功、在精准落地上见实效。要解决好"扶持谁"的问题，确保把真正的贫困人口弄清楚，把贫困人口、贫困程度、致贫原因等搞清楚，以便做到因户施策、因人施策。要解决好"谁来扶"的问题，加快形成中央统筹、省（自治区、直辖市）负总责、市（地）县抓落实的扶贫开发工作机制，做到分工明确、责任清晰、任务到人、考核到位。要解决好"怎么扶"的问题，按照贫困地区和贫困人口的具体情况，实施"五个一批"工程。习近平指出："脱贫致富终究要靠贫困群众用自己的辛勤劳动来实现。没有比人更高的山，没有比脚更长的路。要重视发挥广大基层干部群众的首创精神，让他们的心热起来、行动起来，靠辛勤劳动改变贫困落后面貌。要动员全社会力量广泛参与扶贫事业。"①

2016 年 7 月，习近平在东西部扶贫协作座谈会上指出，扶贫开发到了攻克最后堡垒的阶段，所面对的多数是贫中之贫、困中之困，需要以更大的决心、更明确的思路、更精准的举措抓工作。要坚持时间服从质量，科学确定脱贫时间，不搞层层加码。要真扶贫、扶真贫、真脱贫。2017 年 2 月，习近平在中共中央政治局第三十九次集体学习上指出，农村贫困人口如期脱贫、贫困县全部摘帽、解决区域性整体贫困，是全面建成小康社会的底线任务，是我们作出的庄严承诺。要防止形式主义，扶真贫、真扶贫，扶贫工作必须务实，脱贫过程必须扎实，脱贫结果必须真实，让脱贫成效真正获得群众认可、经得起实践和历史检验。

2017 年 6 月，习近平在深度脱贫攻坚座谈会上，对推进深度贫困地区脱贫攻坚工作作了重要讲话。他指出，深度贫困地区是脱贫攻坚的坚中之坚。从总量上看，如期实现脱贫攻坚目标，平均每年需要减少贫困人口近 1100 万人，

---

① 《习近平谈治国理政》第二卷，外文出版社 2017 年版，第 86 页。

越往后脱贫成本越高、难度越大。从结构上看，现有贫困大都是自然条件差、经济基础弱、贫困程度深的地区和群众，是越来越难啃的硬骨头。在群体分布上，主要是残疾人、孤寡老人、长期患病者等"无业可扶、无力脱贫"的贫困人口以及部分教育文化水平低、缺乏技能的贫困群众。在脱贫目标上，实现不愁吃、不愁穿"两不愁"相对容易，实现保障义务教育、基本医疗、住房安全"三保障"难度较大。现在看，脱贫攻坚的主要难点是深度贫困。脱贫攻坚本来就是一场硬仗，而深度贫困地区脱贫攻坚是这场硬仗中的硬仗。我们务必深刻认识深度贫困地区如期完成脱贫攻坚任务的艰巨性、重要性、紧迫性，采取更加集中的支持、更加有效的举措、更加有力的工作，扎实推进深度贫困地区脱贫攻坚。

党的十九大强调，坚决打赢脱贫攻坚战，让贫困人口和贫困地区同全国一道进入全面小康社会是我们党的庄严承诺。要动员全党全国全社会力量，坚持精准扶贫、精准脱贫，坚持"中央统筹、省负总责、市县抓落实"的工作机制，强化党政一把手负总责的责任制，坚持大扶贫格局，注重扶贫同扶志、扶智相结合，深入实施东西部扶贫协作，重点攻克深度贫困地区脱贫任务，确保到 2020 年我国现行标准下农村贫困人口实现脱贫，贫困县全部摘帽，解决区域性整体贫困，做到脱真贫、真脱贫。

2021 年 2 月 25 日，习近平在全国脱贫攻坚总结表彰大会上的讲话，庄严宣告了脱贫攻坚战取得全面胜利，从全面建成小康社会、实现第一个百年奋斗目标的战略高度，充分肯定了脱贫攻坚取得的伟大成绩，深刻总结了脱贫攻坚的光辉历程和宝贵经验，深刻阐述了伟大脱贫攻坚精神，对全面推进乡村振兴、巩固拓展脱贫攻坚成果提出了明确要求。

习近平指出，经过全党全国各族人民共同努力，在迎来中国共产党成立一百周年的重要时刻，我国脱贫攻坚战取得了全面胜利，现行标准下 9899 万农村贫困人口全部脱贫，832 个贫困县全部摘帽，12.8 万个贫困村全部出列，区域性整体贫困得到解决，完成了消除绝对贫困的艰巨任务。

党的十八大以来，党和人民披荆斩棘、栉风沐雨，发扬钉钉子精神，敢于啃硬骨头，攻克了一个又一个贫中之贫、坚中之坚，脱贫攻坚取得了重大历史性成就，农村贫困人口全部脱贫，为实现全面建成小康社会目标任务作出了关键性贡献；脱贫地区经济社会发展大踏步赶上来，整体面貌发生历史性巨变；脱贫群众精神风貌焕然一新，增添了自立自强的信心勇气；党群干群关系明显改善，党在农村的执政基础更加牢固；创造了减贫治理的中国样本，为全球减贫事业作出了重大贡献。党的十八大以来，平均每年1000多万人脱贫，相当于一个中等国家的人口脱贫。贫困人口收入水平显著提高，全部实现"两不愁三保障"，脱贫群众不愁吃、不愁穿，义务教育、基本医疗、住房安全有保障，饮水安全也都有了保障。2000多万贫困患者得到分类救治，曾经被病魔困扰的家庭挺起了生活的脊梁。近2000万贫困群众享受低保和特困救助供养，2400多万困难和重度残疾人拿到了生活和护理补贴。110多万贫困群众当上护林员，守护绿水青山，换来了金山银山。贫困地区发展步伐显著加快，经济实力不断增强，基础设施建设突飞猛进，社会事业长足进步，行路难、吃水难、用电难、通信难、上学难、就医难等问题得到历史性解决。

脱贫攻坚伟大斗争，锻造形成了"上下同心、尽锐出战、精准务实、开拓创新、攻坚克难、不负人民"的脱贫攻坚精神。脱贫攻坚精神，是中国共产党性质宗旨、中国人民意志品质、中华民族精神的生动写照，是爱国主义、集体主义、社会主义思想的集中体现，是中国精神、中国价值、中国力量的充分彰显，赓续传承了伟大民族精神和时代精神。

我们立足我国国情，把握减贫规律，出台一系列超常规政策举措，构建了一整套行之有效的政策体系、工作体系、制度体系，走出了一条中国特色减贫道路，形成了中国特色反贫困理论。主要是：坚持党的领导，为脱贫攻坚提供坚强政治和组织保证；坚持以人民为中心的发展思想，坚定不移走共同富裕道路；坚持发挥我国社会主义制度能够集中力量办大事的政治优势，形成脱贫攻坚的共同意志、共同行动；坚持精准扶贫方略，用发展的办法消除贫困根源；坚持调动广大贫困群众积极性、主动性、创造性，激发脱贫内生动力；坚持弘扬和衷共济、团结互助美德，营造全社会扶危济困的浓厚氛围；坚持求真务实、较真碰硬，做到真扶贫、扶真贫、脱真贫。这些重要经验和认识，是我国脱贫攻坚的理论结晶，是马克思主义反贫困理论中国化最新成果，必须长期坚持并不断发展。

脱贫攻坚战的全面胜利，标志着我们党在团结带领人民创造美好生活、实现共同富裕的道路上迈出了坚实的一大步。同时，脱贫摘帽不是终点，而是新生活、新奋斗的起点。乡村振兴是实现中华民族伟大复兴的一项重大任务。全面实施乡村振兴战略的深度、广度、难度都不亚于脱贫攻坚，要完善政策体系、工作体系、制度体系，以更有力的举措、汇聚更强大的力量，加快农业农村现代化步伐，促进农业高质高效、乡村宜居宜业、农民富裕富足。

四、实施健康中国战略

"没有全民健康，就没有全面小康。"①"要把人民健康放在优先发展的战略地位，以普及健康生活，优化健康服务，完善健康保障、建设健康环境、发展健康产业为重点，加快推进健康中国建设。"②习近平始终注重人民群众的身体健康问题。十八届五中全会正式将建设健康中国上升到了国家战略的高度，充分体现了我们党坚持以人民为中心的发展思想。

党的十八届五中全会上提出，要推进健康中国建设，深化医药卫生体制改革，理顺药品价格，实行医疗、医保、医药联动，建立覆盖城乡的基本医疗卫生制度和现代医院管理制度，实施食品安全战略。促进人口均衡发展，坚持计划生育的基本国策，完善人口发展战略，全面实施一对夫妇可生育两个孩子政策，积极开展应对人口老龄化行动。

2016年8月19日，习近平在全国卫生与健康大会上提出："健康是促进人的全面发展的必然要求，是经济社会发展的基础条件，是民族昌盛和国家富强的重要标志，也是广大人民群众的共同追求。"③在推进健康中国建设的过程中，我们要坚持中国特色卫生与健康发展道路，把握好一些重大问题。要坚持正确的卫生与健康工作方针，以基层为重点，以改革创新为动力，预防为主，中西医并重，将健康融入所有政策，人民共建共享。要坚持基本医疗卫生事业的公益性，不断完善制度、扩展服务、提高质量，让广大人民群众享有公平可及、系统连续的预防、治疗、康复、健康促进等健康服务。要坚持提高医疗卫生服务质量和水平，让全体人民公平获得。要坚持正确处理政府和市场关系，在基本医疗卫生服务领域政府要有所为，在非基本医疗卫生服务领域市场要有活力。要坚定不移贯彻预防为主方针，坚持防治结合、联防联控、群防群控，努力为人民群众提供全生命周期的卫生与健康服务。习近平指出："推进健康

① 《习近平谈治国理政》第二卷，外文出版社2017年版，第370页。
② 《习近平谈治国理政》第二卷，外文出版社2017年版，第370页。
③ 《习近平谈治国理政》第二卷，外文出版社2017年版，第370页。

中国建设，是我们党对人民的郑重承诺。各级党委和政府要把这项重大民心工程摆上重要日程，强化责任担当，狠抓推动落实。"①

2016 年 8 月，中央政治局开会议审议通过了"健康中国 2030"规划纲要。编制和实施"健康中国 2030"规划纲要是贯彻落实党的十八届五中全会精神、保障人民健康的重大举措，对全面建成小康社会、加快推进社会主义现代化具有重大意义。同时，这也是我国积极参与全球健康治理、履行我国对联合国"2030 可持续发展议程"承诺的重要举措。"健康中国 2030"规划纲要是今后15 年推进健康中国建设的行动纲领。要坚持正确的卫生与健康工作方针，坚持健康优先、改革创新、科学发展、公平公正的原则，以提高人民健康水平为核心，以体制机制改革创新为动力，从广泛的健康影响因素入手，以普及健康生活、优化健康服务、完善健康保障、建设健康环境、发展健康产业为重点，把健康融入所有政策，全方位、全周期保障人民健康，大幅提高健康水平，显著改善健康公平。推进健康中国建设，要坚持预防为主，推行健康文明的生活方式，营造绿色安全的健康环境，减少疾病发生。

2016 年 8 月，习近平在会见第 31 届奥运会中国体育代表团时指出，体育是社会发展和人类进步的重要标志，是综合国力和国家软实力的重要体现。"发展体育运动，增强人民体质"是我国体育工作的根本任务。要充分认识体育对提高人民健康水平的积极意义，落实全民健身国家战略，普及全民健身运动，促进健康中国建设。

党的十九大指出，人民健康是民族昌盛和国家富强的重要标志。要完善国民健康政策，为人民群众提供全方位全周期健康服务。深化医药卫生体制改革，全面建立中国特色基本医疗卫生制度、医疗保障制度和优质高效的医疗卫生服务体系，健全现代医院管理制度。加强基层医疗卫生服务体系和全科医生队伍建设。全面取消以药养医，健全药品供应保障制度。坚持预防为主，深入开展爱国卫生运动，倡导健康文明生活方式，预防控制重大疾病。实施食品安全战略，让人民吃得放心。坚持中西医并重，传承发展中医药事业。支持社会办医，发展健康产业。促进生育政策和相关经济社会政策配套衔接，加强人口发展战略研究。积极应对人口老龄化，构建养老、孝老、敬老政策体系和社会环境，推进医养结合，加快老龄事业和产业发展。

---

① 《习近平谈治国理政》第二卷，外文出版社 2017 年版，第 373 页。

五、提出总体国家安全观

2014年4月，习近平在中央国家安全委员会第一次会议上指出，要准确把握国家安全形势变化新特点新趋势，坚持总体国家安全观，走出一条中国特色国家安全道路。

增强忧患意识，做到居安思危，是我们治党治国必须始终坚持的一个重大原则。我们党要巩固执政地位，要团结带领人民坚持和发展中国特色社会主义，保证国家安全是头等大事。当前我国国家安全内涵和外延比历史上任何时候都要丰富，时空领域比历史上任何时候都要宽广，内外因素比历史上任何时候都要复杂，必须坚持总体国家安全观，以人民安全为宗旨，以政治安全为根本，以经济安全为基础，以军事、文化、社会安全为保障，以促进国际安全为依托，走出一条中国特色国家安全道路。

贯彻落实总体国家安全观，必须既重视外部安全，又重视内部安全，对内求发展、求变革、求稳定、建设平安中国，对外求和平、求合作、求共赢、建设和谐世界；既重视国土安全，又重视国民安全，坚持以民为本、以人为本，坚持国家安全一切为了人民、一切依靠人民，真正夯实国家安全的群众基础；既重视传统安全，又重视非传统安全，构建涵盖政治、军事、国土、经济、文化、社会、科技、网络、生态、资源、核、海外利益、太空、深海、极地、生物等诸多领域于一体的国家安全体系；既重视发展问题，又重视安全问题，发展是安全的基础，安全是发展的条件，富国才能强兵，强兵才能卫国；既重视自身安全，又重视共同安全，打造命运共同体，推动各方朝着互利互惠、共同安全的目标相向而行。

坚持总体国家安全观，必须坚持国家利益至上，以人民安全为宗旨，以政治安全为根本，以经济安全为基础，以军事、文化、社会安全为保障，以促进国际安全为依托，维护各领域国家安全，构建国家安全体系，走中国特色国家安全道路。

坚持统筹发展和安全两件大事。发展是安全的基础和目的，安全是发展的条件和保障，发展和安全要同步推进。既要善于运用发展成果夯实国家安全的实力基础，又要善于塑造有利于经济社会发展的安全环境，以发展促安全、以安全保发展，努力建久安之势、成长治之业。

　　坚持人民安全、政治安全、国家利益至上的有机统一。人民安全是国家安全的宗旨，政治安全是国家安全的根本，国家利益至上是国家安全的准则。要坚持国家安全一切为了人民、一切依靠人民，为人民创造良好生存发展条件和安定生产生活环境；把政权安全、制度安全放在首要位置，为国家安全提供根本政治保证；把国家利益作为制定国家安全战略的出发点，更坚决更有效地维护好捍卫好国家利益尤其是核心利益，实现人民安居乐业、党长期执政、国家长治久安。

　　坚持立足于防，又有效处置风险。面对波谲云诡的国际形势、复杂敏感的周边环境、艰巨繁重的改革发展稳定任务，我们必须始终保持高度警惕。既要警惕"黑天鹅"事件，也要防范"灰犀牛"事件；既要有防范风险的先手，也要有应对和化解风险挑战的高招；既要打好防范和抵御风险的有准备之战，也要打好化险为夷、转危为机的战略主动战。

　　2020 年 12 月 11 日，中央政治局就切实做好国家安全工作举行第二十六次集体学习，习近平指出，国家安全工作是党治国理政一项十分重要的工作，也是保障国泰民安一项十分重要的工作。做好新时代国家安全工作，要坚持总体国家安全观，抓住和用好我国发展的重要战略机遇期，把国家安全贯穿到党和国家工作各方面全过程，同经济社会发展一起谋划、一起部署，坚持系统思维，构建大安全格局，促进国际安全和世界和平，为建设社会主义现代化国家提供坚强保障。

　　习近平就贯彻总体国家安全观提出十点要求[①]。一是坚持党对国家安全工作的绝对领导，坚持党中央对国家安全工作的集中统一领导，加强统筹协调，把党的领导贯穿到国家安全工作各方面全过程，推动各级党委（党组）把国家安全责任制落到实处。二是坚持中国特色国家安全道路，贯彻总体国家安全观，坚持政治安全、人民安全、国家利益至上有机统一，以人民安全为宗旨，以政治安全为根本，以经济安全为基础，捍卫国家主权和领土完整，防范化解重大安全风险，为实现中华民族伟大复兴提供坚强安全保障。三是坚持以人民安全为宗旨，国家安全一切为了人民、一切依靠人民，充分发挥广大人民群众积极性、主动性、创造性，切实维护广大人民群众安全权益，始终把人民作为

---

① 《坚持系统思维构建大安全格局为建设社会主义现代化国家提供坚强保障》，《人民日报》2020 年 12 月 13 日。

国家安全的基础性力量，汇聚起维护国家安全的强大力量。四是坚持统筹发展和安全，坚持发展和安全并重，实现高质量发展和高水平安全的良性互动，既通过发展提升国家安全实力，又深入推进国家安全思路、体制、手段创新，营造有利于经济社会发展的安全环境，在发展中更多考虑安全因素，努力实现发展和安全的动态平衡，全面提高国家安全工作能力和水平。五是坚持把政治安全放在首要位置，维护政权安全和制度安全，更加积极主动做好各方面工作。六是坚持统筹推进各领域安全，统筹应对传统安全和非传统安全，发挥国家安全工作协调机制作用，用好国家安全政策工具箱。七是坚持把防范化解国家安全风险摆在突出位置，提高风险预见、预判能力，力争把可能带来重大风险的隐患发现和处置于萌芽状态。八是坚持推进国际共同安全，高举合作、创新、法治、共赢的旗帜，推动树立共同、综合、合作、可持续的全球安全观，加强国际安全合作，完善全球安全治理体系，共同构建普遍安全的人类命运共同体。九是坚持推进国家安全体系和能力现代化，坚持以改革创新为动力，加强法治思维，构建系统完备、科学规范、运行有效的国家安全制度体系，提高运用科学技术维护国家安全的能力，不断增强塑造国家安全态势的能力。十是坚持加强国家安全干部队伍建设，加强国家安全战线党的建设，坚持以政治建设为统领，打造坚不可摧的国家安全干部队伍。

第五节　建设美丽中国

党的十八大以来，以习近平同志为核心的党中央围绕生态文明建设提出了一系列新理念新思想新战略。在"五位一体"总体布局中生态文明建设是其中一位，在新时代坚持和发展中国特色社会主义基本方略中坚持人与自然和谐共生是其中一条基本方略，在新发展理念中绿色是其中一大理念，在三大攻坚战中污染防治是其中一大攻坚战。这"四个一"体现了我们党对生态文明建设规律的把握，体现了生态文明建设在新时代党和国家事业发展中的地位，体现了党对建设生态文明的部署和要求。

一、坚持人与自然和谐共生

人与自然的关系是人类社会最基本的关系。马克思主义认为，人靠自然界生活。人类在同自然的互动中生产、生活、发展。中华文明强调要把天地人统一起来，按照大自然规律活动，取之有时，用之有度。习近平指出："自然是生命之母，人与自然是生命共同体，人类必须敬畏自然、尊重自然、顺应自然、保护自然。"① 保护自然就是保护人类，建设生态文明就是造福人类。

生态兴则文明兴，生态衰则文明衰。生态环境是人类生存和发展的根基，生态环境变化直接影响文明兴衰演替。古今中外这方面的事例众多。古代埃及、古代巴比伦、古代印度、古代中国四大文明古国均发源于森林茂密、水量丰沛、田野肥沃的地区。而生态环境衰退特别是严重的土地荒漠化导致古代埃及、古代巴比伦衰落。我国古代一些地区也有过惨痛教训。河西走廊、黄土高原都曾经水丰草茂，由于毁林开荒、乱砍滥伐，致使生态环境遭到严重破坏，加剧了经济衰落。历史教训表明，在整个发展过程中，不能只讲索取不讲投入，不能只讲发展不讲保护，不能只讲利用不讲修复。人类只有遵循自然规律才能有效防止在开发利用自然上走弯路，人类对大自然的伤害最终会伤及人类自身，这是无法抗拒的规律。

生态环境是关系党的使命宗旨的重大政治问题，也是关系民生的重大社会问题。改革开放以来，我国经济发展取得巨大成就，也积累了大量生态环境问题，成为明显的短板。各类环境污染呈高发态势，一段时间内成为民生之患、民心之痛。随着我国社会主要矛盾发生变化，人民群众对优美生态环境的需要成为这一矛盾的重要方面，广大人民群众热切期盼加快提高生态环境质量。必须把生态文明建设摆在全局工作的突出地位，积极回应人民群众所想、所盼、所急，大力推进生态文明建设。党的十八大以来，以习近平同志为核心的党中央围绕生态文明建设提出了一系列新理念新思想新战略，开展一系列根本性、开创性、长远性工作，生态文明理念日益深入人心，污染治理力度之大、制度出台频度之密、监管执法尺度之严、环境质量改善速度之快前所未有，推动生态环境保护发生历史性、转折性、全局性变化。同时必须清醒看到，过去多年

---

① 习近平：《在纪念马克思诞辰 200 周年大会上的讲话》，人民出版社 2018 年版，第 21 页。

高增长积累的环境问题解决起来绝非一朝一夕之功，生态环境治理成效并不稳固，稍有松懈就有可能出现反复。生态文明建设仍处于压力叠加、负重前行的关键期，已经进入提供更多优质生态产品以满足人民日益增长的优美生态环境需要的攻坚期，也到了有条件有能力解决生态环境突出问题的窗口期。如果现在不抓紧，将来解决起来难度会更高、代价会更大、后果会更重。必须咬紧牙关，爬过这个坡，迈过这道坎。

生态文明建设是关系中华民族永续发展的根本大计。习近平指出："像保护眼睛一样保护生态环境，像对待生命一样对待生态环境。"① 生态环境没有替代品，用之不觉，失之难存。必须坚持节约优先、保护优先、自然恢复为主的方针，坚定不移走生产发展、生活富裕、生态良好的文明发展道路，建设人与自然和谐共生的现代化，建设望得见山、看得见水、记得住乡愁的美丽中国。

二、推进绿色发展

习近平指出："推动形成绿色发展方式和生活方式，是发展观的一场深刻革命。"② 生态环境问题归根结底是发展方式和生活方式问题。要从根本上解决生态环境问题，必须贯彻绿色发展理念，坚决摒弃损害甚至破坏生态环境的增长模式，加快形成节约资源和保护环境的空间格局、产业结构、生产方式、生活方式，把经济活动、人的行为限制在自然资源和生态环境能够承受的限度内，给自然生态留下休养生息的时间和空间。

加快形成绿色发展方式，重点是调整经济结构和能源结构，优化国土空间开发布局，培育壮大节能环保产业、清洁生产产业、清洁能源产业，推进生产系统和生活系统循环链接。要加快划定并严守生态保护红线、环境质量底线、资源利用上线三条红线。对突破三条红线、仍然沿用粗放增长模式、吃祖宗饭砸子孙碗的事，绝对不能再干，绝对不允许再干。加快形成绿色生活方式，要在全社会牢固树立生态文明理念，增强全民节约意识、环保意识、生态意识，

---

① 《习近平谈治国理政》第二卷，外文出版社 2017 年版，第 209 页。
② 《习近平谈治国理政》第二卷，外文出版社 2017 年版，第 395 页。

培养生态道德和行为习惯，让天蓝地绿水清深入人心。开展全民绿色行动，倡导简约适度、绿色低碳的生活方式，反对奢侈浪费和不合理消费，形成文明健康的生活风尚。通过生活方式绿色革命，倒逼生产方式绿色转型，把建设美丽中国转化为全体人民自觉行动。

建设绿色家园是各国人民的共同梦想。纵观人类文明发展史，工业化进程创造了前所未有的物质财富，也产生了难以弥补的生态创伤。杀鸡取卵、竭泽而渔的发展方式走到了尽头，顺应自然、保护生态的绿色发展昭示着未来。保护生态环境、应对气候变化需要世界各国同舟共济、共同努力，任何一国都无法置身事外、独善其身。我国已成为全球生态文明建设的重要参与者、贡献者、引领者，主张加快构筑尊崇自然、绿色发展的生态体系，共建清洁美丽世界。要深度参与全球环境治理，引导应对气候变化国际合作，增强我国在全球环境治理体系中的话语权和影响力。与世界各国共同呵护好地球家园，同筑生态文明之基，同走绿色发展之路，让子孙后代既能享有丰富的物质财富，又能遥望星空、看见青山、闻到花香。

2017年5月，习近平在中央政治局第四十一次集体学习时对绿色发展进行了集中论述。习近平指出："推动形成绿色发展方式和生活方式是贯彻新发展理念的必然要求，必须把生态文明建设摆在全局工作的突出地位，坚持节约资源和保护环境的基本国策，坚持节约优先、保护优先、自然恢复为主的方针，形成节约资源和保护环境的空间格局、产业结构、生产方式、生活方式，努力实现经济社会发展和生态环境保护协同共进，为人民群众创造良好生产生活环境。"① 推动形成绿色发展方式和生活方式，是发展观的一场深刻革命。这就要坚持和贯彻新发展理念，正确处理经济发展和生态环境保护的关系，坚决摒弃损害甚至破坏生态环境的发展模式，坚决摒弃以牺牲生态环境换取一时一地经济增长的做法，让良好生态环境成为人民生活的增长点、成为经济社会持续健康发展的支撑点、成为展现我国良好形象的发力点，让中华大地天更蓝、山更绿、水更清、环境更优美。推动形成绿色发展方式和生活方式有6项重点任务。一要加快转变经济发展方式。二要加大环境污染综合治理。三要加快推进生态保护修复。四要全面促进资源节约集约利用。五要倡导推广绿色消费。六要完善生态文明制度体系。

① 《习近平谈治国理政》第二卷，外文出版社2017年版，第394页。

三、着力解决突出环境问题

2013 年 5 月，习近平在中央政治局第六次集体学习上指出，要实施重大生态修复工程，增强生态产品生产能力。环境保护和治理要以解决损害群众健康突出环境问题为重点，坚持预防为主、综合治理，强化水、大气、土壤等污染防治，着力推进重点流域和区域水污染防治，着力推进重点行业和重点区域大气污染治理。推进生态文明建设，要树立尊重自然、顺应自然、保护自然的生态文明理念，坚持节约资源和保护环境的基本国策，坚持节约优先、保护优先、自然恢复为主的方针，着力树立生态观念、完善生态制度、维护生态安全、优化生态环境，形成节约资源和保护环境的空间格局、产业结构、生产方式、生活方式。要正确处理好经济发展同生态环境保护的关系，牢固树立保护生态环境就是保护生产力、改善生态环境就是发展生产力的理念，更加自觉地推动绿色发展、循环发展、低碳发展，决不以牺牲环境为代价去换取一时的经济增长。要牢固树立生态红线的观念。在生态环境保护问题上，就是要不能越雷池一步，否则就应该受到惩罚。实行最严格的制度、最严密的法治，为生态文明建设提供可靠保障。建立责任追究制度，对那些不顾生态环境盲目决策、造成严重后果的人，必须追究其责任，而且应该终身追究。

2015 年 7 月，习近平在中央全面深化改革领导小组第十四次会议上指出，要立足我国基本国情和发展新的阶段性特征，以建设美丽中国为目标，以解决生态环境领域突出问题为导向，明确生态文明体制改革必须坚持的指导思想、基本理念、重要原则、总体目标，提出改革任务和举措，为生态文明建设提供体制机制保障。要把环境问题突出、重大环境事件频发、环境保护责任落实不力的地方作为先期督察对象，近期要把大气、水、土壤污染防治和推进生态文明建设作为重中之重，重点督察贯彻党中央决策部署、解决突出环境问题、落实环境保护主体责任的情况。要强化环境保护"党政同责"和"一岗双责"的要求，对问题突出的地方追究有关单位和个人责任。

党的十九大指出，要坚持全民共治、源头防治，持续实施大气污染防治行动，打赢蓝天保卫战。加快水污染防治，实施流域环境和近岸海域综合治理。强化土壤污染管控和修复，加强农业面源污染防治，开展农村人居环境整治行动。加强固体废弃物和垃圾处置。提高污染排放标准，强化排污者责任，健全环保信用评价、信息强制性披露、严惩重罚等制度。构建政府为主导、企业为主体、社会组织和公众共同参与的环境治理体系。积极参与全球环境治理，落实减排承诺。

四、改革生态环境监管体制

保护生态环境必须依靠制度、依靠法治。习近平指出："只有实行最严格的制度、最严密的法治，才能为生态文明建设提供可靠保障。"① 当前，我国生态环境保护中存在的突出问题，大多同体制不健全、制度不严格、法治不严密、执行不到位、惩处不得力有关。必须把制度建设作为推进生态文明建设的重中之重，深化生态文明体制改革，把生态文明建设纳入制度化、法治化轨道。

加快制度创新，增加制度供给，完善制度配套，构建产权清晰、多元参与、激励约束并重、系统完整的生态文明制度体系。要建立归属清晰、权责明确、监管有效的自然资源资产产权制度；以空间规划为基础、以用途管制为主要手段的国土空间开发保护制度；以空间治理和空间结构优化为主要内容，全国统一、相互衔接、分级管理的空间规划体系；覆盖全面、科学规范、管理严格的资源总量管理和全面节约制度；反映市场供求和资源稀缺程度、体现自然价值和代际补偿的资源有偿使用和生态补偿制度；以改善环境质量为导向，监管统一、执法严明、多方参与的环境治理体系；更多运用经济杠杆进行环境治理和生态保护的市场体系；充分反映资源消耗、环境损害、生态效益的生态文明绩效评价考核和责任追究制度。

制度的生命力在于执行。要强化中央环境保护督察权威，加强力量配备，并推动向纵深发展，保证党中央关于生态文明建设决策部署落地生根见效。对破坏生态环境的行为不能手软，要下大气力抓住破坏生态环境的反面典型，释放出严加惩处的强烈信号。对任何地方、任何时候、任何人，凡是需要追责的，必须一追到底，决不能让制度规定成为"没有牙齿的老虎"。

---

① 《习近平谈治国理政》第一卷，外文出版社 2018 年版，第 210 页。

2016 年 3 月，中央全面深化改革领导小组第二十二次会议提出，健全生态保护补偿机制，目的是保护好绿水青山，让受益者付费、保护者得到合理补偿，促进保护者和受益者良性互动，调动全社会保护生态环境的积极性。要完善转移支付制度，探索建立多元化生态保护补偿机制，扩大补偿范围，合理提高补偿标准，逐步实现森林、草原、湿地、荒漠、海洋、水流、耕地等重点领域和禁止开发区域、重点生态功能区等重要区域生态保护补偿全覆盖，基本形成符合我国国情的生态保护补偿制度体系。

2016 年 11 月，习近平在中央全面深化改革领导小组第二十九次会议指出，要划定并严守生态保护红线，要按照山水林田湖系统保护的思路，实现一条红线管控重要生态空间，形成生态保护红线全国"一张图"。要统筹考虑自然生态整体性和系统性，开展科学评估，按生态功能重要性、生态环境敏感性脆弱性划定生态保护红线，并将生态保护红线作为编制空间规划的基础，明确管理责任，强化用途管制，加强生态保护和修复，加强监测监管，确保生态功能不弱化、面积不减少、性质不改变。

第六节　构建人类命运共同体

中国共产党是为中国人民谋幸福的政党，也是为人类进步事业而奋斗的政党。党的十八大以来，以习近平同志为核心的党中央统筹国际国内两个大局，推动构建人类命运共同体，全面推进中国特色大国外交，为应对全球共同挑战、共同问题提供了中国智慧和中国方案。

一、人类命运共同体的崭新命题

宇宙只有一个地球，人类共有一个家园。当今世界充满不确定性，人们对未来既寄予期待又感到困惑。世界怎么了、我们怎么办？党的十八大以来，习近平放眼世界，胸怀天下，提出构建人类命运共同体，对马克思主义世界历史发展理论做出了原创性的重大贡献。

（一）人类命运共同体的渊源

马克思主义的创始人马克思和恩格斯在很久以前就以其宏大的视野考虑全人类发展问题，在世界历史的叙事中致力于实现全人类的解放。马克思恩格斯说："各民族的原始封闭状态由于日益完善的生产方式、交往以及因交往而自然形成的不同民族之间的分工消灭得越是彻底，历史也就越是成为世界历史。"① 作为世界上第一个社会主义国家的缔造者，列宁认为"社会主义共和国不同世界发生联系是不能生存下去的，在目前情况下应当把自己的生存同资本主义的关系联系起来"②。世界共同的经济关系是和平共处的经济基础，列宁指出："有一种力量胜过任何一个跟我们敌对的政府或阶级的愿望、意志和决定，这种力量就是世界共同的经济关系。"③列宁关于社会主义国家与资本主义国家和平共处的思想和实践为社会主义国家、共产党人处理国际关系，继承和发扬和平共处理念提供了丰厚的滋养，留下了宝贵的政治遗产。

新中国成立后，毛泽东根据国内外的新变化，提出了一系列具有一定时代特点的国际战略思想，具体表现在"一边倒"、"两个中间地带"、"三个世界划分"等方面。党的十一届三中全会之后，伴随着改革开放的伟大决策，中国以全新的姿态触摸世界，"怎样融入世界"、"如何改变世界"、"建设什么样的世界"不仅是摆在中国共产党人面前的难题和任务，也是改革开放以来中国共产党带领中国人民与世界互动的"三部曲"，集中体现在"对外开放论"、"国际新秩序论"、"和谐世界论"等世界理念上。总之，自新中国成立之日起，中国共产党人在处理国际问题上就有着很多的新见解新观点新思想，这些全球性理念为以习近平同志为核心的党中央提出人类命运共同体的战略思想作了充分的理论准备和铺垫。

当今世界正经历百年未有之大变局，充满着希望和挑战。一方面，世界多

---

① 《马克思恩格斯选集》第1卷，人民出版社2012年版，第168页。
② 《列宁专题文集 论社会主义》，人民出版社2009年版，第387页。
③ 《列宁专题文集 论社会主义》，人民出版社2009年版，第387页。

极化、经济全球化深入发展，社会信息化、文化多样化持续推进，新一轮科技革命和产业革命正在孕育成长，各国相互联系、相互依存，全球命运与共、休戚相关，和平力量的上升远远超过战争因素的增长，和平、发展、合作、共赢的时代潮流更加强劲。另一方面，世界面临的不稳定性不确定性突出，世界经济增长动能不足，贫富分化日益严重，地区热点问题此起彼伏，恐怖主义、网络安全、重大传染性疾病、气候变化等非传统安全威胁持续蔓延，和平赤字、发展赤字、治理赤字等日益严峻。从某种意义上说，这是个最好的时代，和平、发展、合作、共赢成为时代的潮流；这也是个最坏的时代，霸权主义、保护主义、干涉主义、恐怖主义不断升温。人类已经行进至世界历史的拐点，发展与矛盾共存，进步与冲突同在，如何摆脱冲突、矛盾和危机，如何消弭仇视、对抗与斗争，进而规避"用血和火的文字载入人类编年史的"[1]。世界向何处去？人类如何发展？一连串新的问题扑面而来。

"面对世界大发展大变革大调整的新形势，为更好推进人类文明进步事业，我们必须登高望远，正确认识和把握世界大势和时代潮流。"[2] 习近平指出："这个世界，各国相互联系、相互依存的程度空前加深，人类生活在同一个地球村里，生活在历史和现实交汇的同一个时空里，越来越成为你中有我、我中有你的命运共同体。"[3]

（二）人类命运共同体的提出

2012 年 11 月，党的十八大明确指出："合作共赢就是要倡导人类命运共同体意识，在追求本国利益时兼顾他国合理关切，在谋求本国发展中促进各国共同发展，建立更加平等均衡的新型全球发展伙伴关系，同舟共济，权责共担，增进人类共同利益。"[4] 这是在党的代表大会报告中首次出现"人类命运共同体"概念。

党的十八大以来，习近平对人类命运共同体理念作出深刻阐述。尤其是2015 年 9 月在联合国大会的讲话和 2017 年 1 月在联合国日内瓦总部的讲话，

---

① 《马克思恩格斯文集》第 5 卷，人民出版社 2009 年版，第 822 页。

② 习近平：《弘扬"上海精神" 构建命运共同体》，《人民日报》2018 年 6 月 11 日。

③ 《习近平谈治国理政》第一卷，外文出版社 2018 年版，第 272 页。

④ 胡锦涛：《坚定不移沿着中国特色社会主义道路前进 为全面建成小康社会而奋斗——在中国共产党第十八次全国代表大会上的报告》，人民出版社 2012 年版，第 47 页。

是在国际性庄严场合对人类命运共同体做出的系统阐述。

2013 年 3 月，习近平在当选国家主席后首次出访俄罗斯在莫斯科国际关系学院演讲时提出，这个世界，各国相互联系、相互依存的程度空前加深，人类生活在同一个地球村里，生活在历史和现实交汇的同一个时空里，越来越成为你中有我、我中有你的命运共同体。2013 年 5 月，习近平在庆祝非洲统一组织成立 50 周年非盟特别峰会的贺词中指出："中非从来都是命运共同体。在争取民族独立和解放的斗争中，在谋求和平与发展的征程上，中国人民和非洲人民始终相互支持、紧密合作，结下了同呼吸、共命运、心连心的兄弟情谊。中国一贯坚定支持非洲联合自强和一体化进程，中非合作为非洲发展复兴提供了正能量。中方愿继续深化同非盟及非洲次区域组织的合作，支持非盟在地区合作中发挥重要作用，并同非洲国家共同努力，推动中非新型战略伙伴关系深入发展，为非洲的和平、发展、繁荣、复兴作出积极贡献。"① 2013 年 9 月，习近平在二十国集团领导人峰会第一阶段会议上关于世界经济形势的发言中指出："各国要树立命运共同体意识，真正认清'一荣俱荣、一损俱损'的连带效应，在竞争中合作，在合作中共赢。在追求本国利益时兼顾别国利益，在寻求自身发展时兼顾别国发展。不同国家相互帮助共同解决面临的突出问题，是世界经济发展的客观要求。让每个国家发展都能同其他国家增长形成联动效应，相互带来正面而非负面的外溢效应。"②

2015 年 3 月，习近平在博鳌亚洲论坛主旨演讲中指出："人类只有一个地球，各国共处一个世界。世界好，亚洲才能好；亚洲好，世界才能好。面对风云变幻的国际和地区形势，我们要把握世界大势，跟上时代潮流，共同营造对亚洲、对世界都更为有利的地区秩序，通过迈向亚洲命运共同体，推动建设人类命运共同体。"③ 2015 年 4 月，习近平在亚非领导人会议上指出："新形势下，万隆精神仍然具有强大生命力。我们要大力弘扬万隆精神，不断赋予其新的时代内涵，推动构建以合作共赢为核心的新型国际关系，推动国际秩序和国际体系朝着更加公正合理的方向发展，推动建设人类命运共同体，更好造福亚非人

---

① 《习近平致贺词庆祝非洲统一组织成立 50 周年非盟特别峰会召开》，《人民日报》2013 年 5 月 27 日。

② 《习近平谈治国理政》第一卷，外文出版社 2018 年版，第 336 页。

③ 习近平：《迈向命运共同体开创亚洲新未来》，《人民日报》2015 年 3 月 29 日。

民及其他地区人民。"①2015 年 9 月，习近平在纪念中国人民抗日战争暨世界反法西斯战争胜利 70 周年大会上指出："为了和平，我们要牢固树立人类命运共同体意识。偏见和歧视、仇恨和战争，只会带来灾难和痛苦。相互尊重、平等相处、和平发展、共同繁荣，才是人间正道。世界各国应该共同维护以联合国宪章宗旨和原则为核心的国际秩序和国际体系，积极构建以合作共赢为核心的新型国际关系，共同推进世界和平与发展的崇高事业。"②

2015 年 9 月，习近平在第 70 届联合国大会一般性辩论时的讲话中指出，在新的历史起点上，联合国需要深入思考如何在 21 世纪更好回答世界和平与发展这一重大课题。"当今世界，各国相互依存、休戚与共。我们要继承和弘扬联合国宪章的宗旨和原则，构建以合作共赢为核心的新型国际关系，打造人类命运共同体。"③同时呼吁从建立平等相待、互商互谅的伙伴关系，营造公道正义、共建共享的安全格局，谋求开放创新、包容互惠的发展前景，促进和而不同、兼收并蓄的文明交流，构筑尊崇自然、绿色发展的生态体系等方面进行努力。

2017 年 1 月，习近平在联合国日内瓦总部发表题为《共同构建人类命运共同体》的演讲，强调"让和平的薪火代代相传，让发展的动力源源不断，让文明的光芒熠熠生辉，是各国人民的期待，也是我们这一代政治家应有的担当。中国方案是：构建人类命运共同体，实现共赢共享"④。2017 年 10 月，党的十九大报告将"坚持推动构建人类命运共同体"纳入新时代坚持和发展中国特色社会主义必须长期坚持的基本方略。

人类命运共同体也得到国际社会积极响应和认同。2017 年 2 月 10 日，联合国社会发展委员会第 55 届会议一致通过"非洲发展新伙伴关系的社会层面"决议，"构建人类命运共同体"理念首次被写入联合国决议中。同年 3 月 17 日，联合国安理会通过关于阿富汗问题的第 2344 号决议，"构建人类命运共同体"理念首次载入安理会决议。3 月 23 日，联合国人权理事会第 34 次会议通过关于"经济、社会、文化权利"和"粮食权"两个决议，"构建人类命运共同体"

---

① 习近平：《弘扬万隆精神推进合作共赢——在亚非领导人会议上的讲话》，《人民日报》2015 年 4 月 23 日。
② 《习近平谈治国理政》第二卷，外文出版社 2017 年版，第 446 页。
③ 《习近平谈治国理政》第二卷，外文出版社 2017 年版，第 522 页。
④ 《习近平谈治国理政》第二卷，外文出版社 2017 年版，第 539 页。

理念首次载入联合国人权理事会决议。2017 年 11 月 2 日，中国关于"构建人类命运共同体"的理念又写入联大"防止外空军备竞赛进一步切实措施"和"不首先在外空放置武器"两份安全决议。

（三）人类命运共同体的要求

人类不能因现实复杂而放弃梦想，不能因理想遥远而放弃追求。中国人民的梦想同各国人民的梦想息息相通，实现中国梦离不开和平的国际环境和稳定的国际秩序。面对机遇和挑战，我们呼吁，各国人民同心协力，构建人类命运共同体，建设持久和平、普遍安全、共同繁荣、开放包容、清洁美丽的世界。为此，要相互尊重、平等协商，坚决摒弃冷战思维和强权政治，走对话而不对抗、结伴而不结盟的国与国交往新路。要坚持以对话解决争端、以协商化解分歧，统筹应对传统和非传统安全威胁，反对一切形式的恐怖主义。要同舟共济，促进贸易和投资自由化便利化，推动经济全球化朝着更加开放、包容、普惠、平衡、共赢的方向发展。要尊重世界文明多样性，以文明交流超越文明隔阂、文明互鉴超越文明冲突、文明共存超越文明优越。要坚持环境友好，合作应对气候变化，保护好人类赖以生存的地球家园。具体要从以下几个方面进行努力：

1.坚持对话协商，建设一个持久和平的世界

从公元前的伯罗奔尼撒战争到两次世界大战，再到延续 40 余年的冷战，教训惨痛而深刻。"前事不忘，后事之师。"我们的先辈建立了联合国，为世界赢得 70 余年相对和平。我们要完善机制和手段，更好化解纷争和矛盾、消弭战乱和冲突。国家之间要构建对话不对抗、结伴不结盟的伙伴关系。大国要尊重彼此核心利益和重大关切，管控矛盾分歧，努力构建不冲突不对抗、相互尊重、合作共赢的新型关系。只要坚持沟通、真诚相处，"修昔底德陷阱"就可以避免。大国对小国要平等相待，不搞唯我独尊、强买强卖的霸道。任何国家都不能随意发动战争，不能破坏国际法治，不能打开潘多拉的盒子。核武器是悬在人类头上的"达摩克利斯之剑"，应该全面禁止并最终彻底销毁，实现无核世界。要秉持和平、主权、普惠、共治原则，把深海、极地、外空、互联网等领域打造成各方合作的新疆域，而不是相互博弈的竞技场。

2.坚持共建共享，建设一个普遍安全的世界

世上没有绝对安全的世外桃源，一国的安全不能建立在别国的动荡之上，他国的威胁也可能成为本国的挑战。邻居出了问题，不能光想着扎好自家篱

笆，而应该去帮一把。"单则易折，众则难摧。"各方应该树立共同、综合、合作、可持续的安全观。恐怖主义是人类公敌，反恐是各国共同义务，既要治标，更要治本。要加强协调，建立全球反恐统一战线，为各国人民撑起安全伞。恐怖主义、难民危机等问题都同地缘冲突密切相关，化解冲突是根本之策。当事各方要通过协商谈判，其他各方应该积极劝和促谈，尊重联合国发挥斡旋主渠道作用。禽流感、埃博拉、寨卡等疫情不断给国际卫生安全敲响警钟。世界卫生组织要发挥引领作用，加强疫情监测、信息沟通、经验交流、技术分享。国际社会应该加大对非洲等发展中国家卫生事业的支持和援助。

3. 坚持合作共赢，建设一个共同繁荣的世界

发展是第一要务，适用于各国。各国要同舟共济，而不是以邻为壑。各国特别是主要经济体要加强宏观政策协调，兼顾当前和长远，着力解决深层次问题。要抓住新一轮科技革命和产业变革的历史性机遇，转变经济发展方式，坚持创新驱动，进一步发展社会生产力、释放社会创造力。要维护世界贸易组织规则，支持开放、透明、包容、非歧视性的多边贸易体制，构建开放型世界经济。引导经济全球化健康发展，需要加强协调、完善治理，推动建设一个开放、包容、普惠、平衡、共赢的经济全球化，既要做大蛋糕，更要分好蛋糕，着力解决公平公正问题。

4. 坚持交流互鉴，建设一个开放包容的世界

"和羹之美，在于合异。"人类文明多样性是世界的基本特征，也是人类进步的源泉。世界上有 200 多个国家和地区、2500 多个民族、多种宗教。不同历史和国情，不同民族和习俗，孕育了不同文明，使世界更加丰富多彩。文明没有高下、优劣之分，只有特色、地域之别。文明差异不应该成为世界冲突的根源，而应该成为人类文明进步的动力。每种文明都有其独特魅力和深厚底蕴，都是人类的精神瑰宝。不同文明要取长补短、共同进步，文明交流互鉴成为推动人类社会进步的动力、维护世界和平的纽带。

5. 坚持绿色低碳，建设一个清洁美丽的世界

人与自然共生共存，伤害自然最终将伤及人类，建设生态文明关乎人类未来。空气、水、土壤、蓝天等自然资源用之不觉、失之难续。工业化创造了前所未有的物质财富，也产生了难以弥补的生态创伤。我们不能吃祖宗饭、断子孙路，用破坏性方式搞发展。要牢固树立尊重自然、顺应自然、保护自然的意

识，以人与自然和谐相处为目标，解决好工业文明带来的矛盾，实现世界的可持续发展和人的全面发展。绿水青山就是金山银山。我们应该遵循天人合一、道法自然的理念，寻求永续发展之路。倡导绿色、低碳、循环、可持续的生产生活方式，平衡推进 2030 年可持续发展议程，不断开拓生产发展、生活富裕、生态良好的文明发展道路，构筑尊崇自然、绿色发展的全球生态体系。

二、奉行独立自主的和平外交政策

爱好和平是中华民族的历史禀赋。在五千多年的文明发展中，中华民族一直追求和传承着和平、和睦、和谐的坚定理念，中华民族的血液中没有侵略他人、称霸世界的基因。中国人民对战争带来的苦难有着刻骨铭心的记忆，对和平有着孜孜不倦的追求，十分珍惜和平安定的生活。走和平发展道路，是中华民族优秀文化传统的传承和发展，也是中国人民从近代以后苦难遭遇中得出的必然结论。

实现和平发展是现代中国人民的真诚愿望和不懈追求。新中国成立 70 多年特别是改革开放 40 多年来，中国形成了独立自主的和平外交政策，成功地走上了一条与本国国情和时代特征相适应的和平发展道路。新中国成立前夕，毛泽东就强调："中国必须独立，中国必须解放，中国的事情必须由中国人民自己作主张，自己来处理，不容许任何帝国主义国家再有一丝一毫的干涉。"[1]从新中国成立到 20 世纪 50 年代中期，中国外交的中心任务是：巩固新生的人民政权，为社会主义和平建设争取一个有利的国际环境。1953 年 12 月，周恩来在会见印度政府代表团时，首次系统地提出了和平共处五项原则，并经过1955 年的万隆会议为许多亚洲国家所接受。这五项原则后来进一步完整地表述为：互相尊重主权和领土完整、互不侵犯、互不干涉内政、平等互利、和平共处。此后，和平共处五项原则一直是我国处理对外关系的基本准则。

党的十一届三中全会以后，我们党继续认识到珍视和平的重要性。1985年 4 月，邓小平在会见坦桑尼亚副总统时强调："我们的对外政策是反对霸权主义，维护世界和平。我们把争取和平作为对外政策的首要任务。争取和

---

① 《毛泽东选集》第 4 卷，人民出版社 1991 年版，第 1465 页。

平是世界人民的要求，也是我们搞建设的需要。没有和平环境，搞什么建设！"①1989 年 10 月，邓小平在会见泰国总理时指出："我们搞的是有中国特色的社会主义，是不断发展社会生产力的社会主义，是主张和平的社会主义。"②我们党在对国际形势作出新的分析和判断的基础上，对我国的外交战略和对外政策进行了调整，强调要反对霸权主义，维护世界和平，坚持在和平共处五项原则基础上发展同所有国家的友好合作关系。冷战结束后，面对复杂多变的国际形势，我国强调在和平共处五项原则的基础上建立国际政治经济新秩序，进一步加强同发展中国家的团结与合作，努力发展大国间长期稳定的友好合作关系；主张国际关系民主化和发展模式多样化，积极推动经济全球化朝着有利于实现共同繁荣的方向发展，推动国际秩序向公正合理的方向发展，为推动建设持久和平、共同繁荣的和谐世界作出贡献。

党的十八大以来，以习近平同志为核心的党中央深刻分析中国与世界关系发生的深刻变化，坚定不移致力于维护世界和平、促进共同发展。习近平指出："党的十八大明确提出了'两个一百年'的奋斗目标，我们还明确提出了实现中华民族伟大复兴的'中国梦'的奋斗目标。实现我们的奋斗目标，必须有和平国际环境。没有和平，中国和世界都不可能顺利发展；没有发展，中国和世界也不可能有持久和平。"③只有坚持走和平发展道路，只有同世界各国一道维护世界和平，中国才能实现自己的目标，才能为世界作出更大贡献。

2013 年 1 月，习近平在十八届中央政治局第三次集体学习中指出："在长期实践中，我们提出和坚持了和平共处五项原则，确立和奉行了独立自主的和平外交政策，向世界作出了永远不称霸、永远不搞扩张的庄严承诺，强调中国始终是维护世界和平的坚定力量。这些我们必须始终不渝坚持下去，永远不能动摇。"④2014 年 3 月，在中法建交五十周年大会上，习近平呼吁："中国人民珍惜和平，希望同世界各国一道共谋和平、共护和平、共享和平。"⑤在访问德国时，习近平进一步强调："中国走和平发展道路，不是权宜之计，更不是外

① 《邓小平文选》第 3 卷，人民出版社 1993 年版，第 116—117 页。

② 《邓小平文选》第 3 卷，人民出版社 1993 年版，第 328 页。

③ 《习近平谈治国理政》第一卷，外文出版社 2018 年版，第 248 页。

④ 《习近平谈治国理政》第一卷，外文出版社 2018 年版，第 248 页。

⑤ 《习近平在出席第三届核安全峰会并访问欧洲四国和联合国教科文组织总部、欧盟总部时的演讲》，人民出版社 2014 年版，第 25 页。

交辞令，而是从历史、现实、未来的客观判断中得出的结论。是思想自信和实践自觉的有机统一。和平发展道路对中国有利、对世界有利，我们想不出有任何理由不坚持这条被实践证明是走得通的道路。"①

中国奉行独立自主的和平外交政策，把国家主权和安全放在第一位，坚定地维护我国的国家利益，反对任何国家损害我国的独立、主权、安全和尊严；从我国人民和世界人民的根本利益出发，对于一切国际事务，都要根据事情本身的是非曲直决定自己的立场和政策，秉持公道，伸张正义，不屈从于任何外来压力；就是坚持各国的事务应由本国政府和人民决定，世界上的事情应由各国政府和人民平等协商，反对一切形式的霸权主义和强权政治；就是主张和平解决国际争端和热点问题，反对动辄诉诸武力或以武力相威胁，反对颠覆别国合法政权，反对一切形式的恐怖主义。与此同时，中国决不会以牺牲别国利益为代价来发展自己，也决不放弃自己的正当权益，任何人不要幻想让中国吞下损害自身利益的苦果。中国奉行防御性的国防政策。中国发展不对任何国家构成威胁。中国无论发展到什么程度，永远不称霸，永远不搞扩张。

党的十八大以来，中国强调更加积极地参与国际事务，主张在国际社会中发挥更重要作用；与此同时，我国坚定不移地强调独立自主地处理国内与国际事务，反对霸权主义与强权政治。在 2013 年 3 月访问俄罗斯时，习近平指出："要坚持国家不分大小、强弱、贫富一律平等，尊重各国人民自主选择发展道路的权利，反对干涉别国内政，维护国际公平正义。"②作为有世界影响力的大国，我国始终坚持在和平共处五项原则基础上同各国友好相处，平等互利地同各国开展经贸交流与合作。2013 年 12 月，在纪念毛泽东同志诞辰 120 周年座谈会上，习近平再次强调："我们要根据事情本身的是非曲直决定自己的立场和政策，秉持公道，伸张正义，尊重各国人民自主选择发展道路的权利，绝不把自己的意志强加于人，也绝不允许任何人把他们的意志强加于中国人民。"③针对不同国家的发展道路选择，习近平强调应由该国自己决定，只有该国人民

---

① 《习近平在出席第三届核安全峰会并访问欧洲四国和联合国教科文组织总部、欧盟总部时的演讲》，人民出版社 2014 年版，第 34—35 页。

② 《习近平谈治国理政》第一卷，外文出版社 2018 年版，第 273 页。

③ 《习近平在纪念毛泽东同志诞辰 120 周年座谈会上的讲话》，人民出版社 2013 年版，第 22 页。

最有发言权。中国坚持独立自主的外交原则，不以它国意志作为制定对策的出发点，同时也坚决反对将自己的意志强加给其他国家政府。

党的十九大指出："中国坚定奉行独立自主的和平外交政策，尊重各国人民自主选择发展道路的权利，维护国际公平正义，反对把自己的意志强加于人，反对干涉别国内政，反对以强凌弱。中国决不会以牺牲别国利益为代价来发展自己，也决不放弃自己的正当权益，任何人不要幻想让中国吞下损害自身利益的苦果。中国奉行防御性的国防政策。中国发展不对任何国家构成威胁。中国无论发展到什么程度，永远不称霸，永远不搞扩张。"①

中国坚定不移地奉行独立自主的和平外交政策，是由我国的社会主义性质和在国际上的地位所决定的，是从历史、现实、未来的客观判断中得出的结论，是思想自信和实践自觉的有机统一。走和平发展道路，奉行独立自主的和平外交政策，既积极争取和平的国际环境发展自己，又以自身发展促进世界和平；既让中国更好利用世界的机遇，又让世界更好分享中国的机遇，促进中国和世界各国良性互动、互利共赢。这个政策对中国有利，对亚洲有利，对世界有利。

三、推动构建新型国际关系

党的十九大提出，中国将高举和平、发展、合作、共赢的旗帜，恪守维护世界和平、促进共同发展的外交政策宗旨，坚定不移在和平共处五项原则基础上发展同各国的友好合作，推动建设相互尊重、公平正义、合作共赢的新型国际关系。推动建设相互尊重、公平正义、合作共赢的新型国际关系，是以习近平同志为核心的党中央立足时代发展潮流和我国根本利益作出的战略选择，反映了中国人民和世界人民的共同心愿。

构建新型国际关系的关键词是相互尊重、公平正义、合作共赢。这三者之间是层层递进，有机结合的关系。第一，新型国际关系是相互尊重的关系。相互尊重是建设新型国际关系的前提和基础。相互尊重强调的是要摒弃传统的以

---

① 习近平：《决胜全面建成小康社会　夺取新时代中国特色社会主义伟大胜利——在中国共产党第十九次全国代表大会上的报告》，人民出版社 2017 年版，第 59 页。

强凌弱的丛林法则，坚持国家不分大小、强弱、贫富一律平等，各国主权范围内的事情只能由本国政府和人民去管，尊重各国根据各自国情选择发展道路，坚决反对外部势力干涉国家内政。第二，新型国际关系是公平正义的关系。公平正义是建设新型国际关系的标准和规范。公平正义强调的是世界的命运必须由各国人民共同掌握，世界上的事情应该由各国政府和人民共同商量来办。要尊重彼此关切、照顾彼此利益，捍卫联合国宪章宗旨和原则，维护国际关系基本准则，推动制定平衡反映各方利益和关切的国际规则，确保各国发展权利平等、机会平等、规则平等，营造公正合理的国际秩序。第三，新型国际关系是合作共赢的关系。合作共赢是建设新型国际关系的途径和目的。合作共赢强调的是奉行双赢、多赢、共赢的新理念，扔掉我赢你输、赢者通吃的旧思维，不能把世界长期发展建立在一批国家越来越富裕而另一批国家却长期贫穷落后的基础之上。世界各国无论大小，都要在追求本国利益时兼顾他国合理关切，把本国利益同各国共同利益结合起来，努力扩大各方共同利益的汇合点，增进人类共同利益。在谋求自身发展的同时，积极促进其他各国共同发展，让各国和各国人民共同享受发展成果。

推动构建新型国际关系需要正确处理多种国际关系。党的十八大以来，以习近平同志为核心的党中央坚定不移地支持以联合国为中心的多边国际体系，主动探索与不同国家和地区的相处模式，并且更加积极主动地参与多边国际组织会议，从而有力推动了多边外交的深化发展。

（一）构建新型大国关系

党的十八大以来，中国积极推动构建新型大国关系，中美关系、中俄关系、中欧关系等实现了新的发展。

中美关系是当今世界最重要的双边关系之一。作为世界上最大的发展中国家和发达国家，中国和美国在国际社会中发挥的作用举足轻重。自 1979 年中美建立正式外交关系以来，中美双边关系在曲折中向前发展。中美两国在经济贸易往来、地区安全合作等领域仍旧存在着各种各样的利益分歧与争执，但中美两国合作空间仍旧十分巨大。历史发展证明：中华民族和美利坚民族都是伟大的民族，中美两国合则两利，斗则俱伤。早在 2012 年 2 月，时任国家副主席的习近平在访美时便已经指出，中美要构建"前无古人，但后启来者"的新型大国关系倡议。2013 年 6 月，习近平与奥巴马在安纳伯格庄园会晤，并提出了构建不冲突不对抗、相互尊重、合作共赢的中美新型大国关系，从而为中美关系未来健康稳定发展指明了方向。习近平指出："中美建设新型大国关系前无古人、后启来者。中美需要在加强对话、增加互信、发展合作、管控分歧的过程中，不断推进新型大国关系建设。"①2014 年 11 月，习近平为进一步发展中美新型大国关系提出了四点主张，包括"增进互信，把握方向；相互尊重，聚同化异；平等互利，深化合作；着眼民众，加深友谊"。2015 年 9 月，习近平指出："要坚持构建中美新型大国关系的正确方向，一步一个脚印向前走：要正确判断彼此战略意图；坚定不移推进合作共赢；妥善有效管控分歧；广泛培植人民友谊。"②2017 年 4 月，习近平同美国总统特朗普会谈时指出："中美两国关系好，不仅对两国和两国人民有利，对世界也有利。我们有一千条理由把中美关系搞好，没有一条理由把中美关系搞坏。"③要充分用好新建立的外交安全对话、全面经济对话、执法及网络安全对话、社会和人文对话等高级别对话合作机制。要妥善处理敏感问题，建设性管控分歧。双方要加强在重大国际和地区问题上的沟通和协调，共同推动有关地区热点问题妥善处理和解决，拓展在防扩散、打击跨国犯罪等全球性挑战上的合作，加强在联合国、二十国集团、亚太经合组织等多边机制内的沟通和协调，共同维护世界和平、稳定、繁荣。

作为中国最大的邻邦，俄罗斯一直与中国保持着友好交往的传统。新中国成立初期，苏联第一个宣布承认中华人民共和国，并与我国建立了外交关系。苏联为新中国成立初期的社会发展提供了巨大帮助。苏联解体后，俄罗斯继续发展同中国的友好关系，两国政府更是成功解决了历史上的领土争端，两国全面战略协作伙伴关系不断深化发展。2013 年 3 月，习近平当选中国国家主席后，选择俄罗斯作为其第一次出访的目的地，两国签订了《中华人民共和国和俄罗斯联邦关于合作共赢、深化全面战略协作伙伴关系的联合声明》，强调两国将在重大国际问题上加强协商与合作。面对日益复杂变化的国际局势，中俄两国不断加强在经济、政治、文化、军事、安全等领域的交流合作，从而有效推动了中俄双边关系巩固发展，将两国关系提升到新的发展阶段。作为联合国常任理事国，中国与俄罗斯都是具有世界影响力的大国，中俄关系友好发展

① 《习近平谈治国理政》第一卷，外文出版社 2018 年版，第 280 页。

② 习近平：《在华盛顿州当地政府和美国友好团体联合欢迎宴会上的演讲》，《人民日报》2015 年 9 月 24 日。

③ 《习近平谈治国理政》第二卷，外文出版社 2017 年版，第 488 页。

既有利于地区安全，同时也有利于世界和平。党的十八大以来，中俄两国高层领导人密切往来，为维护世界和平、促进共同发展做出了突出贡献。2013 年 3 月，习近平在莫斯科国际关系学院发表演讲时指出："中俄关系是世界上最重要的一组双边关系，更是最好的一组大国关系。一个高水平、强有力的中俄关系，不仅符合中俄双方利益，也是维护国际战略平衡和世界和平稳定的重要保障。"①中俄进一步加深了战略互信，提升了务实合作，活跃了人文交流，加强了国际协作，使中俄关系成为当前我国层次最高、基础最牢、内涵最丰富、最具地区和全球影响力的战略伙伴关系。

中国同欧洲国家的交流合作也在不断深化。党的十八大之后，中国提出了中欧要共同打造和平、增长、改革、文明四大伙伴关系，从而为中欧关系的未来发展指明了方向。这一时期，中英关系不断改善，中法关系深入发展，中德关系进一步巩固，中欧全面战略伙伴关系深入发展，中欧关系进入了发展新时期。2013 年 11 月，习近平在会见欧洲理事会主席范龙佩和欧盟委员会主席巴罗佐时指出，作为最大的发展中国家和最大的发达国家联合体，中欧是维护世界和平的"两大力量"；作为世界上两个重要经济体，中欧是促进共同发展的"两大市场"；作为东西方文化的重要发祥地，中欧是推动人类进步的"两大文明"。2014 年 4 月，习近平在布鲁日欧洲学院的演讲时进一步指出，我们希望同欧洲朋友一道，在亚欧大陆架起一座友谊和合作之桥。我们要共同努力建造和平、增长、改革、文明四座桥梁，建设更具全球影响力的中欧全面战略伙伴关系。2015 年 5 月，习近平在庆祝中国同欧盟建交 40 周年时再次强调："中欧双方在维护世界和平、促进共同发展方面的共识不断扩大、合作的深度和广度持续发展，中欧关系战略意义日益突出，已经成为全球最重要的双边关系之一。"②欧洲是多极化世界的重要一极。要牢牢把握中欧全面战略伙伴关系正确方向，继续推进和平、增长、改革、文明四大伙伴关系建设。

（二）构建新型周边关系

中国是一个疆域辽阔、邻国众多的国家，周边国家是中国发展的重要国际环境和资源圈。习近平指出："要诚心诚意对待周边国家，争取更多朋友和

---

① 《十八大以来重要文献选编》上册，中央文献出版社 2014 年版，第 262 页。

② 《庆祝中国欧盟建交 40 周年习近平同欧盟领导人互致贺电》，《人民日报》2015 年 5 月 6 日。

伙伴。要本着互惠互利的原则同周边国家开展合作，编织更加紧密的共同利益网络，把双方利益融合提升到更高水平，让周边国家得益于我国发展，使我国也从周边国家共同发展中获得裨益和助力。要倡导包容的思想，强调亚太之大容得下大家共同发展，以更加开放的胸襟和更加积极的态度促进地区合作。"①

2013 年 10 月，中央召开了周边外交工作座谈会，习近平在会上深刻阐述了中国周边外交工作的战略目标、基本方针和总体布局。习近平指出："做好周边外交工作，是实现'两个一百年'奋斗目标、实现中华民族伟大复兴的中国梦的需要，要更加奋发有为地推进周边外交，为我国发展争取良好的周边环境，使我国发展更多惠及周边国家，实现共同发展。"②2014 年 11 月，习近平在中央外事工作会议上再次强调："要切实抓好周边外交工作，打造周边命运共同体，秉持亲诚惠容的周边外交理念，坚持与邻为善、以邻为伴，坚持睦邻、安邻、富邻，深化同周边国家的互利合作和互联互通。"③党的十八大以来，党中央审时度势，调整和完善中国外交战略布局，"周边外交"成为继"大国外交"之后最为引人注目的外交方略。

为了更好地指导中国周边外交工作开展，习近平总结并提出了我国周边外交的基本方针和理念。习近平强调："我国周边外交的基本方针，就是坚持与邻为善、以邻为伴，坚持睦邻、安邻、富邻，突出体现亲、诚、惠、容的理念。"④所谓亲，指的是中国与周边国家对待彼此要亲如一家，积极发展友好合作关系，实现相亲相爱、共同进退。所谓诚，指的是中国与周边国家要真心诚意地发展外交关系，努力塑造讲道理、负责任、守诺言的国家形象，实现以诚相待。所谓惠，指的是中国与周边国家要积极寻找双方的利益交汇点，不断加强在经贸、政治、文化、安全等各领域的交流，实现互利互惠、合作共赢。所谓容，指的是中国与周边国家在双边往来中要突出求同存异，互相尊重对方的文化多样性，以开放胸襟消除文化隔阂，实现开放包容。

中国还创造性地提出了构建"亚洲命运共同体"的周边外交目标。在周边

---

① 《习近平谈治国理政》第一卷，外文出版社 2018 年版，第 297—298 页。

② 《习近平谈治国理政》第一卷，外文出版社 2018 年版，第 296 页。

③ 《习近平谈治国理政》第二卷，外文出版社 2017 年版，第 444 页。

④ 《习近平谈治国理政》第一卷，外文出版社 2018 年版，第 297 页。

外交工作座谈会上，习近平指出："要对外介绍好我国的内外方针政策，讲好中国故事，传播好中国声音，把中国梦同周边各国人民过上美好生活的愿望、同地区发展前景对接起来，让命运共同体意识在周边国家落地生根。"①2015年3月，习近平在出席博鳌亚洲论坛2015年年会开幕式时，发表了题为"迈向命运共同体，开创亚洲新未来"的主旨演讲。习近平指出："面对风云变幻的国际和地区形势，我们要把握世界大势，跟上时代潮流，共同营造对亚洲、对世界都更为有利的地区秩序，通过迈向亚洲命运共同体，推动建设人类命运共同体。"② 为了构建命运共同体，习近平还强调了各国必须坚持的三点原则，包括"坚持合作发展、共同发展；坚持实现共同、综合、合作、可持续的安全；必须坚持不同文明兼容并蓄、交流互鉴"。面对不断发展变化的国际局势，通过构建"亚洲命运共同体"，不仅有利于实现中国自身发展，更有利于实现中国和周边国家共进共荣、协同发展。

在"亲、诚、惠、容"理念和"亚洲命运共同体"目标指导下，中国周边外交工作部署不断深入发展，并取得了一系列显著成就。一方面，中国同周边国家的双边友好关系不断发展。这一时期，中俄全面战略协作伙伴关系全面深化，两国之间战略互信发展到新的高度；中印之间高层互访频繁，两国关系继续朝着互利合作深入发展；中国与东南亚国家经贸交流成果显著，中国与东盟战略伙伴关系在稳中发展。另一方面，中国提出"一带一路"等众多合作倡议，以进一步推动中国与周边国家实现互联互通、互利互惠。中国与周边国家经济发展互补性大，合作空间广泛，双方有着近千年友好交往的历史。在新的历史发展时期，面对纷繁复杂的国际环境，中国秉持互利互信的理念，不断深化同周边国家的合作，以实现合作共赢。

（三）构建新型发展中国家关系

作为世界上最大的发展中国家，我国坚持与发展中国家同呼吸、共命运，坚持同发展中国家发展互利共赢的合作关系。习近平指出："要坚持国际关系民主化，坚持和平共处五项原则，坚持国家不分大小、强弱、贫富都是国际社会平等成员，坚持世界的命运必须由各国人民共同掌握，维护国际公平正义，

---

① 《习近平谈治国理政》第一卷，外文出版社2018年版，第299页。
② 习近平：《迈向命运共同体开创亚洲新未来》，《人民日报》2015年3月29日。

特别是要为广大发展中国家说话……要切实加强同发展中国家的团结合作，把我国发展与广大发展中国家共同发展紧密联系起来。"①党的十八大以来，中国更加重视发展同亚非拉国家的友好关系，中国同非洲、拉美、阿拉伯和南太等发展中国家的友好合作关系全面提升。

2013年3月，习近平前往南非出席金砖国家领导人峰会时，访问了坦桑尼亚等非洲三国。在此期间，习近平不断强调中国是非洲"和平稳定的坚定维护者"、"繁荣发展的坚定促进者"、"联合自强的坚定支持者"和"平等参与国际事务的坚定推动者"。在坦桑尼亚尼雷尔国际会议中心，习近平发表了题为"永远做可靠朋友和真诚伙伴"的重要演讲，并深入阐述了中国"真、实、亲、诚"的对非方针。习近平指出："新形势下，中非关系的重要性不是降低了而是提高了，双方共同利益不是减少了而是增多了，中方发展对非关系的力度不会削弱、只会加强。"②在演讲中，习近平深刻地阐述了中国发展对非关系的基本方针，以推动中非进一步加强在经贸、能源等各个领域的交流合作。习近平指出，对待非洲朋友，我们讲一个"真"字；开展对非合作，我们讲一个"实"字；加强中非友好，我们讲一个"亲"字；解决合作中的问题，我们讲一个"诚"字。在出席金砖国家领导人同非洲国家领导人对话会时，习近平再次指出，中方愿同非洲国家建立跨国跨区域基础设施建设合作伙伴关系，帮助非洲开展互联互通及资源普查的咨询、规划、可行性研究和方案设计等前期工作，中方已承诺给予同中国建交的最不发达国家97%税目产品零关税待遇。

中国还坚定不移地发展与拉美、阿拉伯和南太地区发展中国家的友好合作关系。2013年5月底和6月初，习近平出访特立尼达和多巴哥、哥斯达黎加、墨西哥等拉丁美洲国家，并同巴哈马、圭亚那的国家领导人举行了友好会谈。在墨西哥参议院发表演讲时，习近平指出："当前，中拉关系正处于快速发展的重要机遇期。我们应该登高望远、与时俱进，巩固传统友谊，加强全方位交往，提高合作水平，推动中拉平等互利、共同发展的全面合作伙伴关系实现新的更大发展。"③与此同时，中国同阿拉伯国家的双边关系也迈上新台阶。2014年6月，习近平在出席中阿合作论坛第六届部长级会议开幕式时指出："当前，

---

① 《习近平谈治国理政》第二卷，外文出版社2017年版，第443—444页。
② 《习近平谈治国理政》第一卷，外文出版社2018年版，第306页。
③ 《习近平谈治国理政》第一卷，外文出版社2018年版，第311页。

中阿都面临实现民族振兴的共同使命和挑战。希望双方弘扬丝绸之路精神，以共建丝绸之路经济带和 21 世纪海上丝绸之路为新机遇新起点，不断深化全面合作、共同发展的中阿战略合作关系。"①在南太平洋地区，习近平对斐济进行了正式访问，并发表署名文章强调："中国将永远做太平洋岛国人民的真诚朋友，愿同太平洋岛国一道努力，携手开创双方关系更加美好的明天！"②与此同时，习近平还同密克罗尼西亚、萨摩亚、巴布亚新几内亚、瓦努阿图、库克群岛、汤加和纽埃等岛国的领导人进行了会谈，共同表达了对发展双边友好关系的期待。

（四）构建新型多边关系

多边外交指的是多个国际行为主体以国际条约、国际会议、国际组织作为载体，来推动经济、政治、文化等各领域交流合作的发展。党的十八大以来，中国高度重视多边外交在我国整体外交布局中的作用，习近平通过开展出访、会晤等活动不断推动我国的多边外交发展，足迹已经遍布各个大洲。中国更加积极广泛地参与亚太经合组织领导人非正式会议、上海合作组织成员国元首理事会、二十国集团领导人峰会等重大多边国际会议。在深入参与多边外交活动的过程中，"中国声音"、"中国议题"、"中国方案"和"中国主张"等中国外交元素越来越多地出现在国际社会，从而极大地提高了我国在国际社会中的影响力。

2013 年 3 月，习近平在金砖国家领导人第五次会晤时指出："不管国际格局如何变化，我们都要始终坚持平等民主、兼容并蓄，尊重各国自主选择社会制度和发展道路的权利，尊重文明多样性，做到国家不分大小、强弱、贫富都是国际社会的平等成员，一国的事情由本国人民做主，国际上的事情由各国商量着办。"③针对新时代多边外交在我国整体外交布局中的地位与作用，2014 年 11 月，习近平在中央外事工作会议上指出，要切实推进多边外交，推动国际体系和全球治理改革，增加我国和广大发展中国家的代表性和

---

① 《习近平出席中阿合作论坛第六届部长级会议开幕式并发表重要讲话》，《人民日报》2014年 6 月 6 日。

② 《习近平在斐济媒体发表署名文章永远做太平洋岛国人民的真诚朋友》，《人民日报》2014后 11 月 22 日。

③ 《习近平谈治国理政》第一卷，外文出版社 2018 年版，第 324 页。

话语权。

一方面，我国坚定不移地支持以联合国为中心的多边国际体系。作为一个由主权国家组成的国际组织，联合国在维护世界和平、促进人类发展上一直发挥着不可替代的重要作用。习近平高度重视联合国在国际社会中的重要作用，多次在国内国际重大场合表达了支持联合国工作的决心与意愿。2015 年 9 月26 日，习近平在纽约联合国总部会见联合国秘书长时指出，国际社会应该以联合国成立 70 周年为契机，坚持走多边主义道路，捍卫联合国宪章宗旨和原则，维护联合国权威和作用，共同致力于维护世界和平、促进共同发展。2015年 9 月 28 日，习近平在第七十届联合国大会一般性辩论时发表讲话再次强调："当今世界，各国相互依存、休戚与共。我们要继承和弘扬联合国宪章的宗旨和原则，构建以合作共赢为核心的新型国际关系，打造人类命运共同体。"[1] 作为联合国常任理事国，我国一直坚定不移地维护联合国宪章的宗旨和原则，致力于加强联合国在维护世界和平、促进世界发展上发挥的作用，积极参与联合国各项事务。通过开展以联合国为中心的多边外交，我国的国际形象不断改善，在国际社会中日益发挥难以替代的重要作用。

另一方面，我国更加积极主动地参与多边国际组织与国际会议。党的十八大以来，在乌克兰危机、叙利亚问题、伊朗核问题、朝鲜核试验等地区热点问题上，中国始终坚持实事求是的原则，主张通过协商谈判的方式解决问题，为维护地区安全与世界和平作出了突出贡献。中国还积极参与或举办了亚太经合组织领导人非正式会议、上海合作组织成员国元首理事会、二十国集团领导人峰会等一系列重大国际会议。在亚太经合组织 2014 北京峰会上，习近平呼吁亚太经合组织成员国进一步加强合作，共建面向未来的亚太伙伴关系，打造开放型亚太经济格局。2015 年 7 月，习近平在上海合作组织成员国元首理事会第十五次会议上呼吁成员国秉持"上海精神"，继续加强团结互助，推动上合组织实现新的发展。2016 年 9 月，在二十国集团领导人杭州峰会期间，各国围绕"构建创新、活力、联动、包容的世界经济"主题，在全球经济金融治理、国际贸易投资等问题上达成了广泛共识。通过广泛参与多边国际组织与国际会议，中国向世界发出了维护和平、促进发展的强有力声音，有效地推动了多边外交发展。

---

[1] 《习近平在联合国成立 70 周年系列峰会上的讲话》，人民出版社 2015 年版，第 15 页。

四、推动构建开放型世界经济

当今世界正在经历新一轮大发展大变革大调整，各国经济社会发展联系日益密切，全球治理体系和国际秩序变革加速推进。同时，世界经济深刻调整，保护主义、单边主义抬头，经济全球化遭遇波折，多边主义和自由贸易体制受到冲击，不稳定不确定因素依然很多，风险挑战加剧。

开放还是封闭，前进还是后退，人类面临着新的重大抉择。这就需要我们从纷繁复杂的局势中把握规律、认清大势，坚定开放合作信心，共同应对风险挑战，只有开放才能使不同国家相互受益、共同繁荣、持久发展，只有共同努力引领世界经济走出困境，才是各国应当作出的明智选择。

改革开放是中国和世界共同发展进步的伟大历程。党的十一届三中全会以来，中国人民坚持对外开放基本国策，打开国门搞建设，成功实现从封闭半封闭到全方位开放的伟大转折。开放已经成为当代中国的鲜明标识。2001年正式加入世界贸易组织后，中国更加积极地落实对外开放战略，不断加强同各国的经济合作与贸易往来，在经济全球化发展中受益颇多。党的十八大以来，以习近平同志为核心的党中央面对日益开放自由的国际发展环境，更加倡导建立包容开放的国际社会，实现世界各国互利互惠。习近平在二十国集团、亚太经合组织、金砖国家领导人会议、博鳌亚洲论坛等国际舞台一再倡导维护和发展开放型世界经济。

2013年9月，习近平在俄罗斯圣彼得堡举行的二十国集团领导人第八次峰会第一阶段会议上作了题为"共同维护和发展开放型世界经济"的发言，认为我们要放眼长远，努力塑造各国发展创新、增长联动、利益融合的世界经济，坚定维护和发展开放型世界经济。他指出，发展创新，是世界经济可持续增长的要求；增长联动，是世界经济强劲增长的要求；利益融合，是世界经济平衡增长的需要。他呼吁二十国集团各成员必须采取负责任的宏观经济政策，共同维护和发展开放型世界经济，完善全球经济治理，使之更加公平公正。中国将坚持互利共赢的开放战略，深化涉及投资、贸易体制改革，完善法律法规，为各国在华企业创造公平经营的法治环境，通过协商解决同相关国家的贸易争端。2013年10月，习近平指出，亚太经合组织承载着推动本地区和全球发展的重要使命，面对上述挑战，应该展示勇气和决心，发挥引领和协调作用，维护和发展开放型世界经济，推动亚太地区继续在世界经济复苏方面发挥引擎作用。对于亚太经合组织以后的发展，习近平提出以下建议和主张：一是形成合力，共同推动亚太经济一体化进程。二是致力于开放式发展，坚决反对贸易保护主义。三是坚定信心，为多边贸易体制注入新的活力。

2014年7月，习近平在巴西金砖国家领导人第六次会晤倡议，打造开放、包容、合作、共赢的金砖精神，建立更紧密、更全面、更牢固的伙伴关系，开展全方位合作，树立并践行新安全观，建设开放型世界经济，推动完善全球经济治理，提高发展中国家的代表性和发言权。2014年11月14日，习近平在金砖国家领导人非正式会晤时强调，金砖国家要积极参与国际多边合作，提高在全球经济治理中的话语权，致力于建设开放型世界经济，落实国际货币基金组织改革方案，推动解决全球发展问题。2014年11月15日，习近平建议二十国集团成员要建设开放型世界经济继续做全球自由贸易的旗手，维护多边贸易体制，构建互利共赢的全球价值链，培育全球大市场；继续反对贸易和投资保护主义，推动多哈回合谈判；要推动各种自由贸易协定做到开放、包容、透明、非歧视，避免市场分割和贸易体系分化。

2015年3月，习近平在出席博鳌亚洲论坛2015年年会开幕式时强调，亚洲要迈向命运共同体，必须坚持合作共赢、共同发展。要加强宏观经济政策协调，防范不同经济体经济政策变动可能带来的负面外溢效应，积极推动全球经济治理变革，维护开放型世界经济体制，共同应对世界经济中的风险和挑战，要坚持开放的区域主义，协调推进包括亚太经合组织在内的跨区域合作；要积极推动构建地区金融合作体系，建设地区金融安全网；要推动建设亚洲能源资源合作机制，保障能源资源安全。要加强海上互联互通建设，推进亚洲海洋合作机制建设，使海洋成为连接亚洲国家的和平、友好、合作之海。

2016年9月，习近平在杭州G20峰会上强调，二十国集团面对当下经济发展的各种挑战，应该建设开放型世界经济，继续推动贸易和投资自由化便利化，使世界经济走上强劲、可持续、平衡、包容增长之路。2016年底，习近平在亚太经合组织领导人非正式会议上提出，要让经济全球化进程更有活力、更加包容、更可持续。

2017年1月，习近平在世界经济论坛2017年年会开幕式上的主旨演讲中指出："世界经济的大海，你要还是不要，都在那儿，是回避不了的。想人为切断各国经济的资金流、技术流、产品流、产业流、人员流，让世界经济的大海退回到一个一个孤立的小湖泊、小河流，是不可能的，也是不符合历史潮流的。"① 他呼吁："我们要坚定不移发展开放型世界经济，在开放中分享机会和利益、实现互利共赢。不能一遇到风浪就退回到港湾中去，那是永远不能到达彼岸的。我们要下大气力发展全球互联互通，让世界各国实现联动增长，走向共同繁荣。我们要坚定不移发展全球自由贸易和投资，在开放中推动贸易和投资自由化便利化，旗帜鲜明反对保护主义。搞保护主义如同把自己关进黑屋子，看似躲过了风吹雨打，但也隔绝了阳光和空气。打贸易战的结果只能是两败俱伤。"②

中国致力于构建开放型世界经济不仅有自己鲜明的主张，也有自己切实的举措，推动建设"丝绸之路经济带"和 21 世纪"海上丝绸之路"以及推动建立亚洲基础设施投资银行等就是构建开放型世界经济的重要举措。

2013 年 9 月和 10 月，习近平分别在访问哈萨克斯坦和印度尼西亚时提出共同建设"丝绸之路经济带"和 21 世纪"海上丝绸之路"的倡议（合称"一带一路"倡议）。"一带一路"倡议根植历史，更面向未来。古丝绸之路绵亘万里，延续千年，积淀了以和平合作、开放包容、互学互鉴、互利共赢为核心的丝绸之路精神。在新的历史条件下，我们提出"一带一路"倡议，就是要继承和发扬丝绸之路精神，把我国发展同沿线国家和世界其他国家发展结合起来，把中国梦同沿线国家和世界其他国家人民的梦想结合起来，赋予古代丝绸之路以全新的时代内涵。以共建"一带一路"为实践平台推动构建人类命运共同体，这是从我国改革开放和长远发展出发提出来的，符合中华民族历来秉持的天下大同理念，符合中国人怀柔远人、和谐万邦的天下观，顺应时代要求和各国加快发展的愿望，占据了国际道义制高点。

为落实"一带一路"倡议，中国国家发展改革委、外交部、商务部于 2015 年 3 月联合发布了《推动共建丝绸之路经济带和 21 世纪海上丝绸之路的愿景与行动》，成为指导"一带一路"建设的方案。2015 年 3 月 28 日，习近平在出席博鳌亚洲论坛 2015 年年会开幕式的演讲中，明确肯定建设"一带一路"所秉承的原则即共商、共建、共享。"一带一路"的建设不是封闭的，而是开放包容的；不是中国一家的独奏，而是沿线国家的合唱；"一带一路"建设不是空洞的口号，

---

① 《习近平谈治国理政》第二卷，外文出版社 2017 年版，第 478 页。
② 《习近平谈治国理政》第二卷，外文出版社 2017 年版，第 481 页。

而是看得见、摸得着的实际举措，将给地区国家带来实实在在的利益。

2017 年 5 月 14 日，"一带一路"国际合作高峰论坛在北京举行，习近平发表重要讲话，进一步明确了"一带一路"倡议的内涵和建设路径。2017 年 10 月，党的十九大强调，"中国坚持对外开放的基本国策，坚持打开国门搞建设，积极促进'一带一路'国际合作，努力实现政策沟通、设施联通、贸易畅通、资金融通、民心相通，打造国际合作新平台，增添共同发展新动力"①。

新时代推进共建"一带一路"，秉承古丝绸之路精神，遵循开放合作、市场运作、和谐包容、互利共赢的基本准则，以"政策沟通、设施联通、贸易畅通、资金融通、民心相通"为核心内容，努力打造人类命运共同体统领下的利益共同体、责任共同体，赋予古丝绸之路以全新的时代生命。习近平多次强调："我们要通过这个国际合作新平台，增添共同发展新动力，把'一带一路'建设成为和平之路、繁荣之路、开放之路、绿色之路、创新之路、文明之路。"②

"一带一路"建设跨越不同地域、不同发展阶段、不同文明，是各方共同打造的全球公共产品。要尊重彼此主权、尊严、领土完整，尊重彼此发展道路和社会制度，尊重彼此核心利益和重大关切，把"一带一路"建成和平之路；聚焦发展这个根本性问题，释放各国发展潜力，实现经济大融合、发展大联动、成果大共享，把"一带一路"建成繁荣之路；打造开放型合作平台，维护多边贸易体制，解决经济增长和平衡问题，把"一带一路"建成开放之路；坚持创新驱动发展，优化创新环境，集聚创新资源，把"一带一路"建成创新之路；以文明交流超越文明隔阂、文明互鉴超越文明冲突、文明共存超越文明优越，把"一带一路"建成文明之路。

---

① 习近平：《决胜全面建成小康社会 夺取新时代中国特色社会主义伟大胜利——在中国共产党第十九次全国代表大会上的报告》，人民出版社 2017 年版，第 60 页。

② 习近平：《携手共命运同心促发展》，《人民日报》2018 年 9 月 4 日。

第七章　新时代理论创新系统总结

2017 年召开党的十九大，是在全面建成小康社会决胜阶段、中国特色社会主义进入新时代的关键时期召开的一次十分重要的大会。大会的主题是：不忘初心，牢记使命，高举中国特色社会主义伟大旗帜，决胜全面建成小康社会，夺取新时代中国特色社会主义伟大胜利，为实现中华民族伟大复兴的中国梦不懈奋斗。在党的十八大以来提出的一系列新思想新理念新战略的基础上，党的十九大从政治高度对理论创新做了系统的概括总结，提出了中国特色社会主义进入新时代、我国社会主要矛盾发生转化，论述了习近平新时代中国特色社会主义思想，做出了新时代中国特色社会主义发展的战略安排，对各方面工作进行了全面的战略部署。2021 年召开的党的十九届六中全会、2022 年召开的党的二十大进一步阐述了习近平新时代中国特色社会主义思想，使这一思想更系统、更完备。

第一节　首次提出中国特色社会主义进入新时代

党的十九大报告在第一部分"过去五年的工作和历史性变革"中，提出了"中国特色社会主义进入了新时代"的重大论断。这一论断是整个报告的基础，也是习近平新时代中国特色社会主义思想创立的时代背景。

众所周知，时代的发展有一个从量变到质变的过程，在量变中蕴含和孕育着质变，质变是量变的必然结果，同时又开启新的量变。中国共产党在革命、建设和改革中，总是密切关注时代发展的新变化，不断做出符合实际的新判断，以更好地推进我们党的伟大事业。中国特色社会主义进入新时代，是新中国成立以来特别是改革开放以来我国社会发展进步的必然结果，是我国社会主要矛盾变化的必然结果，也是我们党团结带领全国各族人民开创光明未来的必然要求。党的十九大作出的中国特色社会主义进入新时代的重大论断，丰富了马克思主义关于社会发展阶段的学说。

一、从新时期到新时代

改革开放以来，我们党根据形势的发展不断提出所在阶段的判断，诸如新的历史时期、新的发展阶段、新世纪新阶段、新的历史起点等。第一，党的十一届三中全会之后，"新的历史时期"是最基本、最重要、最常用的表述。这体现在《邓小平文选》中，体现在党的十二大、十三大报告中，也为后来重要文献所延续。在党的十一届三中全会召开 20 周年时江泽民指出，"这次全会，标志着建国以来党和国家历史的伟大转折，开辟了改革开放和集中力量进行社会主义现代化建设的历史新时期"[1]；在邓小平同志诞辰一百周年纪念大会上胡锦涛指出："这次全会，实现了党的历史上具有深远意义的伟大转折，开辟了改革开放和集中力量进行社会主义现代化建设的历史新时期。"[2]第二，党的十四大之后，"新的阶段"用的比较多。党的十四大指出，"以邓小平同志的谈话和今年三月中央政治局全体会议为标志，我国改革开放和现代化建设事业进入了一个新的阶段"[3]。党的十四大之后则这样表述："邓小平同志南方谈话以后，十四大确立社会主义市场经济体制的改革目标，改革开放和现代化建设进入新的阶段"[4]；"在邓小平同志南方谈话指引下，党的十四大确立了建立社会主义市场经济体制的改革目标，推动改革开放和现代化建

---

[1] 《江泽民文选》第 1 卷，人民出版社 2006 年版，第 631 页。

[2] 《胡锦涛文选》第 2 卷，人民出版社 2016 年版，第 206 页。

[3] 《十四大以来重要文献选编》上册，人民出版社 1996 年版，第 9 页。

[4] 《江泽民文选》第 3 卷，人民出版社 2006 年版，第 532 页。

设进入了一个新阶段。"① 第三，进入新世纪尤其是党的十六大之后，"新世纪新阶段"用的比较多。党的十五届五中全会明确提出，从新世纪开始，我国进入全面建设小康社会、加快推进社会主义现代化的新的发展阶段。江泽民指出，"从新世纪开始，我国进入了全面建设小康社会、加快推进社会主义现代化的新的发展阶段"②；"为完成党在新世纪新阶段的这个奋斗目标，发展要有新思路，改革要有新突破，开放要有新局面，各项工作要有新举措"③。胡锦涛担任总书记后指出，刚刚闭幕的党的十六大，"从思想上政治上组织上为党和国家事业在新世纪新阶段的发展奠定了坚实基础"④；"今天，在新世纪新阶段，我们党要带领人民实现全面建设小康社会奋斗目标，不断开创中国特色社会主义事业新局面"⑤。第四，党的十七大之后，"新的历史起点"用的比较多。在总结党的十六大以来历史成就时，胡锦涛指出，新世纪新阶段，党中央抓住重要战略机遇期，在全面建设小康社会进程中推进实践创新、理论创新、制度创新，坚持和发展了中国特色社会主义。"全党必须坚定不移地高举中国特色社会主义伟大旗帜，带领人民从新的历史起点出发，抓住和用好重要战略机遇期，求真务实，锐意进取，继续全面建设小康社会、加快推进社会主义现代化，完成时代赋予的崇高使命"⑥。改革开放40多年来，从开启新时期到跨入新世纪，从站上新起点到进入新时代。

党的十八大以来，习近平非常重视并不断对国情发展作出新的论断。

第一，党的十八大闭幕后着重论述社会主义初级阶段的重要性。习近平2012年11月17日在十八届中央政治局第一次集体学习时的讲话中指出，"强调总依据，是因为社会主义初级阶段是当代中国的最大国情、最大实际。我们在任何情况下都要牢牢把握这个最大国情，推进任何方面的改革发展都要牢牢立足这个最大实际。不仅在经济建设中要始终立足初级阶段，而且在政治建设、文化建设、社会建设、生态文明建设中也要始终牢记初级阶段；不仅在经济总量低时要立足初级阶段，而且在经济总量提高后仍然要牢记初级阶

① 《江泽民文选》第3卷，人民出版社2006年版，第334页。
② 《江泽民文选》第3卷，人民出版社2006年版，第426页。
③ 《江泽民文选》第3卷，人民出版社2006年版，第544页。
④ 《胡锦涛文选》第2卷，人民出版社2016年版，第1页。
⑤ 《胡锦涛文选》第2卷，人民出版社2016年版，第11页。
⑥ 《胡锦涛文选》第2卷，人民出版社2016年版，第613页。

段；不仅在谋划长远发展时要立足初级阶段，而且在日常工作中也要牢记初级阶段"[1]。党在社会主义初级阶段的基本路线是党和国家的生命线。我们在实践中要始终坚持"一个中心、两个基本点"不动摇，既不偏离"一个中心"，也不偏废"两个基本点"，把践行中国特色社会主义共同理想和坚定共产主义远大理想统一起来，坚决抵制抛弃社会主义的各种错误主张，自觉纠正超越阶段的错误观念和政策措施。只有这样，才能真正做到既不妄自菲薄、也不妄自尊大，扎扎实实夺取中国特色社会主义新胜利。

第二，党的十九大召开前夕着重论述把握我国发展新的历史方位。习近平2017年7月26日在省部级主要领导干部专题研讨班开班式上的讲话中指出，谋划和推进党和国家各项工作，必须深入分析和准确判断当前世情国情党情。我们强调重视形势分析，对形势作出科学判断，是为制定方针、描绘蓝图提供依据，也是为了使全党同志特别是各级领导干部增强忧患意识，做到居安思危、知危图安。分析国际国内形势，既要看到成绩和机遇，更要看到短板和不足、困难和挑战，看到形势发展变化给我们带来的风险，从最坏处着眼，做最充分的准备，朝好的方向努力，争取最好的结果。习近平强调，"认识和把握我国社会发展的阶段性特征，要坚持辩证唯物主义和历史唯物主义的方法论，从历史和现实、理论和实践、国内和国际等的结合上进行思考，从我国社会发展的历史方位上来思考，从党和国家事业发展大局出发进行思考，得出正确结论"[2]。全党要牢牢把握社会主义初级阶段这个最大国情，牢牢立足社会主义初级阶段这个最大实际，更准确地把握我国社会主义初级阶段不断变化的特点，坚持党的基本路线，在继续推动经济发展的同时，更好解决我国社会出现的各种问题，更好实现各项事业全面发展，更好发展中国特色社会主义事业，更好推动人的全面发展、社会全面进步。

党的十九大作出重大论断："经过长期努力，中国特色社会主义进入了新时代，这是我国发展新的历史方位。"[3]明确中国特色社会主义进入新时代，这是我们党在科学把握世情国情党情深刻变化的基础上，作出的一项关系全局的重大战略考量。从发展阶段看，党的十八大以来，改革开放和社会主义现代化

---

① 《习近平谈治国理政》第一卷，外文出版社2018年版，第10—11页。

② 《习近平谈治国理政》第二卷，外文出版社2017年版，第61页。

③ 习近平：《决胜全面建成小康社会 夺取新时代中国特色社会主义伟大胜利——在中国共产党第十九次全国代表大会上的报告》，人民出版社2017年版，第10页。

建设取得历史性成就，我国发展站到了新的历史起点上，中国特色社会主义进入新的发展阶段。从社会主要矛盾看，我国社会主要矛盾已经由人民日益增长的物质文化需要同落后的社会生产之间的矛盾，转化为人民日益增长的美好生活需要和不平衡不充分的发展之间的矛盾。从奋斗目标看，党的十九大到二十大是"两个一百年"奋斗目标的历史交汇期，我们既要全面建成小康社会、实现第一个百年奋斗目标，又要乘势而上开启全面建设社会主义现代化国家新征程，向第二个百年奋斗目标进军。从国际地位看，当代中国正处在从大国走向强国的关键时期，已不再是国际秩序的被动接受者，而是积极的参与者、建设者、引领者。以上这些重大变化，都需要从新的历史方位、新的时代坐标来科学认识和全面把握。

新时代的用词极为鲜明。从中文本义上和人们日常感知上，时代是比阶段更"大"的词，但新时代不是纯时间意义的历史时代，而是侧重于政治角度使用的。之所以用时代这样鲜明的词，是考虑到"时代是思想之母"，用新时代论述习近平新时代中国特色社会主义思想更契合、更有力。

新时代的论述极为充分。改革开放以来，新时期、新世纪、新起点等虽然成为一个时期的主流话语，但权威文献没有对它们做集中的展开的论述。新时代则不一样，在党的十九大报告这种党内最重要的文献中做了全面的阐述，包括进入新时代、新时代的内涵、新时代的意义等。这样集中的论述，在党的重要文献中类似于社会主义初级阶段，党的十三大和十五大分别做了展开论述。对比党的十九大报告与十三大、十五大报告的文本，新时代展开论述的逻辑，与社会主义初级阶段展开论述的逻辑是一致的。改革开放以来我们提出社会主义初级阶段理论，这一理论是中国特色社会主义的基石。党的十九大提出新时代，这一论断也是习近平新时代中国特色社会主义思想的基石。

二、新时代的成就和变革

新时代是基于历史性成就和历史性变革。党的十八大以来，以习近平同志为核心的党中央，以伟大的历史主动精神、巨大的政治勇气、强烈的责任担当，统筹国内国际两个大局，贯彻党的基本理论、基本路线、基本方略，统揽伟大斗争、伟大工程、伟大事业、伟大梦想，坚持稳中求进工作总基调，出台一系列重大方针政策，推出一系列重大举措，推进一系列重大工作，战胜一系列重大风险挑战，解决了许多长期想解决而没有解决的难题，办成了许多过去想办而没有办成的大事，推动党和国家事业取得历史性成就、发生历史性变革。

（一）全方位、开创性的历史性成就

党的十八大以来取得的历史性成就是全方位的。第一，党中央关注和解决的事项是全方位的。五年间，党中央召开七次全会，分别就政府机构改革和职能转变、全面深化改革、全面推进依法治国、制定"十三五"规划、全面从严治党等重大问题作出决定和部署，囊括经济、政治、文化、社会、生态、党建、军队国防、港澳台、外交等诸多方面，涉及的范围是十分广泛的。第二，取得成就的领域和方面是全方位的。五年来，中国经济建设取得重大成就，全面深化改革取得重大突破，民主法治建设迈出重大步伐，思想文化建设取得重大进展，人民生活不断改善，生态文明建设成效显著，强军兴军开创新局面，港澳台工作取得新进展，全方位外交布局深入展开，全面从严治党成效卓著。总之，党的十八大以来，以习近平同志为核心的党中央以高瞻远瞩的战略眼光、一往无前的宏大气魄、激浊扬清的责任担当、雷厉风行的果敢行动，统筹推进改革发展稳定、内政外交国防、治党治国治军，在各领域各方面都取得了辉煌成就，开启了中国特色社会主义新时代。

党的十八大以来取得的历史性成就是开创性的。第一，许多政策、战略、倡议、理念的提出是开创性的。五年来，以习近平同志为核心的党中央以大智慧、大视野、大格局，确立中国特色社会主义事业"五位一体"总体布局，推进实施"四个全面"战略布局，贯彻落实"创新、协调、绿色、开放、共享"五大发展理念，坚持"以人民为中心"的发展思想，提出"一带一路"倡议，设立亚洲基础设施投资银行，推动构建人类命运共同体等，这些政策、战略、倡议、理念等均具有开创性。第二，许多成就的取得是开创性的。五年间，中国经济保持中高速增长，在世界主要国家中名列前茅，国内生产总值从五十四万亿元增长到八十万亿元，稳居世界第二，对世界经济增长贡献率超过百分之三十。农业现代化稳步推进，粮食生产能力达到一万二千亿斤。城镇化率年均提高一点二个百分点，八千多万农业转移人口成为城镇居民。脱贫攻坚战取得决定性进展，六千多万贫困人口稳定脱贫，贫困发生率从百分之十点二下降到百分之四以下。就业状况持续改善，城镇新增就业年均一千三百万人以上。创新驱动发展战略大力实施，创新型国家建设成果丰硕，天宫、蛟龙、天眼、悟空、墨子、大飞机等重大科技成果相继问世。尤其是在从严治党方面，通过采取开创性的举措，刹住了一些过去被认为不可能刹住的歪风邪气，攻克了一些司空见惯的顽瘴痼疾，形成了反腐败斗争压倒性态势，消除了党和国家内部存在的严重隐患，管党治党实现从宽松软到严紧硬的深刻转变，党焕发出新的强大生机活力。

（二）深层次、根本性的历史性变革

党的十九大报告包含了各个方面的变革。具体而言就是：全面加强党的领导，则是改变了党的领导被忽视、淡化、削弱的状况；坚定不移贯彻新发展理念，则是改变了发展观念不正确、发展方式粗放的状况；坚定不移全面深化改革，则是改变了各方面体制机制弊端制约发展活力和社会活力的状况；坚定不移全面推进依法治国，则是改变了有法不依、执法不严、违法不究、司法不公问题严重的状况；加强党对意识形态工作的领导，则是改变了社会思想舆论环境中的混乱状况；坚定不移推进生态文明建设，则是改变了忽视生态环境保护、生态环境恶化的状况；坚定不移推进国防和军队现代化，则是改变了人民军队中一度存在的不良政治状况；坚定不移推进中国特色大国外交，则是改变了我国在国际力量对比中面临的不利状况；坚定不移推进全面从严治党，则是改变了管党治党"宽松软"的状况。

历史性变革表现在众多的具体领域。习近平在诸多重要场合总结和阐述了各方面的历史性变革。诸如，在经济方面，"中共十八大以来，党和国家事业取得历史性成就、发生历史性变革，我国经济发展也取得历史性成就、发生历史性变革，为其他领域发生的历史性变革提供了重要物质条件"①。在军队方面，"5年来，国防和军队改革大刀阔斧、蹄疾步稳，在主要领域迈出历史性步伐、实现历史性突破、取得历史性成果"②；通过大力度

① 《中共中央召开党外人士座谈会》，《人民日报》2017年12月9日。
② 《军队全力以赴全党全国大力支持　推动国防和军队改革向纵深发展》，《人民日报》2017年7月26日。

的改革，人民解放军"实现了军队组织架构的一次历史性变革"①。在科技方面，"党的十八大以来，我们总结我国科技事业发展实践，观察大势，谋划全局，深化改革，全面发力，推动我国科技事业发生历史性变革、取得历史性成就"②。在生态文明方面，党的十八大以来，我们开展一系列根本性、开创性、长远性工作，"推动生态环境保护发生历史性、转折性、全局性变化"③。在国际方面，"国际社会普遍认为，全球治理体制变革正处在历史转折点上。国际力量对比发生深刻变化，新兴市场国家和一大批发展中国家快速发展，国际影响力不断增强，是近代以来国际力量对比中最具革命性的变化"④。

党的十九大报告还指出了历史性变革的特点："五年来的变革是深层次的、根本性的。"

第一，变革是深层次的。所谓深层次，是指涉及理念、体制、制度、法律层面的变革。诸如在发展方面，党的十八大以来党中央提出新发展理念，促使我们的发展观念发生深刻变化。在改革方面，中央全面深化改革领导小组审议通过了300多个重要改革文件，以及中央和国家机关有关部门共推出了1500多项改革举措。这些改革的数量和力度都是空前的，在重要领域和关键环节取得了突破性的进展，使得主要领域改革的主体框架基本确立。在法治方面，党的十八届四中全会专题研究全面依法治国问题，这是我们党历史上的第一次，促使中国特色社会主义法治体系日益完善。在意识形态方面，党的十八大以来加强了党对意识形态工作领导，突出了马克思主义在意识形态领域的指导地位，建立健全了意识形态工作责任制，大大增强了党在意识形态领域的主导权和话语权。在国防和军队建设方面，党中央全面深化国防和军队改革，形成军委管总、战区主战、军种主建新格局，推动了人民军队组织架构和力量体系实现革命性重塑。在外交方面，党的十八大以来提出构建人类命运共同体，提出

---

① 《坚持党在新形势下的强军目标　努力建设巩固国防和强大军队》，《人民日报》2016年7月28日。

② 习近平：《在中国科学院第十九次院士大会、中国工程院第十四次院士大会上的讲话》，《人民日报》2018年5月29日。

③ 习近平：《推动我国生态文明建设迈上新台阶》，《求是》2019年第3期。

④ 《推动全球治理体制更加公正更加合理　为我国发展和世界和平创造有利条件》，《人民日报》2015年10月14日。

了"一带一路"倡议，形成了全方位、多层次、立体化的中国特色大国外交布局，等等。以上这些变革，不仅是成就巨大，而且在理念、机制和制度上有重大建树，对党和国家的事业发展具有深刻和长远的影响，毫无疑义是深层次的。

第二，变革是根本性的。根本性的变革，当然也是深层次变革。而根本二字，意味着是变革中的重中之重、深中之深。什么样的变革才能称得上是根本性的？就每一方面的变革而言，制度层次的变革带有根本性。就各项变革之间来说，管党治党的变革最具有重要性。党的十八大以来我们党一再强调，并且在党的十九大报告明确指出的是，"中国特色社会主义最本质的特征是中国共产党领导，中国特色社会主义制度的最大优势是中国共产党领导，党是最高政治领导力量"①。这是习近平新时代中国特色社会主义思想的重要内容，是八个明确的最后一条，也是属于压轴性的一条。党的十八大以来的变革中，最根本的就是党的领导和建设的变革，实现了治党管党从"宽松软"到"严紧硬"的转变。党的十八大以来全面加强党的领导和党的建设，坚决改变管党治党宽松软状况。这包括推动全党尊崇党章，增强政治意识、大局意识、核心意识、看齐意识等"四个意识"，坚决维护党中央权威和集中统一领导等。这包括党的十八大以来开展了一系列影响深远的党建，如"八项规定"，党的群众路线教育实践活动，"三严三实"专题教育，"两学一做"学习教育等。这包括在组织工作上、宣传工作、统战工作、群团工作等各方面的新要求、新气象。正如党的十九大所总结的，"我们勇于面对党面临的重大风险考验和党内存在的突出问题，以顽强意志品质正风肃纪、反腐惩恶，消除了党和国家内部存在的严重隐患，党内政治生活气象更新，党内政治生态明显好转，党的创造力、凝聚力、战斗力显著增强，党的团结统一更加巩固，党群关系明显改善，党在革命性锻造中更加坚强，焕发出新的强大生机活力，为党和国家事业发展提供了坚强政治保证"②。像"消除了党和国家内部存在的严重隐患"这样很重的词，像"为党和国家事业发展提供了坚强政治保证"这样的落脚点，都是带有"根本性的"。

---

① 习近平：《决胜全面建成小康社会　夺取新时代中国特色社会主义伟大胜利——在中国共产党第十九次全国代表大会上的报告》，人民出版社 2017 年版，第 20 页。

② 习近平：《决胜全面建成小康社会　夺取新时代中国特色社会主义伟大胜利——在中国共产党第十九次全国代表大会上的报告》，人民出版社 2017 年版，第 8—9 页。

　　党的十九届六中全会，对党的十八大以来的伟大成就从十三个方面进行了更全面的总结。在坚持党的全面领导上，党中央权威和集中统一领导得到有力保证，党的领导制度体系不断完善，党的领导方式更加科学，全党思想上更加统一、政治上更加团结、行动上更加一致，党的政治领导力、思想引领力、群众组织力、社会号召力显著增强。在全面从严治党上，党的自我净化、自我完善、自我革新、自我提高能力显著增强，管党治党宽松软状况得到根本扭转，反腐败斗争取得压倒性胜利并全面巩固，党在革命性锻造中更加坚强。在经济建设上，我国经济发展平衡性、协调性、可持续性明显增强，国家经济实力、科技实力、综合国力跃上新台阶，我国经济迈上更高质量、更有效率、更加公平、更可持续、更为安全的发展之路。在全面深化改革开放上，党不断推动全面深化改革向广度和深度进军，中国特色社会主义制度更加成熟更加定型，国家治理体系和治理能力现代化水平不断提高，党和国家事业焕发出新的生机活力。在政治建设上，积极发展全过程人民民主，我国社会主义民主政治制度化、规范化、程序化全面推进，中国特色社会主义政治制度优越性得到更好发挥，生动活泼、安定团结的政治局面得到巩固和发展。在全面依法治国上，中国特色社会主义法治体系不断健全，法治中国建设迈出坚实步伐，党运用法治方式领导和治理国家的能力显著增强。在文化建设上，我国意识形态领域形势发生全局性、根本性转变，全党全国各族人民文化自信明显增强，全社会凝聚力和向心力极大提升，为新时代开创党和国家事业新局面提供了坚强思想保证和强大精神力量。在社会建设上，人民生活全方位改善，社会治理社会化、法治化、智能化、专业化水平大幅度提升，发展了人民安居乐业、社会安定有序的良好局面，续写了社会长期稳定奇迹。在生态文明建设上，党中央以前所未有的力度抓生态文明建设，美丽中国建设迈出重大步伐，我国生态环境保护发生历史性、转折性、全局性变化。在国防和军队建设上，人民军队实现整体性革命性重塑、重整行装再出发，国防实力和经济实力同步提升，人民军队坚决履行新时代使命任务，以顽强斗争精神和实际行动捍卫了国家主权、安全、发展利益。在维护国家安全上，国家安全得到全面加强，经受住了来自政治、经济、意识形态、自然界等方面的风险挑战考验，为党和国家兴旺发达、长治久安提供了有力保证。在坚持"一国两制"和推进祖国统一上，党中央采取一系列标本兼治的举措，坚定落实"爱国者治港"、"爱国者治澳"，推动香港局势实现由乱到治的重大转折，为推进依法治港治澳、促进"一国两制"实践行稳致远打下了坚实基础；坚持一个中国原则和"九二共识"，坚决反对"台独"分裂行径，坚决反对外部势力干涉，牢牢把握两岸关系主导权和主动权。在外交工作上，中国特色大国外交全面推进，构建人类命运共同体成为引领时代潮流和人类前进方向的鲜明旗帜，我国外交在世界大变局中开创新局、在世界乱局中化危为机，我国国际影响力、感召力、塑造力显著提升。中华民族迎来了从站起来、富起来到强起来的伟大飞跃。

党的二十大报告从16个方面进一步概括了新时代的伟大变革，即创立了习近平新时代中国特色社会主义思想，全面加强党的领导，对新时代党和国家事业发展作出科学完整的战略部署，实现了小康这个中华民族的千年梦想，提出并贯彻新发展理念，以巨大的政治勇气全面深化改革，实行更加积极主动的开放战略，坚持走中国特色社会主义政治发展道路，确立和坚持马克思主义在意识形态领域指导地位的根本制度，深入贯彻以人民为中心的发展思想，坚持绿水青山就是金山银山的理念，贯彻总体国家安全观，确立党在新时代的强军目标，全面准确推进"一国两制"实践，全面推进中国特色大国外交，深入推进全面从严治党。

党的二十大报告指出了新时代十年的伟大变革，在党史、新中国史、改革开放史、社会主义发展史、中华民族发展史上具有里程碑意义。走过百年奋斗历程的中国共产党在革命性锻造中更加坚强有力，党的政治领导力、思想引领力、群众组织力、社会号召力显著增强，党同人民群众始终保持血肉联系，中国共产党在世界形势深刻变化的历史进程中始终走在时代前列，在应对国内外各种风险和考验的历史进程中始终成为全国人民的主心骨，在坚持和发展中国特色社会主义的历史进程中始终成为坚强领导核心。中国人民的前进动力更加强大、奋斗精神更加昂扬、必胜信念更加坚定，焕发出更为强烈的历史自觉和主动精神，中国共产党和中国人民正信心百倍地推进中华民族从站起来、富起来到强起来的伟大飞跃。改革开放和社会主义现代化建设深入推进，书写了经济快速发展和社会长期稳定两大奇迹新篇章，我国发展具备了更为坚实的物质基础、更为完善的制度保证，实现中华民族伟大复兴进入了不可逆转的历史进程。科学社会主义在21世纪的中国焕发出新的蓬勃生机，中国式现代化为人类实现现代化提供了新的选择，中国共产党和中国人民为解决人类面临的共同问题提供更多更好的中国智慧、中国方案、中国力量，为人类和平与发展崇高事业作出新的更大的贡献。

三、新时代的内涵和意义

党的十八大以来，中国特色社会主义进入了新时代，这是我国发展新的历史方位。这个新时代既同改革开放以来的发展历程一脉相承，又体现了很多与时俱进的新特征，内涵丰富、意韵深远。

（一）这个新时代是承前启后、继往开来，在新的历史条件下继续夺取中国特色社会主义伟大胜利的时代

新时代是中国特色社会主义新时代，而不是别的什么新时代。从新时代的历史脉络来看，中国特色社会主义是党和人民长期奋斗所创造积累的根本成就和前赴后继的事业，特别是改革开放以来，党领导人民开辟了中国特色社会主义道路，确立了中国特色社会主义理论，形成了中国特色社会主义制度，发展了中国特色社会主义文化。中国特色社会主义道路是实现社会主义现代化、创造人民美好生活的必由之路，中国特色社会主义理论体系是指导党和人民实现中华民族伟大复兴的正确理论，中国特色社会主义制度是当代中国发展进步的根本制度保障，中国特色社会主义文化是激励全党全国各族人民奋勇前进的强大精神力量。中国特色社会主义极大地调动了中国人民的积极性主动性，极大地激发了中国人民的活力创造力，使社会主义在中国展现出强大生命力。

（二）这个新时代是决胜全面建成小康社会、进而全面建设社会主义现代化强国的时代

从新时代的实践主题来看，到 2020 年全面建成小康社会，是党向人民、向历史作出的庄严承诺。改革开放之后，我们党对我国社会主义现代化建设作出战略安排，提出"三步走"战略目标。解决人民温饱问题、人民生活总体上达到小康水平这两个目标已提前实现。到建党一百年时建成经济更加发展、民主更加健全、科教更加进步、文化更加繁荣、社会更加和谐、人民生活更加殷实的小康社会，是新时代的重要目标。在全面建成小康社会、实现第一个百年奋斗目标之后，又要乘势而上开启全面建设社会主义现代化国家新征程，向第二个百年奋斗目标进军。从 2020 年到 2035 年，在全面建成小康社会的基础上，再奋斗 15 年，基本实现社会主义现代化。从 2035 年到本世纪中叶，在基本实

现现代化的基础上，再奋斗 15 年，把我国建成富强民主文明和谐美丽的社会主义现代化强国。到新中国诞生一百年建成社会主义现代化强国，则标志着中国在一百年内走完发达国家几百年走过的现代化路程，这是中国特色社会主义新时代的必然要求和历史任务。

（三）这个新时代是全国各族人民团结奋斗、不断创造美好生活、逐步实现全体人民共同富裕的时代

从新时代的人民性来看，以人民为中心发展思想，是党的全心全意为人民服务的根本宗旨在新时代的具体体现。在人民美好生活需要日益广泛的情况下，以人民为中心的发展思想既注重增进人民在收入、就业、住房、教育、医疗等方面的"硬福祉"，也重视改善人民在公平正义、民主法治、安全环境等方面的"软福祉"，在追求平衡发展、充分发展的过程中提出更多民生政策、推出更多利民工程、实施更多惠民举措，不断增加人民的获得感、幸福感、安全感。以人民为中心就是要在继续推动发展的基础上，着力解决好发展不平衡不充分问题，大力提升发展质量和效益，更好满足人民在经济、政治、文化、社会、生态等方面日益增长的需要，更好推动人的全面发展、社会全面进步。新时代不仅要国家富强，而且要人民幸福，在解决人民"从无到有"的需求之后，注重解决"从有到优"的需求，让改革发展成果更多更公平惠及全体人民，朝着实现全体人民共同富裕不断迈进。

（四）这个新时代是全体中华儿女勠力同心、奋力实现中华民族伟大复兴中国梦的时代

从新时代的民族性来看，经过党的十八大以来的历史性变革，今天我们比历史上任何时期都更加接近、更有信心和能力实现中华民族伟大复兴的目标。到 2035 年，我国经济实力、科技实力将大幅跃升，跻身创新型国家前列；人民平等参与、平等发展权利得到充分保障，法治国家、法治政府、法治社会基本建成，各方面制度更加完善，国家治理体系和治理能力现代化基本实现；社会文明程度达到新的高度，国家文化软实力显著增强，中华文化影响更加广泛深入；人民生活更为宽裕，中等收入群体比例明显提高，城乡区域发展差距和居民生活水平差距显著缩小，基本公共服务均等化基本实现，全体人民共同富裕迈出坚实步伐；现代社会治理格局基本形成，社会充满活力又和谐有序；生

态环境根本好转，美丽中国目标基本实现。到本世纪中叶，我国物质文明、政治文明、精神文明、社会文明、生态文明将全面提升，实现国家治理体系和治理能力现代化，成为综合国力和国际影响力领先的国家，全体人民共同富裕基本实现，我国人民将享有更加幸福安康的生活。在新时代，凝聚起全体中华儿女共筑中国梦的力量，中华民族必将以更加昂扬的姿态屹立于世界民族之林。

（五）这个新时代是不断为人类作出更大贡献的时代

从新时代的世界性来看，中国梦与世界各国人民祈和平、求发展的梦是相通的，实现中国梦也离不开世界和平发展的国际环境，世界的发展也需要中国。中国始终不渝走和平发展道路、奉行互利共赢的开放战略，坚持正确义利观，树立共同、综合、合作、可持续的新安全观，谋求开放创新、包容互惠的发展前景，促进和而不同、兼收并蓄的文明交流，构筑尊崇自然、绿色发展的生态体系，始终做世界和平的建设者、全球发展的贡献者、国际秩序的维护者。中国坚持对外开放的基本国策，坚持打开国门搞建设，积极促进"一带一路"国际合作，努力实现政策沟通、设施联通、贸易畅通、资金融通、民心相通，打造国际合作新平台，增添共同发展新动力。加大对发展中国家特别是最不发达国家援助力度，促进缩小南北发展差距。中国支持多边贸易体制，促进自由贸易区建设，推动建设开放型世界经济。中国秉持共商共建共享的全球治理观，倡导国际关系民主化，坚持国家不分大小、强弱、贫富一律平等，支持联合国发挥积极作用，支持扩大发展中国家在国际事务中的代表性和发言权。中国将继续发挥负责任大国作用，积极参与全球治理体系改革和建设，不断贡献中国智慧和力量。作为世界上最大的发展中国家和第二大经济体，作为安理会常任理事国，新时代的中国既有责任、也有能力为人类繁荣与进步作出新的更大贡献。

中国特色社会主义进入新时代产生的影响是全方位的，在中华人民共和国发展史上、中华民族发展史上具有重大意义，在世界社会主义发展史上、人类社会发展史上也具有重大意义。

第一，中国特色社会主义进入新时代，意味着近代以来久经磨难的中华民族迎来了从站起来、富起来到强起来的伟大飞跃，迎来了实现中华民族伟大复兴的光明前景。实现中华民族伟大复兴是近代以来中华民族孜孜以求的梦想，而今中华民族从未如此接近这个梦想，为了这个梦想，中华民族历经千辛万苦，经过若干个阶段，在站起来、富起来、强起来的过程中谱写着民族复兴三步曲。从鸦片战争到新中国成立，是中华民族逐步站起来的过程。从新中国成立到改革开放，是中华民族逐步富起来的过程。从党的十八大到本世纪中叶，中华民族突出面临强起来的问题。从基本现代化到全面现代化，从富强民主文明和谐到富强民主文明和谐美丽，从现代化国家到现代化强国，中华民族强起来的内涵日益丰富，中国正行走在全面强盛的大道上。

第二，中国特色社会主义进入新时代，意味着科学社会主义在21世纪的中国焕发出强大生机活力，在世界上高高举起了中国特色社会主义伟大旗帜。世界社会主义在五百年的历史长河中，经历了空想社会主义启蒙、科学社会主义诞生、十月革命道路开辟、苏联模式形成、新中国社会主义建设探索和中国特色社会主义道路开拓等六个发展阶段。苏东剧变之后，科学社会主义遭遇信任危机，一些人对社会主义产生怀疑和忧虑。中国共产党坚守住社会主义阵地不放弃、坚定走中国特色社会主义道路不改变、坚持推进改革开放不动摇，坚决高举中国特色社会主义伟大旗帜不懈怠，成功将科学社会主义推向21世纪。新时代的中国特色社会主义开始逐渐走向世界舞台的中央，吹响了社会主义复兴的号角，"使具有500年历史的社会主义主张在世界上人口最多的国家成功开辟出具有高度现实性和可行性的正确道路，让科学社会主义在21世纪焕发出新的蓬勃生机"[1]。新时代的中国特色社会主义已经成为世界社会主义发展的中流砥柱。

第三，中国特色社会主义进入新时代，意味着中国特色社会主义道路、理论、制度、文化不断发展，拓展了发展中国家走向现代化的途径，给世界上那些既希望加快发展又希望保持自身独立性的国家和民族提供了全新选择，为解决人类问题贡献了中国智慧和中国方案。中国共产党是为中国人民谋幸福的政党，也是为人类进步事业而奋斗的政党。中国共产党始终把为人类作出新的更大的贡献作为自己的使命。中国作为世界上最大的发展中国家，与广大发展中国家拥有相同的经历、相同的感受、相同的梦想，中国希望发展自己的同时能够促进其他国家尤其是发展中国家的进步。新时代的中国特色社会主义为发展中国家走向现代化提供了另一种可能的选择。中国特色社会主义走出了一条立足国情、独立自主、解放思想、实事求是、面向现代化、面向世界、面向未来

---

① 习近平：《在庆祝中国共产党成立95周年大会上的讲话》，《人民日报》2016年7月2日。

的发展之路，为发展中国家树立了创新发展的典范。经过长期发展，中国既有意愿也有能力为人类问题的解决作出贡献，"世界那么大，问题那么多，国际社会期待听到中国声音、看到中国方案，中国不能缺席。"[①] 新时代的社会主义中国将"始终不渝走和平发展道路、奉行互利共赢的开放战略，坚持正确义利观，树立共同、综合、合作、可持续的新安全观，谋求开放创新、包容互惠的发展前景，促进和而不同、兼收并蓄的文明交流，构筑尊崇自然、绿色发展的生态体系，始终做世界和平的建设者、全球发展的贡献者、国际秩序的维护者"[②]。

第二节　明确提出社会主要矛盾的转化

党的十九大指出，"中国特色社会主义进入新时代，我国社会主要矛盾已经转化为人民日益增长的美好生活需要和不平衡不充分的发展之间的矛盾"。这一重大政治判断，是坚持辩证唯物主义和历史唯物主义的世界观和方法论，坚持党的实事求是的思想路线，通过历史和现实、理论和实践相结合进行分析得出的正确结论，反映了我国社会发展的客观实际，丰富和发展了马克思主义矛盾学说。

一、中国社会主要矛盾的历史演变

人类社会是在矛盾运动中不断向前发展的，社会主要矛盾是各种社会矛盾的主要根源和集中反映，在社会矛盾中居于主要地位。善于抓主要矛盾，集中

---

① 《国家主席习近平发表二〇一六年新年贺词》，《人民日报》2016 年 1 月 1 日。

② 习近平：《决胜全面建成小康社会　夺取新时代中国特色社会主义伟大胜利——在中国共产党第十九次全国代表大会上的报告》，人民出版社 2017 年版，第 25 页。

力量解决主要矛盾，是马克思主义矛盾论的基本要求，也是我们党一贯倡导和坚持的方法。我们在领导革命、建设和改革的每一个历史阶段，都在全面分析客观情况的基础下，找到社会的主要矛盾，集中力量解决最主要的问题。毛泽东指出："对于矛盾的各种不平衡情况的研究，对于主要的矛盾和非主要的矛盾、主要的矛盾方面和非主要的矛盾方面的研究，成为革命政党正确地决定其政治上和军事上的战略战术方针的重要方法之一，是一切共产党人都应当注意的。"①

新民主主义革命时期，我们党正确分析了半殖民地半封建中国的社会矛盾，牢牢把握帝国主义与中华民族、封建主义与人民大众这一社会主要矛盾及其不同时期的具体表现，制定了新民主主义革命总路线和一系列方针政策，最终领导人民夺取了新民主主义革命的胜利，建立了中华人民共和国。新中国成立后，党正确分析社会主要矛盾，领导人民进行社会主义革命，完成了从新民主主义社会到社会主义社会的过渡，实现中国历史上最伟大最深刻的社会变革。1956年，党的八大指出："我们国内的主要矛盾，已经是人民对于建立先进的工业国的要求同落后的农业国的现实之间的矛盾，已经是人民对于经济文化迅速发展的需要同当前经济文化不能满足人民需要的状况之间的矛盾。"②这个论断文字表述还有需要精确之处，但在本质上是符合当时我国实际的。后来发生的"左"的错误，这一正确判断没有坚持下来。尤其是提出"以阶级斗争为纲"，把阶级斗争作为我国社会的主要矛盾，使党和国家事业发生严重挫折。

1978年12月，党的十一届三中全会作出改革开放的伟大决策。我们党经过拨乱反正，重新恢复实事求是的思想路线，科学分析了我国社会主义初级阶段的基本国情。1981年，党的十一届六中全会通过的《关于建国以来党的若干历史问题的决议》，对我国社会主要矛盾作了规范表述："在社会主义改造基本完成以后，我国所要解决的主要矛盾，是人民日益增长的物质文化需要同落后的社会生产之间的矛盾。"③这一表述，既保留了八大的基本判断，同时语言表述更加精炼到位、内容更为集中。改革开放以来，我们一直坚持这一社会主要矛盾的判断。党的十八大仍强调："我国仍处于并将长期处于社会主义初级

① 《毛泽东选集》第1卷，人民出版社1991年版，第326—327页。
② 《建国以来重要文献选编》第9册，中央文献出版社1994年版，第341页。
③ 《三中全会以来重要文献选编》下册，人民出版社1982年版，第839页。

阶段的基本国情没有变，人民日益增长的物质文化需要同落后的社会生产之间的矛盾这一社会主要矛盾没有变，我国是世界最大发展中国家的国际地位没有变。"①改革开放以来，正是我们党根据这一社会主要矛盾制定和坚持了正确的路线方针政策，才使中国特色社会主义事业取得举世瞩目的伟大成就。

党的十九大前夕，如从党的八大算起，关于我国社会主要矛盾的提法至今已经有60多年了；如从改革开放算起，我们坚持以这个主要矛盾分析问题、引领工作已经近40年了。随着生产力的不断发展和社会各方面的进步，从20世纪末期开始，我们在维持社会主要矛盾判断的同时，表达语境有些变化。学术界有关社会主要矛盾的理论探讨也在展开。党的十九大作出重要判断，"中国特色社会主义进入新时代，我国社会主要矛盾已经转化为人民日益增长的美好生活需要和不平衡不充分的发展之间的矛盾"。这一重要论述，与过去相比，把"需要"和"生产"的矛盾改为"需要"和"发展"的矛盾，既有重大变化，又保持了一定连续性，表明我们党对我国社会主要矛盾的认识达到一个新高度。

二、新时代中国社会主要矛盾的现实依据

我国社会主要矛盾的转化，是历史发展的必然，是从国际国内形势出发作出的科学判断，深刻反映了我国社会生产和社会需求的新特点，有着深厚的现实依据。

经过改革开放40多年的发展，我国社会生产力水平总体上显著提高，很多方面进入世界前列。我国国内生产总值自2010年开始稳居世界第二位，货物进出口和服务贸易总额均居世界第二位，对外投资和利用外资分别居世界第二、第三位，制造业增加值连续7年居世界第一位，基础设施建设领域遥遥领先，高铁运营总里程、高速公路总里程和港口吞吐量均居世界第一位，220多种主要工农业产品生产能力稳居世界第一位。这说明，我国长期所处的短缺经济和供给不足的状况已发生根本性转变，进入社会主义初级阶段以来的"落后的社会生产"已经发生了新的阶段性变化，再笼统地讲"落后的社会生产"已

---

① 《胡锦涛文选》第3卷，人民出版社2016年版，第624—625页。

经不符合实际情况。

人民生活水平显著提高，对美好生活的向往更加强烈，不仅对物质文化生活提出了更高要求，而且在民主、法治、公平、正义、安全、环境等方面的要求日益增长。改革开放以来，我国人民生活水平不断迈上了新台阶，人均国内生产总值从 1978 年的 385 元增长到 2017 年的 59660 元，年均增长约 9.5%，已经达到了中等偏上收入国家水平；城镇居民人均可支配收入和农村居民人均可支配收入大幅提高，分别从 1978 年的 343.4、133.6 元提高到 2017 年的 36396 元、13432 元；农村贫困发生率从 1978 年的 97.5% 大幅下降到 2017 年的 3.1% 以下，远低于世界平均水平；居民受教育程度不断提高，九年义务教育全面普及，高等教育毛入学率 2017 年达到 45.7%，高出世界平均水平；城乡居民健康状况显著改善，居民平均预期寿命 2017 年达到 76.7 岁，高于世界平均水平；覆盖城乡的社会保障体系基本建立，其他很多方面的民生保障也有显著改善。随着人民生活水平不断提高，人民群众的需要呈现多样化多层次多方面的特点，期盼有更好的教育、更稳定的工作、更满意的收入、更可靠的生活保障、更高水平的医疗卫生服务、更舒适的居住条件、更优美的环境、更丰富的精神文化生活，人民群众的民主意识、公平意识、法治意识、参与意识、监督意识、维权意识在不断增强。这说明，人民群众对于日益增长的"物质文化需要"层次更高、内容范围更广，出现了阶段性的新特征，用"物质文化需要"已经不能真实全面反映人民群众的愿望和要求了。

影响满足人们美好生活需要的因素很多，但主要是发展的不平衡不充分问题。发展不平衡，主要指各区域各领域各方面发展不平衡，存在"一条腿长、一条腿短"的失衡现象，制约了全国发展水平提升。发展不充分，主要指一些地区、一些领域、一些方面还存在发展不足的问题，发展的任务仍然很重。发展不平衡不充分问题，表现在很多方面。从社会生产力来看，我国既有世界先进甚至世界领先的生产力，也有大量传统的、相对落后甚至原始的生产力，而且不同地区、不同领域的生产力水平和布局还不均衡。从"五位一体"总体布局来看，我国经济发展水平总体较好，但社会法治化水平不高，文化建设相对滞后，社会建设还有不少短板，生态文明建设问题较多。从城乡和区域发展来看，我国城市和乡村之间，东部地区、中部地区、西部地区之间，发展水平差距仍然较大。从收入分配来看，虽然我国人均国民收入在世界上处在中等偏上行列，绝大部分人经济上解决了温饱问题，但收入分配差距仍然较大，农村仍然有几千万人口尚未脱贫，城市还有不少困难群众。这些发展不平衡不充分问题相互掣肘，带来很多社会矛盾和问题，是当前和今后一个时期制约我国发展和满足人民日益增长的美好生活需要的主要根源。

社会生产和社会需求两方面发生变化，特别是社会生产领域的不平衡不充分问题，推动我国社会主要矛盾发生转化。当前不平衡不充分的发展是新时代我国社会主要矛盾的主要方面，决定了我国社会发展的阶段性特征，即初步"发展起来"后所面临的主要问题。不平衡是强调发展的领域和范围，不充分强调发展的层级和质量。需要指出的是，发展是动态过程，不平衡不充分是永远存在的，但当发展到了一定阶段后，不平衡不充分成为社会主要矛盾的主要方面时，就必须下功夫去认识它、了解它、解决它，否则会制约发展的全局。

三、解决新时代社会主要矛盾的实践要求

主要矛盾的变化是关系全局的历史性变化，对党和国家工作提出了许多新要求。按照马克思主义矛盾论的观点，矛盾自身中蕴藏着解决矛盾的方法。新的社会主要矛盾表明，只有乘势而上开启全面建设社会主义国家新征程，才能实现更平衡更充分的发展，适应和满足人民群众日益增长的美好生活需要。因此，理解社会主要矛盾，解决社会主要矛盾，要具体落实到各个领域、各个方面、各项工作中，要紧密联系人民群众的愿望和期待，着力实现社会主义现代化建设各领域、各方面相互促进、全面发展。

首先，着力解决好发展不平衡不充分问题。发展不平衡不充分问题，已经成为满足人民日益增长的美好生活需要的主要制约因素，必须集中力量加以解决。发展不平衡不充分集中体现在社会生产力、"五位一体"总体布局、城乡区域发展、收入分配等方面。在社会生产力方面，要继续保持某些领域的世界先进甚至世界领先的生产力，继续创造新的先进生产力；同时加大创新研发，努力掌握核心技术，补齐在某些领域的生产力短板；要考虑生产力布局，推动我国社会生产力水平实现整体跃升。在"五位一体"总体布局方面，要坚持以经济建设为中心，保证各方面建设全面推进、协调发展，努力形成经济富裕、政治民主、文化繁荣、社会公平、生态良好的发展格局；要补齐

生态文明建设这个突出短板，形成绿色发展方式和生活方式，建设美丽中国，实现中华民族的永续发展。在城乡区域发展方面，把工业和农业、城市和乡村作为一个整体统筹谋划，促进城乡在规划布局、要素配置、产业发展、公共服务、生态保护等方面相互融合和共同发展；以区域发展总体战略为基础，以"一带一路"建设、京津冀协同发展、长江经济带发展为引领，促进区域协调发展。在收入分配方面，要坚持和完善社会主义基本分配制度，努力推动居民收入增长和经济增长同步、劳动报酬提高和劳动生产率提高同步；不断健全体制机制和具体政策，调整国民收入分配格局，持续增加城乡居民收入，不断缩小收入差距。只有调整和完善发展战略、各项政策，在继续推动发展的基础上，着力解决发展不平衡不充分的问题，才能使人民更有获得感、幸福感、安全感。

其次，更好满足人民对美好生活的需要。人民对美好生活的需要日益广泛，不仅物质文化生活方面有更高的要求，而且在民主、法治、公平、正义、安全、环境等方面的需要也不断增加。为满足人民更高的物质文化需求，我们必须抓好发展这个党执政兴国的第一要务，推动经济高质量发展，同时努力建设文化强国，为人民提供丰富的精神食粮。为满足人民在民主方面的需求，我们必须坚持走中国特色社会主义政治道路，不断推进制度体系的完善和发展，确保人民享有更加广泛、更加充分、更加真实的民主权利。为了满足人民对法治、公平、正义方面的需求，我们必须坚定不移走中国特色社会主义法治道路，加快建设中国特色社会主义法治体系，推进科学立法、严格执法、公正司法、全民守法，使人民在每一个司法案件中都能感受到公平正义。为了满足人民在安全方面的需求，我们必须贯彻落实习近平总书记提出的总体国家安全观，坚持统筹安全和发展两件大事，坚持人民安全、政治安全、国家利益至上有机统一，为人民创造良好生存发展环境和安定生产生活环境。为了满足人民在环境方面的需求，我们必须坚持人与自然的和谐共生，树立和践行绿水青山就是金山银山的理念，为人民提供更多优质生态产品。当然，人民群众的美好生活需要是很广泛的，也是不断变化的，我们必须坚持以人民为中心，不断解决人民最关心最直接最现实的利益问题，努力让人民过上更好生活。

再次，要注重其他非主要矛盾的解决。按照唯物辩证法的观点，主要矛盾的存在和发展固然规定和影响着非主要矛盾的存在和发展，但恰当地处理非主要矛盾，也有利于主要矛盾的解决。因此，必须要把解决主要矛盾和解决次要矛盾结合起来。毛泽东指出："要抓紧中心工作，又要围绕中心工作而同时开展其他方面的工作。"① 当前，我们在解决人民日益增长的美好生活需要和不平衡不充分的发展之间的矛盾的同时，也要解决其他非主要矛盾，如阶级矛盾、民族矛盾、国家间的矛盾等。虽然它们不是社会的主要矛盾，但如果解决不好，会影响主要矛盾的解决，甚至有可能激化，上升为社会的主要矛盾。当前，我们要集中力量打好防范化解重大风险、精准脱贫、污染防治这三大攻坚战，同时也要解决社会发展的其他问题，如养老、住房、看病、求学等。既要反对平均使用力量，又要防止"单打一"，使各项工作相辅相成、相得益彰、协调发展。正如习近平所说："必须在把情况搞清楚的基础上，统筹兼顾、综合平衡，突出重点、带动全局，有的时候要抓大放小、以大兼小，有的时候又要以小带大、小中见大，形象地说，就是要十个指头弹钢琴。"② 我们要做到两点论和重点论的统一，妥善处理好新时代坚持和发展中国特色社会主义的各种重大关系，处理好各种社会矛盾。

四、社会主义初级阶段的基本国情没有变

社会主要矛盾的变化，没有改变我们对我国社会主义所处历史阶段的判断。我国仍处于并将长期处于社会主义初级阶段的基本国情没有变，我国是世界最大发展中国家的国际地位没有变。一方面，我们说新时代我国社会主要矛盾发生变化；另一方面，我们强调新时代的基本国情没有变。这重要的是正确理解我国社会主要矛盾变化同社会主义初级阶段的关系。

围绕社会主义发展阶段问题，马克思主义的创始人及其继承者进行过艰辛理论探索。马克思认为，消灭私有制之后建立起来的共产主义社会有一个从低级到高级、从不成熟到成熟、从不完善到完善的过程，他明确把共产主义社会区分为"第一阶段"、"高级阶段"两个既相互联系又相互区别的不同发展阶段。列宁首次提出用社会主义社会与共产主义社会代替原来的共产主义社会第一阶

---

① 《毛泽东选集》第 4 卷，人民出版社 1991 年版，第 1442 页。
② 《习近平谈治国理政》第一卷，外文出版社 2018 年版，第 102 页。

段与共产主义社会高级阶段，对社会主义和共产主义进行了区分，并提出"初级形式的社会主义"、"发达的社会主义"、"完全的社会主义"等概念。20 世纪 50 年代末，毛泽东曾提出："社会主义这个阶段，又可能分为两个阶段，第一个阶段是不发达的社会主义，第二个阶段是比较发达的社会主义。"[①]改革开放以后，邓小平深刻总结历史经验教训，对我国所处历史方位作出科学判断，并将这一宝贵认识付诸改革开放的实践，形成了社会主义初级阶段理论。此后，我们党不断丰富和发展这一重要理论。

社会主义的发展是一个历史过程，它是由若干具体的历史阶段组成的。社会主义初级阶段并不是任何国家进入社会主义都必须经历的阶段，而是特指我国在生产力水平不高、商品经济不发达的条件下建设社会主义必然要经历的阶段。社会主义初级阶段，包含社会性质和发展程度的两层含义：其一指已经是社会主义社会，我们必须坚持，不能离开社会主义；其二指还处于社会主义初级阶段，我们必须从实际出发，而不能超越这个阶段。1987 年，党的十三大首次系统阐述了社会主义初级阶段理论，明确指出"我国从五十年代生产资料私有制的社会主义改造基本完成，到社会主义现代化的基本实现，至少需要上百年时间，都属于社会主义初级阶段"[②]，还明确提出党在社会主义初级阶段的基本路线。但在这一百年的历史变迁中，社会的经济政治状况又必然会呈现出某些阶段性的特征，并进而构成若干个具体阶段。这些具体阶段从根本上从属于社会主义初级阶段。党的十九大所定义的中国特色社会主义进入新时代，应该是社会主义初级阶段的新表现。

我国虽然已经取得了举世瞩目的发展成就，但仍是世界最大的发展中国家，社会主义初级阶段的基本特征和根本任务没有变。现在我国经济总量位居世界第二，但人均国内生产总值还不到世界平均水平，在创新能力、核心技术、产业层次、公共服务等方面与欧美发达国家仍有相当大的差距。而且，经济发展水平虽然很重要，但不是决定初级阶段的唯一条件。我们党对社会主义初级阶段的认识，从来都不是单纯从经济发展水平这一因素来看的，而是从社会主义事业的发展全局来看的，涉及生产力与生产关系、经济基础与上层建筑，涉及物质文明和精神文明建设，涉及经济建设、政治建设、文化建设、社

[①] 《毛泽东文集》第 8 卷，人民出版社 1999 年版，第 116 页。
[②] 《十三大以来重要文献选编》上册，人民出版社 1991 年版，第 12 页。

会建设、生态文明建设、军队国防建设、外交建设和党的建设等各个方面。对此，我们必须全面把握，综合考量，方能得出关于我国基本国情的判断。当前，发展仍是我们党执政兴国的第一要务，我国基本国情仍未发生质变，仍属于社会主义初级阶段。

在社会主义初级阶段的长历史过程中，我国社会的主要矛盾不会一成不变，必然随着社会发展而变化，但这些变化是在社会主义初级阶段这个历史阶段中发生的变化。事物的发展是作为一个过程而展开的，在每一个发展过程中的不同阶段上的矛盾具有特殊性。社会主义初级阶段是由于我国的历史国情决定的，其发展是个长期的过程，在这一过程中，不同时期具有特殊阶段性特征。作出我国社会主要矛盾发生变化这一重大政治判断，就是要更准确地把握我国社会主义初级阶段不断变化的特点，更好坚持社会主义初级阶段理论，在继续推动经济发展的同时，更好解决我国社会出现的各种问题，更好实现各项事业全面发展，更好推进社会主义现代化强国建设。

要处理好"变"与"不变"的关系，既不落后于时代，也不脱离实际，超越阶段。社会主要矛盾虽然也相对稳定，但比较起基本国情而言，则容易变化一些。它会因一些阶段性奋斗目标的实现，或是影响全局的重大变革而发生转化。基本国情会随着社会主义实践的发展，呈现一些阶段性特征，但其从量变到质变，需要一个长期的过程。在认识理解新时代我国社会主要矛盾时，必须把社会主义矛盾变化的问题同我国仍处于并将长期处于社会主义初级阶段的基本国情没有变、同我国是世界最大发展中国家的国际地位没有变的问题统一起来思考和研究。

第三节　习近平新时代中国特色社会主义
思想的创立

时代是思想之母，实践是理论之源。当代中国正经历着我国历史上最为广泛深刻的社会变革，也正在进行着人类历史上最为宏大而独特的实践创新。中国特色社会主义进入新时代，这是一个需要理论而且产生理论的时代。在党的十八大以来的理论和实践的探索中，以习近平同志为核心的党中央创立了习近平新时代中国特色社会主义思想。

一、习近平新时代中国特色社会主义思想的创立过程

习近平新时代中国特色社会主义思想是在回答"世界之问"和"中国之问"中创立和发展的。

第一，当今世界正在经历百年未有之大变局。世界多极化、经济全球化、社会信息化、文化多样化深入发展，全球治理体系和国际秩序变革加速推进，新兴市场国家和发展中国家快速崛起，国际力量对比更趋均衡，世界各国人民的命运从未像今天这样紧紧相连。同时，世界面临的不稳定性不确定性突出，世界经济增长乏力，贸易保护主义、孤立主义、民粹主义等思潮不断抬头，贫富分化日益严重，地区热点问题此起彼伏，恐怖主义、网络安全、重大传染性疾病、气候变化等非传统安全威胁持续蔓延。世界怎么了？应该怎么办？在这样大发展大变革大调整的背景下，以习近平同志为核心的党中央，为解决世界经济、国际安全、全球治理等一系列重大问题提供了新的方向、新的方案、新的选择。中国发展理念、发展道路、发展模式的影响力、吸引力显著增强，中国日益发挥着世界和平建设者、全球发展贡献者、国际秩序维护者的重要作用，前所未有地走近世界舞台中央。

第二，当代中国正处于近代以来最好的发展时期。在新中国成立以来特别是改革开放以来取得的重大成就基础上，我国发展站到了新的历史起点上。社会生产力水平总体上显著提高，国家经济实力、科技实力、国防实力、综合国力、国际影响力显著提升。我们具备过去难以想象的良好发展条件，但也面临着许多前所未有的困难和挑战。以习近平同志为核心的党中央，以巨大的政治勇气和强烈的责任担当，提出一系列新理念新思想新战略，出台一系列重大方针政策，推出一系列重大举措，推进一系列重大工作，解决了许多长期想解决而没有解决的难题，办成了许多过去想办而没有办成的大事，推动党和国家事业取得历史性成就、发生历史性变革。

第三，中国共产党在革命性锻造中坚定走在时代前列。我们党在带领人民

进行伟大社会革命的同时，不断进行伟大自我革命，这是我们党不断从胜利走向新的胜利的关键所在。一个时期一些地方和单位管党不力、治党不严，导致党内问题越积越多，严重损害党的形象、侵蚀党的执政基础。以习近平同志为核心的党中央，勇于面对党面临的重大风险考验和党内存在的突出问题，以顽强意志品质正风肃纪、反腐惩恶，消除了党和国家内部存在的严重隐患，实现了管党治党从宽松软到严紧硬的深刻转变，为党和国家事业发展提供了坚强政治保证。

第四，科学社会主义在 21 世纪的中国焕发出强大生机活力。20 世纪 80 年代末 90 年代初，世界社会主义遭受严重曲折。有人宣称"二十世纪将以社会主义的失败和资本主义的胜利而告终"，有人妄称社会主义中国也将随着"多米诺骨牌效应"而倒下。但中国挺直了腰杆，顶住了冲击，经受住了考验，科学社会主义在曲折中奋起。进入新时代，以习近平同志为核心的党中央，带领全党全国人民推动中国特色社会主义事业取得举世瞩目的伟大成就，以不可辩驳的事实彰显了科学社会主义的鲜活生命力。中国特色社会主义道路越走越宽广，使世界上正视和相信马克思主义和社会主义的人多了起来，使世界范围内两种意识形态、两种社会制度的历史演进及其较量，发生了有利于马克思主义、社会主义的深刻转变。

第五，中华优秀传统文化是中华民族的根和魂，是中国特色社会主义植根的文化沃土。中国共产党人是马克思主义的坚定信仰者和实践者，也是中华优秀传统文化的忠实传承者和弘扬者。以习近平同志为核心的党中央高度重视中华优秀传统文化，不断推进中华优秀传统文化创造性转化、创新性发展，以新的时代内涵增强其生命力，使之成为治国理政的重要思想文化资源。习近平新时代中国特色社会主义思想，坚持把马克思主义基本原理同中国具体实际相结合、同中华优秀传统文化相结合，彰显了中国特色社会主义的深厚文化底蕴，实现了中华优秀传统文化的赓续传承与弘扬光大。

习近平新时代中国特色社会主义思想，正是在把握世界发展大势、应对全球共同挑战、维护人类共同利益的过程中；正是在中华民族迎来从站起来、富起来到强起来的伟大飞跃中；正是在不断推进党的自我革命，实现党自我净化、自我完善、自我革新、自我提高的过程中；正是在对科学社会主义理论与实践的深邃思考、深刻总结，对坚持和发展中国特色社会主义的不懈探索、砥砺前行中，创立并不断丰富发展的。

二、习近平新时代中国特色社会主义思想的科学概括

以习近平同志为主要代表的中国共产党人，坚持把马克思主义基本原理同中国具体实际相结合、同中华优秀传统文化相结合，坚持毛泽东思想、邓小平理论、"三个代表"重要思想、科学发展观，深刻总结并充分运用党成立以来的历史经验，从新的实际出发，创立了习近平新时代中国特色社会主义思想。这一思想内涵十分丰富，包括新时代坚持和发展中国特色社会主义的总目标、总任务、总体布局、战略布局和发展方向、发展方式、发展动力、战略步骤、外部条件、政治保证等方面的基本问题，并根据新的实践对经济、政治、法治、科技、文化、教育、民生、民族、宗教、社会、生态文明、国家安全、国防和军队、"一国两制"和祖国统一、统一战线、外交、党的建设等各方面作出理论分析和政策指导。

第一，坚持和发展中国特色社会主义，是习近平新时代中国特色社会主义思想的核心要义。中国特色社会主义，是党和人民历尽千辛万苦、付出巨大代价取得的根本成就。坚持和发展中国特色社会主义，是改革开放以来党的全部理论和实践的主题，从党的十三大起，历次党的全国代表大会报告标题都有中国特色社会主义这个主题词。党的十八大以来，习近平不断深化对中国特色社会主义的认识思考，提出了许多重大论断、重要思想。比如，强调要正确认识改革开放前后"两个30年"的关系，从历史维度、政治高度阐明了社会主义在中国建设和发展中的连续性完整性；强调中国特色社会主义道路有"五个走出来"，将中国特色社会主义道路的开辟，从改革开放回溯到新中国成立以来，上溯到中国近代史乃至中华民族史，深刻揭示了中国特色社会主义的历史源流、民族基因和实践基础；强调中国共产党领导是中国特色社会主义最本质特征和最大制度优势，这是中国共产党、中国人民坚持和发展中国特色社会主义最重要的认识成果、最根本的规律总结；强调要坚持中国特色社会主义道路自信、理论自信、制度自信、文化自信，将"三个自信"扩展为"四个自信"，使我们对社会主义的认识更加丰富深刻；等等。这些重要论述极大地丰富拓展了中国特色社会主义的内涵和外延。

第二，"十个明确"是习近平新时代中国特色社会主义思想的核心内容。党的十九大提出习近平新时代中国特色社会主义思想的"八大明确"。党的

十九届六中全会进一步概括为"十个明确"，即明确中国特色社会主义最本质的特征是中国共产党领导，中国特色社会主义制度的最大优势是中国共产党领导，中国共产党是最高政治领导力量，全党必须增强"四个意识"、坚定"四个自信"、做到"两个维护"；明确坚持和发展中国特色社会主义，总任务是实现社会主义现代化和中华民族伟大复兴，在全面建成小康社会的基础上，分两步走在本世纪中叶建成富强民主文明和谐美丽的社会主义现代化强国，以中国式现代化推进中华民族伟大复兴；明确新时代我国社会主要矛盾是人民日益增长的美好生活需要和不平衡不充分的发展之间的矛盾，必须坚持以人民为中心的发展思想，发展全过程人民民主，推动人的全面发展、全体人民共同富裕取得更为明显的实质性进展；明确中国特色社会主义事业总体布局是经济建设、政治建设、文化建设、社会建设、生态文明建设五位一体，战略布局是全面建设社会主义现代化国家、全面深化改革、全面依法治国、全面从严治党四个全面；明确全面深化改革总目标是完善和发展中国特色社会主义制度、推进国家治理体系和治理能力现代化；明确全面推进依法治国总目标是建设中国特色社会主义法治体系、建设社会主义法治国家；明确必须坚持和完善社会主义基本经济制度，使市场在资源配置中起决定性作用，更好发挥政府作用，把握新发展阶段，贯彻创新、协调、绿色、开放、共享的新发展理念，加快构建以国内大循环为主体、国内国际双循环相互促进的新发展格局，推动高质量发展，统筹发展和安全；明确党在新时代的强军目标是建设一支听党指挥、能打胜仗、作风优良的人民军队，把人民军队建设成为世界一流军队；明确中国特色大国外交要服务民族复兴、促进人类进步，推动建设新型国际关系，推动构建人类命运共同体；明确全面从严治党的战略方针，提出新时代党的建设总要求，全面推进党的政治建设、思想建设、组织建设、作风建设、纪律建设，把制度建设贯穿其中，深入推进反腐败斗争，落实管党治党政治责任，以伟大自我革命引领伟大社会革命。这些战略思想和创新理念，是党对中国特色社会主义建设规律认识深化和理论创新的重大成果。

第三，"十四个坚持"的基本方略也是习近平新时代中国特色社会主义思想的核心内容。这包括：（1）坚持党对一切工作的领导。党政军民学，东西南北中，党是领导一切的。（2）坚持以人民为中心。人民是历史的创造者，是决定党和国家前途命运的根本力量。（3）坚持全面深化改革。只有社会主义才能救中国，只有改革开放才能发展中国、发展社会主义、发展马克思主义。（4）坚持新发展理念。发展是解决我国一切问题的基础和关键，发展必须是科学发展，必须坚定不移贯彻创新、协调、绿色、开放、共享的发展理念。（5）坚持人民当家作主。坚持党的领导、人民当家作主、依法治国有机统一是社会主义政治发展的必然要求。（6）坚持全面依法治国。全面依法治国是中国特色社会主义的本质要求和重要保障。（7）坚持社会主义核心价值体系。文化自信是一个国家、一个民族发展中更基本、更深沉、更持久的力量。（8）坚持在发展中保障和改善民生。增进民生福祉是发展的根本目的。（9）坚持人与自然和谐共生。建设生态文明是中华民族永续发展的千年大计。（10）坚持总体国家安全观。统筹发展和安全，增强忧患意识，做到居安思危，是我们党治国理政的一个重大原则。（11）坚持党对人民军队的绝对领导。建设一支听党指挥、能打胜仗、作风优良的人民军队，是实现"两个一百年"奋斗目标、实现中华民族伟大复兴的战略支撑。（12）坚持"一国两制"和推进祖国统一。保持香港、澳门长期繁荣稳定，实现祖国完全统一，是实现中华民族伟大复兴的必然要求。（13）坚持推动构建人类命运共同体。中国人民的梦想同各国人民的梦想息息相通，实现中国梦离不开和平的国际环境和稳定的国际秩序。（14）坚持全面从严治党。勇于自我革命，从严管党治党，是我们党最鲜明的品格。"十四个坚持"的基本方略，涵盖坚持党的领导和"五位一体"总体布局、"四个全面"战略布局，涵盖国防和军队建设、维护国家安全、对外战略，是对党的治国理政重大方针、原则的最新概括，是实现"两个一百年"奋斗目标、实现中华民族伟大复兴中国梦的"路线图"和"方法论"。

提出坚持和发展中国特色社会主义的基本方略，意味着将改革开放以来我们先提出的"五个基本"凝练为"三个基本"。"五个基本"指基本理论、基本路线、基本纲领、基本经验、基本要求。1982年，党的十二大明确提出了"走自己的路、建设有中国特色的社会主义"这个命题。1987年，党的十三大根据社会主义初级阶段的国情，明确提出了党在社会主义初级阶段的基本路线。1992年，党的十四大把改革开放新时期以邓小平同志为主要代表的中国共产党人的理论创新概括为"邓小平同志建设有中国特色社会主义理论"。1997年，在进入新世纪之前，党的十五大明确提出了建设中国特色社会主义的基本纲领，即建设中国特色社会主义经济、政治和文化。2002年，党的十六大报告用"十个坚持"概括了"党领导人民建设中国特色社会主义必须坚持的基本经验"。2007年，党的十七大报告用"十个结合"概括了我们党"加快实现现代化、巩固和发展社会主义的宝贵经验"；2012年，党的十八大又用"八个坚持"明确了坚持和发展中国特色社会主义的基本要求。这"五个基本"中，基本理论和基本路线是管长远的。相对而言，不同时期形成的基本纲领、基本经验、基本要求，有些内容已经随着实践和理论发展而发展了。党的十九大提出的新时代坚持和发展中国特色社会主义的基本方略，涵盖了此前提出的党的基本纲领、基本经验、基本要求的基本内容。

第四，"十三个方面成就"全景展示了新时代治国理政理念、成就和经验，既是习近平新时代中国特色社会主义思想指导的结果，又以一系列重要原则性成果丰富了这一重要思想。深刻理解十九届六中全会决议中的"十三个方面成就"，就能对习近平新时代中国特色社会主义思想有更加全面深入的把握。

习近平对关系新时代党和国家事业发展的一系列重大理论和实践问题进行了深邃思考和科学判断，就新时代坚持和发展什么样的中国特色社会主义、怎样坚持和发展中国特色社会主义，建设什么样的社会主义现代化强国、怎样建设社会主义现代化强国，建设什么样的长期执政的马克思主义政党、怎样建设长期执政的马克思主义政党等重大时代课题，提出一系列原创性的治国理政新理念新思想新战略，是习近平新时代中国特色社会主义思想的主要创立者。习近平新时代中国特色社会主义思想是当代中国马克思主义、二十一世纪马克思主义，是中华文化和中国精神的时代精华，实现了马克思主义中国化新的飞跃。党确立习近平同志党中央的核心、全党的核心地位，确立习近平新时代中国特色社会主义思想的指导地位，反映了全党全军全国各族人民共同心愿，对新时代党和国家事业发展、对推进中华民族伟大复兴历史进程具有决定性意义。

第五，"两个结合"是推进马克思主义中国化时代化的基本途径。习近平在庆祝中国共产党成立100周年大会上的讲话中，提出"两个结合"的重大论断，即"坚持把马克思主义基本原理同中国具体实际相结合、同中华优秀传统文化相结合"。党的二十大报告指出，中国共产党人深刻认识到，只有把马克思主义基本原理同中国具体实际相结合、同中华优秀传统文化相结合，坚持运用辩证唯物主义和历史唯物主义，才能正确回答时代和实践提出的重大问题，才能始终保持马克思主义的蓬勃生机和旺盛活力。一是坚持和发展马克思主义，必须同中国具体实际相结合。我们坚持以马克思主义为指导，是要运用其科学的世界观和方法论解决中国的问题，而不是要背诵和重复其具体结论和词句，更不能把马克思主义当成一成不变的教条。我们必须坚持解放思想、实事求是、与时俱进、求真务实，一切从实际出发，着眼解决新时代改革开放和社会主义现代化建设的实际问题，不断回答中国之问、世界之问、人民之问、时代之问，作出符合中国实际和时代要求的正确回答，得出符合客观规律的科学认识，形成与时俱进的理论成果，更好指导中国实践。二是坚持和发展马克思主义，必须同中华优秀传统文化相结合。只有植根本国、本民族历史文化沃土，马克思主义真理之树才能根深叶茂。中华优秀传统文化源远流长、博大精深，是中华文明的智慧结晶，其中蕴含的天下为公、民为邦本、为政以德、革故鼎新、任人唯贤、天人合一、自强不息、厚德载物、讲信修睦、亲仁善邻等，是中国人民在长期生产生活中积累的宇宙观、天下观、社会观、道德观的重要体现，同科学社会主义价值观主张具有高度契合性。我们必须坚定历史自信、文化自信，坚持古为今用、推陈出新，把马克思主义思想精髓同中华优秀传统文化精华贯通起来、同人民群众日用而不觉的共同价值观念融通起来，不断赋予科学理论鲜明的中国特色，不断夯实马克思主义中国化时代化的历史基础和群众基础，让马克思主义在中国牢牢扎根。

第六，"六个坚持"是贯彻习近平新时代中国特色社会主义思想的立场观点方法。继续推进实践基础上的理论创新，首先要把握好习近平新时代中国特色社会主义思想的世界观和方法论，坚持好、运用好贯穿其中的立场观点方法。党的二十大概括了"六个坚持"。一是必须坚持人民至上。人民性是马克思主义的本质属性，党的理论是来自人民、为了人民、造福人民的理论，人民的创造性实践是理论创新的不竭源泉。一切脱离人民的理论都是苍白无力的，一切不为人民造福的理论都是没有生命力的。我们要站稳人民立场、把握人民愿望、尊重人民创造、集中人民智慧，形成为人民所喜爱、所认同、所拥有的理论，使之成为指导人民认识世界和改造世界的强大思想武器。二是必须坚持自信自立。中国人民和中华民族从近代以后的深重苦难走向伟大复兴的光明前景，从来就没有教科书，更没有现成答案。党的百年奋斗成功道路是党领导人民独立自主探索开辟出来的，马克思主义的中国篇章是中国共产党人依靠自身力量实践出来的，贯穿其中的一个基本点就是中国的问题必须从中国基本国情出发，由中国人自己来解答。我们要坚持对马克思主义的坚定信仰、对中国特色社会主义的坚定信念，坚定道路自信、理论自信、制度自信、文化自信，以更加积极的历史担当和创造精神为发展马克思主义作出新的贡献，既不能刻舟求剑、封闭僵化，也不能照抄照搬、食洋不化。三是必须坚持守正创新。我们从事的是前无古人的伟大事业，守正才能不迷失方向、不犯颠覆性错误，创新才能把握时代、引领时代。我们要以科学的态度对待科学、以真理的精神追求真理，坚持马克思主义基本原理不动摇，坚持党的全面领导不动摇，坚持中国特色社会主义不动摇，紧跟时代步伐，顺应实践发展，以满腔热忱对待一切新生事物，不断拓展认识的广度和深度，敢于说前人没有说过的新话，敢于干前人没有干过的事情，以新的理论指导新的实践。四是必须坚持问题导向。问题是时代的声音，回答并指导解决问题是理论的根本任务。今天我们所面临问题的复杂程度、解决问题的艰巨程度明显加大，给理论创新提出了全新要求。我们要增强问题意识，聚焦实践遇到的新问题、改革发展稳定存在的深层次问题、人民群众急难愁盼问题、国际变局中的重大问题、党的建设面临的突出问题，不断提出真正解决问题的新理念新思路新办法。五是必须坚持系统观念。万事万物是相互联系、相互依存的。只有用普遍联系的、全面系统的、发展变化的观点观察事物，才能把握事物发展规律。我国是一个发展中大国，仍处于社会主义初级阶段，正在经历广泛而深刻的社会变革，推进改革发展、调整利益关系往往牵一发而动全身。我们要善于通过历史看现实、透过现象看本质，把握好全局和局部、当前和长远、宏观和微观、主要矛盾和次要矛盾、特殊和一般的关系，不断提高战略思维、历史思维、辩证思维、系统思维、创新思维、法治思维、底线思维能力，为前瞻性思考、全局性谋划、整体性推进党和国家各项事业提供科学思想方法。六是必须坚持胸怀天下。中国共产党是为中国人民谋幸福、为中华民族谋复兴的党，也是为人类谋进步、为世界谋大同的党。我们要拓展世界眼光，深刻洞察人类发展进步潮流，积极回应各国人民普遍关切，为解决人类面临的共同问题作出贡献，以海纳百川的宽阔胸襟借鉴吸收人类一切优秀文明成果，推动建设更加美好的世界。

三、习近平新时代中国特色社会主义思想的重要方面

习近平新时代中国特色社会主义思想内涵丰富，涵盖治国理政的各个方

面，形成了习近平强军思想、习近平经济思想、习近平生态文明思想、习近平外交思想、习近平法治思想等。

（一）习近平强军思想

党的十八大以来，习近平着眼坚持和发展中国特色社会主义、实现中华民族伟大复兴，立足国家安全和发展战略全局，围绕强军兴军作出一系列重要论述，提出一系列重大战略思想、重大理论观点、重大决策部署，形成了习近平强军思想。党的十九大报告使用了"确立新时代党的强军思想在国防和军队建设中的指导地位"、"必须全面贯彻新时代党的强军思想"的概念。

习近平强军思想深刻回答了"新时代建设一支什么样的强大人民军队、怎样建设强大人民军队"的时代课题，其主要内容有：

关于强国必须强军，关于实现党在新时代的强军目标，关于坚持党对人民军队的绝对领导，关于全面提高新时代备战打仗能力，关于弘扬我党我军光荣传统和优良作风，关于推动我军高质量发展，关于深化国防和军队改革，关于加快国防科技创新，关于锻造高素质专业化新型军事人才，关于提高国防和军队建设法治化水平，关于构建一体化国家战略体系和能力。

习近平强军思想作为习近平新时代中国特色社会主义思想的重要组成部分，是我们党不懈探索中国特色强军之路形成的宝贵思想结晶，是加快国防和军队现代化、全面建设世界一流军队的行动纲领，谱写了当代中国马克思主义军事理论和军事实践发展的新篇章，为新时代国防和军队建设提供了科学指南和行动纲领。

（二）习近平经济思想

2017 年 12 月 18 日至 20 日，中央经济工作会议指出，我们坚持观大势、谋全局、干实事，成功驾驭了我国经济发展大局，在实践中形成了以新发展理念为主要内容的习近平新时代中国特色社会主义经济思想，2021 年后称之为习近平经济思想。

习近平经济思想主要内容：明确加强党对经济工作的全面领导是我国经济发展的根本保证，明确坚持以人民为中心的发展思想是我国经济发展的根本立场，明确进入新发展阶段是我国经济发展的历史方位，明确坚持新发展理念是我国经济发展的指导原则，明确构建新发展格局是我国经济发展的路径选择，明确推动高质量发展是我国经济发展的鲜明主题，明确坚持和完善社会主义基本经济制度是我国经济发展的制度基础，明确坚持问题导向部署实施国家重大发展战略是我国经济发展的战略举措，明确坚持创新驱动发展是我国经济发展的第一动力，明确大力发展制造业和实体经济是我国经济发展的主要着力点，明确坚定不移全面扩大开放是我国经济发展的重要法宝，明确统筹发展和安全是我国经济发展的重要保障，明确坚持正确工作策略和方法是做好经济工作的方法论。

习近平经济思想是习近平新时代中国特色社会主义思想的重要组成部分，是运用马克思主义政治经济学基本原理对新时代经济发展实践作出的系统理论概括，是以习近平同志为核心的党中央治国理政实践创新和理论创新在经济领域的集中体现，是立足国情、放眼世界、引领未来的科学理论，是党和国家十分宝贵的精神财富，为做好新时代经济工作指明了正确方向、提供了根本遵循。

（三）习近平外交思想

党的十八大以来，以习近平同志为核心的党中央深刻把握新时代中国和世界发展大势，在对外工作上进行一系列重大理论和实践创新，形成了新时代中国特色社会主义外交思想。2018 年 6 月 22 日至 23 日召开中央外事工作会议，明确提出了习近平外交思想。

习近平外交思想的精髓要义主要有：坚持以维护党中央权威为统领加强党对对外工作的集中统一领导，坚持以实现中华民族伟大复兴为使命推进中国特色大国外交，坚持以维护世界和平、促进共同发展为宗旨推动构建人类命运共同体，坚持以中国特色社会主义为根本增强战略自信，坚持以共商共建共享为原则推动"一带一路"建设，坚持以相互尊重、合作共赢为基础走和平发展道路，坚持以深化外交布局为依托打造全球伙伴关系，坚持以公平正义为理念引领全球治理体系改革，坚持以国家核心利益为底线维护国家主权、安全、发展利益，坚持以对外工作优良传统和时代特征相结合为方向塑造中国外交独特风范。

习近平外交思想是习近平新时代中国特色社会主义思想的重要组成部分，是马克思主义基本原理同中国特色大国外交实践相结合的重大理论成果，是以习近平同志为核心的党中央治国理政思想在外交领域的集中体现，是新时代我国对外工作的根本遵循和行动指南。

（四）习近平生态文明思想

2018 年 5 月 18 日至 19 日，全国生态环境保护大会总结并阐述了习近平生态文明思想。

习近平生态文明思想主要内容：坚持党对生态文明建设的全面领导，坚持生态兴则文明兴，坚持人与自然和谐共生，坚持绿水青山就是金山银山，坚持良好生态环境是最普惠的民生福祉，坚持绿色发展是发展观的深刻革命，坚持统筹山水林田湖草沙系统治理，坚持用最严格制度最严密法治保护生态环境，坚持把建设美丽中国转化为全体人民自觉行动，坚持共谋全球生态文明建设之路。

习近平生态文明思想是习近平新时代中国特色社会主义思想的重要组成部分，是我们党不懈探索生态文明建设的理论升华和实践结晶，是马克思主义基本原理同中国生态文明建设实践相结合、同中华优秀传统生态文化相结合的重大成果，是以习近平同志为核心的党中央治国理政实践创新和理论创新在生态文明建设领域的集中体现，是人类社会实现可持续发展的共同思想财富，是新时代我国生态文明建设的根本遵循和行动指南。

（五）习近平法治思想

2020 年 11 月 16 日至 17 日，中央全面依法治国工作会议正式提出习近平法治思想。习近平法治思想内涵丰富、论述深刻、逻辑严密、系统完备，从历史和现实相贯通、国际和国内相关联、理论和实际相结合上深刻回答了新时代为什么实行全面依法治国、怎样实行全面依法治国等一系列重大问题。

习近平法治思想主要方面包括：坚持党对全面依法治国的领导；坚持以人民为中心；坚持中国特色社会主义法治道路；坚持依宪治国、依宪执政；坚持在法治轨道上推进国家治理体系和治理能力现代化；坚持建设中国特色社会主义法治体系；坚持依法治国、依法执政、依法行政共同推进，法治国家、法治政府、法治社会一体建设；坚持全面推进科学立法、严格执法、公正司法、全民守法；坚持统筹推进国内法治和涉外法治；坚持建设德才兼备的高素质法治工作队伍；坚持抓住领导干部这个"关键少数"。

习近平法治思想是马克思主义法治理论中国化最新成果，是习近平新时代中国特色社会主义思想的重要组成部分，是全面依法治国的根本遵循和行动指南。

第四节 全面部署新时代发展战略

党的十九大提出了新时代中国共产党的历史使命、开启全面建设社会主义现代化国家新征程，对各方面工作进行了全面部署。在党的十九大以来治国理政中，进一步推进了理论和实践上的创新。

一、明确新时代中国共产党的历史使命

党的十九大指出，不忘初心，方得始终。中国共产党人的初心和使命，就是为中国人民谋幸福，为中华民族谋复兴。这个初心和使命是激励中国共产党人不断前进的根本动力。

"不忘初心，方得始终"这个词，最早用在 2015 年 7 月习近平给国测一大队老队员老党员的回信中。2016 年 7 月，习近平在庆祝中国共产党成立 95 周年大会上的讲话中提出"不忘初心，继续前进"，并进行了展开阐述。习近平指出："我们党已经走过了 95 年的历程，但我们要永远保持建党时中国共产党人的奋斗精神，永远保持对人民的赤子之心。一切向前走，都不能忘记走过的路；走得再远、走到再光辉的未来，也不能忘记走过的过去，不能忘记为什么出发。面向未来，面对挑战，全党同志一定要不忘初心、继续前进。"①坚持不忘初心、继续前进，就要坚持马克思主义的指导地位，坚持把马克思主义基本原理同当代中国实际和时代特点紧密结合起来，推进理论创新、实践创新，不

---

① 《习近平谈治国理政》第二卷，外文出版社 2014 年版，第 32—33 页。

断把马克思主义中国化推向前进；就要牢记我们党从成立起就把为共产主义、社会主义而奋斗确定为自己的纲领，坚定共产主义远大理想和中国特色社会主义共同理想，不断把为崇高理想奋斗的伟大实践推向前进；就要坚持中国特色社会主义道路自信、理论自信、制度自信、文化自信，坚持党的基本路线不动摇，不断把中国特色社会主义伟大事业推向前进；就要统筹推进"五位一体"总体布局，协调推进"四个全面"战略布局，全力推进全面建成小康社会进程，不断把实现"两个一百年"奋斗目标推向前进；就要坚定不移高举改革开放旗帜，勇于全面深化改革，进一步解放思想、解放和发展社会生产力、解放和增强社会活力，不断把改革开放推向前进；就要坚信党的根基在人民、党的力量在人民，坚持一切为了人民、一切依靠人民，充分发挥广大人民群众积极性、主动性、创造性，不断把为人民造福事业推向前进；就要始终不渝走和平发展道路，始终不渝奉行互利共赢的开放战略，加强同各国的友好往来，同各国人民一道，不断把人类和平与发展的崇高事业推向前进；就要保持党的先进性和纯洁性，着力提高执政能力和领导水平，着力增强抵御风险和拒腐防变能力，不断把党的建设新的伟大工程推向前进。

党的十九大阐述了新时代中国共产党的历史使命。实现中华民族伟大复兴是近代以来中华民族最伟大的梦想。中国共产党一经成立，就把实现共产主义作为党的最高理想和最终目标，义无反顾肩负起实现中华民族伟大复兴的历史使命，团结带领人民进行了艰苦卓绝的斗争，谱写了气吞山河的壮丽史诗。为了实现中华民族伟大复兴的历史使命，无论是弱小还是强大，无论是顺境还是逆境，我们党都初心不改、矢志不渝，团结带领人民历经千难万险，付出巨大牺牲，敢于面对曲折，勇于修正错误，攻克了一个又一个看似不可攻克的难关，创造了一个又一个彪炳史册的人间奇迹。

今天我们比历史上任何时期都更接近、更有信心和能力实现中华民族伟大复兴的目标。然而，行百里者半九十。中华民族伟大复兴，绝不是轻轻松松、敲锣打鼓就能实现的。全党必须准备付出更为艰巨、更为艰苦的努力。

实现伟大梦想，必须进行伟大斗争。社会是在矛盾运动中前进的，有矛盾就会有斗争。我们党要团结带领人民有效应对重大挑战、抵御重大风险、克服重大阻力、解决重大矛盾，必须进行具有许多新的历史特点的伟大斗争，任何贪图享受、消极懈怠、回避矛盾的思想和行为都是错误的。全党要更加自觉地坚持党的领导和我国社会主义制度，坚决反对一切削弱、歪曲、否定党的领导和我国社会主义制度的言行；更加自觉地维护人民利益，坚决反对一切损害人民利益、脱离群众的行为；更加自觉地投身改革创新时代潮流，坚决破除一切顽瘴痼疾；更加自觉地维护我国主权、安全、发展利益，坚决反对一切分裂祖国、破坏民族团结和社会和谐稳定的行为；更加自觉地防范各种风险，坚决战胜一切在政治、经济、文化、社会等领域和自然界出现的困难和挑战。全党要充分认识这场伟大斗争的长期性、复杂性、艰巨性，发扬斗争精神，提高斗争本领，不断夺取伟大斗争新胜利。

实现伟大梦想，必须建设伟大工程。这个伟大工程就是我们党正在深入推进的党的建设新的伟大工程。历史已经并将继续证明，没有中国共产党的领导，民族复兴必然是空想。我们党要始终成为时代先锋、民族脊梁，始终成为马克思主义执政党，自身必须始终过硬。全党要更加自觉地坚定党性原则，勇于直面问题，敢于刮骨疗毒，消除一切损害党的先进性和纯洁性的因素，清除一切侵蚀党的健康肌体的病毒，不断增强党的政治领导力、思想引领力、群众组织力、社会号召力，确保我们党永葆旺盛生命力和强大战斗力。

实现伟大梦想，必须推进伟大事业。中国特色社会主义是改革开放以来党的全部理论和实践的主题，是党和人民历尽千辛万苦、付出巨大代价取得的根本成就。中国特色社会主义道路是实现社会主义现代化、创造人民美好生活的必由之路，中国特色社会主义理论体系是指导党和人民实现中华民族伟大复兴的正确理论，中国特色社会主义制度是当代中国发展进步的根本制度保障，中国特色社会主义文化是激励全党全国各族人民奋勇前进的强大精神力量。全党要更加自觉地增强道路自信、理论自信、制度自信、文化自信，既不走封闭僵化的老路，也不走改旗易帜的邪路，保持政治定力，坚持实干兴邦，始终坚持和发展中国特色社会主义。

伟大斗争，伟大工程，伟大事业，伟大梦想，这"四个伟大"紧密联系、相互贯通、相互作用，其中起决定性作用的是党的建设新的伟大工程。推进伟大工程，要结合伟大斗争、伟大事业、伟大梦想的实践来进行，确保党在世界形势深刻变化的历史进程中始终走在时代前列，在应对国内外各种风险和考验的历史进程中始终成为全国人民的主心骨，在坚持和发展中国特色社会主义的历史进程中始终成为坚强领导核心。

2021年7月1日，习近平在庆祝中国共产党成立100周年大会上的讲话，系统回顾了中国共产党成立一百年来，团结带领全国各族人民开辟的伟大道路、创造的伟大事业、取得的伟大成就；以豪迈的自信、激昂的壮志，庄严宣告实现了第一个百年奋斗目标、全面建成了小康社会，郑重宣示坚持和发展新时代中国特色社会主义、向全面建成社会主义现代化强国的第二个百年奋斗目标迈进的坚定决心，深刻阐述以史为鉴、开创未来的根本要求，向全体党员发出了为党和人民争取更大光荣的伟大号召。

习近平提出了中国共产党百年奋斗的主题。指出，"中国共产党一经诞生，就把为中国人民谋幸福、为中华民族谋复兴确立为自己的初心使命。一百年来，中国共产党团结带领中国人民进行的一切奋斗、一切牺牲、一切创造，归结起来就是一个主题：实现中华民族伟大复兴"①。

习近平总结了中国共产党历史的四大阶段，一是为了实现中华民族伟大复兴，中国共产党团结带领中国人民，浴血奋战、百折不挠，创造了新民主主义革命的伟大成就，为实现中华民族伟大复兴创造了根本社会条件。二是为了实现中华民族伟大复兴，中国共产党团结带领中国人民，自力更生、发愤图强，创造了社会主义革命和建设的伟大成就，为实现中华民族伟大复兴奠定了根本政治前提和制度基础。三是为了实现中华民族伟大复兴，中国共产党团结带领中国人民，解放思想、锐意进取，创造了改革开放和社会主义现代化建设的伟大成就，为实现中华民族伟大复兴提供了充满新的活力的体制保证和快速发展的物质条件。四是为了实现中华民族伟大复兴，中国共产党团结带领中国人民，自信自强、守正创新，统揽伟大斗争、伟大工程、伟大事业、伟大梦想，创造了新时代中国特色社会主义的伟大成就，为实现中华民族伟大复兴提供了更为完善的制度保证、更为坚实的物质基础、更为主动的精神力量。

习近平提出了伟大建党精神，一百年前，中国共产党的先驱们创建了中国共产党，形成了坚持真理、坚守理想，践行初心、担当使命，不怕牺牲、英勇斗争，对党忠诚、不负人民的伟大建党精神，这是中国共产党的精神之源。一百年来，中国共产党弘扬伟大建党精神，在长期奋斗中构建起中国共产党人的精神谱系，锤炼出鲜明的政治品格。历史川流不息，精神代代相传。

习近平提出了"以史为鉴、开创未来"的九个必须。初心易得，始终难守。以史为鉴，可以知兴替。我们要用历史映照现实、远观未来，从中国共产

---

① 习近平：《在庆祝中国共产党成立100周年大会上的讲话》，《人民日报》2021年7月2日。

党的百年奋斗中看清楚过去我们为什么能够成功、弄明白未来我们怎样才能继续成功，从而在新的征程上更加坚定、更加自觉地牢记初心使命、开创美好未来。以史为鉴、开创未来，一是必须坚持中国共产党坚强领导，二是必须团结带领中国人民不断为美好生活而奋斗，三是必须继续推进马克思主义中国化，四是必须坚持和发展中国特色社会主义，五是必须加快国防和军队现代化，六是必须不断推动构建人类命运共同体，七是必须进行具有许多新的历史特点的伟大斗争，八是必须加强中华儿女大团结，九是必须不断推进党的建设新的伟大工程。

习近平在庆祝中国共产党成立 100 周年大会上的讲话中，立足中国共产党百年华诞的重大时刻和"两个一百年"历史交汇的关键节点，回望光辉历史、擘画光明未来，是一篇马克思主义纲领性文献，是新时代中国共产党人不忘初心、牢记使命的政治宣言，是我们党团结带领人民以史为鉴、开创未来的行动指南。

党的十九届六中全会，全面总结了中国共产党百年奋斗的历史经验。（1）坚持党的领导。中国共产党是领导我们事业的核心力量。中国人民和中华民族之所以能够扭转近代以后的历史命运、取得今天的伟大成就，最根本的是有中国共产党的坚强领导。历史和现实都证明，没有中国共产党，就没有新中国，就没有中华民族伟大复兴。治理好我们这个世界上最大的政党和人口最多的国家，必须坚持党的全面领导特别是党中央集中统一领导，坚持民主集中制，确保党始终总揽全局、协调各方。（2）坚持人民至上。党的根基在人民、血脉在人民、力量在人民，人民是党执政兴国的最大底气。民心是最大的政治，正义是最强的力量。党的最大政治优势是密切联系群众，党执政后的最大危险是脱离群众。党代表中国最广大人民根本利益，没有任何自己特殊的利益，从来不代表任何利益集团、任何权势团体、任何特权阶层的利益，这是党立于不败之地的根本所在。（3）坚持理论创新。马克思主义是我们立党立国、兴党强国的根本指导思想。马克思主义理论不是教条而是行动指南，必须随着实践发展而发展，必须中国化才能落地生根、本土化才能深入人心。党之所以能够领导人民在一次次求索、一次次挫折、一次次开拓中完成中国其他各种政治力量不可能完成的艰巨任务，根本在于坚持解放思想、实事求是、与时俱进、求真务实，坚持把马克思主义基本原理同中国具体实际相结合、同中华优秀传统文化相结合，坚持实践是检验真理的唯一标准，坚持一切从实际出发，及时回答时代之问、人民之问，不断推进马克思主义中国化时代化。（4）坚持独立自主。独立自主是中华民族精神之魂，是我们立党立国的重要原则。走自己的路，是党百年奋斗得出的历史结论。党历来坚持独立自主开拓前进道路，坚持把国家和民族发展放在自己力量的基点上，坚持中国的事情必须由中国人民自己作主张、自己来处理。人类历史上没有一个民族、一个国家可以通过依赖外部力量、照搬外国模式、跟在他人后面亦步亦趋实现强大和振兴。那样做的结果，不是必然遭遇失败，就是必然成为他人的附庸。（5）坚持中国道路。方向决定道路，道路决定命运。党在百年奋斗中始终坚持从我国国情出发，探索并形成符合中国实际的正确道路。中国特色社会主义道路是创造人民美好生活、实现中华民族伟大复兴的康庄大道。脚踏中华大地，传承中华文明，走符合中国国情的正确道路，党和人民就具有无比广阔的舞台，具有无比深厚的历史底蕴，具有无比强大的前进定力。（6）坚持胸怀天下。大道之行，天下为公。党始终以世界眼光关注人类前途命运，从人类发展大潮流、世界变化大格局、中国发展大历史正确认识和处理同外部世界的关系，坚持开放、不搞封闭，坚持互利共赢、不搞零和博弈，坚持主持公道、伸张正义，站在历史正确的一边，站在人类进步的一边。（7）坚持开拓创新。创新是一个国家、一个民族发展进步的不竭动力。越是伟大的事业，越充满艰难险阻，越需要艰苦奋斗，越需要开拓创新。党领导人民披荆斩棘、上下求索、奋力开拓、锐意进取，不断推进理论创新、实践创新、制度创新、文化创新以及其他各方面创新，敢为天下先，走出了前人没有走出的路，任何艰难险阻都没能阻挡住党和人民前进的步伐。（8）坚持敢于斗争。敢于斗争、敢于胜利，是党和人民不可战胜的强大精神力量。党和人民取得的一切成就，不是天上掉下来的，不是别人恩赐的，而是通过不断斗争取得的。党在内忧外患中诞生、在历经磨难中成长、在攻坚克难中壮大，为了人民、国家、民族，为了理想信念，无论敌人如何强大、道路如何艰险、挑战如何严峻，党总是绝不畏惧、绝不退缩，不怕牺牲、百折不挠。（9）坚持统一战线。团结就是力量。建立最广泛的统一战线，是党克敌制胜的重要法宝，也是党执政兴国的重要法宝。党始终坚持大团结大联合，团结一切可以团结的力量，调动一切可以调动的积极因素，促进政党关系、民族关系、宗教关系、阶层关系、海内外同胞关系和谐，最大限度凝聚起共同奋斗的力量。（10）坚持自我革命。勇于自我革命是中国共产党区别于其他政党的显著标志。自我革命精神是党永葆青春活力的强大支撑。先进的马克思主义政党不是天生的，而是在不断自我革命中淬炼而成的。党历经百年沧桑更加充满活力，其奥秘就在于始终坚持真理、修正错误。党的伟大不在于不犯错误，而在于从不讳疾忌医，积极开展批评和自我批评，敢于直面问题，勇于自我革命。这十个方面经过长期实践积累的宝贵经验，是党和人民共同创造的精神财富，必须倍加珍惜、长期坚持，并在新时代实践中不断丰富和发展。

二、开启全面建设社会主义现代化强国新征程

党的十九大指出，从十九大到二十大，是"两个一百年"奋斗目标的历史交汇期。我们既要全面建成小康社会、实现第一个百年奋斗目标，又要乘势而上开启全面建设社会主义现代化国家新征程，向第二个百年奋斗目标进军。

众所周知，改革开放之后，我们党对我国社会主义现代化建设作出战略安排，提出"三步走"战略目标。解决人民温饱问题、人民生活总体上达到小康水平这两个目标已提前实现。在这个基础上，我们党提出，到建党一百年时建成经济更加发展、民主更加健全、科教更加进步、文化更加繁荣、社会更加和谐、人民生活更加殷实的小康社会，然后再奋斗三十年，到新中国成立一百年时，基本实现现代化，把我国建成社会主义现代化国家。

党的十八大以来，习近平围绕如何全面建设社会主义现代化这一重大问题，提出了一系列新思想新观点新要求。诸如，"现代化的本质是人的现代化"，"我们要建设的现代化是人与自然和谐共生的现代化"，要"推进国家治理体系和治理能力现代化"，"要在坚持以经济建设为中心的同时，全面推进经济建设、政治建设、文化建设、社会建设、生态文明建设，促进现代化建设各个环节、各个方面协调发展"，等等。这些重大战略思想、重大理论观点、重大工作部署，极大深化了我们党对社会主义现代化建设规律的认识，有力指导和推动了我国社会主义现代化建设迈出坚实步伐。

党的十九大报告综合分析国际国内形势和我国发展条件，对新时代推进社会主义现代化建设作出新的顶层设计，提出从 2020 年到本世纪中叶，在全面建成小康社会的基础上，分两步走全面建成社会主义现代化强国。从全面建成小康社会到基本实现现代化，再到全面建成社会主义现代化强国，是新时代中

国特色社会主义发展的战略安排。

第一个阶段，从 2020 年到 2035 年，在全面建成小康社会的基础上，再奋斗十五年，基本实现社会主义现代化。到那时，我国经济实力、科技实力将大幅跃升，跻身创新型国家前列；人民平等参与、平等发展权利得到充分保障，法治国家、法治政府、法治社会基本建成，各方面制度更加完善，国家治理体系和治理能力现代化基本实现；社会文明程度达到新的高度，国家文化软实力显著增强，中华文化影响更加广泛深入；人民生活更为宽裕，中等收入群体比例明显提高，城乡区域发展差距和居民生活水平差距显著缩小，基本公共服务均等化基本实现，全体人民共同富裕迈出坚实步伐；现代社会治理格局基本形成，社会充满活力又和谐有序；生态环境根本好转，美丽中国目标基本实现。

第二个阶段，从 2035 年到本世纪中叶，在基本实现现代化的基础上，再奋斗十五年，把我国建成富强民主文明和谐美丽的社会主义现代化强国。到那时，我国物质文明、政治文明、精神文明、社会文明、生态文明将全面提升，实现国家治理体系和治理能力现代化，成为综合国力和国际影响力领先的国家，全体人民共同富裕基本实现，我国人民将享有更加幸福安康的生活，中华民族将以更加昂扬的姿态屹立于世界民族之林。

新时代"两步走"战略安排，把基本实现现代化的时间提前了 15 年，提出了全面建成社会主义现代化强国这一更高目标，丰富了"两个一百年"奋斗目标的内涵。

2020 年 10 月，党的十九届五中全会通过了《中共中央关于制定国民经济和社会发展第十四个五年规划和二〇三五年远景目标的建议》，高度评价决胜全面建成小康社会取得的决定性成就，深入分析了我国发展环境面临的深刻复杂变化，认为当前和今后一个时期，我国发展仍然处于重要战略机遇期，但机遇和挑战都有新的发展变化。全会提出了到二〇三五年基本实现社会主义现代化远景目标，这就是：我国经济实力、科技实力、综合国力将大幅跃升，经济总量和城乡居民人均收入将再迈上新的大台阶，关键核心技术实现重大突破，进入创新型国家前列；基本实现新型工业化、信息化、城镇化、农业现代化，建成现代化经济体系；基本实现国家治理体系和治理能力现代化，人民平等参与、平等发展权利得到充分保障，基本建成法治国家、法治政府、法治社会；建成文化强国、教育强国、人才强国、体育强国、健康中国，国民素质和社会文明程度达到新高度，国家文化软实力显著增强；广泛形成绿色生产生活方式，碳排放达峰后稳中有降，生态环境根本好转，美丽中国建设目标基本实现；形成对外开放新格局，参与国际经济合作和竞争新优势明显增强；人均国内生产总值达到中等发达国家水平，中等收入群体显著扩大，基本公共服务实现均等化，城乡区域发展差距和居民生活水平差距显著缩小；平安中国建设达到更高水平，基本实现国防和军队现代化；人民生活更加美好，人的全面发展、全体人民共同富裕取得更为明显的实质性进展。全会提出了"十四五"时期经济社会发展指导思想和必须遵循的原则，强调要坚持党的全面领导，坚持和完善党领导经济社会发展的体制机制，坚持和完善中国特色社会主义制度，不断提高贯彻新发展理念、构建新发展格局能力和水平，为实现高质量发展提供根本保证。坚持以人民为中心，坚持新发展理念，坚持深化改革开放，坚持系统观念。

党的二十大对中国式现代化做了系统论述。报告指出，从现在起，中国共产党的中心任务就是团结带领全国各族人民全面建成社会主义现代化强国、实现第二个百年奋斗目标，以中国式现代化全面推进中华民族伟大复兴。在新中国成立特别是改革开放以来长期探索和实践基础上，经过党的十八大以来在理论和实践上的创新突破，我们党成功推进和拓展了中国式现代化。

一是明确了中国式现代化的中国特色。中国式现代化，是中国共产党领导的社会主义现代化，既有各国现代化的共同特征，更有基于自己国情的中国特色。中国式现代化是人口规模巨大的现代化。我国十四亿多人口整体迈进现代化社会，规模超过现有发达国家人口的总和，艰巨性和复杂性前所未有，发展途径和推进方式也必然具有自己的特点。我们始终从国情出发想问题、作决策、办事情，既不好高骛远，也不因循守旧，保持历史耐心，坚持稳中求进、循序渐进、持续推进。中国式现代化是全体人民共同富裕的现代化。共同富裕是中国特色社会主义的本质要求，也是一个长期的历史过程。我们坚持把实现人民对美好生活的向往作为现代化建设的出发点和落脚点，着力维护和促进社会公平正义，着力促进全体人民共同富裕，坚决防止两极分化。中国式现代化是物质文明和精神文明相协调的现代化。物质富足、精神富有是社会主义现代化的根本要求。物质贫困不是社会主义，精神贫乏也不是社会主义。我们不断厚植现代化的物质基础，不断夯实人民幸福生活的物质条件，同时大力发展社会主义先进文化，加强理想信念教育，传承中华文明，促进物的全面丰富和人的全面发展。中国式现代化是人与自然和谐共生的现代化。人与自然是生命共同体，无止境地向自然索取甚至破坏自然必然会遭到大自然的报复。我们坚持可持续发展，坚持节约优先、保护优先、自然恢复为主的方针，像保护眼睛一样保护自然和生态环境，坚定不移走生产发展、生活富裕、生态良好的文明发展道路，实现中华民族永续发展。中国式现代化是走和平发展道路的现代化。我国不走一些国家通过战争、殖民、掠夺等方式实现现代化的老路，那种损人利己、充满血腥罪恶的老路给广大发展中国家人民带来深重苦难。我们坚定站在历史正确的一边、站在人类文明进步的一边，高举和平、发展、合作、共赢旗帜，在坚定维护世界和平与发展中谋求自身发展，又以自身发展更好维护世界和平与发展。

二是明确了中国式现代化的本质要求，即坚持中国共产党领导，坚持中国特色社会主义，实现高质量发展，发展全过程人民民主，丰富人民精神世界，实现全体人民共同富裕，促进人与自然和谐共生，推动构建人类命运共同体，创造人类文明新形态。

三是进一步明确了全面建成社会主义现代化强国的总的战略安排：从二〇二〇年到二〇三五年基本实现社会主义现代化；从二〇三五年到本世纪中叶把我国建成富强民主文明和谐美丽的社会主义现代化强国。到二〇三五年，我国发展的总体目标是：经济实力、科技实力、综合国力大幅跃升，人均国内生产总值迈上新的大台阶，达到中等发达国家水平；实现高水平科技自立自强，进入创新型国家前列；建成现代化经济体系，形成新发展格局，基本实现新型工业化、信息化、城镇化、农业现代化；基本实现国家治理体系和治理能力现代化，全过程人民民主制度更加健全，基本建成法治国家、法治政府、法治社会；建成教育强国、科技强国、人才强国、文化强国、体育强国、健康中国，国家文化软实力显著增强；人民生活更加幸福美好，居民人均可支配收入再上新台阶，中等收入群体比重明显提高，基本公共服务实现均等化，农村基本具备现代生活条件，社会保持长期稳定，人的全面发展、全体人民共同富裕取得更为明显的实质性进展；广泛形成绿色生产生活方式，碳排放达峰后稳中有降，生态环境根本好转，美丽中国目标基本实现；国家安全体系和能力全面加强，基本实现国防和军队现代化。在基本实现现代化的基础上，我们要继续奋斗，到本世纪中叶，把我国建设成为综合国力和国际影响力领先的社会主义现代化强国。

四是提出了推进中国式现代化的重大原则。全面建设社会主义现代化国家，是一项伟大而艰巨的事业，前途光明，任重道远。我国发展进入战略机遇和风险挑战并存、不确定难预料因素增多的时期，各种"黑天鹅"、"灰犀牛"事件随时可能发生。我们必须增强忧患意识，坚持底线思维，做到居安思危、未雨绸缪，准备经受风高浪急甚至惊涛骇浪的重大考验。前进道路上，必须牢牢把握以下重大原则：坚持和加强党的全面领导。坚决维护党中央权威和集中统一领导，把党的领导落实到党和国家事业各领域各方面各环节，使党始终成为风雨来袭时全体人民最可靠的主心骨，确保我国社会主义现代化建设正确方向，确保拥有团结奋斗的强大政治凝聚力、发展自信心，集聚起万众一心、共克时艰的磅礴力量。坚持中国特色社会主义道路。坚持以经济建设为中心，坚持四项基本原则，坚持改革开放，坚持独立自主、自力更生，坚持道不变、志不改，既不走封闭僵化的老路，也不走改旗易帜的邪路，坚持把国家和民族发展放在自己力量的基点上，坚持把中国发展进步的命运牢牢掌握在自己手中。坚持以人民为中心的发展思想。维护人民根本利益，增进民生福祉，不断实现发展为了人民、发展依靠人民、发展成果由人民共享，让现代化建设成果更多更公平惠及全体人民。坚持深化改革开放。深入推进改革创新，坚定不移扩大开放，着力破解深层次体制机制障碍，不断彰显中国特色社会主义制度优势，不断增强社会主义现代化建设的动力和活力，把我国制度优势更好转化为国家治理效能。坚持发扬斗争精神。增强全党全国各族人民的志气、骨气、底气，不信邪、不怕鬼、不怕压，知难而进、迎难而上，统筹发展和安全，全力战胜前进道路上各种困难和挑战，依靠顽强斗争打开事业发展新天地。

三、全方位的战略部署

党的十九大对中国特色社会主义的"五位一体"建设和重要工作进行了系统战略部署。

一是贯彻新发展理念，建设现代化经济体系。实现"两个一百年"奋斗目标、实现中华民族伟大复兴的中国梦，不断提高人民生活水平，必须坚定不移把发展作为党执政兴国的第一要务，坚持解放和发展社会生产力，坚持社会主义市场经济改革方向，推动经济持续健康发展。我国经济已由高速增长阶段转向高质量发展阶段，正处在转变发展方式、优化经济结构、转换增长动力的攻关期，建设现代化经济体系是跨越关口的迫切要求和我国发展的战略目标。必须坚持质量第一、效益优先，以供给侧结构性改革为主线，推动经济发展质量变革、效率变革、动力变革，提高全要素生产率，着力加快建设实体经济、科技创新、现代金融、人力资源协同发展的产业体系，着力构建市场机制有效、微观主体有活力、宏观调控有度的经济体制，不断增强我国经济创新力和竞争力。要深化供给侧结构性改革，加快建设创新型国家，实施乡村振兴战略，实施区域协调发展战略，加快完善社会主义市场经济体制，推动形成全面开放新格局。

党的十九大之后，因应国内外形势的变化，中央果断采取了一系列措施应对国际贸易纷争和新冠疫情冲击，并且着眼于开启建设社会主义现代化国家新征程，提出了立足新发展阶段、贯彻新发展理念、构建新发展格局的重大战略。

2020 年 11 月党的十九届五中全会作出了《中共中央关于制定国民经济和社会发展第十四个五年规划和二〇三五年远景目标的建议》。建议由 15 个部分构成，分为三大板块。第一板块为总论，包括第一、第二两个部分，主要阐述决胜全面建成小康社会取得决定性成就、我国发展环境面临深刻复杂变化、到2035 年基本实现社会主义现代化远景目标、"十四五"时期经济社会发展指导思想、必须遵循的原则和主要目标。第二板块为分论，总体上按照新发展理念的内涵来组织，分领域阐述"十四五"时期经济社会发展和改革开放的重点任务，安排了 12 个部分，明确了从科技创新、产业发展、国内市场、深化改革、乡村振兴、区域发展，到文化建设、绿色发展、对外开放、社会建设、安全发展、国防建设等重点领域的思路和重点工作，作出工作部署。第三板块为结尾，包括第十五部分和结束语，主要阐述加强党中央集中统一领导、推进社会主义政治建设、健全规划制定和落实机制等内容。

2021 年 1 月 11 日，习近平在省部级主要领导干部学习贯彻党的十九届五中全会精神专题研讨班系统阐述了"把握新发展阶段，贯彻新发展理念，构建新发展格局"。

关于准确把握新发展阶段，习近平指出：党的十九届五中全会提出，全面建成小康社会、实现第一个百年奋斗目标之后，我们要乘势而上开启全面建设社会主义现代化国家新征程、向第二个百年奋斗目标进军，这标志着我国进入了一个新发展阶段。作出这样的战略判断，有着深刻的依据。就理论依据而言，马克思主义是远大理想和现实目标相结合、历史必然性和发展阶段性相统一的统一论者，坚信人类社会必然走向共产主义，但实现这一崇高目标必然经历若干历史阶段。今天我们所处的新发展阶段，就是社会主义初级阶段中的一个阶段，同时是其中经过几十年积累、站到了新的起点上的一个阶段。从历史依据来看，新发展阶段是我们党带领人民迎来从站起来、富起来到强起来历史性跨越的新阶段。就现实依据来讲，我们已经拥有开启新征程、实现新的更高目标的雄厚物质基础。特别是全面建成小康社会取得伟大历史成果，解决困扰中华民族几千年的绝对贫困问题。这在我国社会主义现代化建设进程中具有里程碑意义，为我国进入新发展阶段、朝着第二个百年奋斗目标进军奠定了坚实基础。新发展阶段是我国社会主义发展进程中的一个重要阶段。社会主义初级阶段不是一个静态、一成不变、停滞不前的阶段，也不是一个自发、被动、不用费多大气力自然而然就可以跨过的阶段，而是一个动态、积极有为、始终洋溢着蓬勃生机活力的过程，是一个阶梯式递进、不断发展进步、日益接近质的飞跃的量的积累和发展变化的过程。全面建设社会主义现代化国家、基本实现社会主义现代化，既是社会主义初级阶段我国发展的要求，也是我国社会主义从初级阶段向更高阶段迈进的要求。

关于深入贯彻新发展理念，习近平指出：我们党领导人民治国理政，很重要的一个方面就是要回答好实现什么样的发展、怎样实现发展这个重大问题。党的十八大以来我们对经济社会发展提出了许多重大理论和理念，其中新发展理念是最重要、最主要的。新发展理念是一个系统的理论体系，回答了关于发展的目的、动力、方式、路径等一系列理论和实践问题，阐明了我们党关于发展的政治立场、价值导向、发展模式、发展道路等重大政治问题。全党必须完整、准确、全面贯彻新发展理念。要注意把握好以下几点：第一，从根本宗旨把握新发展理念。第二，从问题导向把握新发展理念。第三，从忧患意识把握新发展理念。

关于加快构建新发展格局，习近平指出：加快构建以国内大循环为主体、国内国际双循环相互促进的新发展格局，是"十四五"规划《建议》提出的一项关系我国发展全局的重大战略任务。党的十九届五中全会对构建新发展格局作出全面部署，这是把握未来发展主动权的战略性布局和先手棋，是新发展阶段要着力推动完成的重大历史任务，也是贯彻新发展理念的重大举措。构建新发展格局最本质的特征是实现高水平的自立自强。

总之，进入新发展阶段、贯彻新发展理念、构建新发展格局，是由我国经济社会发展的理论逻辑、历史逻辑、现实逻辑决定的，三者紧密关联。进入新发展阶段明确了我国发展的历史方位，贯彻新发展理念明确了我国现代化建设的指导原则，构建新发展格局明确了我国经济现代化的路径选择。把握新发展阶段是贯彻新发展理念、构建新发展格局的现实依据，贯彻新发展理念为把握新发展阶段、构建新发展格局提供了行动指南，构建新发展格局则是应对新发展阶段机遇和挑战、贯彻新发展理念的战略选择。

2022年4月29日，中共中央政治局就依法规范和引导我国资本健康发展进行第三十八次集体学习。习近平指出，资本是社会主义市场经济的重要生产要素，在社会主义市场经济条件下规范和引导资本发展，既是一个重大经济问题、也是一个重大政治问题，既是一个重大实践问题、也是一个重大理论问题，关系坚持社会主义基本经济制度，关系改革开放基本国策，关系高质量发展和共同富裕，关系国家安全和社会稳定。必须深化对新的时代条件下我国各类资本及其作用的认识，规范和引导资本健康发展，发挥其作为重要生产要素的积极作用。党的十八大以来，我们坚持和完善社会主义基本经济制度，并把"两个毫不动摇"写入新时代坚持和发展中国特色社会主义的基本方略，作为党和国家一项大政方针进一步确定下来。我们全面深化改革，强调使市场在资源配置中起决定性作用、更好发挥政府作用，为各类资本发展营造更加有利的市场环境和法治环境。我们强化反垄断，防止资本无序扩张，有效防范风险，维护市场公平竞争。我们着力防范和化解金融风险，克服经济脱实向虚的倾向，重点解决不良资产风险、泡沫风险等。我们持续扩大对外开放，着力构建以国内大循环为主体、国内国际双循环相互促进的新发展格局，建设更高水平开放型经济新体制。我们对资本性质的理解逐步深化，对资本作用的认识更趋全面，对资本规律的把握更加深入，对资本运行的治理能力不断提高。必须坚持党的领导和我国社会主义制度，牢牢把握正确政治方向，坚持问题导向、系统思维，立足当前、着眼长远，坚持疏堵结合、分类施策，统筹发展和安全、效率和公平、活力和秩序、国内和国际，注重激发包括非公有资本在内的各类资本活力，发挥其促进科技进步、繁荣市场经济、便利人民生活、参与国际竞争的积极作用，使之始终服从和服务于人民和国家利益，为全面建设社会主义现代化国家、实现中华民族伟大复兴贡献力量。

二是健全人民当家作主制度体系，发展社会主义民主政治。我国是工人阶级领导的、以工农联盟为基础的人民民主专政的社会主义国家，国家一切权力属于人民。我国社会主义民主是维护人民根本利益的最广泛、最真实、最管用的民主。发展社会主义民主政治就是要体现人民意志、保障人民权益、激发人民创造活力，用制度体系保证人民当家作主。中国特色社会主义政治发展道路，是近代以来中国人民长期奋斗历史逻辑、理论逻辑、实践逻辑的必然结果，是坚持党的本质属性、践行党的根本宗旨的必然要求。世界上没有完全相同的政治制度模式，政治制度不能脱离特定社会政治条件和历史文化传统来抽象评判，不能定于一尊，不能生搬硬套外国政治制度模式。要长期坚持、不断发展我国社会主义民主政治，积极稳妥推进政治体制改革，推进社会主义民主政治制度化、规范化、程序化，保证人民依法通过各种途径和形式管理国家事务，管理经济文化事业，管理社会事务，巩固和发展生动活泼、安定团结的政治局面。要坚持党的领导、人民当家作主、依法治国有机统一；加强人民当家作主制度保障；发挥社会主义协商民主重要作用；深化依法治国实践；深化机构和行政体制改革；巩固和发展爱国统一战线。

党的十九大后，面对新时代新任务提出的新要求，党和国家机构设置和职能配置同统筹推进"五位一体"总体布局、协调推进"四个全面"战略布局的要求还不完全适应，同实现国家治理体系和治理能力现代化的要求还不完全适应。必须统一思想、坚定信心、抓住机遇，在全面深化改革进程中，下决心解决党和国家机构职能体系中存在的障碍和弊端，加快推进国家治理体系和治理能力现代化，更好发挥我国社会主义制度优越性。为了进一步落实党的全面领导和提高国家治理能力，2018年党的十九届三中全会审议通过了《中共中央关于深化党和国家机构改革的决定》和《深化党和国家机构改革方案》。全会提出，深化党和国家机构改革，必须贯彻坚持党的全面领导、坚持以人民为中心、坚持优化协同高效、坚持全面依法治国的原则。全会确立了深化党和国家机构改革的目标：构建系统完备、科学规范、运行高效的党和国家机构职能体系，形成总揽全局、协调各方的党的领导体系，职责明确、依法行政的政府治理体系，中国特色、世界一流的武装力量体系，联系广泛、服务群众的群团工作体系，推动人大、政府、政协、监察机关、审判机关、检察机关、人民团体、企事业单位、社会组织等在党的统一领导下协调行动、增强合力，全面提高国家治理能力和治理水平。这次机构改革，既立足实现第一个百年奋斗目标，针对突出矛盾，抓重点、补短板、强弱项、防风险，从党和国家机构职能上为决胜全面建成小康社会提供保障；又着眼于实现第二个百年奋斗目标，注重解决事关长远的体制机制问题，打基础、立支柱、定架构，为形成更加完善的中国特色社会主义制度创造有利条件。

人民民主是社会主义的生命，是两种制度竞争的重要方面。面对西方鼓吹的民主价值并对中国民主的抹黑，我们坚定不移走中国特色政治发展的道路。2019 年 11 月，习近平到上海市长宁区虹桥街道古北市民中心考察时指出，"我们走的是一条中国特色社会主义政治发展道路，人民民主是一种全过程的民主"。2021 年 7 月 1 日，习近平在庆祝中国共产党成立 100 周年大会上论述人民至上时再次强调，"发展全过程人民民主"[①]。资产阶级的阶级本质决定其民主是虚假的民主，是资产阶级维护其统治的工具。对于大多数选民来说，只能一选了之，别无他法。我国人民民主有效防止了西方民主选举时漫天许诺、选举后无人过问的现象，既保证了人民进行民主选举的权利，也保证了人民在民主协商、决策、管理、监督等方面的权利，是全过程的民主。全过程人民民主不仅体现在完整的制度程序上，而且体现在完整的参与实践中。习近平指出："保证和支持人民当家作主，通过依法选举、让人民的代表来参与国家生活和社会生活的管理是十分重要的，通过选举以外的制度和方式让人民参与国家生活和社会生活的管理也是十分重要的。人民只有投票的权利而没有广泛参与的权利，人民只有在投票时被唤醒、投票后就进入休眠期，这样的民主是形式主义的。"[②]

2021 年 10 月 13 日，习近平在中央人大工作会议上的讲话全面阐述了全过程人民民主。习近平指出："民主不是装饰品，不是用来做摆设的，而是要用来解决人民需要解决的问题的。一个国家民主不民主，关键在于是不是真正做到了人民当家作主，要看人民有没有投票权，更要看人民有没有广泛参与权；要看人民在选举过程中得到了什么口头许诺，更要看选举后这些承诺实现了多少；要看制度和法律规定了什么样的政治程序和政治规则，更要看这些制度和法律是不是真正得到了执行；要看权力运行规则和程序是否民主，更要看权力是否真正受到人民监督和制约。如果人民只有在投票时被唤醒、投票后就

---

① 习近平：《在庆祝中国共产党成立 100 周年大会上的讲话》，《人民日报》2021 年 7 月 2 日。
② 《习近平谈治国理政》第二卷，外文出版社 2017 年版，第 293 页。

进入休眠期，只有竞选时聆听天花乱坠的口号、竞选后就毫无发言权，只有拉票时受宠、选举后就被冷落，这样的民主不是真正的民主。"①"党的十八大以来，我们深化对民主政治发展规律的认识，提出全过程人民民主的重大理念。我国全过程人民民主不仅有完整的制度程序，而且有完整的参与实践。我国实行工人阶级领导的、以工农联盟为基础的人民民主专政的国体，实行人民代表大会制度的政体，实行中国共产党领导的多党合作和政治协商制度、民族区域自治制度、基层群众自治制度等基本政治制度，巩固和发展最广泛的爱国统一战线，形成了全面、广泛、有机衔接的人民当家作主制度体系，构建了多样、畅通、有序的民主渠道。全体人民依法实行民主选举、民主协商、民主决策、民主管理、民主监督，依法通过各种途径和形式管理国家事务，管理经济和文化事业，管理社会事务。我国全过程人民民主实现了过程民主和成果民主、程序民主和实质民主、直接民主和间接民主、人民民主和国家意志相统一，是全链条、全方位、全覆盖的民主，是最广泛、最真实、最管用的社会主义民主。我们要继续推进全过程人民民主建设，把人民当家作主具体地、现实地体现到党治国理政的政策措施上来，具体地、现实地体现到党和国家机关各个方面各个层级工作上来，具体地、现实地体现到实现人民对美好生活向往的工作上来。"② 这些有关全过程人民民主的"四个要看、四个更看要"、"四统一"、"三全"、"三最"，都是创新性论断，丰富了社会主义民主理论。

三是坚定文化自信，推动社会主义文化繁荣兴盛。文化是一个国家、一个民族的灵魂。文化兴国运兴，文化强民族强。没有高度的文化自信，没有文化的繁荣兴盛，就没有中华民族伟大复兴。要坚持中国特色社会主义文化发展道路，激发全民族文化创新创造活力，建设社会主义文化强国。中国特色社会主义文化，源自于中华民族五千多年文明历史所孕育的中华优秀传统文化，熔铸于党领导人民在革命、建设、改革中创造的革命文化和社会主义先进文化，植根于中国特色社会主义伟大实践。发展中国特色社会主义文化，就是以马克思主义为指导，坚守中华文化立场，立足当代中国现实，结合当今时代条件，发展面向现代化、面向世界、面向未来的，民族的科学的大众的社会主义文化，推动社会主义精神文明和物质文明协调发展。要坚持为人民服务、为社会主义

---

① 《习近平谈治国理政》第四卷，外文出版社 2022 年版，第 258—259 页。
② 《习近平谈治国理政》第四卷，外文出版社 2022 年版，第 260—261 页。

服务，坚持百花齐放、百家争鸣，坚持创造性转化、创新性发展，不断铸就中华文化新辉煌。要牢牢掌握意识形态工作领导权；培育和践行社会主义核心价值观；加强思想道德建设；繁荣发展社会主义文艺；推动文化事业和文化产业发展。

党的十九大后，习近平在马克思主义指导、宣传思想工作任务、办好思想政治理论课等方面提出了一系列新思想新论断。

2018 年 5 月 4 日，习近平在纪念马克思诞辰 200 周年大会上的讲话，高屋建瓴，视野宏大，思想深刻，内容丰富，是一篇光辉的马克思主义纲领性文献。习近平指出，"马克思是全世界无产阶级和劳动人民的革命导师，是马克思主义的主要创始人，是马克思主义政党的缔造者和国际共产主义的开创者，是近代以来最伟大的思想家"①。马克思的一生，是胸怀崇高理想、为人类解放不懈奋斗的一生，是不畏艰难险阻、为追求真理而勇攀思想高峰的一生，是为推翻旧世界、建立新世界而不息战斗的一生。马克思给我们留下的最有价值、最具影响力的精神财富，就是以他名字命名的科学理论——马克思主义。马克思主义是科学的理论，创造性地揭示了人类社会发展规律。马克思主义是人民的理论，第一次创立了人民实现自身解放的思想体系。马克思主义是实践的理论，指引着人民改造世界的行动。马克思主义是不断发展的开放的理论，始终站在时代前沿。一部马克思主义发展史就是马克思、恩格斯以及他们的后继者们不断根据时代、实践、认识发展而发展的历史，是不断吸收人类历史上一切优秀思想文化成果丰富自己的历史。

习近平阐述了马克思主义诞生以来的巨大影响。指出，马克思主义不仅深刻改变了世界，也深刻改变了中国。实践证明，马克思主义的命运早已同中国共产党的命运、中国人民的命运、中华民族的命运紧紧连在一起，它的科学性和真理性在中国得到了充分检验，它的人民性和实践性在中国得到了充分贯彻，它的开放性和时代性在中国得到了充分彰显。实践还证明，马克思主义为中国革命、建设、改革提供了强大思想武器，使中国这个古老的东方大国创造了人类历史上前所未有的发展奇迹。历史和人民选择马克思主义是完全正确的，中国共产党把马克思主义写在自己的旗帜上是完全正确的，坚持马克思主义基本原理同中国具体实际相结合、不断推进马克思主义中国化时代化是完全

---

① 习近平：《在纪念马克思诞辰 200 周年大会上的讲话》，人民出版社 2018 年版，第 1 页。

正确的。可以告慰马克思的是，马克思主义指引中国成功走上了全面建设社会主义现代化强国的康庄大道，中国共产党人作为马克思主义的忠诚信奉者、坚定实践者，正在为坚持和发展马克思主义而执着努力。

习近平提出，对待科学的理论必须有科学的态度。理论的生命力在于不断创新，推动马克思主义不断发展是中国共产党人的神圣职责。我们要坚持用马克思主义观察时代、解读时代、引领时代，用鲜活丰富的当代中国实践来推动马克思主义发展，用宽广视野吸收人类创造的一切优秀文明成果，坚持在改革中守正出新、不断超越自己，在开放中博采众长、不断完善自己，不断深化对共产党执政规律、社会主义建设规律、人类社会发展规律的认识，不断开辟当代中国马克思主义、21 世纪马克思主义新境界。

2018 年 8 月，习近平在全国宣传思想工作会议上发表的重要讲话，系统总结了十八大以来宣传思想工作的理论创新，并归纳为"九个坚持"：坚持党对意识形态工作的领导权，坚持思想工作"两个巩固"的根本任务，坚持用新时代中国特色社会主义思想武装全党、教育人民，坚持培育和践行社会主义核心价值观，坚持文化自信是更基础、更广泛、更深厚的自信，是更基本、更深沉、更持久的力量，坚持提高新闻舆论传播力、引导力、影响力、公信力，坚持以人民为中心的创作导向，坚持营造风清气正的网络空间，坚持讲好中国故事、传播好中国声音。

习近平提出了新形势下宣传思想工作的五项任务：举旗帜、聚民心、育新人、兴文化、展形象。举旗帜，就是要高举马克思主义、中国特色社会主义的旗帜，坚持不懈用习近平新时代中国特色社会主义思想武装全党、教育人民、推动工作，在学懂弄通做实上下功夫，推动当代中国马克思主义、21 世纪马克思主义深入人心、落地生根。聚民心，就是要牢牢把握正确舆论导向，唱响主旋律，壮大正能量，做大做强主流思想舆论，把全党全国人民士气鼓舞起来、精神振奋起来，朝着党中央确定的宏伟目标团结一心向前进。育新人，就是要坚持立德树人、以文化人，建设社会主义精神文明、培育和践行社会主义核心价值观，提高人民思想觉悟、道德水准、文明素养，培养能够担当民族复兴大任的时代新人。兴文化，就是要坚持中国特色社会主义文化发展道路，推动中华优秀传统文化创造性转化、创新性发展，继承革命文化，发展社会主义先进文化，激发全民族文化创新创造活力，建设社会主义文化强国。展形象，就是要推进国际传播能力建设，讲好中国故事、传播好中国声音，向世界展现真实、立体、全面的中国，提高国家文化软实力和中华文化影响力。

2019 年 3 月 18 日，中央召开学校思想政治理论课教师座谈会，这是中央第一次召开这样的会议。习近平指出，办好思想政治理论课，最根本的是要全面贯彻党的教育方针，解决好培养什么人、怎样培养人、为谁培养人这个根本问题。我们党立志于中华民族千秋伟业，必须培养一代又一代拥护中国共产党领导和我国社会主义制度、立志为中国特色社会主义事业奋斗终身的有用人才。在这个根本问题上，必须旗帜鲜明、毫不含糊。办好思想政治理论课关键在教师，关键在发挥教师的积极性、主动性、创造性。思政课教师，要给学生心灵埋下真善美的种子，引导学生扣好人生第一粒扣子。思政课教师政治要强，情怀要深，思维要新，视野要广，自律要严，人格要正。推动思想政治理论课改革创新，要不断增强思政课的思想性、理论性和亲和力、针对性。要坚持政治性和学理性相统一；坚持价值性和知识性相统一；坚持建设性和批判性相统一；坚持理论性和实践性相统一；坚持统一性和多样性相统一；坚持主导性和主体性相统一；坚持灌输性和启发性相统一；坚持显性教育和隐性教育相统一。

2022 年 4 月 25 日，习近平考察调研中国人民大学考察中提出了哲学社会科学新的重要论断。习近平指出，高校是我国哲学社会科学"五路大军"中的重要力量。当前，坚持和发展中国特色社会主义理论和实践提出了大量亟待解决的新问题，世界百年未有之大变局加速演进，世界进入新的动荡变革期，迫切需要回答好"世界怎么了"、"人类向何处去"的时代之题。要坚持把马克思主义基本原理同中国具体实际相结合、同中华优秀传统文化相结合，立足中华民族伟大复兴战略全局和世界百年未有之大变局，不断推进马克思主义中国化时代化。加快构建中国特色哲学社会科学，归根结底是建构中国自主的知识体系。要以中国为观照、以时代为观照，立足中国实际，解决中国问题，不断推动中华优秀传统文化创造性转化、创新性发展，不断推进知识创新、理论创新、方法创新，使中国特色哲学社会科学真正屹立于世界学术之林。哲学社会科学工作者要做到方向明、主义真、学问高、德行正，自觉以回答中国之问、世界之问、人民之问、时代之问为学术己任，以彰显中国之路、中国之治、中国之理为思想追求，在研究解决事关党和国家全局性、根本性、关键性的重大问题上拿出真本事、取得好成果。要发挥哲学社会科学在融通中外文化、增进文明交流中的独特作用，传播中国声音、中国理论、中国思想，让世界更好读懂中国，为推动构建人类命运共同体作出积极贡献。

四是提高保障和改善民生水平，加强和创新社会治理。习近平指出，全党必须牢记，为什么人的问题，是检验一个政党、一个政权性质的试金石。带领人民创造美好生活，是我们党始终不渝的奋斗目标。必须始终把人民利益摆在至高无上的地位，让改革发展成果更多更公平惠及全体人民，朝着实现全体人民共同富裕不断迈进。保障和改善民生要抓住人民最关心最直接最现实的利益问题，既尽力而为，又量力而行，一件事情接着一件事情办，一年接着一年干。坚持人人尽责、人人享有，坚守底线、突出重点、完善制度、引导预期，完善公共服务体系，保障群众基本生活，不断满足人民日益增长的美好生活需要，不断促进社会公平正义，形成有效的社会治理、良好的社会秩序，使人民获得感、幸福感、安全感更加充实、更有保障、更可持续。要优先发展教育事业；提高就业质量和人民收入水平；加强社会保障体系建设；坚决打赢脱贫攻坚战；实施健康中国战略；打造共建共治共享的社会治理格局；有效维护国家安全。

党的十九大之后，党中央在发展教育、抗击疫情等民生问题上认识不断提升，采取了一系列重大战略举措。

2018年9月10日，习近平在全国教育大会上指出，在党的坚强领导下，全面贯彻党的教育方针，坚持马克思主义指导地位，坚持中国特色社会主义教育发展道路，坚持社会主义办学方向，立足基本国情，遵循教育规律，坚持改革创新，以凝聚人心、完善人格、开发人力、培育人才、造福人民为工作目标，培养德智体美劳全面发展的社会主义建设者和接班人，加快推进教育现代化、建设教育强国、办好人民满意的教育。习近平指出，在实践中，我们就教育改革发展提出一系列新理念新思想新观点，主要有以下几个方面，坚持党对教育事业的全面领导，坚持把立德树人作为根本任务，坚持优先发展教育事业，坚持社会主义办学方向，坚持扎根中国大地办教育，坚持以人民为中心发展教育，坚持深化教育改革创新，坚持把服务中华民族伟大复兴作为教育的重要使命，坚持把教师队伍建设作为基础工作。这是我们对我国教育事业规律性认识的深化，来之不易，要始终坚持并不断丰富发展。新时代新形势，改革开放和社会主义现代化建设、促进人的全面发展和社会全面进步对教育和学习提出了新的更高的要求。我们要抓住机遇、超前布局，以更高远的历史站位、更宽广的国际视野、更深邃的战略眼光，对加快推进教育现代化、建设教育强国作出总体部署和战略设计，坚持把优先发展教育事业作为推动党和国家各项事业发展的重要先手棋，不断使教育同党和国家事业发展要求相适应、同人民群众期待相契合、同我国综合国力和国际地位相匹配。

2020年突发的新冠疫情肆虐中国和世界，中国开展了抗击新冠疫情的阻击战。2020年9月8日，习近平在全国抗击新冠肺炎疫情表彰大会上指出，我们党团结带领全国各族人民，进行了一场惊心动魄的抗疫大战，经受了一场艰苦卓绝的历史大考，付出巨大努力，取得抗击新冠肺炎疫情斗争重大战略成果，创造了人类同疾病斗争史上又一个英勇壮举。面对突如其来的严重疫情，党中央统揽全局、果断决策，以非常之举应对非常之事；中国人民风雨同舟、众志成城，构筑起疫情防控的坚固防线；广大医务人员白衣为甲、逆行出征，舍生忘死挽救生命；我们统筹兼顾、协调推进，经济发展稳定转好，生产生活秩序稳步恢复；中国同世界各国携手合作、共克时艰，为全球抗疫贡献了智慧和力量。在这场同严重疫情的殊死较量中，中国人民和中华民族以敢于斗争、敢于胜利的大无畏气概，铸就了生命至上、举国同心、舍生忘死、尊重科学、命运与共的伟大抗疫精神。

五是加快生态文明体制改革，建设美丽中国。人与自然是生命共同体，人类必须尊重自然、顺应自然、保护自然。人类只有遵循自然规律才能有效防止在开发利用自然上走弯路，人类对大自然的伤害最终会伤及人类自身，这是无法抗拒的规律。我们要建设的现代化是人与自然和谐共生的现代化，既要创造更多物质财富和精神财富以满足人民日益增长的美好生活需要，也要提供更多优质生态产品以满足人民日益增长的优美生态环境需要。必须坚持节约优先、保护优先、自然恢复为主的方针，形成节约资源和保护环境的空间格局、产业结构、生产方式、生活方式，还自然以宁静、和谐、美丽。要推进绿色发展；着力解决突出环境问题；加大生态系统保护力度；改革生态环境监管体制。

党的十九大后，面对生态文明建设的关键期、攻坚期和窗口期，习近平提出了构建人与自然生命共同体、碳达峰、碳中和等新理念新战略。

2019年4月28日，习近平在中国北京世界园艺博览会开幕式上，发表题为《共谋绿色生活，共建美丽家园》的讲话。习近平指出，现在生态文明建设已经纳入中国国家发展总体布局，建设美丽中国已经成为中国人民心向往之的奋斗目标。中国生态文明建设进入了快车道，天更蓝、山更绿、水更清将不断展现在世人面前。地球是全人类赖以生存的唯一家园。我们要像保护自己的眼睛一样保护生态环境，像对待生命一样对待生态环境，同筑生态文明之基，同走绿色发展之路。

2021年4月22日，习近平在世界领导人气候峰会上指出，气候变化给人类生存和发展带来严峻挑战。面对全球环境治理前所未有的困难，国际社会要以前所未有的雄心和行动，共商应对气候变化挑战之策，共谋人与自然和谐共生之道，勇于担当，勠力同心，共同构建人与自然生命共同体。中国将生态文明理念和生态文明建设纳入中国特色社会主义总体布局，坚持走生态优先、绿色低碳的发展道路。中国将广泛深入开展碳达峰行动，支持有条件的地方和重点行业、重点企业率先达峰。作为全球生态文明建设的参与者、贡献者、引领者，中国坚定践行多边主义，努力推动构建公平合理、合作共赢的全球环境治理体系。

2021年4月30日，习近平在中共中央政治局就新形势下加强我国生态文明建设进行第二十九次集体学习的讲话中指出，生态环境保护和经济发展是辩证统一、相辅相成的，建设生态文明、推动绿色低碳循环发展，不仅可以满足人民日益增长的优美生态环境需要，而且可以推动实现更高质量、更有效率、更加公平、更可持续、更为安全的发展，走出一条生产发展、生活富裕、生态良好的文明发展道路。"十四五"时期，我国生态文明建设进入了以降碳为重点战略方向、推动减污降碳协同增效、促进经济社会发展全面绿色转型、实现生态环境质量改善由量变到质变的关键时期。要完整、准确、全面贯彻新发展理念，保持战略定力，站在人与自然和谐共生的高度来谋划经济社会发展，坚持节约资源和保护环境的基本国策，坚持节约优先、保护优先、自然恢复为主的方针，形成节约资源和保护环境的空间格局、产业结构、生产方式、生活方式，统筹污染治理、生态保护、应对气候变化，促进生态环境持续改善，努力建设人与自然和谐共生的现代化。我国建设社会主义现代化具有许多重要特征，其中之一就是我国现代化是人与自然和谐共生的现代化，注重同步推进物质文明建设和生态文明建设。实现碳达峰、碳中和是我国向世界作出的庄严承诺，也是一场广泛而深刻的经济社会变革。

六是坚持走中国特色强军之路，全面推进国防和军队现代化。国防和军队建设正站在新的历史起点上。面对国家安全环境的深刻变化，面对强国强军的时代要求，必须全面贯彻新时代党的强军思想，贯彻新形势下军事战略方针，建设强大的现代化陆军、海军、空军、火箭军和战略支援部队，打造坚强高效的战区联合作战指挥机构，构建中国特色现代作战体系，担当起党和人民赋予的新时代使命任务。适应世界新军事革命发展趋势和国家安全需求，提高建设质量和效益，确保到 2020 年基本实现机械化，信息化建设取得重大进展，战略能力有大的提升。同国家现代化进程相一致，全面推进军事理论现代化、军队组织形态现代化、军事人员现代化、武器装备现代化，力争到 2035 年基本实现国防和军队现代化，到本世纪中叶把人民军队全面建成世界一流军队。

七是坚持"一国两制"，推进祖国统一。香港、澳门回归祖国以来，"一国两制"实践取得举世公认的成功。事实证明，"一国两制"是解决历史遗留的香港、澳门问题的最佳方案，也是香港、澳门回归后保持长期繁荣稳定的最佳制度。保持香港、澳门长期繁荣稳定，必须全面准确贯彻"一国两制"、"港人治港"、"澳人治澳"、高度自治的方针，严格依照宪法和基本法办事，完善与基本法实施相关的制度和机制。解决台湾问题、实现祖国完全统一，是全体中华儿女共同愿望，是中华民族根本利益所在。必须继续坚持"和平统一、一国两制"方针，推动两岸关系和平发展，推进祖国和平统一进程。

党的十九大后，面对新的国际形势和港澳台地区的局势，中央坚持和完善"一国两制"制度体系，全面准确贯彻"一国两制"、"港人治港"、"澳人治澳"、高度自治的方针，健全中央依照宪法和基本法对特别行政区行使全面管治权的制度。

2020 年 6 月 30 日，在香港回归 23 周年之际，国家主席习近平签署第 49 号主席令，公布《中华人民共和国香港特别行政区维护国家安全法》。这是继香港基本法之后中央专门为香港制定的第二部重要法律，这部法律从国家层面建立健全了中央对香港全面管治权的法律制度和执行机制，是中央行使对香港全面管治权的一个具体体现，是"一国两制"事业的重要里程碑。全面管治权与高度自治权在本质上是统一的。全面管治权是授权特别行政区高度自治的前提和基础，高度自治权是中央行使全面管治权的体现。它们之间是源与流、本与末的关系。高度自治不是完全自治，也不是分权，而是中央授予的地方事务管理权。

2021 年 3 月 11 日，第十三届全国人民代表大会第四次会议通过全国人民代表大会关于完善香港特别行政区选举制度的决定。为完善香港特别行政区选举制度，发展适合香港特别行政区实际情况的民主制度，根据《中华人民共和国宪法》第三十一条和第六十二条第二项、第十四项、第十六项的规定，以及

《中华人民共和国香港特别行政区基本法》、《中华人民共和国香港特别行政区维护国家安全法》的有关规定，全国人民代表大会作出如下决定：完善香港特别行政区选举制度，必须全面准确贯彻落实"一国两制"、"港人治港"、高度自治的方针，维护《中华人民共和国宪法》和《中华人民共和国香港特别行政区基本法》确定的香港特别行政区宪制秩序，确保以爱国者为主体的"港人治港"，切实提高香港特别行政区治理效能，保障香港特别行政区永久性居民的选举权和被选举权等。这符合"一国两制"方针，符合香港特别行政区实际情况，确保爱国爱港者治港，有利于维护国家主权、安全、发展利益，保持香港长期繁荣稳定。

八是坚持和平发展道路，推动构建人类命运共同体。中国共产党是为中国人民谋幸福的政党，也是为人类进步事业而奋斗的政党。中国共产党始终把为人类作出新的更大的贡献作为自己的使命。中国将高举和平、发展、合作、共赢的旗帜，恪守维护世界和平、促进共同发展的外交政策宗旨，坚定不移在和平共处五项原则基础上发展同各国的友好合作，推动建设相互尊重、公平正义、合作共赢的新型国际关系。我们呼吁，各国人民同心协力，构建人类命运共同体，建设持久和平、普遍安全、共同繁荣、开放包容、清洁美丽的世界。

党的十九大后，世界正经历百年未有之大变局，突如其来的新冠疫情对全世界是一次严峻考验。中国站在人类命运共同体的高度，提出应对全球性挑战的新战略。

2021年7月6日，习近平在中国共产党与世界政党领导人峰会上的讲话中指出，中国共产党愿同各国政党一起努力，始终不渝做世界和平的建设者、全球发展的贡献者、国际秩序的维护者。中国共产党坚持中国人民和世界各国人民命运与共，在世界大局和时代潮流中把握中国发展的前进方向、促进各国共同发展繁荣。政党作为推动人类进步的重要力量，要锚定正确方向，担起历史责任。第一，我们要担负起引领方向的责任，把握和塑造人类共同未来。第二，我们要担负起凝聚共识的责任，坚守和弘扬和平、发展、公平、正义、民主、自由的全人类共同价值。第三，我们要担负起促进发展的责任，让发展成果更多更公平地惠及各国人民。第四，我们要担负起加强合作的责任，携手应对全球性风险和挑战。第五，我们要担负起完善治理的责任，不断增强为人民谋幸福的能力。办好中国的事，让14亿多中国人民过上更加美好的生活，促进人类和平与发展的崇高事业，是中国共产党矢志不渝的奋斗目标。

九是坚定不移全面从严治党，不断提高党的执政能力和领导水平。中国特色社会主义进入新时代，我们党一定要有新气象新作为。新时代党的建设总要求是：坚持和加强党的全面领导，坚持党要管党、全面从严治党，以加强党的长期执政能力建设、先进性和纯洁性建设为主线，以党的政治建设为统领，以坚定理想信念宗旨为根基，以调动全党积极性、主动性、创造性为着力点，全面推进党的政治建设、思想建设、组织建设、作风建设、纪律建设，把制度建设贯穿其中，深入推进反腐败斗争，不断提高党的建设质量，把党建设成为始终走在时代前列、人民衷心拥护、勇于自我革命、经得起各种风浪考验、朝气蓬勃的马克思主义执政党。要把党的政治建设摆在首位，用习近平新时代中国特色社会主义思想武装全党，建设高素质专业化干部队伍，加强基层组织建设，持之以恒正风肃纪，夺取反腐败斗争压倒性胜利，健全党和国家监督体系，全面增强执政本领。

党的领导和党的建设是治国理政的重中之重。党的十九大以来，结合"不忘初心、牢记使命"主题教育活动和党史学习教育，习近平提出了一系列重要理论创新。

2018年7月，全国组织工作会议提出了新时代党的组织路线：全面贯彻习近平新时代中国特色社会主义思想，以组织体系建设为重点，着力培养忠诚干净担当的高素质干部，着力集聚爱国奉献的各方面优秀人才，坚持德才兼备、以德为先、任人唯贤，为坚持和加强党的全面领导、坚持和发展中国特色社会主义提供坚强组织保证。新时代党的组织路线是理论的也是实践的，要在推进党的建设新的伟大工程、落实全面从严治党的实践中切实贯彻落实。新时代组织路线对坚持党的领导、加强党的建设、做好党的组织工作具有十分重要的意义。

2020年1月8日，习近平在"不忘初心、牢记使命"主题教育总结大会上的讲话，从新时代党和国家事业发展的全局和战略高度，充分肯定了"不忘初心、牢记使命"主题教育取得的主要成效，对巩固拓展主题教育成果、不断深化党的自我革命、持续推动全党不忘初心和使命作出了全面部署，提出了明确要求。习近平指出，我们党要始终得到人民拥护和支持，书写中华民族千秋伟业，必须始终牢记初心和使命，坚决清除一切弱化党的先进性、损害党的纯洁性的因素，坚决割除一切滋生在党的肌体上的毒瘤，坚决防范一切违背初心和使命、动摇党的根基的危险。全党要以这次主题教育为新的起点，不断深化党的自我革命，持续推动全党不忘初心、牢记使命。这次主题教育是新时代深化党的自我革命、推动全面从严治党向纵深发展的生动实践，促进了全党思想上的统一、政治上的团结、行动上的一致，为我们党统揽"四个伟大"、实现"两个一百年"奋斗目标作了思想上政治上组织上作风上的有力动员。我们党正带领人民进行具有许多新的历史特点的伟大斗争，必须不断深化党的自我革命，持续推动全党不忘初心、牢记使命。不忘初心、牢记使命，必须作为加强党的建设的永恒课题和全体党员、干部的终身课题常抓不懈；必须用马克思主义中国化最新成果统一思想、统一意志、统一行动；必须以正视问题的勇气和刀刃向内的自觉不断推进党的自我革命；必须发扬斗争精神，勇于担当作为；必须完善和发展党内制度，形成长效机制；必须坚持领导机关和领导干部带头。

在中国共产党成立 100 年之际，在全党开展党史学习教育。2021 年 2 月 20 日，习近平在党史学习教育动员大会讲话指出，在全党开展党史学习教育，是党中央立足党的百年历史新起点、统筹中华民族伟大复兴战略全局和世界百年未有之大变局、为动员全党全国满怀信心投身全面建设社会主义现代化国家而作出的重大决策。全党同志要做到学史明理、学史增信、学史崇德、学史力行，学党史、悟思想、办实事、开新局，以昂扬姿态奋力开启全面建设社会主义现代化国家新征程，以优异成绩迎接建党一百周年。

旗帜鲜明讲政治、保证党的团结和集中统一是党的生命，也是我们党能成为百年大党、创造世纪伟业的关键所在。全党要从党史中汲取正反两方面历史经验，坚定不移向党中央看齐，不断提高政治判断力、政治领悟力、政治执行力，自觉在思想上政治上行动上同党中央保持高度一致，确保全党上下拧成一股绳，心往一处想、劲往一处使。

党的十九大报告指出，大道之行，天下为公。站立在九百六十多万平方公里的广袤土地上，吸吮着五千多年中华民族漫长奋斗积累的文化养分，拥有十三亿多中国人民聚合的磅礴之力，我们走中国特色社会主义道路，具有无比广阔的时代舞台，具有无比深厚的历史底蕴，具有无比强大的前进定力。全党全国各族人民要紧密团结在党中央周围，高举中国特色社会主义伟大旗帜，锐意进取，埋头苦干，为实现推进现代化建设、完成祖国统一、维护世界和平与促进共同发展三大历史任务，为决胜全面建成小康社会、夺取新时代中国特色社会主义伟大胜利、实现中华民族伟大复兴的中国梦、实现人民对美好生活的向往继续奋斗！

党的二十大对新时代新征程社会主义经济建设、政治建设、文化建设、社会建设、生态文明建设等方面进行重大部署。在经济建设上，要完整、准确、全面贯彻新发展理念，加快构建新发展格局，着力推动高质量发展，构建高水平社会主义市场经济体制，建设现代化产业体系，全面推进乡村振兴，促进区域协调发展，推进高水平对外开放，推动经济实现质的有效提升和量的合理增长。在政治建设上，要发展全过程人民民主，加强人民当家作主制度保障，全面发展协商民主，积极发展基层民主，巩固和发展最广泛的爱国统一战线。在文化建设上，要推进文化自信自强，建设社会主义文化强国，建设具有强大凝聚力和引领力的社会主义意识形态，广泛践行社会主义核心价值观，提高全社会文明程度，繁荣发展文化事业和文化产业，增强中华文明传播力影响力，铸就社会主义文化新辉煌。在社会建设上，要坚持在发展中保障和改善民生，扎实推进共同富裕，完善分配制度，实施就业优先战略，健全社会保障体系，推进健康中国建设，不断实现人民对美好生活的向往。在生态文明建设上，要推进美丽中国建设，加快发展方式绿色转型，深入推进环境污染防治，提升生态系统多样性、稳定性、持续性，积极稳妥推进碳达峰碳中和，促进人与自然和谐共生。党的二十大指出，时代呼唤着我们，人民期待着我们，唯有矢志不渝、笃行不怠，方能不负时代、不负人民。全党必须牢记，坚持党的全面领导是坚持和发展中国特色社会主义的必由之路，中国特色社会主义是实现中华民族伟大复兴的必由之路，团结奋斗是中国人民创造历史伟业的必由之路，贯彻新发展理念是新时代我国发展壮大的必由之路，全面从严治党是党永葆生机活力、走好新的赶考之路的必由之路。这是我们在长期实践中得出的至关紧要的规律性认识，必须倍加珍惜、始终坚持，咬定青山不放松，引领和保障中国特色社会主义巍巍巨轮乘风破浪、行稳致远。

第八章　不断推进马克思主义中国化时代化

马克思主义是科学的世界观和方法论，是世界劳动人民翻身解放的思想武器。"马克思主义是我们立党立国的根本指导思想，是我们党的灵魂和旗帜。"马克思主义中国化是中国共产党历史活动的主题和主线，把马克思主义基本原理同中国革命具体实际紧密结合起来，推进马克思主义在中国由普遍真理变为客观现实，这是中国共产党人历史活动的根本任务。马克思主义中国化是一个历史过程。这一历史过程既是马克思主义基本原理在中国革命斗争实践中的应用过程和实践创新过程，也是马克思主义基本原理在中国革命斗争实践中的理论创新和发展过程。在马克思主义中国化历史发展进程中，由于不同历史时期革命斗争的具体形势和任务不同，马克思主义中国化的理论成果就会有所不同，就会在理论内容上和表现形式上展现出不同的时代特征或理论特色，从而产生出崭新的理论成果。党的十九大不仅明确地提出了"习近平新时代中国特色社会主义思想"这一科学范畴，而且把这一重要思想确立为中国共产党必须长期坚持的指导思想并写入党章，十三届全国人大一次会议把这一重要思想载入宪法，从而实现了党和国家指导思想与时俱进。习近平新时代中国特色社会主义思想，是马克思主义中国化时代化的产物，是经过实践检验、富有实践伟力的科学理论结晶，是中国共产党的思想旗帜，是国家政治生活和社会生活的根本指针，是当代中国的马克思主义、21世纪的马克思主义，为实现中华民族伟大复兴提供了行动指南，为推动构建人类命运共同体贡献了智慧方案。习近平新时代中国特色社会主义思想在马克思主义发展史、中华民族复兴史、人类文明进步史上具有特殊重要地位。党的十九大把习近平新时代中国特色社会主义思想界定为马克思主义中国化的最新成果，这是对习近平新时代中国特色社会主义思想历史地位和理论评价的科学结论。所以，深入学习研究和宣传贯彻这一最新成果，乃是当代中国马克思主义理论工作者的历史责任，当代中国所发生的历史性变化和当今世界所经历的百年未有之大变局，也迫切需要新时代创新理论引领。党的十九届六中全会通过的《决议》强调指出："党确立习近平同志党中央的核心、全党的核心地位，确立习近平新时代中国特色社会主义思想的指导地位，反映了全党全军全国各族人民的共同心愿，对新时代党和国家事业的发展、对推进中华民族伟大复兴历史进程具有决定性意义。""两个确立"的提出，是我们党自十八大以来所取得的重大政治成果和重要历史经验。我们常说，中国革命和社会主义现代化建设事业所取得的历史经验，归根到底是马克思主义行，是中国化时代化的马克思主义行。这里，应该着重指出，学习与研究马克思主义中国化的理论创新问题，首先要着力学习、研究和把握马克思主义关于理论创新的科学方法论。党的二十大对习近平新时代中国特色社会主义思想的世界观和方法论进行了系统概括，提出了"六个必须坚持"，即必须坚持人民至上，必须坚持自信自立，必须坚持守正创新，必须坚持问题导向，必须坚持系统观念，必须坚持胸怀天下。这在马克思主义中国化的历史上具有重要意义。

第一节　马克思主义中国化时代化的光辉篇章

中国共产党第二十次代表大会在马克思主义发展史、中共党史、马克思主义中国化史、中华民族复兴史上有着特别重要的意义。党的二十大报告阐述了开辟马克思主义中国化时代化新境界、中国式现代化的中国特色和本质要求等重大问题，是马克思主义中国化时代化的光辉篇章。党的二十大报告内容丰富，理论深刻，影响深远。其中若干重大理论问题，比如"两个确立"问题、"守正创新"问题、习近平新时代中国特色社会主义思想的世界观和方法论的问题、"两个结合"问题，都具有十分重要的理论和实践创新意义，蕴含着深刻的哲学道理，需要深入理解和把握。

一、"两个确立"的理论根据和实践基础

马克思主义理论有两大显著特点：一是科学性，二是实践性。"两个确立"重要思想是为适应新时代马克思主义中国化时代化理论创新和实践创新的需要而产生的。习近平新时代中国特色社会主义思想之所以被确立为新时代党和国家事业发展的指导思想，习近平同志之所以被确立为党中央的核心、全党的核心地位，正是因为这一思想理论是被实践证明了的科学理论，是当代中国马克思主义、二十一世纪马克思主义，是中华文化和中国精神的时代精华，实现了马克思主义中国化新的飞跃；正是因为习近平同志是这一科学理论的主要创立者，他提出了一系列原创性的治国理政新理念新思想新战略，使中国特色社会主义事业取得了历史性成就，发生了历史性变革。"两个确立"是党的十八大以来我们党取得的重大的政治成果，是十年来中国特色社会主义建设的重要历史经验。

（一）"两个确立"命题形成的历史过程

"两个确立"是一个政治学范畴，是指党的领袖和指导思想而言的。然而，"两个确立"的政治成果又是与理论成果结合在一起的，习近平深刻指出："理论上的成熟是政治上成熟的基础，政治上的坚定源于理论上的清醒。从一定意义上说，掌握马克思主义理论的深度，决定着政治敏感的程度、思维视野的广度、思想境界的高度。"[①] 党的十九届六中全会《决议》在谈到"两个确立"决定性作用时，之前的一段话就是讲习近平对马克思主义中国化时代化的重要理论贡献。决议深刻指出，"习近平同志对关系新时代党和国家事业发展的一系列重大理论和实践问题进行了深邃思考和科学判断，就新时代坚持和发展什么样的中国特色社会主义、怎样坚持和发展中国特色社会主义，建设什么样的社会主义现代化强国、怎样建设社会主义现代化强国，建设什么样的长期执政的马克思主义政党、怎样建设长期执政的马克思主义政党等重大时代课题，提出

---

① 《习近平关于全面从严治党论述摘编》，中央文献出版社 2016 年版，第 67—68 页。

一系列原创性的治国理政新理念新思想新战略，是习近平新时代中国特色社会主义思想的主要创立者。习近平新时代中国特色社会主义思想是当代中国马克思主义、二十一世纪马克思主义，是中华文化和中国精神的时代精华，实现了马克思主义中国化新的飞跃。"①这段深辟论述，是对习近平关于马克思主义中国化时代化理论重大贡献的经典概括。我们党在新时代的重大历史转折时期，用"决议"的形式对习近平的重大理论贡献作出如此郑重表述，有着重要的理论意义和实践指导意义。

"两个确立"思想的形成和发展经历了一个历史过程。2016 年 10 月党的十八届六中全会公报正式使用了"以习近平同志为核心的党中央"的提法。2016 年 12 月底举行的中央政治局民主生活会，维护中央核心地位成为会议重点主题。这次会议指出，党的十八届六中全会正式确立习近平同志为党中央的核心、全党的核心，是关系党和人民根本利益的大事，是关系党中央权威、关系全党团结和统一的大事，是关系党和国家事业长远发展的大事。习近平同志成为党中央的核心、全党的核心，是在新的伟大斗争实践中形成的，赢得了全党全军全国各族人民衷心拥护。坚决维护党中央权威、保证全党令行禁止，是党和国家前途命运所系，是全国各族人民根本利益所系，也是加强和规范党内政治生活的重要目的。

2017 年 10 月 18 日至 24 日，中国共产党第十九次代表大会审议通过了《中国共产党章程（修正案）》，将习近平新时代中国特色社会主义思想写入党章，确立为我们党必须长期坚持的指导思想。修改后的党章充分体现了党的十八大以来党的理论创新、实践创新、制度创新成果，充分体现了党的十九大报告确立的重大理论观点和重大战略思想，对推进党的事业和党的建设发挥了规范和指导作用。2018 年 3 月十三届全国人大一次会议把习近平新时代中国特色社会主义思想写入《中华人民共和国宪法》，确立了这一思想在全党全国的指导地位，实现了国家指导思想的与时俱进，反映了全国各族人民的共同意志和共同心愿。2021 年 11 月党的十九届六中全会通过的《中共中央关于党的百年奋斗重大成就和历史经验的决议》确立习近平同志党中央的核心、全党的核心地位，确立习近平新时代中国特色社会主义思想的指导地位，反映了全党全军

---

① 《中共中央关于党的百年奋斗重大成就和历史经验的决议》，人民出版社 2021 年版，第 25—26 页。

全国各族人民的共同心愿，对新时代党和国家事业发展、对推进中华民族伟大复兴历史进程具有决定性意义。2022 年 10 月 22 日中国共产党第二十次全国代表大会通过中国共产党关于《中国共产党章程（修正案）》的决议。大会一致同意，把党的十九大以来习近平新时代中国特色社会主义思想新发展写入党章，以更好反映以习近平同志为核心的党中央推进党的理论创新、实践创新、制度创新成果。

（二）"两个确立"是马克思主义中国化理论创新成果进一步成熟的政治表现

马克思主义是我们党的指导思想的理论基础。马克思主义中国化时代化是中国共产党人历史活动的主题和主线、主流和本质。马克思主义中国化时代化就是要使马克思主义普遍真理在中国变为现实。马克思主义中国化时代化是一个不断探索的历史过程。毛泽东思想、邓小平理论、"三个代表"重要思想和科学发展观则是这一实践探索的重要理论成果。习近平新时代中国特色社会主义思想是对上述这些理论成果的继承和发展。

社会主义新时代马克思主义中国化时代化的显著特点是理论创新，使中国化的马克思主义更具创新性、时代性、实践性，使马克思主义的理论基础更加深化、具体化，更具实践创新的活力。比如，关于实现中华民族伟大复兴"中国梦"问题。从党的十八大"中国梦"理念的提出到马克思主义中国化科学内涵的明确界定，再到党的二十大关于"中国式现代化"五大特点的概括，就是一个对中国社会发展道路和规律认识的不断深化过程。又如，关于"人民中心论"思想形成过程问题。从党的十八大后习近平提出"人民对美好生活的向往，就是我们的奋斗目标"这一政治宣言的郑重宣示，到共产党要着力解决人民群众"急难愁盼"问题这一重大历史责任的勇敢担当，再到下决心为解决人民群众精准脱贫、实现小康做出制度安排，并响亮提出实现全体人民共同富裕的奋斗目标，等等。这一思想理念的形成和实现是马克思主义理论创新的新篇章，为世人所称颂。再如，关于弘扬中华优秀传统文化问题。从 2013 年在全国宣传思想工作会议上提出"四个讲清楚"，到之后不久提出"文化自信"重要命题，再到庆祝建党百年讲话中提出"两个结合"的重要命题，都深刻揭示了弘扬中华优秀传统文化在推进马克思主义中国化时代化历史进程和习近平新时代中国特色社会主义思想理论体系形成和发展过程中的重要作用。还如，关于习近平新时代中国特色社会主义思想的世界观和方法论概括的意义问题。从重视马克思主义哲学的学习应用的宣传和倡导，到对重大历史经验的总结中蕴含着对某些哲学内容的深刻总结，再到突出强调马克思主义世界观和方法论的指导作用，再到对习近平新时代中国特色社会主义思想的世界观和方法论作出独立的概括和总结，这是对马克思主义中国化最新成果的根本内容作的哲学概括和总结，有着特别重大的理论意义和实践指导意义。这是马克思主义理论科学性的有力彰显，是中国共产党在政治上和思想理论上进一步成熟的显著标志，它为"两个确立"提供了科学依据和群众基础，"两个确立"反映了全党全军各族人民共同心愿和普遍认识。

（三）"两个确立"科学性和有效性的实践彰显

"两个确立"是我们党自党的十八大以来所取得的最重大的政治成果和最主要的历史经验，是我们党在我国社会历史发展的关键时期作出的一项最为重大的政治抉择。"两个确立"科学性的依据，不但在于马克思主义本身是一门科学，更重要的在于其实践性，在于依据这一理论对客观世界的有效改造。正如毛泽东所强调指出的，我们不但要科学说明世界，更重要的是要有效改造世界。实践是检验真理的唯一标准，真理不但需要实践来检验，而且通过实践的检验还可进一步充实、完善和发展真理。

新时代十年所创造的伟大成就是多方面的，我们可以简略地概括为如下几点：

其一，创造了经济快速发展和社会长期稳定的"两大奇迹"。新时代十年的伟大变革，在党史、新中国史、改革开放史、社会主义发展史、中华民族发展史上具有里程碑意义。中国共产党在世界形势深刻变化的历史进程中始终走在时代前列，在应对国内各种风险和考验的历史进程中始终成为全国人民的主心骨，在坚持和发展中国特色社会主义的历史进程中始终成为坚强领导核心，领导全党全国人民正信心百倍地推进中华民族从站起来、富起来到强起来的伟大飞跃。这"两大奇迹"的出现是党的坚强领导和中国特色社会主义制度优越性的表现，是中国人民在社会主义新时代所焕发的历史自觉和主动精神的表现。"两大奇迹"的出现，为实现中华民族伟大复兴奠定了坚实的物质基础，提供了更为完善的制度保障。

其二，取得了历史性成就，发生了历史性变革。新时代孕育新思想，新思想指导新实践。党的十八大以来，党和国家事业取得了全方位、开创性的历史成就，发生了深层次、根本性历史变革，解决了一些长期以来我们党一直想解决而未能解决的重大社会问题。比如，关于反腐与党的建设问题。腐败是社会毒瘤，人民群众最痛恨腐败现象。在一段历史时期内，腐败问题曾十分猖獗，成为我们党面临的最大威胁。党的十八大以来，我们党把"全面从严治党"作为治国理政的关键问题和战略问题，经过顽强努力，反腐败斗争取得压倒性胜利并得到全面巩固。经过不懈努力，党找到了自我革命这一跳出治乱兴衰历史周期率的第二个答案，自我净化、自我完善、自我革新、自我提高能力显著增强，管党治党宽松软状况得到根本扭转，风清气正的党内政治生态不断形成和发展，确保党永远不变质、不变色、不变味。又如，关于精准扶贫和全面小康问题。十年来，我们党统筹推进"五位一体"总体布局、协调推进"四个全面"战略布局，紧紧围绕全面建成小康社会这个战略任务，系统推进经济社会发展各项工作。举全国之力打赢脱贫攻坚战，历史性解决了绝对贫困问题，书写了人类减贫史上的奇迹。现在，我国已如期全面建成小康社会，开创了中华民族有史以来未曾有过的经济地位全面进步、全体人民共同受惠的好时代，为实现第二个百年奋斗目标、实现中华民族伟大复兴奠定了更为坚实的物质基础。

其三，意识形态领域发生了全局性、根本性转变。习近平深刻指出："理论自觉、文化自信，是一个民族进步的力量；价值先进、思想解放，是一个社会活力的来源。"[1]在全面建设社会主义现代化国家新征程上，建设具有强大凝聚力和引领力的社会主义意识形态，使全体人民在理想信念、价值理念、道德观念上紧紧团结在一起，就能凝聚起以中国式现代化全面推进中华民族伟大复兴的磅礴力量。我们看到，在当代中国，我们已确立和坚持马克思主义在意识形态领域指导地位的根本制度，最新的党的创新理论成果已深入人心，社会主义核心价值已得到广泛传播，中华优秀传统文化得到创造性转化、创新性发展，文化事业日益繁荣，网络生态持续向好。可以说，我国意识形态领域形势发生了全局性、根本性转变。我们看到，在推进中国式现代化的奋斗中，我国青年一代更加展现出积极向上的精神风貌，全党和全国人民文化自信明显增强，精神面貌更加奋发昂扬。

---

① 习近平：《在纪念马克思诞辰200周年大会上的讲话》，人民出版社2018年版，第19页。

其四，我国国际地位显著提升，影响力感召力明显增强。中国是世界的一部分，中国的存在与发展同世界有着紧密关系。在当今世界，世界大变局加速演进，世界之变、时代之变、历史之变正在以前所未有的方式展开，社会主义中国面临着新的形势和新的考验。面对国际形势的新动向新特征，习近平提出了一系列重要新理念新倡议，深刻阐述积极应对全球性挑战的中国主张和中国方案，不断丰富完善构建人类命运共同体思想，深刻体现了中国同各国一道建设更加美好世界的坚定决心和使命担当。其中包括，坚持独立自主的重要指导方针，坚决维护国家主权、安全和发展利益，把中国发展进步的命运紧紧掌握在自己手中；积极参与全球治理，并提出改革建议，做全球发展的贡献者，成为维护和平的中坚力量；旗帜鲜明地反对单边主义、保护主义、霸权主义、强权政治，推动国际关系民主化和法治化，推动全球治理体系朝着共商共建共享的方向发展；积极支持发展中国家的改革和建设，展现中国智慧、中国力量、中国方案，为发展中国家实现现代化提供有益借鉴，推动各国共同应对各类全球性挑战。

从马克思主义发展史和马克思主义中国化史的视野来看，在社会主义新时代这十年，我们党在推进马克思主义中国化时代化理论创新的历史进程中，不论在理论上还是在实践上都发生了巨大而深刻的变化。习近平新时代中国特色社会主义思想作为马克思主义中国化的最新成果和我们党的指导思想，其理论成果的科学内涵在不断丰富和发展，凸显了这一思想理论的科学性和系统性等特点；习近平作为党的领导核心和新时代中国特色社会主义思想的主要创立者，他所作出的理论贡献和发挥的实践指导作用更加彰显；我们党对社会发展"三大规律"的认识和把握，展现出了更加自觉、自信的认识水平和精神状态；创新理论的实践效果和指导作用表现得更加显著，所引发的社会变革也更加深刻，并为世人称颂；理论的创新性和实践有效性深入人心，成为全党和全国各族人民的普遍共识，"两个确立"命题的提出既是我们党不断推进马克思主义中国化时代化的实践需要，也是全党全军全国人民的普遍共识和共同心愿。

二、百年奋斗历史经验的最新概括

中国共产党在百年奋斗中创造了辉煌的历史业绩。"守正创新"正是我们党对百年奋斗历史经验的最新概括。这一概括既是对百年奋斗历史经验的科学总结，也是对新时代党和国家事业的科学指南。新时代十年的伟大变革，正是在"守正创新"这一科学思想指导下实现的。

（一）把坚持马克思主义和发展马克思主义统一起来

"马克思主义中国化"这一命题本质上是一个哲学命题，其核心内容是主观与客观、理论与实践的关系问题。这是思维与存在这一哲学基本问题在实际工作中的表现，是实际工作中的根本问题或核心内容。我们党领导和推进的马克思主义中国化时代化的整个历史进程，正是围绕着如何正确认识和处理主观与客观、理论与实践这一核心内容或根本关系展开的。毛泽东提出的"实事求是"、邓小平提出的"解放思想"和我们党最新概括的"守正创新"等命题，谈的都是主观与客观、理论与实践的关系，都是对马克思主义的继承与创新、坚持与发展的关系，都主张把坚持马克思主义和发展马克思主义统一起来，都主张大力弘扬中华优秀传统文化，都是对历史经验的哲学概括和总结。应该指出，这些命题在不同时代提出，必须具有鲜明的时代特色和历史具体性，实事求是和解放思想命题提出正是如此。但其基本思想或核心内容，又是一致的、一贯的和内在统一的，就是坚持守正与创新的统一。比如关于"实事求是"与"解放思想"两个命题的关系问题，在毛泽东那里，"解放思想"乃是"实事求是"的本质内涵和题中应有之义。"实事求是"命题的提出，农村包围城市武装革命道路的开辟，一整套我国新民主主义革命路线、方针、政策的制定，"两论"等革命典籍的撰写，以及新中国成立初期对实现马克思主义普遍原理同中国具体实际第二次相结合的大胆探索，等等，都是解放思想的生动表现，都是坚持守正创新所取得的伟大成果。在邓小平那里，"实事求是"也正是邓小平理论的核心内容，是"解放思想"的理论前提和基础。邓小平把实事求是界定为马克思主义和毛泽东思想的理论精髓，他把"马克思主义普遍真理同我国的具体实际相结合起来，走自己的路，建设有中国特色社会主义"概括为"我们总结长期历史经验得出的基本结论。"他称自己是"实事求是派"。他用重新恢复和确立毛泽东实事求是思想路线的方法，实现了我国历史的重大转折和全党全国人民思想认识上的大统一，为马克思主义中国化时代化做出了历史性贡献。在中国特色社会主义进入新时代，我们党坚持守正与创新的辩证统一，既不走封闭僵化的老路，也不走改弦易帜的邪路，开辟了中国特色社会主义道路，形成了中国特色社会主义理论体系，确立了中国特色社会主义制度，发展了中国特色社会主义文化，从而取得历史性光辉成就，发生了历史性伟大变革。

（二）马克思主义中国化时代化理论创新成果的表现形式

马克思主义中国化时代化理论成果表现形式问题的研究，具有鲜明的学理性和综合性特点。马克思主义中国化不是一种纯精神领域的思辨活动，而是用马克思主义科学世界观和方法论改造中国现实实际的实践活动，因此不能把马克思主义理论成果表现形式问题的研究拘泥于纯思想理论的范围之内。马克思主义中国化不是把马克思主义全部基本原理和原则都用中国的民族语言加以重新表达，使之具有中国的民族风格和气派，而是将马克思主义基本原理同中国具体实际相结合，使之具体化并赋予它以中国的民族形式，其最终目的是使马克思主义理论在中国变为现实。这是马克思主义中国化科学内涵的根本内容，也是我们研究和把握马克思主义中国化理论创新成果表现形式的根本依据和根本思路。马克思主义中国化是中国共产党历史活动的主题和主线，但究竟怎么个"化"法，"化"成什么呢？马克思主义中国化理论成果的表现形式，概括说来，就是如下"五化"：

一曰"具体化"。就是把马克思主义基本原理运用于中国革命、建设和改革伟大事业的理论路线、方针和政策，具体地认识和解决党在不同历史时期革命工作的社会性质、主要矛盾、工作任务，前途和步骤等基本问题。这是马克思主义中国化理论成果的主要表现形式。

二曰"方法化"。就是将马克思主义的科学世界观和方法论化为指导实际工作的科学思想方法、工作方法和领导方法，从而使党的工作指导更符合实际，更有预见性，更具实效性。我们党不仅十分重视和倡导科学的思想方法和工作方法，而且在斗争实践中切实地将马克思主义基本原理运用于对实际工作的指导，形成了解放思想、实事求是、守正创新等一整套行之有效的科学思想方法、工作方法和领导方法，把马克思主义的创新性和继承性有机统一起来。

三曰"民族化"。就是要把坚持马克思主义基本原理的指导同弘扬中华优秀传统文化紧密结合起来，使马克思主义在中国具有鲜明的中国民族风格的特点，就是要把马克思主义在中国的发展同人类文明发展史和中国文明进步史结合起来，把科学社会主义发展史和中国近现代史结合起来，就是要把马克思主义的理论本质同中华优秀传统的精神实质结合起来或贯通起来，揭示两者内在的本质联系，就是要对中华优秀传统文化加以创造性转化和创新性发展。

四曰"群众化"。就是要使马克思主义基本原理为广大干部和群众所掌握，成为他们认识世界和改造世界的自觉的强大思想武器，这是对马克思主义中国化主体素质和能力的根本要求。中国共产党人所从事的认识世界和改造世界的历史性活动，也包含着马克思主义中国化领导主体自身的学习教育和改进，特别是对于关键少数的领导干部更有特别重要的意义，要深入研究和解决让人民有效监督政府、自觉跳出治乱兴衰历史周期率问题。要敢于正视自身存在的问题，勇于自我革命，始终保持党的先进性和纯洁性，不断增强创造力、凝聚力、战斗力，永葆马克思主义政党本色。

五曰"实践化"。就是要把马克思主义基本原理同中国革命建设和改革的具体实际紧密地结合起来，使马克思主义基本原理在中国变为现实，这是马克思主义中国化时代化理论创新成果的最主要表现形式。我们党领导和推进的马克思主义中国化时代化历史进程中所取得的历史性成就、历史性变革，所发生的由站起来到富起来再到强起来的举世瞩目的历史性变化，所取得的铁拳反腐、精准扶贫、有效抗疫等时代性骄人业绩，是马克思主义理论科学性和"两个确立"决定性作用的充分表现和有力证明。

（三）跳出治乱兴衰周期率的第二个科学答案

这里所谈的是 1945 年 7 月，毛泽东同黄炎培在延安窑洞对话中谈到的一个十分重大的理论问题和政治问题。当时黄炎培等六位参政员去延安访问，见到毛泽东，黄炎培向毛泽东提出一个重要问题，他说："我生六十多年，耳闻的不说，所亲眼看到的，真所谓'其兴也浡焉'，'其亡也忽焉'，一人、一家、一团体、一地方，乃至一国，不少不少单位都没有能跳出这周期率的支配力。一部历史，'政怠宦成'的也有，'人亡政息'的也有，'求荣取辱'的也有，总之没有能跳出这周期率。中共诸君从过去到现在，我略略了解的了，就是希望找出一条新路，来跳出这周期律的支配。"这是一个重大的理论问题，也表达了当时社会各界人士对中国共产党的殷切期望。毛泽东回答说："我们已经找到新路，我们能跳出这周期率。这条新路，就是民主。只有让人民来监督政府，政府才不敢松懈。只有人人起来负责，才不会人亡政息。"①这是关于周期率问题，毛泽东给出的第一个答案。毛泽东这个斩钉截铁的回答，讲得非常好，反映出中国共产党对未来充满信心，但是应该指出，毛泽东对于跳出周期率的新路是从共产党领导革命根据地建设的实践中探索出来的，这个问题在共产党掌握全国政协之后会以不同的方式尖锐地多次提出。1948 年在党中央由西柏坡进入北京之前，毛泽东曾发出"进京赶考"的警示，1965 年毛泽东也有过"重上井冈山"的警语。1966 年，他还亲自发动了"文化大革命"。这些情况表明跳出周期率问题一直是毛泽东等革命前辈高度关注和思考的重大理论问题和政治问题。

党的十八大以来，习近平始终高度重视历史周期率问题，在一些重要会议讲话和文章中多次阐述甚至直接论证"历史周期率"问题，2013 年 12 月在纪念毛泽东诞辰 120 周年座谈会上，他强调指出，"全党要牢记毛泽东同志提出的'我们决不当李自成'的深刻警示，牢记'两个务必'，牢记'生于忧患，死于安乐'的古训，着力解决'其兴也勃焉，其亡也忽焉'的历史性课题"。2017 年 10 月习近平在党的十九大报告中指出："只有以反腐败永远在路上的坚韧和执着，深化标本兼治，保证干部清正、政府清廉、政治清明，才能跳出历史周期率，确保党和国家长治久安。"2018 年 1 月习近平讲话指出，马克思主义政党夺取政权不容易，巩固政权更不容易；只要马克思主义执政党不出问题，社会主义国家就出不了大问题，我们就能够跳出"其兴也勃焉，其亡也忽焉"的历史周期率。2018 年 1 月，习近平在十九届中纪委第二次全会上的讲话中指出，"全面从严治党是一场自我革命，必须探索出一条党长期执政条件下实现自我净化的有效路径，这关乎党和国家事业成败，关乎我们能不能跳出历史周期率"。2020 年 1 月，习近平在十九届中纪委第四次全会上讲话又强调："党的十八大以来，我们探索出一条长期执政条件下解决自身问题、跳出历史周期率的成功道路，构建起一套行之有效的权力监督制度和执纪执法体系，这条道路、这套制度必须长期坚持并不断巩固发展。"②2021 年 11 月，习近平在中国共产党第十九届中央委员会第六次全体会议讲话中提到了"窑洞对"。他强调指出："我们党历史这么长，规模这么大、执政这么久，如何跳出治乱兴

① 《毛泽东年谱（1893—1949）（修订本）》中卷，中央文献出版社 2013 年版，第 611 页。
② 《习近平谈治国理政》第三卷，外文出版社 2020 年版，第 547 页。

衰的历史周期率？毛泽东同志在延安的窑洞里给出了第一个答案。这就是'只有让人民来监督政府，政府才不敢松懈'。经过百年奋斗特别是党的十八大以来新的实践，我们党又给出了第二个答案，这就是自我革命。"①2022年1月，习近平在十九届中纪委六次全会上的讲话中，再次谈到跳出历史周期律问题，他强调指出："十年磨一剑，党中央把全面从严治党纳入'四个全面'战略布局，以前所未有的勇气和定力推进党风廉政建设和反腐败斗争，刹住了一些多年未刹住的歪风邪气，解决了许多长期没有解决的顽瘴痼疾，清除了党、国家、军队内部存在的严重隐患，管党治党宽松软状况得到根本扭转，探索出依靠党的自我革命跳出历史周期率的成功路径。"②

习近平关于跳出历史周期率的多次论述和我们党关于反腐倡廉，加强党自身建设的长期成功实践，有着重要的理论意义和实践指导意义。

其一，马克思主义理论的继承和发展。"历史周期率"是中国历代封建王朝政权由兴到衰、由治到乱往返循环呈现出的一种周期性和规律性现象，其实这种现象具有普遍性，世界各国的治乱兴衰无不如此，中国共产党对"跳出周期率"的探索具有普遍借鉴意义。马克思和恩格斯指出，"共产党人不是同其他工人政党相对立的特殊政党。他们没有任何同整个无产阶级的利益不同的利益"③。列宁也指出："党性是高度发展的阶级对立的结果和政治表现。"④中国共产党继承和发展了关于建党学说的思想，指出中国共产党的党性是阶级性、先进性、人民性的有机统一，以自我革命的方针跳出历史周期率是由党的阶级性、先进性和人民性相统一的党性决定的，是党的性质和宗旨的根本要求，是对马克思主义建党学说的继承和发展。

其二，百年奋斗历史经验的科学总结。中国共产党的历史，就是一部同一切腐化党的先进性和纯洁性、危害党的肌体健康的现象作斗争，推进自我革命的历史。狠抓自我革命跳出历史周期律是十八大以来以习近平同志为核心的党中央历史活动的显著特点。党的十八大以来，习近平率领全党以自我革命为引领，立足"两个大局"，统揽"四个伟大"作出了把以自我革命为引领融入伟大社会革命实践，把全面从严治党纳入"四个全面"的战略布局，坚持党要管

---

① 《习近平谈治国理政》第四卷，外文出版社2022年版，第541页。

② 《习近平谈治国理政》第四卷，外文出版社2022年版，第549页。

③ 《马克思恩格斯选集》第1卷，人民出版社2012年版，第413页。

④ 《列宁全集》第13卷，人民出版社2017年版，第273页。

党、全面从严治党，开创了百年大党自我革命的新境界，走出了一条自我革命的新路子。

其三，党实现长期执政的成功之道。习近平指出，我们为什么能够在现代中国各种政治力量的反复较量中脱颖而出，为什么能够始终走在时代前列，成为中国人民和中华民族的主心骨，根本原因在于我们党始终保持了自我革命精神，保持了承认并改正错误的勇气，一次次拿起手术刀革除自身的病症，一次次靠自己解决了自身的问题。这种能力是我们党有别于世界上其他政党的显著标志，也是我们党长盛不衰的重要原因所在。党的十八大以来，习近平多次深刻剖析和总结古今中外治乱兴衰的历史经验，给出了中国共产党关于跳出"历史周期率"的第二个科学答案即自我革命，它具有丰富内涵和鲜明特征，就是"四个自我"，即"自我净化、自我完善、自我革新、自我提高"。

其四，自我革命之路永不断续。今天，改革开放进入深水区，民族振兴进入关键期，世界百年变局继续演进，党面临的四大考验、四种危险更加严峻复杂。为此，习近平要求全党常怀远虑、居安思危，要保持头脑清醒，对党的思想、组织、作风、廉洁等情况要有客观正确的认识和把握，以正视问题的勇气和刀刃向内的自觉推进党的自我革命。以自我革命跳出"历史周期率"的重要判断，彰显了以习近平同志为核心的党中央高度的历史自觉，为全党实现长期执政指明了正确道路和方向。

（四）实现中华民族伟大复兴的光明大道

习近平所作的党的二十大报告中的一个崭新内容，就是提出了"中国式现代化"的科学命题，深刻阐明了"中国式现代化"的科学内涵、中国特色和本质要求，强调坚持以中国式现代化全面推进中华民族伟大复兴。

其一，中国式现代化是人类文明的新形态。从话语体系看，"现代化"概念是舶来品，中国式现代化则是中国化表达。把"中国式现代化"与民族复兴联系起来，用民族复兴概括中国式现代化进程和目标，更能够体现我国现代化的民族特征，表现了中国共产党对中国式现代化的理论认知和文化阐释达到全新水平。中国式现代化新道路是在百年奋斗、百年积淀的基础上凝结出来的。在我国社会主义革命建设时期，"四个现代化"开创了中国式现代化的先河，构成中国式现代化的主体内容。在改革开放新时期，邓小平正式提出"中国式的四个现代化"新概念，并为其赋予"小康社会"的丰富内涵。由此这一新概念被广泛使用，从"中国式的四个现代化"到"小康社会的现代化"的话语流变，折射出中国共产党对中国式现代化内涵认知的深化。党的十八大以来，中国特色社会主义发展进入新时代。中国式现代化新道路是以习近平同志为核心的党中央，在百年变局和世纪疫情叠加的时代背景下，在总结中国共产党百年奋斗历史经验的过程中，在谋划实现第二个百年奋斗目标的新征程中，在对邓小平提出的中国式的现代化命题进行深邃思考后作出的新概括，体现了我们党对未来社会主义发展新形态的科学构想，体现了我们党高度的历史自信和历史主动精神。

其二，中国式现代化的丰富内涵和五大特色。中国式现代化新道路是在百年奋斗百年积淀的基础上凝练出来的，必然具有特定而丰富的内涵。习近平所作的二十大报告将中国式现代化丰富的理论内涵概括为五大特色。其中"人口规模最大的现代化"揭示了我国现代化的基本国情和难度，"全体人民共同富裕的现代化"揭示了我国现代化的目标、价值和本质，"物质文明和精神文明相协调的现代化"揭示了我国现代化的动力、方法和布局，"人与自然和谐共生的现代化"揭示了我国现代化的属性、诉求和形态，"走和平发展道路的现代化"揭示了我国现代化的路径、模式和意义。显然，就世界各国文明发展形态比较而言，中国式现代化超越了西方资本主义国家以资本为逻辑的单线式现代化，克服了资本主义现代化的诸多本质性即根本性弊端。中国式现代化也超越了苏联高度集中的计划经济体制的现代化模式，采用的是社会主义市场经济体制的现代化新路，成功探索了以社会主义制度实现现代化的新途径。中国式现代化还超越了其他后发国家所走的依附型现代化模式，是一种实现独立和发展相统一的现代化新路，为发展中国家提供了全新选择。

其三，牢牢把握中国式现代化的本质要求。从本质属性看，"中国式现代化"乃是中国共产党领导的社会主义现代化。习近平关于"中国共产党领导是中国特色社会主义最本质的特征"的重要论断深刻阐明了中国共产党领导与中国特色社会主义的内在统一性，我们的全部事业都建立在这个基础之上，都根植于这个最本质特征和最大优势。即是说，中国式现代化的其他特征都建立在中国共产党领导和中国特色社会主义的基础之上，中国共产党领导和社会主义制度对中国式现代化具有本质的规定性。推进中国式现代化就要坚持和加强党对社会主义现代化的全面领导，这既是党的全面领导的内在要求，也是社会主义现代化建设的题中应有之义，若不然就会犯灾难性、颠覆性错误。

三、习近平新时代中国特色社会主义思想哲学内涵的科学总结

把习近平新时代中国特色社会主义思想所蕴含的科学世界观和方法论明确地概括为"六个坚持"，并对"六个坚持"的哲学内涵作出科学阐发，这是党的二十大理论创新的一大亮点，具有重大理论意义，引起人们普遍关注。

（一）"六个坚持"理论概括的重要意义

其一，"六个坚持"是对百年奋斗历史经验的哲学总结。推进马克思主义中国化时代化是一个不断追求真理、揭示真理、笃行真理的历史过程。党的十八大以来，面对国内外形势新变化和实践新要求，以习近平同志为主要代表的中国共产党人坚持把马克思主义基本原理同中国具体实际相结合、同中华优秀传统文化相结合，以全新的视野深化了对共产党执政规律、社会主义建设规律、人类社会发展规律的认识，从而创立了习近平新时代中国特色社会主义思想，推进了中国特色社会主义事业迅猛发展，实现了马克思主义中国化理论成果的新飞跃。"六个坚持"是对百年奋斗历史经验的哲学总结，是习近平新时代中国特色社会主义思想的核心内容，是其世界观和方法论的集中表现，是十八大以来取得的历史性成就、发生历史性变革的根本原因，我们要深入领会党的创新理论的道理学理哲理，切实把"六个坚持"贯彻落实到党和国家工作的各方面全过程。

其二，"六个坚持"是我们党在政治上和理论上进一步成熟的显著标志。习近平新时代中国特色社会主义思想是当代中国马克思主义、21世纪马克思主义，是中华文化和中国精神的时代精华，实现了马克思主义中国化新的飞跃。"六个坚持"思想的形成和概括是习近平新时代中国特色社会主义思想这一中国化的马克思主义科学理论，展现出了鲜明的中国风格、中国气派以及中华民族的精神品格和思想境界。习近平深刻指出，这样一种独特的风格和气派，是发展到一定阶段的产物，是成熟的标志，是实力的象征，也是自信的体现。我们党在十九大报告中谈到治国理政的基本方略时，将习近平新时代中国特色社会主义思想的科学内涵概括为十四个坚持，其中虽然蕴涵着"人民中心论"、"科学发展观"等新思想新理念，但尚未对习近平新时代中国特

色社会主义思想的世界观和方法论作出明确概括。在党的十九届六中全会的《决议》关于我们党百年奋斗历史经验"十个坚持"的概括中，明确地提出了关于"坚持人民至上"、"坚持独立自主"、"坚持胸怀天下"等极具哲学特色的思想和表述。但这些概括和表述尚不是习近平新时代中国特色社会主义思想的科学世界观和方法论的完整概括和表述。党的二十大报告中提出的"六个坚持"是新时代中国共产党人所独具的理论品格、价值理念、精神境界、工作作风的集中体现，"六个坚持"是我们党对习近平新时代中国特色社会主义思想的科学概括。这是一次认识深化和理论提升，是这一思想进一步成熟的显著标志，也是"两个确立"具有决定性作用的学理支撑和具有信心和力量的科学概括。

其三，"六个坚持"是一个相互联系、内在统一的理论体系。"六个坚持"作为相互联系、内在统一的理论体系，主要表现在以下三个方面：一是就其理论根据、文化渊源的统一性而言，它既彰显了我们党一以贯之所坚持的辩证唯物主义和历史唯物主义的根本原理和原则，又继承了党的解放思想、实事求是、与时俱进、求真务实的思想路线，同时又体现了中华优秀传统文化中民为邦本、守正创新、与时偕行、自强不息、知行合一、天下大同的中国智慧，它是马克思主义普遍原理与中华优秀传统文化相结合的有机统一的系统整体。二是就其根本的理论内涵而言，"六个坚持"所蕴含着的根本政治立场、宽广理论视野、崇高精神境界、重大原则方向、强烈的责任担当等构成了相互联系内在统一的有机整体。三是就"六个坚持"所面向的工作目标和应用的实践领域的广度和深度而言，在改革发展稳定、内政外交国防、治党治国治军等各方面都提出一系列新思想新理念新战略，形成了完整系统的科学理论体系，开辟了马克思主义中国化时代化的新境界。

其四，"六个坚持"为马克思主义理论学科建设开拓了广阔前景，不论从马克思主义理论教育工作的学科视野来看，还是从马克思主义发展史的理论视野来看，"六个坚持"的概括和提出都有十分重要的意义。在中国特色社会主义新时代，习近平新时代中国特色社会主义思想进教材、进课堂、进头脑是社会主义教育的本质要求，习近平新时代中国特色社会主义思想是内容丰富、思想深邃的理论体系，"六个坚持"概括揭示了这一科学的核心理论内容，为深刻把握这一理论的核心要义，科学构建这一理论的内在逻辑框架指明方向，许多重大的深层次的理论问题可以通过学科建设加以解决。

（二）深刻把握"六个坚持"的哲学内涵

习近平在十九届六中全会所作的《关于〈中共中央关于党的百年奋斗重大成就和历史经验的决议〉的说明》中强调指出，"总结党的百年奋斗重大成就和历史经验，要坚持辩证唯物主义和历史唯物主义的方法论，用具体历史的、客观全面的、联系发展的观点来看待党的历史"。2022 年 10 月 17 日，习近平在参加党的二十大广西代表团讨论时再次强调要牢牢把握新时代中国特色社会主义思想的世界观和方法论，这样，我们就需要对"六个坚持"所蕴含的哲学内涵有一个深刻的了解和把握。

其一，必须坚持人民至上。马克思主义是人民的理论，是人民实现自身解放的思想体系，其根本的价值追求就是为全人类求解放。人民性是马克思主义的本质属性，作为马克思主义执政党，我们的理论和实践都必须要扎根人民、为了人民、造福人民。坚持人民至上，充分体现了马克思主义的核心价值追求，是习近平新时代中国特色社会主义思想的价值原点。习近平一再强调，要始终坚持全心全意为人民服务的根本宗旨，坚持党的群众路线，始终牢记江山就是人民，人民就是江山，坚持一切为了人民、一切依靠人民，坚持为人民执政、靠人民执政，坚持发展为了人民、发展依靠人民、发展成果由人民共享，坚定不移走全体人民共同富裕道路，永远把人民对美好生活的向往作为我们的奋斗目标。要下决心解决人民群众的急难愁盼问题，坚持人民至上、人民立场。以人民为中心的发展思想，包含了对中国特色社会主义价值取向、发展动力的科学回答和阐述，是对马克思主义唯物史观的创造性运用。

其二，必须坚持自信自立。坚持自信自立是对中国共产党人作为马克思主义中国化时代化领导主体精神状态的总概括，其核心的理论内容是中国的问题必须从中国的基本国情出发，由中国人自己来解决。独立自主，走自己的路是我们党百年奋斗得出的历史结论，也是我们党对人类社会发展规律的科学认识。历史表明，人类历史上没有一个民族、一个国家可以通过外部力量，照搬外国模式跟在他人后面亦步亦趋实现强大和振兴，那样做的结果，必然遭遇失败或成为他人附庸。独立自主，走自己的路的基本观点，也是中华民族精神之魂。中华民族之伟大之躯几千年屹立在世界东方而不倒，正是因为有自信自立精神支撑，我们要坚持对马克思主义的坚定信仰和对中国特色社会主义的坚定信念，坚定道路自信、理论自信、制度自信、文化自信，以更加积极的历史担当和创造精神为发展马克思主义作出新的贡献，把中国发展进步的命运牢牢掌握在自己手中。

其三，必须坚持守正创新。马克思主义是我们立党立国，兴党兴国的根本指导思想，必须始终坚持其基本立场观点方法，不能有任何形式的曲解和歪曲。我们要以科学的态度对待科学，以真理的精神追求真理，用发展中的马克思主义指导新的实践。守正创新是我们党百年奋斗历史经验的新概括，是我们指导中国革命事业正确认识的新表述，其根本的理论内涵是实现主观与客观、理论与实践的具体的历史的统一，这是马克思主义哲学基本问题及思维与存在关系问题在实际工作中的表现。"守正创新"中的"正"包括了马克思主义科学世界观方法论和马克思主义中国化时代化进程中所形成的根本观点和根本经验，也包括中华优秀传统文化中所蕴含的人文精神、教化思想、道德理念。守正创新这一科学范畴既深刻体现了马克思主义根本原理，又鲜明地表现出中华民族的民族精神。守正创新的深刻政治内涵，是对近代中国社会发展道路的科学选择。"守正创新"这一科学论断深刻揭示了中国的社会发展既不能走封闭僵化的老路，也不能走改旗易帜的邪路，只能走中国特色社会主义发展的光明之路、胜利之路。历史表明，我们党正是选择了这样一条中国特色社会主义发展之路，我们才取得了伟大的历史性成就，发生了根本性历史变革。

其四，必须坚持问题导向。这是一个重要的哲学理念和工作指导方针，涉及工作的出发点、落脚点、工作任务、态度等一系列根本性问题。问题就是实际，坚持问题导向就是要坚持一切从问题出发，把认识问题和解决问题贯穿于工作的全过程，作为检验工作的根本标准。坚持问题导向，就是要聚焦实践遇到的新问题、改革发展稳定中存在的深层次问题、人民群众急难愁盼问题、国际变局中的重大问题、党的建设面临的突出问题，不断提出真正解决问题的新理念新思路新方法。坚持问题导向，既需要有果敢抉择、锐意进取、攻坚克难的政治品格、责任担当精神和献身精神，也需要有审时度势、多谋善断的求真务实精神和科学态度，在新时代以来，面对影响党长期执政、国家长治久安、人民幸福安康的突出矛盾和问题，以习近平同志为核心的党中央彰显了强烈的问题意识和鲜明的责任担当精神，开展了前无古人的伟大斗争，取得了举世瞩目的骄人奇迹。

其五，必须坚持系统观念。毛泽东曾说过，世界观就是方法论，有什么样的世界观就有什么样的方法论。世界是客观存在的，就客观地看世界；世界是发展的，就用发展的观点看世界。毛泽东十分重视方法论的研究和把握。他把方法论比作过河的桥或船，认为没有桥或船过河的任务就不可能完成。习近平也高度重视思想方法和工作方法，曾提出过全党要努力增强战略思维、历史思维、辩证思维、系统思维、创新思维、法治思维、底线思维等能力，为前瞻性思考、全局性谋划、整体性推进党和国家各项事业提供了科学思想方法。习近平同志强调指出，在这些思维方式和思想观念中，"系统观念是具有基础性的思想和工作方法"。在落实中央决策部署过程中，各项工作、各类要素相互交织，牵一发而动全身，只有坚持系统思考，科学统筹，推进各项举措良性互动、协同配合、有机衔接，才能形成强大合力，将党的事业推向前进。坚持系统观念这一具有基础性的思想方法和工作方法，是马克思主义关于事物普遍联系方法在实践中运用的思想结晶，也是改革的系统性、整体性、协同性实践的理论升华，还是自然科学中的系统论的哲学转化。这一方法要求我们在实际工作中处理好局部与全局、当前与长远、宏观与微观、主要矛盾与次要矛盾、特殊与一般的辩证关系。

其六，必须坚持胸怀天下。坚持胸怀天下，就是坚持以马克思世界历史理论为方法论基础，把世界历史的理论逻辑和人类社会发展的实践逻辑相结合，顺应世界发展大势，推动构建人类命运共同体。坚持胸怀天下，就是坚持马克思主义的崇高社会理想和价值追求，中国共产党必须把造福人民和人类解放作为自己的终身价值追求的目标。中国共产党是为中国人民谋幸福、为中华民族谋复兴的党，也是为人类谋进步、为世界谋大同的党。坚持胸怀天下，就是彰显和发扬中国共产党人立志于推动构建"人类命运共同体"和致力于"全人类解放"的博大胸襟和使命担当精神。坚持胸怀天下，深刻地揭示了马克思主义永葆生机活力的奥妙所在。

（三）习近平新时代中国特色社会主义思想哲学创新的思想史解读

学习和研究习近平新时代中国特色社会主义思想对新时代党和国家事业发展、对推进中华民族伟大复兴历史进程具有决定性意义，不仅需要对贯穿其中的世界观和方法论作出科学的概括和总结，而且，亦应对这些思想的形成和发展作出思想史的考察和阐发，就是说，应从史与论的结合上作出揭示和解读。2013年12月，习近平深刻指出，"学哲学、用哲学，是我们党的一个好传统"，是我们党的"看家本领"。现在看来，我们依据新时代中国特色社会主义十年来在理论上和实践上的表现，结合习近平在党的二十大报告中所揭示的理论创新精神，我们认为，习近平新时代中国特色社会主义思想的哲学创新可以概括为以下几个方面：

其一，继承和发扬了我们党学哲学、用哲学的优良传统，将其转化为新时代的执政风格，呈现出习近平治国理政的鲜明的思想理论特色。这一执政风格和理论特色表现在治国理政的各个方面。我们看到，在党的指导思想的把握上，习近平始终高度重视坚持和发展辩证唯物主义和历史唯物主义这一科学世界观和方法论，强调要拓展马克思主义的思想境界，发挥理论创新和实践创新的作用。在对历史经验的总结上，他善于从哲学角度总结历史经验，揭示历史的规律性，以增强历史责任感。在对百年奋斗历史经验中，我们党特别强调坚持"自信自强、守正创新"的重要意义和作用，认为这是创造新时代中国特色社会主义伟大成就的根本原因。在对党的各级领导干部的素质和能力的培养和训练问题上，习近平认为，对于当前我们的许多领导干部，"最根本的本领是理论素养"。因此，应该把理论学习作为工作常态。同时，对马克思、恩格斯和列宁的理论论述要坚持实事求是的分析态度，与时俱进审视我们的理论。在实际工作的指导方针上，坚持问题导向，把分析和解决推进马克思主义中国化时代化历史进程中遇到的重大理论问题和实践问题，作为工作的目标和任务。我们看到，在习近平治国理政的实际工作中，他把跳出"历史周期率"问题作为治国理政的根本问题加以思考和探索，并获取了治疗这一历史顽疾的有效药方或第二个答案。他界定了"中国式现代化"的科学内涵，为中华民族伟大复兴指明了前进道路和方向。

其二，继承和发扬了我们党业已形成的有效的思想方法和工作方法，将其转变为治国理政的新思想新理念新战略。中国特色社会主义进入新时代之后，中国共产党人过去所坚持的行之有效的思想方法和工作方法亦应有所变化。习近平提出的关于提高战略思维、历史思维、辩证思维、创新思维、法治思维、底线思维和系统思维这"七大思维能力"的论断，是我们党在中国特色社会主义发展新时代对"三大规律"认识的深化，是客观辩证法向主观辩证法的系统转化，对增强党的领导工作的科学性、预见性、主动性和创造性有重大意义。习近平同志提出的关于创新、协调、绿色、开放、共享等新发展理念，是对我们党关于实现什么样的发展、怎样实现发展这样一些基础性理论问题的科学回答，是时代精神的精华，对中国特色社会主义发展和道路的指导具有很强的战略性、纲领性和引导性。比如，关于绿色发展理念问题。绿色是生命的象征，大自然的底色。绿色发展，就其要义来讲，是要解决好人与自然和谐共生问题。习近平指出，"推动形成绿色发展方式和生活方式，是发展观的一场深刻革命"。提出绿色发展理念，形式上是解决生态环境问题，但本质上却是一个发展方式和生活方式问题，是一个最普惠的民生福祉问题，须从多面着力解决。"七大思维方式"和"五大发展理念"的提出，是我们党在历史上形成的科学思想方法和工作方法的当代表现，是对重大时代课题的科学回答。

其三，坚持和发展了马克思主义哲学基本原理。使马克思主义中国化的理论特质表现为崭新理论形态。任何真正的哲学都是自己时代精神的精华。作为当代中国的马克思主义、二十一世纪的马克思主义，习近平新时代中国特色社会主义思想必然蕴含着丰富的哲学思想，必然具有鲜明的时代特色和时代内涵，必然对马克思主义中国化发展史上所形成的理论特质有所创新和发展。在我们党制定的第二个《历史决议》中，曾经把毛泽东哲学思想概括为"实事求是、群众路线、独立自主"三项核心内容，并称之为"毛泽东思想活的灵魂"，视为马克思主义中国化的理论特质。这三项核心内容，都是马克思主义哲学精神实质的中国话语表达，既鲜明体现了中华优秀传统文化的思想元素，也深刻蕴含了马克思主义的核心观点。习近平新时代中国特色社会主义思想的世界观和方法论，即"六个坚持"：坚持人民至上、坚持自信自立、坚持守正创新、坚持问题导向、坚持系统观念、坚持胸怀天下，是对马克思主义中国化历史经验的哲学总结。我们看到，在习近平新时代中国特色社会主义思想的世界观和方法论体系中，人民中心论、知行合一论、科学方法论这"三论"不仅是其中的核心内容，而且也具有鲜明的哲学特色，形成崭新的理论形态，成为理论界广为传颂的理论亮点。

其四，发扬和彰显了马克思主义实践性本质特征和理论品格，使马克思主义的崇高社会理想和价值追求变为现实。实践的观点、生活的观点是马克思主义首要的基本观点，实践性是马克思主义理论区别于其他任何理论的显著特征。毛泽东强调指出，"对于马克思主义的理论，要能够精通它、应用它，精通的目的全在于应用"。学精弄通做实，落脚点在做实。我们要坚持知行合一，不仅知其道更要行其道，把真理的力量转化成实践的伟力。实践是检验真理的唯一标准。党的十八大以来的十余年中，社会主义在中国的实践发展取得了全方位、开创性历史成就，发生了深层次、根本性历史变革。今天，我们比历史上任何时期都更接近、更有信心和能力实现中华民族伟大复兴的目标。中国特色社会主义进入新时代十余年来所取得的这些历史性成就、所发生的这些历史性变革，是马克思主义科学性的有力彰显，是对中国之问、世界之问、人民之问、时代之问的最有力的实践回答，是"两个确立"具有决定性作用的有力证明，是全党和全国人民对未来美好前景充满信心的根本依据。

四、坚持马克思主义基本原理同中华优秀传统文化相结合

坚持和发展马克思主义，必须同中华优秀传统文化相结合，必须深入研究在当代中国这一"相结合"的特殊重要性，深入研究马克思主义中国化的文化渊源、历史基础和群众基础。2021 年 7 月 1 日，习近平在庆祝建党一百周年的讲话中，提出了坚持把马克思主义基本原理同中国具体实际相结合、同中华优秀传统文化相结合的论断，即引起我国学界高度关注并加以热议的"两个结合"的重要论断。应该说，"两个结合"论断的提出，具有十分重要的理论意义和实践指导意义。

其一，关于马克思主义中国化的文化内涵及"两个结合"命题提出的重要意义。从严格的理论意义上说，我们党对马克思主义中国化的文化内涵早有明确界定。比如，1936 年毛泽东在《致林彪》的信中谈到理论与实际的关系问题时曾经指出，所谓"实际与理论并重，文化工具就是'实际'的一部分"。1943 年 5 月，在由毛泽东主持起草的中共中央《关于共产国际执委主席团提议解散共产国际的决定》中对"相结合"问题做过这样的表述："中国共产党近年来所进行的反主观主义、反宗派主义、反党八股的整风运动就是要使得马克思列宁主义这一革命科学更进一步地和中国革命实践、中国历史、中国文化深相结合起来。"[1] 从这些论述看，"中国文化"乃是"中国具体实际"的重要内容和重要组成部分，马克思主义中国化的科学内涵理应包括中国固有的丰富而深刻的文化内容，中国文化乃是马克思主义中国化科学内涵中的应有之义。但是，应该指出，由于历史条件的限制，在很长历史时期里，我国思想理论界

---

[1] 《建党以来重要文献选编（1921—1949）》第 20 册，中央文献出版社 2011 年版，第 318—319 页。

宣传界都把"中国具体实际"只简单地理解或界定为近代中国社会历史发展中的政治和经济实际，而对"相结合"中的中国文化这一重要实际则有所忽视。文化问题，在中国特色社会主义新时代有着特殊重要意义。"马克思主义基本原理同中华优秀传统文化相结合"作为一个独立的理论命题提出，有着特殊重要意义。它不仅是为适应我国全面对外开放条件下战略空间拓展、讲好中国故事的需要，而且更为重要的是，坚持马克思主义基本原理"同中华优秀传统文化相结合"，这本身就是习近平新时代中国特色社会主义思想的理论内涵，是马克思主义中国化、时代化、民族化、本土化的显著标志，是这一科学理论具有的深厚的文化渊源和扎实的历史基础和群众基础，是创立习近平新时代中国特色社会主义思想和实现马克思主义中国化新的飞跃的重要内容和理论依据。

其二，关于科学社会主义价值观同中华优秀传统文化精神内涵的高度契合性。应该说，习近平对弘扬中华优秀传统文化问题讲得很多、很重、很深，具有崭新的科学视野和深邃的哲学意蕴。他提出的关于弘扬中华优秀传统文化的"根魂论"、"基因论"、"动力论"、"优势论"和"共同价值论"等著名论点，在我国理论界乃至世界思想文化界都有着重要而广泛深刻的影响。其中，他提出的关于弘扬中华优秀文化同增强我国社会主义现代化建设关系的论述，更加引人注目，成为各界普遍关注的热点，其中许多重要论点已被各界广泛吸纳。习近平提出的关于中华优秀传统文化是我们民族的根和魂的论点、是中国社会发展和文明进步的基因和精神力量的论点，深刻地揭示了马克思主义中国化的文化内涵，深化了关于中华优秀传统文化的存在是实现马克思主义中国化的优良土壤和条件的固有结论和认识，为推进马克思主义中国化时代化、实现中华民族伟大复兴提供了坚实思想文化根据。习近平同志提出的关于中华优秀传统文化的存在是我们进行社会主义现代化建设"独特优势"的论点，关于中国具有的"独特的文化传统、独特的历史命运、独特的基本国情，注定了我们必然要走适合自己特点的发展道路"的论点，关于中国未来发展要"从延续民族文化血脉中开拓前进"的论点，等等，都深刻地揭示了建设中国特色社会主义同弘扬中华优秀传统文化间的内在的和本质的必然联系，强调指出"中国特色社会主义根植于中华文化沃土、反映中国人民意愿、适应中国和时代发展进步要求，有着深厚历史渊源和广泛现实基础"。习近平还对中华优秀传统文化的当代价值作了深入具体的科学分析和全面总结。他特别强调包括儒家在内的中华优秀传统文化蕴含着解决当代人类面临难题的重要启示。他对中华优秀传统文化的当代价值问题作了深入研究和具体分析，强调指出，"中国优秀传统文化的丰富哲学思想、人文精神、教化思想、道德理念等，可以为人们认识和改造世界提供有益启迪，可以为治国理政提供有益启示，也可以为道德建设提供有益启发"。这些论点言简意赅、思想深邃，是对弘扬优秀传统文化思想的重要理论创新。

其三，关于坚持马克思主义理论指导与弘扬中华优秀传统文化的辩证关系。在马克思主义中国化的历史上，坚持马克思主义理论指导地位与弘扬中华优秀传统文化是一对基本矛盾，应该坚持用"守正创新"这一基本原则去认识和解决。我们在强调继承和弘扬中华优秀传统文化的同时，亦应对传统文化的科学性及其历史作用作深入的具体的历史分析。习近平深刻指出，"传统文化在其形成和发展过程中，不可避免会受到当时人们的认识水平、时代条件、社会制度的局限性的制约和影响，因而也不可避免会存在陈旧过时或已成为糟粕性的东西。这就要求人们在学习、研究、应用传统文化时坚持古为今用、推陈出新，结合新的实践和时代要求进行正确取舍，而不能一股脑儿都拿到今天来照套照用"①。中国传统文化毕竟是在特定历史时期和特定历史条件下的产物，其思想理论内容必然带有历史局限性，其历史作用也是有限的。单就中国古代优秀的传统哲学而言，虽然以其丰富而深刻的思想内容成为中华民族的一份珍贵的思想文化遗产，也为世界思想文化宝库作出重要贡献，在国际上产生了巨大影响；但是，由于社会历史的限制，从总体上说，中国传统哲学尚不是一种科学的世界观和方法论。正因如此，也不可能用它来正确认识和解决近代中国尖锐复杂的社会矛盾。众所周知，近代中国尖锐复杂的社会矛盾，是靠马克思主义科学世界观和方法论解决的，而不是依靠中国传统文化或西方发达国家的政治学说解决的。中国特色社会主义是科学社会主义理论逻辑和近代中国社会发展历史逻辑辩证统一的产物或结果，这是历史的选择和人民的选择。中国的马克思主义是从国外马克思主义学习而来的，而不是从继承中国传统文化而来的。马克思主义是认识和解决近代中国社会问题的理论根据，中华优秀传统文化则是促使马克思主义中国化时代化的土壤条件和内在根据，是使马克思主义在中国得以存在和发展的文化渊源、历史基础和群众基础。中国共产党自成立之日起，就既是中华优秀传统文化的忠实传承者、弘扬者，又是中华先进文化

---

① 《习近平谈治国理政》第二卷，外文出版社 2017 年版，第 313 页。

的积极倡导者和发展者。毛泽东早在青年时期即"五四时期"的文化论争中，就持"中西文化融合论"观念，反对"全盘西化"的文化自由主义论点和固守传统文化的文化保守主义论点，他甚至认为全盘否定传统文化将导致"学绝道丧"。在我国新民主主义革命时期，毛泽东是中国共产党人继承和弘扬中华优秀传统文化的杰出代表，是马克思主义中国化、民族化、本土化的大师，从而构成了毛泽东思想的显著思想理论特色。现在看来，不论就毛泽东思想的理论内容而言，还是就其丰富而深刻的思想文化内涵而言，抑或就其独特的思维方式和语言表达形式而言，都深刻地表现了毛泽东思想是马克思主义基本原理同中华优秀传统文化相结合的结果，其突出表现就是"两论"中所展现的关于知行学说的提出和"实事求是"思想的阐发。1982 年 9 月 1 日，邓小平在党的十二大开幕词中深刻指出，"把马克思主义的普遍真理同我国的具体实际结合起来，走自己的道路，建设有中国特色的社会主义，这就是我们总结长期历史经验得出的基本结论"。推进马克思主义中国化时代化是一个追求真理、揭示真理、笃行真理的过程。党的十八大以来，国内外形势新变化和实践新要求，迫切需要我们从理论和实践的结合上深入回答关乎党和国家事业发展、党治国理政的一系列重大课题。"两个结合"命题正是为适应这一需要而提出的，是推进马克思主义中国化时代化的重大理论创新。在推进中国式现代化、实现中华民族伟大复兴的历史进程中，要把坚持马克思主义理论指导同弘扬中华优秀传统文化紧密结合起来。那种宣扬"儒化论"、主张以"儒化论"取代马克思主义理论指导的论点，那种认为在我国新民主主义革命时期中国共产党对中国传统文化持"激烈反对"和"基本否定"的观点，都是不妥的。

第二节　马克思主义哲学中国化的新成果和新形态

党的十九大把习近平新时代中国特色社会主义思想确立为党必须长期坚持的指导思想，并将其界定为马克思主义中国化最新成果，这是马克思主义发展史和马克思主义中国化史上的大事，体现了我们党在政治上理论上的高度成熟、高度自信。从哲学学科角度去揭示和阐发这一马克思主义中国化的最新成果，是深入学习和研究马克思主义发展史和习近平新时代中国特色社会主义思想的需要。马克思主义中国化就其根本理论内容而言，就是用马克思主义科学世界观和方法论研究和解决中国革命的具体实际问题，因此马克思主义哲学中国化乃是马克思主义中国化的题中应有之义。时代是思想之母，实践是理论之源。研究习近平新时代中国特色社会主义思想这一最新成果对马克思主义哲学中国化的贡献，需要坚持历史与现实、理论与实践相结合的指导原则和方法论，需要从它同我们党在历史上所形成的学哲学用哲学优良传统的关系中加以揭示，需要从我们党在中国特色社会主义建设新时代所面临的许多重大时代课题的哲学回应中加以阐发，需要从马克思主义伟大理论向社会主义伟大实践的转化中加以理解，需要从马克思主义哲学中国化理论形态的变化中加以把握。

一、中国共产党学哲学用哲学优良传统的继承和发扬

学习和研究习近平新时代中国特色社会主义思想对马克思主义哲学中国化的贡献问题，必须首先从历史谈起，从习近平新时代中国特色社会主义思想同中国共产党学哲学用哲学优良传统的关系谈起，这不但因为历史不能隔断，如果不了解过去，就会妨碍我们对当前问题的了解，而且更重要的是因为在我们党领导和推进的马克思主义中国化的历史进程中所展现的学哲学用哲学优良传统中所包含的许多深刻的基本原理、原则和科学方法，是具有普遍意义的。这些深刻的道理和方法，不但对现在和今后的工作具有重要的指导作用，而且还是马克思主义中国化历史经验的哲学总结，是具有中国共产党人鲜明特点的马克思主义立场、观点、方法，是研究和把握习近平新时代中国特色社会主义思想对马克思主义哲学中国化重要贡献的首要前提和着力点。这也正是习近平同志经常讲的我们应当"不忘初心、牢记使命"，应当首先弄清"我们是从哪里来的"深刻道理。

（一）学哲学用哲学是我们党的一个优良传统

习近平在论述马克思主义中国化的历史经验时有两段特别重要的论断：一是他把学哲学用哲学视为我们党的一个优良传统；二是他把我们党的这一优良

传统视作我们党的看家本领。这两段言简意赅的论断蕴含着许多深刻的哲学道理。深入学习和研究这两条重要论断，是我们深刻理解和把握"马克思主义中国化最新成果"本质内涵的关键。

马克思主义中国化是中国共产党人历史活动的主题。马克思主义中国化的基础性或本质性内容是马克思主义哲学中国化，就是要用马克思主义的科学世界观和方法论去指导中国的革命、建设和改革伟大事业，使马克思主义在中国具体化、实践化、现实化。

马克思主义中国化是一个历史过程。马克思主义中国化的历史必然性深深地根植于中国革命斗争实践内在的客观需要之中。中国共产党自成立之日起，就确立了马克思主义在中国共产党历史活动中的指导地位，就开启了马克思主义中国化的历史进程。中国共产党领导和推进马克思主义中国化的历史经验深刻表明，中国革命不但需要有马克思主义作指导，而且需要把马克思主义普遍真理同中国革命的具体实践紧密结合起来，正确认识和处理主观与客观、理论与实践的关系问题，这正是推进马克思主义中国化历史进程中的一个重大的哲学问题即思想路线或认识路线问题。应该指出，我们党在建党初期尚处在幼年时期，由于诸多复杂历史条件的限制，不论毛泽东本人还是其他领导人，都不可能自觉地向党提出并解决这一问题。这样，在我们党领导和推进马克思主义中国化的历史进程中，就很难避免"左"右倾机会主义路线在党内的统治，很难避免党的事业在一个时期内遭受严重损失甚至失败。党的正确思想路线问题的解决，只能在尔后长期的艰苦卓绝的革命斗争实践中逐步实现。

中华民族是一个具有悠久历史和丰厚哲学文化传统的民族，中国共产党是一个富于哲学思维、并善于把哲学思维运用于对实际工作指导的党。在我们党领导和推进马克思主义中国化的历史进程中，毛泽东是最善于从哲学的视野和高度上去思考、研究、总结中国革命历史经验、并将其理论成果自觉运用于中国革命斗争实践的领导人。从 1930 年以《反对本本主义》为标志的、具有中国共产党人思想理论特点的关于实事求是、群众路线、独立自主基本思想的孕育或初步形成，到以"两论"为理论标志的关于中国共产党领导中国革命历史经验的全面而深刻的哲学总结，再到 1942 年以延安整风运动为标志的关于党的思想路线主题教育活动的深入开展，最后到党的七大胜利召开，毛泽东思想被确立为党的指导思想，这是一个马克思主义哲学中国化的历史过程，是具有中国特色的马克思主义即毛泽东哲学思想形成与发展的历史过程，是中国共产党从幼年步入成年、在政治上思想上和理论上逐步走向成熟的历史过程。我们看到，我们党在领导中国革命和建设的伟大斗争实践中，从党的实事求是思想路线的提出、确立和坚持、贯彻，到党的科学思想方法和领导方法的概括、总结和倡导、使用，从不同历史时期党的具体理论、路线、方针、政策的制定和贯彻，到对广大党员和群众进行马克思主义思想政治教育，从对党领导的各项实际工作中具体经验和教训的科学总结，到对实际工作中经常出现的"左"的或右的错误思想的分析、批判和纠正，等等，都深刻地表现了中国共产党人对马克思主义哲学的自觉的、创造性的学习和运用。

创造性地学习和运用马克思主义哲学是马克思主义中国化的根本内容，是中国共产党人理论活动和实践活动的鲜明特色和本质特征，是中国共产党人崇高精神境界和思想品格的集中表现，是对古代中国优秀传统文化的忠实的继承和发展。我们看到，在我们党领导和推进的马克思主义中国化的整个历史进程中，人们使用频率最高、内涵最为丰富深刻、影响最大和最为深远、最使人振聋发聩的关键词，就是"实事求是"四个大字。实事求是，作为马克思主义和毛泽东思想的理论精髓，作为毛泽东哲学思想的代名词，已经成为铭刻在党和人民心灵深处的经典名句。学习和运用马克思主义哲学是我们党的立党之本、力量之源、胜利之道，是中国共产党和中国人民须臾不能离开的看家本领。自觉地继承和发扬我们党的学哲学用哲学优良传统，是当代中国共产党人和马克思主义理论工作者的历史责任。

（二）中国特色社会主义事业是对我们党学哲学用哲学优良传统的创造性继承和发扬

习近平新时代中国特色社会主义思想是中国特色社会主义理论体系的重要组成部分。马克思主义中国化两大理论成果即毛泽东思想和中国特色社会主义思想理论体系，都一以贯之地贯穿着马克思主义的立场、观点和方法，属于同一个哲学思想体系。研究习近平新时代中国特色社会主义思想对马克思主义哲学的重大贡献，需要从马克思主义中国化两大理论成果的哲学关系中加以揭示，需要从邓小平开创的中国特色社会主义事业对我们党学哲学用哲学优良传统和对毛泽东哲学思想的继承和发扬中加以体现。

马克思主义中国化是一个不断发展的历史过程。40多年前的中国，"文化大革命"十年内乱刚刚结束，历史遗留的老大难问题堆积如山，思想理论战线十分混乱，社会主义中国向何处去的问题严肃而尖锐地提到全党面前。邓小平深刻指出："一个党，一个国家，一个民族，如果一切从本本出发，思想僵化，迷信盛行，那它就不能前进，它的生机就停止了，就要亡党亡国。"①在这重大历史转折关头，邓小平作为新时期中国特色社会主义的创立者和改革开放的总设计师，他在继承和发扬我们党学哲学用哲学优良传统的基础上，推进了马克思主义中国化的伟大事业。其一，他从端正思想路线入手，把党的思想路线确立为解放思想、实事求是，从而实现了马克思主义中国化历史进程中的重大历史转折。这也就是说，这一重大的历史转折，是依靠重新恢复、坚持并创新毛泽东为我们确立的实事求是思想路线来实现的。其二，他运用马克思主义哲学观点，正确评价毛泽东和毛泽东思想的历史地位，从而实现了全党和全国人民思想上和政治上的高度统一。党的十一届六中全会《关于建国以来党的若干历史问题的决议》的制定，特别是关于毛泽东思想活的灵魂的科学概括，以及关于应将毛泽东晚年失误同毛泽东思想科学体系加以严格区分观点的提出，在马克思主义发展史上和马克思主义中国化历史上都有重要意义。其三，在继承毛泽东哲学思想基础上，实现了邓小平中国特色社会主义理论的创新。在邓小平中国特色社会主义理论中，关于解放思想、实事求是的思想路线，关于社会主义本质论、社会主义初级阶段论、社会主义发展动力论、"一国两制"论等，都是中国共产党人学哲学用哲学优良传统及其理论成果的继承和发扬；关于社会主义改革开放论和市场经济论等等，是具有鲜明时代特色的崭新的思想理论，但也是应用马克思主义立场、观点和方法的产物，是"着眼于特点和发展"这一唯物辩证法本质要求的体现。其四，改革开放几十年的伟大实践是马克思主义哲学基本原理和原则的具体应用和生动体现。邓小平在党的十二大开幕词中深刻指出："我们的现代化建设，必须从中国的实际出发。无论是革命还是建设，都要注意学习和借鉴外国经验。但是，照抄照搬别国经验、别国模式，从来不能得到成功。这方面我们有过不少教训。把马克思主义的普遍真理同我国的具体实际结合起来，走自己的道路，建设有中国特色的社会主义，这就是我们总结长期历史经验得出的基本结论。"②邓小平这段精辟论述，把马克思主义中国化的基本经验和基本结论，把中国共产党学哲学用哲学优良传统的

---

① 《邓小平文选》第 2 卷，人民出版社 1994 年版，第 143 页。
② 《邓小平文选》第 3 卷，人民出版社 1993 年版，第 2—3 页。

科学内涵同我国改革开放新时期社会主义发展道路和方向问题紧密结合起来，具有重要的理论意义和实践指导意义。

（三）推进马克思主义哲学中国化的理论创新

党的十八大以后，我们党领导的改革开放和社会主义现代化建设伟大事业进入了新的历史征程。在新的历史时期和历史时代，习近平作为我们党和国家领导人，他不仅提出了学哲学用哲学是我们党的优良传统和"看家本领"的重要论断，而且从多方面继承和发扬了这一优良传统。他不仅自觉地将这一优良传统运用于当代中国特色社会主义建设的指导，而且使之成为习近平治国理政伟大实践在思想理论上的显著特点；他不仅将这一优良传统以崭新的面貌转化为习近平新时代中国特色社会主义思想的重要组成部分，而且将其发扬为贯穿于习近平新时代中国特色社会主义思想中的马克思主义的立场、观点、方法，从而推进了马克思主义哲学中国化的历史进程。

其一，对马克思主义中国化的历史经验作出新的哲学概括和总结，从而进一步明确了当代中国社会发展的道路和方向。毛泽东说过："共性个性、绝对相对的道理，是关于事物矛盾的问题的精髓，不懂得它，就等于抛弃了辩证法。"[1]马克思主义普遍真理与中国具体实际相结合，是马克思主义中国化的根本内容、根本经验和根本结论。因此，研究习近平对马克思主义中国化的哲学贡献问题，就应该围绕着这一"相结合"中的共性个性关系问题，首先揭示和阐发习近平对马克思主义中国化新的历史经验的哲学概括和总结。习近平提出的关于中国特色社会主义是科学社会主义理论逻辑和中国社会发展历史逻辑辩证统一的重要论点，是对近代以来中国社会发展规律和马克思主义中国化历史规律的科学概括和总结。习近平提出的关于"当代中国的伟大社会变革，不是简单延续我国历史文化的母版，不是简单套用马克思主义经典作家设想的模板，不是其他国家社会主义实践的再版，也不是国外现代化发展的翻版"[2]的重要论断，以及他提出的关于中国的现代化建设"既不走封闭僵化的老路，也不走改旗易帜的邪路"的重要论断，是对我国改革开放历史经验的哲学总结，是对我国坚持中国特色社会主义发展道路的哲学论证和科学阐发。习近平提出

[1] 《毛泽东选集》第1卷，人民出版社1991年版，第320页。
[2] 《习近平谈治国理政》第二卷，外文出版社2017年版，第344页。

的关于我国"独特的文化传统，独特的历史命运，独特的基本国情，注定了我们必然要走适合自己特点的发展道路"①的重要论断，揭示了我国文化发展的规律及其同马克思主义中国化的内在的本质联系性，从而揭示了我国社会主义文化繁荣兴盛的唯一正确道路。显然，这是对我们党学哲学用哲学优良传统本质内涵的发扬和光大。

其二，把马克思主义哲学作为"看家本领"运用于党的工作指导的全面，形成了习近平治国理政的鲜明哲学特色。习近平对马克思主义哲学中国化的重要贡献，在于他继承和发扬了我们党学哲学用哲学的优良传统，把马克思主义哲学作为"看家本领"，运用于当代中国特色社会主义现代化建设的工作指导，并形成为习近平治国理政的鲜明思想理论特色。党的十八大以来，习近平在中央高层曾多次举办哲学专题讲座，强调要把马克思主义哲学基本原理的深入学习与中国特色社会主义现代化建设的具体实践紧密结合起来，为此，他对许多在当代中国应该着重掌握的马克思主义哲学基本原理，还做了深入具体的阐发。他对党的中青年干部必须具备的哲学素养和能力提出了严格要求。他领导全党广泛深入地开展了"以为民务实清廉为主要内容"的党的群众路线教育实践活动。这是一次新形势下的整风运动，是全党的一次深刻的马克思主义理论教育活动和党的优良传统教育活动，对克服和纠正党内严重存在的"四风"、坚持和发展中国特色社会主义，有着重要而深远的意义。

其三，将党的科学思想方法和工作方法加以系统化和深化，从而拓展了马克思主义哲学中国化的科学内涵。马克思主义哲学的根本特点是其实践性。马克思主义哲学中国化的主要形式，就是将其具体化为具有中国共产党人特色的思想方法和工作方法。中国特色社会主义建设伟大事业已进入新的历史时期或新时代，所面临的世情、国情和党情会发生重大变化，具有新的时代特点，由此决定，中国共产党人的思想方法和工作方法也会发生重大变化。习近平提出的关于提高战略思维、历史思维、辩证思维、创新思维、法治思维和底线思维这"六大思维能力"的论断，是我们党在新时代对三大规律认识的深化，是客观辩证法向主观辩证法的系统转化，对增强党的领导工作的科学性、预见性、主动性和创造性有重大意义。习近平提出的关于创新、协调、绿色、开放、共

---

① 《习近平谈治国理政》第一卷，外文出版社 2018 年版，第 156 页。

享的新发展理念，是我们党对实现什么样的发展、怎样实现发展这一基础问题的进一步科学回答，是时代精神的精华，对中国特色社会主义发展道路和方向的指导具有很强的战略性、纲领性和引领性。习近平在"7.26 重要讲话"中提出的要坚持历史和现实相贯通、国际和国内相关联、理论和实际相结合的重要论点，是我们认识和把握党的十九大理论创新的方法论指南，是把握我国发展的阶段性特征和提出新的发展战略、策略、布局和举措的重要理论依据。

其四，为适应马克思主义哲学发展的时代性和创新性的实践需要，开创了马克思主义哲学中国化的新理念和新境界。研究习近平新时代中国特色社会主义思想同我们党学哲学用哲学优良传统的关系，必须坚持实践的观点和发展的观点。习近平强调指出："坚持马克思主义，坚持社会主义，一定要有发展的观点，一定要以我国改革开放和现代化建设的实际问题、以我们正在做的事情为中心，着眼于马克思主义理论的运用，着眼于对实际问题的理论思考，着眼于新的实践和新的发展。"①党的十八大以后，中国特色社会主义伟大事业进入新时代。伴随着新时代的新变化，马克思主义哲学中国化的历史发展不论在理论内容上还是在理论的实践表现形式上，都会呈现出新的特点和新的变化。我们现在所坚持的以人民为中心的发展思想，既体现了马克思主义哲学关于人民群众是历史主人的根本原理和我们党的理想信念、性质宗旨、初心使命，也展现了人民至上的实践理性和对党的奋斗历程和实践经验的深刻总结。我们现在所倡导的责任担当和真抓实干的精神境界，既体现了马克思主义理论的科学精神和中国共产党人独具的崇高的政治品格、优良的思想作风，也展现了当代中国共产党人的崇高精神和创新精神。我们所坚持和倡导的以人民为中心的发展思想和担当实干的精神境界，是习近平新时代中国特色社会主义思想中所蕴含的深层的哲学思想，是时代精神的精华，是贯穿在这一思想中具有中国特色的马克思主义立场、观点、方法，是对什么是中国特色社会主义和如何建设中国特色社会主义这一时代主题的科学回答。真挚的为民情怀、强烈的忧患意识、坚毅的使命担当、顽强的实干精神和高尚的人格修养等诸多深刻哲学观念和崇高的思想品格，正以动人的时代风采融入中国特色社会主义社会的主流政治生态之中。

---

① 《十八大以来重要文献选编》上册，中央文献出版社 2014 年版，第 114 页。

二、对重大时代课题的科学解答

时代是思想之母，实践是理论之源。从党的十八大开始，中国特色社会主义发展进入新的时代。当代中国正经历着我国历史上最为广泛而深刻的社会变革，也正在进行着人类历史上最为宏大而独特的实践创新。在中国特色社会主义新时代，伟大的实践不断热切地呼唤着伟大思想理论的诞生，而且一定能够产生新的伟大思想理论，并且为伟大的实践服务。习近平新时代中国特色社会主义思想是当代中国的马克思主义，是新时代中国共产党的思想理论旗帜，是中国共产党学哲学用哲学优良传统的继承和发扬。新时代面临的重大时代课题是，坚持和发展什么样的中国特色社会主义、怎样坚持和发展中国特色社会主义，建设什么样的社会主义现代化强国、怎样建设社会主义现代化强国，建设什么样的长期执政的马克思主义政党、怎样建设长期执政的马克思主义政党等。对当代中国重大时代课题的哲学回应，集中地表现为我们党提出了一系列科学的新理念新思想新战略，并对诸如历史方位、战略任务、党的建设、思想文化等重大时代课题作出科学解答。

（一）关于我国发展历史方位的政治论断和社会主要矛盾转化的科学估量

实事求是，一切从实际出发，是马克思主义的根本观点，是我们党的根本的思想路线，是中国共产党的基本思想方法、工作方法、领导方法。坚持实事求是、一切从实际出发，就能兴国兴党，否则就会误党误国。坚持实事求是、一切从实际出发，就必须认真弄清楚这"实际"究竟是什么，这是我们党科学制定路线方针政策的基本依据。关于我国发展新的历史方位的定位问题，本质上仍然是对当代中国特色社会主义所处的世情国情党情这一"实际"的认识和把握问题。这是一个开展中国特色社会主义现代化建设的极为重要的基础性或前提性的理论问题和实践问题。

习近平指出，"经过长期努力，中国特色社会主义进入了新时代，这是我国发展新的历史方位"。这是一个重大的政治论断，它赋予党的历史使命、理论遵循、目标任务以新的时代内涵，具有重大理论意义和实践指导意义。做出中国特色社会主义进入新时代这一重大政治论断，有着充分的理论依据和实践依据。从国内社会发展的阶段性上看，党的十八大以来，改革开放和社会主义现代化建设取得历史性成就，我国发展站到了新的历史起点上，中国特色社会主义进入新的发展阶段；从我国的国际地位上看，当代中国正处在从世界大国走向世界强国的关键时期，中国对世界的影响，也从未像今天这样全面、深刻、长远。应该说，就中国特色社会主义发展的整体态势而言，当代中国仍然处在社会主义发展的初级阶段，社会主义中国仍然属于发展中国家。但是，就当代中国社会发展的具体实际而言，同过去相比较，却发生了重大的质的变化。时代的发展有一个从量变到质变的过程，在量变中蕴含和孕育着质变或部分质变。我们应着眼于社会历史的发展和特点去准确把握和理解历史方位的定位问题。

中国特色社会主义发展历史方位的科学界定，是以对当代中国社会主要矛盾的正确判断为依据的。中国共产党对中国社会主要矛盾的认识和把握，经历了一个在实践基础上不断深化的历史过程。1956 年党的八大把我国社会主要矛盾概括为人民日益增长的物质文化需要同落后的社会生产之间的矛盾。这一判断符合当时我国的实际，因而是正确的。但是，随着改革开放的深入推进和中国特色社会主义的深入发展，我国社会主要矛盾发生了重大变化。我国稳定解决了十几亿人的温饱问题，总体上实现了小康，我国社会生产力水平总体上显著提高。这样，1956 年党的八大关于我国社会主义社会主要矛盾的提法，就需要做出调整、修改和完善。习近平指出："中国特色社会主义进入新时代，我国社会主要矛盾已经转化为人民日益增长的美好生活需要和不平衡不充分的发展之间的矛盾。"[1] 这一重大政治论断反映了我国社会发展的客观实际，指明了解决当代中国发展主要问题的根本着力点，丰富发展了马克思主义关于社会矛盾的学说。

（二）关于我国未来发展奋斗目标的科学谋划和发展战略方略的正确制定

中国特色社会主义的奋斗目标和发展战略规划与部署是一个重要的时代课题。习近平新时代中国特色社会主义思想对马克思主义哲学的一个重大贡献，正在于对这一重大时代课题作出科学回答。

关于战略目标的定位。习近平指出："实现中华民族伟大复兴，就是中华

---

[1]　习近平：《决胜全面建成小康社会　夺取新时代中国特色社会主义伟大胜利——在中国共产党第十九次全国代表大会上的报告》，人民出版社 2017 年版，第 11 页。

民族近代以来最伟大的梦想。"① 这个梦想的本质内涵是国家富强、民族振兴、人民幸福。实现中华民族伟大复兴中国梦，是历史的呼唤、人民的期盼和中国共产党的历史责任及庄严的政治承诺。实现伟大梦想必须进行伟大斗争、建设伟大工程、推进伟大事业。

关于战略安排的设计。在新时代，围绕如何全面建设社会主义现代化强国这一重大问题，实现中华民族伟大复兴这一战略目标，习近平提出了一系列新思想新论点新要求，对实现伟大战略目标有重大指导意义。实现中华民族伟大复兴的战略目标是一个艰难繁重的历史任务。在党和人民的努力下，从改革开放到建党百年，解决人民温饱问题和人民生活水平全面达到小康这两个重要目标已提前实现。在此基础上，我们党提出从 2020 年到 2035 年，在全面建成小康社会的基础上，再奋斗 15 年，基本实现社会主义现代化；从 2035 年到本世纪中叶，在基本实现社会主义现代化的基础上，再奋斗 15 年，把我国建成富强民主文明和谐美丽的社会主义现代化强国。这是我们党对新时代推进社会主义现代化建设作出的新的顶层设计，是新时代中国特色社会主义发展的战略安排。

关于战略布局的规划。党的十八大以来，我们党形成并统筹推进经济建设、政治建设、文化建设、社会建设、生态文明建设"五位一体"总体布局，形成并协调推进全面建设社会主义现代化国家、全面深化改革、全面依法治国、全面从严治党"四个全面"战略布局。"五位一体"总体布局和"四个全面"战略布局相互促进、统筹联动，从全局上确立了新时代坚持和发展中国特色社会主义的战略规划和部署。中国特色社会主义事业总体布局，是我们党对社会主义建设规律在实践和认识上不断深化的重要成果。"四个全面"战略布局，是我们党站在新的起点上把握我国发展新特征确定的治国理政新方略，是新的时代条件下推进改革开放和社会主义现代化建设、坚持和发展中国特色社会主义的战略抉择。这一战略布局的产生，既是我们党为推进解决当今中国面临的突出矛盾和问题的现实实践的客观需要，是广大人民群众的热切期盼，也是我们党继承和发扬学哲学用哲学优良传统的具体表现。

（三）关于加强党的领导与增强党自身建设关系的科学把握

加强和改善党的领导问题是一个极为重要的时代课题，是习近平新时代中

---

① 《习近平谈治国理政》第一卷，外文出版社 2018 年版，第 36 页。

国特色社会主义思想的核心内容，是我们党在新时代工作战略布局的关键问题。把加强党的领导和党的自身建设确定为当代中国的时代课题和重大战略布局，有其科学的理论依据和实践依据。从理论上说，中国共产党是用马克思主义科学世界观和方法论武装起来的先进政党，中国共产党的领导地位是历史的选择和人民的选择，并由我国宪法明文规定，中国共产党领导的正确性已由我们党领导的革命、建设和改革的伟大实践所证实。从当代中国的现实实践上说，中国共产党作为执政党，又面临着改革开放和市场经济的考验，人民民主政权存在着得而复失的现实危险性，历史的经验教训也十分深刻。这就是说，中国共产党作为执政党，作为中国特色社会主义建设伟大事业的领导主体，在从事社会革命的同时，还必须大力加强执政党主体自身的自我革命，实现自我净化、自我完善、自我革新、自我提高，提高执政能力和本领。正如毛泽东深刻指出的："无产阶级和革命人民改造世界的斗争，包括实现下述的任务：改造客观世界，也改造自己的主观世界——改造自己的认识能力，改造主观世界同客观世界的关系。"①

党的十八大以来，在以习近平同志为核心的党中央领导下，经过全党和全国人民的共同努力，我们党在加强党的领导和增强党的建设上取得了显著成绩，党的建设理论得到进一步充实、丰富和深化、创新。要以坚定的决心和毅力抓好执政党领导主体自身的建设和革命，"打铁还需自身硬"，特别要抓好"关键少数"；要旗帜鲜明地讲政治，抓住政治建设这一从严治党的根本性问题，坚持以人民为中心，践行全心全意为人民服务的根本宗旨；要狠抓党的思想作风建设，树立责任担当精神，在真抓实干上下功夫，出实招、办实事、见实效，反对新形势下的官僚主义和形式主义；要狠抓党的制度建设，全方位扎牢制度的笼子，把权力关进制度的笼子里，把社会主义制度优势转化为治国理政的实际效能，巩固发展反腐败斗争取得的压倒性胜利；等等。显然，党的十八大以来我们党在党的建设上所取得的这些辉煌成就，是坚持和贯彻马克思主义科学世界观和方法论的结果，是对我们党学哲学用哲学优良传统的继承和发扬。中国特色社会主义最本质的特征是中国共产党领导，中国特色社会主义制度的最大优势是中国共产党领导。维护党中央权威和集中统一领导，维护习近平总书记在全党的领导核心地位是我们的历史责任。

---

① 《毛泽东选集》第 1 卷，人民出版社 1991 年版，第 296 页。

三、运用马克思主义哲学基本原理将人民群众的殷切期待变为现实

马克思主义最显著的特点是其理论的科学性和实践性，其科学性最终要通过实践性展现出来。马克思主义理论的科学性不仅在于它能正确地说明世界，更重要的在于它能正确地指导人们改造世界。能动地改造世界既是中国共产党人推进马克思主义中国化实践活动的目标和任务，也是检验马克思主义真理性的标准和揭示其理论贡献的根本依据。党的十八大以来，我国的社会主义现代化建设取得了历史性成就，我国的社会面貌发生了历史性变革，解决了许多长期想解决而没有解决的难题，办成了许多过去想办而没有办成的大事。其中，特别是解决了广大人民最急最忧最盼的关于消除腐败、从严治党和脱贫攻坚、实现小康以及人民至上、有效抗疫这三件大事和难题。对于这三件彪炳史册、最得人心、有着重大国际影响的大事，应进一步加以深入思考和研究。要善于从历史性成就和变革中揭示其所蕴含的深刻的哲学道理，从历史经验的科学总结中深刻把握社会发展和党的建设中某些带规律性的理论内容，从实践性的广阔视野和高度去揭示和阐发贯穿在其中的马克思主义立场、观点、方法的理论创新和实践创新。

（一）铁拳反腐，从严治党

中国是一个文明古国，崇尚个人修养和廉政文化。以儒学为主干的中国古代传统文化主张"修齐治平"，把高尚的个人修养放在特殊重要的地位，在社会治理上倡导清正廉洁，鄙视贪官污吏。中国历史上的许多社会贤达、文人雅士，也把是否清正廉洁视为政权更迭的根本原因。早在新中国成立前夕，毛泽东就在同黄炎培的"窑洞对"中认真论述过历史周期率问题。毛泽东对黄炎培提出的关于共产党取得全国政权后是否会重蹈历史周期率的诘问给予明确回答，他说：不会，因为共产党的政权有人民民主。这一回答言简意赅，是从政权的根本性质上加以回答的。在新中国成立前期，毛泽东和周恩来还深入讨论过进京赶考能否通过的问题，为防糖衣炮弹袭击，毛泽东还发出过"两个务必"的警示。新中国成立后，毛泽东还把反腐败经济斗争同防止和平演变的政治斗争紧密结合起来，并制定了许多重要的方针政策，从而保证了我国社会主

义政权的稳定和发展。

改革开放以来，历届中央领导同志都高度重视党风廉政建设，并采取了许多重要措施。但是，应该看到，关于共产党执政条件下的干部腐败问题不但始终未能从根本上得到解决，而且在对外开放和市场经济条件下发展得更加严重，其范围之广、影响之大和情节之恶劣达到难以想象的地步，遂使反腐败成为社会关注的焦点，成为人民群众反映最强烈、对党的执政基础威胁最大的突出问题。解决这一难题的重任历史地落在了以习近平同志为核心的新一届中央领导集体的肩上。

党的十八大以来，以习近平同志为核心的党中央在反腐败斗争问题上采取了许多果断有力的措施，取得了明显的成效。要充分认识腐败问题发展的现实严重性、危害性和反腐败斗争的极端重要性。习近平明确指出，必须下大决心解决干部腐败问题，离开对腐败问题的实际解决而空谈党的建设就会误党误国；离开对人民群众最为关注的腐败问题的解决，空谈全心全意为人民服务，那是骗人的鬼话。要把清除腐败作为全党面临的重大时代课题和历史责任勇敢地承担起来，为维护党的先进性和纯洁性进行顽强斗争。进行反腐败斗争，需要有忠诚干净担当的、高素质的干部队伍，需要有无禁区、全覆盖、零容忍、刀刃向内的决心，需要有刮骨疗毒、壮士断腕的勇气，需要有踏石留印、抓铁有痕的作风。要标本兼治，着力构建不敢腐、不能腐、不想腐的体制机制。不敢腐，就是侧重于惩治和威慑，让意欲腐败者在带电的高压线面前不敢越雷池半步；不能腐，就是侧重于制约和监督，把权力关进制度的笼子里，让胆敢腐败者在严格监督中无机可乘；不想腐，就是侧重于教育和引导，着眼于产生腐败问题深层原因的解决，让人从思想源头上消除贪腐之念。要把从严治党、铁拳反腐的顽强斗争同"不忘初心、牢记使命"主题教育结合起来，筑牢拒腐防变思想道德防线，在全社会弘扬清风正气。我们看到，党的十八大以来，在以习近平同志为核心的党中央正确领导下，经过全党和全国人民共同努力，"不敢腐"的目标已初步实现，"不能腐"的笼子越扎越牢，"不想腐"的堤坝正在构筑，反腐败斗争已经取得压倒性胜利。这是人类文明史和马克思主义发展史上的大事。

（二）聚力精准脱贫，实现全面小康

民生是人民幸福之基、社会和谐之本。民生问题是社会关注的热点和焦点，古今中外概莫能外。中国作为世界文明古国，有着丰厚的哲学传统和"食足知礼"、"民为邦本"的深刻思想。中国古代哲人曾发表过"仓廪实而知礼节，衣食足而知荣辱"的重要论点。认为只有民众丰衣足食，才会产生荣辱这类道德观念。中国民间也流传着"民以食为天"的谚语，通俗地表达了老百姓的衣食丰足是治国头等大事的思想。中国古代哲人提出的"民为邦本"、"民贵君轻"和"得民心者得天下"的思想，认为民的重要性乃在于它是君的载体，这是传统民本思想的基本观点。在中国古代儒家文化典籍中，曾有过关于世界"大同"社会理想蓝图的描绘，在中国近代，从洪秀全的"太平天国"到康有为的《大同书》，再到孙中山提出"天下为公"这一振聋发聩的名句，都深刻地表明，在中国传统文化中有着对美好社会理想的执着追求，有着讲仁爱、重民本、崇正义、尚和合、求大同的崇高的思想理念，蕴含着解决当代人类面临的难题的重要启示。应该指出，中国传统文化中所蕴含的许多崇高的社会理想和思想观念与马克思主义的科学世界观特别是唯物史观有着本质的区别，这是须加以严格区分的，但是，这两者间又存在着内在的本质联系，这也是需要认真把握的。

　　近代中国面临的历史任务的主题是中国社会的出路问题。这个问题包含着互相关联的两个方面：一是求得民族独立和人民解放；二是实现国家繁荣富强和人民共同富裕。前一任务是为后一任务扫清障碍，创造必要的前提。新中国成立，标志着民族独立和人民解放的任务基本实现，但国家富强和人民幸福的任务却极为艰巨繁重。新中国成立后，我们党争得了几十年和平发展时期，我国的社会主义建设事业迅猛发展，广大人民群众的生活水平显著提高。但是，应该看到，由于诸多复杂因素的制约，人民生活水平的提高并不理想，在实际生活中遇到了许多复杂难题。这样，从根本上解决人民群众生活水平的提高问题，遂成为社会关注的焦点和党面临的重大时代课题。进入新时代，人民对美好生活的向往更加强烈，解决这一重大时代课题的任务就更为紧迫。以习近平同志为核心的党中央，以巨大的政治勇气和崇高的责任担当精神把脱贫攻坚摆到治国理政的突出位置，把到2020年实现全部脱贫作为党中央向全国人民作出的郑重政治承诺。脱贫攻坚力度之大、规模之广、成效之显著前所未有，取得了决定性进展，谱写了人类反贫困史上的新篇章。世界上没有哪一个国家能在这么短的时间内帮助这么多的人脱贫，这对中国和世界都具有重大意义。在近代和现代中国，摆脱贫困是一个重大时代课题。在当代中国，完成脱贫攻坚任务并实现"小康",是人类社会发展史和马克思主义发展史上的大事,是习近平新时代中国特色社会主义思想中所蕴含着的真挚的为民情怀和崇高的实干担当哲学精神的体现。

(三)人民至上、有效抗疫

当前,仍在世界上蔓延肆虐的新冠疫情,是1918年大流感以来全球最严重的传染病大流行,是第二次世界大战以来最严重的全球公共卫生突发事件,其复杂性、艰巨性前所未有,对全球经济社会发展的冲击前所未有。从世界新冠疫情发生以来,我们党团结带领全国各族人民,进行了一场惊心动魄的抗疫大战,经受了一场艰苦卓绝的历史大考,付出了巨大努力,取得了抗击新冠疫情斗争重大战略成果,创造了人类同疾病斗争史上的又一个英雄壮举。我们党和我国人民取得的抗疫斗争伟大成绩,是世界抗疫斗争史上的伟大奇迹,是马克思主义理论科学性和实践性的有力彰显,是马克思主义能不能、共产党行不行、社会主义制度好不好这样一些"时代之问"的科学回答和实践证明,是马克思主义哲学基本原理的应用和发展,是对我们党学哲学用哲学优良传统的创新性继承和发扬。

我们要善于从我们党在抗疫斗争中所取得的伟大成果和丰富的历史经验中,以及所呈现的鲜明特点中,深入揭示其中所蕴含的深刻的哲学道理和其中所贯穿的科学的世界观、方法论和价值观。其一,抗疫斗争所取得的鲜明而独特的实效性与社会主义制度优越性的有力证明。这次世界性新冠疫情蔓延肆虐发展的一个显著特点是,中国在很短时间内就取得了明显成效,控制住了疫情蔓延发展的势头。众所周知,我们用1个多月时间初步遏制了疫情蔓延势头,用2个月左右时间将本土每日新增病例控制在个位数以内,用3个月左右时间取得了武汉保卫战、湖北保卫战的决定性成果,全国疫情防控阻击战取得重大战略成果。之后,防疫斗争转入常态化。这些成就的取得,彰显了中国共产党的领导和我国社会主义制度显著的政治优势,体现了改革开放以来我国日益增长的综合国力,展示了全党、全军、全国各地人民同舟共济、众志成城的强大力量。在国际上,社会主义的影响力明显提高,社会主义制度的优越性遂变成普遍共识。

其二,抗疫斗争决策的果断性和活动方式的全民性与人民至上、生命至上价值观念的坚定秉持。人民至上、生命至上,是马克思主义最根本的价值取向、最深层的政治伦理；依靠人民，造福人民，是马克思主义历史观和价值观的本质内涵和根本体现。这场新冠疫情的蔓延和肆虐虽具突发性和偶然性，但是，我们党应对这类风险的思想准备却是早有警惕和工作安排的。2017 年 10 月 25 日，习近平在党的十九届一中全会的讲话中，就把"坚决打好防范化解重大风险"列为近 3 年攻坚战的首要任务。2018 年 1 月，他在学习贯彻十九大精神专题班的讲话中，曾列举了 8 个方面 16 个风险，其中特别讲到"像非典那样的重大传染性疾病，也要时刻保持警惕，严密防范"。这次面对突如其来的新冠疫情，党中央果断决策，不惜牺牲一切，坚持把人民生命安全和身体健康放在第一位，果断按下经济社会发展"暂停键"，并采取全民动员的形式，有效开展抗疫斗争。这是以人民为中心指导思想和党的群众路线在特定情况下的特殊表现，是坚决遏制疫情蔓延势头的最有效的举措。

其三，一整套行之有效的体制机制的建立和完善与共产党人科学精神和务实作风的充分体现。建立和健全一整套行之有效的防控体制机制，是这次成功进行防控斗争的重要经验和制度保障。而这一重要防控斗争经验的取得和保障制度的建立和完善，是以强有力的科学理论为依据和支撑的。也就是说，制度的优势是建立在科学理论基础上的。中国特色社会主义制度和国家治理体系，不仅具有深厚的实践底蕴，而且具有坚定的理论根基，以及由此决定的一整套方针政策。党的十八大以来，党中央明确了新时代党的卫生健康工作方针，把为群众提供安全、有效、方便、廉价的公共卫生和基本医疗服务作为基本职责，成功防范和应对了甲型 H1N1 流感、H7N9、埃博拉出血热等突发疫情，主要传染病发病率显著下降。党的十九届四中全会提出"强化提高人民健康水平制度保障"的要求，将加强公共卫生服务体系建设、及时稳妥处置重大新发突出传染病作为治理体系和治理能力现代化的重要目标和任务。这次新冠肺炎疫情防控斗争的实践表明，我国的疫情预防控制体系基本上是完备充分的，我国对重大疫情监测预警和应急反应能力是及时准确的，我国对重大疫情的救治体系也是科学有效的。我们充分发挥了科技在重大疫情防控中的支撑作用和中医药在重大疫情防治中的重要作用。所有这一切，都是对习近平治国理政思想中所蕴含的深邃的科学精神和务实作风的深刻证明，也是对广大人民群众崇高思想政治素质的肯定和颂扬。

其四，抗疫斗争的国际合作与构建人类卫生健康共同体理念的提出和中国智慧、中国力量、中国方案的有力彰显。这次流行的新冠疫情是世界性的、无国界的，人类荣辱与共、命运相连。面对传染病大流行，各国亟须坚持同舟共济，倡导国际合作。在这次世界性抗疫斗争中，联合国和世卫组织发挥了重要作用。这次疫情是对全球卫生治理体系的一次集中检验，不同社会制度的国家和不同价值观念的人们对待疫情的态度和做法表现出明显的差异。中国是一个社会主义国家，在抗灾斗争中坚持人民至上、生命至上，坚持科学施策，统筹系统应对，坚持同舟共济，倡导团结合作，坚持公平合理，弥合"免疫鸿沟"，坚持标本兼治，完善治理体系。中国是世界上率先提出"共建人类卫生健康共同体"科学理念的国家，为人类卫生事业的发展指明了正确方向。在新冠疫情仍在世界上蔓延肆虐的时期，中国不但取得了抗疫斗争的辉煌成绩，成为世界主要经济体取得经济正增长的唯一国家，而且创造了"在危机中育新机，于变局中开新局"的奇迹。中国是一个发展中的社会主义大国，在产能有限、自身需求巨大的情况下，却尽自己最大努力，在有效疫苗开发的援助、抗疫物资援助，为发展中国家抗疫和恢复经济社会发展提供资金援助，建立对口医院合作机制，援建非洲疾控中心，暂缓最贫困国家债务偿付金额等诸多方面，成为对发展中国家援助最多的国家。所有这一切，都是中国智慧、中国力量、中国方案的有力彰显。

四、马克思主义哲学中国化的崭新形态

马克思主义的形态问题和马克思主义哲学中国化的形态问题，是个重大的理论问题和实践问题，值得深入研究和总结。所谓"形态"问题，本质上是理论与实践的关系问题，是马克思主义理论在特定条件下的表现形式问题。意思是说，世界各国或各国在不同历史时期，由于其所处的具体的历史条件不同，马克思主义的科学理论不论就其具体的内容而言还是就其具体的表现形式而言，都会呈现出不同的特点或样态来。列宁强调指出，马克思主义普遍原理需要同各国的具体实际相结合，并通过这一具体实际展现马克思主义普遍原理的科学性及其重要的指导作用。他深刻指出："对于俄国社会党人来说，尤其需要独立地探讨马克思的理论，因为它所提供的只是总的指导原理，而这些原理的应用具体地说，在英国不同于法国，在法国不同于德国，在德

国又不同于俄国。"①同样的道理，在马克思主义哲学中国化的不同历史时代和不同历史时期，马克思主义哲学中国化的具体形态亦应有所不同，具有不同的时代特点和鲜明的时代特征。毛泽东曾深刻指出："我们在第二次国内战争末期和抗战初期写了《实践论》、《矛盾论》，这些都是适应于当时的需要而不能不写的。现在，我们已经进入社会主义时代，出现了一系列的新问题，如果单有《实践论》、《矛盾论》，不适应新的需要，写出新的著作，形成新的理论，也是不行的。"②我们注意到，我国的一些学者很早就致力于马克思主义哲学中国化形态问题的研究，并撰发过诸如《论中国化形态马克思主义哲学》、《论马克思主义中国化的多样形态》等论著。这是很有意义的。习近平新时代中国特色社会主义思想是马克思主义中国化的最新成果，是中国特色社会主义建设新时代实践经验和集体智慧的结晶。在习近平新时代中国特色社会主义思想中所蕴含的崭新的哲学思想，所贯穿的马克思主义的立场、观点、方法，必然蕴含着许多深刻的哲学内涵，表现出许多崭新的时代特征。马克思主义哲学中国化的理论成果，也必然会以更为崭新的理论形态和更为崇高的精神品格展现在伟大时代的伟大实践之中，从而推动伟大实践和伟大事业的飞速发展。把实践的时代性研究同理论的创新性研究紧密结合起来，并进而深入思考和探索马克思主义哲学中国化的新形态和新境界，这是深入学习研究习近平新时代中国特色社会主义思想的题中应有之义，也是当代中国马克思主义理论工作者的历史责任。我们把习近平新时代中国特色社会主义思想中所蕴含的具有哲学新形态的创新思想概括为人民中心论、知行合一论和科学方法论。

（一）人民中心论：人民群众历史主体地位的实际提升

人民群众是历史的主人，这是马克思主义唯物史观的根本观点。人民性是马克思主义最鲜明的理论品格。始终同人民在一起，为人民利益而奋斗，是马克思主义政党同其他政党的根本区别。中国共产党作为马克思主义政党，其根本宗旨是全心全意为人民服务。我们党干革命、搞建设、抓改革，都是为人民谋利益，让人民过上好日子。在我国社会主义建设时期，毛泽东根据我国形势

---

① 《列宁选集》第 1 卷，人民出版社 2012 年版，第 274—275 页。
② 《毛泽东文集》第 8 卷，人民出版社 1999 年版，第 109 页。

的变化和实践需要，曾提出正确认识和处理人民内部矛盾是我国政治生活主题的重要思想，将更多时间和精力倾注在人民生活水平的实际提高上。在我国社会主义建设新时期，邓小平提出了执政为民、发展为民、改革为民的重要思想，提出了社会主义本质论，人民满意不满意、高兴不高兴、答应不答应的改革标准论，提出了脱贫奔小康的战略安排，等等，所有这些都是对人民历史主体地位的彰显。

在我国社会主义发展的新时代，人民群众的历史主体地位问题不论在理论内涵上还是在外部表现形式上，不论在理论上还是在实践上，都显示出了许多新的特点，发生了许多新的变化，遂使马克思主义哲学中国化呈现出新的形态和新的精神境界。习近平把马克思主义科学世界观和方法论同我们党所倡导的科学人生观和价值观紧密地结合起来，从而进一步深化了我们党立党为民、执政为民的价值定位。他强调为人民谋幸福是中国共产党人的初心，"人民对美好生活的向往就是我们的奋斗目标"[1]。全心全意为人民服务是党的根本性质和根本宗旨，是马克思主义中国化的历史主题，是中国共产党全部历史活动的出发点、落脚点和归宿。以习近平同志为核心的党中央怀有真挚而深厚的为民情怀，把人民、人民的利益和人民的期盼放在心中最高位置，急人民之所急，忧人民之所忧，乐人民之所乐，鲜明地表现了用马克思主义科学理论武装起来的中国共产党人崇高的政治品格、精神境界和思想情操。习近平率领全党和全国人民以最大的决心和最顽强的毅力，有效地解决了广大人民群众最急最盼最忧的诸如反腐和脱贫这样的重大现实问题，充分展现了中国共产党人鲜明的人民立场和强烈的历史担当精神。

（二）知行合一论：中国共产党人的实干担当精神和优良思想作风的大力彰显

"知行合一论"即"知行统一论"，既是马克思主义哲学的重要命题，也是中国古代哲学的重要命题。在中国哲学史上，知与行的关系问题是一个长期争论的重大理论问题。2000多年来，中国历代哲学家都把知和行联系起来，提出关于知行关系的学说。自宋代以来，知行关系问题的论争便以更明确更自觉的形式提了出来，先后讨论过知行先后、知行难易、知行分合、知行轻重等几

---

① 《习近平谈治国理政》第一卷，外文出版社2018年版，第101页。

个方面的问题。我国历代哲学家们在认识知行关系问题上，提出过许多很有价值的思想理念。比如，关于主张"崇实黜虚"、实事求是、求真务实的治学态度和治学方法，关于讲究道德践履、务实实干、言行一致的思想理念和人格修养，关于倡导学以致用、"修齐治平"的经世实学思想，等等。这种"知行统一论"是理论与实际相统一思想理念的古代形式，是古代先贤哲人救世济民思想的理论表现，是马克思主义科学认识论与中华优秀传统文化相结合的契合点。马克思主义的"知行合一论"与中国古代哲学的"知行合一论"，既有着内在的联系，也有着本质的区别。毛泽东作为中国化马克思主义哲学的创始人，他对中国传统文化中"实事求是"这一重要思想的科学内涵由治学态度和治学方法提升为马克思主义的世界观和方法论与中国共产党的思想路线和工作方法；把传统哲学的"知行合一观"，从抽象的观念活动和个人道德修养、道德实践的狭隘圈子里解放出来，把唯物论的认识论和辩证法结合起来，得出认识论知行关系的总公式或总结论；把崭新的"知行合一论"运用于工作指导和党的建设，并在指导实践中取得了巨大胜利。显然，毛泽东倡导的"知行合一论"即"知行统一论"，是对中国传统哲学"知行合一论"的创新、发展和飞跃，是马克思主义哲学中国化的新形态。

进入中国特色社会主义现代化建设新时代，知与行的关系即理论与实践的关系问题以鲜明的形式凸显出来。许多重要的时代性课题和人民群众许多最急最忧最盼的重大社会难题，摆在共产党人面前，亟待研究解决。马克思说过，"哲学家们只是用不同的方式解释世界，问题在于改变世界"；毛泽东也说过，"精通的目的全在于应用"。时代问题呼唤着时代精神。于是，"实干兴国"和"责任担当"的哲学精神就应运而生了。在中国特色社会主义新时代，习近平在许多重要讲话中多次使用了"知行合一论"这一马克思主义哲学和中国传统哲学共同遵循的哲学命题，来表达当代中国共产党人所凸显的时代精神，强调"在知行合一中主动担当作为"，"要力行，知行合一，做实干家"，强调提高"真信笃行，知行合一"的能力，做到学思用贯通，知信行统一，在"知行合一、学以致用上下功夫"。显然，"知行合一论"命题的倡导，是有重要的理论意义和实践指导意义的。习近平对当今中国社会面临的突出矛盾和问题所作的客观分析和明确概括，以及在改革开放伟大实践中所展现出来的历史主体的责任担当精神，苦干实干扎实作风和顽强奋斗的献身精神，敢于斗争与善于斗争相结合的科学精神，等等，都具有时代特色，是时代精神的精华，是马克思主义哲学中国化的新形态和新境界。

（三）科学方法论：正确思想方法和工作方法的进一步系统化和实践化

马克思主义的世界观和方法论是一致的，世界观就是方法论。毛泽东说过，方法问题十分重要，方法犹如过河的桥或船，不解决桥或船问题，过河就是一句空话。在毛泽东哲学思想体系中，方法论具有特殊重要的意义，甚至可以说，毛泽东哲学思想就是中国共产党人关于思想方法、工作方法、领导方法和领导艺术的哲学。习近平指出，掌握马克思主义的科学世界观和方法论，就能不断增强工作的原则性、系统性、预见性和创造性，从而取得工作的显著成效。在中国特色社会主义新时代，习近平系统地提出了关于提高战略思维、历史思维、辩证思维、创新思维、法治思维、底线思维等六大思维能力的科学思想方法论，提出了关于创新、协调、绿色、开放、共享的发展理念，提出了一整套关于指导我国社会主义现代化建设和发展的切实可行的战略方针及具体的方略和政策。这些崭新的思想方法、发展理念和战略方略的提出，是对毛泽东倡导的关于科学思想方法论和工作方法论的创造性继承和发展，是以习近平同志为核心的党中央非凡政治智慧和高超领导艺术的集中体现，是马克思主义哲学中国化的新形态和新境界。

对于习近平治国理政的科学方法论要从理论与实践、主观与客观的紧密结合上深入理解和把握。这一方法论，不是指一般意义上的方法、办法、方略或方术，而是方法论与世界观的统一。六大思维能力的系统提出，表明中国共产党指导实际工作的辩证法已经形成；五大发展新理念的明确概括和提出，表明中国共产党对如何坚持以人民为中心、实现什么样的发展和怎样实现发展这一重大时代课题作出了进一步的科学回答。这一方法论，不单是指党的某一领导人个人的工作能力、管理水平、思想修养和意志品质，而是把科学方法论同马克思主义的理论品格和中国共产党人的精神境界和思想作风紧密联结起来，深刻揭示这一方法论所蕴含的深刻的思想理论内涵。这一方法论，不单是指人们在日常生活中所表现出来的那种朴素的理想信念，而是在深刻认识和把握"三大规律"的基础上所表现出来的战略定力。这一战略定力，是中国共产党人理论自信和哲学自信的表现，是中国共产党在政治上、思想上和理论上进一步成熟的表现。

第三节　习近平经济思想的理论创新

习近平经济思想，是党的十八大以来以习近平同志为核心的党中央将马克思主义政治经济学与新时代中国经济发展实践结合的理论结晶。这一经济思想继承和发展了马克思主义政治经济学和中国共产党历代领导集体的经济思想，是马克思主义经济学中国化的最新成果。在当今世界经济政治形势发生复杂变化、我国经济发展进入新常态下，习近平经济思想以新发展理念为主要内容，以对新时代中国经济发展理论和实践阐述的"系统化的经济学说"，实现了重大的理论创新。

一、以新时代社会主要矛盾的变化研判经济发展现实

党的十八大以来，面对复杂多变并处于深度调整的当今世界，面对显著发展并仍处于重要战略机遇期的当代中国，习近平从全局出发，运筹帷幄，谋篇布局，推动中国特色社会主义进入了新时代。新时代标志着我们党和国家的事业发展进入了一个新的阶段，反映了我国的发展具有了新的历史方位。这个新时代，是承前启后、继往开来、在新的历史条件下继续夺取中国特色社会主义伟大胜利的时代，是决胜全面建成小康社会、进而全面建设社会主义现代化强国的时代，是全国各族人民团结奋斗、不断创造美好生活、逐步实现全体人民共同富裕的时代，是全体中华儿女勠力同心、奋力实现中华民族伟大复兴中国梦的时代，是不断为人类作出更大贡献的时代。中国特色社会主义进入了新时代，意味着发展的目标更清晰、发展的动力更充足、发展的任务更艰巨。新时代的社会主要矛盾已由"人民日益增长的物质文化需要同落后的社会生产之间的矛盾"转化为"人民日益增长的美好生活需要和不平衡不充分的发展之间的矛盾"。社会主要矛盾的转化，说明了我国发展的目的和手段已经表现为由追求速度提升为讲求效益、由注重水平提升为追求质量、由强调增长提升为实现

发展。这一关于我国发展历史方位的新定位和社会主要矛盾变化的新判断，成为习近平经济思想解析经济发展现实、研判经济发展态势、确定宏观经济政策走向的重要依据。

（一）紧抓新时代社会主要矛盾的主要方面，通过优化经济结构、提高经济发展质量来化解矛盾

在社会主要矛盾中，人民日益增长的美好生活需要一面，说明了改革开放40多年来经济建设成果对人民生存和发展的物质文化需求的满足，需要进一步上升为满足人民对美好生活的追求，即不仅满足人民对物质文化的需求，更要满足人民对民主、公平、安全、环境、监督、维权等方面的需求，人民更为期盼的是更好的教育、更稳定的工作、更满意的收入、更可靠的社会保障、更高水平的医疗卫生服务、更舒适的居住条件、更优美的环境、更丰富的精神文化生活等。不平衡不充分的发展是社会主要矛盾的另一方面，则说明了我国的生产力水平尽管已经得到了极大的提高，但当前生产力发展的不平衡不充分已经成为制约满足人民日益增长的美好生活需要的最大障碍。抓住社会主要矛盾的主要方面，着力解决好发展的不平衡不充分问题的关键，就是大力提升经济发展质量和效益。习近平强调，当前大力提升经济发展质量和效益主要通过优化结构来实现。一是要优化所有制结构，毫不动摇坚持我国的基本经济制度，推动各种所有制经济健康发展。"把公有制经济巩固好、发展好，同鼓励、支持、引导非公有制经济发展不是对立的，而是有机统一的。""任何想把公有制经济否定掉或者想把非公有制经济否定掉的观点，都是不符合最广大人民根本利益的，都是不符合我国改革发展要求的，因此也都是错误的。"[①]二是要优化产业结构，培育壮大新兴产业，优化升级传统产业，加快发展现代服务业，大力推进智能制造，培育世界级先进制造业集群。因此，"要引导增量，培育新的增长动力；要主动减量，下大决心化解产能过剩，实现优胜劣汰；要发挥创新引领发展第一动力作用，实施一批重大科技项目，加快突破核心关键技术，全面提升经济发展科技含量，提高劳动生产率和资本回报率；要抓好职业培训，提高人力资本质量，优化人力资本结构。"[②]三是要优化区域发展结构，

① 《习近平谈治国理政》第二卷，外文出版社 2017 年版，第 260 页。
② 《习近平谈治国理政》第二卷，外文出版社 2017 年版，第 243 页。

推进新型城镇化，逐步缩小区域发展差距。"既要促进地区间经济和人口均衡，缩小地区间人均国内生产总值差距，也要促进地区间人口经济和资源环境承载能力相适应，缩小人口经济和资源环境间的差距。要根据主体功能区定位，着力塑造要素有序自由流动、主体功能约束有效、基本公共服务均等、资源环境可承载的区域协调发展新格局。"①

（二）以全新的视角和思路，对我国经济由高速增长阶段转向高质量发展阶段的基本特征作了准确研判

在对我国消费需求具有明显的模仿排浪式特征、投资需求存在巨大空间、出口竞争优势依然存在、生产要素具有相对优势、经济风险逐步显性化等问题分析的基础上，习近平准确地判断"我国经济正在向形态更高级、分工更复杂、结构更合理的阶段演化"②，这种演化说明了经济发展方式正从规模速度型粗放增长向质量效率型集约增长转变，经济结构正从增量扩能为主向调整存量、做优增量并举转变，经济发展动力正从传统增长点向新的增长点转变。经济的高质量发展要求进一步解决现实中存在的供给侧、结构性、体制性矛盾和问题。在我国正处于转变经济发展方式、优化经济结构、转换增长动力的攻关期，建设现代化经济体系是跨越关口的迫切要求和我国发展的战略目标。所谓现代化经济体系，习近平明确提出，它是由社会经济活动各个环节、各个层面、各个领域的相互关系和内在联系构成的有机整体。这个有机整体包括了产业体系、市场体系、收入分配体系、城乡区域发展体系、绿色发展体系、全面开放体系，以及社会主义市场经济体制。建设现代化经济体系，"必须坚持质量第一、效益优先，以供给侧结构性改革为主线，推动经济发展质量变革、效率变革、动力变革，提高全要素生产率，着力加快建设实体经济、科技创新、现代金融、人力资源协同发展的产业体系，着力构建市场机制有效、微观主体有活力、宏观调控有度的经济体制，不断增强我国经济创新力和竞争力。"③由此可见，现代化经济体系的核心就在于，必须把发展经济的着力点放在实体经济上，把提高供给体系质量和效率作为主攻方向，增强我国经济质量优势。只有

① 《习近平谈治国理政》第二卷，外文出版社 2017 年版，第 243 页。
② 《习近平谈治国理政》第二卷，外文出版社 2017 年版，第 233 页。
③ 《十九大以来重要文献选编》上册，中央文献出版社 2019 年版，第 21 页。

形成现代化经济体系，才能更好顺应现代化发展潮流并赢得国际竞争主动，才能为其他领域现代化提供有力支撑。

（三）在全面建成小康社会的决胜关头，提出了抓重点、补短板、强弱项，打好"三大攻坚战"的举措

在新时代经济发展中，"三大攻坚战"即精准脱贫、污染防治和金融风险防范化解虽然取得关键进展，但在 2020 年全面建成小康社会的收官之年，却遭遇到了新冠疫情的挑战。习近平强调，要顺利跨越全面建成小康社会的重要关口，就必须统筹做好疫情防控和经济发展的工作，打好"三大攻坚战"。一是打赢精准脱贫攻坚战。对于全国还有 52 个贫困县未摘帽、2707 个贫困村未出列、建档立卡贫困人口未全部脱贫的问题，习近平强调："虽然同过去相比总量不大，但都是贫中之贫、困中之困，是最难啃的硬骨头。"[1]对于新冠疫情带来的诸如外出务工受阻、扶贫产品销售和产业扶贫困难、扶贫项目停工等问题，他强调必须采取措施解决。对于已脱贫的地区和人口中存在产业基础比较薄弱、产业项目同质化严重、就业不够稳定等问题，他强调在已脱贫人口中要防范返贫风险，在边缘人口中要防范致贫风险。对于脱贫攻坚工作中存在的工作重点转移、投入力度下降、干部精力分散等现象，以及数字脱贫、虚假脱贫等问题，他强调必须采取有效措施加强脱贫攻坚工作。二是打好污染防治攻坚战。习近平指出，要从"四个一"中把握生态文明建设规律，从"三个治污"中打好攻坚战。"四个一"，即"在'五位一体'总体布局中生态文明建设是其中一位，在新时代坚持和发展中国特色社会主义基本方略中坚持人与自然和谐共生是其中一条基本方略，在新发展理念中绿色是其中一大理念，在三大攻坚战中污染防治是其中一大攻坚战。"[2]"三个治污"，即精准治污、科学治污、依法治污，"准确把握'三个治污'，要害在精准，关键在科学，路径在依法。"[3]"四个一"、"三个治污"反映了习近平在打好污染防治攻坚战上的精准施策。三是打好防范化解金融风险攻坚战。习近平认为，防范化解金融风险

[1] 习近平：《在决战决胜脱贫攻坚座谈会上的讲话》，《人民日报》2020 年 3 月 7 日。
[2] 《习近平在参加内蒙古代表团审议时强调 保持加强生态文明建设的战略定力 守护好祖国北疆这道亮丽风景线》，《人民日报》2019 年 3 月 6 日。
[3] 环境部：《关于在疫情防控常态化前提下积极服务落实"六保"任务 坚决打赢打好污染防治攻坚战的意见》（〔2020〕27 号）。

重中之重在于防止发生系统性金融风险，而防止系统性金融风险发生的根本举措。则在于金融要回归本源，要为实体经济服务，"金融活，经济活；金融稳，经济稳。经济兴，金融兴；经济强，金融强。经济是肌体，金融是血脉，两者共生共荣。"① 习近平的这一重要论述，揭示了金融服务实体经济的本质属性，指明了厘清金融与实体经济的关系对于防范化解金融风险的意义。

二、以"以人民为中心"的思想理念引领经济造福人民

"以人民为中心"是习近平经济思想的内在规定，反映了经济理论和实践研究的方向和重点。"以人民为中心"不是停留在口头上、止步于头脑中的概念，而是体现于习近平经济思想研究的理论成果之中。它坚持人民是历史的创造者这一历史唯物主义的基本观点，把人民群众是经济发展、经济改革的主体落到实处；它坚持把增进人民福祉、促进人的全面发展、朝着共同富裕方向稳步前进作为经济发展的出发点和落脚点；它坚持以人民为中心部署经济工作、制定经济政策、推动经济发展。

"以人民为中心"的思想理念是对习近平经济思想的新发展理念的提升，反映了习近平经济思想的立场、出发点和归宿。在中国特色社会主义经济发展中，"创新、协调、绿色、开放、共享"五大发展都贯穿着"以人民为中心"的思想理念。创新发展注重的是解决发展动力问题，协调发展注重的是解决发展不平衡问题，绿色发展注重的是解决人与自然和谐的问题，开放发展注重的是解决发展内外联动的问题，共享发展注重的是解决社会公平正义问题。无论哪一个发展注重解决的是哪一类问题，归根到底，都是为人民谋利益。无论哪一个发展在解决问题时所抉择的哪一种政策措施，也都是以人民利益为准则。在创新发展中，要激发调动全社会的创新激情，持续发力，加快形成以创新为主要引领和支撑的经济体系和发展模式。要积极营造有利于创新的政策环境和制度环境。在协调发展中，要坚持区域协同、城乡一体、物质文明和精神文明并重、经济建设国防建设融合。在绿色发展中，要像保护眼睛一样保护生态环

---

① 《深化金融供给侧结构性改革　增强金融服务实体经济能力》，《人民日报》2019 年 2 月24 日。

境，像对待生命一样对待生态环境。对破坏生态环境的行为，不能手软，不能下不为例。在开放发展中，要内外需协调、进出口平衡、引进来和走出去并重、引资和引技引智并举，发展更高层次的开放型经济，积极参与全球经济治理和公共产品供给，提高我国在全球经济治理中的制度性话语权，构建广泛的利益共同体。在共享发展中，要造福人民的发展，追求全体人民共同富裕。"改革发展搞得成功不成功，最终的判断标准是人民是不是共同享受到了改革发展成果。"① 可见，习近平经济思想中"以人民为中心"的思想理念，"体现了我们党全心全意为人民服务的根本宗旨，体现了人民是推动发展的根本力量的唯物史观。"②

带领人民创造美好生活是中国共产党始终不渝的奋斗目标。习近平多次强调，"要把人民放在心中最高位置"③，"在任何时候任何情况下，与人民同呼吸共命运的立场不能变，全心全意为人民服务的宗旨不能忘，群众是真正英雄的历史唯物主义观点不能丢"④。以人民的呼声为第一信号，以人民的需求为第一要务，以增进人民福祉为重要内容，以满足人民期待和实现人民愿望为己任，让改革发展成果更多更公平惠及全体人民深入人心。"以人民为中心"的思想理念引领经济造福人民，深深嵌入习近平经济思想中。无论是对经济发展实践经验的总结概括，对政策及措施的制定，还是对经济发展理论的研究，都贯穿了鲜明的民生导向，彰显了人民利益至上的价值取向。

增进人民的福祉，不断满足人民日益增长的美好生活需要，就是要真诚倾听人民呼声、真实反映人民愿望、真情关心人民疾苦、真切回应人民期待，保证人民平等参与、平等发展权利，维护社会公平正义，使发展更具公平性、普惠性，使人民有获得感、幸福感、安全感更加充实、更有保障、更可持续。中国特色社会主义经济发展要体现人民性，就是基于人民，为了人民，向着人民，对人民负责，让人民获益。一方面，要以最广大人民群众的立场和态度，关注人民的呼声、人民的需求、人民的期待，解决涉及改革发展的重大理论和实践问题，将人民的思想感情和世界观、人民的精神渗透在经济实践之中；另

---

① 《征求对中共中央关于制定国民经济和社会发展第十三个五年规划的建议的意见　中共中央召开党外人士座谈会》，《人民日报》2015 年 10 月 31 日。

② 《习近平谈治国理政》第二卷，外文出版社 2017 年版，第 213 页。

③ 习近平：《在庆祝中国共产党成立 95 周年大会上的讲话》，《人民日报》2016 年 7 月 2 日。

④ 《十八大以来重要文献选编》上册，中央文献出版社 2014 年版，第 309 页。

一方面，要以实现人民的利益为目标，坚持经济发展的成果由人民共享，切实保障人民群众的利益。

"以人民为中心"的思想理念引领经济造福人民，还体现在人民是经济发展实践的最高裁决者和最终评判者。习近平经济思想中关于社会主义基本经济制度的完善、社会主义经济发展思路、社会主义改革的举措，以及如何解决"共建共享发展"中短板问题等的理论和实践，必须接受人民的"裁决"和"评判"，最终都要看人民是否真正得到了实惠，人民生活是否真正得到了改善，人民权益是否真正得到了保障，是否增强了人民群众的获得感、幸福感、安全感。因此，"人民拥护不拥护"、"人民赞成不赞成"、"人民高兴不高兴"、"人民答应不答应"是制定各项方针政策的出发点和归宿，人民满意与否是衡量经济发展成效的根本尺度。习近平经济思想，始终坚持了以"以人民为中心"的发展理念引领经济造福人民这一根本点。

民生问题是人民群众最关心、最直接、最现实的利益问题，事关国家发展、人民幸福。关注民生、重视民生、保障民生、改善民生，历来是中国共产党经济工作的重点。在全面建成小康社会决胜之年，以人民为中心，强化民生服务，更是推进经济高质量发展的出发点和归宿。在推进经济高质量发展中，习近平部署的每项任务、每个举措，都贯穿了鲜明的民生导向。做好"六稳"（稳就业、稳金融、稳外贸、稳外资、稳投资、稳预期）工作、完成"六保"（保居民就业、保基本民生、保市场主体、保粮食能源安全、保产业链供应链稳定、保基层运转）任务等都和民生直接有关。确保民生得到有效改善和保障，充分反映了习近平"以人民为中心"的立场和思想理念。

三、以历史性成就和深层次变革推动经济高质量发展

当代中国正经历着历史上最为广泛而深刻的社会变革。党的十八大以来，以习近平同志为核心的党中央以巨大的政治勇气和强烈的责任担当，提出了一系列新理念新思想新战略，出台了一系列重大方针政策，推出了一系列重大举措，推进了一系列重大工作，解决了许多长期想解决而没有解决的难题，办成了许多过去想办而没有办成的大事，推动党和国家的事业发生了历史性变革。在这些历史性变革中，经济建设取得了重大成就，在新发展理念的引领下，我

国经济保持中高速增长，国内生产总值稳居世界第二，经济结构不断优化，数字经济等新兴产业蓬勃发展，基础设施建设快速推进，农业现代化稳步发展，城镇化水平不断提高，区域发展协调性增强，"一带一路"建设、京津冀协同发展、长江经济带发展成效显著，创新驱动发展战略大力实施，开放型经济新体制逐步健全，等等。与此同时也面临着深层次变革任务，例如，发展不平衡不充分的一些突出问题尚未解决，发展质量和效益还不高，创新能力不够强，实体经济水平有待提高，生态环境保护任重道远，民生领域存在短板，脱贫攻坚任务艰巨，城乡区域发展和收入分配差距依然较大，群众在就业、教育、医疗、居住、养老等方面面临不少难题。紧抓历史性成就和深层次变革的契机，习近平经济思想提出用新发展理念引领经济发展，以解决发展不平衡不充分问题为重点，推动经济发展质量变革、效率变革、动力变革，实现了重大的理论创新。

围绕经济高质量发展，习近平经济思想的重要创新点主要有：

（一）社会主义基本经济制度的拓展

在党的十九届四中全会上，习近平对社会主义基本经济制度的内容进行了新的概括，即从原来的公有制为主体、多种所有制经济共同发展，拓展为"公有制为主体、多种所有制经济共同发展，按劳分配为主体、多种分配方式并存，社会主义市场经济体制等"①。社会主义基本经济制度在新时代中国特色社会主义经济发展中的这一创新，不仅体现了社会主义经济制度反映生产关系运动规律的优越性，而且也体现了社会主义初级阶段经济发展与生产力发展状况相适应的必然要求，从而表明习近平关于社会主义基本经济制度的新概括是依据我国社会经济发展的客观存在形成的，同时也指明了社会主义基本经济制度的所有制、分配制度、市场经济体制三个方面，都是确保我国社会经济发展客观存在健康发展、高质量发展的制度基础。

（二）经济发展"稳中求进"

"稳"和"进"是辩证统一的关系，"稳"是"进"的前提，在"稳"的前

---

① 《中共中央关于坚持和完善中国特色社会主义制度　推进国家治理体系和治理能力现代化若干重大问题的决定》，《人民日报》2019 年 11 月 6 日。

提下推进结构性调整和各项改革，有助于保持经济的持续稳定健康发展。面对经济发展的"高质量"要求，习近平强调，在我国经济发展处于增长速度换挡期、结构调整阵痛期、前期刺激政策消化期的"三期叠加"阶段，经济发展速度必然会下降，但不会无限下滑，这是"稳中求进"的一种状态，不能简单以生产总值论英雄，不是经济发展速度高一点，形势就好得很，也不是经济发展速度下来一点，形势就糟得很，"合理的经济增长速度是要的，但抓经济工作、检验经济工作成效，要从过去主要看增长速度有多快转变为主要看质量和效益有多好。"① 经济增长换挡降速，是为了更好地稳定经济增长，加快经济发展方式转变和优化经济结构，求得经济有质量、有效益、可持续的发展。把握经济发展的"稳中求进"，坚持以经济建设为中心，坚持发展是硬道理的战略思想，变中求新、新中求进，进中突破，才能推动我国经济发展不断迈上新的台阶。

（三）供给侧结构性改革深入

供给侧结构性改革是习近平经济思想中的一个重要问题。供给侧结构性改革，重点是解放和发展社会生产力，用改革的办法推进结构调整，减少无效和低端供给，扩大有效和中高端供给，增强供给结构对需求变化的适应性和灵活性，提高全要素生产率。因此，供给侧结构性改革，"既强调供给又关注需求，既突出发展社会生产力又注重完善生产关系，既发挥市场在资源配置中的决定性作用又更好发挥政府作用，既着眼当前又立足长远。"② 推进供给侧结构性改革，就是促进产能过剩有效化解，促进产业优化重组，降低企业成本，发展战略性新兴产业和现代服务业，增加公共产品和服务供给，提高供给架构对需求变化的适应性和灵活性。简言之，就是去产能、去库存、去杠杆、降成本、补短板。当前，供给侧结构性改革的深入，就是深化要素市场化配置改革，破除无效供给，大力培育新动能，降低实体经济成本及制度性交易成本，推进中国制造向中国创造转变，中国速度向中国质量转变，制造大国向制造强国转变。

① 《习近平谈治国理政》第二卷，外文出版社 2017 年版，第 242 页。
② 《习近平谈治国理政》第二卷，外文出版社 2017 年版，第 252 页。

（四）市场化改革深化

明确提出经济体制改革要"使市场在资源配置中起决定性作用和更好发挥政府作用"，是习近平经济思想的重大理论突破，反映了以习近平同志为核心的党中央对市场规律的认识在不断加深和提高。针对我国市场经济发展中存在的诸如市场秩序不规范、生产要素市场发展滞后、市场规则不统一、市场竞争不充分等问题，习近平进一步提出了在市场对资源配置起决定性作用方面，要加快市场基础性制度建设，包括完善有利于促进公平竞争的规则体系，落实公平竞争审查制度，清理妨碍公平准入的规定和做法，扫除经济发展的体制机制障碍；在更好地发挥政府作用方面，要坚持适应我国经济发展主要矛盾变化完善宏观调控，相机抉择，开准药方，把推进供给侧结构性改革作为经济工作的主线，努力实现供求关系新的动态均衡。这是新时代社会主要矛盾的变化对完善宏观调控提出的新要求。习近平指出：宏观调控"要善于把握消费和投资行为背后的市场预期和社会心理，考虑市场主体行为特点，增强政策透明度和可预期性，加强同市场行为主体的沟通融合"[1]。提出建设市场机制有效、微观主体有活力、宏观调控有度的经济体制，破除各方面体制机制弊端，不断增强我国经济创新力和竞争力，是完善现代化经济体系的制度保障。

（五）构建新发展格局

明确提出以国内大循环为主体、国内国际双循环相互促进的新发展要求，强调新发展格局中的"双循环"是一个整体，可以进行良性互动，强调扩大内需、培育完整的内需体系是形成新发展格局的战略基点；坚持创新驱动发展、完善国家创新体系、加强科技强国建设是形成新发展格局的关键所在；全面推进改革开放、打造国际合作和竞争新优势是形成新发展格局的根本动力。习近平经济思想中关于新发展格局的提出和阐释，依据的是我国发展阶段、环境、条件变化作出的战略决策，是事关全局的系统化深层次变革，是必要的、合理的、科学的。以习近平同志为核心的党中央适应新时代的要求，在新发展理念的引领下，在新发展阶段提出的构建新发展格局的重大战略决策，既反映

---

① 《习近平谈治国理政》第二卷，外文出版社 2017 年版，第 242 页。

了当代世界和中国的发展对我国经济社会发展的新要求，也体现了我们党在危机中育先机、于变局中开新局，推动我国高质量发展、更好地为人民谋福祉、为民族谋复兴、为世界谋大同的使命担当。构建新发展格局是习近平经济思想中的一个创新性内容，是开拓马克思主义政治经济学新境界的重大理论成果之一。

（六）政策举措和行动扎实管用

在推进我国经济发展的理论和实践问题上，如何制定政策并精准施策，是习近平经济思想运用马克思主义唯物辩证法分析和解决中国经济发展现实问题的重要创新。习近平指出，在政策制定中，要弄清楚整体政策安排与某一具体政策的关系、系统政策链条与某一政策环节的关系、政策顶层设计与政策分层对接的关系、政策统一性与政策差异性的关系、长期性政策与阶段性政策的关系，在政策落实中，要防止徒陈空文、等待观望、急功近利。注重政策举措和行动的可行性、效益最大化，有助于党领导的各项经济工作取得扎实进展。以改革的系统性、整体性、协同性为例，习近平指出："改革越深入，越要注意协同，既抓改革方案协同，也抓改革落实协同，更抓改革效果协同，促进各项改革举措在政策取向上相互配合、在实施过程中相互促进、在改革成效上相得益彰，朝着全面深化改革总目标聚焦发力。"[①]这充分展现了习近平经济思想的方法论意义。

四、以问题意识和实践导向制定和部署经济发展战略

习近平经济思想是适应中国的基本国情和改革开放以来的经济发展实践的要求，在直面并回答新时代发展变化着的问题和实践中形成和发展起来的。坚持问题意识和实践导向，分析问题、解决问题，是其鲜明特点。问题是时代的口号，问题是创新的起点，也是创新的动力源。只有聆听时代的声音，回应时代的呼唤，认真研究解决重大而紧迫的问题，才能真正把握住历史脉络，找到发展规律，推动理论创新。实践是认识的基础，是理论的来源，理论展现真理

---

① 《习近平谈治国理政》第二卷，外文出版社 2017 年版，第 109 页。

力量的魅力就在于立足实践，切实解答实践中产生的重大问题。正如马克思恩格斯所说："一切划时代的体系的真正的内容都是由于产生这些体系的那个时期的需要而形成起来的。"①离开了问题和实践，就无从提炼和总结出规律性成果，也无从上升为系统化的学说，更无从展现其真理的力量。问题意识和实践导向，使习近平经济思想展现出了 21 世纪中国的马克思主义所具有的强大的和有说服力的真理力量，成为全党全国人民为实现中华民族伟大复兴而奋斗的行动指南。

面对我国经济发展进入新常态、国际发展环境深刻变化的新形势，面对改革进入攻坚期和深水区、各种深层次矛盾和问题不断呈现、各类风险和挑战不断增多的新情况，以习近平同志为核心的党中央全面分析问题、正面解决问题，以问题意识和实践导向制定和部署各项经济发展战略。

首先，针对我国经济发展的不平衡不充分，以及科技创新能力不强，特别是经济发展大而不强、大而不优，要素驱动力明显不足、新动能未能全面接续的问题，制定并坚定实施创新驱动发展战略，突出了科技创新对供给侧结构性改革和培育发展新动能的支撑引领作用，把加快建设创新型国家作为现代化建设全局的战略举措。习近平举例分析了我国存在的供给侧结构性问题，如先进高端材料的自主供给。他认为，我国目前在先进高端材料研发和生产方面与世界先进水平存在相当大的差距，关键高端材料远未实现自主供给，从而我国很多重要专利药物市场绝大多数被国外公司占据，高端医疗设备依赖进口，造成人民"看病贵"问题的存在。要解决这类问题，必须强化科技创新战略导向，实施创新驱动战略，必须在推动发展的内生动力和活力上来一个根本性转变，塑造更多依靠创新驱动、更多发挥先发优势的引领性发展。习近平一方面强调，"要深入研究和解决经济和产业发展亟需的科技问题，围绕促进转方式调结构、建设现代产业体系、培育战略性新兴产业、发展现代服务业等方面需求，推动科技成果转移转化，推动产业和产品向价值链中高端跃升"②；另一方面也指出，"要立足于科技创新，释放创新驱动的原动力，让创新成为发展基点，拓展发展新空间，创造发展新机遇，打造发展新引擎，促进新型工业化、信息化、城镇化、农业现代化同步发展，提升

---

① 《马克思恩格斯全集》第 3 卷，人民出版社 1960 年版，第 544 页。
② 《习近平谈治国理政》第二卷，外文出版社 2017 年版，第 271 页。

发展整体效能"①，实现新的发展水平。

其次，针对我国城乡发展不平衡、农村发展不充分、农业发展质量效益竞争力不高、农民增收后劲不足、农村自我发展能力弱、城乡差距较大等问题，提出并实施乡村振兴战略，深化农村土地制度和集体产权制度改革，促进农民持续较快增收和农业可持续发展，提高农业发展质量效益和竞争力，推进农业农村现代化。习近平经济思想着眼于确保如期全面建成小康社会和基本实现现代化，以及实现国家长治久安，强调按照产业兴旺、生态宜居、乡风文明、治理有效、生活富裕的总要求，制定并实施乡村振兴战略。乡村振兴战略的实施，在农村改革发展方面，注重深化农村土地制度改革，处理好农民与土地的关系，保持土地承包关系稳定并长久不变，第二轮土地承包到期后再延长三十年；注重深化农村集体产权制度改革，保障农民财产权益，壮大集体经济；注重完善农业支持保护制度，确保国家粮食安全，保护生产者合理收益。在现代农业建设方面，强调构建现代农业产业体系、生产体系、经营体系，提高农业的产业化水平，加快农业的转型升级；强调发展多种形式适度规模经营，培育新型农业经营主体，健全农业社会化服务体系，实现小农户和现代农业发展有机衔接；强调调整优化农业结构，包括农业产品结构、产业结构和布局结构，促进农村一二三产业融合发展，延长产业链、提升价值链。在农村基础工作方面，不仅要探索乡村治理新模式，健全自治、法治、德治相结合的乡村治理体系，而且要高度重视培养、配备、使用农村干部，培养造就一支懂农业、爱农村、爱农民的"三农"工作队伍。

最后，针对我国经济发展的区域差异大、发展不平衡状况，以及城镇化质量不高等问题，推进实施包括京津冀协同发展战略、长江经济带发展战略、新型城镇化战略等在内的区域协调发展战略，建设彰显优势、协调联动的城乡区域发展体系，实现区域良性互动、城乡融合发展、陆海统筹整体优化，培育和发挥区域比较优势，加强区域优势互补，塑造区域协调发展新格局。京津冀协同发展战略是区域协调发展战略的重要内容，是疏解北京非首都功能、优化空间格局和功能定位、建设国际一流绿色智慧城市、解决"大城市病"的一条重要路径，凸显了习近平"世界眼光、国际标准、中国特色、高点定位"的建设理念。长江经济带发展战略的重点在于通过大保护修复长江生态环境，建设沿

---

① 《习近平谈治国理政》第二卷，外文出版社 2017 年版，第 271—272 页。

江绿色生态廊道，优化沿江产业和城镇布局，实现长江上中下游互动合作和协调发展，如习近平所说："把长江经济带建成生态更优美、交通更顺畅、经济更协调、市场更统一、机制更科学的黄金经济带。"①新型城镇化战略注重以人为核心，"推进城镇化要回归到推动更多人口融入城镇这个本源上来，促进有能力在城镇稳定就业和生活的农业转移人口举家进城落户，这既可以增加和稳定劳动供给、减轻人工成本上涨压力，又可以扩大房地产等消费。这也是缩小城乡差距、改变城乡二元结构、推进农业现代化的根本之策。"②京津冀协同发展战略、长江经济带发展战略、新型城镇化战略，这三大战略的共同特点就是跨越行政区划，促进区域协调发展。

习近平经济思想用联系的发展的眼光看问题，增强战略性思维，以问题意识和实践导向制定和部署经济发展战略，探寻解决我国经济发展所面临的重大理论和实践问题之道，对中国特色社会主义政治经济学做出了重要的理论创新。

五、以更高层次的开放型经济推进中国深度融入世界

把握中国和世界发展大势、发展更高层次的开放型经济、推动形成全面开放新格局、打造人类命运共同体，是习近平经济思想的重大战略构想和实践思维，反映了中国共产党关于社会主义对外开放在新时代的新创见。

适应经济全球化发展新趋势和国内改革发展新要求，以习近平同志为核心的党中央总揽全局，抓住机遇，高瞻远瞩提出构建开放型经济新体制的顶层设计和战略部署，丰富和发展了中国特色社会主义政治经济学。一是坚持对外开放基本国策，全面推进双向开放，促进国内国际要素有序流动、资源高效配置、市场深度融合，发展更高层次的开放型经济，完善对外开放战略布局。习近平指出："站在新的历史起点上，实现'两个一百年'奋斗目标、实现中华民族伟大复兴的中国梦，必须适应经济全球化新趋势、准确判断国际形势新变化、深刻把握国内改革发展新要求，以更加积极有为的行动，推进更高水平的

---

① 《习近平谈治国理政》第二卷，外文出版社 2017 年版，第 237 页。
② 《习近平谈治国理政》第二卷，外文出版社 2017 年版，第 243 页。

对外开放，加快实施自由贸易区战略，加快构建开放型经济新体制，以对外开放的主动赢得经济发展的主动、赢得国际竞争的主动。"① 秉持"开放带来进步、封闭必然落后"的理念，在以习近平同志为核心的党中央领导下，更高层次的开放型经济新体制正在建立健全。二是实施"五个结合"，即引进来与走出去、沿海开放与内陆沿边开放、制造领域开放与服务领域开放、多边开放与区域开放、向发达国家开放与向发展中国家开放的结合。五个方面的并重，从统筹国内国际两个市场、两种资源的角度，从战略思维、全球视野的角度，审视了我国和世界的发展及我国在世界中的发展，从而推动着开放型经济新体制的建立健全。三是完善法治化、国际化、便利化的营商环境，健全有利于合作共赢、同国际投资贸易规则相适应的体制机制，健全对外开放新体制。开放型经济新体制的总目标是互利共赢、多元平衡、安全高效，内容主要包括建立市场配置资源新机制和形成经济运行管理新模式、全方位开放新格局、国际合作竞争新优势。构建开放型经济新体制，培育国际合作和竞争新优势，拓展外贸发展新空间，切实维护国家利益，保障国家安全，必须加强对外开放的法治建设，坚持依法开放，大力培育开放主体，充分发挥行业协会商会作用，着力构建稳定、公平、透明、可预期的营商环境。四是坚持共商共建共享原则，开展与有关国家和地区多领域互利共赢的务实合作，打造陆海内外联动、东西双向开放的全面开放新格局，推进"一带一路"建设。五是推动国际经济治理体系改革完善，积极引导全球经济议程，维护和加强多边贸易体制，促进国际经济秩序朝着平等公正、合作共赢的方向发展，共同应对全球性挑战，积极参与全球经济治理。开放型经济新体制的实质是，以"一带一路"建设为重点，丰富对外开放内涵，提高对外开放水平，打造国际合作新平台，协同推进战略互信、投资经贸合作，努力形成深度融合的互利合作格局，开创对外开放新局面。

习近平关于开放型经济新体制的战略构想和实践思维，充分表明了更高层次开放型经济的发展对促进中国深度融入世界的意义，彰显了促进世界经济发展的中国价值和中国智慧，具有创新性。

一方面，中国置身于经济全球化之中，要能在世界范围内抢占经济发展的先机，赢得经济发展的主动，首先必须练好内功，办好自己的事。习近平指出："要建立公平开放透明的市场规则，提高我国服务业国际竞争力。要坚持

---

① 《习近平谈治国理政》第二卷，外文出版社 2017 年版，第 99 页。

引进来和走出去相结合，完善对外投资体制和政策，激发企业对外投资潜力，勇于并善于在全球范围内配置资源、开拓市场。要加快从贸易大国走向贸易强国，巩固外贸传统优势，培育竞争新优势，拓展外贸发展空间，积极扩大进口。要树立战略思维和全球视野，站在国内国际两个大局相互联系的高度，审视我国和世界的发展，把我国对外开放事业不断推向前进。"[①] 通过发展更高层次的开放型经济，可以促进中国自身加快制度建设、法规建设，改善营商环境和创新环境，降低市场运行成本，提高运行效率，提升国际竞争力，打造国际合作竞争新优势，从而以积极主动的姿态走向世界。

另一方面，中国置身于经济全球化之中，是经济全球化的积极参与者和坚定支持者，也是重要建设者和主要受益者，面对经济全球化迅速发展中存在的超越一国解决能力的共同问题，必须提出共同解决的方案，公平地分摊解决的成本。因此，加快实施自由贸易区战略、加强"一带一路"建设、构建人类命运共同体，"是我国积极参与国际经贸规则制定、争取全球经济治理制度性权力的重要平台，我们不能当旁观者、跟随者，而是要做参与者、引领者，善于通过自由贸易区建设增强我国国际竞争力，在国际规则制定中发出更多中国声音、注入更多中国元素，维护和拓展我国发展利益。"[②] 通过发展更高层次的开放型经济，可以促进中国积极参与全球经济治理，推动经济全球化朝着更加开放、包容、普惠、平衡、共赢的方向发展，推动相互尊重、公平正义、合作共赢的新型国际经济关系建设，推动人类命运共同体建设，为人类发展贡献中国智慧和力量。

第四节　习近平新时代中国特色社会主义思想对科学社会主义的贡献

科学社会主义是马克思主义的重要组成部分，如果以《共产党宣言》的发表为标志，至今已经发展了 170 多年。170 多年来，科学社会主义经历了从理

[①] 《习近平谈治国理政》第二卷，外文出版社 2017 年版，第 101 页。

[②] 《习近平谈治国理政》第二卷，外文出版社 2017 年版，第 100 页。

论到实践、从一国实践到多国实践，从一种发展道路到多种发展道路的历史性飞跃。科学社会主义与中国具体实际相结合，改变了中国的面貌、中华民族的面貌、中国人民的面貌。科学社会主义在中国的成功，既丰富发展了科学社会主义，证明了科学社会主义的真理性，又为世界社会主义注入了新的活力，向人类展示了社会主义的光明前景。党的十八大以来，在世界百年未有之大变局和中国改革开放伟大实践中形成和发展起来的习近平新时代中国特色社会主义思想对科学社会主义作出了独创性的理论贡献。

一、面对"人类社会向何处去"的时代课题，高高举起科学社会主义的旗帜

时代是思想之母，问题是时代的声音。每一个时代都会有每一个时代面临的问题，每一代人都有每一代人的责任和使命。"与时代同步伐，与人民共命运，关注和回答时代和实践提出的重大课题，是马克思主义永葆生机活力的奥妙所在。"[①]历史告诉我们，一个国家、一个民族要繁荣发展，必须把握和顺应世界发展大势，必须顺应时代潮流，反之必然会迷失方向，落后时代，被历史所抛弃。党的十八大以来，习近平反复强调了紧跟时代步伐的重要性，他指出："认识世界发展大势，跟上时代潮流，是一个极为重要并且常做常新的课题。中国要发展，必须顺应世界发展潮流。要树立世界眼光、把握时代脉搏，要把当今世界的风云变幻看准、看清、看透，从林林总总的表象中发现本质，尤其要认清长远趋势。"[②]正是在这种背景之下，习近平对当今时代特征作了深入的理论分析，进一步明确了人类社会未来发展方向。

（一）当今世界正处于百年未有之大变局，正处于风云变幻的时代，必须以马克思主义为指导认清时代的性质，把握时代的特征

从历史维度看，人类社会正处在一个大发展大变革大调整时代。2017年1月，习近平在世界经济论坛2017年年会开幕式上的主旨演讲中明确指出："'这

① 习近平：《学习马克思主义基本理论是共产党人的必修课》，《求是》2019年第22期。
② 《习近平谈治国理政》第二卷，外文出版社2017年版，第442页。

是最好的时代，也是最坏的时代'，英国文学家狄更斯曾这样描述工业革命发生后的世界。今天，我们也生活在一个矛盾的世界之中。一方面，物质财富不断积累，科技进步日新月异，人类文明发展到历史最高水平。另一方面，地区冲突频繁发生，恐怖主义、难民潮等全球性挑战此起彼伏，贫困、失业、收入差距拉大，世界面临的不确定性上升。"① 此后，他又强调，在这样的时代，"我们要在迅速变化的时代中赢得主动，要在新的伟大斗争中赢得胜利，就要在坚持马克思主义基本原理的基础上，以更宽广的视野、更长远的眼光来思考和把握国家未来发展面临的一系列重大战略问题，在理论上不断拓展新视野、作出新概括。"② 之所以强调要坚持马克思主义的立场、观点和方法，是因为马克思主义深刻揭示了客观世界特别是人类社会发展一般规律，揭示了资本主义必然灭亡和共产主义必然胜利的历史规律，是被历史和实践证明是科学的理论，在当今时代依然有着强大生命力。

（二）虽然时代在变化，社会在发展，但人类仍然处于资本主义向社会主义过渡的时代

在党的十九大召开前夕，习近平在主持十八届中央政治局第 43 次集体学习时明确指出："尽管我们所处的时代同马克思所处的时代相比发生了巨大而深刻的变化，但从世界社会主义 500 年的大视野来看，我们依然处在马克思主义所指明的历史时代。这是我们对马克思主义保持坚定信心、对社会主义保持必胜信念的科学根据。"③ 这是习近平对我们所处时代的总判断。

这里所说的"马克思主义所指明的历史时代"，从经济社会形态看，主要是指人类社会从资本主义向社会主义过渡的时代，虽然资本主义在全球仍然占主导地位，但社会主义仍然代表着人类未来发展方向，尤其是中国特色社会主义的成功已经为世界社会主义注入了新的活力；从技术社会形态看，人类仍处于从农业社会向工业社会过渡的时代，虽然发达资本主义国家已经完成了工业化的历史任务并开始向信息社会过渡，但从整个世界来看，绝大多数国家的工业化任务并没有完成，有的甚至还仍然处于纯粹的农业社会；从主体社会形态

① 《习近平谈治国理政》第二卷，外文出版社 2017 年版，第 476 页。
② 《习近平谈治国理政》第二卷，外文出版社 2017 年版，第 62—63 页。
③ 《习近平谈治国理政》第二卷，外文出版社 2017 年版，第 66 页。

看，人类仍然处在从"物的依赖性"向"人的自由全面发展"过渡的时代，虽然社会主义的实践对推进人的自由全面发展起到了十分重要的作用，但就全球范围看，人类仍然没有越过"物的依赖阶段"，实现人的自由全面发展还有十分漫长的路要走；从交往社会形态看，人类仍然处在从封闭半封闭向开放社会过渡的时代，虽然人类从单个民族的历史走向世界历史的过程已经缓缓展开几个世纪，全球化已经成为不可阻挡的时代潮流，但真正符合全人类利益的全球化并没有实现，有时甚至还出现一定程度的倒退。正是因为我们仍然处于资本主义向社会主义过渡的时代，所以习近平特别强调，要坚定共产主义的理想信念，坚定社会主义必胜的理想信念，坚持走社会主义道路。

（三）虽然我们仍处于资本主义向社会主义过渡的历史时代，但国际金融危机以来人类再次面临着方向性选择

从全球资本主义和社会主义的关系来看，中国改革开放是在资本主义与社会主义"两制"关系逐渐趋于缓和的情形下起步的，是在苏联东欧剧变、社会主义处于低潮的情形下逐步深化的。然而，自 2008 年国际金融危机以来，资本主义与社会主义的关系发生了巨大变化。此次危机从虚拟经济发展到实体经济，从金融危机演化为经济危机，进而演化为社会危机、政治危机，持续时间之长、影响范围之广、造成危害之大，是世所罕见的。这次危机不仅冲击到资本主义国家，也冲击到了社会主义国家；不仅打击了全球的右翼，也同样打击了全球的左翼。正是基于这种新变化，习近平强调："要吸收人类创造的一切优秀文化成果，不断深化对共产党执政规律、社会主义建设规律、人类社会发展规律的认识，发展 21 世纪马克思主义、当代中国马克思主义，续写马克思主义中国化新篇章。"[①]也正是基于此，习近平强调，要坚定社会主义必胜的信心，一以贯之地坚持和发展中国特色社会主义。

（四）和平与发展依然是当今时代的主题，但影响时代主题的各种因素却发生了新变化

20 世纪 80 年代中期，邓小平作出了"和平和发展是当代世界的两大问题"

---

① 《深刻感悟和把握马克思主义真理力量　谱写新时代中国特色社会主义新篇章》，《人民日报》2018 年 4 月 24 日。

的重要判断，这个判断最早于 1987 年写进了党的十三大报告中。中国特色社会主义理论就"是在和平与发展成为时代主题的历史条件下"形成和发展起来的。进入新世纪以来，尤其是国际金融危机以来，虽然"和平与发展仍然是时代主题，求和平、谋发展、促合作成为不可阻挡的时代潮流"，但影响和平与发展的因素发生了较大变化。

就世界和平来说，世界并不太平，全球范围内不稳定、不确定因素不断增多。国际金融危机以来，世界出现了传统安全威胁与非传统安全威胁相互交织的局面，再加上由民族宗教冲突、领土争端及其他原因引发的局部战争和武装冲突不断；总体和平、局部战争，总体缓和、局部紧张，总体稳定、局部动荡，地区冲突和热点问题远未解决，恐怖主义阴魂不散，毒品威胁、重大疫情、自然灾害等非传统安全挑战层出不穷，"战争的达摩克利斯之剑依然悬在人类头上"，维护世界和平、促进共同发展任重道远。

就发展问题来说，国际金融危机以来，世界经济长期低迷，贫富差距、南北差距问题比 20 世纪更加突出。这些现象的出现，已经引起国际社会的高度关注。习近平曾深入分析过产生这种现象的原因。他认为，造成这种现象的出现：一是全球增长动能不足，难以支撑世界经济持续稳定增长；二是全球经济治理滞后，难以适应世界经济新变化。发达国家利用不公正、不合理的国际经济旧秩序继续损害发展中国家的利益；三是全球发展失衡，难以满足人们对美好生活的期待。"全球仍然有 7 亿多人口生活在极端贫困之中。对很多家庭而言，拥有温暖住房、充足食物、稳定工作还是一种奢望。这是当今世界面临的最大挑战，也是一些国家社会动荡的重要原因。"①

马克思指出："问题就是时代的口号，是它表现自己精神状态的最实际的呼声。"②习近平指出，要解决好提出的各种复杂的问题，应对各种全球性挑战，根本出路在于谋求和平、实现发展。"面对重重挑战和道道难关，我们必须攥紧发展这把钥匙。唯有发展，才能消除冲突的根源。唯有发展，才能保障人民的基本权利。唯有发展，才能满足人民对美好生活的热切向往。"③

总之，根据时代的新变化，习近平强调，一是不管时代发生什么变化，都

① 《习近平谈治国理政》第二卷，外文出版社 2017 年版，第 480 页。

② 《马克思恩格斯全集》第 40 卷，人民出版社 1982 年版，第 289—290 页。

③ 《习近平在联合国成立 70 周年系列峰会上的讲话》，人民出版社 2015 年版，第 2 页。

要紧跟时代步伐；二是要清醒认识时代的变化，把握时代的性质；三是要继续坚持社会主义发展方向；四是要始终高举和平的大旗，把握发展这一人类共同的主题。这些重要观点进一步深化了人类社会发展规律的认识，开辟了马克思主义发展的新境界。

二、面对如何坚持和发展中国特色社会主义，续写了科学社会主义的新篇章

中国是当今世界最大的社会主义国家。社会主义作为一种科学理论，是近代以来中华民族面临生死危亡时刻传入中国的，并逐步被中国人民所接受的；社会主义作为一种运动，是在俄国十月革命的深刻影响和中国共产党的领导下在中国展开的；社会主义作为一种社会制度，是在第二次世界大战后社会主义在世界范围内蓬勃发展的大势之下在中国建立起来的。建立中国共产党、成立中华人民共和国、推进改革开放和中国特色社会主义事业，是近百年来我国发生的三大历史性事件，是近代以来实现中华民族伟大复兴的三大里程碑。中国近百年变迁以铁一般的事实证明，只有社会主义才能救中国，只有中国特色社会主义才能发展中国，只有坚持和发展中国特色社会主义才能实现中华民族的伟大复兴。

党的十八大以来，国内外形势变化和我国各项事业发展给我们党提出的重大时代课题之一，就是必须从理论和实践结合上系统回答新时代坚持和发展什么样的中国特色社会主义、怎样坚持和发展中国特色社会主义。正是围绕这一重大时代课题，我们党大胆进行实践基础上的理论创新，形成了习近平新时代中国特色社会主义思想。在这一思想的形成发展过程中，习近平多次论述了中国特色社会主义与科学社会主义的关系，比如，他曾旗帜鲜明地强调："中国特色社会主义，是科学社会主义理论逻辑和中国社会发展历史逻辑的辩证统一，是根植于中国大地、反映中国人民意愿、适应中国和时代发展进步要求的科学社会主义，是全面建成小康社会、加快推进社会主义现代化、实现中华民族伟大复兴的必由之路。"[①]针对国内外一些人士对中国特色社会主义性质的质

---

① 《十八大以来重要文献选编》上册，中央文献出版社2014年版，第118页。

疑，他指出："中国特色社会主义是社会主义而不是其他什么主义，科学社会主义基本原则不能丢，丢了就不是社会主义。我们党始终强调，中国特色社会主义，既坚持了科学社会主义基本原则，又根据时代条件赋予其鲜明的中国特色。这就是说，中国特色社会主义是社会主义，不是别的什么主义。"①

与此同时，习近平特别强调，要顺应时代的发展继续推进科学社会主义理论的发展。他说："科学社会主义和空想社会主义的一大区别，就在于它不是一成不变的教条，而是把社会主义看作一个不断完善和发展的实践过程。"②他多次强调："当代中国的伟大社会变革，不是简单延续我国历史文化的母版，不是简单套用马克思主义经典作家设想的模板，不是其他国家社会主义实践的再版，也不是国外现代化发展的翻版。社会主义并没有定于一尊、一成不变的套路，只有把科学社会主义基本原则同本国具体实际、历史文化传统、时代要求紧密结合起来，在实践中不断探索总结，才能把蓝图变为美好现实。"③

经过长期努力，中国特色社会主义进入新时代，迎来了从创立、发展到完善的伟大飞跃，以不可辩驳的事实彰显了科学社会主义的强大生命力。习近平新时代中国特色社会主义思想续写了中国特色社会主义这篇大文章的续篇，续写了科学社会主义在中国发展的新篇章。

在发展社会主义的根本目的方面，始终秉承科学社会主义的基本原则，扎根中国大地，明确提出坚持和发展中国特色社会主义的总任务是实现中国现代化和实现中华民族的伟大复兴的中国梦，强调中国梦本质是国家富强、民族振兴和人民幸福，从而把马克思主义实现共产主义、"为人类求解放"的崇高理想内化为实现中华民族伟大复兴的共同梦想和中国共产党承担的历史使命，进而实现了共产主义远大理想和中国特色社会主义最低纲领的统一。

在坚持和发展社会主义的根本立场方面，坚持马克思主义关于人民群众是真正的英雄，是历史的创造者的历史唯物主义观点，提出以人民为中心是坚持和发展中国特色社会主义的根本立场，明确为人民谋幸福是中国共产党人的初心，强调依靠人民创造历史，把党的群众路线贯彻到治国理政的全部活动中，不断促进人的全面发展和全体人民的共同富裕。这些重要观点生动诠释了中国

---

① 《十八大以来重要文献选编》上册，中央文献出版社 2014 年版，第 109 页。

② 习近平：《坚持和完善中国特色社会主义制度推进国家治理体系和治理能力现代化》，《求是》2020 年第 1 期。

③ 习近平：《在纪念马克思诞辰 200 周年大会上的讲话》，人民出版社 2018 年版，第 26—27 页。

共产党人的根本立场，生动诠释了全心全意为人民服务的根本宗旨，生动诠释了新时代中国特色社会主义的根本追求。

在坚持和发展社会主义的制度安排方面，坚持马克思主义唯物辩证法，明确提出中国特色社会主义事业的总体布局是"五位一体"，战略布局是"四个全面"；明确全面深化改革的总目标是完善和发展中国特色社会主义制度，推进国家治理体系和治理能力现代化。统筹推进"五位一体"总体布局丰富和发展了马克思主义关于社会全面发展的理论，协调推进"四个全面"战略布局丰富和发展了马克思主义的社会发展动力理论，实现国家治理现代化的思想丰富和发展了马克思主义的国家学说。

在坚持和发展社会主义的途径方式方面，始终坚持马克思主义实事求是思想路线，强调一切从实际出发，走自己的路，建设适合本国国情的社会主义。提出中国特色社会主义是由道路、理论、制度和文化共同构成的，"中国特色社会主义道路是实现社会主义现代化、创造人民美好生活的必由之路，中国特色社会主义理论体系是指导党和人民实现中华民族伟大复兴的正确理论，中国特色社会主义制度是当代中国发展进步的根本制度保障，中国特色社会主义文化是激励全党全国各族人民奋勇前进的强大精神力量"[1]。强调要坚定道路自信、理论自信、制度自信和文化自信，既不走封闭僵化的老路，也不走改旗易帜的邪路，始终坚持和发展中国特色社会主义。这些思想拓展了发展中国家走向现代化的途径，给世界上那些既希望加快发展又希望保持自身独立性的国家和民族提供了全新选择。

在坚持和发展社会主义的政治保障方面，坚持马克思主义军事理论，深刻阐述新时代国防和军队建设带根本性方向性全局性战略性的重大理论问题，"明确党在新时代的强军目标是建设一支听党指挥、能打胜仗、作风优良的人民军队，把人民军队建设成为世界一流军队"[2]。习近平关于军队国防建设的系列重要论述，丰富和发展了马克思主义的无产阶级专政理论，开拓了马克思主义国防军队建设理论发展的新境界。

在坚持和发展社会主义的外交政策方面，明确中国特色大国外交要推动构

---

① 习近平：《决胜全面建成小康社会　夺取新时代中国特色社会主义伟大胜利——在中国共产党第十九次全国代表大会上的报告》，人民出版社 2017 年版，第 16—17 页。

② 习近平：《决胜全面建成小康社会　夺取新时代中国特色社会主义伟大胜利——在中国共产党第十九次全国代表大会上的报告》，人民出版社 2017 年版，第 19 页。

建新型国际关系，推动构建人类命运共同体。构建以合作共赢为核心的新型国际关系和人类命运共同体理念的提出和践行，在国际舞台上充分展现了中国负责任大国的形象，不仅丰富了马克思主义的国际关系理论，为开创我国对外关系新局面提供了基本指导原则，也为未来的世界发展提供了中国方案。

在坚持和发展社会主义的领导力量方面，明确提出中国共产党的领导是中国特色社会主义最本质的特征，是中国特色社会主义制度的最大优势，党是最高领导力量等观点，立足当代党情发生的新变化，积极借鉴国外执政党建设的经验教训，深入探索从严治党规律，提出了"打铁还需自身硬"、"确保党始终成为中国特色社会主义事业的坚强领导核心"的治党主题，提出了新时代党的建设总要求、党的建设新布局，丰富和发展了马克思主义执政党建设理论。

习近平新时代中国特色社会主义思想是在社会主义处于低潮、资本主义遭遇危机、全球问题日益突出、人类面临向何处去的关键时期对科学社会主义的理论创新。它从理论和实践相结合的高度回答了坚持和发展什么样的中国特色社会主义、如何坚持和发展中国特色社会主义这一重大时代课题，深化了社会主义建设规律和执政党建设规律的认识，把科学社会主义推向了一个新的发展阶段，为世界社会主义注入了新的活力。

三、面对"世界怎么了、我们怎么办"的全球性问题，提出了全球治理的中国方案

2012 年，党的十八大报告曾用"世界多极化、经济全球化深入发展，文化多样化、社会信息化持续推进，科技革命孕育新突破"[①] 描述过当今世界的总体格局。党的十八大以来，虽然总体格局没变，但世界形势又呈现出许多新的特点，全球性问题日益严重，全球治理面临新的严峻挑战。习近平指出："当今世界是一个变革的世界，是一个新机遇新挑战层出不穷的世界，是一个国际体系和国际秩序深度调整的世界，是一个国际力量对比深刻变化并朝着有利于和平与发展方向变化的世界。"[②] 面对复杂多变的国际局势，习近平提出，

---

① 《十八大以来重要文献选编》上册，中央文献出版社 2014 年版，第 36 页。
② 《习近平谈治国理政》第二卷，外文出版社 2017 年版，第 442 页。

要始终不渝走和平发展的道路，建设持久和平、普遍安全、共同繁荣、开放包容、清洁美丽的世界，积极发展全球伙伴关系，促进"一带一路"国际合作，构建人类命运共同体。

（一）面对经济全球化曲折推进，提出了参与全球化的中国方案

"经济全球化是我们谋划发展所要面对的时代潮流。"[①]20 世纪 90 年代以来，随着冷战的结束和新科技革命的大力推进，特别是信息技术的广泛运用，全球范围配置生产要素以空前的速度和规模持续发展，各经济体相互依赖、相互联系的程度日益加深。正因为如此，1997 年党的十五大报告已经将经济全球化作为影响中国的一个重要变量。进入新世纪以来，尤其是 2008 年国际金融危机爆发以来，经济全球化呈现出新的发展态势。具体表现在两个方面：一方面，随着中国、印度、巴西等新兴市场经济体逐渐融入全球经济体系，经济全球化的规模正在空前扩大，经济增长对资源造成的压力进一步加大，保持经济持续增长的压力也随之加大；另一方面，在国际金融危机的深度影响之下，随着英国脱欧和国际范围内贸易保护主义的抬头，世界范围内出现了"去全球化"倾向，反全球化思潮和运动也越来越活跃，经济全球化的进程受阻。

中国作为世界上第一大货物贸易国、第一大外汇储备国、第二大经济体，是经济全球化的积极参与者和坚定支持者，也是重要建设者和主要受益者。面对经济全球化的新态势，推进经济全球化的健康发展，中国必须拿出参与经济全球化的中国方案。正因为如此，党的十八大以来，习近平多次强调："经济全球化是不可逆转的时代潮流。"他明确指出："经济全球化是不可逆转的历史大势，为世界经济发展提供了强劲动力。说其是历史大势，就是其发展是不依人的意志为转移的。人类可以认识、顺应、运用历史规律，但无法阻止历史规律发生作用。"[②]正是顺应这种时代潮流，党的十八大以来，我们采取各项措施充分展示了参与者、支持者和建设者的形象。

---

① 习近平：《在省部级主要领导干部学习贯彻党的十八届五中全会精神专题研讨班上的讲话》，人民出版社 2016 年版，第 20 页。

② 习近平：《共建创新包容的开放型世界经济——在首届中国国际进口博览会开幕式上的主旨演讲》，《人民日报》2018 年 11 月 6 日。

（二）面对世界多极化的曲折发展，为完善全球治理贡献了中国智慧

冷战结束后，特别是进入 21 世纪以来，世界舞台上各种力量此消彼长，一大批新兴市场国家和发展中国家整体实力逐步增强，美、欧、俄、日及新兴市场经济国家等多个力量中心逐渐形成，世界格局从两极走向多极化的趋势越来越清晰。世界多极化对遏制霸权主义和强权政治，促进国际关系的民主化，推动建立公正合理的全球治理新秩序产生了积极影响，也有利于广大发展中国家抓住机遇、发展自己，从而壮大整个世界的和平力量。但也要清醒地看到，自 2008 年国际金融危机以来，国际力量对比出现新的失衡现象，霸权主义和强权政治有新的发展，并且成为世界动荡不安的主要根源。美国为了维护其霸权地位，倡导"美国优先"，积极扩军备战，强化军事同盟，动辄进行军事干涉。2016 年特朗普担任美国总统以来，先后退出"跨太平洋伙伴协定"、"巴黎气候协调"、"联合国教科文组织"、"全球移民协定"、"伊朗核协议"、"联合国人权理事会"、"维也纳外交关系公约"等组织，并威胁要退出"美韩自由贸易协定"、"北美自由贸易协调"、"世界贸易组织"。这一切预示着，旧的国际秩序难以为继，反对霸权主义、维护世界和平，推动国际关系民主化的斗争是艰巨的，各种力量的较量有时甚至是非常激烈的。

在复杂多变的世界格局中，以习近平同志为核心的党中央旗帜鲜明地提出了完善全球治理的中国主张：作为联合国安理会常任理事国，必须继续支持联合国在全球治理中发挥积极作用；中国作为多极世界的重要一极，必须积极参与全球治理体系改革和建设，推动国际政治经济秩序朝着更加公正合理的方向发展；作为全球最大的发展中国家，必须支持扩大发展中国家在国际事务中的代表性和发言权，推动全球治理体系更加平衡地反映大多数国家特别是发展中国家的意愿和利益；中国作为世界第二大经济体，必须处理好同其他国家的关系，尤其是处理好同世界第一大经济体的关系，防止陷入"修昔底德陷阱"。总之，中国作为世界上一个负责任的大国，必须积极参与全球治理体系建设，努力为完善全球治理贡献中国智慧。

（三）面对全球范围文化多样化持续推进的新态势，提出了推进促进文化交流交融的新举措

文化多样化是人类文明进步的重要动力，维护世界文化多样化、促进世界

不同文化的交流交融是大多数国家的共同愿望。冷战结束后，原来在两极格局时建立的文化交流屏障被消除，世界范围内的文化交流交融意愿更加强烈，活动形式更加多样。"文明的冲突"虽然没有像美国学者亨廷顿预言的那样激烈，但不同文明之间的交锋也更加频繁。

进入 21 世纪以来，在经济全球化和信息网络化推动之下，全球文化发展呈现出新的态势：一是文化发展的战略地位更加凸显。在全球经济不景气、政治发展出现种种乱象之后，文化在综合国力中的地位明显提高，越来越多的国家和地区把提高国家文化软实力作为重要发展战略。二是不同文化之间的交流互鉴更加频繁。在不同国家经济交流日益频繁的情形之下，文化市场的开放进一步扩大，不同国家之间的人文交流项目日益增多，文化交流也成为公共外交的一项重要内容。三是思想文化领域内的斗争更加复杂，不同意识形态的斗争长期存在，有时会相当复杂、尖锐。四是围绕核心价值观之间的纷争更加激烈。2008 年爆发的国际金融危机充分暴露了资本主义的制度危机，长期主导资本主义社会的西方价值观念也出现相应的危机。西方国家统治者为了捍卫资本主义价值观，正凭借其经济、科技方面的优势，不断改变文化传播方式和途径，加紧对外进行意识形态渗透，渗透与反渗透的斗争更加激烈。总体来看，"当今时代，社会思想观念和价值取向日趋活跃，主流的和非主流的同时并存，先进的和落后的相互交织，社会思潮纷纭激荡。"①

正是针对这种情况，党的十八大以来，面对世界范围内各种思想文化交流交融交锋的新形势，以习近平同志为核心的党中央在国际上提出推进人类各种文明交流交融、互学互鉴的主张；在国内国际围绕加快建设社会主义文化强国、增强文化软实力、提高我国在国际上的话语权制定繁荣发展中国特色社会主义文化的一系列方针政策。

（四）面对社会信息化突飞猛进，提出了全球互联网治理体系的新方案

20 世纪下半叶，以互联网为代表的信息技术引发了第三次产业革命，社会生产力再次大幅度提高。进入 21 世纪以来，信息技术革命日新月异，信息技术成为引领经济社会发展的先导技术，对国际政治、经济、文化、社会、军事等领域的发展产生了极为深远的影响。世界正在进入以信息产业为主导的新

① 《习近平谈治国理政》第二卷，外文出版社 2017 年版，第 328 页。

经济发展时期，信息资源日益成为重要生产要素和社会财富，信息掌握的多寡成为国家软实力和竞争力的重要标志。

在信息技术发展进程中，互联网日益成为创新驱动发展的先导力量，深刻改变着人们的生产生活方式甚至思维方式，有力推动着经济社会发展。互联网真正让世界变成了地球村，让国际社会联系越来越紧密。与此同时，"互联网领域发展不平衡、规则不健全、秩序不合理等问题日益凸显。不同国家和地区信息鸿沟不断拉大，现有网络空间治理规则难以反映大多数国家意愿和利益；世界范围内侵害个人隐私、侵犯知识产权、网络犯罪等时有发生，网络监听、网络攻击、网络恐怖主义活动等成为全球公害。面对这些问题和挑战，国际社会应该在相互尊重、相互信任的基础上，加强对话合作，推动互联网全球治理体系变革，共同构建和平、安全、开放、合作的网络空间，建立多边、民主、透明的全球互联网治理体系。"①

面对这种情况，习近平多次谈到信息技术尤其是互联网发展给人类带来的影响，并于 2015 年底在第二届世界互联网大会开幕式上，提出了推进全球互联网治理体系变革应该坚持的原则和共同构建网络空间命运共同体的基本主张。②

（五）面对科学技术孕育的新突破，作出了实施创新驱动发展战略的新部署

科学技术是第一生产力，是先进生产力的集中体现和主要标志。人类社会发展到今天，上一轮科技和产业革命所提供的动能已经接近尾声，新一轮科技革命正在孕育之中。习近平指出："进入 21 世纪以来，全球科技创新进入空前密集活跃的时期，新一轮科技革命和产业变革正在重构全球创新版图、重塑全球经济结构。……信息、生命、制造、能源、空间、海洋等的原创突破为前沿技术、颠覆性技术提供了更多创新源泉，学科之间、科学和技术之间、技术之间、自然科学和人文社会科学之间日益呈现交叉融合趋势，科学技术从来没有像今天这样深刻影响着国家前途命运，从来没有像今天这样深刻影响着人民生活福祉。"③

---

① 《习近平谈治国理政》第二卷，外文出版社 2017 年版，第 532 页。

② 习近平：《在第二届世界互联网大会开幕式上的讲话》，《人民日报》2015 年 12 月 17 日。

③ 习近平：《在中国科学院第十九次院士大会、中国工程院第十四次院士大会上的讲话》，《人民日报》2018 年 5 月 29 日。

面对上述这种情况，党的十八大作出了实施创新驱动发展战略的重大部署，强调科技创新是提高社会生产力和综合国力的战略支撑，必须摆在国家发展全局的核心位置。也正是面对这种情况，习近平提出了"创新是引领发展的第一动力"①的著名论断。他明确指出："新一轮科技革命带来的是更加激烈的科技竞争，如果科技创新搞不上去，发展动力就不可能实现转换，我们在全球经济竞争中就会处于下风。为此，我们必须把创新作为引领发展的第一动力，把人才作为支撑发展的第一资源，把创新摆在国家发展全局的核心位置，不断推进理论创新、制度创新、科技创新、文化创新等各方面创新，让创新贯穿党和国家一切工作，让创新在全社会蔚然成风。"②

总之，当今世界正处于百年未有之大变局，人类面临的不稳定不确定因素依然很多。"人类向何处去"，这是世界人民共同关心的问题；"建设什么样的中国特色社会主义、如何建设中国特色社会主义"，这是执政的中国共产党必须正面回答的问题；"这个世界怎么了、我们该怎么办？"这既是世界人民共同关注的问题，也是当代中国共产党人无法回避的问题。正是在探索和回答这些与科学社会主义紧密相连的重大时代课题过程形成和发展起来的习近平新时代中国特色社会主义，提出了一系列新思想新论断新战略，深化了对"三大规律"的认识，把科学社会主义推向了新的发展阶段。

第五节 鲜明的理论品格和崇高的思想境界

正像人有自己的品格和境界一样，理论也有其品格和境界。作为当代中国的马克思主义、21世纪马克思主义，习近平新时代中国特色社会主义思想具有鲜明的理论品格和崇高的思想境界，主要体现于四个基本方面和八个具体方面，即坚定的理想信念和真挚的人民情怀、丰富的思想内涵和严整的科学体

---

① 《十八大以来重要文献选编》中册，中央文献出版社2016年版，第792页。
② 《习近平谈治国理政》第二卷，外文出版社2017年版，第198页。

系、突出的实践品格和强烈的创新精神、鲜明的时代特征和浓郁的中国风格，这些可以简称为"四面八方"。把握这种鲜明的理论品格和崇高的思想境界，对于进一步掌握这一理论的科学内涵和本质特征，特别是掌握这一理论的重要地位和深远影响，具有十分重要的意义。

一、坚定的理想信念和真挚的人民情怀

习近平新时代中国特色社会主义思想是科学性与价值性相统一的学说，它的价值属性集中体现于坚定的理想信念和真挚的人民情怀两个方面，而这两个方面又是密切联系的。

习近平新时代中国特色社会主义思想是一个闪耀着理想信念之光的学说，它充满着坚定的马克思主义信仰、坚定的中国特色社会主义信念、坚定的实现中华民族伟大复兴的信心，展现了当代中国共产党人的信仰品格和理想追求。可以说，这一理论就是新时代中国共产党人在马克思主义指导下，在共产主义远大理想的鼓舞下，为实现中国特色社会主义共同理想和中华民族伟大复兴中国梦而奋斗的过程中形成并不断发展的。

习近平高度重视共产党人的理想信念建设，对此作出了一系列重要而精彩的论述，成为习近平新时代中国特色社会主义思想的重要内容和独特标识。他指出："坚定理想信念，坚守共产党人精神追求，始终是共产党人安身立命的根本。对马克思主义的信仰，对社会主义和共产主义的信念，是共产党人的政治灵魂，是共产党人经受住任何考验的精神支柱。形象地说，理想信念就是共产党人精神上的'钙'，没有理想信念，理想信念不坚定，精神上就会'缺钙'，就会得'软骨病'。"[①]"革命理想高于天。……在我们党九十多年的历史中，一代又一代共产党人为了追求民族独立和人民解放，不惜流血牺牲，靠的就是一种信仰，为的就是一个理想。"[②]"改革开放以来，我们党带领全国各族人民开创和发展中国特色社会主义道路、中国特色社会主义理论体系、中国特

---

① 《习近平谈治国理政》第一卷，外文出版社 2018 年版，第 15 页。

② 《习近平关于"不忘初心、牢记使命"论述摘编》，党建读物出版社、中央文献出版社 2019 年版，第 73 页。

色社会主义制度，都源于这个理想信念。立忠诚笃信之志，就是要坚定这个理想信念。"①所有这些论述，都鲜明地体现着习近平新时代中国特色社会主义思想的信仰属性。而这种信仰属性又使这一理论具有一种自信、坚定、担当的理论品格和理论力量。

与坚定的理想信念密切相连，习近平新时代中国特色社会主义思想体现出真挚的人民情怀。人民是社会的主体和历史的创造者，社会主义是人民群众的事业。习近平新时代中国特色社会主义思想，坚持马克思主义关于人民群众创造历史的基本原理，坚持我们党全心全意为人民服务的根本宗旨，坚持以人民为中心的价值立场和工作导向，代表着中国人民的根本利益和愿望，具有突出的人民性和人民情怀。

习近平新时代中国特色社会主义思想寄托着中国共产党人"为中国人民谋幸福、为中华民族谋复兴"的初心和使命。习近平指出："我们党来自人民、扎根人民、造福人民，全心全意为人民服务是党的根本宗旨，必须以最广大人民根本利益为我们一切工作的根本出发点和落脚点，坚持把人民拥护不拥护、赞成不赞成、高兴不高兴作为制定政策的依据，顺应民心、尊重民意、关注民情、致力民生，既通过提出并贯彻正确的理论和路线方针政策带领人民前进，又从人民实践创造和发展要求中获得前进动力，让人民共享改革开放成果，激励人民更加自觉地投身改革开放和社会主义现代化建设事业。"②习近平明确提出以人民为中心的发展思想，强调坚持发展为了人民、发展依靠人民、发展成果由人民共享，并强调把人民对美好生活的向往作为党的奋斗目标，依靠人民创造历史伟业。

在庆祝中国共产党成立 100 周年大会上，他进一步强调指出："江山就是人民、人民就是江山……中国共产党始终代表最广大人民根本利益，与人民休戚与共、生死相依，没有任何自己特殊的利益，从来不代表任何利益集团、任何权势团体、任何特权阶层的利益。任何想把中国共产党同中国人民分割开来、对立起来的企图，都是绝不会得逞的！"③

---

① 《习近平关于"不忘初心、牢记使命"论述摘编》，党建读物出版社、中央文献出版社 2019 年版，第 77 页。

② 《习近平关于"不忘初心、牢记使命"论述摘编》，党建读物出版社、中央文献出版社 2019 年版，第 16 页。

③ 习近平：《在庆祝中国共产党成立 100 周年大会上的讲话》，人民出版社 2021 年版，第 11—12 页。

习近平新时代中国特色社会主义思想也蕴含着这一理论的主要创立者对人民群众的深厚情感。习近平来自人民，来自基层，曾有过七年知青岁月，与农民生活和劳动在一起。后来，他每到一地工作，都会跑遍所有的地方，深入基层调查研究。他深知民间疾苦，总是牵挂着困难群众，把帮助他们脱贫作为重大政治任务。他不负人民重托，带领人民创造美好生活。2019 年 3 月 22 日，他在会见意大利众议长菲科时深情地说："这么大一个国家，责任非常重、工作非常艰巨。我将无我，不负人民。我愿意做到一个'无我'的状态，为中国的发展奉献自己。"[1]带着这种情感去指导工作，去进行理论创造，因而使习近平新时代中国特色社会主义思想不仅有理性的深度，还有情感的温度。

二、丰富的思想内涵和严整的科学体系

习近平新时代中国特色社会主义思想具有科学性，是关于新时代中国人民在党的领导下坚持和发展中国特色社会主义的科学理论。这一理论坚持了马克思主义的立场、观点和方法，传承了马克思主义的科学态度和科学精神。这一理论坚持从当代中国实际出发，真实反映中国的历史和现实，是马克思主义中国化时代化的科学理论成果。这一理论致力于经验总结和思想升华，致力于本质把握和规律揭示，是对中国特色社会主义建设与发展规律的科学揭示。

习近平新时代中国特色社会主义思想博大精深。习近平精通马克思主义基本理论和社会主义发展历史，总是用博大的胸襟和战略的高度、用深厚的历史思维和丰富的知识见识去把握当代中国，深刻总结中国特色社会主义伟大实践的丰富经验，作出了一系列原创性重要论述，提出了十分丰富的战略思想和创新理念。主要表现为"十个明确"，即明确中国特色社会主义最本质的特征是中国共产党领导，中国特色社会主义制度的最大优势是中国共产党领导，中国共产党是最高政治领导力量，全党必须增强"四个意识"、坚定"四个自信"、做到"两个维护"；明确坚持和发展中国特色社会主义，总任务是实现社会主义现代化和中华民族伟大复兴，在全面建成小康社会的基础上，分两步走

---

[1] 《习近平关于"不忘初心、牢记使命"论述摘编》，党建读物出版社、中央文献出版社 2019 年版，第 17 页。

在本世纪中叶建成富强民主文明和谐美丽的社会主义现代化强国，以中国式现代化推进中华民族伟大复兴；明确新时代我国社会主要矛盾是人民日益增长的美好生活需要和不平衡不充分的发展之间的矛盾，必须坚持以人民为中心的发展思想，发展全过程人民民主，推动人的全面发展、全体人民共同富裕取得更为明显的实质性进展；明确中国特色社会主义事业总体布局是经济建设、政治建设、文化建设、社会建设、生态文明建设五位一体，战略布局是全面建设社会主义现代化国家、全面深化改革、全面依法治国、全面从严治党四个全面；明确全面深化改革总目标是完善和发展中国特色社会主义制度、推进国家治理体系和治理能力现代化；明确全面推进依法治国总目标是建设中国特色社会主义法治体系、建设社会主义法治国家；明确必须坚持和完善社会主义基本经济制度，使市场在资源配置中起决定性作用，更好发挥政府作用，把握新发展阶段，贯彻创新、协调、绿色、开放、共享的新发展理念，加快构建以国内大循环为主体、国内国际双循环相互促进的新发展格局，推动高质量发展，统筹发展和安全；明确党在新时代的强军目标是建设一支听党指挥、能打胜仗、作风优良的人民军队，把人民军队建设成为世界一流军队；明确中国特色大国外交要服务民族复兴、促进人类进步，推动建设新型国际关系，推动构建人类命运共同体；明确全面从严治党的战略方针，提出新时代党的建设总要求，全面推进党的政治建设、思想建设、组织建设、作风建设、纪律建设，把制度建设贯穿其中，深入推进反腐败斗争，落实管党治党政治责任，以伟大自我革命引领伟大社会革命。习近平新时代中国特色社会主义思想贯通了马克思主义哲学、政治经济学和科学社会主义，贯通了改革发展稳定、内政外交国防、治党治国治军等各个领域，贯通历史、现实和未来，形成了严整的理论体系。

当然，习近平新时代中国特色社会主义思想是一个开放的、不断发展之中的体系。它必将随着新时代中国特色社会主义事业的推进而不断丰富和发展。现在，我们已经实现了第一个百年奋斗目标，并乘势而上开启了全面建成社会主义现代化强国、为实现第二个百年目标而奋斗的新征途，新时代的画卷不断展开，向我们展现出极为广阔的发展前景。新的使命任重道远，新的挑战不断涌现，中国共产党人担负着坚持和发展中国特色社会主义的历史重任，必将在推进改革发展伟大实践的过程中，不断总结新经验，形成新认识，从而推动习近平新时代中国特色社会主义思想不断丰富和发展。

三、突出的实践品格和强烈的创新精神

习近平新时代中国特色社会主义思想具有突出的实践品格。它坚守马克思主义致力于改造世界的使命感，具有鲜明的问题导向，以当代中国的现实问题为中心去探求规律和方法，并用以指导新时代中国特色社会主义伟大实践。

首先，习近平新时代中国特色社会主义思想传承和彰显了马克思主义的实践精神。马克思主义是无产阶级和人民群众改造世界、创造美好生活的学说，具有突出的实践性。习近平指出："马克思主义具有鲜明的实践品格，不仅致力于科学'解释世界'，而且致力于积极'改变世界'。"[1] 正是这种实践精神，使马克思主义能够运用于不同的国家，并与各国具体实际相结合，成为指导各国无产阶级和人民群众改造世界的锐利武器。马克思主义中国化的过程就是马克思主义在中国实践运用的过程，在马克思主义中国化过程中形成的理论成果都体现着马克思主义的实践性。作为马克思主义中国化的最新理论成果，习近平新时代中国特色社会主义思想传承了马克思主义的实践精神和马克思主义中国化的实践传统，在新时代历史条件下生动展现了马克思主义的实践特性和实践威力。

其次，习近平新时代中国特色社会主义思想来源于当代中国实践，是新时代中国特色社会主义实践经验的理论升华。这一思想不仅传承着马克思主义致力于改造世界的实践品格，传承着中华优秀传统文化注重经世致用的实践精神，而且具有厚重的现实依据和实践基础，打着深深的实践印记。改革开放以来，特别是进入新时代以来，中国特色社会主义事业经历着我国历史上最为广泛而深刻的社会变革，也进行着人类历史上最为宏大而独特的实践创新。中国特色社会主义理论体系，特别是习近平新时代中国特色社会主义思想，就是这一实践创新的理论成果。从这一思想的丰富内容可以看出，它所关注的不是抽象的理论问题，注重的也不是思辨的逻辑推演，而是聚焦于当代中国的实践需要，致力于实践经验的理论总结，并在这个过程中实现理论创新。

最后，习近平新时代中国特色社会主义思想的实践性还在于它具有实践指导意义。理论来源于实践，又指导实践，并在指导实践、解决问题中不断发

---

[1] 习近平：《在哲学社会科学工作座谈会上的讲话》，人民出版社2016年版，第9页。

展。习近平指出："一种理论的产生，源泉只能是丰富生动的现实生活，动力只能是解决社会矛盾和问题的现实要求。"① 习近平新时代中国特色社会主义思想就是如此，它具有突出的问题导向，具有知行合一的实践品格。它从当代中国的实际出发，着眼于新的重大问题和挑战，以解决问题特别是最困难的问题为导向，在攻坚克难中实现实践和理论的创新。因而它不仅反映着中国特色社会主义的实践进程和实践经验，而且体现着以习近平同志为核心的党中央带领全党和全国人民敢作敢为、大刀阔斧的实干精神。正因为如此，这一理论中包含着极为丰富的方法论思想，以科学有效的思想方法和工作方法指导人们去正确地思考和积极地行动。比如实事求是和调查研究的方法，顶层设计和战略定力的方法，问题导向和底线思维的方法，以及"一张蓝图干到底"和"打通最后一公里"的方法等，既具有战略指导性，又具有工作操作性，给人以切实的实践指导。

与强烈的实践性相联系，习近平新时代中国特色社会主义思想具有突出的创新精神。时代是思想创新之母，实践是理论创新之源。习近平新时代中国特色社会主义思想充满着勇于探索和不懈求新的精神，体现着以改革创新为核心的时代精神，反映着新时代中国特色社会主义建设、改革与发展的伟大实践。这一思想致力于实践创新基础上的理论创新，具有实现理论创新与实践创新良性互动的高度自觉。习近平指出："要根据时代变化和实践发展，不断深化认识，不断总结经验，不断进行理论创新，坚持理论指导和实践探索辩证统一，实现理论创新和实践创新良性互动，在这种统一和互动中发展二十一世纪中国的马克思主义。"② 正是这种理论创新的自觉性，正是这种理论创新与实践创新的良性互动，使习近平新时代中国特色社会主义思想具有更突出的创新意识和创新品格。

从理论内容来看，习近平新时代中国特色社会主义思想提出了许多科学概念、理论命题和思想观点，具有突出的原创性，为中国特色社会主义理论体系和马克思主义理论宝库增添了新的内容。不论是"十个明确"、"十四个坚持"、"十三个方面成就"，以及习近平系列讲话中的诸多其他方面的重要论述，都是

---

① 《习近平关于"不忘初心、牢记使命"论述摘编》，党建设读物出版社、中央文献出版社2019年版，第58页。

② 《习近平关于社会主义文化建设论述摘编》，中央文献出版社2017年版，第65页。

具有创新性的理论成果。其中，关于中国特色社会主义进入新时代的观点，关于新时代我国社会主要矛盾的观点，关于加强党的全面领导和全面从严治党的观点，关于以人民为中心的价值立场和发展思想，关于新发展理念和实现我国高质量发展的观点，关于全面依法治国和实现国家治理体系、治理能力现代化的观点，关于增强中国特色社会主义文化自信和实现中华优秀传统文化"创造性转化和创新性发展"的观点，关于国家总体安全的观点，以及构建人类命运共同体的观点等等，都具有突出的原创性。当然，社会在发展、时代在前进，实践创新没有止境，理论创新也没有止境，习近平新时代中国特色社会主义思想必将在时代和实践的发展中增添新的内容，它的创新精神也必将在未来得到更充分的展现。

四、鲜明的时代特征和浓郁的中国风格

习近平新时代中国特色社会主义思想具有鲜明的时代特征。中国特色社会主义进入的新时代，这是一个需要理论而且一定能够产生理论的时代，是一个需要思想而且一定能够产生思想的时代。习近平新时代中国特色社会主义思想就是应时代需要，围绕新时代坚持和发展中国特色社会主义而产生和不断发展的。

首先，习近平新时代中国特色社会主义思想回应了当今时代百年不遇大变局的国际形势。一方面，世界多极化、经济全球化、社会信息化、文化多样化深入发展，全球治理体系和国际秩序变革加速推进，新兴市场国家和发展中国家快速崛起，国际力量对比更趋均衡，世界各国人民的命运从未像今天这样紧紧相连；另一方面，世界面临的不稳定性不确定性突出，世界经济增长乏力，贸易保护主义、孤立主义、民粹主义等思潮不断抬头，贫富分化日益严重，地区热点问题此起彼伏，恐怖主义、网络安全、重大传染性疾病、气候变化等非传统安全威胁持续蔓延。特别是 2020 年突如其来的世界性新冠疫情，将对世界经济政治和国际关系产生巨大而深远的影响，并使我国面临着更加复杂多变的国际环境。在这样大变革大调整的背景下，以习近平同志为核心的党中央，统筹国内国际两个大局，为解决世界经济、国际安全、全球治理等一系列重大问题提供了新方向、新方案、新选择。习近平新时代中国特色社会主义思

想，正是在把握世界发展大势、应对全球共同挑战、维护人类共同利益的过程中创立并不断丰富发展的。

其次，习近平新时代中国特色社会主义思想反映了当今中国改革发展的新需要和国家治理的新要求。当代中国正处在近代以来最好的发展时期，在新中国成立以来特别是改革开放以来取得的重大成就基础上，我国的发展站到了新的历史起点上。社会生产力水平总体上显著提高，国家经济实力、科技实力、国防实力、综合国力和国际影响力显著提升。我们具备了过去难以想象的良好发展条件，同时也面临着许多前所未有的困难和挑战。在新时代，我们不仅要彻底完成脱贫攻坚的历史任务，全面建成人民生活比较富足的小康社会，而且要在此基础上继续前进，用十五年的时间在 2035 年实现我国的基本现代化，成为比较发达的现代化国家，此后还要乘胜前进，再用十五年的时间在 2050 年把我国建设成为富强民主文明和谐美丽的社会主义现代化强国，实现中华民族伟大复兴。这不仅是我国实现经济社会发展的目标，而且是我国实现国家社会治理的目标。就是说，我们在新时代面临着极为繁重而紧迫的改革、发展与治理任务。习近平新时代中国特色社会主义思想，既是新时代中国改革、发展与治理的理论反映，也是新时代中国改革、发展与治理的行动指针。

最后，习近平新时代中国特色社会主义思想体现了新时代的精神风貌。新时代是我国发展新的历史方位，它是对中国特色社会主义事业发展新阶段的总体概括，不仅展现出一个新的发展阶段，而且展现出一种新的时代精神。新时代是走向富强的美好时代，它展现了中华民族在站起来、富起来的基础上走向强起来并最终实现民族伟大复兴的辉煌前景，带给我们坚定的信心和美好的向往；新时代是发起冲刺的关键时代，它吹响了我国迈向现代化、实现中国梦的冲锋号，给人们带来前所未有的使命感和紧迫感；新时代是充满风险的危急时代，它凸显了我们前进道路上的风险和挑战，提醒我们居安思危、保持警醒；新时代是团结奋斗的拼搏时代，它昭示着全体中华儿女在党的领导下奋勇前进的时代旋律，给我们带来万众一心、顽强拼搏的斗争精神。所有这些时代特征和时代精神，都在习近平新时代中国特色社会主义思想中得到了突出的体现。

习近平新时代中国特色社会主义思想不仅具有鲜明的时代特色，而且具有浓郁的中国风格。其一，这一思想吸吮着中华优秀传统文化的营养，体现着中华文明的智慧。习近平高度重视传承和弘扬中华优秀传统文化，提出对待传统文化"创造性转化与创新性发展"的方针，并进一步提出了把马克思主义基本原理同中华优秀传统文化相结合的任务。他的许多理论和论述，特别是其中许多战略思想和工作方法，吸取了中国的历史经验并彰显着中国人的独特智慧。其二，这一思想传承和发展了马克思主义中国化的精神和风格，特别是传承和发展了毛泽东同志所强调的中国风格和中国气派。作为马克思主义中国化的开创者，毛泽东反对脱离中国实际而空谈马克思主义，主张把马克思主义普遍真理与中国具体实际相结合并实现理论创新，特别是要求中国理论要有中国风格和中国气派。他的这一思想深刻影响着马克思主义中国化的全过程，不仅毛泽东思想本身是这样，而且中国特色社会主义理论体系，特别是习近平新时代中国特色社会主义思想，也是突出体现着这一精神和要求。其三，这一思想扎根于中国大地和中国现实，反映着中国道路和中国自信，彰显着中国价值和中国精神，体现着中国智慧和中国力量。内容决定风格，风格展现内容。习近平新时代中国特色社会主义思想的风格，正是中国共产党人在推进新时代中国特色社会主义事业的进程中，在探索和解决中国重大问题的过程中凸显出来的。其四，这一思想的表述使用着中国普通百姓的语言，具有鲜明的中国话语风格。理论的思想内容总是通过话语来表达的，习近平的话语简明有力，通俗朴实，十分接地气，以人民群众都能明白的话语来表达深刻的道理，表现出浓郁的中国风格，为普通百姓喜闻乐见，而他的许多精辟格言，早已经家喻户晓。这是中国思想的魅力，也是中国风格的魅力。

第六节　习近平新时代中国特色社会主义思想的世界意义

习近平新时代中国特色社会主义思想植根于中华优秀传统文化，立足于新时代中国国情，胸怀中华民族伟大复兴战略全局，致力于为人民谋幸福、为民族谋复兴，因而是马克思主义中国化、本土化、民族化的最新理论成果，具有鲜明的民族特色和中国特色。与此同时，这一思想又顺应时代发展潮流，胸怀世界百年未有之大变局，致力于为世界谋大同，注重将中国实践、中国经验、中国智慧上升到马克思主义理论高度，因而是中国经验马克思主义化的最新成果，开辟了马克思主义在 21 世纪发展的新境界，具有鲜明的时代特色和世界意义。因此，准确把握习近平新时代中国特色社会主义思想的历史地位和指导意义，不仅要把握这一思想体现的民族特色，即它的个性、特殊性，而且要把握这一思想的世界意义，即它的共性、普遍性。

一、开辟了马克思主义在 21 世纪发展的新境界

马克思主义诞生于 19 世纪 40 年代，至今已经有 170 多年的历史。170 多年来，马克思主义从欧洲传播到全世界，对人类社会进程产生了极为深远的影响。进入 21 世纪，尤其是国际金融危机以来，马克思主义的发展既面临良好的机遇，也遭遇严峻的挑战。从国际范围来看，当今世界，文化与经济、政治的联系日益紧密，世界范围内各种思想文化交流交融交锋更加频繁，国际思想文化领域斗争依然深刻而复杂，争取发展主动权的竞争和价值观的较量日趋激烈。虽然冷战结束了，但国际范围内冷战思维依然存在，意识形态领域的斗争仍然激烈，各种反马克思主义和非马克思主义社会思潮对马克思主义提出了严峻挑战。习近平指出："今天，时代变化和我国发展的广度和深度远远超出了马克思主义经典作家当时的想象。同时，我国社会主义只有几十年实践、还处在初级阶段，事业越发展新情况新问题就越多，也就越需要我们在实践上大胆探索、在理论上不断突破。"[①] 党的十八大以来，以习近平同志为核心的党中央，坚持实践基础上的理论创新，开辟了马克思主义在 21 世纪发展的新境界。

第一，精辟揭示了马克思主义的理论品质。针对"有的说马克思主义只是一种意识形态说教，没有学术上的学理性和系统性"这种错误认识，在纪念马克思诞辰 200 周年大会上的讲话中，习近平从四个方面论述了马克思主义的理论品格。一是马克思主义是科学的理论，创造性地揭示了人类社会发展规律。"马克思创建了唯物史观和剩余价值学说，揭示了人类社会发展的一般规律，揭示了资本主义运行的特殊规律，为人类指明了从必然王国向自由王国飞跃的途径，为人民指明了实现自由和解放的道路。"二是马克思主义是人民的理论，第一次创立了人民实现自身解放的思想体系。"马克思主义第一次站在人民的

① 《习近平谈治国理政》第二卷，外文出版社 2017 年版，第 34 页。

立场探求人类自由解放的道路，以科学的理论为最终建立一个没有压迫、没有剥削、人人平等、人人自由的理想社会指明了方向。"三是马克思主义是实践的理论，指引着人民改造世界的行动。"马克思主义不是书斋里的学问，而是为了改变人民历史命运而创立的，是在人民求解放的实践中形成的，也是在人民求解放的实践中丰富和发展的，为人民认识世界、改造世界提供了强大精神力量。"四是马克思主义是不断发展的开放的理论，始终站在时代前沿。"一部马克思主义发展史就是马克思、恩格斯以及他们的后继者们不断根据时代、实践、认识发展而发展的历史，是不断吸收人类历史上一切优秀思想文化成果丰富自己的历史。"①

第二，明确指出了马克思主义的时代价值。针对"马克思主义过时论"，习近平反复强调马克思主义的当代意义。在谈到《共产党宣言》的时代意义时指出："《共产党宣言》虽然诞生于170年前，但其阐述的基本原理没有过时，也不会过时。"② 在谈到马克思主义政治经济学和《资本论》的时代意义时指出："马克思主义政治经济学过时了，《资本论》过时了。这个说法是武断的。远的不说，就从国际金融危机看，许多西方国家经济持续低迷、两极分化加剧、社会矛盾加深，说明资本主义固有的生产社会化和生产资料私人占有之间的矛盾依然存在，但表现形式、存在特点有所不同。"③ 他指出，在人类思想史上，就科学性、真理性、影响力、传播面而言，没有一种思想理论能达到马克思主义的高度，也没有一种学说能像马克思主义那样对世界产生了如此巨大的影响。这体现了马克思主义的巨大真理威力和强大生命力，表明马克思主义对人类认识世界、改造世界、推动社会进步仍然具有不可替代的作用。他指出："马克思、恩格斯关于资本主义社会基本矛盾的分析没有过时，关于资本主义必然消亡、社会主义必然胜利的历史唯物主义观点也没有过时。"④ 习近平指出，马克思主义是随着时代、实践、科学发展而不断发展的开放的理论体系，它并没有结束真理，而是开辟了通向真理的道路。把坚持马克思主义和发展马克思主义统一起来，结合新的实践不断作出新的理论创造，这是马克思主义永葆生机活

---

① 习近平：《在纪念马克思诞辰200周年大会上的讲话》，人民出版社2018年版，第8、9页。

② 习近平：《学习马克思主义基本理论是共产党人的必修课》，《求是》2019年第22期。

③ 习近平：《在哲学社会科学工作座谈会上的讲话》，人民出版社2016年版，第14页。

④ 《十八大以来重要文献选编》上册，中央文献出版社2014年版，第117页。

力的奥妙所在。①

　　第三，系统阐释了坚持和发展马克思主义的主要内容。时代是思想之母。马克思主义没有过时，必须坚持和发展。那么，在新时代我们该在哪些方面坚持和发展马克思主义呢？在纪念马克思诞辰 200 周年大会上，习近平强调，学习马克思，必须学习和实践、坚持和发展马克思主义关于人类社会发展规律的思想、关于坚守人民立场的思想、关于生产力和生产关系的思想、关于人民民主的思想、关于文化建设的思想、关于社会建设的思想、关于人与自然关系的思想、关于世界历史的思想、关于马克思主义政党建设的思想。这些重要论述回答了新时代坚持和发展马克思主义的重点，也指明了坚持和发展马克思主义的方向。

　　第四，提出了丰富和发展当代中国马克思主义、二十一世纪马克思主义的具体要求。一是要学习马克思主义基础理论，掌握其中的立场、观点和方法。习近平指出，"只有真正弄懂了马克思主义，才能在揭示共产党执政规律、社会主义建设规律、人类社会发展规律上不断有所发现、有所创造"②。二是要站稳人民立场，坚持以人民为中心的发展理念，以无产阶级和广大人民群众的利益为取向和以人类进步为定向。三是要加强马克思主义经典著作解读，深化马克思主义基础理论的研究，从整体上弄懂马克思主义关于世界发展、社会发展和认识发展规律的思想和方法，掌握马克思主义的精髓，澄清人们对马克思主义的各种误读。四是要继续深化对人类社会发展规律的研究，对当今世界的发展变化给出一个合理解释，对事关人类命运共同体前途和命运的各种问题拿出解决问题的可行方案。五是要继续深化对当代资本主义的研究，进一步阐释资本主义发展的历史规律，帮助人们正确认识资本主义发展的历史进程。六是要继续深化对社会主义建设规律的研究，推动社会主义实现对资本主义的超越。

二、为世界社会主义注入了新的活力

　　建立比资本主义更加美好的制度是自资本主义产生以来许多仁人志士和广

---

① 习近平：《在哲学社会科学工作座谈会上的讲话》，人民出版社 2016 年版，第 13 页。
② 习近平：《在哲学社会科学工作座谈会上的讲话》，人民出版社 2016 年版，第 11 页。

大劳动人民的梦想。500年前，空想社会主义的鼻祖托马斯·莫尔在《乌托邦》一书中深刻揭露了资本主义形成时期原始积累过程中"羊吃人"的悲惨景象，第一次给人们描述了一个废除私有制，产品归全社会所有，公民在政治上一律平等，人人参加劳动的理想社会。此后的几百年间，空想社会主义者不断揭露资本主义的种种罪恶，论证了未来社会代替资本主义的必然性和合理性，对未来社会提出了一些积极主张和有价值的设想。马克思恩格斯在继承前人思想成果的基础上，创立了科学社会主义理论，深刻揭示了资本主义产生、发展、灭亡和共产主义取代资本主义的历史必然性，实现了社会主义从空想到科学的伟大飞跃。科学社会主义自产生以来，在其指导下，社会主义实现了从理论到实践、从一国实践到多国实践、从一种发展模式到多种发展模式的历史性飞跃。100多年前爆发的俄国十月革命及随后建立起来的社会主义制度开启了人类历史的新纪元。

但20世纪的社会主义也遭遇到极为严峻的挫折。第一个社会主义国家苏联曾出现过肃反扩大化等严重错误，中国曾经历过长达十年"文化大革命"的灾难。更为严重的是，20世纪80年代末90年代初，东欧剧变、苏联解体，社会主义一度处于低潮。正是在这种背景之下，世界范围内的社会主义"历史终结论"、"马克思主义过时论"甚嚣尘上。

进入新世纪，尤其是进入新时代，虽然社会主义仍然代表着人类发展的未来，但当今世界的社会主义仍然面临着诸多挑战。西方发达国家对马克思主义和社会主义的挑战，主要体现在两个方面。一方面，西方发达资本主义国家在经济、科技等方面长期处于优势地位，导致了国内少数人对社会主义制度的质疑。另一方面，虽然苏东剧变后，冷战已经结束，但西方发达国家并没有放弃冷战思维。它们依旧认为，社会主义中国对世界资本主义构成了严重威胁。因而，西方发达国家那些抱着冷战思维的政要，仍力图在国际上拼凑同盟，制造事端，围堵马克思主义和社会主义。它们凭借强大的经济实力、科技实力和军事实力优势，不断输出西方的价值观，以期达到颠覆社会主义制度的图谋。

中国特色社会主义就是在这样复杂的国际国内形势下向前推进的，习近平新时代中国特色社会主义思想也是在这种背景下形成和发展起来的。习近平新时代中国特色社会主义思想的世界意义在于，它为世界社会主义注入了新的活力。

第一，习近平新时代中国特色社会主义思想坚持了科学社会主义的基本原则，在世界社会主义处于低潮的总格局下高高举起了科学社会主义的旗帜。

习近平反复强调："科学社会主义基本原则不能丢，丢了就不是社会主义。"①
他明确指出："社会主义并没有定于一尊、一成不变的套路，只有把科学社会
主义基本原则同本国具体实际、历史文化传统、时代要求紧密结合起来，在实
践中不断探索总结，才能把蓝图变为美好现实。"②习近平一系列重要论述告诉
我们，社会主义的历史没有终结，也不可能被终结；社会主义仍然是代表着人
类美好未来，社会主义取代资本主义仍然是人类社会发展的基本规律；要建设
社会主义必须遵循科学社会主义的基本原则，必须探索适合本国国情的社会主
义发展道路。中国特色社会主义道路的开辟"使具有 500 年历史的社会主义主
张在世界上人口最多的国家成功开辟出具有高度现实性和可行性的正确道路，
让科学社会主义在 21 世纪焕发出新的蓬勃生机"③。

　　第二，习近平新时代中国特色社会主义思想深刻回答了新时代坚持和发展
什么样的中国特色社会主义、怎样坚持和发展中国特色社会主义这个重大时代
课题，为世界社会主义注入了新的活力。习近平指出，"中国特色社会主义，
是科学社会主义理论逻辑和中国社会发展历史逻辑的辩证统一，是根植于中国
大地、反映中国人民意愿、适应中国和时代发展进步要求的科学社会主义"④。
中国特色社会主义的成功实践"使社会主义这一人类社会的美好理想在古老的
中国大地上变成了具有强大生命力的成功道路和制度体系。这不仅为中华民族
实现伟大复兴提供了重要制度保障，而且为人类社会走向美好未来提供了具有
充分说服力的道路和制度选择。"⑤

　　第三，习近平新时代中国特色社会主义思想明确了全面深化改革的总目
标，强调完善和发展中国特色社会主义制度，实现国家治理体系和治理能力
现代化，为人类对更好社会制度的探索提供了中国方案。党的十八大以来，
习近平阐释了中国特色社会主义制度的特色和优势。他指出："中国特色社会
主义制度，坚持把根本政治制度、基本政治制度同基本经济制度以及各方面体
制机制等具体制度有机结合起来，坚持把国家层面民主制度同基层民主制度有

① 《习近平谈治国理政》第一卷，外文出版社 2018 年版，第 22 页。
② 习近平《在纪念马克思诞辰 200 周年大会上的讲话》，人民出版社 2018 年版，第 27 页。
③ 习近平：《在庆祝中国共产党成立 95 周年大会上的讲话》，《人民日报》2016 年 7 月 2 日。
④ 《习近平谈治国理政》，外文出版社 2014 年版，第 21 页。
⑤ 习近平：《在庆祝中华人民共和国成立 65 周年招待会上的讲话》，《人民日报》2014 年 10
　　月 1 日。

机结合起来，坚持把党的领导、人民当家作主、依法治国有机结合起来，符合我国国情，集中体现了中国特色社会主义的特点和优势，是中国发展进步的根本制度保障。"①党的十九届四中全会进一步概括了中国特色社会主义制度的"十三个显著优势"，同时对新时代如何完善和发展中国特色社会主义制度作出了具体的制度安排。在 2020 年新冠疫情防控中，中国特色社会主义制度经受住严峻考验，中国的制度优势也得到了充分彰显。这表明，中国特色社会主义制度已经为人类对更好社会制度的探索提供了中国方案。

三、拓展了发展中国家走向现代化的途径

实现现代化是近代以来世界各国发展的必由之路。但由于不同国家国情不同、历史文化传统不同，走向现代化时机选择、道路选择和制度安排也不一样。在世界现代化的历史进程中，中国属于后来者。习近平曾明确指出："中国实现现代化，是人类历史上前所未有的大变革。中国实现了现代化，意味着比现在所有发达国家人口总和还要多的中国人民将进入现代化行列。"②这表明，中国实现现代化，对整个中华民族乃至对整个世界都具有十分重要的意义。但像中国这样一个人口众多、经济文化落后的发展中大国实现现代化，在人类历史和世界现代化史上没有任何先例可循。

经过新中国成立以来 70 多年的曲折探索和改革开放 40 多年的实践，中国人民在中国共产党领导下，走出了一条适合中国国情的社会主义现代化道路。党的十八大以来，习近平结合中国国情论述了发展中国家实现现代化的特殊性和中国现代化道路的鲜明特点。

第一，发展中国家的现代化与西方发达国家的现代化是完全不同的。习近平指出：我国现代化同西方发达国家有很大不同。西方发达国家是一个"串联式"的发展过程，工业化、城镇化、农业现代化、信息化顺序发展，发展到目前水平用了二百多年时间。我们要后来居上，把"失去的二百年"找

---

① 《习近平谈治国理政》，外文出版社 2014 年版，第 9—10 页。

② 习近平：《为建设世界科技强国而奋斗——在全国科技创新大会、两院院士大会、中国科协第九次全国代表大会上的讲话》，人民出版社 2016 年版，第 19 页。

回来，决定了我国发展必然是一个"并联式"的过程，工业化、信息化、城镇化、农业现代化是叠加发展的。这些论述表明，发展中国家实现现代化面临着比西方发达国家更艰巨的历史任务。中国现代化的成功实践表明，一切民族国家都将走向现代化，但现代化的道路是多样的，绝不只是西方现代化道路一条。

第二，不同国家实现现代化，必须选择一条从本国国情出发确立的现代化道路。别的国家的现代化经验可以借鉴，但不能搞"全面移植"，不能照搬照抄。冷战结束后，不少发展中国家被迫采纳了西方模式，结果陷入经济衰退、社会动荡、治理瘫痪，甚至发生无休止的内战，至今都难以稳定下来。习近平指出："人类历史上，没有一个民族、没有一个国家可以通过依赖外部力量、跟在他人后面亦步亦趋实现强大和振兴。那样做的结果，不是必然遭遇失败，就是必然成为他人的附庸。"①20 世纪以来，发展中国家进行现代化建设的经验表明，经济文化落后的国家要想实现现代化，摆脱贫穷落后，彻底解决"落后就要挨打"的问题，必须制定切合实际的战略，找到符合国情的道路。

第三，不同国家选择适合本国国情的发展道路是十分艰难的。一个国家选择什么样的发展道路，是由这个国家的历史文化传统和现实国情决定的。中国之所以选择了中国特色社会主义道路，是因为独特的文化传统，独特的历史命运，独特的国情，注定了中国必然走这条发展道路。"中国特色社会主义道路是 1840 年以来特别是甲午战争以来，中国人民对其他救国途径的尝试全部碰壁之后作出的历史性选择，是中国共产党和人民历尽千辛万苦、付出巨大代价取得的根本成就"②。中国道路的成功实践表明，一个国家选择适合本国国情的发展道路，必须充分考虑本国历史文化传统和现实国情，需要经过艰苦努力，甚至付出巨大代价。

第四，中国的现代化道路具有鲜明特色，拓展了发展中国家走向现代化的途径。习近平指出，中国现代化道路是一条从本国国情出发确立的现代化道路，它给发展中国家一个重要启迪：只有适合本国国情的现代化道路才是最好的；中国现代化道路是一条以人民为中心、把人民利益放在首位的现代化道

---

① 习近平:《在纪念毛泽东同志诞辰 120 周年座谈会上的讲话》,《人民日报》2013 年 12 月 27 日。

② 习近平:《在纪念中国人民抗日战争暨世界反法西斯战争胜利 69 周座谈会上的讲话》,《人民日报》2014 年 9 月 4 日。

路，它启示发展中国家：只有坚持以人民为中心，坚持人民的主体地位，发挥人民群众的首创精神，现代化才能获得不竭的动力，才能不断实现新的跨越。中国现代化道路是一条改革创新的现代化道路，它启示广大发展中国家：创新是一个民族进步的灵魂，是一个国家兴旺发达的不竭动力；中国现代化道路是一条跨越式的现代化发展道路，"中国用几十年的时间走完了发达国家几百年走过的发展历程"①，这启示广大发展中国，实现跨越式发展是可能的；中国现代化道路是一条在开放中谋求共同发展的道路，"中国坚持对外开放基本国策，奉行互利共赢的开放战略，不断提升发展的内外联动性，在实现自身发展的同时更多惠及其他国家和人民。"②

总之，从人类现代化进程看，习近平新时代中国特色社会主义思想"给世界上那些既希望加快发展又希望保持自身独立性的国家和民族提供了全新选择，为解决人类问题贡献了中国智慧和中国方案"。如果说一百年前的十月革命开辟了一条与资本主义现代化道路完全不同的社会主义现代化道路。那么，中国现代化道路则为广大发展中国家提供了完全有别于西方现代化道路的另一种选择或另一种方案，必将在广大发展中国家产生一定的示范效应。

四、为解决人类问题贡献了中国智慧和中国方案

人类只有一个地球，各国共处一个世界。今天，世界正处于百年未有之大变局，经济全球化大潮滚滚向前，新科技革命和产业变革深入发展，全球治理体系深刻重塑，国际格局加速演变，和平发展大势不可逆转。人类交往的世界性比过去任何时候都更深入、更广泛，各国相互联系和彼此依存比过去任何时候都更频繁、更紧密，和平、发展、合作、共赢已成为时代潮流。同时，全球发展深层次矛盾突出，霸权主义、强权政治依然存在，保护主义、单边主义不断抬头，战乱恐袭、饥荒疫情此伏彼现，传统安全和非传统安全问题复杂交织。治理赤字、信任赤字、和平赤字、发展赤字，成为摆在全人类面前的严

---

① 习近平：《出席第三届核安全峰会并访问欧洲四国和联合国教科文组织总部、欧盟总部时的演讲》，人民出版社 2014 年版，第 44 页。

② 习近平：《共担时代责任　共促全球发展——在世界经济论坛 2017 年年会开幕式上的主旨演讲》，《人民日报》2017 年 1 月 18 日。

峻挑战。人类又一次站在了十字路口。合作还是对抗？开放还是封闭？互利共赢还是零和博弈？如何回答这些问题，关乎各国利益，关乎人类前途命运。习近平新时代中国特色社会主义思想就是在这样的国际背景下形成发展起来的，这一思想深刻回答了"世界怎么了、我们怎么办"这一时代课题。习近平围绕国际问题提出的一系列新理念新思想新战略，具有重要的世界意义。

第一，习近平新时代中国特色社会主义思想始终高举和平发展的旗帜，强调始终不渝走和平发展道路。面对世界百年未有之大变局，习近平强调，一个国家要发展繁荣，必须把握和顺应世界发展大势。他指出："什么是当今世界的潮流？答案只有一个，那就是和平、发展、合作、共赢。中国不认同'国强必霸'的陈旧逻辑。"① 当今世界，殖民主义、霸权主义的老路是走不通的，只有和平发展道路可以走得通。不能身体已进入 21 世纪，而脑袋还停留在过去，停留在殖民扩张的旧时代里，停留在冷战思维、零和博弈的老框框内。针对国际上有些人担心中国发展起来后会走"国强必霸"的路子和各式各样的"中国威胁论"，习近平强调，坚定不移走和平发展道路，是中国对国际社会关注中国发展走向的回应，更是中国人民对实现自身发展目标的自信和自觉。中国将坚定不移走和平发展道路，并且希望世界各国共同走和平发展道路。中国决不会以牺牲别国利益为代价来发展自己，也决不放弃自己的正当权益。

第二，习近平新时代中国特色社会主义思想提出了共建"一带一路"倡议，正在成为我国参与全球开放合作、改善全球经济治理体系、促进全球共同发展繁荣、推动构建人类命运共同体的中国方案。"一带一路"倡议秉持和遵循共商共建共享原则，努力实现政策沟通、设施联通、贸易畅通、资金融通、民心相通，是发展的倡议、合作的倡议、开放的倡议。这一倡议要实现的最高目标就是在"一带一路"建设国际合作框架内，各方携手应对世界经济面临的挑战，开创发展新机遇，谋求发展新动力，拓展发展新空间，实现优势互补、互利共赢，不断朝着人类命运共同体方向迈进。"一带一路"倡议提出以来得到了 160 多个国家（地区）和国际组织积极响应，截至 2019 年 8 月底，中国政府已与 136 个国家和 30 多个国际组织签署了 195 份合作文件。共建"一带一路"倡议源于中国，更属于世界。据世界银行研究报告，"一带一路"倡议将使相关国家 760 万人摆脱极端贫困、3200 万摆脱中度贫困，将使参与国贸易增长

---

① 《习近平谈治国理政》，外文出版社 2014 年版，第 266 页。

2.8%至9.7%、全球贸易增长1.7%至6.2%、全球收入增加0.7%至2.9%。"一带一路"倡议是名副其实的资源共享、共同繁荣、共同发展之路。以共建"一带一路"为实践平台推动构建人类命运共同体，这是习近平从我国改革开放和长远发展出发提出来的，符合中华民族历来秉持的天下大同理念，符合中国人怀柔远人、和谐万邦的天下观，顺应时代要求和各国加快发展的愿望，占据了国际道义制高点。

第三，习近平新时代中国特色社会主义思想主张推动建设相互尊重、公平正义、合作共赢的新型国际关系。习近平指出："没有哪个国家能够独自应对人类面临的各种挑战，也没有哪个国家能够退回到自我封闭的孤岛。"[①]世界各国要顺应时代发展潮流，共同推动建设新型国际关系，共同享受尊严、共同享受发展成果、共同享受安全保障。中国将高举和平、发展、合作、共赢的旗帜，恪守维护世界和平、促进共同发展的外交政策宗旨，坚定不移在和平共处五项原则基础上发展同各国的友好合作。积极发展全球伙伴关系，扩大同各国的利益汇合点，不断完善我国全方位、多层次、立体化的外交布局，打造覆盖全球的"朋友圈"。中国积极倡导和践行多边主义，维护多边主义和以规则为基础的国际秩序，反对保护主义、单边主义，推动国际社会合作应对重大挑战。

第四，习近平新时代中国特色社会主义思想主张积极参与引领全球治理体系改革和建设。习近平指出："要高举构建人类命运共同体旗帜，推动全球治理体系朝着更加公正合理的方向发展。"习近平提出，推动全球治理体系变革是国际社会大家的事，要坚持共商共建共享原则，使关于全球治理体系变革的主张转化为各方共识，形成一致行动。推进全球治理体系变革并不是推倒重来，也不是另起炉灶，而是与时俱进、创新完善。中国将继续发挥负责任大国作用，积极参与引领全球治理体系改革和建设。始终秉持共商共建共享的全球治理观，倡导国际关系民主化，支持联合国发挥积极作用，支持扩大发展中国家在国际事务中的代表性和发言权。推动全球治理理念创新发展，发掘中华文化中积极的处世之道、治理理念同当今时代的共鸣点，努力为完善全球治理贡献中国智慧、中国力量。

---

① 习近平：《决胜全面建成小康社会 夺取新时代中国特色社会主义伟大胜利——在中国共产党第十九次全国代表大会上的报告》，人民出版社2017年版，第58页。

　　第五，习近平新时代中国特色社会主义思想主张建设持久和平、普遍安全、共同繁荣、开放包容、清洁美丽的世界。习近平强调，中国要与世界各国人民同心协力，构建人类命运共同体。构建人类命运共同体思想，内涵丰富，体系完整。政治上，倡导相互尊重、平等协商，坚决摒弃冷战思维和强权政治，走对话而不对抗、结伴而不结盟的国与国交往新路；安全上，倡导坚持以对话解决争端、以协商化解分歧，统筹应对传统和非传统安全威胁，反对一切形式的恐怖主义；经济上，倡导同舟共济，促进贸易和投资自由化便利化，推动经济全球化朝着更加开放、包容、普惠、平衡、共赢的方向发展；文化上，倡导尊重世界文明多样性，以文明交流超越文明隔阂、文明互鉴超越文明冲突、文明共存超越文明优越；生态上，倡导坚持环境友好，合作应对气候变化，保护好人类赖以生存的地球家园。构建人类命运共同体思想，汲取中华优秀传统文化精髓，继承人类社会发展优秀成果，揭示了世界各国相互依存和人类命运紧密相连的客观规律，反映了中外优秀文化和全人类共同价值追求，找到了人类共建美好世界的最大公约数。构建人类命运共同思想得到了国际社会的高度肯定，已经写入联合国多项文件，必将对人类社会产生极为深远的影响。

参考文献

（一）著作

《马克思恩格斯文集》第 1 卷，人民出版社 2009 年版。

《马克思恩格斯文集》第 2 卷，人民出版社 2009 年版。

《马克思恩格斯文集》第 5 卷，人民出版社 2009 年版。

《马克思恩格斯文集》第 9 卷，人民出版社 2009 年版。

《马克思恩格斯选集》第 1 卷，人民出版社 2012 年版。

《马克思恩格斯选集》第 3 卷，人民出版社 2012 年版。

《马克思恩格斯全集》第 3 卷，人民出版社 2002 年版。

《列宁全集》第 13 卷，人民出版社 2017 年版。

《列宁全集》第 24 卷，人民出版社 2017 年版。

《列宁选集》第 4 卷，人民出版社 2012 年版。

《列宁专题文集　论社会主义》，人民出版社 2009 年版。

《毛泽东文集》第 3 卷，人民出版社 1996 年版。

《毛泽东文集》第 6 卷，人民出版社 1999 年版。

《毛泽东文集》第 7 卷，人民出版社 1999 年版。

《毛泽东文集》第 8 卷，人民出版社 1999 年版。

《毛泽东选集》第 2 卷，人民出版社 1991 年版。

《毛泽东选集》第 4 卷，人民出版社 1991 年版。

《邓小平文选》第 2 卷，人民出版社 1994 年版。

《邓小平文选》第 3 卷，人民出版社 1993 年版。

《江泽民文选》第 1 卷，人民出版社 2006 年版。

《江泽民文选》第 2 卷，人民出版社 2006 年版。

《江泽民文选》第 3 卷，人民出版社 2006 年版。

江泽民：《论科学技术》，中央文献出版社 2001 年版。

江泽民：《论党的建设》，中央文献出版社 2001 年版。

江泽民：《论"三个代表"》，人民出版社 2002 年版。

江泽民:《论"三个代表"》,中央文献出版社 2001 年版。

《江泽民论有中国特色社会主义(专题摘编)》,中央文献出版社 2002 年版。

《江泽民论讲学习讲政治讲正气(专题摘编)》,党建读物出版社 1999 年版。

《胡锦涛文选》第 2 卷,人民出版社 2016 年版。

《胡锦涛文选》第 3 卷,人民出版社 2016 年版。

胡锦涛:《坚定不移沿着中国特色社会主义道路前进 为全面建成小康社会而奋斗——在中国共产党第十八次全国代表大会上的报告》,人民出版社 2012 年版。

胡锦涛:《论构建社会主义和谐社会》,中央文献出版社 2013 年版。

《习近平谈治国理政》第一卷,外文出版社 2017 年版。

《习近平谈治国理政》第二卷,外文出版社 2017 年版。

《习近平关于全面深化改革论述摘编》,中央文献出版社 2014 年版。

《习近平关于全面从严治党论述摘编》,中央文献出版社 2016 年版。

习近平:《干在实处,走在前列——推进浙江新发展的思考与实践》,中共中央党校出版社 2006 年版。

习近平:《之江新语》,浙江人民出版社 2007 年版。

习近平:《在纪念毛泽东同志诞辰 120 周年座谈会上的讲话》,人民出版社 2013 年版。

习近平:《摆脱贫困》,福建人民出版社 2014 年版。

《习近平在出席第三届核安全峰会并访问欧洲四国和联合国教科文组织总部、欧盟总部时的演讲》,人民出版社 2014 年版。

习近平:《出席第三届核安全峰会并访问欧洲四国和联合国教科文组织总部、欧盟总部时的演讲》,人民出版社 2014 年版。

习近平:《在庆祝中国人民政治协商会议成立 65 周年大会上的讲话》,人民出版社 2014 年版。

习近平:《在哲学社会科学工作座谈会上的讲话》,人民出版社 2016 年版。

习近平:《在学习〈胡锦涛文选〉报告会上的讲话》,人民出版社 2016 年版。

习近平:《在纪念红军长征胜利 80 周年大会上的讲话》,人民出版社 2016 年版。

《习近平在联合国成立 70 周年系列峰会上的讲话》,人民出版社 2015 年版。

《习近平总书记系列重要讲话》,人民出版社 2016 年版。

《习近平关于实现中华民族伟大复兴的中国梦论述摘编》,中央文献出版社 2013 年版。

习近平:《在纪念朱德同志诞辰 130 周年座谈会上的讲话》,人民出版社 2016 年版。

习近平:《在省部级主要领导干部学习贯彻党的十八届五中全会精神专题研讨班上的讲话》,人民出版社 2016 年版。

习近平:《在文艺工作座谈会上的讲话》,人民出版社 2015 年版。

习近平：《共倡开放包容 共促和平发展——在伦敦金融城市长晚宴上的演讲》，人民出版社 2015 年版。

《中共中央关于全面深化改革若干重大问题的决定》，人民出版社 2013 年版。

《习近平关于全面深化改革论述摘编》，中央文献出版社 2014 年版。

《中共中央关于制定国民经济和社会发展第十三个五年规划的建议》，人民出版社 2015 年版。

《十三大以来重要文献选编》上册，人民出版社 1991 年版。

《十三大以来重要文献选编》中册，人民出版社 1991 年版。

《十三大以来重要文献选编》下册，人民出版社 1993 年版。

《十四大以来重要文献选编》上册，人民出版社 1996 年版。

《十四大以来重要文献选编》中册，人民出版社 1997 年版。

《十五大以来重要文献选编》上册，人民出版社 2000 年版。

《十五大以来重要文献选编》中册，人民出版社 2001 年版。

《十五大以来重要文献选编》下册，人民出版社 2003 年版。

《十六大以来重要文献选编》上册，中央文献出版社 2005 年版。

《十六大以来重要文献选编》中册，中央文献出版社 2011 年版。

《十六大以来重要文献选编》下册，中央文献出版社 2011 年版。

《十七大以来重要文献选编》上册，中央文献出版社 2009 年版。

《十七大以来重要文献选编》中册，中央文献出版社 2011 年版。

《十七大以来重要文献选编》下册，中央文献出版社 2013 年版。

《十八大以来重要文献选编》上册，中央文献出版社 2014 年版。

《十八大以来重要文献选编》中册，中央文献出版社 2016 年版。

《改革开放三十年重要文献选编》上册，中央文献出版社 2008 年版。

《改革开放三十年重要文献选编》下册，中央文献出版社 2008 年版。

[英] 阿诺德·汤因比：《人类与大地母亲》，徐波、徐钧尧译，上海人民出版社 1992 年版。

[美] 费正清：《美国与中国》，张理京译，商务印书馆 1987 年版。

（二）文章

江泽民：《就我国内政外交问题 江泽民等答中外记者问》，《人民日报》1989 年 9 月 27 日。

江泽民：《在纪念西安事变五十五周年座谈会上的讲话》，《人民日报》1991 年 12 月 12 日。

《在首都各界纪念抗日战争暨世界反法西斯战争胜利五十周年大会上 江泽民同志的讲话》，《人民日报》1995 年 9 月 4 日。

《就中美关系、台湾问题以及国内经济形势等问题　江泽民主席答美〈侨报〉记者问》，《人民日报》1995 年 10 月 25 日。

江泽民：《在香港回归祖国一周年庆祝大会上的讲话》，《人民日报》1998 年 7 月 2 日。

江泽民：《在"九九〈财富〉全球论坛·上海"开幕晚宴上的讲话》，《人民日报》1999 年 9 月 28 日。

江泽民：《在纪念辛亥革命九十周年大会上的讲话》，《人民日报》2001 年 10 月 10 日。

习近平：《坚持实事求是的思想路线》，《学习时报》2012 年 5 月 28 日。

习近平：《扎实做好保持党的纯洁性各项工作》，《求是》2012 年第 6 期。

《以更大的政治勇气和智慧深化改革　朝着十八大指引的改革开放方向前进》，《人民日报》2013 年 1 月 2 日。

《更加科学有效地防治腐败　坚定不移把反腐倡廉建设引向深入》，《人民日报》2013 年 1 月 23 日。

《更好统筹国内国际两个大局　夯实走和平发展道路的基础》，《人民日报》2013 年 1 月 30 日。

习近平：《顺应时代前进潮流　促进世界和平发展——在莫斯科国际关系学院的演讲》，《人民日报》2013 年 3 月 24 日。

《敏锐把握世界科技创新发展趋势　切实把创新驱动发展战略实施好》，《人民日报》2013 年 10 月 2 日。

习近平：《关于〈中共中央关于全面深化改革若干重大问题的决定〉的说明》，《人民日报》2013 年 11 月 16 日。

《推动全党学习和掌握历史唯物主义　更好认识规律更加能动地推进工作》，《人民日报》2013 年 12 月 5 日。

《全国政协举行新年茶话会》，《人民日报》2014 年 1 月 1 日。

习近平：《在中国国际友好大会暨中国人民对外友好协会成立 60 周年纪念活动上的讲话》，《人民日报》2014 年 5 月 16 日。

《坚持从严治党落实管党治党责任　把作风建设要求融入党的制度建设》，《人民日报》2014 年 7 月 1 日。

《做党和人民满意的好老师》，《人民日报》2014 年 9 月 10 日。

《历史使命越光荣奋斗目标越宏伟　越要增强忧患意识越要从严治党》，《人民日报》2014 年 10 月 9 日。

《全面深化改革全面推进依法治国　为全面建成小康社会提供动力和保障》，《人民日报》2014 年 11 月 3 日。

习近平：《在庆祝澳门回归祖国 15 周年大会暨澳门特别行政区第四届政府就职典

礼上的讲话》,《人民日报》2014 年 12 月 21 日。

《坚持运用辩证唯物主义世界观方法论　提高解决我国改革发展基本问题本领》,《人民日报》2015 年 1 月 25 日。

《国家主席习近平发表二〇一六年新年贺词》,《人民日报》2016 年 1 月 1 日。

《落实创新协调绿色开放共享发展理念　确保如期实现全面建成小康社会目标》,《人民日报》2016 年 1 月 7 日。

习近平:《在亚洲基础设施投资银行开业仪式上的致辞》,《人民日报》2016 年 1 月 17 日。

习近平:《在哲学社会科学工作座谈会上的讲话》,《人民日报》2016 年 5 月 19 日。

习近平:《在庆祝中国共产党成立 95 周年大会上的讲话》,《人民日报》2016 年 7 月 2 日。

习近平:《在学习〈胡锦涛文选〉报告会上的讲话》,《人民日报》2016 年 9 月 30 日。

《做党和人民信赖的新闻工作者》,《人民日报》2016 年 11 月 8 日。

《国家主席习近平发表二〇一七年新年贺词》,《人民日报》2017 年 1 月 1 日。

习近平:《共担时代责任　共促全球发展——在世界经济论坛 2017 年年会开幕式上的主旨演讲》,《人民日报》2017 年 1 月 18 日。

《以解决突出问题为突破口和主抓手　推动党的十八届六中全会精神落到实处》,《人民日报》2017 年 2 月 14 日。

习近平:《牢固树立以人民为中心的发展思想》,《党建》2017 年第 2 期。

习近平:《决胜全面建成小康社会　夺取新时代中国特色社会主义伟大胜利——在中国共产党第十九次全国代表大会上的报告》,《人民日报》2017 年 10 月 28 日。

《中共中央召开党外人士座谈会》,《人民日报》2013 年 7 月 31 日。

《习近平出席亚太经合组织工商领导人峰会并发表重要演讲》,《人民日报》2013 年 10 月 8 日。

《推动全党学习和掌握历史唯物主义　更好认识规律更加能动地推进工作》,《人民日报》2013 年 12 月 5 日。

《领导干部要做尊法学法守法用法的模范　带动全党全国共同全面推进依法治国》,《人民日报》2015 年 2 月 3 日。

《习近平同马英九会面》,《人民日报》2015 年 11 月 8 日。

《中共中央召开党外人士座谈会》,《人民日报》2017 年 7 月 25 日。

《习近平出席亚太经合组织工商领导人峰会并发表主旨演讲》,《人民日报》2017 年 11 月 11 日。

大　事　记

1989 年

6 月 23 日— 24 日　　中共十三届四中全会召开，对中央领导机构成员进行了调整，选举江泽民为中央委员会总书记。

11 月 6 日— 9 日　　中共十三届五中全会召开，审议并通过了《中共中央关于进一步治理整顿和深化改革的决定》，讨论并通过了《中国共产党十三届五中全会关于同意邓小平同志辞去中共中央军事委员会主席职务的决定》，决定江泽民为中央军事委员会主席。

1990 年

3 月 9 日— 12 日　　中共十三届六中全会召开，审议通过了《中共中央关于加强党同人民群众联系的决定》。

12 月 25 日— 30 日　　中共十三届七中全会召开，审议并通过了《中共中央关于制定国民经济和社会发展十年规划和"八五"计划的建议》。

1991 年

11 月 25 日— 29 日　　中共十三届八中全会召开，审议并通过了《中共中央关于进一步加强农业和农村工作的决定》。

1992 年

1 月 18 日—
2 月 21 日　邓小平赴武昌、深圳、珠海和上海视察，发表了重要谈话，回答长期困扰和束缚人们思想的许多重大认识问题。南方谈话是把改革开放和现代化建设推向新阶段的又一个解放思想、实事求是的宣言书，对即将召开的党的十四大具有十分重要的指导作用，对中国整个社会主义现代化建设事业具有重大而深远的意义。

10 月 12 日—
18 日　中国共产党第十四次全国代表大会举行。江泽民作了《加快改革开放和现代化建设步伐，夺取有中国特色社会主义事业的更大胜利》报告。大会明确中国经济体制改革的目标是建立社会主义市场经济体制；确立邓小平建设有中国特色社会主义理论在全党的指导地位。大会通过《中国共产党章程（修正案）》，将建设有中国特色社会主义理论和党的基本路线写进党章。

1993 年

3 月 15 日—
31 日　八届全国人大一次会议举行。会议通过的《宪法修正案》肯定中国正处于社会主义初级阶段，国家实行社会主义市场经济。

11 月 2 日　《邓小平文选》第三卷出版。

11 月 11 日—
14 日　中共十四届三中全会召开，通过《关于建立社会主义市场经济体制若干问题的决定》，勾画了社会主义市场经济体制的基本框架。

12 月 26 日　纪念毛泽东同志诞辰 100 周年大会举行。江泽民发表讲话，高度评价毛泽东思想的重要地位和指导意义。

1994 年

1 月 11 日　国务院作出《关于进一步深化对外贸易体制改革的决定》，提出了外贸体制改革的目标。

2 月 28 日—
3 月 3 日　国务院召开全国扶贫开发工作会议，部署实施"国家八七扶贫攻坚计划"。4 月 15 日，国务院印发《国家八七扶贫攻坚计划》。

3 月 19 日　全国政协八届二次会议审议通过《中国人民政治协商会议章程（修正案）》，把政治协商、民主监督、参政议政并列为人民政协的主要职能。

3月25日   国务院常务会议通过《中国 21 世纪议程——中国 21 世纪人口、环境与发展白皮书》，确定中国可持续发展的总体战略框架和各个领域的主要目标。

9月25日—28日   中共十四届四中全会召开，通过《关于加强党的建设几个重大问题的决定》，把党的建设提到新的伟大工程的高度，明确了党的建设的总目标和总任务。

1995 年

1月30日   江泽民在中共中央台湾工作办公室等单位举办的新春茶话会上，就现阶段发展两岸关系、推进祖国和平统一进程提出八项主张。

5月6日   中共中央、国务院作出《关于加速科学技术进步的决定》，提出实施科教兴国战略。

6月   《马克思恩格斯全集》中文第二版开始分卷出版。

9月25日—28日   中共十四届五中全会召开，通过《关于制定国民经济和社会发展“九五”计划和 2010 年远景目标的建议》，提出经济体制要实行两个具有全局意义的根本性转变。28 日，江泽民发表讲话，强调要正确处理社会主义现代化建设中的十二个重大关系。

1996 年

3月5日—17日   八届全国人大四次会议举行。会议通过了《国民经济和社会发展“九五”计划和 2010 年远景目标纲要》。

10月7日—10日   中共十四届六中全会召开，通过《关于加强社会主义精神文明建设若干重要问题的决议》，指出社会主义社会是全面发展、全面进步的社会，社会主义现代化事业是物质文明和精神文明协调发展的事业。

12月11日   香港特别行政区第一届政府推选委员会举行第三次全体会议，董建华当选为香港特别行政区第一任行政长官人选。

12月16日   国务院任命董建华为香港特别行政区第一任行政长官。

1997 年

2 月 19 日   邓小平逝世。25 日，在北京人民大会堂隆重举行追悼大会。

5 月 29 日   江泽民在中央党校省部级干部进修班毕业典礼上发表讲话，强调要高举邓小平建设有中国特色社会主义理论伟大旗帜。

6 月 30 日午夜   中英两国政府香港政权交接仪式在香港举行，宣告中国政府对香港
至 7 月 1 日凌晨   恢复行使主权，中华人民共和国香港特别行政区成立。

9 月 12 日—   中国共产党第十五次全国代表大会举行。江泽民作《高举邓小平理
18 日   论伟大旗帜，把建设有中国特色社会主义事业全面推向二十一世纪》报告。大会通过关于《中国共产党章程修正案》的决议，把邓小平理论确立为党的指导思想。

1998 年

6 月 9 日   中共中央、国务院发出《关于切实做好国有企业下岗职工基本生活保障和再就业工作的通知》，提出争取用五年左右时间，初步建立起适应社会主义市场经济体制要求的社会保障体系和就业机制。

11 月 21 日   中共中央发出《关于在县级以上党政领导班子、领导干部中深入开展以"讲学习、讲政治、讲正气"为主要内容的党性党风教育的意见》。

12 月 18 日   纪念中共十一届三中全会召开 20 周年大会举行。江泽民发表讲话，高度评价十一届三中全会的伟大历史意义，全面阐述 20 年来建设中国特色社会主义事业取得的巨大成就和主要经验。

1999 年

1 月 28 日   首都各界集会纪念江泽民主席八项主张发表 4 周年和全国人大常委会《告台湾同胞书》发表二十周年。

6 月 17 日   江泽民在西安主持召开国有企业改革和发展座谈会时指出，必须不失时机地实施西部大开发，这是一项振兴中华的宏伟战略任务。

9 月 19 日—   中共十五届四中全会召开，通过《关于国有企业改革和发展若干重
22 日   大问题的决定》，指出要从战略上调整国有经济布局，推进国有企业战略性改组，建立和完善现代企业制度，加强和改善企业管理，提高国有经济的控制力，使国有经济在关系国民经济命脉的重要行业和关键领域占支配地位。

| 10 月 1 日 | 首都各界庆祝中华人民共和国成立五十周年大会在天安门广场举行。 |

2000 年

2 月 20 日— 25 日	江泽民在广东考察工作时指出：我们党所以赢得人民的拥护，是因为我们党在革命、建设、改革的各个历史时期，总是代表着中国先进生产力的发展要求，代表着中国先进文化的前进方向，代表着中国最广大人民的根本利益。
5 月 14 日	江泽民在江苏、浙江、上海党建工作座谈会上进一步指出：始终做到"三个代表"是我们党的立党之本、执政之基、力量之源。
7 月 1 日	《中华人民共和国立法法》正式施行。
10 月 9 日— 11 日	中共十五届五中全会召开，通过《中共中央关于制定国民经济和社会发展第十个五年计划的建议》，指出我国社会主义市场经济体制已经初步建立，人民生活总体上达到了小康水平；从新世纪开始，将进入全面建设小康社会、加快推进社会主义现代化的新的发展阶段。

2001 年

2 月 6 日	中共中央文献研究室编辑、中央文献出版社出版江泽民《论科学技术》一书。11 月 8 日，出版了江泽民《论党的建设》。
7 月 1 日	中共中央举行庆祝中国共产党成立 80 周年大会。江泽民发表讲话，系统总结建党 80 年来的奋斗业绩和基本经验，全面阐述"三个代表"重要思想的科学内涵。
9 月 24 日— 26 日	中共十五届六中全会召开，通过《关于加强和改进党的作风建设的决定》，提出作风建设"八个坚持、八个反对"的要求。
10 月 21 日	亚太经合组织（APEC）第九次领导人非正式会议在上海举行，这是中国第一次举行这样高级别的大型国际会议。
11 月 10 日	世界贸易组织（WTO）第四届部长级会议审议并通过了中国加入WTO 的决定。
12 月 11 日	中国正式成为世贸组织成员，标志着中国对外开放进入新的阶段。

2002 年

7 月 9 日	中共中央印发《党政领导干部选拔任用工作条例》。
7 月 22 日	胡锦涛在全国学习贯彻《条例》电视电话会议上强调，该条例是我党关于党政领导干部选拔任用工作的基本规章。
11 月 8 日——14 日	中国共产党第十六次全国代表大会举行。江泽民作《全面建设小康社会，开创中国特色社会主义事业新局面》报告。大会总结过去 5 年的工作和 13 年的基本经验，阐述全面贯彻"三个代表"重要思想的根本要求，提出全面建设小康社会的奋斗目标。大会通过关于《中国共产党章程（修正案）》的决议，把"三个代表"重要思想确立为党必须长期坚持的指导思想。
11 月 15 日	中共十六届一中全会举行。全会选举胡锦涛为中央委员会总书记；决定江泽民为中共中央军委主席；批准吴官正为中央纪委书记。

2003 年

2 月 24 日——26 日	中共十六届二中全会举行。全会审议通过《关于深化行政管理体制和机构改革的意见》。
6 月 15 日	中共中央发出《关于在全党兴起学习贯彻"三个代表"重要思想新高潮的通知》。
10 月 11 日——14 日	中共十六届三中全会举行。全会审议通过《中共中央关于完善社会主义市场经济体制若干问题的决定》。

2004 年

1 月 5 日	中共中央发出《关于进一步繁荣发展哲学社会科学的意见》，提出实施马克思主义理论研究和建设工程。
8 月 22 日	邓小平同志诞辰 100 周年纪念大会举行。
9 月 16 日——19 日	中共十六届四中全会举行。全会审议通过《中共中央关于加强党的执政能力建设的决定》。全会审议通过《关于同意江泽民同志辞去中共中央军事委员会主席职务的决定》。全会审议通过《关于调整充实中共中央军事委员会组成人员的决定》，决定胡锦涛任中共中央军事委员会主席。

11 月 7 日	中共中央发出《关于在全党开展以实践"三个代表"重要思想为主要内容的保持共产党员先进性教育活动的意见》。

2005 年

2 月 19 日——25 日	中共中央举办省部级主要领导干部提高构建社会主义和谐社会能力专题研讨班。
10 月 8 日——11 日	中共十六届五中全会举行。全会审议通过《中共中央关于制定国民经济和社会发展第十一个五年规划的建议》。
12 月 29 日	十届全国人大常委会第十九次会议决定：一届全国人大常委会第九十六次会议于 1958 年 6 月 3 日通过的《中华人民共和国农业税条例》自 2006 年 1 月 1 日起废止。
12 月 31 日	中共中央、国务院发出《关于推进社会主义新农村建设的若干意见》。

2006 年

3 月 4 日	胡锦涛在参加全国政协十届四次会议民盟、民进联组讨论时发表讲话，强调要引导广大干部群众特别是青少年树立以"八荣八耻"为主要内容的社会主义荣辱观。
6 月 30 日	庆祝中国共产党成立 85 周年暨总结保持共产党员先进性教育活动大会举行。
8 月 10 日	《江泽民文选》出版发行。
8 月 13 日	中共中央作出《关于学习〈江泽民文选〉的决定》。
10 月 8 日——11 日	中共十六届六中全会举行。全会审议通过《中共中央关于构建社会主义和谐社会若干重大问题的决定》。

2007 年

6 月 25 日	胡锦涛在中央党校省部级干部进修班上发表讲话。
10 月 15 日——21 日	中国共产党第十七次全国代表大会举行。胡锦涛作《高举中国特色社会主义伟大旗帜，为夺取全面建设小康社会新胜利而奋斗》报告。大会通过《关于〈中国共产党章程（修正案）〉的决议》，将科学发展观写入党章。大会选举产生第十七届中央委员会和中央纪律检查委员会。

12 月 17 日—
21 日　　新进中央委员会的委员、候补委员学习贯彻党的十七大精神研讨班举行。

2008 年

2 月 25 日—
27 日　　中共十七届二中全会举行。全会审议通过《关于深化行政管理体制改革的意见》和《国务院机构改革方案》。

5 月 8 日　　中共中央宣传部、中共中央党校、光明日报社联合召开纪念关于真理标准问题的讨论 30 周年座谈会。

9 月 14 日　　中共中央印发《关于在全党开展深入学习实践科学发展观活动的意见》。

10 月 9 日—
12 日　　中共十七届三中全会举行。全会审议通过《中共中央关于推进农村改革发展若干重大问题的决定》。

12 月 18 日　　纪念党的十一届三中全会召开 30 周年大会举行。

2009 年

5 月 4 日　　纪念五四运动 90 周年大会举行。

6 月 30 日　　中共中央办公厅、国务院办公厅印发《关于实行党政领导干部问责的暂行规定》。

9 月 15 日—
18 日　　中共十七届四中全会举行。全会审议通过《中共中央关于加强和改进新形势下党的建设若干重大问题的决定》。

12 月 23 日　　《邓小平年谱（1904—1974）》出版发行。

12 月 25 日　　中共中央办公厅印发《关于推进学习型党组织建设的意见》。

12 月　　《马克思恩格斯文集》和《列宁专题文集》出版发行。

2010 年

1 月 18 日　　中共中央印发《中国共产党党员领导干部廉洁从政若干准则》。

2 月　　《江泽民思想年编（1989—2008）》出版发行。

4 月 6 日　　全党深入学习实践科学发展观活动总结大会召开。

10 月 15 日—
18 日　　中共十七届五中全会举行。全会审议通过《中共中央关于制定国民经济和社会发展第十二个五年规划的建议》。全会增补习近平为中央军委副主席。

2011 年

1 月 11 日　　《中国共产党历史》第二卷（1949—1978）出版发行，《中国共产党历史》第一卷（1921—1949）修订重印。

7 月 1 日　　庆祝中国共产党成立 90 周年大会举行。

10 月 9 日　　纪念辛亥革命 100 周年大会举行。

10 月 15 日—
18 日　　中共十七届六中全会举行。全会审议通过《中共中央关于深化文化体制改革推动社会主义文化大发展大繁荣若干重大问题的决定》。全会决定党的十八大于 2012 年下半年在北京召开。

2012 年

7 月 23 日—
24 日　　省部级主要领导干部专题研讨班举行。胡锦涛在开班式上讲话，习近平主持开班式并在结业式上作总结讲话。

11 月 1 日—4 日　　中国共产党第十七届中央委员会第七次全体会议在北京召开。全会讨论并通过了党的十七届中央委员会向党的第十八次全国代表大会的报告，讨论并通过了《中国共产党章程（修正案）》。

11 月 8 日—
14 日　　中国共产党召开第十八次全国代表大会。胡锦涛代表第十七届中央委员会向大会作了题为《坚定不移沿着中国特色社会主义道路前进，为全面建成小康社会而奋斗》的报告。大会通过了《中国共产党章程（修正案）》。

2013 年

3 月 5 日—17 日　　十二届全国人大一次会议举行。会议选举习近平为国家主席、国家中央军委主席。

11 月 9 日—
12 日　　中共十八届三中全会举行。全会审议通过《中共中央关于全面深化改革若干重大问题的决定》。

12 月 26 日　　中共中央举行纪念毛泽东同志诞辰 120 周年座谈会。

2014 年

8 月 20 日   中共中央举行纪念邓小平同志诞辰 110 周年座谈会。

9 月 5 日   中共中央、全国人大常委会举行庆祝全国人民代表大会成立 60 周年大会。

9 月 21 日   中共中央、全国政协举行庆祝中国人民政治协商会议成立 65 周年大会。

9 月 24 日   习近平出席纪念孔子诞辰 2565 周年国际学术研讨会暨国际儒学联合会第五届会员大会，强调从延续民族文化血脉中开拓前进，推进人类各种文明交流交融、互学互鉴。

9 月 28 日   《习近平谈治国理政》以中、英、法、俄、阿、西、葡、德、日等 9 个语种、10 个版本向全球出版发行。

10 月 20 日—23 日   中共十八届四中全会举行。全会审议通过《中共中央关于全面推进依法治国若干重大问题的决定》。

2015 年

5 月 8 日   国务院印发《中国制造 2025》，提出通过"三步走"实现制造强国的战略目标。

7 月 31 日   国际奥委会第 128 次全会在马来西亚吉隆坡投票决定，将 2022 年冬奥会举办权交给北京。

9 月 3 日   纪念中国人民抗日战争暨世界反法西斯战争胜利 70 周年大会在北京天安门广场举行。习近平强调，中国将始终走和平发展道路，坚决捍卫中国人民抗日战争和世界反法西斯战争胜利成果，努力为人类作出新的更大的贡献；让我们共同铭记历史所启示的伟大真理：正义必胜！和平必胜！人民必胜！

2016 年

7 月 1 日   庆祝中国共产党成立 95 周年大会举行。习近平讲话，回顾中国共产党 95 年来团结带领全国各族人民不懈奋斗走过的光辉历程和作出的伟大历史贡献，阐明近代以来我国社会发展的规律性认识，阐明中国共产党的执政理念、执政方略和对重大国内外问题的原则立场，强调面向未来，面对挑战，全党同志一定要不忘初心、继续前进，并提出 8 个方面的要求。

9月20日	《胡锦涛文选》第一卷、第二卷、第三卷出版发行。
9月23日	中共中央印发《关于学习〈胡锦涛文选〉的决定》。
10月24日—27日	中共十八届六中全会举行。全会审议通过《关于新形势下党内政治生活的若干准则》和《中国共产党党内监督条例》。

2017 年

6月29日—7月1日	习近平出席庆祝香港回归祖国20周年大会暨香港特别行政区第五届政府就职典礼。
8月1日	庆祝中国人民解放军建军90周年大会举行。中共中央总书记、国家主席、中央军委主席习近平检阅部队并发表重要讲话。
10月18日—24日	中国共产党召开第十九次全国代表大会。习近平作了题为《决胜全面建成小康社会 夺取新时代中国特色社会主义伟大胜利》的报告。大会审查、批准十八届中央纪律检查委员会工作报告，审议并一致通过十八届中央委员会提出的《中国共产党章程（修正案）》。
11月	《习近平谈治国理政》第二卷出版发行。
12月18日—20日	中央经济工作会议提出习近平经济思想。

2018 年

1月5日	新进中央委员会的委员、候补委员和省部级主要领导干部学习贯彻习近平新时代中国特色社会主义思想和党的十九大精神研讨班在中央党校开班。习近平提出坚持和发展中国特色社会主义要一以贯之，推进党的建设新的伟大工程要一以贯之，增强忧患意识、防范风险挑战要一以贯之。
2月26日—28日	中共十九届三中全会召开，审议通过了《中共中央关于深化党和国家机构改革的决定》和《深化党和国家机构改革方案》，同意把《深化党和国家机构改革方案》的部分内容按照法定程序提交十三届全国人大一次会议审议。
3月5日—17日	十三届全国人大一次会议召开，通过了《中华人民共和国宪法修正案》，选举习近平为国家主席、中央军委主席。

5 月 4 日	习近平在纪念马克思诞辰 200 周年大会上的讲话，全面阐述了对马克思光辉一生和伟大贡献，马克思主义科学内涵和深远影响，马克思主义中国化伟大历程和丰硕成果，学习和实践马克思主义、坚持和发展新时代中国特色社会主义，是一篇光辉的马克思主义纲领性文献。
12 月 18 日	庆祝改革开放 40 周年大会举行。习近平讲话，深刻总结了改革开放 40 年来党和国家事业取得的伟大成就和宝贵经验，高度赞扬了中国人民为改革开放事业作出的杰出贡献，郑重宣示了改革开放只有进行时没有完成时、改革开放永远在路上、坚定不移将改革进行到底的信心和决心，明确提出了坚定不移全面深化改革、扩大对外开放、不断把新时代改革开放继续推向前进的目标要求。

2019 年

1 月 21 日	习近平在省部级主要领导干部坚持底线思维着力防范化解重大风险专题研讨班上讲话，既要高度警惕"黑天鹅"事件，也要防范"灰犀牛"事件。
4 月 30 日	纪念五四运动 100 周年大会举行。习近平讲话，深切缅怀了五四先驱崇高的爱国情怀和革命精神，高度评价了五四运动的历史意义，明确提出了新时代发扬五四精神的重要要求，深情寄语当代青年。
10 月 1 日	庆祝中华人民共和国成立 70 周年，习近平发表重要，深情回顾人民共和国 70 年波澜壮阔的历史。
10 月 28 日— 31 日	中共十九届四中全会召开，审议通过了《中共中央关于坚持和完善中国特色社会主义制度、推进国家治理体系和治理能力现代化若干重大问题的决定》。

2020 年

6 月	《习近平谈治国理政》第三卷出版发行。
6 月 30 日	在香港回归 23 周年之际，国家主席习近平签署第 49 号主席令，公布《中华人民共和国香港特别行政区维护国家安全法》。
9 月 8 日	全国抗击新冠肺炎疫情表彰大会举行。习近平讲话，总结了抗击新冠肺炎疫情斗争取得重大战略成果，提出了伟大抗疫精神。

| 10月26日— 29日 | 中共十九届五中全会召开，审议通过了《中共中央关于制定国民经济和社会发展第十四个五年规划和二〇三五年远景目标的建议》。 |

2021 年

1月11日	省部级主要领导干部学习贯彻党的十九届五中全会精神专题研讨班开班。习近平在讲话中阐述了把握新发展阶段，贯彻新发展理念，构建新发展格局。
2月20日	党史学习教育动员大会召开。习近平出席会议并讲话，阐述开展党史学习教育的重大意义，阐明党史学习教育的重点和工作要求，对党史学习教育进行了全面动员和部署。
2月25日	全国脱贫攻坚总结表彰大会召开。习近平在讲话中宣告脱贫攻坚战取得全面胜利。
7月1日	庆祝中国共产党成立100周年大会举行。习近平讲话，系统回顾了中国共产党成立一百年来，团结带领全国各族人民开辟的伟大道路、创造的伟大事业、取得的伟大成就；庄严宣告实现了第一个百年奋斗目标、全面建成了小康社会，郑重宣示坚持和发展新时代中国特色社会主义、向全面建成社会主义现代化强国的第二个百年奋斗目标迈进的坚定决心，深刻阐述了以史为鉴、开创未来的根本要求。
11月11日	中共十九届六中全会召开，审议通过了《中共中央关于党的百年奋斗重大成就和历史经验的决议》。决议共有7个部分：夺取新民主主义革命伟大胜利，完成社会主义革命和推进社会主义建设，进行改革开放和社会主义现代化建设，开创中国特色社会主义新时代，中国共产党百年奋斗的历史意义，中国共产党百年奋斗的历史经验，新时代的中国共产党。决议是新时代中国共产党人牢记初心使命、坚持和发展中国特色社会主义的政治宣言，是以史为鉴、开创未来、实现中华民族伟大复兴的行动指南。

2022 年

| 1月11日 | 省部级主要领导干部学习贯彻党的十九届六中全会精神专题研讨班开班。习近平在讲话中深刻阐述了推进马克思主义中国化时代化、正确把握社会主要矛盾和中心任务、重视战略策略问题、永葆党的马克思主义政党本色、党史学习教育常态化长效化等五个问题。 |

3月5日　　习近平参加十三届全国人大五次会议内蒙古代表团的审议，提出"五个必由之路"：一是坚持党的全面领导是坚持和发展中国特色社会主义的必由之路。二是中国特色社会主义是实现中华民族伟大复兴的必由之路。三是团结奋斗是中国人民创造历史伟业的必由之路。四是贯彻新发展理念是新时代我国发展壮大的必由之路。五是全面从严治党是党永葆生机活力、走好新的赶考之路的必由之路。

7月26日　　省部级主要领导干部"学习习近平总书记重要讲话精神，迎接党的二十大"专题研讨班举行。习近平分析了当前国际国内形势，阐述了过去五年的工作和新时代十年的伟大变革，阐释了新时代坚持和发展中国特色社会主义的重大理论和实践问题，阐明了未来一个时期党和国家事业发展的大政方针和行动纲领。

10月16日　　中国共产党二十大召开。习近平在报告中提出了党的二十大主题，回顾总结了过去五年的工作和新时代十年的伟大变革，阐述了开辟马克思主义中国化时代化新境界、中国式现代化的中国特色和本质要求等重大问题，对全面建设社会主义现代化国家、全面推进中华民族伟大复兴进行了战略谋划，对统筹推进"五位一体"总体布局、协调推进"四个全面"战略布局作出了全面部署，为新时代新征程党和国家事业发展、实现第二个百年奋斗目标指明了前进方向、确立了行动指南。

索　引

主题索引

A

按劳分配　007,009,010,018,024,025,
　　026,093,174,293,294,365,522

澳人治澳　129,130,347,463

B

八个明确　003,256,310,413,431,549

百花齐放、百家争鸣　095,225,352,457

包干体制　013

保护主义　115,220,238,384,401,402,
　　403,429,539,550,560,562

闭关锁国　257

避风港　333

辩证唯物主义　084,168,181,290,408,420

伯罗奔尼撒战争　387

C

产权关系　008,030,061

城乡二元结构　196,217,528

城镇化　060,174,192,215,217,219,266,
277,278,327,336,410,447,517,522,
526,527,528,558,559

村民自治　124,191,193,197

D

党的十七届六中全会　222,225

党的十四届五中全会　009,050

党的十二大　006,164,206,323,406,433,
　　497

党的十三大　006,023,164,259,323,409,
　　427,431,433,534

党的十四大　005,008,009,012,015,016,
018,023,024,026,027,030,037,038,
039,043,054,057,069,074,075,079,
101,103,123,126,132,138,139,140,
141,144,145,164,406,433

党的十五大　009,013,016,018,019,020,
021,022,023,025,026,028,030,031,
035,036,044,045,053,055,056,058,
061,065,068,070,074,076,079,080,
081,087,101,112,114,115,117,119,120,

123, 133, 134, 140, 145, 146, 164, 259,
297, 323, 433, 539

邓小平理论 001, 002, 053, 055, 056, 069,
084, 090, 091, 094, 097, 098, 112, 115, 116,
144, 151, 153, 154, 168, 169, 172, 177,
181, 208, 227, 241, 308

地方保护主义 115, 238

地方分级 031

顶层设计 275, 284, 288, 335, 338, 446,
503, 525, 528, 549

钉子精神 289, 364, 370

F

房地产泡沫 367

法人实体 007, 008, 030

非传统安全威胁 173, 384, 387, 429, 534,
550, 563

非公有制经济 019, 022, 023, 024, 026,
060, 213, 294, 337, 516

分税制 008, 013, 014

扶贫攻坚 033, 049, 050, 051, 052, 368

复式预算制度 013

复兴之路 260, 270

G

改革开放 001, 002, 003, 005, 007, 014,
016, 018, 019, 020, 022, 023, 024, 026,
027, 032, 036, 037, 043, 053, 054, 055,
056, 057, 058, 059, 062, 063, 064, 068,
073, 075, 079, 080, 083, 085, 090, 092,
094, 096, 097, 098, 099, 100, 101, 102,
103, 104, 105, 106, 107, 108, 111, 113,
117, 118, 120, 122, 124, 130, 137, 138,
139, 140, 141, 144, 145, 154, 156, 157,
158, 159, 162, 163, 164, 165, 166, 167,
168, 169, 175, 176, 180, 182, 183, 190,

206, 207, 209, 211, 214, 217, 218, 220,
222, 223, 226, 228, 236, 245, 246, 248,
249, 252, 254, 258, 259, 261, 266, 267,
268, 269, 271, 277, 282, 283, 284, 286,
287, 290, 292, 297, 309, 310, 323, 331,
332, 333, 336, 337, 340, 359, 363, 377,
383, 389, 401, 403, 406, 407, 408, 409,
416, 419, 421, 422, 423, 427, 429, 431,
433, 441, 442, 443, 446, 448, 460, 497,
498, 500, 501, 502, 503, 504, 506, 508,
513, 516, 525, 531, 533, 535, 544, 545,
548, 551, 558, 562

港人治港 126, 128, 129, 130, 347, 463, 464

《哥达纲领批判》 024

"各尽所能，按需分配" 024

《共产党宣言》 137, 171, 208, 245, 311,
530, 554

共产主义 001, 024, 054, 061, 062, 071,
074, 137, 162, 170, 171, 245, 246, 250,
255, 258, 311, 312, 314, 315, 328, 355,
408, 426, 427, 441, 457, 532, 533, 536,
544, 556

公车上书 257

供给侧结构性改革 294, 324, 325, 326,
330, 333, 334, 335, 336, 365, 451, 517,
519, 523, 524, 526

《公司法》 032

官僚主义 077, 078, 171, 250, 307, 318, 504

《关于现代国家的著作的计划草稿》 117

H

和平共处五项原则 201, 203, 204, 389,
390, 391, 392, 397, 464, 562

《和谐与自由的保证》 171

海国图志 257

J

基层组织　057,058,059,197,241,251,
　255,316,345,465

稽查特派员制度　031

极端个人主义　054,095

计划经济　005,006,007,011,012,015,
　023,027,030,084

价格杠杆　008,011

价值规律　008,015

井冈山精神　271

精准脱贫　281,338,363,368,369,370,
　426,506,518

"九二共识"　349,350,351

K

科教兴国　033,034,035,036,038,047,
　095,155,158,212,231,280

科学发展观　001,002,003,150,151,152,
　153,154,155,156,159,163,164,165,
　166,167,168,169,170,172,176,177,
　180,181,204,208,211,214,223,227,
　228,229,231,233,234,235,236,237,
　243,247,248,308

科学社会主义　118,170,180,207,210,
　267,419,430,498,530,531,535,536,
　538,543,556,557

可支配收入　423

恐怖主义　085,173,205,384,387,388,
　391,429,532,534,542,550,563

空想社会主义　170,171,419,536,556

L

冷战　032,085,387,390,539,540,541,
　553,556,559,561,563

历史唯物主义　084,138,168,181,290,

408,420,519,520,536,554

历史虚无主义　354,357

两不愁三保障　371

"两个一百年"　259,260,266,274,282,
　284,354,390,396,409,433,441,444,
　446,447,450,466,528

零和博弈　561

利税分流　008

《论十大关系》　217

M

贸易保护主义　402,429,539,550

贸易顺差　215

民主集中制　066,067,068,069,070,074,
　077,247,254,255,306,310,312,313,
　343,344,346

N

南方谈话　006,010,085,099,406

农业现代化　192,196,213,219,266,277,
　278,327,336,410,447,522,526,528,
　558,559

P

平均主义　024,025,026

Q

强国梦　261,262

强军梦　261

全民参保计划　366,367

全面建成小康社会　154,159,169,207,
　210,255,259,260,262,267,268,272,
　274,275,276,277,278,279,280,281,
　283,285,298,299,300,309,312,354,
　367,368,369,370,373,384,392,404,
　405,408,409,413,416,420,441,446,

447, 455, 466, 502, 503, 515, 518, 521, 527, 535, 537, 562

《全世界和谐》 170

群众路线 057, 065, 072, 076, 078, 096, 111, 162, 177, 225, 247, 251, 253, 307, 308, 309, 315, 318, 345, 346, 413, 495, 499, 509, 536

R

人工智能 339

人类命运共同体 290, 293, 296, 376, 382, 383, 384, 385, 386, 387, 397, 400, 403, 404, 410, 412, 433, 438, 444, 464, 468, 528, 530, 538, 539, 550, 555, 561, 562, 563

人民代表大会制度 010, 093, 118, 121, 122, 209, 243, 294, 299, 303, 343, 344

软实力 221, 227, 277, 279, 327, 352, 373, 417, 447, 448, 459, 541, 542

S

"三大改造" 210

"三个代表"重要思想 001, 002, 076, 083, 084, 085, 086, 087, 088, 089, 090, 091, 097, 098, 137, 144, 151, 154, 168, 169, 172, 177, 247, 248, 308

"三农"问题 190, 191, 192

三期叠加 325, 523

三严三实 307, 308, 318, 413

上海合作组织 399, 400

社会主要矛盾 180, 280, 326, 329, 377, 405, 406, 409, 420, 421, 422, 424, 426, 428, 501, 502, 515, 516, 524, 550

社会主义初级阶段 002, 017, 018, 019, 020, 023, 024, 025, 041, 045, 060, 080, 093, 123, 142, 144, 145, 149, 157, 164, 175, 180, 191, 210, 259, 294, 336, 340,

407, 408, 409, 421, 422, 426, 427, 428, 433, 497, 522

社会主义和谐社会 150, 152, 164, 167, 169, 170, 171, 172, 173, 174, 175, 176, 177, 178, 179, 180, 181, 182, 207, 222, 233, 234, 242, 323

社会主义核心价值观 279, 295, 351, 356, 357, 358, 359, 362, 363, 457, 458

社会主义荣辱观 222, 224, 228, 251

社会主义市场经济体制 002, 005, 007, 008, 009, 010, 011, 012, 013, 014, 015, 016, 017, 018, 021, 024, 026, 027, 028, 030, 059, 079, 083, 093, 098, 109, 113, 145, 148, 164, 183, 211, 212, 229, 285, 286, 294, 339, 406, 451, 517, 522

社会主义先进文化 198, 207, 222, 225, 226, 227, 242, 293, 295, 352, 354, 359, 456, 458

生产资料公有制 006

生态保护补偿机制 382

生态文明 165, 167, 169, 219, 235, 238, 240, 259, 262, 280, 295, 323, 325, 376, 377, 378, 379, 380, 381, 388, 407, 410, 411, 412, 418, 423, 425, 428, 431, 433, 437, 439, 446, 447, 461, 462, 503, 518

十八大 003, 154, 159, 206, 257, 259, 260, 262, 275, 277, 280, 282, 283, 284, 291, 297, 298, 302, 306, 307, 308, 309, 311, 318, 321, 322, 323, 324, 333, 338, 341, 351, 354, 358, 362, 366, 368, 370, 371, 376, 377, 382, 383, 384, 390, 391, 393, 395, 396, 398, 399, 400, 401, 405, 407, 408, 410, 411, 412, 413, 417, 419, 421, 429, 431, 434, 437, 438, 446, 458, 498, 499, 500, 501, 503, 504, 505, 506, 509, 515, 520, 521, 531, 535, 536, 538, 539,

541, 543, 553, 554, 557, 558

十八届三中全会　279, 283, 284, 291, 298, 325

十二届三中全会　006

世界多极化　083, 085, 173, 383, 429, 538, 540, 550

世界经济论坛　402, 531, 560

世界贸易组织　104, 105, 106, 107, 214, 388, 401, 540

十九大　003, 263, 280, 281, 284, 300, 310, 311, 312, 326, 338, 343, 344, 347, 352, 359, 361, 364, 365, 367, 370, 373, 380, 386, 392, 404, 405, 406, 408, 409, 411, 412, 413, 420, 422, 427, 434, 437, 440, 441, 446, 450, 451, 454, 457, 460, 461, 463, 464, 465, 466, 468, 493, 500, 509, 517, 532

十三届四中全会　002, 006, 083, 085, 087, 090, 165, 246

十四届六中全会　035

十一届三中全会　005, 006, 017, 022, 026, 071, 076, 085, 092, 097, 113, 119, 122, 125, 246, 259, 284, 332, 336, 354, 389, 401, 406, 421

十月革命　001, 171, 258, 419, 535, 556, 560

丝绸之路　399, 403, 404

"四个全面"　003, 256, 275, 276, 299, 309, 410, 433, 441, 454, 503, 537

四项基本原则　010, 069, 122, 144, 207, 268

四洲志　257

W

万隆会议　389

文化自信　003, 227, 293, 295, 315, 351, 352, 354, 431, 433, 441, 442, 456, 458, 537, 550

问责制　238

《我们共有的明天》　042

五大发展理念　410, 514

五四运动　095, 226

"五位一体"　003, 323, 376, 410, 423, 424, 433, 441, 450, 454, 503, 537

X

"小圈子"　250

西柏坡精神　271

现代公司制　032

现代企业制度　009, 021, 027, 030, 031, 059, 213

西部大开发　099, 103, 107, 108, 109, 110, 111, 112, 339

新常态　324, 325, 330, 331, 332, 333, 334, 336, 515, 526

"新的伟大工程"　053

新民主主义革命　001, 084, 092, 208, 258, 259, 268, 297, 421, 443

新时代　001, 003, 033, 256, 262, 267, 275, 276, 283, 284, 290, 296, 300, 301, 310, 312, 316, 347, 349, 362, 375, 376, 386, 392, 399, 404, 405, 406, 407, 408, 409, 410, 413, 416, 417, 418, 419, 420, 422, 424, 426, 427, 428, 429, 430, 431, 434, 436, 437, 438, 439, 440, 441, 442, 443, 444, 446, 447, 454, 458, 460, 462, 463, 465, 466, 468, 469, 493, 494, 496, 498, 499, 500, 501, 502, 503, 504, 507, 508, 509, 511, 512, 513, 514, 515, 516, 518, 522, 524, 525, 528, 530, 531, 535, 536, 537, 538, 543, 544, 545, 546, 547, 548, 549, 550, 551, 552, 553, 555, 556, 557, 558, 560, 561, 562, 563

辛亥革命　136, 258

形式主义 077, 078, 250, 307, 318, 369, 455, 504

修昔底德陷阱 387, 540

Y

延安精神 271

鸦片战争 257, 261, 332, 419

亚太经合组织 330, 394, 399, 400, 401, 402

亚洲金融危机 014, 034, 130, 131

亚洲命运共同体 385, 396, 397

一边倒 383

"一带一路" 397, 403, 404, 410, 413, 418, 425, 438, 522, 529, 530, 539, 561, 562

"一刀切" 335

一国两制 125, 126, 128, 129, 130, 131, 133, 135, 136, 167, 293, 296, 347, 348, 431, 433, 463, 464, 497

依法治国 065, 066, 093, 095, 112, 113, 114, 115, 116, 118, 119, 120, 121, 131, 148, 174, 177, 182, 224, 242, 244, 245, 275, 276, 277, 293, 294, 297, 298, 299, 300, 301, 302, 303, 304, 305, 306, 309, 342, 343, 344, 410, 411, 412, 433, 439, 440, 454, 503, 550, 558

有价证券 008

一体化 035, 166, 173, 213, 228, 280, 339, 364, 385, 402

Z

寨卡 388

债券 008, 015

战略定力 462, 514, 549

中国梦 256, 257, 258, 259, 260, 261, 262, 263, 264, 265, 266, 267, 268, 269, 270, 272, 273, 274, 279, 359, 360, 387, 390, 396, 397, 403, 405, 417, 418, 433, 450, 466, 503, 528, 536, 544, 551

中国人民银行 014

《中华人民共和国澳门特别行政区基本法》 128

《中华人民共和国香港特别行政区基本法》 125, 126, 464

知识产权 029, 037, 102, 183, 184, 185, 187, 235, 542

"抓大放小" 028

《增长的极限》 042

增值 008, 015, 030, 031, 110, 187, 191, 192, 196, 220, 366

责任制 051, 081, 237, 238, 295, 370, 375, 412

资本论 554

《资治通鉴》 107

人名索引

A

奥巴马（Obama） 265, 393

B

巴罗佐（Barroso） 395

D

邓小平　001,002,005,006,007,010,034,
040,043,053,055,056,069,071,084,
090,091,094,097,098,099,108,112,
113,115,116,119,120,125,138,139,144,
145,146,147,149,151,153,154,156,
165,168,169,172,177,181,208,227,
241,246,271,277,297,308,311,389,
390,406,427,433,496,497,512,533

E

恩格斯（Engels）　042,137,170,171,245,
246,257,311,328,357,383,384,457,
526,534,554,556

F

范龙佩（Van Rompuy）　395
费正清（John King Fairbank）257,258
傅立叶（Fourier）　170,171

H

洪秀全　170,507
洪秀柱　273,274
胡锦涛　001,002,150,151,152,153,154,
156,157,158,159,160,161,162,163,
164,165,166,167,168,172,173,175,
177,178,179,180,181,183,184,185,
186,187,188,189,190,191,194,201,
202,204,205,206,207,208,209,210,
211,212,214,217,221,222,224,225,
228,229,230,231,232,234,235,236,
237,238,239,240,241,243,244,245,
247,249,250,252,253,254,255,298,
323,384,406,407,422

J

江泽民　001,002,005,007,010,011,012,
014,015,016,017,019,020,021,022,
024,025,026,027,028,029,031,033,
034,035,036,037,038,039,040,041,
043,044,045,046,047,048,049,050,
051,053,054,055,056,057,058,059,
060,061,062,063,064,065,066,067,
068,069,070,071,072,073,074,075,
076,077,078,079,080,081,082,083,
085,086,087,088,089,090,091,092,
093,094,098,099,100,101,102,103,
104,105,106,107,108,109,110,111,112,
113,114,115,116,117,118,119,120,121,
122,123,124,125,126,127,128,129,
130,131,132,133,134,135,136,138,
139,140,141,142,143,144,146,149,
156,166,247,406,407

K

康有为　170,257,507
孔子　328,353

L

连战　273,349
梁启超　257
列宁（Лéнин）　001,006,055,056,084,
090,091,094,097,098,112,137,144,
153,154,168,171,181,208,227,241,
246,258,308,383,426,510,511
林则徐　257

M

马克思（Marx）　001,003,006,024,042,
053,054,055,056,061,063,064,067,

071, 073, 074, 075, 076, 078, 084, 086,
090, 091, 094, 096, 097, 098, 112, 113,
117, 124, 137, 143, 144, 150, 152, 153,
154, 156, 157, 159, 160, 162, 163, 168,
169, 170, 171, 175, 177, 178, 181, 182,
208, 209, 222, 223, 225, 227, 241, 242,
243, 244, 245, 246, 247, 248, 249, 250,
253, 254, 255, 257, 258, 276, 290, 291,
295, 297, 300, 307, 308, 311, 314, 315,
316, 317, 328, 336, 337, 352, 354, 355,
357, 371, 377, 383, 384, 406, 412, 420,
421, 424, 426, 430, 433, 440, 441, 442,
444, 456, 457, 458, 460, 465, 466, 468,
469, 493, 494, 495, 496, 497, 498, 499,
500, 501, 502, 504, 505, 506, 507, 508,
509, 510, 511, 512, 513, 514, 515, 525,
526, 530, 531, 532, 533, 534, 535, 536,
537, 538, 543, 544, 545, 548, 549, 552,
553, 554, 555, 556, 557

马英九　273, 350

毛泽东　001, 002, 040, 055, 056, 069, 072,
076, 084, 090, 091, 094, 097, 098, 112,
115, 116, 137, 144, 153, 154, 165, 168,
181, 201, 208, 217, 227, 240, 241, 246,
249, 308, 311, 383, 389, 391, 421, 426,
427, 495, 496, 497, 498, 504, 505, 511,
512, 513, 514, 552, 559

孟子　170, 328

O

欧文（Owen）　170, 171

S

圣西门（Rouvroy）　171

司马光　107

孙中山　258, 354, 507

T

特朗普（Trump）　394, 540

W

王韬　257

魏特林（Weitling）　171

魏源　257

吴伯雄　273, 350

X

习近平　001, 003, 256, 258, 259, 260, 261,
262, 263, 265, 266, 267, 268, 269, 270,
271, 272, 273, 274, 275, 276, 279, 282,
283, 284, 286, 287, 289, 290, 296, 297,
298, 299, 300, 301, 302, 305, 306, 307,
308, 309, 310, 311, 312, 314, 315, 316,
317, 318, 319, 320, 321, 322, 323, 324,
325, 326, 327, 328, 330, 332, 333, 334,
336, 337, 340, 341, 342, 343, 344, 345,
348, 349, 350, 351, 352, 353, 354, 355,
356, 357, 358, 359, 360, 361, 362, 363,
364, 365, 366, 367, 368, 369, 370, 372,
373, 374, 375, 376, 377, 378, 379, 380,
381, 382, 383, 384, 385, 386, 390, 391,
392, 393, 394, 395, 396, 397, 398, 399,
400, 401, 402, 403, 404, 405, 406, 407,
408, 409, 410, 411, 412, 413, 419, 420,
425, 426, 429, 430, 431, 433, 437, 438,
439, 440, 443, 444, 446, 455, 456, 457,
458, 459, 460, 461, 462, 463, 464, 465,
466, 468, 469, 494, 495, 496, 498, 499,
500, 501, 502, 503, 504, 506, 507, 508,
509, 510, 511, 512, 513, 514, 515, 516,
517, 518, 519, 520, 521, 522, 523, 524,
525, 526, 527, 528, 529, 530, 531, 532,

533, 534, 535, 536, 537, 538, 539, 540,
541, 542, 543, 544, 545, 546, 547, 548,
549, 550, 551, 552, 553, 554, 555, 557,
558, 559, 560, 561, 562, 563

Y

严复　257

Z

郑观应　257
郑和　203
周恩来　389, 505

后　记

　　本卷是马克思主义发展史的第十卷，也是最后一卷。党的十三届四中全会以来中国特色社会主义的发展，既是不断凝结的历史，又是正在发生的现实。尤其是中国特色社会主义进入新时代，党的十八大以来创立的习近平新时代中国特色社会主义思想，创新快、内容多，使得如何从思想史角度进行写作增加了难度。无论从中国特色社会主义的主要内容分领域来阐述，还是从主要理论创新成果分阶段来阐述，都面临着取舍之难，都有重复和遗漏之嫌。

　　为了深入推进习近平新时代中国特色社会主义思想的学习、研究、贯彻和宣传，也为了广泛推进马克思主义发展史的研究，我们在本卷书稿的结尾处设专章（即第八章）并以足够的篇幅，从马克思主义理论学科的角度集中研究和论述了"不断推进马克思主义中国化时代化"这一重大理论课题。我们邀请了中国人民大学在马克思主义理论教学与研究上有很深造诣的几位知名学者，如杨瑞森教授、张雷声教授、秦宣教授和刘建军教授，研究和撰写他们所熟悉的相关学科内容（杨瑞森第一、二节，张雷声第三节，秦宣第四、六节，刘建军第五节）。他们对"不断推进马克思主义中国化时代化"这一重大理论课题，做出了一些新解读、新概括，对深化习近平新时代中国特色社会主义思想的学习和研究将有所助益。

　　由于客观形势的变化和理论创新的推进，本卷的思路几次改变，也数易其稿。编委会高度重视本卷的撰写，几位总主编多次与本卷作者商讨提纲的修订，完稿后又多次审稿、定稿，付出了大量心血。先后参加撰稿的有孙宇伟、邓新星、徐文粉、柳相宇、牛思远、陈明琨、孙志伟、韩祥宇、温祖俊、张翠吉、於天禄、顾杰煜等，每一章节都前后有多人参与和贡献。全书由陶文昭统稿。责任编辑毕于慧女士付出了大量的心血。由于研究对象的博大精深，加之作者水平的有限，本书还存在着不少问题，作为主编责无旁贷。

中国特色社会主义进入新时代，当代中国马克思主义、二十一世纪马克思主义正在蓬勃发展，期待未来有更深的研究和更成熟的总结。

陶文昭

2022 年 12 月

编　后　语

马克思主义是不断发展的开放的理论，始终站在时代前沿，引领时代发展。总结自马克思主义诞生以来的发展史，是全部马克思主义理论研究者的一件大事，更是一件难事。中国人民大学作为我国马克思主义教学与研究高地，始终重视这项工作。从1996年《马克思主义史》（四卷本）出版，历经了27年的光阴，在新时代的呼唤下，这部《马克思主义发展史》（十卷本）终于呈现在各位读者面前。这是一部由中国人民大学组织编写、以推进马克思主义中国化时代化为主旨的巨著，具有科研启动时间早、参研人数多、设计体量大、理论难度高、持续时间长等显著特点。这部书得到了中央有关部门和领导同志的高度重视，先后入选国家出版基金项目和国家出版"十三五"规划项目，受到来自中共中央党校、中国社会科学院、北京大学、中央民族大学等高校和研究机构同人的鼎力相助，更有中国人民大学党委和人民出版社的全力支持。在一路关注和支持下，人大人践行着人民大学的优良传统和红色基因，以高度的理论使命感为指引，以扎实的马克思主义理论功底为支柱，敢于担当、求真务实、团结协作，以"一马当先"精神完成了这部鸿篇巨著。

以责任担当精神书写理论创新的辉煌篇章。时代是思想之母，实践是理论之源，理论之树常青是源于其始终随着实践的变化而发展。人大人想要承担起"十卷本"的编写重任，也一定能够承担起这项历史重任。自学校诞生之日起，一代代人大人紧扣时代脉搏，根据时代变化和实践发展，不断深化认识，不断总结经验，不断推动理论创新和实践创新的良性互动，用思想之力量发社会之先声。我们在2014年作出编写这部书的决定绝不是一个偶然，而是历史的必然。党的十八大召开，标志着中国特色社会主义进入新时代。一年多之后，编写这套丛书作为重大科研课题正式获批立项。这一年多的时间虽然短暂，但新时代的精神已经鲜明彰显。此后，一些新理念新思想新战略不断涌现，其中所蕴含着的一些重大而崭新的理论问题已深刻展现出来，我国的社会生活也在发生着深刻变化。特别是党的十九大明确提出习近平新时代中国特色社会主义思想，实现了马克思主义中国化新的飞跃，更加充分证明开展《马克思主义发展史》（十卷本）的编写工作是一项非常正确的决定。这是中国人民大学及其马克思主义理论学者对时代精神强力召唤的真诚回应，是所肩负的崇高历史责任的自觉担当。

以求真务实精神描绘人大学派的精神底色。习近平总书记曾寄语哲学社会科学工作者，要"自觉以回答中国之问、世界之问、人民之问、时代之问为学术己任"。人大人始终以"立学为民、治学报国"为学术追求，以实事求是、求真务实的精神直面"世界怎么了"、"人类向何处去"的时代之题，创作出了一大批经世济民、历久弥新的学术成果。《马克思主义发展史》（十卷本）便是这样一部回应时代需要和现实国情的学术巨著。一方面，习近平新时代中国特色社会主义思想是马克思主义中国化时代化的原创性成果，是马克思主义发展史上又一里程碑式的重大发展。为了推进理论的体系化、学理化，本书在编写过程中坚持"两个结合"，坚守好马克思主义魂脉和中华优秀传统文化根脉，新设专章，从学科角度重点研究阐释我们党提出的新理念新论断中的原理性理论成果，把握相互的内在联系，不断深化对党的理论创新的规律性认识。另一方面，将马克思主义发展史与党的百年历史、党的二十大接轨，充分彰显马克思主义在当代中国的理论进展和思想伟力，系统阐释马克思主义中国化理论在哲学、政治经济学和科学社会主义等相关学科的最新成果，呈现马克思主义理论在中华大地上的勃勃生机。

以团结协作精神汇聚著书立言的磅礴力量。时光荏苒，一瞬九载春秋，这个过程虽然"道阻且长"，但人大人"行则将至"。我们常说，讲团结就是讲政治，服从集体、凝心聚力；讲协作就是讲效率，术业专攻、高效落实。自课题立项之日起，时任中国人民大学党委书记、本书编委会主任靳诺教授就高度关注并全力支持本书的编写工作；年逾八旬的庄福龄教授首倡编写十卷本《马克思主义发展史》，亲自主持本书的筹划和编写大纲的制定，病榻上仍心系本书编写直至逝世；杨瑞森教授临危受命"挑起大梁"，特别是在第十卷的编撰中，亲自召集一批知名专家发挥专长、打磨书稿；更有一大批中青年马克思主义理论学者参与到本书的编写工作之中。中国人民大学党委作为团结协作的"领头羊"，统筹各方面工作，不忘著书立说的初心使命；各位总主编、各卷主编及作者服从安排、相互协作，尽心竭力、数易其稿，才使如此鸿篇巨著得以优质、高效地产出。正是一代代人大人讲团结、重协作，汇聚成了人才荟萃、名家云集的中国人民大学马克思主义理论教学与研究高地，凝结成了《马克思主义发展史》（十卷本）这部心血之作。特别需要提到的是，人民出版社高度重视、全力支持本书出版工作，毕于慧编审全程参与本书的编写、出版等工作，为这套十卷本的高效优质出版提供了重要保证。

本书的编写工作即将告一段落，我们力求将马克思主义发展至今的历程、观点、人物、事件等完整地呈现于此书。这部书立足中国特色社会主义新时代，整合近年来最新的马克思恩格斯著作手稿、马克思主义理论最新研究观点，以整体性的视野详述马克思主义 170 余年来形成、发展和在新的实践中不断深化的历史过程。这既是几代人大人的心血之作，也期待能够成为马克思主义发展史研究的扛鼎之作。新征程上，人大人将以坚持党的领导为根本统领，以传承红色基因为文化血脉，以扎根中国大地为发展根基，以加快建设中国特色、世界一流的社会主义大学为目标使命，继续发扬"一马当先"精神，充分发挥中国人民大学马克思主义理论研究底蕴深厚的优势，始终担当起人大马理学派应有的历史使命，踔厉奋发，笃行不怠，为不断推动当代中国马克思主义和二十一世纪马克思主义发展作出应有的贡献！

本书编委会

2023 年 10 月

项目统筹：毕于慧
责任编辑：毕于慧
封面设计：石笑梦
版式设计：周方亚

图书在版编目（CIP）数据

马克思主义发展史.第十卷，中国特色社会主义理论体系的跨世纪发展：
　1989年以来/陶文昭 主编.— 北京：人民出版社，2023.10（2025.7重印）
ISBN 978－7－01－021768－0

I.①马…　II.①陶…　III.①马克思主义－历史　IV.① A81

中国版本图书馆 CIP 数据核字（2019）第 297579 号

马克思主义发展史（第十卷）

MAKESI ZHUYI FAZHANSHI (DISHIJUAN)

中国特色社会主义理论体系的跨世纪发展（1989年以来）

陶文昭　主编

人 民 出 版 社 出版发行

（100706　北京市东城区隆福寺街 99 号）

北京中科印刷有限公司印刷　新华书店经销

2023 年 10 月第 1 版　2025 年 7 月北京第 3 次印刷
开本：710 毫米 × 1000 毫米 1/16　印张：39.5
字数：668 千字

ISBN 978－7－01－021768－0　定价：178.00 元

邮购地址 100706　北京市东城区隆福寺街 99 号
人民东方图书销售中心　电话（010）65250042　65289539